Jeremy Houghton Brown/Sarah Pilliner/Vincent Powell-Smith

# PFERDE Management

## für Halter, Züchter, Trainer

BLV Verlagsgesellschaft
München Wien Zürich

CIP-Titelaufnahme der Deutschen Bibliothek

**Pferde-Management für Halter,
Züchter, Trainer** / Jeremy Houghton Brown;
Sarah Pilliner; Vincent Powell-Smith.
[Übers.: Teil 1: Barbara Leyhausen; Teil 2:
Susanne Müller]. – München; Wien; Zürich:
BLV Verlagsgesellschaft, 1988
   Orig.-Ausg. gesondert u.d.T.: Houghton
   Brown, Jeremy: Horse and stable manage-
   ment u.: Pilliner, Sarah: Getting horses fit
   ISBN 3-405-13553-2

NE: Houghton Brown, Jeremy [Mitverf.];
Pilliner, Sarah [Mitverf.]; Powell-Smith,
Vincent [Mitverf.]

Titel der englischen Originalausgabe:
*Horse and Stable Management* (Teil 1)
erschienen bei Granada Publishing/Collins
Professional Books, London/Großbritannien
© 1984 Jeremy Houghton Brown and Ingramlight
Properties Ltd.
*Getting Horses Fit* (Teil 2)
erschienen bei Collins Professional and
Technical Books, London/Großbritannien
© 1986 Sarah Pilliner

© der deutschsprachigen Ausgabe:
1988 BLV Verlagsgesellschaft mbH, München
8000 München 40

Übersetzung:
Teil 1: Barbara Leyhausen
Teil 2: Susanne Müller

Abbildungen: Jürgen Kemmler und Foto Tiedemann
Grafiken: Jeremy Houghton Brown und
Collins Professional Books
Umschlagfoto: Jürgen Kemmler

Gesamtherstellung: Pustet, Regensburg

Printed in Germany · ISBN 3-405-13553-2

Für JANE, die beweist, daß Theorie und
gute Praxis sich ergänzen, indem sie Pferde
so ausbildet, daß sie Erfolg haben.

J. H. B.

Für LIZ, die seit langem nach den Grund-
sätzen guter Pferdehaltung handelt, und für
KORBUT, der das Moor beherrscht.

V. P.-S.

---

## Zu den Autoren

**Jeremy Houghton Brown** war früher
Manager des British National Equestrian
Centre. Heute leitet er die Abteilung Pferd
an der Landwirtschaftlichen Hochschule
der englischen Grafschaft Warwickshire.
Er hat viel Erfahrung mit Pferden und
nimmt regelmäßig als Reiter und als Preisrichter an Turnieren in Großbritannien teil.
In beiden Eigenschaften ist er auch im Aus-
land tätig gewesen.

**Dr. Vincent Powell-Smith** wendet seine
lebenslange Erfahrung und eine wissenschaftliche Betrachtungsweise auf die Probleme der Pferdehaltung an. Er ist ein erfahrener Redner und Autor von über 40
Büchern, sowie ein international anerkannter Sachverständiger für besondere Rechts-
fragen. Viele Jahre lang ritt er regelmäßig
zur Jagd mit berühmten britischen Meuten,
darunter die Fernie Hunt und die Mid-
Devon Foxhounds. Heute lebt er in Portu-
gal, wo er sich auch weiterhin mit reiterli-
chen Angelegenheiten beschäftigt.

**Sarah Pilliner** ist Dozentin an der Landwirtschaftlichen Hochschule der englischen Grafschaft Warwickshire und ständige Mitarbeiterin der populären Pferdema-
gazine zum Thema Pferde-Fitneß und
Konditionstraining.

# Inhalt

# Dankesworte

**Teil 1**

Die Verfasser haben unschätzbare Hilfe und Unterstützung von ihren Ehefrauen und auch von Kollegen und Freunden erfahren. Besonderer Dank gebührt Gillian McCarthy B. Sc. (Hons) und Angela Boyden, aber auch Dr. med. vet. Stewart Hastie, der soviel getan hat, um die Einsicht zu fördern, daß die beste Pferdepflege darauf beruht, sowohl für den Körper wie auch für die Seele des Pferdes das rechte Verständnis zu besitzen.

**Teil 2**

Ich möchte mich bedanken bei Jeremy Houghton Brown, dem Leiter der Abteilung Pferdekunde am College für Landwirtschaft der Grafschaft Warwickshire, und dem Tierarzt David Jagger (BVSc, MRCVS) für die Geduld und Zeit, die sie für Lesen und Kommentieren der Rohfassung dieses Buches aufwandten. Mein Dank gilt auch Mrs. H. Hathaway, die viele Stunden damit zubrachte, meine Schrift zu entziffern und den Text zu tippen.

# Zu diesem Buch

Jeder, der sich von Berufs wegen oder aus Spaß an der Freude mit Pferden beschäftigt, wird in der Regel großes Interesse daran haben, sein hippologisches Wissen ständig zu erweitern.

Das vorliegende Buch basiert auf zwei an sich selbständigen Werken, deren Inhalte jedoch in einigen Abschnitten Überschneidungen aufweisen.

Der Teil 1 behandelt vor allem den Umgang mit dem Pferd sowie Haltungs- und Zuchtfragen.

Der Teil 2 erläutert, welche Aspekte beim Konditionstraining für Pferde, im Hinblick auf sportliche Leistungsanforderungen zu beachten sind.

In beiden Teilen wird daher der Beschreibung der Organsysteme des Pferdes – insbesondere wie das »System Pferd« funktioniert – der Pflege, Fütterung und Konditionierung viel Platz eingeräumt. Bewußt wurde auf eine redaktionelle Bearbeitung der einzelnen Teile in der Form verzichtet, daß ähnliche Inhalte grundsätzlich vereinheitlicht wurden. Somit bietet Teil 1 dazu mehr allgemeines Wissen, Teil 2 dagegen vertieft den Einblick in die inneren Funktionen des Pferdes, was für die Leistungssteigerung bis zum volltrainierten Sportpferd hochaktuell ist. Dabei steht die Gesunderhaltung des Pferdes stets im Zentrum der Pferdepraxis. Wer sein Pferdewissen unter diesem Aspekt weiter komplettieren möchte, wird an der intensiven Lektüre beider Teile dieses umfangreichen Buches nicht vorbeikommen.

Fachredaktion und Verlag

# Teil 1

## Pferdepflege und Stallführung

*Horse and Stable Management*

Autoren: Jeremy Houghton Brown
Vincent Powell-Smith

# Vorwort

Die Einladung der Verfasser, ein Vorwort zu diesem Buch zu schreiben, betrachte ich als ein großes Kompliment. Ich habe es mit Interesse gelesen und meine, daß ein solches Buch seit langem fehlte. Es behandelt Bereiche, in denen sich jeder fürsorgliche Pferdebesitzer bzw. Reiter genauestens auskennen sollte. Der Stil ist sehr klar und daher gut verständlich. So entstand ein zuverlässiges Handbuch, in dem man sich leicht über die meisten Pferdeprobleme unterrichten kann.

Die Abschnitte über das gesunde und das kranke Pferd sind außerordentlich umfassend. Dies gilt auch für das Kapitel über die Organsysteme des Pferdes, die man sonst kaum alle in einem einzigen Buch behandelt findet. Über das Pferd auf der Weide und das schwer beanspruchte Pferd hat meines Wissens bisher noch niemand so vernünftig geschrieben. Wir stellen in dieser modernen Welt immer größere Anforderungen an das Pferd; Turniere verlangen von ihm immer mehr an athletischem Können. Dies verpflichtet uns alle, mehr über das Pferd zu lernen, seine Zucht zu verbessern und richtig mit ihm umzugehen; wir

müssen versuchen zu verstehen, welchem Druck und welchen Belastungen wir das Pferd in dieser Welt schärfsten Wettbewerbs aussetzen. Jeremy Houghton Brown und Vincent Powell-Smith haben das Pferd über viele Jahre hinweg studiert und besitzen bereits Kenntnisse und Erfahrungen auf allen von ihnen behandelten Gebieten.

»Pferdepflege und Stallführung« ist besonders nützlich für den ernsthaft Lernenden sowie für jeden, der sich Prüfungen im Fach »Pferd« unterziehen möchte. Viele Teilnehmer an solchen Prüfungen offenbaren einen beklagenswerten Mangel an Kenntnissen der Pferdepflege und der Körperfunktionen des Pferdes. Ihnen wird dieses Buch eine große Hilfe sein.

Es dürfte schwer sein, manche der hier zusammengetragenen Daten sonstwo zu finden; es ist außerordentlich verdienstvoll, daß sie nunmehr verfügbar sind. Jeder, der sich einen Beruf wählen möchte, der mit Pferden zu tun hat, sollte dieses Buch als unentbehrlichen Teil seiner Sammlung betrachten.

Jennie Loriston-Clarke MBE, FBHS

# Einleitung

Dieses Buch ist für diejenigen gedacht, die Pferde besitzen, mit Pferden arbeiten, oder mehr über das Pferd wissen möchten. Es erklärt, wie der Pferdekörper funktioniert; außerdem bespricht es die Pflege und Stallhaltung des Pferdes. Es ist kein »Erstlings-Pferdebuch«: Wir setzen ein gewisses Maß an Grundwissen und -erfahrung voraus. Daher wird dieses Buch sowohl dem Lernenden wie auch anderen, die Pferde pflegen, helfen. Es eignet sich sogar als Lehrbuch für Prüfungen der British Horse Society, der National Pony Society und der Association of British Riding Schools, sowie für staatliche Zeugnisse und Diplome.

Gutes Pferdemanagement bedeutet, zu allen Jahreszeiten und bei allen Gelegenheiten, ob im Stall, auf der Weide, bei Wettkämpfen, oder im Gestüt, ob das Tier krank oder gesund, jung oder erwachsen ist, auf wirkungsvolle und angenehme Weise das Beste aus dem Pferd bzw. dem Pony zu holen.

Wir haben die Themen Kondition und Bewegung des Pferdes zwar kurz erwähnt, das Reiten aber nicht behandelt. Stattdessen sind wir zum besseren Verständnis genauer auf die Stallhaltungsaspekte eingegangen. Das Pferd besteht aus einem Gefüge von Organsystemen, die alle hier erörtert werden. Ein Problem im einen System kann sich auf andere auswirken und zu Komplikationen führen. Wenn es gilt, ein Pferd wieder gesund zu pflegen, so muß man zunächst einmal versuchen, die Ursache(n) der Krankheit auszumachen. Eine sorgfältige Untersuchung des Pferdes wird einige der Symptome aufdecken. Es wäre aber zwecklos, diese zu behandeln, ohne deren Ursache zu beseitigen. Nur wer die Systeme bei ihrer normalen Tätigkeit beobachtet und versteht, wie jedes funktioniert, kann auch begreifen, wo Störungen auftreten können und – noch wichtiger – wann sie wahrscheinlich auftreten werden.

Der gute Pferdehalter, ob Mann oder Frau, versteht und pflegt das Pferd so, daß alle seine Systeme ihren Dienst leisten und gut zusammenwirken. So kann das Pferd sein Bestes geben.

Der Text enthält Reiterjargon sowie veterinärmedizinische Ausdrücke; manche wissenschaftlichen Begriffe werden auch besprochen. Die Betonung liegt jedoch immer auf vernünftiger, praktischer Fürsorge. Ferner soll das Buch helfen, die lebenswichtige Entscheidung zu treffen, ob man den Tierarzt rufen soll, und besser zu verstehen, was er unternimmt und wie man das Tier nach einer Behandlung am besten weiterpflegt. Nichts in dem Buch darf jedoch den Leser dazu ermutigen, ein »Do-it-yourself«-Tierarzt zu werden. Unser wesentlichstes Ziel ist es, Pflege mit Verstand zu fördern.

# Das gesunde und das kranke Pferd

## Inhalt

# Das gesunde Pferd

**Was bedeutet Gesundheit?**

Ein Pferd in der freien Natur ist um drei grundsätzliche Dinge bemüht: zu überleben, sich zu ernähren und sich fortzupflanzen. Erschreckt flieht es, in die Enge getrieben kämpft es. Es ißt und trinkt als Antwort auf Hunger und Durst; dadurch wächst es heran und erhält seine Kräfte. Wenn es in Fortpflanzungsstimmung kommt, ist es bestrebt, sich zu paaren und so seine Art zu erhalten. Diese drei Dinge sind wesentliche Kennzeichen eines gesunden Pferdes. Das gesunde Pferd hat einen guten Appetit und ein gut funktionierendes Verdauungssystem. Es entwickelt Kraft und Kondition für seine gewohnte Arbeit. Es ist wachsam und aufnahmefähig. Wenn man es nicht daran hindert, beteiligt es sich eifrig an der Zucht. Gesundheit bedeutet also nicht nur frei sein von Krankheit, son- dern sie ist auch ein Zustand des Wohlge- fühls und der Lebenskraft. Praktisch ausge- drückt heißt das, ein gesundes Pferd muß fähig sein, gleichmäßig sein Bestes zu ge- ben, indem es entweder jedes Jahr ein Foh- len gebiert, oder beim Rennen gut läuft, oder während der Saison alle vierzehn Tage drei Tage lang zur Jagd geritten wird.

Der Schlüssel zur Gesunderhaltung heißt Wachsamkeit und Aufmerksamkeit. Die Fähigkeit, sich zu merken, wie ein be- stimmtes Pferd normalerweise aussieht, gestimmt ist und sich verhält, so daß jede Veränderung einem sofort auffällt, ist eine große Begabung. Wer Tiere pflegt, muß ein »Auge« dafür entwickeln. Diese Fähig- keit ist unerläßlich, um ein Pferd gesund zu erhalten. Zu wissen, wie das Tier norma- lerweise aussieht und sich verhält, ist be- sonders wichtig, wenn das Pferd physiologische Umstellungen durchläuft, wie es z. B. bei trächtigen Stuten, Fohlen und heranwachsenden Tieren der Fall ist, oder wenn die Pferde sich auf andere Umstände einstellen müssen, etwa bei der Aufstallung oder der Vorbereitung auf den Weidegang, oder während des Konditionstrainings.

## Kennzeichen der Gesundheit

### Verhalten

Eine Gruppe Pferde benimmt sich gewöhnlich wie eine Herde. Ein abgesondertes Pferd bzw. eines, das sich für das Verhalten seiner Artgenossen nicht interessiert, ist anomal. Tagsüber bleiben erwachsene Pferde auf einer Weide im allgemeinen auf den Beinen und bevorzugen meist bestimmte Stellen, um zu dösen. Gewöhnlich döst ein Pferd etwa ein Drittel der Zeit. Jedes Nickerchen dauert meist nur kurz. Wenn Pferde sich hinlegen, was im Stall häufiger als im Freien vorkommt, so beugen sie die Vorderbeine und lassen sich vorn zuerst nieder und kommen beim Aufstehen auch vorn zuerst wieder hoch. Zum Ruhen liegen Pferde etwas nach einer Seite hin geneigt. Ihre Gliedmaßen hindern sie, einfach zur anderen Seite zu wechseln. Sie können das nur, indem sie sich entweder über den Rücken auf die andere Seite wälzen oder aufstehen und sich wieder hinlegen.

### Appetit

Wenn Futter ständig verfügbar ist, ißt das Pferd am liebsten wenig aber oft. Es ist daher normal, daß ein Pferd auf der Weide Tag und Nacht in Abständen äst. Im Stall geht das Pferd meist direkt zum Futter und ißt es vollständig auf. Manche Pferde lassen sich im Stall ungern beim Essen beobachten; wenn man sie in Ruhe läßt, essen sie dann langsam. Andere wiederum sind ängstlich und essen am besten, wenn die Krippe an der Tür hängt. Nachdem Fohlen geruht haben, stehen sie normalerweise auf und gehen direkt zur Mutter, um zu trin-

ken. Die überwiegende Mehrzahl von Pferden genießt gutes Futter. Jedes Pferd, das dieses nicht tut, ist mit Mißtrauen zu betrachten. Die Trinkgewohnheiten eines Pferdes können auch ein Gesundheitsindikator sein. Deshalb empfiehlt es sich, bei unpässlichen Tieren keine Selbsttränken zu verwenden.

### Kot und Urin

Je nach Futterart sollte der Kot grünbraun bis goldbraun sein. Er sollte feucht sein und beim Kontakt mit dem Boden leicht auseinanderbrechen. Jede Abweichung von der gewohnten Menge und Farbe bzw. im Begleitverhalten muß registriert werden.

### Augen und Ohren

Das Auge sollte hell und weit geöffnet, die Ohren beweglich sein. Diese Organe zeigen deutlich, ob das Tier aufmerksam und interessiert ist. Jedes Ausbleiben einer Reaktion auf Sichtreize oder Geräusche kann der Hinweis auf eine Störung sein.

### Körperfunktionen

Körpertemperatur, Puls- und Atemfrequenz (P. A. T.) fallen beim ruhenden, gesunden Pferd nicht auf. Sollte eine davon sich ungewöhnlich bemerkbar machen, muß man die Ursache suchen. Da die Pulsfrequenz die des Herzens wiederspiegelt, ist sie am langsamsten wenn ein Pferd ruht – ein praktisches Beispiel der Sparsamkeit der Natur. Die normalen Werte eines ruhenden, erwachsenen Pferdes sind: Temperatur 38 °C, Puls ca. 40/min; Atmung ca. 12/min.

Die Körpertemperatur eines Pferdes mißt man mittels eines klinischen Fieberthermometers im Rectum wie folgt:

**1** Thermometer schütteln, bis es einige Grad unterhalb der Normaltemperatur anzeigt.

**2** Kolben mit Vaseline oder Speichel einschmieren. Sich seitlich hinter das Pferd stellen, um nicht getreten zu werden.

**3** Pferdeschweif zur Seite halten, Thermometer unter leichten Drehbewegungen sanft in den After des Pferdes einführen. Das Thermometer sollte bis zur Hälfte hineingeschoben werden und zwar leicht geneigt, so daß der Kolben gegen die Wand des Rectums drückt.

**4** 1 Minute in dieser Stellung lassen.

**5** Thermometer herausziehen und ablesen, wobei man vermeiden soll, das Kolbenende zu halten. Das Quecksilber sieht man am deutlichsten, wenn man durch die über die ganze Länge des Thermometers verlaufende Wölbung schaut.

**6** Thermometer reinigen und desinfizieren, bevor man es in seinen Behälter zurücklegt.

Eine Abweichung um einen halben Grad von der Normaltemperatur ist unbedenklich; bei Fohlen kann die Norm bis zu 38,6 °C betragen.

Den Puls kann man prüfen, indem man die Finger auf eine Arterie drückt, die über einem dicht an der Oberfläche liegenden Knochen verläuft, z. B. die Gesichtsarterie innen an der Unterkante des Unterkiefers (Abb. 1) oder die Speichenarterie in Höhe des Ellbogens am Vorderbein. Manche fühlen den Puls unter der Schweifwurzel, während sie die Temperatur messen. Am einfachsten läßt sich der Puls prüfen, indem man ein Stethoskop dicht hinter den linken Ellbogen des Pferdes hält; selbst eine dort leicht aufgelegte Hand spürt den Herzschlag. Die Wichtigkeit einer Überwachung des Pulses bei solchen Sportarten wie Distanzritten hat auch viele Laien dazu gebracht, ein Stethoskop zu benützen. Die Pulsfrequenz ist von Pferd zu Pferd verschieden: Für ein bestimmtes Pferd in der Ruhe können 35 bis 45 Schläge pro Minute, für ein Fohlen 50 bis 100 normal sein.

Zur Beobachtung der Atmung muß das Pferd bewegungslos und ungestört sein. Beobachten Sie von der Seite die Flanken des Pferdes. Jedes vollständige Anheben und Absinken der Flanken ist ein Atemzug. An einem kalten Tag sieht man die Atem-

Arterie verläuft über dem Unterkieferknochen

An der Innenseite des Vorderbeins dicht vor dem Ellbogen

**1** Punkte, an denen der Puls durch leicht auf die Arterie gelegte Finger zu fühlen ist

wolke an den Nüstern. Zwischen 8 und 16 Atemzüge je Minute sind beim erwachsenen Pferd, zwischen 20 und 30 beim Fohlen befriedigend. Es ist wichtig, Temperatur, Puls- und Atemfrequenzen eines Neuankömmlings im Stall zu überwachen. Man sollte sie mehrere Tage lang jeweils zur selben Zeit prüfen, damit man weiß, was für dieses Tier normal ist.

## Gesunderhaltung

Die Domestikation hat die Pferde einiger ihrer natürlichen Mittel, gesund zu bleiben, beraubt. Eine umherziehende, äsende Herde ist dauernd in Bewegung, nimmt häufig kleinere Mengen abwechslungsreicher Nahrung zu sich, hat leichten Zugang zu Wasser und ist frei von seelischer wie körperlicher Überlastung. Manche Teilfragen der Gesunderhaltung wollen wir im folgenden genauer besprechen. Die Fütterung jedoch ist ein so wichtiges und vielschichtiges Thema, daß wir später darauf zurückkommen werden (s. Seite 112 bis 119, 174 ff. und Anhang).

### Luft

Heiße, stickige, verbrauchte oder ungenügende Luft begünstigt Erkrankungen der

Atemwege. Pferde müssen zu allen Zeiten reichlich Frischluft bekommen, mögen aber keine Zugluft. Im Rennstall ist es üblich, zu bestimmten Zeiten die oberen Türhälften zu schließen, damit jedes Pferd ungestörte Ruhe hat; jede Box hat eine eigene Zuluft und selbst solche, die mit Infrarotlampen geheizt werden, lassen reichliche Frischluft herein.

Bewegung und Ruhe
Im Freileben bewegt sich das Pferd ruhig, aber gleichmäßig den ganzen Tag lang. Auf einer Weide kann ein Pferd umherziehen, während es äst, und diese Bewegung reicht aus, um die Verdauung und den Kreislauf zu unterstützen. Im Idealfall sollte ein Stallpferd täglich eine gewisse Zeit auf der Weide verbringen. In größeren Betrieben brächte dies jedoch zu viele Probleme und Risiken mit sich. Die Alternative heißt tägliche Bewegung, ob unter Sattel oder an der Hand. Wenn Pferde auch nur einen Tag in der Woche in der Box bleiben, können die sogenannten »Feiertagskrankheiten« wie z. B. Kreuzverschlag und Lymphangitis die Folge sein. Harte Arbeit erfordert, daß die Muskeln viel Blut bekommen, und dieses wird dafür dem Verdauungssystem entzogen. Schnelle Arbeit beansprucht auch das Zwerchfell zusätzlich, um für eine möglichst große Sauerstoffzufuhr zu sorgen. Da der Magen auf das Zwerchfell drückt, ist es wichtig, daß dieser verhältnismäßig leer bleibt, während das Pferd arbeitet. Es ist daher üblich, mindestens eine Stunde nach der Fütterung nicht zu arbeiten.
Das Bewegungstraining muß langsam gesteigert werden, damit das Pferd die Anforderungen kräfteschonend bewältigen kann, ohne Gewichtsverlust oder Bauchmuskelverspannungen (s. Seite 17). Jedes Pferd hat seine eigenen körperlichen Grenzen und besonderen Fähigkeiten. Es liegt am Besitzer, jedem einzelnen Tier den größten Nutzen abzugewinnen.
Das Pferd braucht nicht nur Bewegung,

sondern es muß sich auch ordentlich ausruhen können. Die Reitställe mit ihrer Nachmittagssiesta, während der Ruhe im Hof herrscht, haben das Prinzip begriffen. Stallpferde allgemein genießen eine Ruheperiode im Laufe des Tages. Ein bequemes Lager sowie ein ruhiger, wohlgeordneter Hof tragen dazu bei. Beim freilebenden Pferd folgt auf etwa drei Stunden Äsen eine Ruheperiode von bis zu zwei Stunden, und dies ist für gute Verdauung und Futterverwertung ideal.

Wetterschutz
Das Fell eines wilden Pferdes enthält natürliches Fett, welches das Tier vor der Witterung schützt. Das wilde Pferd ist auch in der Lage, vor dem vorherrschenden Wind wie vor Fliegen Schutz zu suchen. Einem Pferd auf der Weide läßt man entweder das Fett im Fell, oder man versorgt es zumindest mit einer sogenannten Neuseelanddecke gegen Nässe. Man kann auch ein Schutzdach aufstellen. Im Stall vermag ein Pferd nicht umherzuziehen, und wenn es Zugluft gibt, kann es ihr nicht ausweichen. Wenn die Einstreu nicht ausreicht, kann das Pferd sich beim Hinlegen prellen, frieren und feucht werden. In der Enge des Stalles kann ein Pferd, das friert oder sich steif fühlt, sich nicht genug bewegen, um seinen Kreislauf anzuregen, seine Gelenke zu entlasten und sich warm zu halten. Wenn sein Kreislauf träge wird und seine Beine anlaufen, verläßt sich das Stallpferd darauf, daß sein Pfleger ihm Bewegung verschafft. Der Pferdebesitzer muß die Verantwortung für Bewegung, Wärme und Schutz seines Tieres bewußt übernehmen.

Seelisches Gleichgewicht
Zur Gesunderhaltung des Pferdes gehört auch das seelische Gleichgewicht. Über dieses Thema wurde bislang wenig geschrieben oder geforscht; wesentlich dafür sind aber Vernunft und Umsicht.
Das Pferd ist ein Herdentier, das sich durch

Fliehen zu schützen sucht. Naturgemäß hat die Herde Anführer, die auf Disziplin und Gehorsam bestehen; innerhalb der Herde verlangen auch die Stuten diese Tugenden von ihren Fohlen. Durch Beobachtung seiner Pferde kann der Besitzer lernen, wie er am besten mit ihnen umgehen soll.

Das Pferd gedeiht im allgemeinen besser, wenn es Gesellschaft und einen regelmäßigen Tagesablauf hat, angemessene Strafe bekommt, wenn es etwas falsch macht, und Belohnung, wenn es etwas richtig macht. Das Wichtigste dabei ist, konsequent zu bleiben.

## Die Körperbeschaffenheit

Der erblich bedingte Körperbau des Pferdes, d. h. die Art und Weise in der es zusammengesetzt ist, nennt man das Gebäude oder Exterieur. Schönheit, sagt man, liege im Auge des Betrachters, und mancher Zuschauer wird sich bei einer Materialprüfung gefragt haben, ob nicht Gebäude genauso schwer zu definieren sei. Gebäude ist sicherlich Ansichtssache, doch wenn wir uns darüber einigen können, was damit gemeint ist, dann kann der Pferdebesitzer seine eigenen Vorstellungen und Kriterien entwickeln.

Mit *Gebäude* bezeichnet man die statische Gestalt des Pferdes. Seine dynamische Gestalt, d. h. die Art, wie sich das Pferd bewegt, nennt man das *Gangwerk*. Damit ist die Leistung des Pferdes im Hinblick auf Geschwindigkeit, Ausdauer, Springfähigkeit, Wendigkeit usw. eigentlich nicht gemeint. Bei der Bewertung des Gangwerks bezieht man bis zu einem gewißen Grade auch Eigenschaften des Temperaments wie z. B. Gehorsam, Güte und Großzügigkeit mit ein. Wichtig ist, daß das Pferd einem Schema entspricht, das über die Jahre erwiesenermaßen die beste Leistung hervorgebracht hat, und keinerlei Veranlagung zu Schwäche, Krankheit oder Leiden vorweist. Aufmerksame Betrachtung von Gebäude und Gangwerk ist daher ein wesentlicher Bestandteil der Pflege eines Pferdes.

»Gutes Gebäude« verschiedener Pferdetypen kann man bei Pferdeschauen sehen. Erste Eindrücke sind dabei sehr wichtig; und obwohl die Aufmachung darin eine Rolle spielt, wird sich das sachverständige Auge auf die Form des Skeletts und auf die dieses verdeckende Muskulatur konzentrieren.

## Das Gebäude

### Der Kopf

Die Größe des Kopfs muß im rechten Verhältnis zur Größe des Pferdes stehen. Wenn er zu groß ist, wird das Pferd ständig auf der Vorderhand liegen. Das gerundete, nach außen gewölbte Profil einer römischen Nase kann auf unedles Blut, ein nach innen gewölbtes Profil auf Araberblut hinweisen. Ober- und Unterkiefer sollten vorne gleichmäßig aufeinandertreffen; um dieses zu prüfen, zieht man die Lippen des Pferdes zurück. Ist der Oberkiefer zu lang, so sagt man, das Pferd habe ein Karpfengebiß (»Überbeißer«). Dies ist ein Fehler. Umgekehrt heißt es Hechtgebiß (»Unterbeißer«), wenn der Unterkiefer zu lang ist. Die Ausdrücke »oberschlächtig« und »unterschlächtig« werden in manchen Lehrbüchern verwechselt und man sollte sie deshalb lieber meiden. In beiden Fällen beeinträchtigt der Fehler die Fähigkeit des Pferdes, solches Futter wie Gras abzubeißen, sein Kauvermögen jedoch nicht.

Es hat den Anschein, daß ein großes, offenes Auge auf ein großzügiges Naturell hinweisen könnte, ein kleines »Schweinsauge« dagegen auf Bösartigkeit. Die Augen sollten weit außen auf der Kopfseite stehen, klar, groß und auffallend sein. Übermäßig viel weiß am Auge kann Erregbarkeit und schlechte Laune anzeigen. Es ist kein Fehler, wenn ein Pferd Hängeohren hat, doch brauchen solche Tiere oft mehr Ermutigung als andere.

Neben Größe ist der wichtigste Aspekt des Kopfes die Art, wie er auf dem Hals sitzt. Zwischen den Flügeln des obersten Hals-

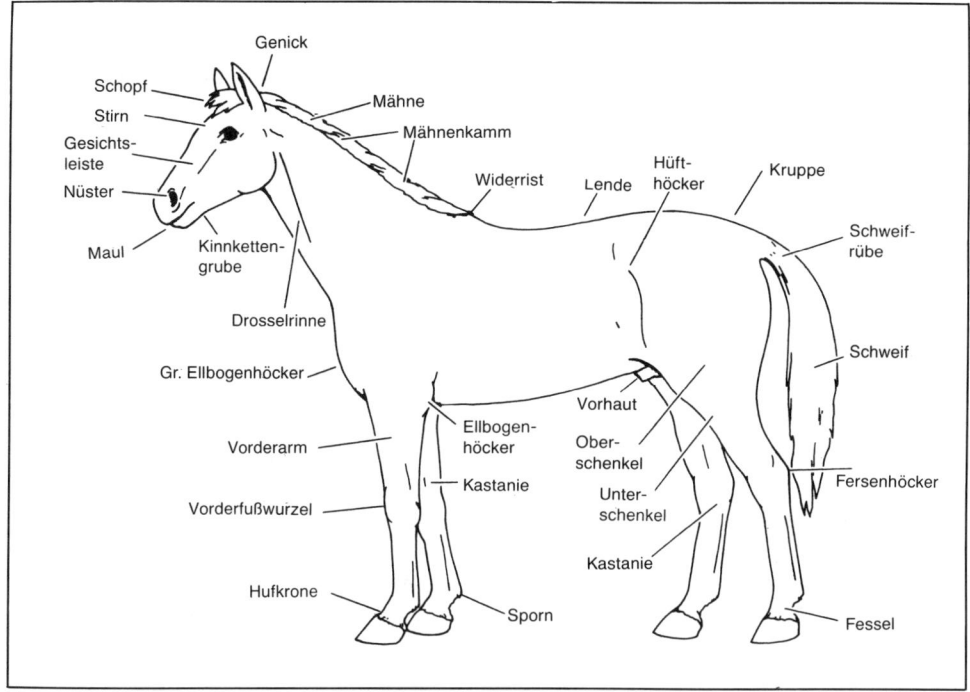

2 Körpermerkmale des Pferdes

wirbels und dem Unterkieferast muß genügend Spielraum bestehen; er sollte zwei Finger breit sein, wenn der Kopf des Pferdes angehoben ist. Die Beugung im Hinterhauptgelenk darf nicht behindert sein, wenn der Kopf so gestellt wird, daß Nasenrücken und Stirn (fast) senkrecht stehen, wie z. B. bei den versammelten Gangarten. Um die Backen herum darf das Pferd nicht fleischig sein. Das Maul sollte feingeformt sein, mit schmalen Lippen und gesunden, regelmäßigen Schneidezähnen. Die Nüstern sollten groß sein.

## Der Hals
Ein langer Hals geht mit Eleganz, ein kürzerer, muskelbepackter mit Kraft einher. Vom Standpunkt des Reiters aus ist es nicht gerade bequem, den Kopf des Pferdes sozusagen auf dem Schoß zu haben. Daher beurteilt man die Vorderhand eines Reitpferdes ebenso vom Sattel aus wie von der

Seite. Gibt es vor dem Widerrist eine Delle im Hals, hat das Pferd einen Hirschhals und dies macht es schwieriger, die wünschenswerte, nach vorn gerichtete, stetige Kopfhaltung mit Biegung am Hinterkopf und einem entspannten Unterkiefer zu erreichen. Die Linie von Hinterkopf bis Widerrist sollte ununterbrochen sein.

## Die Schulter
Die Schulter beginnt am Widerrist mit dem Knorpelfortsatz des Schulterblatts (Scapula), das nach vorne bis zum Schultergelenk verläuft (Abb. 2). Die Linie Widerrist – Schultergelenk nennt man den Schulterwinkel. Eine steile Schulter bedeutet einen kurzen Schritt und früher einsetzende Verschleißerscheinungen an den Vorderbeinen. Eine Schulter mit gutem Winkel ist unerläßlich. Vom Schultergelenk verläuft das Oberarmbein (Humerus) nach unten und hinten bis zum Ellbogen. Beim Reit-

pferd sollte die gesamte Schulter ausreichende, aber nicht überschwere Muskulatur aufweisen.

## Die Vorderbeine

Der Vorderarm sollte vom Ellbogen an gute Muskeln haben; und Geschwindigkeit verlangt Länge. Die Vorderfußwurzel (fälschlich Knie genannt) ist eine Kapsel voller Knochen, die durch stoßdämpfenden Knorpel einzeln voneinander getrennt sind. Die Fußwurzeln sollten breit und auf der Vorderseite flach sein; außerdem sollten sie von hinten nach vorne genügend Tiefe besitzen. Das Bein darf nicht aussehen, als hätte man dem Pferd enge Strümpfe angezogen, welche die Sehnen unterhalb der Fußwurzel einschüren.

Anhand des Beinumfangs unmittelbar unterhalb der Vorderfußwurzel definiert man, wieviel »Knochen« ein Tier besitzt. Dieses Maß schließt die Sehnen mit ein. Gewöhnliche Pferde werden mehr Knochen haben. Das normale Ziel heißt genügend Blut in Verbindung mit guten Knochen. Als grober Hinweis kann man sagen, daß bei einem Pferd von 16,2 Handbreiten das Knochenmaß über 20 cm für einen Leichtgewichtler und über 23 cm für einen Schwergewichtler betragen sollte.

Von vorn und von der Seite gesehen sollten die Vorderbeine gerade sein. Wenn sie von der Seite gesehen etwas nach vorn einknikken, ist das Pferd »vorbiegig«. Dies gefällt einem Preisrichter vielleicht nicht, erhöht jedoch die stoßdämpfenden Eigenschaften des Vorderbeins. Das Gegenteil – »rückbiegig« – ist zu vermeiden, weil dadurch die Sehnen überlastet werden können.

Die Röhrbeine sollten vorne ziemlich kurz und flach sein, die Sehnen sich hinten deutlich abzeichnen. Dies gewährleistet, daß die Sehnen kurz und weniger verletzlich sind. Die Neigung der Fessel ist wichtig: Zuviel Neigung beansprucht die Sehnen zu sehr, zuwenig führt zu übermäßiger Erschütterung und verursacht Hufleiden.

Die Hufe müssen gut sein. »Ohne Huf kein Pferd« ist ein wahres Sprichwort. Aufrechtstehende nennt man Bockhufe; sie sind zu vermeiden. Platthufe sind genausowenig wünschenswert. Der Winkel der Hufwand sollte wie eine Fortsetzung der Fessellinie wirken. Die Hufunterseite sollte einen guten Strahl vorweisen, die Eckstrebenwinkel und die Ferse des Hufs breit und tief sein. Jede Unregelmäßigkeit im Huf kann Ursache oder Folge eines Hufleidens sein. Die Vorderbeine sollte man von vorne prüfen, um festzustellen, ob sie vom Körper bis zu den Füßen aufrecht und gerade verlaufen. Das Pferd darf weder X- noch O-Beine haben. Die Hufe sollten nicht nach innen, aber auch nicht nach außen, sondern genau nach vorne zeigen.

## Brust und Rumpf

Den Widerrist eines Reitpferdes sollte man deutlich erkennen können. Ein hoher Widerrist kann Schwierigkeiten beim Satteln verursachen. Eine tiefe, volle Brust mit langen, »gut gefederten« Rippen ist notwendig, um ausreichend Platz für Lunge und Herz zu schaffen; flache Rippen sind unerwünscht. Ein Pferd von 16 Handbreit oder mehr sollte einen Brustumfang von über 1,83 m haben. Zwischen den Vorderbeinen muß es einen deutlichen Abstand geben; sie dürfen nicht »aus ein- und demselben Loch kommen«. Andererseits kann eine zu breite Brust zu einem rollenden Gang führen.

Ein gedellter oder hohler Rücken kann vom hohen Alter oder vom fehlerhaften Gebäude stammen. Ein »Karpfenrücken« ist nach oben gewölbt und könnte das Auflegen eines Sattels erschweren. Den Rücken sollte man auch mit Sattel prüfen, um festzustellen, ob das Pferd unter dem Gewicht des aufsitzenden Reiters, oder sogar bereits beim Festgurten des Sattels absackt. Von einem solchen Pferd sagt der Engländer, es habe einen »kalten Rücken«.

Ausreichend Platz für Lunge und Herz ist das Haupterfordernis, doch darf der Rumpf auch in den Lenden nicht schwach

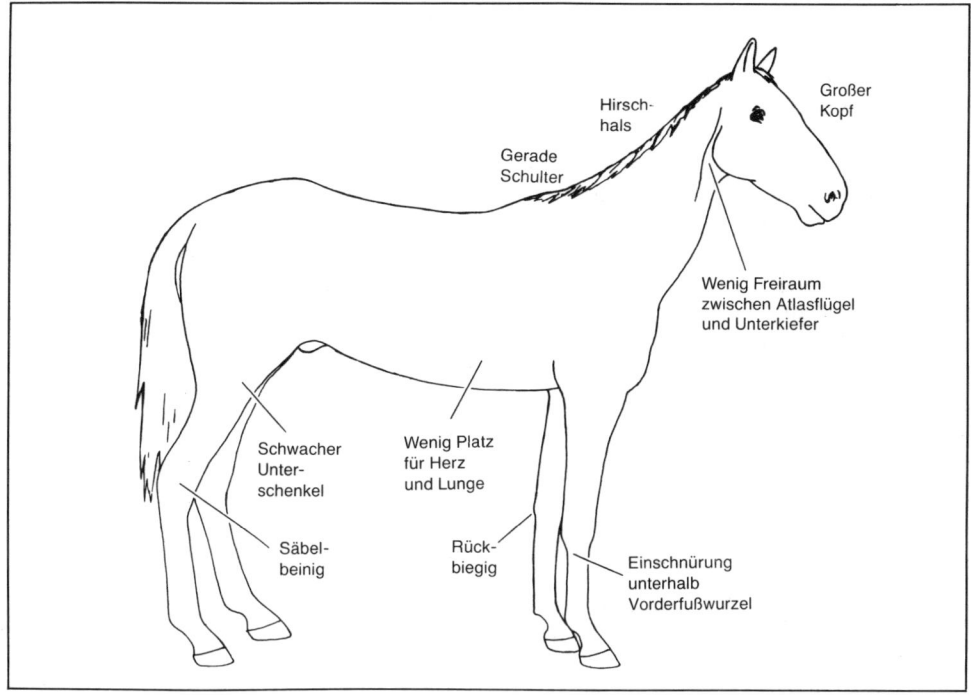

Hirsch-
hals

Großer
Kopf

Gerade
Schulter

Wenig Freiraum
zwischen Atlasflügel
und Unterkiefer

Schwacher
Unter-
schenkel

Wenig Platz
für Herz
und Lunge

Säbel-
beinig

Rück-
biegig

Einschnürung
unterhalb
Vorderfußwurzel

**3** Fehlerhafter Körperbau

sein. Die ersten acht Rippenpaare sind mit dem Brustbein verbunden und heißen Tragrippen oder Wahre Rippen. Die nächsten zehn Paare sind durch lange Knorpelfortsätze mit dem Brustbein verbunden; man nennt sie Atmungs- oder Falsche Rippen. Manche Pferde besitzen auf der einen oder auf beiden Seiten eine neunzehnte Rippe. Wenn man die Rippen eines Pferdes als ausreichend betrachten soll, müssen die hintersten den Hüfthöcker fast erreichen. Ein großer Abstand zwischen der letzten Rippe und dem Hüfthöcker ergibt eine schlaffe Lende; von einem solchen Pferd sagt man manchmal, »ihm fehle eine Rippe«.

Es ist ein Nachteil, wenn die Linie der Bauchunterseite wie die eines Herings von vorn nach hinten ansteigt. Dieser Fehler kann dazu führen, daß der Gurt nach hinten rutscht. Die Linie der Unterseite kann sich auch je nach Ernährungszustand und Kon-

dition ändern. Meist hat ein Pferd auf der Weide einen sehr vollen Darm und mag sogar »dickbäuchig« sein. Nach hoher Belastung kann sich die Bauchmuskulatur mehrere Stunden lang verspannen und hochziehen. Dies ist aber nicht mit dem sogenannten Windhundbauch zu verwechseln, dem allgemeinen Abmagerungszustand, der hartes Training, harte Arbeit oder Futtermangel begleitet.

Die Rückenlinie des Pferdes sollte so verlaufen, daß der Widerrist höher steht als die Kruppe, wenn das Pferd einmal voll erwachsen ist. Bei einem jungen Pferd steht die Kruppe oft höher. Dauert dies bis ins Erwachsenenalter an, wir das Pferd auf der Vorderhand liegen und man wird auf ihm »bergab« reiten.

## Das Hinterviertel

Das »Kraftwerk« des Pferdes liegt hinter dem Sattel. Folglich erwartet man vom

Hinterviertel gute, flache Muskulatur, die bis weit in das Hinterbein reicht. Eine hohe Kruppe nennt man überbaut. Das Gegenteil ist eine abschüssige Kruppe mit tiefem Schweifansatz. Man glaubt, daß es solchen Pferden an Geschwindigkeit mangelt. Gute Geschwindigkeit erwartet man von Pferden, die viel Länge vom Hüfthöcker bis zum Sprunggelenk aufweisen; man kann sagen, die Sprunggelenke seien »nahe am Boden«. Von hinten gesehen darf das Pferd nicht den Eindruck erwecken, als sei es durch die Mitte gespalten; die Oberschenkelmuskeln an der Innenseite der Hinterbeine müssen gut entwickelt sein. Das menschliche Knie entspricht dem Hinterbeinkniegelenk des Pferdes: Beide haben eine Patella oder Kniescheibe. Gut entwickelte Muskulatur oberhalb und unterhalb des Knies kennzeichnet einen menschlichen Läufer; ähnlich suchen wir am Pferd gut entwickelte Unterschenkelmuskeln, die vom Kniegelenk bis zum Sprunggelenk verlaufen.

Die Sprunggelenke dürfen nicht aufeinander zeigen (ein Fehler, den man mit »kuhhessig« umschreibt), noch dürfen sie nach außen gewölbt sein (»faßbeinig«). Sie dürfen nicht so weit gebogen sein, daß die Röhrbeine sich neigen (»säbelbeinig«). Das Sprunggelenk sollte groß aber nicht fleischig sein. Die Linie der Rückseite des Beins vom Fersenhöcker abwärts sollte senkrecht verlaufen und keine Wölbung über dem Sprunggelenk vorweisen. Eine solche Wölbung nennt man Spat oder Hasenhacke. Die Wölbung könnte aber auch von einer Vergrößerung des Griffelbeinkopfes stammen; in diesem Fall nennt man sie Hasenspat oder knöcherne Hasenhacke. Spat gilt als Anzeichen der Schwäche. Hat er sich aber an einem jungen Pferd einmal gebildet, verursacht er meist kaum Schwierigkeiten. Wenn das Pferd geradgerichtet steht, sollte die senkrechte Linie unterhalb des Sprunggelenks mit dem hintersten Punkt der Hinterhand (Sitzbeinhöcker) übereinstimmen. Die Erläuterungen im

Zusammenhang mit der unteren Vordergliedmaße gelten gleichermaßen auch für die untere Hintergliedmaße.

Für eine Darstellung fehlerhaften Körperbaus siehe Abb. 3.

**Das Gangwerk**
Der Schritt und der Trab sollten sowohl an der Hand als auch unter Sattel überprüft werden.

Der Schritt
Der Schritt hat einen Viertakt. Regelmäßige Schritte gleichmäßiger Länge sind erwünscht. Die Spur des Vorderhufs sollte man prüfen, um festzustellen, ob der Hinterhuf auf diese tritt (Eintreten) oder, noch besser, darüber hinaus (Übertreten). Das Ausmaß, in dem er übertritt, sollte man festhalten. Ein guter Schreiter vermittelt den Eindruck, mit einem Ziel vor Augen zu gehen. Verbesserungen am Schritt lassen sich nur schwer erzielen. Ein Pferd, das gut schreitet, galoppiert meist auch gut. Die Art, in der sich die Hufeisen verschleißen, verrät, wie das Pferd fußt.

Der Trab
Der Trab hat einen Zweitakt; bei verlängertem Schritt sollte es eine kurze Verzögerung zwischen den einzelnen Hufschlägen geben. Man sollte das Pferd auf den Beobachter zu, dann an ihm vorbei und von ihm weg traben lassen und sich dabei die Bewegung der Vorderbeine merken. Eine geradlinige Bewegung ist die beste. Ein Hinausschleudern der Füße von der Fußwurzel bzw. vom Fesselgelenk (»Bügeln«) ist unansehnlich, wenn auch harmlos, und verschwendet Kraft.

Jede Bewegungsart, die einen Huf zu nahe an das andere Bein bringt und zum Streichen führt, ist zu vermeiden. Da die Hinterfüße oft dicht aneinander vorbeifahren, kann man die Haare auf der Innenseite der hinteren Fesselgelenke prüfen. Weisen diese Scheuerstellen auf, braucht das Pferd möglicherweise Gamaschen oder andere

Schutzkleidung. Während das Pferd trabt, sollte man darauf achten, ob es eine Neigung zum Anschlagen (»mit den Eisen klappen«) hat. Anschlagen entsteht, wenn ein hinteres Hufeisen gegen ein vorderes schlägt. Abhilfe gegen Anschlagen ebenso wie gegen Einhauen bieten Gummiglokken. Von der Seite betrachtet sollten die Schritte der linken Diagonale (außen vorne und innen hinten) genauso lang wie die der rechten Diagonale sein. Wieviel sich die Fußwurzel bewegen soll, hängt von der momentanen Mode und von der Art des Einsatzes ab. Wo jedoch eine solche Bewegung erforderlich ist (wie z. B. bei manchen Kutsch- bzw. Zugpferden), muß das Pferd dennoch gut vorwärtskommen. Das Turnierpferd neigt dazu, den Huf sehr weit nach vorne hinauszustoßen, um ihn dann die letzten Paar Zentimeter senkrecht fallen zu lassen. Ein gutes Reitpferd stößt den Huf weit aber ohne übertriebene Bewegung nach vorn. Es wird auch nicht schwer auf den Fersen landen. Eine Schulter, die sich ohne Anzeichen von Verkrampfung oder Hemmung locker bewegt, wenn man vom Pferd eine Verlängerung des Trabschritts verlangt, ist wünschenswert. Ein geschmeidiger Rücken, eine Hinterhand, die optimal unter dem Schwerpunkt steht, und Sprunggelenke, die sich mühelos biegen, sind erforderlich.

## Der Kanter (kurzer Galopp)

Diese Gangart hat einen Dreitakt, auf den ein Augenblick des freien Schwebens folgt. Das Gleichgewicht wird dadurch gewährleistet, daß die Hinterbeine weit unter das Pferd gebracht werden. Im begrenzten Raum zu kantern, könnte einem jungen bzw. neu eingebrochenen Pferd Schwierigkeiten bereiten. Während des Kanters kann man auch beobachten, ob die Atmung fehlerfrei ist.

## Der Galopp

Manche Pferde erreichen den Galopprhythmus, scheinen sich aber »in den Bo-

den zu reiten«. Man sollte ein Pferd suchen, das Geschwindigkeit mit Leichtigkeit verbindet.

## Rückwärtsrichten

Wenn ein Pferd auf Fehlerfreiheit geprüft wird, läßt es sein Betreuer rückwärts treten und außerdem in engen Links- und Rechtskreisen wenden. Diese Bewegungen können etwaige Steifheit oder auch andere Probleme ans Licht fördern. Gebäude und Fehlerfreiheit stehen im Verhältnis zueinander.

## Fehlerhaftigkeit rechtlich gesehen

Fehlerhaftigkeit hat mit Verwendungsfähigkeit und nicht mit Krankheit zu tun. Die Rechtslage nach englischem Recht wurde in dem Fall *Coates v. Stephens* im 19. Jahrhundert so formuliert:

Hinsichtlich Fehlerhaftigkeit wird wie folgt entschieden: Sollte das Pferd zum Zeitpunkt des Verkaufs beziehungsweise der Untersuchung irgendeine Krankheit haben, welche die natürliche Verwendbarkeit des Tieres bereits tatsächlich einschränkt, so daß es weniger fähig zu Arbeit jedweder Art ist, oder welche in deren gewöhnlichem Verlauf seine natürliche Verwendbarkeit vermindern wird; oder sollte dieses Pferd entweder durch Krankheit (ganz gleich, ob solche Krankheit angeboren ist, oder sich erst nach der Geburt entwickelt,) oder durch Unfall irgendwelche organischen Veränderungen erfahren haben, welche die natürliche Verwendbarkeit des Pferdes bereits zu dem Zeitpunkt vermindern, oder in ihrem gewöhnlichen Verlauf vermindern werden, so ist ein solches Pferd fehlerhaft.

Trotz des etwas altmodischen Klangs der Rechtssprache gilt dieser Entscheid auch heute noch.

Die Royal College of Veterinary Surgeons sowie die British Veterinary Association sind bemüht, ihre Mitglieder vom Gebrauch des Wortes »fehlerfrei« abzuhalten. Der Grund hierfür ist, daß im Laufe der Jahre die Art und Weise, in der die Gerichte die berühmte, vom Baron Parkes festgelegte Definition der Fehlerfreiheit auslegten, die Tierärzte zunehmend beunruhigte. Festzustellen, ob ein Pferd zum gegenwärtigen Zeitpunkt eine Krankheit oder einen Fehler hat, die/der seine natürliche Verwendbarkeit vermindert, ist eines. Sicher zu sein, ob es einen latenten oder geringfügigen Fehler oder krankhaften Zustand hat, der in seinem gewöhnlichen Verlauf die natürliche Verwendbarkeit des Pferdes in Zukunft vermindern wird, ist etwas ganz Anderes.

Ferner gibt es heutzutage so viele fortschrittliche Hilfsmittel zur Diagnostik, daß eine Entscheidung darüber gefällt werden müßte, wieviel Mühe, Zeit und Kosten der Tierarzt verpflichtet ist zu investieren, um irgendwelchen, durch normale klinische Untersuchung nicht feststellbaren Fehler oder krankhaften Zustand zu entdecken.

Aus diesem Grunde gibt es inzwischen eine Verfahrensweise, die Tierärzten empfohlen wird, die ein Pferd im Auftrag eines Käufers untersuchen. Nach der Untersuchung soll dann der Tierarzt entscheiden, ob das Tier sich zum Kauf für einen besonderen Zweck, z. B. als Pony für ein Kind, als Vielseitigkeitspferd, oder als was auch immer, eignet oder nicht. Das Attest wird dem Käufer, nicht dem Verkäufer, ausgehändigt und bezieht sich auf die besonderen Absichten des Käufers hinsichtlich der Verwendung des Pferdes.

# Das kranke Pferd

Es gibt vier hauptsächliche Arten der Gesundheitsstörung. Die erste hat *physikalische Ursachen*, z. B. eine durch Unfall verursachte Verletzung. Die zweite hat *physiologische Ursachen*, z. B. die Fehlfunktion eines Körperteils. Die dritte Art stammt von der *Ernährung*: Sie kann Folge irgendwelchen Ernährungsmangels, oder der Einnahme eines Gifts, wie z. B. verunreinigten Futters oder einer giftigen Pflanze, sein. Die vierte Art wird durch das *Eindringen* eines Erregers oder Parasiten verursacht.

### Die Eindringlinge

Die hauptsächlichen Eindringlinge zeigt Abb. 4. Die dort aufgeführten Bakterien nennt man pathogen, d. h. sie verursachen bei ihrem Wirt Krankheiten. Innerhalb des Pferdedarms gibt es aber auch Millionen Bakterien, die nützlich sind; tatsächlich ist das Pferd von diesen vollständig abhängig, weil sie eine wichtige Rolle bei der Verdauung spielen.

Krankheitserreger

Invasionen durch Bakterien und Viren (die man Krankheitserreger oder Keime nennt) verlaufen ähnlich. Beide sind von Natur Parasiten, da sie im Körper leben und sich vermehren und dabei manchmal den Tod des Wirts verursachen. Wenn diese Organismen in den Körper eindringen, teilt und unterteilt sich jede Zelle so lange, bis sich Millionen davon im Wirt festgesetzt haben. Erst dann machen sie sich bemerkbar und rufen Krankheitssymptome hervor. Die Zeit zwischen Infektion und Entwicklung der Symptome nennt man die *Inkubationszeit*; diese kann wenige Stunden bis mehrere Monate betragen.

Manche dieser Krankheitserreger entwickeln, wenn sie in für sie ungünstige Verhältnisse geraten, eine dicke Schutzschicht und werden zu Sporen. Sporen sind schwer zu vernichten und können jahrelang überleben, während sie auf einen passenden Wirt warten. Einmal im Innern des Wirts,

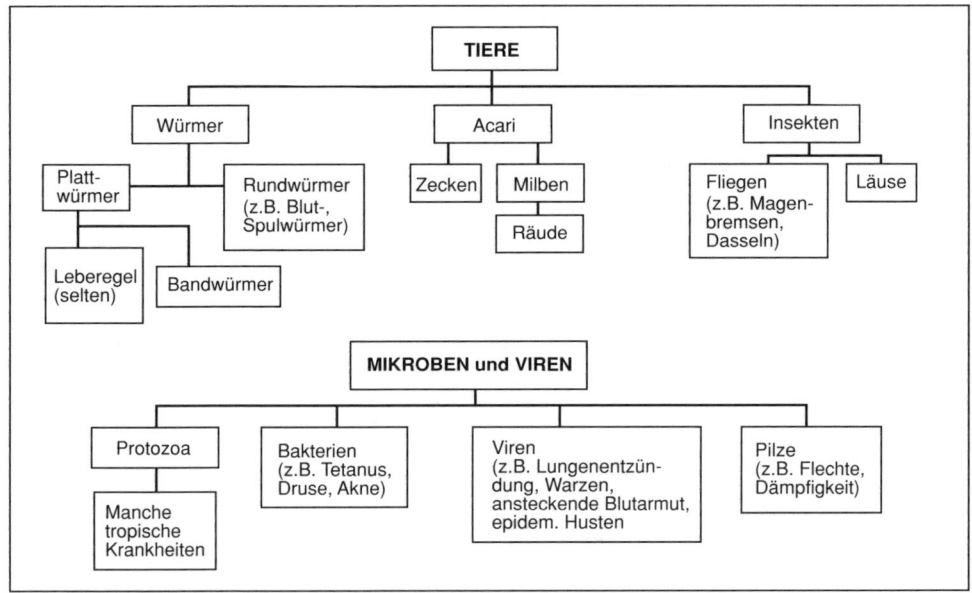

**4** Organismen, die in den Pferdekörper eindringen

überfallen manche Keime den ganzen Körper, andere dagegen beschränken sich auf ein bestimmtes Organ. Ihre Fähigkeit einzudringen, zu überleben und sich zu vermehren ist unterschiedlich; man nennt diese Fähigkeit ihre *Virulenz*. Bakterien mit schwacher Virulenz verursachen örtliche Infektionen wie z. B. Abszesse, während solche mit großer Virulenz in die Blutbahn eindringen und Septikämie (Blutvergiftung) verursachen können. Pferde sind empfindlich gegen manche Keime, gegen andere aber nicht; zum Beispiel können sich Pferde nicht mit der menschlichen Grippe anstecken.

Viele Bakterien und Viren erzeugen Gifte, die man *Toxine* nennt, und diese können sich im Körper ausbreiten. Ein befallenes Wirtstier setzt sein Abwehrprogramm gegen Keime wie auch Toxine in Gang. Man spricht von einem *akuten Anfall*, wenn die Abwehr des Tieres unzureichend und die Krankheit schwer ist. Wenn die Abwehr langsam anläuft und sie die Krankheit lediglich hält, ohne sie zu überwinden, so ist die Krankheit *chronisch*, d. h. sie dauert in geringerem Ausmaß länger an.

Die erste Verteidigungslinie ist die Haut. Die zweite bilden die weißen Blutkörperchen, welche Bakterien überfluten und zerstören können. Dieses Abwehrprogramm kann Entzündung verursachen und Eiter erzeugen; letzterer setzt sich aus den Leichen der Kämpfer zusammen. Außer den weißen Blutkörperchen kann der Körper auch andere Abwehrmittel entwickeln. Diese heißen *Antikörper* und können jeweils nur eine Art Krankheitserreger bekämpfen. Sie bilden sich nur dann, wenn das Tier diesem besonderen Krankheitserreger begegnet. Weitere, *Antitoxine* genannte Abwehrmittel entstehen, um die von den eingedrungenen Keimen erzeugten Toxine zu bewältigen. Man nennt ein Tier *immun* gegen eine Krankheit, wenn es sie durchgemacht und die spezifischen, diese Krankheit bekämpfenden Abwehrmittel entwickelt hat. Eine solche erworbene Immunität hält unterschiedlich lange, in manchen Fällen das ganze Leben.

Einige der hauptsächlichen Eindringlinge und ihre Auswirkung

| Tiere | | |
| --- | --- | --- |
| Krankheit | Ursache | Symptome |
| Zecken | Zecken | Juckreiz |
| Räude | Milben | Intensiver Juckreiz, Hautkrustenbildung, Haarverlust |
| Ohrräude | Ohrmilben | Kopfschütteln, Unruhe |
| Herbsträude | Herbstgrasmilben | Unruhe, Stampfen, schuppige Beine |
| Läuse | Läuse (Lausei = Nisse) | Juckreiz, gelegentlich Haarverlust, Kümmern |
| Magenbremsen | Magenbremsen | Kümmern |
| Dasselbeule | Dasselfliegen | Schwellungen am Rücken im Frühsommer |
| Leberegel | Leberegel | Kümmern, Wachstumshemmung, Blutarmut |
| Bandwurm | Bandwurm | Kümmern |
| Spulwürmer | Askariden | Wachstumshemmung und Lungenschäden bei Fohlen |
| Pfriemenschwänze | *Oxyuris* | Zu Schweifscheuern führender Juckreiz |
| Lungenwürmer | *Dictyocaulus* | Husten |
| Blutwürmer | *Strongylus* | Kolik, Kümmern, Blutarmut, schlechtes Fell |
| **Mikroben und Viren** | | |
| Flechte | Hautpilze, meist der Gattung *Trichophyton* | Kreisförmige Areale hochstehender Haare, fortschreitende Kahlheit |
| Dämpfigkeit, Lungenasthma | Pilzallergie | Husten, Atemnot |
| Abort | Pilzbefall | Verfohlen |
| Wundstarrkrampf | Toxine der Tetanusbakterien | Zuckungen, gestreckte Haltung |
| Druse | Spezifische Bakterien | Nasenausfluß, Abszesse zwischen Kieferknochen und Halsdrüsen |
| Hinterkopf-, Genickfistel | Brucellose-bakterien | Infektion der entsprechenden Bereiche |
| Akne | Bakterien | Rauhe Haut mit wunden Stellen |
| Ansteckende Gebärmutterent-zündung (Conta-gious equine metritis ⟨C. E. M.⟩) | Ansteckung mit spezifischem Bazillus | Ausfluß aus Vulva |
| Lungenentzündung | Virusinfektion u. v. a. m. | Entzündete Lunge, Fieber |
| Pferde-Influenza (Epidemischer Husten) | Spezifisches Influenza-Virus | Husten, Appetitlosigkeit, Nasenausfluß, Fieber |
| Erkältung | Viren | Husten, Nasenausfluß |
| Ansteckende Blut-armut (anzeigepflich-tig, wird durch sog. Coggins Test nachgewiesen) | Spezifisches Virus | Fieber, Schwäche |
| Warzen | Papova-Virus | Kleine Hautwucherungen |
| Sarkoiden | Papova-Virus | Unangenehme Hautauswüchse, die sich oft ausweiten und bluten |
| Bläschenausschlag, Koitalexanthem | Herpes-Virus | Wundstellen an Vulva bzw. Penis |

Manche Krankheitserreger lassen sich im Laboratorium kultivieren, abtöten und dem Wirtstier zufügen. Dieses erwirbt dann Immunität, indem es die notwendigen Antikörper erzeugt. Die abgetöteten Keime werden als *Vakzin* aufbereitet; da sie tot sind, können sie sich nicht vermehren, sie rufen nur unerhebliche Symptome hervor und der Wirt kann sie leicht bekämpfen.

Bei manchen Krankheiten erzielen abgetötete Keime nicht die gewünschte Wirkung und das Vakzin wird mit lebenden Keimen, die man geschwächt hat, zubereitet. In manchen Fällen ist es notwendig, die Impfung zunächst nach kurzer Zeit und dann regelmäßig in längeren Abständen zu wiederholen.

Je nach Art des Vakzins wird es geschluckt, gespritzt oder auf die angekratzte Haut aufgetragen. Bei manchen Krankheiten benutzt man modifizierte Toxine als Vakzin. Nach der Impfung braucht das Wirtstier Zeit, um Immunität aufzubauen. Falls sofortiger Schutz notwendig ist, wird man Blutserum spritzen. Solches Blutserum gewinnt man von einem Tier, das eine sehr kräftige Immunität aufgebaut hat, so daß das Serum die krankheitsspezifischen Antikörper enthält. Dieses *Hyperimmunserum* verleiht nur vorübergehenden Schutz. Fohlen erwerben eine ähnliche, vorübergehende Immunität von der Mutter durch die Kolostralmilch. Manchmal erfordert eine Situation sowohl sofortigen als auch langfristigen Schutz. Zu diesem Zweck kann man eine Dosis verabreichen, die beides – Hyperimmunserum und Vakzin – enthält.

Die Eindringlinge kann man von außen her angreifen, indem man Antiseptika und Desinfektionsmittel anwendet. (Für praktische Zwecke sind diese synonym, weil beide Krankheitserreger vermindern oder zerstören.) Desinfektionsmittel sind meist stärker und aggressiver und werden benutzt, um an Geräten oder Stallung – im Gegensatz zum Körper des Pferdes – Kei-

me zu vernichten. Den Namen »Antiseptikum« verwendet man im allgemeinen nur für Präparate, die vielleicht lediglich die Vermehrung der Keime eindämmen, dafür aber ohne Gefahr an infizierten Wunden verwendet werden können, weil sie den Heilungsprozeß nicht hemmen.

Ein Antibiotikum, beispielsweise Penicillin, ist eine chemische Substanz, die Bakterien tötet oder ihre Vermehrung verhindert. Sulfonamide können auch angewendet werden, um die Aktivität von Bakterien zu hemmen, und sie werden manchmal zur Behandlung bestimmter bakterieller Infektionen eingesetzt.

## Parasiten

Wie die Tabelle S. 22 zeigt, werden Krankheiten nicht nur durch Bakterien und Viren, sondern auch durch Pilze verursacht. Diese, wie z. B. Flechte, können sich auf der Oberfläche der Haut befinden, oder an anderen Stellen, wie z. B. auf der Innenwand der Lunge oder anderer Teile der Atemwege, oder in den Genitalwegen. Die übrigen Parasiten stammen aus dem Tierreich und schließen Acari (Zecken und Milben) sowie Insekten (z. B. Läuse) mit ein. Weil diese das Pferd von außen her angreifen, heißen sie *Ektoparasiten*. Zu den Insekten gehören Fliegen, die Eier an den Pferden ablegen; die Eier entwickeln sich zu Larven, die dann als *Endoparasiten* im Innern des Pferdes ihren Lebenszyklus fortsetzen. Das Pferd leidet auch unter Würmern, darunter Plattwürmer (wie z. B. Leberegel und Bandwürmer) und Rundwürmer; letztere sind seine Hauptfeinde.

## Krankheitssymptome

Ein Symptom ist ein Hinweis darauf, daß etwas nicht stimmt. Es ist ein Warnsignal, das zur Nachprüfung anregen sollte.

### Verhalten

Oft ist das erste Anzeichen einer Krankheit eine Änderung im Verhalten – irgendwelche Abweichung vom normalen Verhaltensmuster eines bestimmten Pferdes. Die für das Pferd verantwortliche Person muß sich fragen, wodurch diese Änderung im Verhalten verursacht wird. Ist sie äußerlichen Vorkommnissen, oder irgendetwas im Körper bzw. in der Seele des Tieres zuzuschreiben?

Eine trächtige Stute unmittelbar vor der Geburt und ein Pferd mit Kolik können ähnliche Symptome zeigen. Man sollte sich jede ungewöhnliche Aktivität merken. Normalerweise ist das Pferd aufmerksam und interessiert. Jede Trägheit oder Lustlosigkeit muß als Warnzeichen gelten. Sie könnte ein Hinweis auf Schmerzen oder auf sonst etwas sein.

## Appetit

Ein Pferd, das nicht zur Krippe eilt, oder sein Futter nicht vollständig aufißt, sollte immer mit Mißtrauen betrachtet werden. Manchmal kaut das Pferd das Futter, läßt aber einen Teil wieder herausrutschen, oder es hat Schwierigkeiten beim Schlukken. Die Ursache kann im Futter oder in der Krippe, aber auch im Munde oder im Verdauungssystem des Pferdes liegen. Ein Stallpferd, das mehr oder weniger Wasser als üblich trinkt, ist ähnlich zu betrachten. Allerdings ist zu erwarten, daß ein Pferd an heißen Tagen, oder nachdem es geschwitzt hat, erhöhten Durst hat.

## Bewegungsweise

Verräterische Zeichen können sich offenbaren, während das Pferd frei in der Koppel läuft oder sich im Stall herumdreht, oder während man auf ihm reitet oder es kutschiert. Etwa wenn die Ohren plötzlich nach hinten zucken, oder wenn das Tier den Schweif nach unten klemmt. Vielleicht grunzt das Pferd, wenn man aufsitzt, oder es will sich nicht vorwärts bewegen. Der Schritt mag ungleichmäßig sein, oder das Tier hinkt sogar. Es entlastet vielleicht ein Bein, wenn es im Stall steht. Allerdings ist letzteres nur allgemein verdächtig, wenn es sich um ein Vorderbein handelt.

Wenn das Pferd sich dagegen sträubt, vorwärts zu gehen, steht der Reiter vor einem großen Dilemma. Die Entscheidung, ob es daran liegt, daß das Tier störrisch oder widersetzlich ist, irgendwoher Schmerzen hat, oder die Bewegung als körperlich schwierig oder angsterregend empfindet, ist eine der schwierigsten, die es gibt. Der Reiter muß wissen, wann er bestrafen und wann Verständnis zeigen, wann er ermutigen und wann standhaft bleiben soll. Er kennt sein Pferd am besten.

## Fell

Ein rauhes, starres, stumpfes, gespanntes Fell ist unnatürlich und meist ein Zeichen, daß etwas nicht stimmt. Das Fell sollte weich sein und sich geschmeidig über der Muskulatur bewegen. Außer wenn das Pferd friert, sollten die Haare flach liegen und das Fell glänzen. Man sollte auf rauhe oder vorstehende Flecken, Scheuerstellen oder auf einen Bereich begrenzte Abweichungen achten und außerdem das Pferd auf Schnittwunden, Verletzungen, Bißstellen, Quetschungen und Splitter untersuchen.

## Atmung

Änderungen in der Atmung können im Stall oder im Freien auffallen. Bei Fieber und Infektion steigt die Atemfrequenz. Die Art der Atmung ist auch von Bedeutung: Flache, schnelle Atmung ist kennzeichnend für Infektionen der Atemwege. Umwelteinflüsse wirken sich auch auf die Atemfrequenz aus – z. B. steigt sie bei Hitze und größerer Luftfeuchtigkeit an.

Vielleicht beobachtet man, daß das Pferd hustet, während es ißt oder arbeitet. Es ist wichtig, sich die Umstände sowie die Art des Hustens zu merken, um eine Diagnose zu erleichtern. Falls das Pferd beim Galoppieren mit der Atemluft außergewöhnliche Geräusche erzeugt, ist es wichtig festzustellen, ob diese beim Einatmen oder beim Ausatmen entstehen, wie auf Seite 77, 78 näher erläutert.

## Temperatur

Wann immer man meint, das Pferd fühle sich unwohl, sollte man seine Temperatur messen, weil sie eine der nützlichsten Orientierungshilfen ist. Eine erhöhte Temperatur begleitet in größerem oder kleinerem Ausmaß alle akuten Erkrankungen. Sie weist auch auf Fieber, auf eine örtliche Infektion wie z. B. eine durch die Anwesenheit eines Dorns verursachte oder einen Abszeß, sowie auf Schmerz, ob akut oder allgemein, hin.

Ein Absinken der Temperatur kennzeichnet Blutverlust, Aushungerung, Kollaps, Koma, Hypothermie und manche chronischen Leiden. Eine abweichende Temperatur sollte uns immer veranlassen, den Tierarzt zu rufen.

## Puls

Die Pulsfrequenz ist eine nützliche Hilfe bei der Diagnose einer Krankheit sowie beim Feststellen der Kondition. Die Pulsfrequenz steigt im Falle von Fieber und akutem Schmerz; bei entkräftenden Krankheiten fällt sie.

## Kot und Urin

Wenn der Kot zu hart oder zu weich, streng riechend oder schleimig ist, ist im Verdauungstrakt etwas nicht in Ordnung. Ungewöhnlich gefärbter, trüber oder riechender Urin kann ein Hinweis sein, daß Probleme dabei sind, sich zu entwickeln. Im Zweifelsfall ist eine Kotuntersuchung zu veranlassen.

## Augen

Ein mattes oder halbgeschlossenes Auge ist ein Hinweis, daß das Pferd sich möglicherweise unwohl fühlt. Man sollte besonders auf eine Beschädigung des Auges achten. Die Innenseite des Lids ist eine Membran, dessen Studie sich lohnt, weil sich seine Farbe in Abhängigkeit vom Blutzustand ändert. Ähnlich ist es mit dem Zahnfleisch. Gesunde Pferde sollten regelmäßig untersucht werden, damit jede Veränderung unverzüglich auffällt.

## Knoten, Beulen und Schwellungen

Schwellungen am Pferd lassen sich beim Striegeln leicht finden; an Tieren im Freien ist es viel schwieriger, solche Sachen zu entdecken.

Schwellungen neben dem Kieferknochen können ein Hinweis auf Störungen im Drüsenbereich sein. Gelegentlich sollte man die Innenseite des Munds auf Geschwüre und wunde Stellen untersuchen. Besondere Sorgfalt ist ratsam, wenn ungewohnte Ausrüstung oder Kleidung zuerst in Gebrauch genommen wird, bis die Haut sich abgehärtet hat. Eine wunde oder gescheuerte Stelle läßt sich leichter behandeln, wenn man sie im frühen Stadium entdeckt. Eine Schwellung sollte man auf Wärme prüfen und außerdem die Möglichkeit von Quetschung, Zerrung, Infektion oder Dornen in Betracht ziehen.

Die Beine sollte man sorgfältig überwachen. Die Sehnen, die auf der Rückseite jeder unteren Gliedmaße verlaufen, sollten sich deutlich abzeichnen. Geringfügige Anschwellung oder Aufgedunsenheit um das Fesselgelenk herum ist ein Gefahrenzeichen, das man nicht übersehen darf. Mögliche Ursachen sind ein am Vortag zugezogener Stoß, eine Zerrung, Bewegungstraining auf hartem Boden, oder zu langes Einsperren im Stall. Das Wesentliche ist, als erstes das Symptom zu merken, und als zweites seine Bedeutung zu verstehen.

## Ausflüsse

Nasenausfluß ist häufig das erste Symptom eines Hustens oder einer Erkältung. Er kann aber auch andere Bedeutungen haben, besonders wenn nur ein Nasenloch betroffen ist. Ausflüsse können auch an jeder anderen Körperöffnung – Augen, Ohren, After, Vulva, Vorhaut oder Zitzen – erscheinen: Jeder Ausfluß wird seine eigene Bedeutung haben.

## Erste Hilfe

Ein geringfügiges Problem läßt sich sehr wohl mit Hilfe der im Betrieb vorhandenen

Ausrüstung behandeln. Am häufigsten sind Schnittwunden, kleinere Verletzungen und Abschürfungen, und im Hinblick darauf stellt man die Erste-Hilfe-Ausrüstung zusammen. Sie sollte immer vollständig und griffbereit sein.

Erste-Hilfe-Ausrüstung

Der beste Ort zur Aufbewahrung einer Erste-Hilfe-Ausrüstung ist oben auf dem Arzneischrank in der Sattel- oder Futterkammer. Eine zweite Ausrüstung wird man eventuell für Reisezwecke brauchen. Da es vorteilhaft sein könnte, wenn der Erste-Hilfe-Koffer für Menschen daneben steht, sollte man die Ausrüstung für Pferde deutlich kennzeichnen, z. B. »Erste Hilfe – Pferd«.

Eine saubere Schüssel wird häufig gebraucht. Daher eignet sich eine große Plastikschüssel mit dicht schließendem Deckel als Behälter für die Erste-Hilfe-Ausrüstung. Auf der Deckelinnenseite sollte man deutlich Namen und Telefonnummer des Tierarzts schreiben. Ein sauberes Tuch dient dazu, den Inhalt der Schüssel abzudecken, aber auch um über einem kleinen Tisch oder einem Strohballen ausgebreitet zu werden, wenn man den Inhalt auspackt. Die Ausrüstung könnte sich aus folgenden Teilen zusammensetzen, die gerade bequem in die Schüssel passen sollten:

☐ Schüssel für antiseptische Lösung.
☐ Tuch, auf dem man die Ausrüstung auslegt.
☐ Fertig verdünnte antiseptische Lösung (Reiseausrüstung).
☐ Wundpuder in Kunststoff-Sprühflasche.
☐ Antiseptische Salbe, z. B. Entozonsalbe.
☐ Schere mit abgerundeten Enden und leicht gebogenen Klingen.
☐ Zange oder Pinzette zur Entfernung von Dornen.
☐ Fieberthermometer (mit abgerundetem Ende, 30-Sekunden-Typ).
☐ Kunststoffwatte, 1 kleine Rolle.

☐ Mull, 1 kleine Packung.
☐ Elastische Binde, ca. 6 cm breit.
☐ Breiumschlag (gebrauchsfertig in versiegelter Verpackung).
☐ Wundverbandstoff in versiegelter Verpackung.
☐ Kleingeld für einen Telefonanruf (Reiseausrüstung).

Die Bestandteile der Ausrüstung sind gewissenhaft sauber zu halten. Verbrauchsartikel müssen nach dem Gebrauch ersetzt werden. Viele der Einzelteile kann man vom Tierarzt beziehen.

Zusätzlich zu der Erste-Hilfe-Ausrüstung sollte es auch einen Arzneischrank geben, der unter Verschluß zu halten ist. Der Inhalt eines solchen Schranks ist größtenteils eine Frage des persönlichen Geschmacks, aber folgende Liste könnte nützliche Anregungen geben:

☐ Plastiktüten als Hüllen für Breiumschläge.
☐ Dicker Zellstoff.
☐ Antiseptikum, meist mit Tracerfarbe, in Aerosol-Sprühdose (Falls dieses ein Antibiotikum enthält, wird es nur zwei Jahre verwendungsfähig sein. Vorsichtig anwenden, da das Geräusch das Pferd erschrecken oder zum Treten veranlassen könnte.)
☐ Dose Eutersalbe zur Verwendung als Fersenschutz.
☐ Dose Salbe zur Behandlung von Rissen und ähnlichen Wundstellen an den Fersen.
☐ Husten-Latwerge.
☐ Wurmpulver bzw. -paste.
☐ Kühlende Lotion.
☐ Dose Burowsche Mischung für Breiumschläge (gebrauchsfertige Packung).
☐ Verbandstoff für Breiumschläge.
☐ Fliegenrepellent.
☐ Augensalbe und eine Flasche Augenbad für Menschen.
☐ Adstringierendes Pulver für Paste zur Behandlung der Beine.
☐ Milder Blister.
☐ Einreibemittel.
☐ Dermizidseife für Hauterkrankungen.

☐ Kreppbandagen (keine grobmaschige Baumwolle).

☐ Hufpflegemittel.

☐ Tranquillizer zur Verwendung im Notfall (und am besten im Einvernehmen mit dem Tierarzt).

**Das Verfahren**

Sicherheit

Es ist unbedingt notwendig, das Pferd ruhig aber entschieden festzuhalten. Am besten läßt man es von einer anderen Person halten. Wird es widersetzlich, sollte man ihm ein Halfter anlegen, um größere Kontrolle zu haben. Das Hochhalten eines Vorderbeins kann eine hemmende Wirkung ausüben. Bei der Untersuchung eines Hinterbeins ist es manchmal nützlich, den Schweif fest nach unten zu halten. Man kann ein Pferd auch festhalten, indem man eine Hautfalte am Hals packt. Es wäre sinnlos, wenn Pferd oder Pfleger verletzt würden; notfalls sollte man eine Bremse an der Oberlippe des Pferds anbringen.

Ruhe

Die Helfer sollten beruhigend auf das Pferd einreden, es leise klopfen und streicheln, und ohne Hast oder Getöse arbeiten. Dies schafft eine ruhige Atmosphäre. Sorgfalt ist wichtiger als Geschwindigkeit.

Das Stillen von Blutungen

Es gibt drei Arten von Blutungen (Hämorrhagie). Erstens das Blut, das aus einer (leichten) Schnittwunde austritt; es kommt aus den winzigen Kapillargefäßen im Muskelfleisch und ist nicht weiter schlimm. Die zweite Art fließt langsam und ist dunkelrot; dieses Blut kommt aus größeren Venen und heißt venöse Blutung. Die dritte Art ist hellrot und stammt von einer Arterie; das Blut läuft ungehindert und kann sogar unter dem Druck des Herzschlags herausspritzen. Eine Verletzung, die zu einer Blutung der erstgenannten Art führt, braucht man erst zu behandeln, wenn das Pferd

wieder in der Transportbox oder im Stall ist. Eine Verletzung jedoch, die eine venöse oder arterielle Blutung verursacht, verlangt sofortige Behandlung.

Venöse Blutung läßt sich stillen, indem man ein sauberes Polster, z. B. ein zusammengefaltetes Taschentuch, auf die Wunde legt und mit einer Bandage, einer Krawatte, einem Schal oder einem Gürtel festbindet.

Wenn die Blutung vorwiegend arterieller Art ist, ist sie schwieriger zu stillen. Da die Zeit drängt, kann es notwendig sein, eine provisorische Aderpresse anzubringen. Hierzu wird ein kleines Polster unmittelbar oberhalb der Beinverletzung auf die Arterie gelegt und eine Binde so fest darumherum gezogen, daß die Blutzufuhr unterbrochen wird. Dies läßt sich erreichen, indem man die Binde zunächst lose schnürt und einen Stock darunter setzt; dann dreht man den Stock, bis nichts mehr lose ist, und bindet ihn fest. *Da die Aderpresse das gesamte Blut vom unteren Teil der Gliedmaße abschnürt, sollte man sie nicht länger als ein paar Minuten angezogen lassen.* In dieser Zeit müßte es möglich sein, eine gute Kompresse auf der Wunde anzubringen; man muß aber dafür sorgen, daß die Bandage, die diese festhält, nicht auch wie eine Aderpresse wirkt. Ist die Wunde nicht an einem Bein, so kann es notwendig sein, die Kompresse festzuhalten, bis Hilfe kommt. Das Pferd sollte man warm und ruhig halten, bis es zur Behandlung nach Hause gebracht wird. Falls notwendig muß man Hilfe heranholen, oder das Pferd bis zum nächsten Haus führen und von dort aus den Abtransport organisieren. Im Zweifelsfalle sollte man den Tierarzt rufen, da es nötig sein könnte, die Wunde zu nähen und Tetanusschutz zu verabreichen.

Sauberkeit

Eine verschmutzte Wunde sollte man zunächst mit einem kalten Wasserstrahl abwaschen, wobei man darauf achten soll, das Pferd nicht zu erschrecken. Dann schneidet man die Haare um die Wunde herum weg. Mit in antiseptischer Lösung getränkter Watte reinigt man die Wunde, wobei darauf zu achten ist, daß Schmutz heraus- und nicht hineingerieben wird. Jeder Wattebausch sollte nur einmal benutzt und nie in das Desinfektionsmittel zurückgelegt werden. Wenn die Wunde sauber ist, trocknet man sie mit einem Stück trockener Watte. Dann sprüht man etwas Wundpuder darauf. Für wunde Stellen und Abschürfungen ist eine antiseptische Salbe nützlich. Wenn ein Verband notwendig ist, um Schmutz fernzuhalten, deckt man die Wunde mit (vorzugsweise medizinisch behandeltem) Mull ab und bindet schonend einen Wattebausch darüber fest.

Ersticken

Bei der ersten Hilfe geht es hauptsächlich darum, den Tod durch Blutverlust oder Ersticken (Asphyxie) zu verhindern. Letzteres kommt verhältnismäßig selten vor, etwa wenn man einem Pferd Futter verabreicht, das nach schwerster Anstrengung sehr tief atmet; Futter bleibt im Kehlkopf stecken, was sehr schnell zum Tod führen kann. Wenn ein Pferd sich verschluckt hat, sieht es gequält aus und versucht andauernd zu schlucken; Speichel fließt ihm aus Mund und Nase heraus. Unter solchen Umständen ist Asphyxie unwahrscheinlich. Als erstes ist festzustellen, wo sich das Hindernis befindet. Sitzt es tiefer als der Kehlkopf im Schlund, kann es die Luftzufuhr nicht wesentlich beeinträchtigen. Manchmal läßt sich das Hindernis in der Speiseröhre auf der linken Seite des Halses gerade hinter der Luftröhre, die vorne im Hals verläuft, ertasten und durch Massage bewegen. Man darf dem Pferd nichts einzuflößen versuchen: Es könnte dabei ertrinken, weil die Flüssigkeit in die Lunge läuft. Wenn das Hindernis sich hinten im Rachen befindet, ist es vielleicht möglich, die Zunge des Pferdes seitlich herauszuziehen, eine Hand in seinen Mund zu stecken und das Hindernis zu beseitigen; dabei riskiert man aller-

dings, gebissen zu werden. In anderen Fällen sollte man den Tierarzt rufen.

Knochenbrüche

Vermutet man ein gebrochenes Bein, so sollte man das Pferd an der Bewegung hindern. Weil der Anblick eines Pferdes mit gebrochenem Bein sehr schmerzlich sein kann, sollte man Zuschauer fernhalten und das Pferd irgendwie vor Blicken abschirmen, bis der Tierarzt kommt.

**Grundregeln der Krankenpflege**

Allgemeines

Das Wesentlichste ist, daß das Pferd ruhig und entspannt bleibt. Wenn es keine Bewegung bekommt, muß man die Nahrung drastisch kürzen und so gestalten, daß der Darm gut funktioniert. Als Bestandteile des Futters sind geschnittenes Gras sowie angefeuchtete Kleie und andere leicht abführende Nahrungsmittel nützlich, Möhren und Äpfel sind vorteilhaft, Hafer und Gerste aber zu vermeiden. Man sollte das Pferd mit tiefer Einstreu, Beinbandagen und Decken nach Bedarf warm halten. Dabei soll es reichlich Frischluft, aber keine Zugluft bekommen.

Falls das Pferd einen Schweißausbruch bekommt, sollte man es mit einem alten Frottiertuch abtrocknen und ihm die Ohren »abstreifen«, indem man abwechselnd jedes Ohr sanft um die Basis faßt und die Hand bis zur Ohrspitze gleiten läßt.

Auch das Trinkverhalten des Pferdes sollte man überwachen und es von automatischen Tränken fernhalten. Bei der Fütterung sollte man das kranke Pferd zuletzt versorgen, um zu verhindern, daß man die Krankheit weiterträgt. Wenn ein Pferd keinen Auslauf bekommt, können seine Beine anlaufen. Dies läßt sich lindern, indem man zweimal täglich die Beine gründlich massiert. Man sollte immer in Herzrichtung reiben und anschließend Stallbandagen über Polsterung anbringen, wobei man von unten nach oben wickelt. Vorausgesetzt, daß der Zustand des Pferdes es erlaubt, sollte man es gut striegeln. Einem sehr kranken Pferd ist es aber vielleicht lieber, wenn man es schnell – einschließlich Nüstern, Augen, Vorhaut und Schweifrübe – mit einem feuchten Tuch abreibt. Beim Striegeln muß man darauf achten, daß das Pferd nicht friert. Man kann die obere Türhälfte zumachen und im Winter eine Infrarotlampe verwenden.

Der Beipackzettel jedes Arzneimittels ist sorgfältig zu lesen und genau zu beachten. Da die Anweisungen des Tierarztes auch richtig ausgeführt werden müssen, sollte man sie sorgfältig aufschreiben, um Fehler zu vermeiden. Wie in einem Krankenhaus sollte man die Temperatur, Puls- und Atmungsfrequenzen sowie klinische Notizen auf einem Krankenblatt festhalten.

Die Hygiene ist zu jeder Zeit wichtig, ganz besonders aber beim kranken Pferd. Striegelausrüstung und Futtergefäße sind sorgfältig sauberzuhalten und dürfen für kein anderes Pferd benutzt werden. Das Fell und die Hufe sollten noch besser als üblich versorgt werden. Alle Gegenstände, die man im Zusammenhang mit einem kranken Tier verwendet, sollten von der Ausrüstung für die anderen Pferde getrennt aufgehoben werden. Für die Arbeit mit einem kranken Pferd empfiehlt es sich außerdem, einen sauberen Umhang oder Arbeitskittel anzuziehen.

Die Krankenbox sollte man wie die Abfohlbox so auslegen, daß man sie regelmäßig und gründlich reinigen und desinfizieren kann. Sonne und Wind wirken desinfizierend und man sollte daher eine Krankenbox, die nicht in Gebrauch ist, offenstehen lassen. Bevor man mit Chemikalien desinfiziert, muß das Gebäude vollständig sauber sein; anschließend schrubbt man es mit einer warmen Desinfektionslösung aus. Kreosot ist ein gutes Desinfektionsmittel für unlackiertes Holz. Eine heiße Natriumkarbonatlösung eignet sich gut, um Betonböden zu desinfizieren. Mindestens ein Tag sollte verstreichen, bevor man das Desinfektionsmittel mit sauberem Wasser wieder abwäscht. Ausrüstung, die in einer Desinfektionslösung getränkt wird, sollte mindestens sechs Stunden lang darin eingetaucht bleiben. Es ist immer außerordentlich wichtig, »krankheitsfreie« Bereiche mit sauberem Schuhwerk zu betreten. Es ist daher eine gute Idee, einen Wasserbottich hinzustellen, damit Schlamm von Gummistiefeln abgewaschen werden kann. Die Pfleger sollten auch die Möglichkeit haben, ihre Hände zu waschen.

## Isolation

Alle im Zusammenhang mit Erregern stehenden Krankheiten heißen Infektionen und sind infektiös (ansteckend). Die Wahrscheinlichkeit der Übertragung von einem Tier zum anderen läßt sich durch die Isolation verringern. Es gibt zwei Arten der Isolation: Innerhalb des Hofs, wenn die Krankheit nur durch Berührung übertragen wird, oder außerhalb des Hofs, wenn die Ansteckung auch durch die Luft erfolgen kann. Eine durch Berührung übertragbare Krankheit kann sich auch über mehrere Zwischenträger verbreiten. Wenn man zum Beispiel auf einem mit einer Hautinfektion behafteten Pferd reitet und anschließend den verwendeten Sattel vorübergehend auf einem Sattelbock ablegt. Später nimmt ein anderer Sattel die Erreger von diesem Sattelbock auf und trägt sie weiter. Krankheiten, die nicht hochansteckend sind, lassen sich durch sorgfältige Anwendung der hier erörterten Vorsichtsmaßnahmen unter Kontrolle halten.

Manche Krankheiten werden durch die Luft übertragen. Wenn ein Pferd hustet, streut es Erreger, die in Windrichtung wegschweben können. Auch Vögel und Fliegen tragen Erreger. Im Falle von Krankheiten mit höherer Ansteckungsgefahr ist es am besten, wenn die Isolierbox sich etwa 400 m windabwärts vom Hof befindet. Dies erhöht die Wahrscheinlichkeit, daß man die Krankheit vom Hof selbst fernhält. Eine solche Box läßt sich auch für Besuchs-Pferde wie auch für Neuankömmlinge während der ersten vierzehn Tage verwenden.

## Behandlungsmethoden

### Der kalte Wasserstrahl

Im Falle von Quetschung oder Zerrung des Gewebes lassen kalte Kompressen die Blutgefäße schrumpfen. Am ersten Tag nach einer Verletzung können Kälte und Druck notwendig sein, um die Schwellung einzuschränken. Danach aber ist Wärme erforderlich, um den Heilungsprozeß zu unterstützen. Kälte läßt sich leicht mit fließendem Kaltwasser erzeugen. Während ein Helfer das Pferd am Halfter hält, läßt man das Wasser sehr langsam vom Schlauch fließen, zunächst auf den Boden, dann auf den Huf und anschließend allmählich am Bein hoch. Dies sollte man zehn Minuten lang fortsetzen. Mehrere Behandlungen am Tag sind notwendig; zwischen den Behandlungen bringt man einen Druckverband an. Wenn man das Pferd entsprechend unterbringen kann, z. B. in einer Transportbox oder einem Anhänger, kann man ihm erlauben, aus einem Heunetz zu essen, während der Schlauch an seinem Bein festgebunden bleibt. Als Alternative zum kalten Wasserstrahl könnte man u. a. das Pferd im Fluß oder im Meer stehen oder laufen lassen.

### Kalte Verbände, Massage und Adstringentien

Eine Eispackung läßt sich herstellen, indem man Eiswürfel in einem Tuch mit einem Hammer oder einer Nudelrolle zerdrückt und das zerdrückte Eis in eine Plastiktüte schüttet. Man umwickelt das Bein mit einer dünnen Schicht Zellstoff, um Kältebrand an der Haut zu verhindern, und bindet dann den Plastikbeutel mit dem Eis darüber fest. Verschiedene Verbandarten zeigt Abb. 5.

Zusätzlich zu kalten Bandagen sprechen manche Schwellungen und insbesondere solche, bei denen die Beine anlaufen, gut auf Massage an. Die Beine sollte man herzwärts nach oben massieren. Die Anwendung von Seifenlauge, Babylotion oder -öl hilft, die Reibungsspannung zu verringern. Wechselweise heiße und kalte Kompressen wirken auch wie eine Massage.

Die Beine mancher Pferde, besonders wenn sie auf hartem Boden galoppieren oder springen müssen, neigen dazu, nach der Arbeit anzulaufen. Dieser Zustand läßt sich lindern, indem man nach der Arbeit eine kühlende Lotion anwendet, oder abends ein verdünntes adstringierendes Liniment einreibt. Im allgemeinen sollte man über solche Einreibemittel keinen Verband anbringen, da sonst Hautblasen entstehen können. Um das Anlaufen der Beine vorzubeugen, gibt es ein nützliches Adstringens in Pulverform. Dieses Pulver verrührt man mit Wasser zu einer Paste, die man dann mit einem Spatel oder dem Griff eines Löffels aufträgt. Zunächst feuchtet man das Fell an, dann trägt man die Paste zuerst gegen und anschließend mit dem Haarstrich auf. Da die Paste sich verfestigt, kann das Pferd damit zuhause arbeiten; wenn das Tier gepflegt aussehen soll, läßt sich die Paste wieder abwaschen.

### Breiumschläge

Wärme erhöht die Durchblutung von Körpergeweben und kann dadurch die Heilung von Verletzungen fördern. Ein Breiumschlag hilft auch, sich bildenden Eiter in ein Geschwür zusammenzuziehen. Bei einer Wunde ist daher ein Breiumschlag oft nützlich, eine Eispackung dagegen bei einer Quetschung, ein Adstringens zur Verringerung von Schwellungen.

Imprägnierte Watte, gebrauchsfertig verpackt und mit Gebrauchsanweisung versehen, ist im Handel erhältlich. An ihrer Stelle kann man auch einen Breiumschlag aus Tonerde oder einem anderen entzündungshemmenden Mittel anwenden. Der Vorgang ist einfach. Man lockert den Deckel der Dose, die das Mittel enthält, und stellt

**5** Bandagen

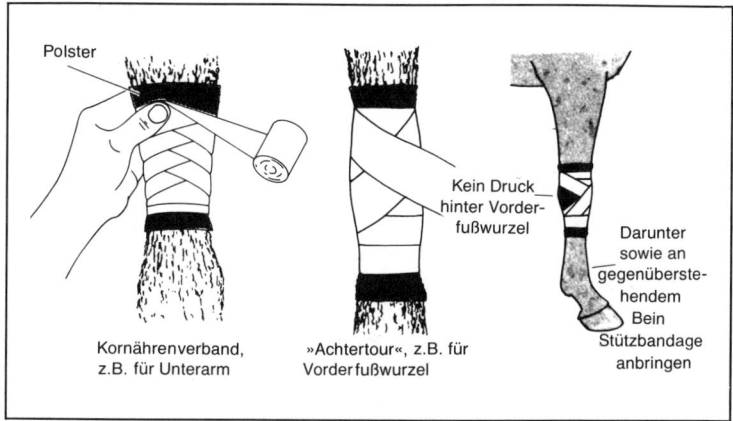

Polster

Kornährenverband,
z.B. für Unterarm

»Achtertour«, z.B. für
Vorderfußwurzel

Kein Druck
hinter Vorder-
fußwurzel

Darunter
sowie an
gegenüberste-
hendem
Bein
Stützbandage
anbringen

sie dann für einige Minuten in eine Schüssel mit kochendem Wasser, bis die Paste so heiß ist, wie man sie auf dem Handrücken ertragen kann. Dann trägt man etwas Paste auf ein Stück Leinwand auf, deckt sie mit Gaze ab und legt das ganze auf die Wunde. Man deckt den Breiumschlag anschließend mit Plastikfolie ab, damit er an der Wunde und nicht an der Luft zieht. Darüber legt man ein Stück Zellstoff oder ein ähnliches Polster, um die Wärme zu halten, und schließlich bindet man alles fest. Ein solcher Verband wird meist morgens und abends gewechselt.

Für eine Verletzung oder Wundstelle auf der Hufsohle bevorzugen manche einen Kleieumschlag. Kochendes Wasser vermischt mit Antiseptikum gießt man über Kleie, bis eine krümelige Konsistenz entsteht: Wenn man die Kleie zerdrückt, sollte keine überschüssige Feuchtigkeit austreten. Die Mischung läßt man abkühlen, bis sie der Handinnenfläche erträglich ist, und füllt sie in mit Plastikfolie ausgelegte Jute. Der zu behandelnde Huf wird in die Kleiemischung gestellt und der Umschlag um das wattierte Bein festgemacht. Ordentlicher sieht es aus, wenn man anschließend eine Stallbandage anbringt. Den Umschlag sollte man abends und morgens erneuern. Das Antiseptikum überdeckt den Geruch der Kleie, so daß das Pferd keinen Versuch macht, sie zu essen.

Für eine Stichwunde verwendet man manchmal einen Breiumschlag aus einer Mischung von Magnesiumsulfat und Glyzerin.

Gleich welche Art Breiumschlag verwendet wird, gibt es eine Situation, die besondere Vorsicht erfordert. Wenn eine offene Wunde über einem Gelenk liegt, besteht die Möglichkeit, daß die Gelenkkapsel verletzt ist. In solchen Fällen sollte man nie einen Breiumschlag verwenden, da er die Gelenkflüssigkeit entziehen könnte.

Falls das Pferd mehr Gewicht auf das gesunde Bein als auf das verletzte verlegt, sollte man ersteres mit einer Stützbandage versehen.

Heiße Umschläge

Diese Umschläge sind eine praktische Methode, Wärme an einer Stelle zu erzeugen, an der ein Breiumschlag nicht leicht anzubringen wäre. Die Behandlung sollte jeweils ca. 20 Minuten dauern und mehrmals am Tag wiederholt werden. Man bringt einen Eimer und einen Topf mit heißem Wasser zum Pferd. Dann mischt man heißes und kaltes Wasser, bis eine Temperatur erreicht ist, die für den menschlichen Ellbogen gerade erträglich ist. Zwei Handvoll Magnesiumsulfat dürfen hinzugefügt werden. Dann tränkt man ein Tuch, z. B. ein altes Frottiertuch, in dem Wasser, drückt es aus und legt es für ein, zwei Minuten auf die

Stelle. Solange der Vorgang wiederholt wird, hält man die oben beschriebene Wassertemperatur konstant.

## Fußbäder

Offene Wunden am Fuß brauchen möglicherweise regelmäßige Wärmeanwendungen. Diese lassen sich durch Fußbäder verabreichen. Die Vorbereitungen dazu gleichen denen für heiße Umschläge, außer daß man einen nichtmetallischen Eimer oder Bottich verwendet. Etwas Antiseptikum und soviel Magnesiumsulfat, wie sich auflöst, dürfen dem Wasser hinzugefügt werden, wobei eine gesättigte Lösung entsteht. Den Fuß des Pferdes stellt man in den Bottich bzw. den Eimer. Wenn der Wasserspiegel nicht höher als der Huf ist, darf das Wasser heißer sein. Im allgemeinen aber ist es einfacher, wenn das Wasser handwarm ist. Sollte das Pferd zögern, seinen Fuß hineinzutauchen, spritzt man zunächst warmes Wasser sachte über das Bein, bis das Pferd bereit ist, es in den Eimer herunterzulassen. Ein Bad sollte ca. 20 Minuten andauern und mindestens zweimal täglich wiederholt werden.

## Dampfbäder am Kopf

Wenn Ausfluß aus den Nüstern läuft, kann man ein Dampfbad verabreichen. Zur Vorbereitung legt man eine Handvoll Heu in einen Kunststoffeimer, den man in einen alten Sack gestellt hat. Auf das Heu tröpfelt man eine Benzoetinktur oder Eukalyptusöl. Kochendes Wasser wird über das Heu gegossen, damit es dampft. Man führt den Kopf des Pferdes in den Eingang des Sacks und hält ihn mehrere Minuten lang dort. Dann gießt man mehr heißes Wasser über das Heu und wiederholt den Vorgang. Von Zeit zu Zeit wird das Pferd eine Pause brauchen. Im Falle von schwerem Katarrh können zwei Dampfbäder täglich notwendig sein. Bei Lungenentzündungen sollte man den Sack weglassen, weil er die Frischluftzufuhr einschränkt.

Nach dem Dampfbad wird das Heu durch Nasenausfluß kontaminiert sein und sollte verbrannt werden. Eimer und Sack müssen mit kochendem Wasser sterilisiert werden.

Das Futter für Pferde, die mit Dampfbädern behandelt werden, verabreicht man am besten in Bodenhöhe, um den Ausfluß zu fördern. Man kann etwas eukalyptusöl- oder mentholhaltige Salbe im äußeren Ende der Nüstern anbringen. Falls der Ausfluß eine wunde Stelle verursacht, sollte man die Haut mit Vaseline oder Baby-Wundcreme schützen.

## Latwerge

Diese zwar altmodische Paste bleibt ein nützliches Mittel, um einen Husten zu lindern. Meist zieht man die Zunge des Pferdes heraus und schmiert die Paste mit Hilfe des flachen Griffs eines Spachtels darauf. Die Behandlung wiederholt man mindestens zweimal täglich.

## Das Einflössen flüssiger Arzneimittel

Einem Pferd flüssige Medizin zu verabreichen, kann ein schwieriges Unterfangen sein. Manche Pferde schlucken sie ohne weiteres. Da aber andere nicht so bereitwillig sind, ist es ratsam, Vorsorge zu treffen. Den Kopf des Pferdes sollte man anheben, damit man ihm die Flüssigkeit in den Hals laufen lassen kann. Bei einem kleinen Pony ist das nicht schwierig, aber die Arme der meisten Menschen sind zu kurz, um ein Pferd so zu behandeln. Man befestigt einen Strick vorne am Halfter in der Mitte des Nasenriemens und führt ihn über einen Balken. Zusätzliche Höhe gewinnt man, indem man sich auf einen oder zwei Strohballen stellt. Falls kein Balken vorhanden ist, ist das die einzige Möglichkeit. Anschließend kann ein Helfer das Pferd dirigieren und seinen Kopf nach Bedarf heben oder senken. Der beste Behälter für das Arzneimittel ist eine Kunststofflasche. Wenn man eine Glasflasche verwendet, muß der Flaschenhals bandagiert werden für den Fall, daß das Glas durch die Pferdezähne gebrochen wird. Man hebt schonend den Kopf des Tieres und schiebt den Hals der Flasche in den Mundwinkel. Jetzt kann man anfangen, die Flüssigkeit langsam laufen zu lassen. Wenn das Pferd einen Mundvoll geschluckt hat, darf man den nächsten Schluck verabreichen. Falls das Pferd hustet, muß sein Kopf sofort gesenkt werden. Sollte es die Medizin »in den falschen Hals« bekommen, kann sie in die Lunge gelangen und zu einer Lungenentzündung führen. *Wegen der damit verbundenen Risiken sollten flüssige Arzneimittel nur durch eine kompetente Person verabreicht werden.*

## Andere Methoden, Arzneimittel zu verabreichen

Manche Pulver und Granulate lassen sich dem Futter zufügen, aber die Nase und der Gaumen des Pferdes sind sehr empfindlich. Es könnte die Beigabe entdecken und das könnte ihm sein Futter verleiden. Man sollte daher das Futter durch die Zugabe von Äpfeln oder Möhren besonders verlockend gestalten. Wenn das Pferd das präparierte Futter nicht ganz vertilgt, so kann das die Wirkung der Medizin abschwächen. Manche Mittel lassen sich auch dem Trinkwasser beimischen.

Ein zuverlässiges Verfahren, dem Pferd die volle Dosis beizubringen, besteht darin, eine Paste aus Puderzucker vorzubereiten und die Medizin darunterzumischen. Mittels einer großen Spritze ohne Nadel spritzt man die Mischung weit hinten in die Backentasche des Pferdes. Manche Arzneimittel werden heute in Pastenform und bereits in einer Spritze verpackt hergestellt.

Bestimmte Präparate müssen auf die Haut aufgetragen werden und bei manchen von diesen sind Gummihandschuhe notwendig. In jedem Fall ist es ganz wesentlich, die Gebrauchsanleitung zu lesen bzw. den Anweisungen des Tierarztes zu folgen.

## Spritzen

Heute ist es üblich, daß Halter bestimmter Tiergruppen selbst Spritzen verabreichen.

Es ist nicht einfach, einem Pferd eine Spritze zu geben, weil es eine zähe Haut hat und außerdem manchmal die Injektion schlecht verträgt. Wenn dann die Spritze nicht glatt hineingeht und der erste Versuch mißlingt, kann das Pferd bockig werden und beim nächsten Mal widerspenstig sein. Etwas Übung unter Anleitung ist erforderlich.

Manche Spritzen müssen direkt in eine Vene (intravenös) gegeben werden, und dies ist zweifellos Sache eines Tierarztes. Viele Medikamente können aber auch einfach in einen Muskel (intramuskulär) gespritzt werden. Falls der Tierarzt die Verabreichung intramuskulärer Spritzen durch eine erfahrene Person billigt, kann er dieser die sachgerechte Methode beibringen.

## Darmeinläufe und manuelle Entleerung des Enddarms

Um die Bewegung von Kot durch das Rectum zu unterstützen, ist es manchmal nützlich, dieses mit einer Flüssigkeit zu spülen oder zu schmieren. Es gibt auch noch andere Gründe für die Anwendung eines Einlaufs und je nach Fall benutzt man verschiedene Flüssigkeiten. Man bestreicht das abgerundete Ende eines Einlaufmundstücks mit einem Gleitmittel und führt es dann durch den After in das Rectum ein. Zum Einlauf verwendet man meist warme Seifenlauge oder Paraffinöl. Bei einem Fohlen genügt meist die Schwerkraft zur Einleitung, bei einem erwachsenen Pferd muß man manchmal eine Pumpe zu Hilfe nehmen. Einen Einlauf zu geben, ist normalerweise eine Aufgabe für den Tierarzt.

Gelegentlich ist es notwendig, den Kot bzw. das Mekonium im Falle eines neugeborenen Fohlens manuell zu entfernen. Beim Pferd oder Pony benutzt man dazu eine gut eingefettete Hand, bei einem Fohlen aber ist nur für einen kleinen, glatten, gut eingefetteten Finger Platz, wenn man keine Entzündung verursachen will. Im allgemeinen überläßt man die Aufgabe am besten dem Tierarzt.

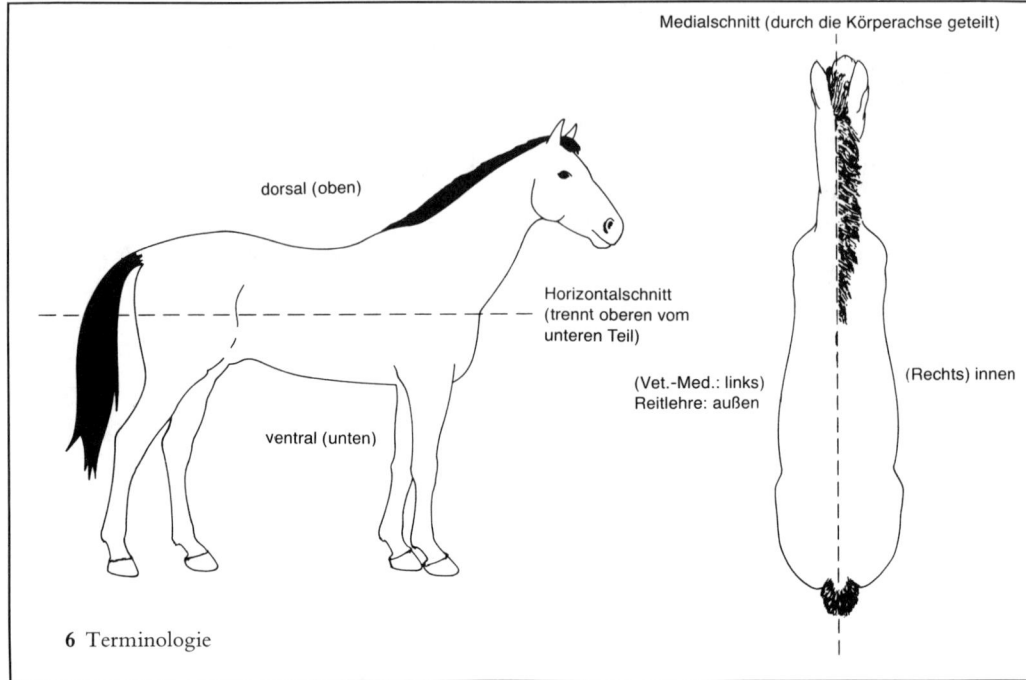

Medialschnitt (durch die Körperachse geteilt)

dorsal (oben)

Horizontalschnitt
(trennt oberen vom
unteren Teil)

(Vet.-Med.: links)
Reitlehre: außen

(Rechts) innen

ventral (unten)

**6** Terminologie

## Behandlungen unter Verwendung von Schläuchen

Einen Magenschlauch benutzt man, um entweder eine große Menge Flüssigkeit, oder eine kleine Menge ohne Verlust in den Magen des Pferdes zu setzen. Der Schlauch ist etwa 3 m lang und ungefähr 12 mm im Durchmesser. Man führt ihn in ein Nasenloch hinein und den Schlund (Ösophagus) hinunter in Richtung Magen. Sollte der Schlauch am Pharynx versehentlich den falschen Weg nehmen, würde er in die Luftröhre geraten; machte man dies nicht sofort rückgängig, so liefe die Flüssigkeit in die Lunge. *Der Magenschlauch darf nur von einem Tierarzt angewendet werden.* Gelegentlich kommt es dabei zu einer geringen Blutung am Nasenloch, die aber meistens unbedeutend ist.

Wenn das Pferd aus irgendeinem Grunde seine Blase nicht entleeren kann, führt der Tierarzt einen dünnen Schlauch (Katheter) durch die Harnröhre in die Blase des Tieres ein.

## Zahnpflege

Bis das Pferd vier Jahre alt ist, sollte man die Zähne zweimal jährlich untersuchen, um sich davon zu überzeugen, daß die Milchzähne die Entwicklung der Dauerzähne nicht hindern. Vom vierten Lebensjahr an sollte man die Zähne ein- oder zweimal im Jahr auf scharfe Kanten untersuchen. Um die Backenzähne (Molaren) zu untersuchen, empfiehlt es sich, ein Sperrinstrument anzuwenden, da das Pferd genug Kraft besitzt, einen Finger zu zerquetschen, falls der Griff an der Zunge verlorengeht. Man muß vor allem darauf achten, daß das Pferd sich nicht ängstigt oder aufregt. Scharfe Kanten an den oberen und unteren Molaren müssen mit einer langstieligen Raspel abgeschliffen werden. Die meisten Pferde nehmen diesen Eingriff hin. Statt des Tierarztes kann auch ein erfahrener Mitarbeiter die Behandlung durchführen, vorausgesetzt, daß das notwendige Werkzeug vorhanden ist und der Ausführende sehr sorgfältig arbeitet und das erwünschte

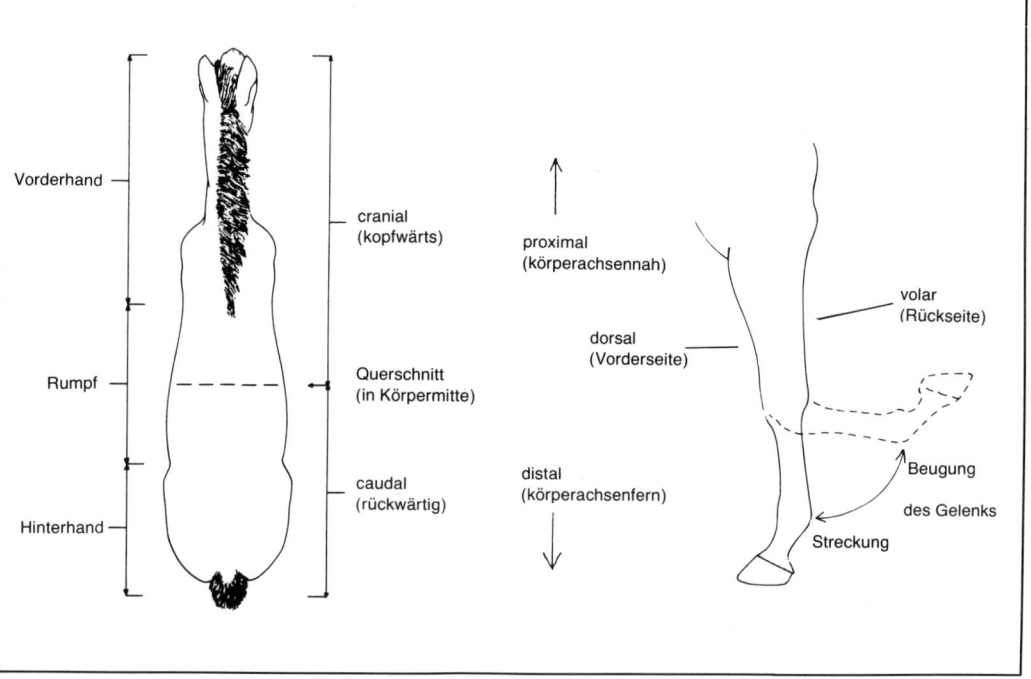

Vorderhand

cranial
(kopfwärts)

proximal
(körperachsennah)

volar
(Rückseite)

dorsal
(Vorderseite)

Rumpf

Querschnitt
(in Körpermitte)

caudal
(rückwärts)

distal
(körperachsenfern)

Beugung

Hinterhand

des Gelenks

Streckung

Ergebnis auch erreicht. Das Abraspeln ist eine Aufgabe für zwei Personen. Man legt dem Pferd das Halfter an und führt es rückwärts in eine Ecke mit Kopf zum Licht. Einer der beiden Ausführenden hält den Kopf des Pferdes und nötigenfalls auch die Zunge fest. Die Raspel muß man in regelmäßigen Abständen in Wasser eintauchen, um die Schneidkanten sauberzuhalten.

Diagnostische Hilfsmittel

Zur Nervenblockade injiziert der Tierarzt ein Betäubungsmittel in die Nähe eines Nerven, um die Empfindung in dem von diesem Nerv versorgten Bereich auszuschalten. Dies dient zur örtlichen Betäubung bei der Behandlung einer Verletzung, aber auch, um eine Diagnose zu erleichtern. Wenn etwa ein Pferd auf dem linken Vorderhuf lahmt und das auch weiter tut, nachdem man die sensorischen Nerven dieses Hufs blockiert hat, kann die Ursache des Lahmens nicht am Huf sein.

Bestrahlungen verwendet man manchmal, um Entzündungen zu hemmen und Hauterkrankungen zu behandeln. Röntgenaufnahmen sind zur Diagnose von Bein- und Hufproblemen besonders nützlich. Röntgengeräte, die leistungsfähig genug sind, um ein den Anforderungen genügendes Bild des Pferdekörpers zu liefern, findet man nur in den größten Pferdeforschungs- und -lehranstalten. Die in der Reitlehre und in der Tiermedizin verwendete Terminologie ist in Abb. 6 erklärt.

Geringfügige Operationen

Die Kastration führt man aus entweder unter Sedierung und einer örtlichen Betäubung, so daß das Pferd stehen bleibt, oder unter einer Vollnarkose, die das Pferd auf ein passendes, sauberes, weiches Substrat zusammensacken läßt. Wenn sich das Pferd unter einer Vollnarkose niederläßt, ist es nützlich, wenn ein kräftiger Mitarbeiter das Pferd an der Leine ruhig hält. Wenn das Tier wieder zu sich kommt, kann es sich sehr leicht erregen. Daher empfiehlt es sich, das Tier in seinen Bemühungen, sich aufzurichten und aufzustehen, allein zu lassen. Doch sollte alles in seiner Nähe gut abgepolstert sein, damit es sich nicht verletzen kann. Nach einer Kastration wird es einige Schwellung geben. Da aber die Wunde ungehinderten Abfluß hat, gibt es normalerweise keinen Anlaß zur Sorge, solange der Patient weiterhin gut ißt.

Ein weiterer, an Stuten häufig durchgeführter, leichter Eingriff heißt Caslicks Operation. Wenn die Vulva einer Stute schlecht ausgebildet ist, können Luft und Bakterien in die Genitalwege eindringen. Während der unter örtlicher Betäubung durchgeführten Operation wird die obere Hälfte der Vulva verschlossen, indem man zwei Einschnitte macht und diese zusammennäht. Trotz der Nähe zum After als möglicher Infektionsquelle verläuft diese Operation meist problemlos.

Noch ein einfacher Routineeingriff ist das Ziehen eines Zahnes. Milchzähne, die den Weg für die Dauerzähne nicht freigemacht haben, lassen sich leicht entfernen. Zum Ziehen von Wolfszähnen (s. Seite 96) bedarf es manchmal einer örtlichen Betäubung. Wenn es sich um einen großen Zahn handelt, wird vielleicht eine Vollnarkose erforderlich sein. Pferde unterscheiden sich sehr darin, welche Eingriffe sie ohne Sedierung hinnehmen. Diejenigen, die ständig mit einem bestimmten Pferd umgehen, können dem Tierarzt sehr helfen, wenn sie ihn genau über dessen Temperament und sonstige Eigentümlichkeiten unterrichten.

## Die Behandlung von Lahmheit

Eine von weichem Gewebe herrührende Lahmheit kann zunächst zur Verminderung der Schwellung mit Kälteanwendungen behandelt werden; später kann man abwechselnd mit diesen Wärme anwenden, um zur Förderung des Heilungsprozesses Blut dorthin zu ziehen. Die Wärme kann durch Brei- oder heiße Umschläge oder durch Ultraschalltherapie erzeugt werden. Nach Abklingen der anfänglichen Schwel-

lung wird man es vielleicht ratsam finden, durch die Verwendung von Gegenreizmitteln weitere Entzündung auszulösen. Die einfachsten Gegenreizmittel nennt man Blister. Die erste Aufgabe lautet, die Haare im betreffenden Bereich zu schneiden. Dann trägt man den Blister gemäß der auf dem Behälter stehenden Gebrauchsanweisung auf. Behandelt man damit eine Sehne, sollte man unterhalb der betreffenden Stelle das Bein mit Vaseline oder Schmalz abdecken, damit der Blister nicht am Bein hinabläuft und die Ferse entzündet. An einem Gelenk sollte man dessen Innenwinkel meiden. Man muß dann dem Pferd einen Halskragen anziehen, damit es am Blister nicht knabbern oder lecken kann. Ähnlich muß man bei einem Blister am Sprunggelenk den Schweif auf halbe Länge zusammenbinden, damit er nicht über dem Blister wischen und diesen auf die Flanken übertragen kann. Bereits vor der Behandlung und für einige Tage danach muß das Pferd auf sehr leichte, abführende Nahrung umgestellt werden.

Die Anwendung von milden Blistern verringert die Strenge der Behandlung; bei diesen ist es nicht immer notwendig, das Fell zu scheren. Im allgemeinen reibt man sie täglich mit einer weichen Zahnbürste ein, bis die Haut schuppig wird. Ein milder Blister ist in den meisten Arzneischränken zu finden, während die Anwendung eines scharfen Blisters eine Sache für den Tierarzt ist. Dieser wird auch über die aktuelle Bewertung dieser Behandlungsmethode Auskunft geben können.

Wenn die Sehne verletzt ist, könnte der Tierarzt entscheiden, daß Brennen (unter Verwendung eines heißen Eisens) die passendste Behandlung ist und daß beide Beine behandelt werden sollten. Wenn ein elektrisch geheiztes Eisen verwendet wird, um eine Reihe tiefer aber kleiner Verbrennungen zu verursachen, heißt dies Nadelbrennen. Als Alternative können flachere »Striche« eingebrannt werden, deren Narben weniger auffällig sind. Zum Brennen kann anstelle eines heißen Eisens eine Säure verwendet werden (Kauterisation). Statt zu brennen, verletzen manche Tierärzte die Sehnen (Sehnenspalten), um zusätzliches Stützgewebe zu gewinnen. Am Nutzen von Brennen und Sehnenspaltoperation sind neuerdings jedoch erhebliche Zweifel aufgetaucht und die Meinung der Tierärzteschaft ist geteilt. Eine weitere Behandlungsmöglichkeit ist das Kohlefaserimplantat, das jedoch noch im Versuchsstadium steht.

Welche Methode auch immer man wählt, um die Beine zu stärken, man muß stets daran denken, daß ein im Stall gehaltenes Pferd, das sich nicht viel bewegen kann, leichte, abführende Nahrung braucht; und außerdem muß das dem verletzten gegenüberstehende, gesunde Bein zusätzliches Gewicht tragen und wird Stützbandagen benötigen. Schließlich – vielleicht erst nach mehreren Monaten – wird das Pferd auf die Weide entlassen. Hier besteht die Gefahr, daß es herumgaloppiert und das beschädigte Bein wieder verletzt. Bei einer Vorderbeinverletzung sollte man die vorderen Hufeisen belassen, die hinteren aber entfernen und die Hufe ausschneiden. Auf diese Weise wird das Pferd hinten sehr empfindlich und ist daher abgeneigt, auch nur zu traben. Ersatzweise kann man zur Dämpfung der Bewegungslust während der er-

sten Tage Drogen einsetzen. Es ist wichtig, das Pferd einige Monate lang auf der Weide zu lassen, da völlige Ruhe die beste Heilmethode für solche Verletzungen ist.

Die Diagnose von Lahmheit

Bei der Diagnose von Lahmheit muß man zuerst herausfinden, welches Bein das lahme ist. Lahmheit kann von Störungen im Rücken herrühren, die Ursache liegt aber meist im unteren Teil des Beins.

Man sollte das Pferd im Stall beobachten. Wenn es den Huf eines Vorderbeins auf die Spitze setzt, ist dies wahrscheinlich die schmerzende Gliedmaße. Man sollte das Pferd nach links und nach rechts wenden; senkt es sich auf einer Seite, bedeutet das, daß es die andere Seite zu schonen sucht. Dann läßt man das Pferd hin- und hergehen und anschließend auf einer ebenen Fläche hin und zurück traben. Der Kopf schnellt hoch, wenn das lahme Vorderbein belastet wird. Das Pferd sollte gleichmäßig ausbalanciert sein, so daß beim Gehen und Traben das Gewicht sich gleichmäßig auf alle Gliedmaßen verteilt. Wenn das Pferd versucht, ein Bein zu schonen, kann es dazu den Kopf und den Hals als Gegengewicht einsetzen. Ein Bein schonen heißt, seine Arbeitslast dadurch zu verringern, daß das Gewicht schnellstens von ihm weg verlagert wird.

Tests zur Ortung von Lahmheit

| Körperstelle | Tests und Symptome |
| --- | --- |
| Huf | Entlastete Extremitäten wärmer als die anderen, lahmer auf hartem Boden, Wärme an der Krone |
| Sehne | Lahmer auf weichem Boden, geschwollen und empfindlich über Sehne |
| Griffelbein | Lahmheit setzt bei Bewegung ein, lahmer auf hartem Boden |
| Vorderfußwurzel | Schwellung, Wärme, bei Beugung Schmerz gefolgt von erhöhter Lahmheit |
| Schulter | Das Bein bewegen und auf Schmerzsymptome achten |
| Sprunggelenk | Hinkt beim Wenden, lahmer auf hartem Boden. Hinterbein 30 sek. lang bis zum Bauch hochhalten, dann loslassen, Pferd wegtraben lassen und auf Lahmheit achten. Dies nennt man den »Spat-Test« |
| Hinterbeinknie | Bein nach vorne entlastet, reagiert auf Betasten |
| Hüfte | Reagiert auf Bewegung des entsprechenden Beins |

Sind beide Vorderbeine lahm, so wird der Schritt kurz und gehemmt, weil ein Pferd versucht, den Schritt einer ungesunden Gliedmaße zu kürzen. Seltener ist ein Hinterbein Sitz der Störung und dann ist sie schwieriger zu diagnostizieren. Bei einem lahmen linken Hinterbein trägt das Pferd die linke Hüfte hoch, senkt aber den Kopf, wenn das lahme Bein das Gewicht übernimmt. Als nächstes sollte man das Pferd auf weichem Boden arbeiten lassen, um zu sehen, ob es dabei besser läuft. Wie auf Seite 37 dargestellt, helfen mehrere Tests, die Lahmheit zu orten.

Hat man einmal festgestellt, welches Bein das lahme ist, muß dieses eingehender untersucht werden. Hierzu ist gutes Licht notwendig. Die Fußwurzel tastet man schonend von allen Seiten ab. Dann hebt man das Bein. Die ganze Länge jeden Griffelbeins muß man fest aber gleichmäßig zwischen den Fingern abtasten. Anschließend behandelt man alle wichtigen Sehnen und Ligamente genau so, wobei man sorgfältig von der Fußwurzel bis zum Fesselgelenk arbeitet. Sollte das Pferd die Ohren zurücklegen, das Bein wegziehen, zucken, oder auf irgendeine andere Weise reagieren, kann es sein, daß die Störung in diesem Bereich liegt. Die Suche muß durch Beobachten und Tasten solange fortgesetzt werden, bis die Ursache geortet ist. Die Fessel muß untersucht werden und anschließend die Ferse. Wärme oder eine wunde Stelle sind vielleicht der einzige Hinweis. Eine winzige Abschürfung kann eine Infektion hereinlassen. Jeder Test muß mit dem gleichen Test am benachbarten Bein verglichen werden.

Der Huf muß untersucht werden, aber erst nachdem man ihn saubergekratzt und mit Wasser geschrubbt hat. Eine Untersuchung kann eine Verletzung der Hufsohle aufdecken. Man sollte auf jeden Nagel mit einem Hammer klopfen und auf den Sitz von Verhornung drücken. Der bisherige Beschlag kann von Bedeutung sein. Findet man die Ursache nicht, so hat man sich entweder im Bein geirrt, oder das Problem liegt oberhalb der Fußwurzel.

Lahmheit zu diagnostizieren ist schwierig und bedarf manchmal der Erfahrung eines Tierarztes. Gute Beobachtungen können jedoch seine Aufgabe erleichtern. *»Ohne Bein kein Pferd.«* *Eine Angelegenheit, die man nicht auf die leichte Schulter nehmen darf.*

## Inhalt

# Die Organ-
# systeme
# des Pferdes

## Systeme des Trage- und Bewegungsapparates

Ein Kennzeichen der höheren Ordnungen des Tierreiches ist, ein Gerüst zu besitzen, das dem Körper Struktur und Gestalt verleiht. Die Teile des Pferdekörpers sind an einem Rahmen, dem Skelett, befestigt, das zwecks Stärke aus Knochen und Knorpel zusammengesetzt ist. Die wesentlichste Stütze des Gerüsts ist die Wirbelsäule, die zusammen mit dem Schädel das Zentralnervensystem schützt. Die Rippen bieten auch den lebenswichtigen Organen etwas Schutz. Außerdem gibt es durch Ligamente zusammengehaltene Gelenke sowie Muskeln, die an einem Ende durch Sehnen an die Knochen befestigt sind, um diese bewegen zu können. Der verletzlichste Teil dieses Systems ist das untere Bein und der Huf; letzterer beansprucht die ganze Aufmerksamkeit des Hufschmieds und einen Großteil der Pferdepraxis des Tierarztes.

Die Aufgabe dieser Systeme ist, ein Traggerüst, Schutz und Bewegung – insbesondere die Fortbewegung – zu gewährleisten.

### Knochen und Knorpel

Das Skelett des Pferdes besteht aus mehr als 200 Knochen. Diese sind so angeordnet, daß sie teils als starre Stützen dienen, teils durch Gelenke miteinander verbunden und mehr oder weniger frei beweglich sind. Vermittels Muskeln, Sehnen und Bändern üben sie Hebelwirkungen aus, welche die Bewegungen von Kopf, Hals, Schweif und Beinen bewirken. Knochen speichern auch Mineralstoffe und enthalten das Mark, in dem sich die Blutzellen bilden.
Knochen sind lebende, mit Blutgefäßen ausgestattete Strukturen. Sie bestehen aus Protein, das sie widerstandsfähig macht,

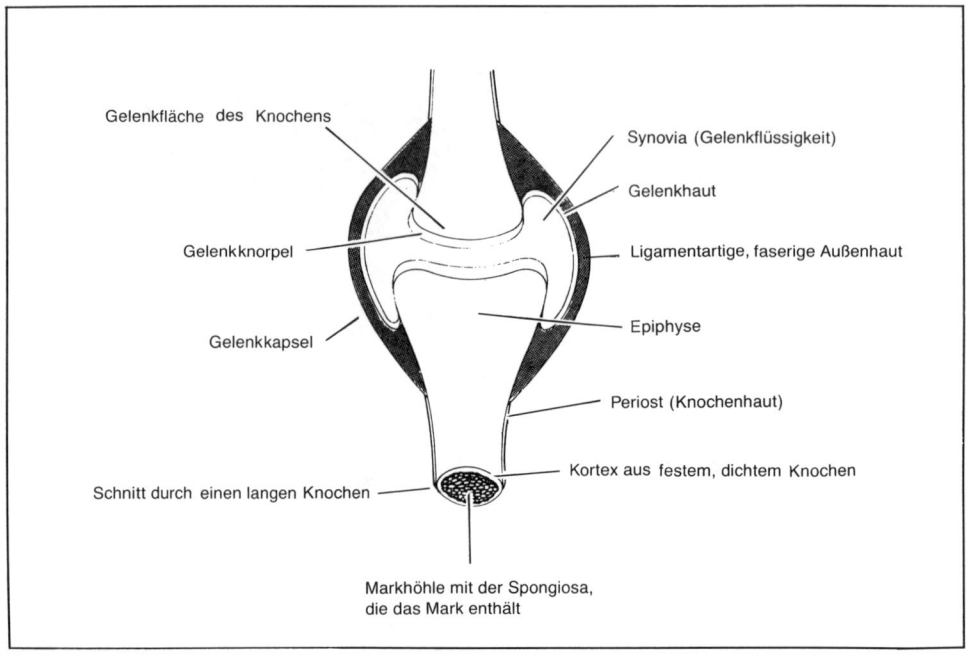

Gelenkfläche des Knochens

Synovia (Gelenkflüssigkeit)

Gelenkhaut

Gelenkknorpel

Ligamentartige, faserige Außenhaut

Epiphyse

Gelenkkapsel

Periost (Knochenhaut)

Schnitt durch einen langen Knochen

Kortex aus festem, dichtem Knochen

Markhöhle mit der Spongiosa,
die das Mark enthält

**7** Knochen und Gelenk

und aus Mineralstoffen, die sie hart und stark machen. Die Knochen junger Tiere enthalten weniger Mineralstoffe und sind infolgedessen weicher. Die hauptsächlichen Mineralstoffe sind Kalzium und Phosphor. Aus diesem Grunde ist es wichtig, daß beide in ausgewogenem Verhältnis in der Pferdenahrung vertreten sind. Ein typischer langer Knochen wie z. B. das Röhrbein besteht auf der Außenseite aus festem, dichtem Knochen, der den Kortex bildet. Im Kortex befindet sich die Markhöhle, die von faserigem Knochenmaterial ausgefüllt ist (Spongiosa), die wie ein Schwamm das Mark enthält. Der Knochen ist von einer Haut (Periost) umhüllt, deren Zellen neues Knochenmaterial bilden können; so erfolgt das Dickenwachstum der Knochen vor allem bei jungen Tieren. In die Länge wächst ein Röhrenknochen an den Verbindungsstellen zwischen Knochen und Gelenkkopf (Epiphyse), die bei jungen Tieren deshalb knorpelig bleiben und erst bei erwachsenen Tieren verknöchern. Die Oberfläche (Ge-

lenkfläche) des Gelenkkopfs stößt an den Gelenkkopf eines anderen Knochens und ist mit einer Knorpelschicht bedeckt. Knorpel hat eine feste, aber elastische Konsistenz, die eine sehr glatte Oberfläche bietet. Knorpel kann sich in Knochen verwandeln, indem sich Mineralstoffe im Gewebe einlagern. Diesen Vorgang nennt man Verknöcherung. Gelenkknorpel verknöchern nur in seltenen, krankhaften Fällen.

**Knochenverbindungen**

Knochen verbinden sich (siehe Abb. 7) auf dreierlei Art miteinander:
1 *Starre Verbindungen*, z. B. die Verbindungen der Schädelknochen.
2 *Gelenkverbindungen geringer Beweglichkeit*, z. B. die Verbindung zwischen den Wirbeln der Wirbelsäule (des Rückgrats).
3 *Freibewegliche Gelenke*, die in verschiedener Form auftreten: Es gibt *Scharniergelenke*, wie z. B. das Fesselgelenk; *Plangelenke*, bei denen Knochen mit flachen Oberflä-

chen übereinander gleiten, wie z. B. das Knie; *Drehgelenke*, die eine Drehung ermöglichen, z. B. das Gelenk zwischen dem obersten Halswirbel (Atlas) und dem zweiten Halswirbel (Epistropheus); außerdem gibt es *Kugelgelenke*, wie z. B. das Hüftgelenk.

Jedes freibewegliche Gelenk beim Pferd ist von einer Kapsel umhüllt, die mit Gelenkhaut ausgekleidet ist. Diese Haut sondert Synovia (Gelenkflüssigkeit) ab, die wie ein Schmiermittel wirkt. Die Außenhaut der Kapsel ist faserig und wirkt wie ein Ligament, indem sie das Gelenk zusammenhält. Ähnliche Kapseln umhüllen vorstehende Knochenenden (wie z. B. den Ellbogen), und diese heißen Bursae (Einzahl Bursa).

Ligamente sind starke Streifen von Bindegewebe, die Gelenke zusammenhalten. Manche befinden sich innerhalb der Gelenkkapsel; die meisten jedoch sind außen, wo sie vorne, hinten und an den Seiten des Gelenks die beiden Knochen verbinden.

## Das Skelett

Das Skelett des Pferdes setzt sich aus Knochen, Sehnen, Gelenken und Ligamenten zusammen. Es besteht aus dem Achsenskelett – Schädel, Wirbelsäulenknochen und Rippen – sowie dem Gliedmaßenskelett – den Beinen.

### Das Achsenskelett

Das Achsenskelett zeigt Abb. 8. *Der Schädel* besteht aus vielen kleinen Knochen, die zusammengefügt sind, um das Gehirn, den Sehnerv, das Innenohr und die Nasengänge zu schützen. Einer der größten Knochen im Pferdekörper ist der Unterkiefer (Mandibel), dessen Scharnier zwischen dem Auge und dem knöchernen Gehörgang liegt. Der Schädel enthält auch die Zähne. Den hinteren Abschluß des Schädels bildet das Hinterhauptsbein, das durch zwei Gelenkhökker mit dem obersten Halswirbelknochen verbunden ist.

Der Hals umfaßt Atlas, Epistropheus und fünf weitere Halswirbel. Die Knochen des Rückgrats (der Wirbelsäule) heißen Vertebrae (Einzahl Vertebra).

Der Brustteil der Wirbelsäule besitzt 18 Brustwirbel, an welche die 18 Rippenpaare angeschlossen sind. Es gibt 8 Paar »wahre« Rippen, die unmittelbar mit dem Brustbein oder Sternum verbunden sind. Noch dazu gibt es 10 Paar »falsche« Rippen, die durch lange Sehnenfortsätze mit dem Brustbein verbunden sind. Das Pferd besitzt kein Schlüsselbein.

Der nächste Teil der Wirbelsäule besteht aus sechs Lendenwirbeln, welche die Lende bilden. Hinter der Lende befinden sich die fünf Kreuzbeinwirbel, die als feste Basis für das Becken zusammengefügt sind und das Kreuz bilden. Außerdem gibt es etwa 15 bis 20 Schweifwirbel.

Die Hals- und Schweifwirbel sind sehr gelenkig miteinander verbunden und verfügen dementsprechend über einen weiten Bewegungsspielraum. Die viel festere Verbindung zwischen den Brust- und Lendenwirbeln läßt dagegen nur wenig Bewegung zu. Wenn wir sagen, daß ein Pferd »seinen Rumpf biegt«, findet in der Tat die meiste Bewegung im Hals statt. Der Eindruck seitlicher Biegung entsteht in Wirklichkeit aus dem Zusammenspiel von Hals, Schultern und Gliedmaßen, während die Wirbelsäule fast gerade bleibt. Da die Rippen dem Pferderumpf fast keinen seitlichen Bewegungsspielraum belassen, bleibt nur die Lendenregion noch etwas beweglich.

Die Wirbel haben Vertikal- und Querfortsätze für den Muskelansatz. Durch die oberen Vertikalfortsätze verläuft ein Kanal, der das Rückenmark beherbergt. Dieses zieht sich vom Gehirn über die ganze Länge der Wirbelsäule hin. Gelegentlich können sich Wirbelknochen etwas gegeneinander verschieben. In manchen Fällen kann man sie anscheinend mit der Hand wieder zurechtrücken. Manchmal verwachsen Wirbelknochen miteinander. Bis der Vorgang abgeschlossen ist, kann er Schmerzen und Leistungsminderung verursachen. Mit der

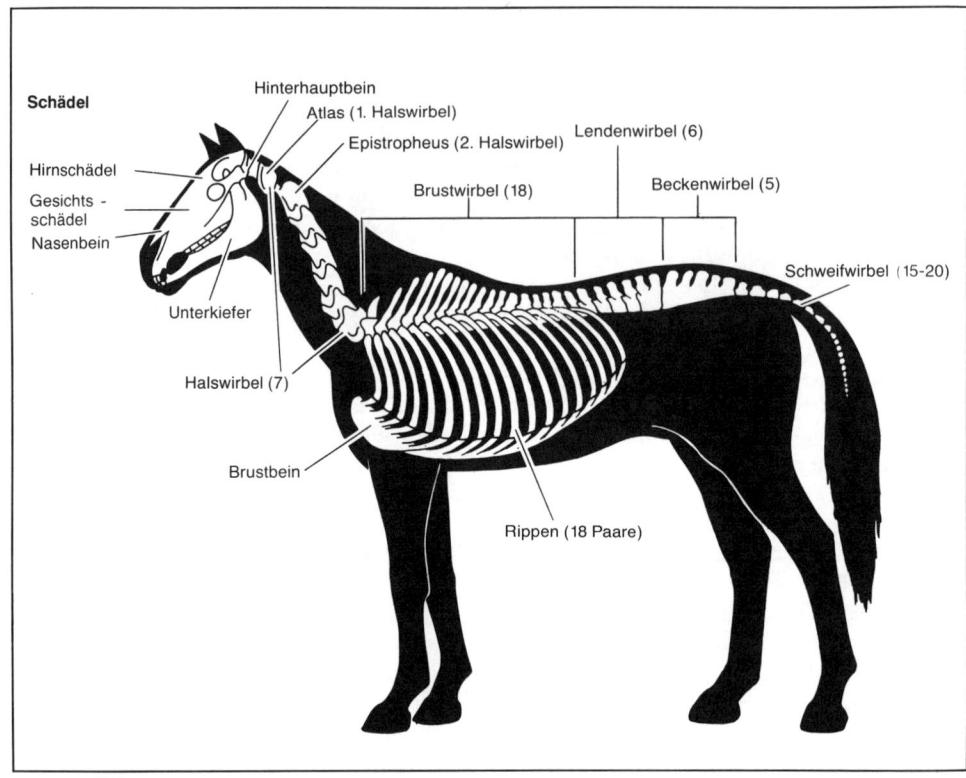

**8** Das Achsenskelett

Zeit aber, wenn die Knochen vollständig zusammengewachsen sind, merkt man dem Pferd keinen Schaden an.

## Das Gliedmaßenskelett

Abb. 9 zeigt die Knochen, welche das Gliedmaßenskelett bilden. Zwischen den Vorderbeinen und dem Achsenskelett des Pferdes gibt es keine Knochenverbindung. Folglich liegt vorne das Gewicht des Pferdes auf Muskeln, Sehnen und Ligamenten der beiden Schulterblätter. Sie bilden eine Schlinge, die den Körper trägt. Diese Anordnung ist Teil des stoßdämpfenden Mechanismus der Vorderbeine. Die anderen Teile dieses Mechanismus sind die Winkel der Schulter- und Fesselgelenke, die zahlreichen Knochen der Fußwurzel und die Struktur des Fußes selbst.

Das Vorderbein fängt mit dem Schulterblatt (Scapula) an, dessen oberer Teil aus Knorpel besteht. Die Scapula verbindet die Schulter mit dem Oberarmbein (Humerus). Das Vorderende des Humerus nennt man den Großen Muskelhöcker. Das hintere (untere) bzw. Distalende des Humerus bildet zusammen mit der Speiche (Radius) und der Elle (Ulna) das Ellbogengelenk; Radius und Ulna sind zu einem Knochen verwachsen und bilden den Unterarm. Von diesen beiden Knochen ist der Radius der Hauptgewichtsträger, während die Ulna nach oben hinausragt und den Ellbogenhöcker bildet (Olecranon- oder Hakenfortsatz). Unterhalb des Unterarms kommt die Fußwurzel (Carpus), die dem menschlichen Handgelenk entspricht. Diese besteht aus zwei Reihen kleiner Knochen; an der Rückseite befindet sich ein kleiner Zusatzknochen, der akzessorische Karpalknochen

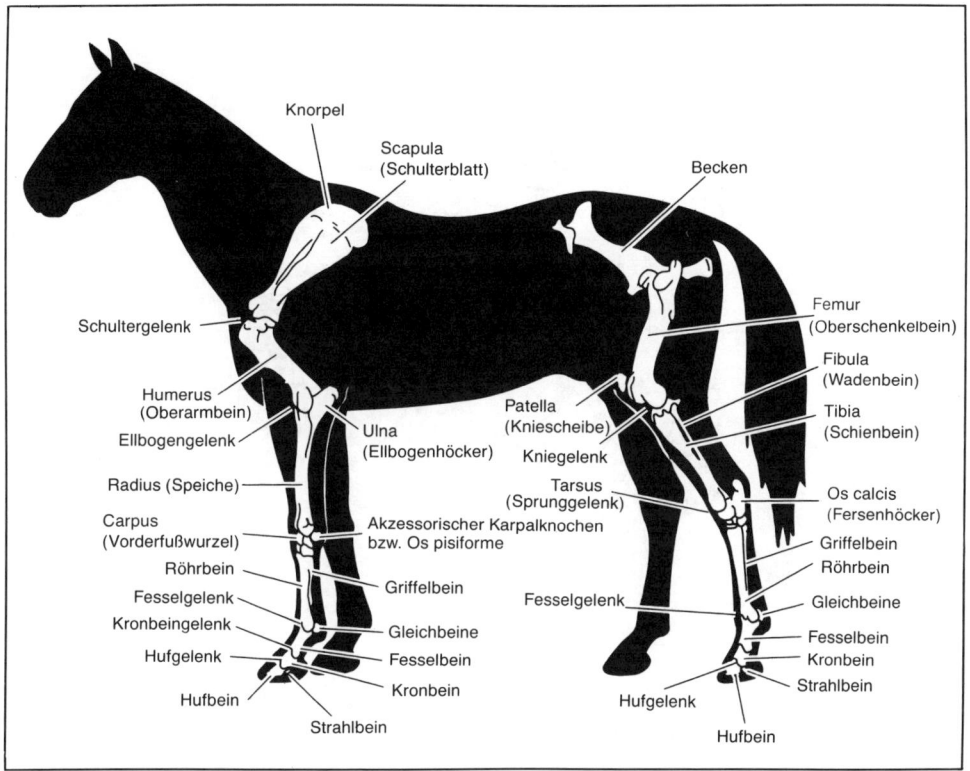

**9** Das Gliedmaßenskelett

bzw. Os pisiforme. Dieser kleine Knochen veranlaßt die Sehne dazu, schräg zu ziehen, um die Fußwurzel (das »Knie«) zu beugen.

Unterhalb der Fußwurzel befinden sich drei Metakarpalknochen; der große mittlere ist das Röhrbein, die kleinen zu beiden Seiten davon die Griffelbeine. Die Röhr- und Griffelbeine entsprechen den drei Knochen, die durch die Rückseite der menschlichen Hand verlaufen (Abb. 10). Die Knochen, die denen des kleinen Fingers und des Daumens entsprechen, sind im Laufe der Evolution verschwunden.

Am Fesselgelenk trifft das Röhrbein auf die Zehe. Diese Zehe entspricht dem menschlichen Mittelfinger. Sie besteht aus drei Hauptknochen (Phalanges): Das Fesselbein (Phalanx proximalis), das Kronbein (Phalanx media) und das Hufbein (Phalanx di-

stalis). Die Verbindung von Fessel- und Kronbein heißt das Krongelenk, die von Kron- und Hufbein das Hufgelenk.

An der Rückseite des Fesselgelenks gibt es zwei kleine Knochen, dessen Zweck es ist, die Beugung des Gelenks mechanisch zu unterstützen. Sie heißen die Gleichbeine (Ossa sesamoidea proximalia). Hinter dem Hufgelenk befindet sich ein weiterer Knochen der gleichen Art, der das Strahlbein (Os sesamoideum distale) heißt.

Das Hinterbein fängt am Beckengürtel an (Abb. 11). Dieser besteht aus den verwachsenen Kreuzwirbeln (Kreuzbein) und den beiden Hüftbeckenknochen (Os coxae), die auf der Unterseite eine knorpelige Verbindung vereint. Jedes Hüftbein setzt sich aus drei verwachsenen Knochen zusammen: dem Darmbein (Os ileum), dem Sitzbein (Os ischium) und dem Schambein (Os pu-

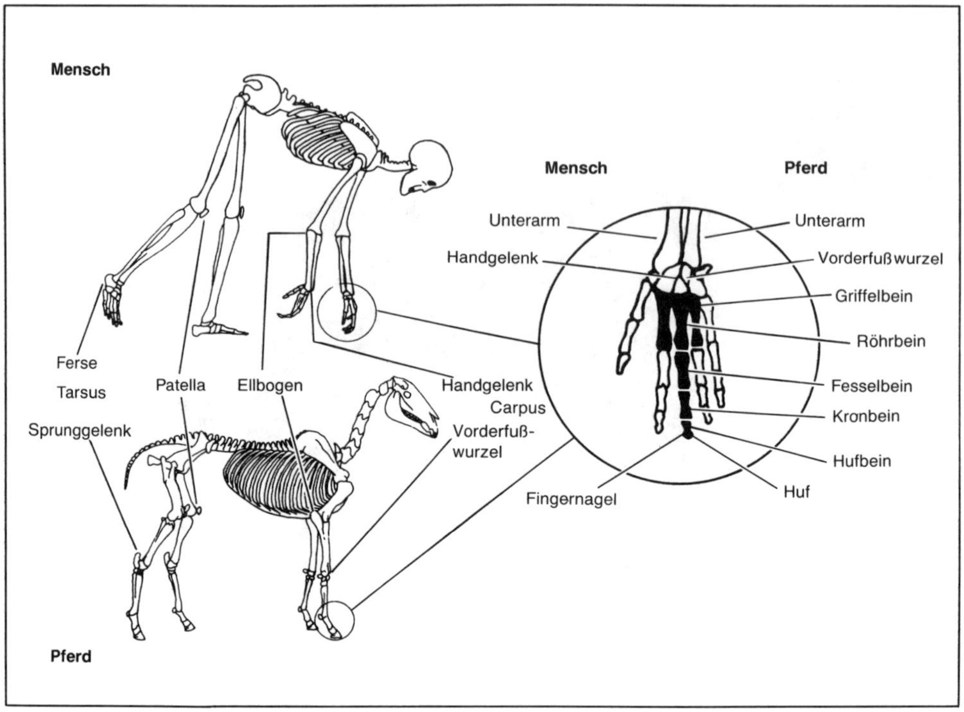

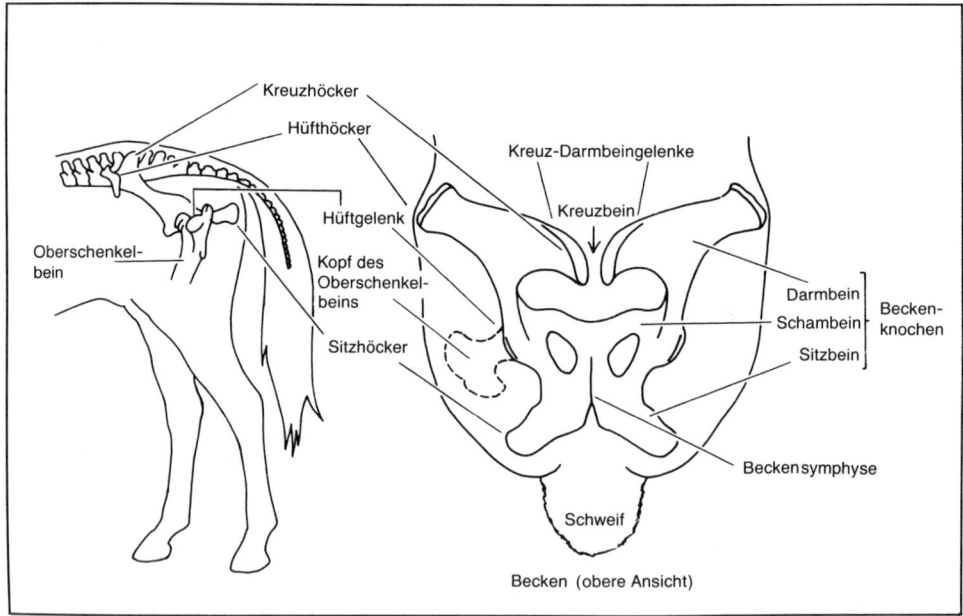

**Mensch**

**Mensch**    **Pferd**

Unterarm —— Unterarm

Handgelenk —— Vorderfuß wurzel

—— Griffelbein

—— Röhrbein

Ferse

Tarsus    Patella    Ellbogen    Handgelenk —— Fesselbein

Carpus —— Kronbein

Sprunggelenk    Vorderfußwurzel

—— Hufbein

Fingernagel    Huf

**Pferd**

**10**  Pferdeskelett und menschliches Skelett im Vergleich

**11**  Das Becken

Kreuzhöcker

Hüfthöcker

Kreuz-Darmbeingelenke

Hüftgelenk    Kreuzbein

Oberschenkel-
bein

Kopf des
Oberschenkel-
beins    Darmbein

Schambein    Becken-
knochen

Sitzbein

Sitzhöcker

Beckensymphyse

Schweif

Becken (obere Ansicht)

44

bis). Das Darmbein trifft das Kreuzbein auf beiden Seiten am Kreuz-Darmbein-Gelenk. Am Vorderende des Darmbeins in der Nähe des Kreuzbeins befindet sich der Kreuzhöcker (Tuber sacrale) und an dessen Außenseite der Hüfthöcker (Tuber coxae). Das Darmbein verbindet sich mit dem Sitzbein am Hüftgelenk. Am Sitzbein ragt der Sitzbeinhöcker (Tuber ischiadicum) nach hinten heraus. Das Schambein ist ebenfalls mit dem Hüftgelenk verbunden und bildet zusammen mit dem unteren Teil des Sitzbeins den Beckenboden. Auf diese Weise bildet das Becken einen geschlossenen Knochenreifen, der die lebenswichtigen Teile des Pferdekörpers schützt. Man glaubt, daß ein langes, flaches Becken sich für hohe Geschwindigkeiten am besten eignet.

Das Oberschenkelbein (Femur) läuft vom Hüftgelenk hinunter zum Kniegelenk. Am Kniegelenk befindet sich ein weiteres Sesambein; dieses heißt Patella und entspricht der menschlichen Kniescheibe. Das Oberschenkelbein trifft auf das Schienbein (Tibia), das zum Unterschenkel gehört. Beim Menschen gibt es neben der Tibia die Fibula (Wadenbein); die Fibula des Pferds ist lediglich ein verkümmerter Rest, der manchmal nicht mehr als 10 cm lang ist. Das Wadenbein läuft bis zur Hinterfußwurzel (Tarsus), die wie die Vorderfußwurzel aus mehreren kleinen Knochen besteht. Die Hinterfußwurzel gleicht dem menschlichen Knöchel. An der Rückseite der Hinterfußwurzel gibt es einen Knochen, der Kalkaneus oder Fersenhöcker heißt; dieser wirkt wie ein Hebel, um das Bein zu strecken. Beim Menschen bildet er die Ferse. Die Knochen unterhalb der Hinterfußwurzel sind mit denen unterhalb der Vorderfußwurzel vergleichbar.

## Die Muskulatur

Beim Pferd gibt es hauptsächlich drei Arten Muskulatur:

1 Kardialmuskulatur, die nur im Herzen zu finden ist.

2 Glatte Muskulatur, die meist in vegetativen Organsystemen wie z. B. an den Wänden des Verdauungstrakts zu finden ist.

3 Skelettmuskeln, das Fleisch des Pferdes, welches dem roten Fleisch entspricht, das wir essen.

Jede einzelne Muskelfaser wird durch einen Nervenast versorgt. Die Muskelfasern sind gebündelt und von Bindegewebe umhüllt. Gereizte Muskeln verringern ihre Länge und erzeugen auf diese Weise Zug. Je mehr Muskelfasern daran beteiligt sind, desto stärker ist der Zug. Für zusätzliche Kraft muß deshalb das Pferd zusätzliche Muskulatur entwickeln. Muskeln sind in Schichten und Bändern sowie – je nach Funktion – in fischgräten- und spindelförmigen Gruppen angeordnet.

Jeder Muskel hat einen Ursprung, wo er mit einem Teil des Skeletts verbunden ist. An seinem anderen Ende trifft er auf einen Ansatz, an dem er mit dem von ihm bewegten Teil des Skeletts verbunden ist. Befindet sich der zu bewegende Knochen weit vom Muskel, gibt es zwischen den beiden eine dichte, faserige Verbindung, eine Sehne. Sehnen sind meist strick- oder bandförmig, manche aber flach wie Platten. Sie sind unelastisch und ihre Blutversorgung ist schlecht. Sie sind auch erheblicher Belastung ausgesetzt, und wenn sie verletzt werden, braucht aus all diesen Gründen die Heilung lange Zeit.

Genauso wie ein Gelenk eine Schutzhülle hat, die eine Gleitflüssigkeit zur Schmierung der beweglichen Teile erzeugt, hat jede Sehne dort, wo sie über ein Gelenk verläuft, eine Hülle, die sie schützt und mit Flüssigkeit versorgt. Und wie ein vorstehendes Knochenende einen Schutzbeutel (Bursa) hat, gibt es an den Sehnen Schleimbeutel, welche die Reibung zwischen Sehne und Knochen verringern.

Um ein Gelenk zu beugen, müssen sich die Beugermuskeln zusammenziehen und die Streckermuskeln nachgeben. Andere Muskeln (Stellmuskeln oder Synergisten) festigen die Haltung des übrigen Körpers. Soll

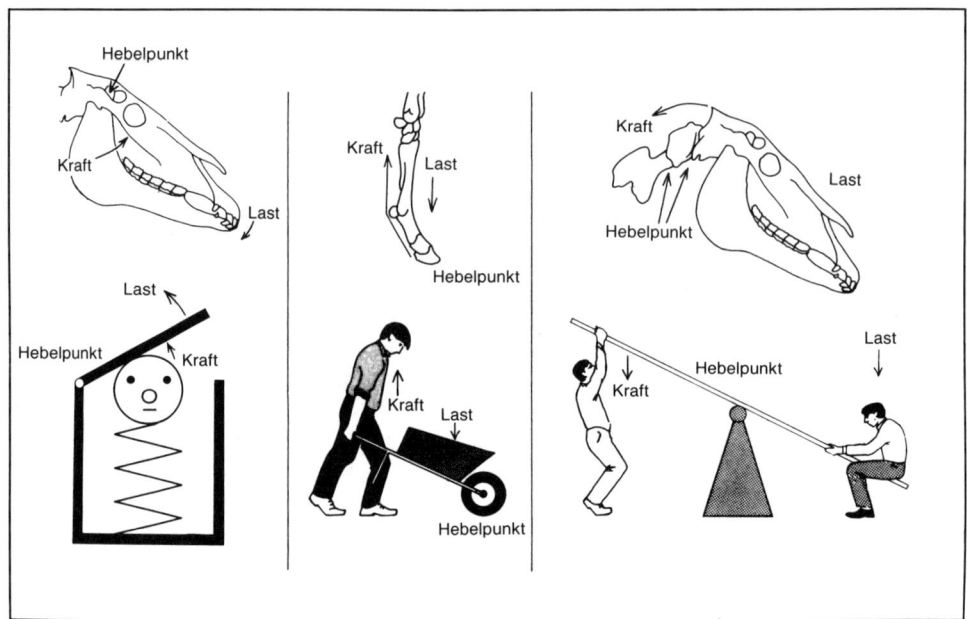

**12** Die Hebelwirkung von Knochen

das Gelenk sich strecken, sind umgekehrt die Streckermuskeln dafür zuständig (Agonisten) und die Beuger (in diesem Fall die Antagonisten) geben nach, wobei wiederum die anderen Muskeln die Stellung des Gliedes zum übrigen Körper festhalten.

Wenn ein Muskel über eine Sehne Zug auf einen Knochen ausübt, kann er die Vorteile der Hebelwirkung auf verschiedenen Wegen ausnützen (Abb. 12).

Die Muskeln des Pferdekörpers sind zu kompliziert, als daß man sie in einem kurzen Sachbuch alle einzeln aufführen könnte. Der Grund hierfür ist, daß es viele, einander teilweise überlagernde Schichten gibt und die Form der äußeren Oberflächenmuskeln zum Teil durch die tiefen Muskeln bestimmt wird. Nur einige der wichtigsten Muskeln, die der Pferdebesitzer kennen sollte, werden nachfolgend aufgeführt und in Abb. 13 gezeigt.

Der *Trapezius* ist der Muskel auf beiden Seiten des Widerrists. Pferde, bei denen diese Muskeln schlecht entwickelt sind, ha-

ben einen hervorstehenden Widerrist und einen sogenannten Hirschhals. Der *Brachiocephalicus* zieht die Schulter nach vorn und ist an seinem Vorderende mit dem Hinterkopf verbunden. Deshalb ist es für ein Pferd leichter, unter Einsatz der Schultern gut zu springen, wenn man ihm soviel Zügel gibt, daß es während des Sprungs Hals und Kopf strecken kann. Wenn in den versammelten Gängen ein raumgreifender Tritt verlangt wird, hebt dieser Muskel die Schulter an und hilft, dabei den Hals nicht nach vorn gestreckt, sondern hochgehalten zu tragen.

Der *latissimus dorsi* verläuft vom Schulterblatt zum Rücken. Die Muskeln, die entlang des Rückens verlaufen, heißen *longissimus dorsi*. Auf ihnen sitzt der Reiter.

Der Ellbogen besitzt Streckermuskeln, die *triceps* heißen, sowie *biceps* genannte Beugermuskeln. Die unteren Gelenke besitzen auch Muskelpaare, die sich aber im Oberbein befinden, damit das Unterbein leichtgewichtig bleibt. Dies ist für hohe Geschwindigkeit vorteilhaft. Die Strecker des Hüftgelenks verlaufen an der Rückseite des Oberschenkels und finden ihren Ansatz an der Kruppe. Am gesunden Pferd sind diese Muskeln sowie deren Unterteilung deutlich zu erkennen.

Laboruntersuchungen an winzigen Gewebestückchen (Biopsie) haben gezeigt, daß es Muskelfasern mit schneller Zuckung und solche mit langsamer Zuckung gibt. Bei einem Rennpferd hat der Anteil beider in seiner Muskulatur Bedeutung für sein Sprintvermögen oder seine Ausdauer.

**Unterbein und Huf**

Ein Mann in schweren Stiefeln ist langsamer als einer, der leichte Turnschuhe trägt. Die natürliche Auslese begünstigt das schnellrennende Pferd, das seinen Feinden entkommt. Entsprechend selektiert sie das Pferd mit leichten Unterbeinen und Hufen

heraus. Der Urahn des Pferdes hatte mehrere Zehen; das heutige Pferd hat nur eine, welche die ganze Last trägt und zuweilen das schwächste Glied ist. Das ist beim Vorderbein besonders der Fall, weil dieses z. B. nach einem Sprung die ganze Last auffängt und im allgemeinen etwa 60% des Gewichts des Pferdes trägt.

Die Hauptlast trägt das Aufhängeligament (Abb. 14), das hinter der Fußwurzel beginnt und an der Rückseite des Beins neben dem Röhrbein bis zum Fesselgelenk verläuft. Ein Teil dieses Ligaments befestigt sich an den Gleichbeinen, der andere teilt sich und läuft beidseits um die Fessel herum.

Die beiden Sehnen, die der Rückseite des Unterbeins entlanglaufen, heißen zusammen die oberflächliche Beugesehne. Unter dieser ist die tiefe Beugesehne, die ein Unterstützungsband besitzt. Letzteres entla-

**13** Die Muskeln

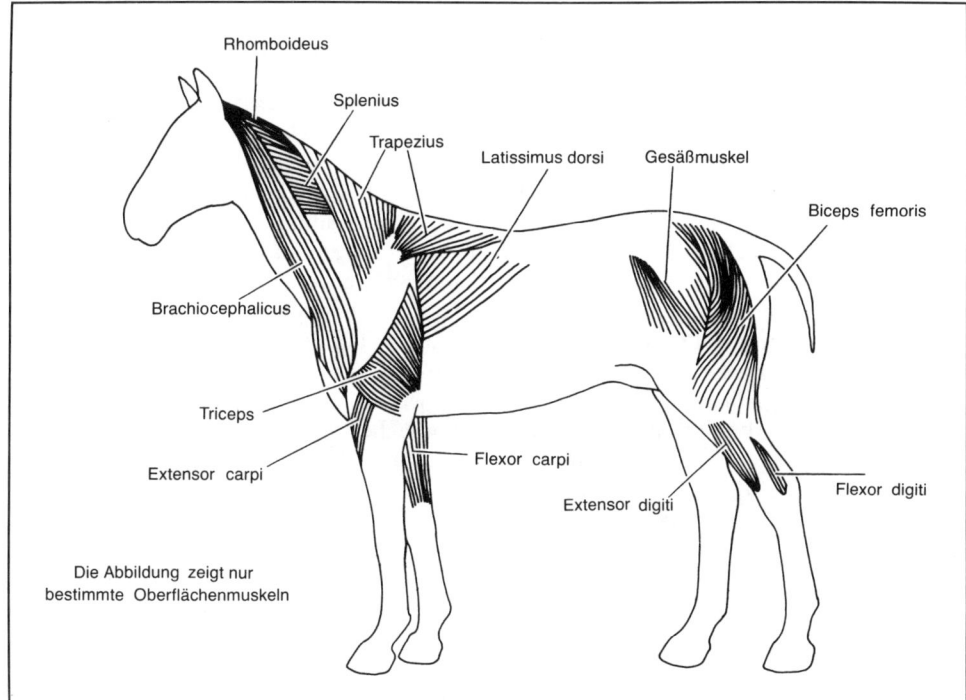

Rhomboideus

Splenius

Trapezius

Latissimus dorsi

Gesäßmuskel

Biceps femoris

Brachiocephalicus

Triceps

Extensor carpi

Flexor carpi

Extensor digiti

Flexor digiti

Die Abbildung zeigt nur bestimmte Oberflächenmuskeln

stet teilweise die Muskeln, die sich oberhalb der Vorderfußwurzel in der Vorderhand bzw. oberhalb des Sprunggelenks im Unterschenkel der Hinterhand befinden. Die tiefe Beugesehne verläuft über den Gleichbeinen, zur Fessel hin, in den Huf und um das Strahlbein herum und endet am Hufbein. Die oberflächliche Beugesehne teilt sich am Fesselgelenk; die Äste sind beidseits an Fesselbein und Kronbein befestigt. Die Strecksehnen laufen an der Vorderseite des Beins hinunter. Da sie kein Gewicht tragen, sind sie schlank und im allgemeinen störungsfrei.

Am Kronsaum gibt es ein Gewebeband, das den Huf herstellt, indem es Horn erzeugt. Es entspricht also dem Nagelbett beim Menschen. Die Saumlederhaut genannte äußere Schicht des Hufs wirkt wie eine Glasurschicht und schützt den Huf vor Austrocknung. Darunter liegt eine Hornschicht. Innerhalb dieser liegen die insensitiven Blättchen, die in die sensitiven Blättchen übergehen, welche das Hufbein umhüllen und dieses im Huf festhalten.

Die Unterseite des Hufes besteht aus der Hufsohle zusammen mit dem Strahl und den Eckstreben. Die beiden letzteren treten hervor und tragen wie das Profil an den Reifen eines Traktors zur Bodenhaftung bei. Die Form der Hufunterseite ist auch leicht nach innen gewölbt und unterstützt ebenfalls die Bodenhaftung.

Unter der Hinterseite des Hufbeins ist das Strahlpolsterkissen, das einiges Gewicht vom Kronbein abnimmt und verteilt. Dies erreicht es, indem es die an beiden Seiten des Hufbeins befestigten Knorpelflügel breit drückt und so das Strahlkissen spreizt und den Strahl gegen den Boden drückt. Auf diese Weise wird ein Großteil der bei normaler Arbeit entstehenden Erschütterung bereits innerhalb des Hufs aufgenommen. Der Huf ist gut mit Blut versorgt und das Zusammendrücken des Strahlkissens mit jedem Schritt wirkt sich wie eine kleine Pumpe unterstützend auf den Kreislauf aus. Abb. 15 zeigt den Aufbau des Hufs.

Hufbeschlag

Normalerweise ist der Hinterhuf länger als der Vorderhuf. Wenn das Pferd unter hoher Belastung arbeitet, ist es wichtig, den Vorderhufzeh kurz, den Strahl in Berührung mit dem Boden und die Fersen breit zu halten. So kann der Huf am wirkungsvollsten arbeiten.

Die Geschwindigkeit, mit der Horn wächst, hängt von der Nahrung, der Umwelt und der Bewegung ab und ist größer am Vorderende des Hufs als an der Ferse. Wilde Ponies laufen meist weit genug und leben unter genügend rauhen Bedingungen, um ihre Hufe richtig abzunützen. Bei einem unbeschlagenen Pferd auf einer Wiese kann es nötig sein, die Hufe alle sechs Wochen abzuraspeln. Dies gilt ebenso für ein beschlagenes Pferd, wobei hier die Abnützung des Eisens zu einer häufigeren Behandlung zwingen mag.

Will der Hufschmied das Fußen durch Zurichten ändern, darf dies nur schrittweise geschehen, da sich dadurch der Abnützungswinkel der Gelenke ändert. Der Huf wird meist so beraspelt, daß der Winkel zwischen Fessel und Boden gleich dem Winkel des Hufs ist (Abb. 16). Man muß verhältnismäßig schwer arbeiten, um das Vorderende des Hufs durch Raspeln zu kürzen. Daher neigt man dazu, zuviel von den Strahlwänden abzutragen, oder die Eckstreben zurückzuschneiden, und dies kann zu Trachtenzwanghuf führen.

Die Zubereitung des Hufs vor dem Beschlagen besteht darin, lose Stückchen Hornsohle zu entfernen und einen defekten Hornstrahl in Ordnung zu bringen. Die Tragfläche der Hufwand muß in gleiche Höhe wie der Sohlenrand gebracht werden.

Selbst wenn ein Hufeisen noch nicht abgetragen ist, muß es alle vier bis sechs Wochen neu angepaßt werden, sonst wird es durch Hufwuchs nach vorn versetzt. Das vom Hufeisen getragene Gewicht des Pferdes sollte nicht weit vor einer durch die Mitte des Röhrbeins verlaufenden Linie lie-

**14** Der Fuß

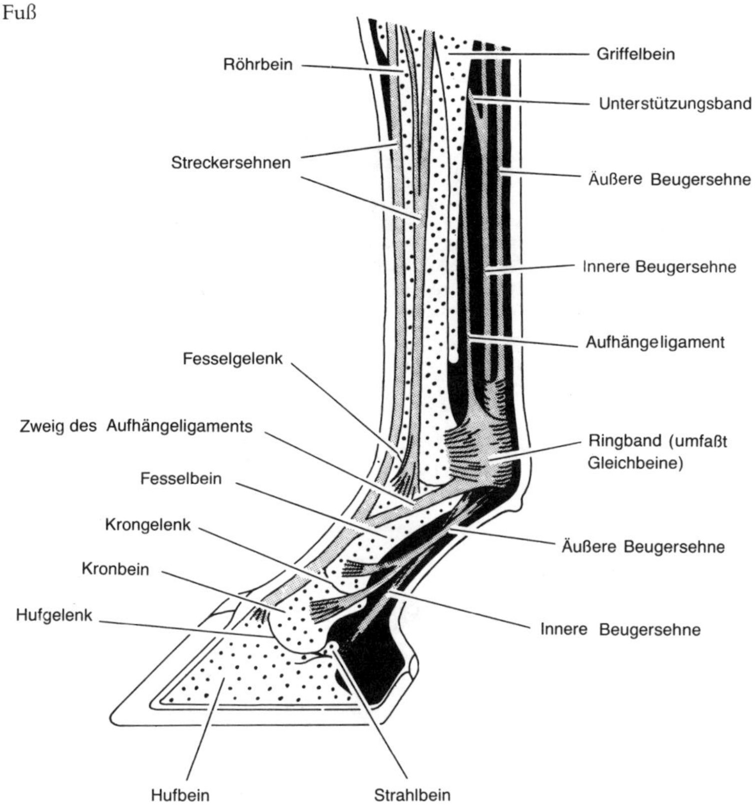

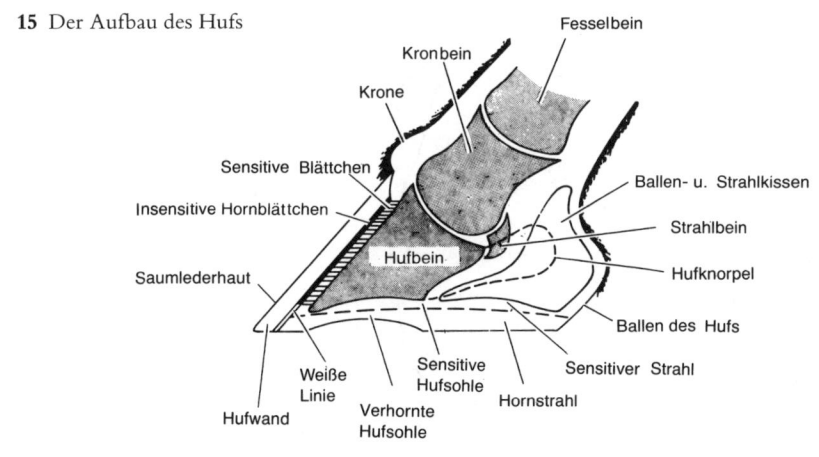

Röhrbein

Griffelbein

Unterstützungsband

Streckersehnen

Äußere Beugersehne

Innere Beugersehne

Aufhängeligament

Fesselgelenk

Zweig des Aufhängeligaments

Ringband (umfaßt Gleichbeine)

Fesselbein

Krongelenk

Äußere Beugersehne

Kronbein

Hufgelenk

Innere Beugersehne

Hufbein

Strahlbein

**15** Der Aufbau des Hufs

Fesselbein

Kronbein

Krone

Sensitive Blättchen

Ballen- u. Strahlkissen

Insensitive Hornblättchen

Strahlbein

Saumlederhaut

Hufbein

Hufknorpel

Ballen des Hufs

Weiße Linie

Sensitive Hufsohle

Sensitiver Strahl

Hufwand

Verhornte Hufsohle

Hornstrahl

**16** Die Hufe

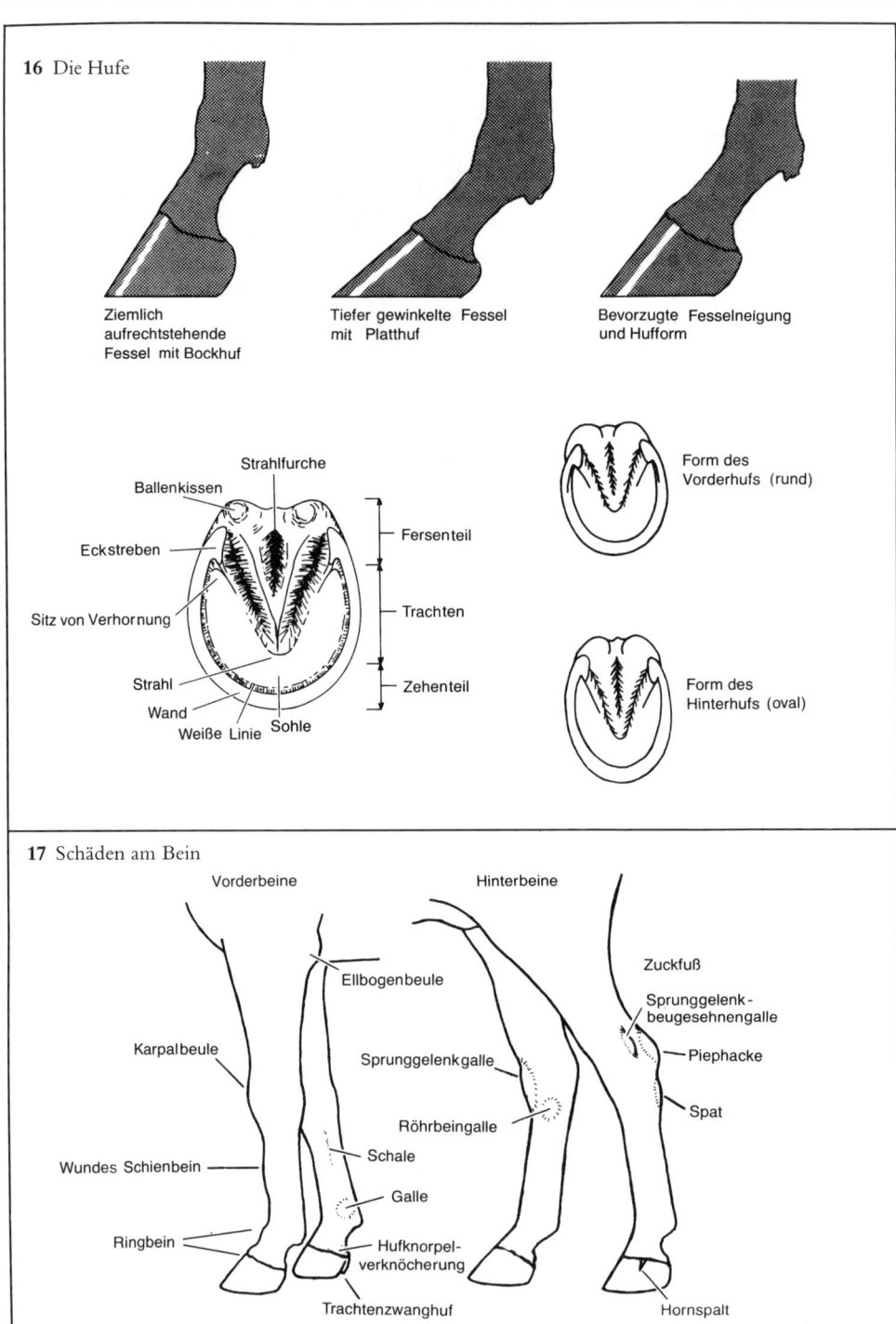

Ziemlich
aufrechtstehende
Fessel mit Bockhuf

Tiefer gewinkelte Fessel
mit Platthuf

Bevorzugte Fesselneigung
und Hufform

Strahlfurche
Ballenkissen
Eckstreben
Sitz von Verhornung
Strahl
Wand
Weiße Linie Sohle

Fersenteil
Trachten
Zehenteil

Form des
Vorderhufs (rund)

Form des
Hinterhufs (oval)

**17** Schäden am Bein

Vorderbeine
Hinterbeine

Karpalbeule

Wundes Schienbein

Ringbein

Ellbogenbeule

Sprunggelenkgalle

Röhrbeingalle

Schale

Galle

Hufknorpel-
verknöcherung

Trachtenzwanghuf

Zuckfuß

Sprunggelenk-
beugesehnengalle

Piephacke

Spat

Hornspalt

gen, andernfalls können Hufe, Gelenke und Sehnen beschädigt werden.
Gute Hufschmiede können die Hufe und das Fußen des Pferdes verbessern. Die langen Ausführungen, die notwendig wären, um die hochspezialisierte Arbeit dieser besonders ausgebildeten Fachmänner wie z. B. den Korrekturbeschlag zu besprechen, würden jedoch den Rahmen dieses Buches sprengen.

**Störungen des Bewegungs- und Trageapparats**

Die wesentlichsten Störungen (Abb. 17) des Trage- und Bewegungsapparats sind wie folgt.

### Abszeß am Huf

Symptome: Durch Eiter im Huf verursachte Lahmheit. Der Fuß fühlt sich heiß an und ist schmerzempfindlich (eingedrungene Steinchen verursachen ähnliche Symptome).
Ursachen: Eine tiefe Wunde oder eine Quetschung.
Behandlung: Punktieren, damit der Eiter ablaufen kann. Fußbäder, zweimal täglich Breiumschlag, bis der Zustand beseitigt ist. Anschließend muß die Punktion feste zugepropft werden.

### Abszeß an der Hufkrone

Symptome: Eiter im Huf, der am Kronrand austritt, verursacht eine schmerzhafte Schwellung über der Hufkrone.
Ursachen: Steine; ein Fremdkörper dringt an der weißen Linie in den Huf; eine Vernagelung des Hufeisens durch den Hufschmied; der Hufnagel trifft die Huflederteile (Nageltritt); ein spitzer Gegenstand tritt sich in die Hufsohle ein; Hufknorpelfistel (Beschädigung der Kapselbänder des Hufgelenks). (Kronentritt – die Quetschung der Hufkrone durch einen anderen Huf – kann ähnlich aussehen.)
Behandlung: Den Infektionsherd behandeln. Falls notwendig kann der Tierarzt bzw. der Hufschmied einen Einschnitt in die Sohle vornehmen, um die Giftstoffe herauszulassen. Breiumschläge können vorteilhaft sein. Die wunde Stelle an der Hufkrone soll man offen halten, damit der Eiter freien Auslauf hat. In Desinfektionsmittel getränke Watte in die Wunde pfropfen und mit einem sauberen Verband abdecken. Immer dafür sorgen, daß das Tier gegen Tetanus geschützt ist.

### Arthritis

Symptome: Wärme, Schwellung und Schmerzen an einem Gelenk.
Ursachen: Entzündung eines Gelenks, die beispielsweise durch eine Infektion, einen Stoß, eine Zerrung usw. hervorgerufen wird.
Behandlung: Ruhe, gegebenenfalls Bekämpfung der Infektion. (N. B.: Arzneimittel wie z. B. Phenylbutazon können den Schmerz unterdrücken. Solche Mittel wirken entzündungshemmend.)

### Bursitis

Symptome: Weiche Schwellung an einem Schleimbeutel, zuweilen durch anfängliche Wärme und Schmerzen begleitet. Dieser Zustand heißt Sinovitis, wenn es sich um eine Sehnenscheide handelt.
Ursachen: Ein Stoß, z. B. während einer Fahrt in einer Transportbox ungenügender Länge, kann zu Piephake führen. Zuwenig Einstreu kann eine Ellbogenbeule verursachen; diese kann aber auch durch einen Stoß vom Schenkelende eines vorderen Hufeisens verursacht werden. Eine Karpalbeule kann vom Stoß an ein Sprunghindernis herrühren. Bursitis am Schopf kann von einem Stoß gegen ein zu niedriges Dach stammen. Ein Rückwärtssturz oder ein schlecht sitzender Sattel können Bursitis am Widerrist verursachen. Sprunggelenkgalle, eine weiche Schwellung an der Vorderseite des Sprunggelenks, kann von einer Verstauchung oder Verletzung herrühren. Wenn ein Pferd auf einer Asphaltstraße läuft, kann die ständige Erschütterung Gallen am unteren Röhrbein verur-

sachen. Sprunggelenkbeugesehnengallen können durch Verstauchung entstehen, z. B. wenn ein Pferd, das außer Kondition ist, auf tiefem Boden springen muß.
Behandlung: Stammt eine Ellbogenbeule vom Schenkelende eines Hufeisens, legt man nachts gepolsterte Manschetten um die Fessel herum. Diese schützen den Ellbogen, während er von alleine heilt. Bei Röhrbeingalle helfen ein Druckverband, die regelmäßige Anwendung eines Einreibemittels, oder sogar ein milder, hautstraffender Blister. Ein kalter Wasserstrahl und Stützstrümpfe helfen meist bei Karpalbeule. Es ist möglich, einen Teil der Flüssigkeit eines Schleimbeutels abzuziehen und durch Kortison zu ersetzen. Dies ist aber die Aufgabe eines Tierarztes. Wenn auch jede Bursitis unansehnlich und schwer zu beseitigen sein kann, ist sie oft harmlos. An Hinterkopf oder Widerrist jedoch können sich daraus schwere Probleme wie z. B. Genickfisteln entwickeln.

Exostosis (Schale)
Symptome: Übermäßige Knochenneubildung nach einem Riß in der Knochenhaut (Periosteum) oder einer Quetschung. Zunächst kann Wärme entstehen und das Pferd hinken. Nachdem schließlich die Knochenneubildung wieder aufgehört hat, wird aber das Tier meist fehlerfrei laufen. Allerdings kann sich die Beugefähigkeit eines Gelenks verringern. Bei der Diagnose können Röntgenbilder aufschlußreich sein. Solche Knochenauftreibungen kommen an vielen Stellen vor, z. B. auf der Vorderseite von Kron- und Hufgelenk, oder auch an den entsprechenden Knochen selbst (Ringbein), auf der Vorderseite des unteren Röhr- und des oberen Fesselbeins, am Griffelbein, auf der Vorderseite der Hinterfußwurzel sowie an den Gelenkflächen des Sprunggelenks.
Ursachen: Eine Entzündung des Knochens (Ostitis) oder der Knochenhaut (Periostitis). Ein Knochenbruch ist eine der möglichen Ursachen von Griffelbeinschale. Ex-

ostosen der Sesambeine können sich im Anschluß an eine durch Verstauchung der Verbindung zwischen Ligament und Knochen oder durch Knochenbruch verursachte Entzündung entwickeln. Dies nennt man Sesamoiditis. Ein aufrechtstehendes Gelenk (steile Stellung) und zuviel Straßenarbeit können die Neigung eines Pferdes zu verschiedenen Exostosen des Unterbeins erhöhen. Manche glauben, Ringbein sei erblich.
Behandlung: Manchmal wird ein milder Blister verwendet. Wie bei Arthritis wirkt Phenylbutazon schmerzlindernd. In extremen Fällen führt man einen Nervenschnitt durch. Oft wird Ruhe verordnet, aber Gehbewegung hat sich auch als vorteilhaft erwiesen. Sowohl eine Verbesserung der Ernährung wie auch Physiotherapie können helfen.

Frakturen (Knochen- oder Knorpelbruch)
Symptome: Der Bruch kann unvollständig sein, wie z. B. die Abknickungsfraktur eines Jungtiers. Es kann aber auch eine einfache Fraktur sein, eine Splitter- oder Trümmerfraktur, oder eine komplizierte bzw. offene Fraktur, bei der die Haut durchstochen wurde. Vielleicht ist es nur ein Haarriß, der nicht weit in den Knochen hineinreicht, wie man sie manchmal bei der Untersuchung wunder oder gestoßener Schienbeine findet. Es ist möglich, einen Bruch zu hören und zu sehen. Das Pferd wird hinken und große Schmerzen haben.
Ursachen: Das Unterbein kann unter Belastung während des Bewegungstrainings brechen; das Röhrbein bricht manchmal beim Springen. Ein Beckenbruch kann entstehen, wenn das Pferd auf der Straße ausrutscht und schwer auf die Hüfte fällt.
Behandlung: Eine sofortige Ruhigstellung ist unentbehrlich. Man muß entscheiden, ob eine Behandlung realistische Aussichten auf Erfolg hat oder das Tier getötet werden sollte. Bei wunden Schienbeinen erzeugen Breiumschläge nützliche Wärme.

## Hornspalt

Symptome: Ein vom Kronsaum nach unten in die Hufwand verlaufender Riß.

Ursachen: Tritte (siehe unten) oder Stöße an der Hufkrone.

Behandlung: Der Hufschmied kann eine Rille quer zur Richtung des Risses an dessen unterstem Ende setzen, um ein Weiterlaufen zu verhindern; oder er kann eine besondere Krampe einsetzen, welche den Hufhorn zusammenhält. Läuft der Riß bis nach unten, sollte der Hufschmied das Hufeisen dort polstern. Dem Pferd Biotin und/oder Methionin (Gelatine) verabreichen.

## Hufknorpelverknöcherung

Symptome: Verknöcherung des seitlichen Hufknorpels, die während der Knochenbildung zu Lahmheit führen kann. Beim Abtasten spürt man harte Bereiche am Hufballen sowie von dort nach vorne zu.

Ursachen: Die Verknöcherung dieses Knorpels ist normal und vorzeitige Verknöcherung mit vorübergehender Lahmheit rührt wahrscheinlich nur von übermäßiger Straßenarbeit her.

Behandlung: Vorübergehende Ruhe.

## Hufrehe

Symptome: Heiße Füße, in denen die Blättchen entzündet sind. Das Pferd steht nach hinten gelehnt, die Hinterbeine unter dem Schwerpunkt, die vorderen Hufzehen tragen kein Gewicht. Das Tier hat Schmerzen und läßt dies deutlich erkennen. Der Huf kann durch frühere Anfälle der Krankheit verursachte, ringförmige Deformationen zeigen.

Ursachen: Eine Kombination von reichhaltiger Weide, überlangen Hufen und zu Übergewicht führendem Arbeitsmangel kann bei verfetteten Ponies Hufrehe verursachen. Bei jedem Pferd oder Pony, das sich Zugang zum Futterlager verschafft, oder mit schnellwachsendem Gras gefüttert wird, kann sich ein plötzlicher Stärke- oder Zuckerüberschuß bilden. Dieser erzeugt im Darm Toxine, die im Kreislauf herumgetragen werden und Blutgefäße insbesondere des Hufs beschädigen. Eine verhaltene Nachgeburt oder eine schwere Darmentzündung können auch entzündliche Toxine erzeugen.

Behandlung: Den Tierarzt rufen. Eisbeutel an den Füßen anbringen, oder einen kalten Wasserstrahl fünf Minuten lang darüber laufen lassen. Anschließend das Tier bewegen, um den Kreislauf anzuregen, während man auf den Tierarzt wartet. Futterration verringern, die Hufe schneiden und das Tier mindestens zweimal täglich eine Woche lang zur Bewegung zwingen. Dies ist ein Fall für enge Zusammenarbeit zwischen Besitzer, Pfleger, Tierarzt und Hufschmied.

Ponyhufrehe vermeidet man, indem man das Weiden solcher Tiere durch Anbinden begrenzt, oder sie auf einem Hof hält, wo sie Stroh, geschnittenes Gras oder Heu bekommen und dazu täglich eine Stunde weiden. Frühjahrsgras ist am gefährlichsten, aber viel Niederschlag im Spätsommer kann das Gras zu einem zweiten üppigen Wachstum anregen. Die Hufe des Tieres regelmäßig schneiden.

Löst sich die Hufwand am Hufzeh von der Sohle, muß man das zerkrümelnde Horn wegschneiden und den Hohlraum mit antiseptischer Paste füllen. Für solche Hufe werden orthopädische Hufeisen notwendig sein. Chronische Hufrehe kann zu einer Drehung des Hufbeins und zur Senksohle führen.

## Luxation

Eine Verrenkung (Luxation) oder unvollständige Verrenkung (Subluxation) kommt beim Pferd selten vor. Die häufigste Erscheinung ist eine Aufwärtsverrenkung der Patella.

Symptome: Das betroffene Hinterbein wird nach außen-hinten gestreckt.

Ursachen: Eine gebäudemäßige Schwäche kann zu solchen Störungen prädisponieren. Junge Pferde neigen eher dazu, können aber als erwachsene die Eigenschaft verlieren.

Behandlung: Manchmal renkt sich der Knochen selbst wieder ein, wenn man das Pferd vor- bzw. rückwärtstreten oder wenden läßt. In anderen Fällen muß man Patella und Bein mit der Hand wieder einrichten. Eventuell muß das Pferd ein Hufeisen mit erhöhtem Fersenteil tragen.

## Quetschungen am Huf

Symptome: Lahmheit, Huf wird auf der Spitze aufgesetzt oder entlastet. Eiter von einer entzündeten Verhornung kann am Strahlkissen austreten. Das Pferd zuckt zusammen, wenn man auf den Bereich drückt oder klopft. Verhornung an der typischen Stelle. Quetschungen an Strahl, Hornsohle oder Strahlkissen.

Ursachen: Ein scharfer Stein usw., bzw. bei Verhornung ein schlecht sitzendes Hufeisen.

Behandlung: Bei Verhornung Eisen entfernen. Hornsohle bzw. Sitz der Verhornung abtragen, indem man auf den erröteten Bereich zu schneidet. Fußbäder und Breiumschläge; zwei bis drei Tage lang zweimal täglich wiederholen. Hufeisen vorsichtig wieder anbringen. Bei Verhornung kann ein gepolstertes oder Dreivierteleisen verwendet werden.

## Selbstzugefügter Schaden

Dies kommt auf vielfache Weise zustande: Durch Huftritte, Einhauen, Greifen und Streichen, aber auch beim Transport ohne Gamaschen.

Symptome: Durch die eigenen Hufe verursachte Schnittwunden oder wunde Stellen, die wie folgt vorkommen:

☐ Tritte – Hufkrone, stammen auch oft von anderen Pferden.
☐ Einhauen – Fersen oder Rückseite der Sehnen an den Vorderbeinen.
☐ Greifen – Innenseite des Röhrbeins.
☐ Streichen – Innenseite von Fessel oder Hufkrone.

Ursachen: Müde Tiere, oder solche mit fehlerhaftem Gebäude, die auf schlechten Bodenverhältnissen oder im dichten Gedränge laufen.

Behandlung: Wie eine Wunde behandeln. Korrekturhufbeschlag nach Bedarf. (N. B.: Vorbeugen ist besser als Heilen. Schutzkleidung wie z. B. Gamaschen oder Gummiglocken kann verwendet werden. Bandagen bei Bewegungstraining schützen auch gegen Streichen).

## Strahlbeinentzündung und Hufrollenosteitis (Ostitis)

Symptome: Verkürzter Schritt; leichte Lahmheit am nächsten Tag nach Arbeit; Entlastung eines Vorderfußes im Stall; Stolpern; Drehen auf den Vorderhufen beim Wenden in eigener Länge; Wärme; Schmerz bei Sohlendruck; Lahmheit, die während der Arbeit nachläßt.

Ursachen: Hufrollenosteitis kann die Folge von Quetschungen oder Einstichen an der Sohle sein, oder von übermäßig viel Arbeit auf hartem Boden mit flachen, dünnsohligen Hufen. Strahlbeinentzündung entsteht, wenn Blutgerinnsel die Arterien verstopfen, die Teile dieses Knochens versorgen, so daß diese Teile absterben.

Behandlung: Eine Röntgenuntersuchung wird zeigen, um welchen der beiden Knochen es sich handelt. Um Stolpern zu verhindern, kann der Hufschmied Hufeisen mit gerollter Kappe aufpassen. Mit Keilen kann er die Fersen erhöhen und den Winkel der tiefen Beugersehne über dem Strahlbein verringern. Als kurzfristige Lösung arbeitet das Pferd unter Schmerzmitteln. Antikoagulantien (wie z. B. Warfarin) oder gefäßerweiternde Mittel können den Kreislauf soweit unterstützen, daß beschädigte Bereiche sogar durch Knochenneubildung ersetzt werden.

Als letzter Ausweg kann ein Nervenschnitt (Operation) durchgeführt werden. Gesetzlich ist das Pferd dann fehlerhaft und man muß beim Verkauf des Tieres einen solchen Eingriff angeben.

Strahlfäule
Symptome: Ein übel reichender Strahl mit Feuchtigkeit in der Furche. Gelegentlich Lahmheit.
Ursachen: Das Pferd hat auf verschmutzter Einstreu gestanden; es wurde versäumt, die Hufe regelmäßig sauberzukratzen.
Behandlung: Sowohl Einstreu wie auch Hufe sauberhalten. Die Hufe mit einer steifen Bürste und Desinfektionslösung säubern. Die Strahlfurche zurechtschneiden, um für Luftzufuhr zu sorgen. Den Bereich regelmäßig mit einem antiseptischen Verband oder Holzteer behandeln.

Trachtenzwanghuf
Symptome: Das Pferd kann lahmen.
Ursachen: Die Eckstreben und Fersen wurden übermäßig gekürzt und der Zehenteil zu lang gelassen. Könnte aber auch von einem Abbau des Strahls durch Strahlfäule (s. o.) herrühren.
Behandlung: Den Zehenteil kurz halten. Diese Methode braucht mehrere Monate. Man kann auch ein Polster oder eine Strebe einsetzen, um für zusätzlichen Druck auf den Strahl zu sorgen.

Verstauchungen und Zerrungen
Die beiden sind synonym und betreffen insbesondere das Vorderbein.

Symptome: Schmerz, der zu Lahmheit führt; Wärme und Schwellung.
Ursachen: Eine Sehne oder ein Ligament werden plötzlich über ihre normalen Grenzen hinaus belastet, so daß die Fasern zerrissen werden. Eine aufrechtstehende Fessel, Rückbiegigkeit, eine Verschlechterung der Hufstruktur oder eine von einer anderen Ursache stammende Lahmheit können eine Neigung zu Zerrungen verstärken. Ist das Pferd überlastet und erschöpft, z. B. beim letzten Tagesritt während der Jagd, können Zerrungen entstehen, wenn der Zeh auf einem Stein landet, oder die Ferse auf weicheren Boden trifft.
Behandlung: Sofortige Kälteanwendung und ein Druckverband über einem Polster als Stütze. Man sollte das Pferd in einer Transportbox zurückfahren und ihm völlige Ruhe verordnen, bis Wärme und Schwellung zurückgegangen sind. In diesem Stadium können Breiumschläge nützlich sein. Gehbewegung, ein kalter Wasserstrahl und regelmäßige Massage bilden die späteren Stadien der Behandlung. Muskeln sprechen oft gut auf Ultraschall- oder ähnliche Behandlung an. Brennen, Kohlefaserimplantate und Sehnenspaltoperationen haben alle ihre Verfechter, aber eine Wiederherstellung ist langsam und schwierig. Die Zeit heilt am besten.

# Das Nervensystem, die Sinnesorgane und die Drüsen mit innerer Sekretion

Die Sinnesorgane und die innersekretorischen Drüsen ermöglichen die Wahrnehmungs- und Bewegungsleistungen des Pferdes. Das Nervensystem regelt willkürliche und koordinierte Bewegung. Es speichert Informationen, wägt Situationen gegen Erfahrung und Instinkt ab, fällt Entscheidungen, und sendet außerdem Befehle an die Muskeln. Die Sinnessysteme liefern Informationen über Gegebenheiten sowohl innerhalb wie auch außerhalb des Körpers. Die äußeren Sinne sind die Ohren (Gehör), die Augen (Gesicht), die Nase (Geruch), der Mund (Geschmack) und die Haut (Wärme-, Druck- und Schmerzempfindungen). Die innersekretorischen Drüsen sind kleine Zentren, die Information empfangen und bestimmte Aspekte des Körpers auf eine ganz andere Weise regeln, als es das Nervensystem tut. Die Leistungsfähigkeit dieser Drüsen ist wichtig für das Wohlergehen, doch sind sie bislang nur unvollständig erforscht worden. Pferdemeister stellen sich viele Fragen wie z. B. »Warum macht das Pferd das?«, »Was wird es das nächste Mal tun?«, oder »Woher hat es gewußt?«. Solche Fragen lassen sich leichter beantworten, wenn man diese Systeme kennt und versteht.

**Die Nervensysteme**

Das Pferd reagiert auf Veränderungen in seiner Umwelt. Jede Veränderung, sei es im Licht, in der Temperatur, oder in einem anderen Reiz, ruft im Pferd eine Reaktion hervor. Die Veränderung bzw. der Reiz wird zunächst empfangen und anschließend an ein zentrales Steuerungssystem weitergeleitet, welches die Mitteilung deutet und die passende Reaktion veranlaßt. Dieses System ist das Zentralnervensystem (ZNS, Abb. 18), das aus dem Gehirn und dem Rückenmark besteht.

**18** Das Zentralnervensystem und die Sinne

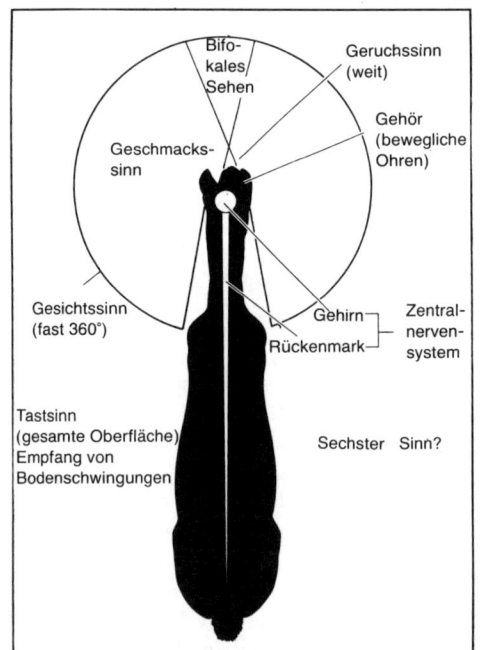

Das Zentralnervensystem

Zu seinem Schutz befindet sich das Gehirn im Schädel des Pferdes. Über die Sinnesnerven empfängt es alle Mitteilungen von den Sinnen und faßt diese ganze Information zusammen, um zu einem Verständnis der unmittelbaren Umwelt zu gelangen. Diese Information über die Sinne kann als Erfahrung gespeichert werden. Auf diese Weise lernt ein Pferd und wird fähig, ein früheres Erlebnis mit einem aktuellen Ereignis zu assoziieren und so das nächste vorwegzunehmen.

Obwohl das Pferd gut entwickelte Sinne und ein angemessenes Gedächtnis besitzt, hat es kein Vorstellungsvermögen und keine Voraussicht. Während dem Pferd ein Selbsterhaltungstrieb angeboren ist, hat es keine Vorstellung des Todes. Bei der Bewältigung einer Situation ist es unfähig, vorauszudenken. Allerdings kann es von seinen natürlichen Instinkten und Trieben geleitet werden, was manchmal bei der Ausbildung zu wenig beachtet wird.

Je nachdem, was das Pferd beschließt, als nächstes zu tun, sendet das Gehirn Mitteilungen an den Körper. Diese Mitteilungen werden über Gehirnnerven im Schädel sowie über das Rückenmark, welches durch die Mitte der Wirbelsäule (des Rückgrats) verläuft, und weiter über Rückenmarksnerven geleitet, die zwischen den Wirbelknochen hervortreten und in alle Teile des Körpers dringen.

Das periphere Nervensystem

Dieses umfaßt die Gehirn- und Rückenmarksnerven sowie das autonome Nervensystem, welches das Verdauungssystem, weite Teile des Harn- und Geschlechtsapparats, die Blutförderung durch das Herz und einige Drüsentätigkeiten steuert. Das periphere Nervensystem umfaßt ebenfalls die motorischen und sensorischen Nerven, deren Aufgabe es ist, Befehle an die Muskeln zu senden bzw. von den Sinnesorganen empfangene Reize an das ZNS weiter zu leiten.

## Aspekte des Verhaltens

### Instinkt

Ein Instinkt ist eine angeborene Fähigkeit. Ein Fohlen kann aufstehen, essen, trinken und gehen, ohne daß man es ihm beibringt. Außerdem lernt es im Laufe seiner Entwicklung. Verglichen mit einem erwachsenen Pferd bewegt sich ein Fohlen ungleichmäßig, erwirbt aber in kurzer Zeit größere Fertigkeit. Wenn eine Frau in Stöckelschuhen läuft, führt ihr Knöchel ständig kleine Ausgleichbewegungen aus; dies ist eine erworbene Fertigkeit. Ein Vollblutpferd hat man so gezüchtet, daß es ähnliche Ausgleichbewegungen besser als jedes andere Pferd ausführen kann. Ein Aspekt des Pferdetrainings besteht darin, die Tiere zu lehren, sich besser und geschickter zu bewegen, als sie es von Natur aus tun.

In seinen Bemühungen zu überleben, sich zu ernähren und sich fortzupflanzen wird das Pferd von seinen Instinkten geleitet.

### Verhalten

Das Pferd zeigt sowohl soziales als auch individuelles Verhalten. Jedes Pferd hat eine eigene Persönlichkeit und ein anderes Temperament als seine Artgenossen. Das Temperament läßt sich nicht nur an seinen Bewegungen, sondern auch am Gesichtsausdruck ablesen. Pferde lernen schnell, unterschiedliche Situationen und Personen zu erkennen. Genau wie Menschen können auch Pferde nervös, fröhlich, vernünftig, mutig, feige oder dumm sein.

In der Gruppe neigen Pferde zur Nervosität und reagieren schnell und heftig auf Umweltveränderungen. Es ist diese Veranlagung, die es einem Pferd ermöglicht, seinen Feinden zu entkommen. Außer um Nahrung oder um einen Geschlechtspartner haben Pferde keine Neigung zu kämpfen. In einer Gruppe Pferde stellt sich eine Art »Hackordnung« ein. Ein Pferd, nicht notwendigerweise ein Hengst, weist andere in die Schranken, und die daraus entstehende Rangordnung läuft durch die ganze Gruppe hindurch. Wenn man Heu auf einer Weide verfüttert, muß man es deshalb so auslegen, daß jedes Pferd essen kann, ohne daß andere es bedrohen.

Rivalenkämpfe um den Besitz der Stuten beginnen Hengste mit etwa zwei Jahren zu führen. Stuten kämpfen meist nicht. Allerdings gibt es nur eine begrenzte Zeit, in der sie bereit sind, einen Hengst an sich heranzulassen, ohne sich zu wehren.

### Reflex

Dies ist eine automatische oder unbewußte Reaktion eines Muskels bzw. einer Drüse auf einen Reiz. Die Reaktion erfolgt unmittelbar und unwillkürlich, wie z. B. der Husten. Ein weiteres Beispiel einer Reflexbewegung ist der Stellreflex, der es einem Pferd erlaubt, im Stehen zu schlafen. Der Gehörreflex veranlaßt es, den Kopf in Richtung auf ein neues Geräusch zu wenden. Zum Glück des Pferdemeisters macht es der tonische Halsreflex weniger wahrscheinlich, daß das Pferd treten oder bokken wird, wenn man seinen Kopf hebt.

### Unbeweglichkeit

Unbeweglichkeit kann entweder von Gefühllosigkeit oder von Bewegungsunfähigkeit stammen. Gefühllosigkeit läßt sich durch Betäubung herstellen, d. h. durch Chemikalien oder Medikamente, welche die Weiterleitung von Nervenimpulsen hindern. Man benutzt eine örtliche Betäubung, um das Gefühl in einem bestimmten Bereich auszuschalten, während eine Vollnarkose das Zentralnervensystem blockiert und Bewußtlosigkeit verursacht. Bei Überdosierung kann eine Vollnarkose zum Tode führen, weil sie dann die lebenswichtigen Automatiezentren des Gehirns unterdrückt.

Bewegungsunfähigkeit kann von einer Lähmung stammen, die ihrerseits durch Nervenbeschädigung verursacht wird. Beschädigte Nerven können sich erholen, tote Nerven jedoch nicht. Allerdings können andere Nerven bis zu einem gewissen Grade ihre Aufgaben übernehmen, wenn man ihnen genügend Zeit läßt.

## Die Sinnessysteme

Es gibt fünf Sinne: Gesicht, Gehör, Geruch, Geschmack und Getast. Mit diesen Sinnen nimmt das Pferd die Außenwelt wahr.

Gesicht

Das Auge (Abb. 19) ist das Organ des Gesichtssinns. Ein Bild tritt durch die Linse ein und wird auf der an der Rückseite des Augapfels befindlichen Retina scharf eingestellt, ähnlich wie es mit dem Bild auf dem Film in einer Kamera geschieht. Verglichen mit denen anderer Tiere sind beim Pferd die Muskeln, welche die Form der Linse verändern, schlecht entwickelt. Vielleicht beeinträchtigt das die Einstellung der Sehschärfe (Akkommodation). Vermutlich kann aber das Pferd diese Schwäche ausgleichen, indem es verschieden weit entfernte Gegenstände mittels kleiner Kopfbewegungen auf verschiedenen Teilen der Retina abbildet. Die Entfernung zwischen Linse und Retina ist oben ein klein wenig größer als unten. Infolgedessen kann ein Pferd nahe Gegenstände scharf sehen, indem es das Maul hebt und das Bild am oberen Teil der Retina empfängt. Um entfernte Gegenstände scharf zu sehen, zieht es das Kinn an und empfängt das Bild am unteren Teil der Retina. Daher kann ein äsendes Pferd an der Nase lang das Gras sowie unter der Stirn her entfernte Gegenstände anschauen und beide scharf sehen. Pferde haben wahrscheinlich einen Astigmatismus; ein Teil des von ihnen gesehenen Bildes ist daher wohl immer ein wenig verschwommen.

Die Anordnung der Augen an der Kopfseite des Pferdes ermöglicht es ihm, in jeder Richtung auf herannahende Feinde Ausschau zu halten. Innerhalb dieses weiten Gesichtsfeldes kann das Pferd jedoch Entfernungen wahrscheinlich schlecht schätzen. Um sich ein besseres Bild eines Gegen-

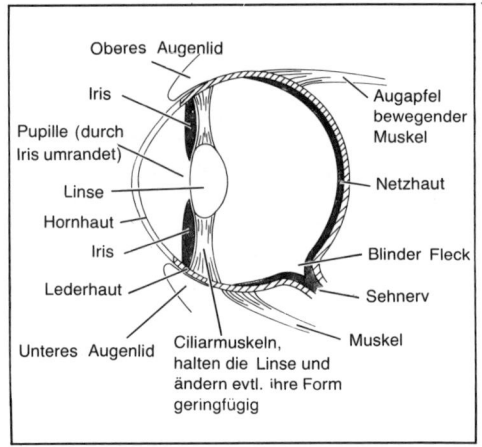

**19** Das Auge

Oberes Augenlid
Iris
Pupille (durch Iris umrandet)
Linse
Hornhaut
Iris
Lederhaut
Unteres Augenlid
Ciliarmuskeln, halten die Linse und ändern evtl. ihre Form geringfügig
Augapfel bewegender Muskel
Netzhaut
Blinder Fleck
Sehnerv
Muskel

stands zu machen, wendet es den Kopf und richtet beide Augen darauf. Dabei konzentriert es sich auf den Gegenstand und läßt praktisch den Rest des Bildes außer Acht. Beim Springen muß das Pferd die Neigung des Kopfes ständig ändern, um das Hindernis ungefähr bis zum Augenblick des Abhebens scharf zu sehen, dann verliert es das Hindernis selbst aus den Augen.

Man nimmt an, das Pferd könne Farben nur schlecht unterscheiden. Vielleicht sieht das Pferd Farben auch anders als der Mensch. Da es kein Vorstellungsvermögen hat, kann das Pferd entfernte, unbewegte Gegenstände wahrscheinlich nicht erkennen. Es ist auch möglich, daß das Auge des Pferdes sich langsamer als das des Menschen an Veränderungen in der Lichtintensität anpaßt und das Tier deswegen manchmal zögert, bevor es bereit ist, vom Licht in den Schatten zu gehen. Anmerk. d. Verf.: Das Nichterkennen von Gegenständen auf einige Entfernung hat nichts mit »Vorstellungsvermögen« zu tun, sondern ist Folge mangelhafter Tiefenwahrnehmung, da beide Augen nur einen kleinen Teil des Gesichtsfeldes zusammen sehen können. Wahrscheinlich kann das Pferd nur etwa 150 m weit sehen und nur bis zu 60 m etwas deutlich erkennen. Es ist durchaus möglich, daß ein scheinbar in die Ferne blickendes Pferd Eindrücke auf anderen Sinnesgebieten empfängt.

## Gehörsinn

Das Ohr (Abb. 20) ist das Organ des Gehörs. Die Ohren eines gesunden Pferdes sind ständig in Bewegung. Pferde haben einen ausgeprägten Gehörsinn. Er ist weitaus besser, als der des Menschen. Indem die Pferde ihre Ohren einer Geräuschquelle zuwenden, können sie genau feststellen, in welcher Richtung sie liegt. Dies ist ein Schutzmechanismus, der sich im Laufe der Evolution entwickelt hat.

Das Pferd kann sich bis zu einem gewissen Grad durch seine Lautäußerungen mitteilen. Diese reichen von den sanften Tönen, mit denen eine Stute ihr Fohlen lockt, über das Wiehern eines in eine fremde Koppel entlassenen Pferdes bis zum wilden Schrei eines wütenden Hengstes. Auch das Schnauben eines Pferdes hat eine Mitteilungsfunktion. Das Verhalten des Tieres sowie die Umstände erleichtern eine Deutung der Lautäußerungen. Man kann durch ständige Wiederholung ein Pferd dazu bringen, eine begrenzte Anzahl menschlicher Kommandos zu verstehen.

Das Ohr hat drei Teile. Das äußere Ohr besteht aus der beweglichen Ohrmuschel und dem äußeren Gehörgang. Die Ohrmuschel dreht sich, um Geräusche einzufangen, und ihre Stellung kann außerdem die Stimmung des Pferdes anzeigen. Der äußere Gehörgang führt in den Kopf hinein bis zum Trommelfell. Das Mittelohr ist eine Höhle (Paukenhöhle) hinter dem Trommelfell. Zum Druckausgleich mit der Außenluft ist sie auf jeder Seite durch eine Eustachische Röhre (Hörtrompete) mit dem Rachenraum verbunden. Das Mittelohr enthält drei kleine Knochen, nämlich Hammer (Malleus), Amboß (Incus) und Steigbügel (Stapes). Diese Knochen stellen eine direkte mechanische Verbindung zwischen dem Trommelfell und dem ovalen Fenster des Innenohrs her. Das Innenohr ist der dritte Teil. Es befindet sich in einer Höhle innerhalb des Schädels und ist nochmals unterteilt. Die Schnecke empfängt die Schallwellen, welche die Gehörknöchelchen auf die Flüssigkeit des inneren Ohrs übertragen, und wandelt sie in Erregung des zum Gehirn führenden Gehörnerven um. Das Labyrinth besteht aus einem Vorhof und drei Bogengängen, die in den drei Ebenen des Raumes senkrecht zueinander stehen und dem Pferd ermöglichen, in allen Körperlagen sein Gleichgewicht zu halten.

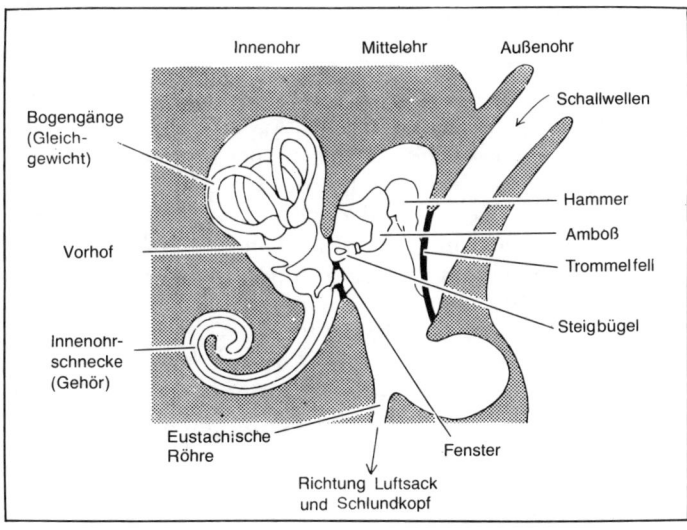

Innenohr    Mittelohr    Außenohr

Bogengänge (Gleichgewicht)

Schallwellen

Hammer

Amboß

Vorhof

Trommelfell

Innenohrschnecke (Gehör)

Steigbügel

Eustachische Röhre

Fenster

Richtung Luftsack und Schlundkopf

**20** Das Ohr

## Geruchssinn

Die Nase ist das Organ des Geruchssinns. Ein Pferd atmet nicht durch den Mund, sondern nur durch die Nase ein. Der Geruchssinn ist sehr wichtig für das Pferd. Wenn es ißt, pustet das Pferd in den Futternapf hinein, um die Geruchsteilchen aufzuwirbeln und so den Geruch des Futters besser prüfen zu können. Zuweilen verweigert ein Pferd Futter mit ungewohntem Geruch. Hengste können mit ihrem Geruchssinn eine rossige Stute auf 200 m Entfernung entdecken.

Manche Leute pusten in die Nüstern eines Pferdes, um ihre Freundschaft zu bezeugen, genau so, wie es Pferde untereinander tun. Interessant riechende Substanzen wie z. B. Ingwer können auch ein Pferd heranlocken.

Das Pferd hat Nüstern, die es aufblähen kann. Diese führen in die Nasenhöhle, die lang ist und sehr dünne, eng gefaltete und eingerollte Knochen enthält, deren feuchter Schleimhautüberzug reichlich mit feinen Blutgefäßen versorgt ist. Die Sinneszellen des Riechfelds befinden sich in diesen Schleimhäuten, deren Oberfläche mit Sinneshärchen bedeckt ist. Sie sind es, welche auf die Geruchsstoffe reagieren, die aus der Atemluft von der Feuchtigkeit der Schleimhäute aufgenommen werden.

## Geschmackssinn

Der Mund enthält die Organe des Geschmackssinns, die aus Geschmacksknospen bestehen. Diese sind kleine Gruppen von Sinneszellen, die am Ende jeder Geschmacksnervenfaser zu finden sind. Sie sind hauptsächlich auf der Zunge, aber auch am Gaumen und im Hals zu finden. Information über Geschmack wird dem Gehirn als Grad von Salzigkeit, Süße, Bitterkeit oder Säure weitergeleitet. Zusammen mit durch den Geruchs- und Tastsinn gleichzeitig gelieferten Informationen bildet diese Geschmacksinformation einen Gesamteindruck.

Pferde mögen, was salzig und süß, verabscheuen aber, was bitter oder sauer schmeckt. Dies ist der Grund, weshalb die meisten Wurmpulver auf Zuckerbasis hergestellt werden. Manche Leute reiben auch ihre Hände mit Salz ein, bevor sie den Mund oder die Zähne eines Pferdes untersuchen.

Präparate, die den Zweck haben, Pferde vom Holzkauen abzuhalten, schmecken bitter. Pferde kauen aber gern an Zaunpfählern, die man mit Konservierungssalzen behandelt hat.

Pferde sind meist sehr wählerisch und lehnen ab, was ungewohnt schmeckt. Im allgemeinen verweigern sie auch Fett und Fleisch, essen aber gelegentlich solche Sachen wie Eicheln und Eichenlaub, die für den Menschen bitter schmecken und sogar giftig sein können.

## Tastsinn

In der Haut des Pferdes liegen Nervenendigungen, die je auf den Empfang von Tast-, Druck-, Kälte- und Schmerzempfindungen spezialisiert sind. In den verschiedenen Hautbezirken sind die Nervenendigungen verschieden dicht verteilt. Infolgedessen trifft gelegentlich eine Spritze zufällig auf keine und verläuft völlig schmerzlos. Am Maul jedoch sind die Nervenendigungen dicht gruppiert. Manche dieser Empfindungen – wie z. B. die Darmschmerzen einer Kolik – können von inneren Körperteilen stammen.

Es gibt einen anderen, dem Tastsinn ähnlichen Sinn, nämlich den Muskelsinn (Propriozeptorik). Er vermittelt dem Pferd ein Bewußtsein davon, wie seine Glieder im Verhältnis zum ganzen Körper stehen und wie sie den Muskelbewegungen gehorchen.

Eine Sinnesleistung ähnlicher Art sind die Organempfindungen. Sie weisen auf körperliche Bedürfnisse wie z. B. Hunger, Durst, das Bedürfnis zu urinieren oder zu kopulieren hin.

Pferde nehmen auch Bodenschwingungen wahr und können so eine sich nähernde

Person oder ein großes Tier gewahren, bevor sie sie sehen oder hören können.

Das Pferd ist an gewissen Stellen für Reiben, Kraulen und Knabbern empfänglich. Ein Pony, das sich nicht einfangen läßt und seinem vermeintlichen Fänger das Hinterviertel zeigt, kann man fangen, indem man es am Rumpf krault; allerdings sollte man dabei die Ohren des Tieres im Auge halten, um rechtzeitig zu erkennen, wenn es auszukeilen droht. Ein kopfscheues Pferd entspannt sich, wenn man es am Widerrist und Halskamm krault, bevor man seinen Kopf berührt.

Empfindliche Stellen können durch Mißhandlung abgestumpft werden. Rohe Hände und scharfkantige Gebisse verhärten die Feinfühligkeit der Maulwinkel. Vom ständigen Treten stumpfen die Flanken des Pferdes ab.

## Der sechste Sinn

Pferde können bestimmte Dinge wahrnehmen, die sich der menschlichen Wahrnehmung entziehen. Zum Beispiel gehen Pferde nicht in die Nähe von radioaktivem Material und scheinen auch herannahende Witterungsänderungen wahrzunehmen. Manche behaupten sogar, daß Pferde »seelische Schwingungen« empfangen können. Gewiß scheinen sie den Gemütszustand der Menschen zu erkennen, zu denen sie eine Beziehung haben. Manche Tiere scheinen auf ähnliche Weise Signale zu empfangen, wie ein an die menschliche Haut angeschlossener Lügendetektor Vorgänge unseres Bewußtseins auffangen kann. Vielleicht ist das der Grund, weshalb manche Leute so gut mit Tieren umgehen können.

Obwohl Pferde kein Vorstellungsvermögen haben, lernen sie schnell, Erlebnisse und Erfahrungen miteinander zu verknüpfen. So bedeutet ein nach Alkohol duftender Fremder die Wahrscheinlichkeit, gleich den Stich einer Spritze zu spüren! Wird der Schweif geflochten, bedeutet das ein Jagdreiten oder eine Ausstellung. Dies erregt manche Pferde so sehr, daß sie kein Frühstück essen wollen. Folglich geht nicht alles, was wir dem sechsten Sinn zuschreiben, über unser Verständnis hinaus, doch gibt es einiges im Wahrnehmungsvermögen des Pferdes, das wir noch nicht begreifen.

## Das System der innersekretorischen Drüsen

Das System der Drüsen mit innerer Sekretion (s. Abb. 21) steuert die Verhaltensweisen des Pferdes. Das System besteht aus einer Reihe Drüsen, die Hormone direkt in das Blut bzw. die Lymphflüssigkeit absondern. Eine Drüse ist ein Organ, das vom Körper benötigte chemische Substanzen absondert. Diejenigen, mit denen wir uns hier befassen, heißen innersekretorische Drüsen im Gegensatz zu den Drüsen äußerer Sekretion, deren Produkte durch Kanäle entweder nach außen oder in den Verdauungstrakt befördert werden. Die innersekretorischen Drüsen erzeugen Hormone. Diese werden im Blut oder in der Lymphflüssigkeit in Körperteile transportiert, die von der Drüse selbst oft weit entfernt sind, und üben auf bestimmtes Gewebe eine spezifische Wirkung aus. Ihr Name stammt vom griechischen Wort *hormao*, das »in Bewegung setzen« oder »Tätigkeit anregen« bedeutet. In manchen Fällen wirkt sich die Anwesenheit eines Hormons im Blutstrom auf den ganzen Körper aus und stellt einen besonderen Zustand her. Solche Drüsen steuern Empfängnis, Austragung, Geburt, Stoffwechsel, Wachstum, Pubertät, Alterung, Aggression, Leidenschaft usw. Meist werden die innersekretorischen Drüsen wie folgt klassifiziert.

## Hypothalamus

Der Hypothalamus ist ein nervenkontrollierendes Zentrum an der Unterseite des Gehirns. Er hat mit Hunger, Durst und anderen autonomen Funktionen zu tun. Außerdem löst er Faktoren aus, welche die lebenswichtige Hypophyse beeinflussen.

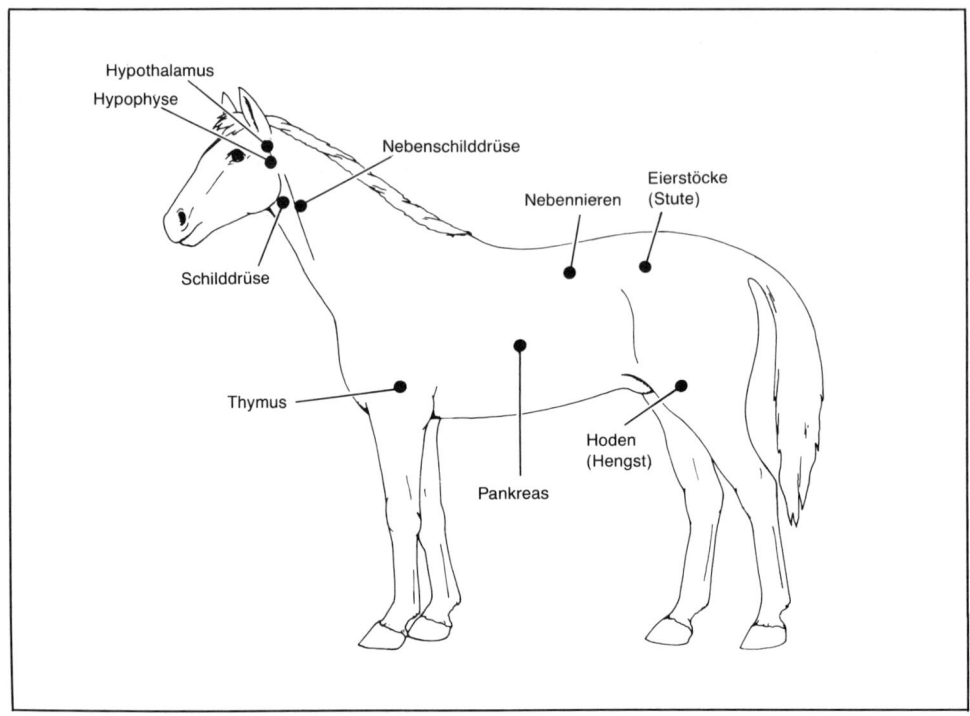

**21** Die innersekretorischen (endokrinen) Drüsen

## Hypophyse
Ein Stiel verbindet die Hypophyse mit der Unterseite des Zwischenhirns. Man hat sie die »Meisterdrüse innerer Sekretion« genannt; sie ist Leiter des innersekretorischen Orchesters. Die Hypophyse besteht aus zwei Lappen, dem vorderen und dem hinteren. Der vordere Lappen erzeugt follikelstimulierendes Hormon (F.S.H.) sowie Luteinisierungshormon (L.H.), die beide auf die Ovarien des Weibchens einwirken. Der Vorderlappen beeinflußt außerdem die Hoden des Männchens sowie die Schilddrüsen und Nebennieren beider Geschlechter. Der Hinterlappen erzeugt Hormone, welche die Nieren, die Gebärmutter und die Milchdrüsen beeinflussen.

## Schilddrüse
Diese Drüse befindet sich beidseits des Kehlkopfes und erzeugt Hormone, die größtenteils aus Jod bestehen. Daher beeinträchtigt Jodmangel die Funktion der Schilddrüse. Die Schilddrüse regelt den Stoffwechsel und das Wachstum. Eine unteraktive Schilddrüse führt zu Energiemangel und einer Neigung zum Übergewicht. Das Gegenteil erfolgt, wenn die Drüse hyperaktiv ist. Man hat die Schilddrüse mit dem Blasebalg des Schmieds verglichen, indem sie das Feuer des Lebens beherrscht. Bei normaler Funktion hat sie einen automatisch selbstregulierenden Mechanismus, der im Falle einer Überproduktion von Hormon die Reizung durch die Hypophyse ausschaltet.

## Nebenschilddrüsen
Diese sind eine Gruppe von vier kleinen Drüsen in der Nähe der Schilddrüse, welche den Kalzium- und Phosphathaushalt des Körpers regeln.

## Bauchspeicheldrüse

Die Bauchspeicheldrüse befindet sich hinter dem Magen. Sie sondert Insulin ab, das den Blutzuckerspiegel bestimmt. Die Drüse erzeugt auch Verdauungssäfte.

## Thymus

Der Thymus liegt gerade unterhalb des Brustbeins zwischen den Lungenhälften. Das vom Metzger verkaufte Kalbsbries besteht aus den Thymusdrüsen von Kälbern. Im Fohlenalter ist diese Drüse besonders groß und aktiv, weil sie mit Immunisierung gegen Krankheit beschäftigt ist. Sie ist auch eine Quelle von Blutlymphozyten.

## Andere Drüsen mit innerer Sekretion

Beim Weibchen funktioniert die Gebärmutter wie eine innersekretorische Drüse, indem sie Prostaglandin erzeugt. Dieses beeinflußt den Körper auf vielerlei Art, insbesondere indem es die Rosse der Stute einleitet (siehe Seite 99). Außer Eier erzeugen die Eierstöcke auch Östrogen und Progesteron. Östrogen ist verantwortlich für das allgemeine Verhalten der Stute sowie für Veränderungen in ihrem Geschlechtszyklus.

Progesteron, das auch in der Plazenta und in der Nebenniere erzeugt wird, spielt ebenfalls im Geschlechtszyklus der Stute eine wichtige Rolle (siehe Seite 99). Die Hoden erzeugen das männliche Geschlechtshormon Testosteron, das für die männlichen Merkmale und Entwicklung verantwortlich ist.

## Nebennieren

Diese liegen dicht neben den Nieren und erzeugen zwei Hormone, Kortisol und Adrenalin. Adrenalin ist ein Stimulans, das als Antwort auf Streß entsteht: Es erhöht die Herzfrequenz und den Blutdruck und bereitet den Körper auf Kampf oder Flucht vor. Kortisol hat verschiedene Wirkungen, darunter Entzündungshemmung.

# Störungen im Bereich des Nervensystems, der Sinnesorgane und der Drüsen mit innerer Sekretion

Dieser Abschnitt befaßt sich hauptsächlich mit den Krankheiten und Störungen, die in der Praxis häufig auftreten. In der Tat verursachen die Sinne wenig Ärger. Die Ausnahme ist das Auge. Hier ist das häufigste Problem Verletzung. Meist funktioniert das Nervensystem das ganze Pferdeleben hindurch reibungslos. Gelegentlich aber trifft man auf Nervenleiden und -krankheiten. Ferner gibt es nervöse Angewohnheiten, die man als Untugenden ansieht und die außerdem dem Pferdemeister erhebliche Sorge bereiten. Störungen im Drüsenbereich sind vergleichsweise selten.

**Augenleiden**

### Entropion

Symptome: Einwärtsstülpung des Augenlidrandes. Reizung.
Ursache: Ein Fohlen kann mit diesem Zustand geboren werden was allerdings nicht sehr häufig vorkommt.
Behandlung: Es ist wichtig, den Zustand im sehr frühen Stadium zu entdecken und vom Tierarzt behandeln zu lassen. Dieser wird wahrscheinlich den eingestülpten Lidrand vorübergehend zurücknähen und so den Zustand kurieren.

Katarakt
Symptome: Schreckhaftigkeit, weil es im Gesamtsehfeld des Pferdes Areale teilweiser Blindheit gibt. Diagnostizieren kann man den Zustand nur mit Hilfe eines Ophthalmoskops, das einen trüben Bereich in der Linse offenbart.
Ursache: Kann bereits bei der Geburt vorhanden, oder durch Verletzung oder Infektion verursacht sein.
Behandlung: Ein während einer tierärztlichen Untersuchung entdeckter, kleiner Katarakt beeinträchtigt das Pferd meist nicht. Der Zustand kann sich verschlechtern.

Keratitis
Symptome: Entzündung der Kornea (der durchsichtigen Außenschicht des Auges), eng geschlossene Augenlider.
Ursachen: Ein Stoß, ein Fremdkörper, eingestülpte Lidränder, oder Infektion.
Behandlung: Den Tierarzt rufen.

Konjunktivitis
Symptome: Entzündung des Membrans auf der Innenseite des Augenlids; das Auge kann auch blutunterlaufen aussehen. Die Augenlider sind geschwollen, die Augen können tränen und Schleim absondern.
Ursachen: Verletzung, oder ein Fremdkörper. Außerdem Reizung, Kälte, Allergie oder Infektion. Steht auch in Verbindung mit Verstopfung der Tränengänge.
Behandlung: Etwaigen Fremdkörper entfernen. Mit warmem Wasser, das vorher gekocht und abgekühlt wurde, baden. Mehrere Male am Tage mit einer kühlen Lösung aus einem Teelöffel Borsäure oder Magnesiumsulfat auf 0,5 Liter gekochtes Wasser ausspülen. Wenn der Ausfluß weiterhin besteht, muß man eine Augensalbe vom Tierarzt besorgen.

Periodische Augenentzündung, »Mondblindheit«
Symptome: Befällt meist nur einen Augapfel. Das Auge durchläuft fortschreitende,

entzündungsartige Veränderungen. Nach einigen Wochen hat sich das Auge meist teilweise erholt. Später wiederholen sich die Symptome.
Ursache: Anscheinend unbekannt. Die Krankheit könnte aber möglicherweise von Bakterien oder Viren stammen.
Behandlung: Das Pferd im verhältnismäßig dunklen Stall halten und mit dem Tierarzt beraten.

Photosensibilisierung
Symptome: Kopfschütteln.
Ursache: Grelles Sonnenlicht.
Behandlung: Den Zustand mit dem Tierarzt besprechen. Allerdings ist Photosensibilisierung nicht der einzig mögliche Grund für das Kopfschütteln.

Prellungen
Symptome: Geschwollene Augenlider, aber keine Beschädigung des Augapfels.
Ursachen: Häufigste Ursache ist ein Stoß, z. B. von einem Ast während eines Waldritts.
Behandlung: Heiße Umschläge unter Verwendung eines Teelöffels Kochsalz in einem halben Liter abgekochten und dann gekühlten Wassers. Etwaige Risse in den Augenlidern müssen vom Tierarzt sofort genäht werden.

**Nervöse Störungen**

Dummkoller
Symptome: Gleichgewichtsstörungen.
Ursache: Eine Gehirninfektion, Graskrankheit, Fohlenataxie, oder möglicherweise Vergiftung.
Behandlung: Der Tierarzt muß herangeholt werden.

Gehirnerschütterung
Symptome: Bewußtlosigkeit bzw. vermindertes Bewußtsein; Pupillenerweiterung; mühsame und unregelmäßige Atmung.
Ursache: Ein schwerer Kopfstoß.

Behandlung: Dem Pferd Ruhe in geräumiger Unterkunft geben. Kopf und Rückgrat kann man mit einem in kaltem Wasser getränkten Schwamm kühlen. Den Tierarzt holen.

## Hahnentritt, Zuckfuß

Symptome: Eine ruckartige Aufwärtsbewegung eines oder beider Hinterbeine infolge übermäßiger Beugung des Sprunggelenks. Kommt möglicherweise nicht bei jedem Schritt vor.
Ursache: Unbekannt. Das englische Pferdezuchtgesetz von 1918 bezeichnet den Zustand jedoch als Erbkrankheit.
Behandlung: Keine notwendig, aber der Zustand wird sich mit der Zeit verschlechtern. Für viele Jahre jedoch kann das Pferd normal eingesetzt werden und seine Galopp- und Springleistung ist nicht beeinträchtigt. Dennoch muß der Zustand als Mangel deklariert werden. Das Problem läßt sich operativ beseitigen.

## Zittern

Symptome: Unwillkürliche und krampfhafte Muskelkontraktionen, meist schmerzlos und nur das Hinterbein betreffend. Kann sich nach einer ernsthaften Krankheit oder einem schweren Sturz entwickeln, ist aber eine fortschreitende Nervenkrankheit.
Behandlung: Keine bekannte.

## Nervöse Angewohnheiten (Stalluntugenden)

Diese können durch Langeweile oder Tätigkeitsmangel entstehen, sind schwer zu überwinden, und ein Pferd mit einer solchen Angewohnheit wird als fehlerhaft klassifiziert.

## Koppen

Symptome: Die oberen Zähne sind unnatürlich abgenützt. Beobachtet man das Pferd unauffällig, wird man sehen, wie es die Krippe, die Oberkante der Tür, oder was gerade griffbereit ist, packt und dabei Luft durch den Mund einzieht und in den Magen hinunterschluckt. Dies verursacht Verdauungsstörungen und Kümmern.
Ursache: Unbekannt. Viele Fälle lassen sich weder durch Nachahmung eines anderen Pferdes, noch durch Langeweile erklären. Man sollte den Tieren das Kauen vom Paddockgeländer oder vom Holzwerk im Stall abgewöhnen, damit es nicht zu dieser Untugend führt.
Behandlung: Bei Tag hinauslassen. Regelmäßige Arbeit verordnen. Alles Bewegliche, das sich zum Koppen eignet, entfernen und sämtliches Holz mit Kreosot streichen. Alle übrigen Kanten mit einem eigens zu diesem Zweck entwickelten Präparat überziehen.

## Weben

Symptome: Das Pferd schwenkt Kopf und Hals von Seite zu Seite, besonders wenn es in einen fremden Stall kommt. Im fortgeschrittenen Stadium schaukelt das Pferd von einem Vorderhuf zum anderen.
Ursachen: Ein Pferd kann die Angewohnheit von anderen Pferden abgucken. Langeweile, nervöse Anspannung.
Behandlung: Bei Tag hinauslassen und für regelmäßige Bewegung sorgen. Man kann die obere Türhälfte komplett vergittern, aber manche Pferde weben dennoch weiter. Ein eigens zur Verhinderung von Weben gefertigtes Gitter ist wahrscheinlich die beste Lösung und könnte sogar die Untugend kurieren. Alternativ kann man u. A. einen Ziegelstein an einem Bindfaden in die Mitte der Tür hängen, oder das Pferd nachmittags anbinden. Etwas frisch geschnittener Stechginster ist ein nützliches Ablenkungsmittel, aber unangenehm zu schneiden.

## Windschnappen (Freikoppen)

Symptome: Das Pferd wölbt den Hals und schluckt Luft, ohne etwas anzufassen. Da manche Pferde dieses nur tun, wenn sie alleine sind, wird es schwer zu beobachten

sein. Wie Koppen kann es zu chronischen Verdauungsstörungen und Kümmern führen.
Ursache: Kann vom Koppen kommen.
Behandlung: Einen Kopperriemen anbrin-

gen. Dieser wird um das obere Ende des Halses geschnallt und zwickt das Pferd in die Kehle, wenn es versucht, den Hals zu wölben. Bei Tag hinauslassen und regelmäßig arbeiten.

# Das Kreislaufsystem

Der Körper ist ein kompliziertes Gebilde, das aus vielen Zellen besteht, von denen jede Bedürfnisse hat, die gegebenenfalls versorgt werden müssen. Deshalb muß es innerhalb des Körpers ein Fördersystem geben, das wirksam und zuverlässig funktioniert.

Das Fördersystem des Körpers geht vom Herzen aus. Lebenswichtiges wird dorthin gebracht, wo es gebraucht wird; Abwehrkräfte ziehen durch das System auf der Suche nach Störfaktoren und bereit, wo nötig Hilfe herbeizurufen. Wärme wird gleichmäßig durch den Körper verteilt, um die Bedürfnisse des Tieres zu decken. Abfallprodukte werden gesammelt und zu den Entsorgungsstellen gebracht.

## Aufgaben des Systems

Das Keislaufsystem trägt folgende lebenswichtige Einzelheiten:
1 *Sauerstoff* von den Lungen zu allen Körperzellen, insbesondere den Muskeln.
2 *Kohlendioxyd* von den Körperzellen, insbesondere den Muskeln, zu den Lungen.
3 *Wasser* und *Nährstoffe* vom Darm zu den Körperzellen.
4 *Abfallprodukte* vom Körpergewebe zu den Nieren.
5 *Nachrichten* (Hormone) von den innersekretorischen Drüsen an andere Organe.
6 *Abwehrkräfte* an angegriffene Stellen.
7 *Wärme* vom Körperinnern zur Oberfläche nach Bedarf.
Außerdem versorgt das System die Körperzellen mit einer gleichmäßigen Umwelt und bekämpft Undichtigkeit durch die Gerinnungsfähigkeit des Bluts.

### Blut

Die Bestandteile des Bluts lassen sich wie in der nebenstehenden Übersicht dargestellt zusammenfassen.

Wenn ein Pferd sich nicht wohl fühlt, aber keine eindeutigen Krankheitssymptome zeigt, kann der Tierarzt eine Blutprobe entnehmen. Der anschließende Bericht wird eine Analyse des Bluts enthalten. Der Tierarzt wird auch Anmerkungen dazu schreiben, aber es hilft, den Bericht zu verstehen, wenn man Kenntnisse über das Blut selbst besitzt.

Blut besteht aus einer Plasma genannten Flüssigkeit, die rote und weiße Blutzellen bzw. -körperchen enthält. Die roten sind die zahlreicheren und verleihen dem Blut seine kennzeichnende Farbe. Blut ist normalerweise flüssig während des Lebens, und wenn es frisch aus dem Körper entnommen wird, gerinnt oder verfestigt sich aber rapide, wenn es der Luft ausgesetzt wird.

### Plasma

Zusammen mit Plättchen enthält Plasma Fibrinogen, das die Gerinnung des Bluts fördert. Das restliche Plasma heißt Serum und enthält Wasser, Proteine, Glukose, Lipide, Aminosäuren, Salze, Enzyme, Hormone, Antigene, Antikörper und Urea (Harnstoff).

In dieser Flüssigkeit werden die Körperzellen gebadet. Plasma besteht zu etwa 90% aus Wasser; seinen Inhalt beeinflussen hauptsächlich Nahrung und Wasser vom Darm, die Bedürfnisse des Körpers, sowie die Tätigkeit der Nieren.

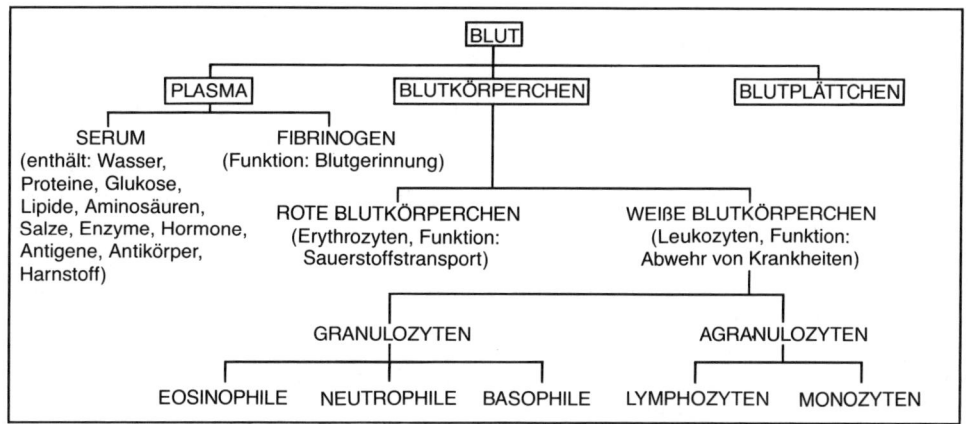

Bestandteile des Blutes

**Blutzellen**

Die Studie der Blutzellen heißt Hämatologie. Blutzellen sind entweder rot oder weiß. Rote Blutzellen entstehen im Knochenmark; man nennt sie auch Erythrozyten und sie haben die Fähigkeit, Sauerstoff aufzunehmen. Weiße Blutzellen (Leukozyten) leisten Abwehr gegen Krankheit, indem sie schädliche Erreger angreifen und zerstören. Sie lassen sich in zwei grobe Kategorien unterteilen: die Granulozyten (oder polymorphkernige Leukozyten), und die Lymphozyten und Monozyten, die beide im Lymphsystem entstehen (wie später erörtert wird). Dagegen entstehen die Granulozyten im Knochenmark und teilen sich in neutrophile, die Bakterien verschlingen und so Eiter bilden; basophile, die helfen, Entzündung einzudämmen; und eosinophile, die fremde Proteine entgiften.

Die roten Blutzellen enthalten Hämoglobin. Diese Substanz besitzt die Fähigkeit, sich mit Sauerstoff zu verbinden und diesen als Oxyhämoglobin von der Lunge zu den Muskeln zu tragen. Hämoglobin trägt außerdem Kohlendioxyd. Diese beiden Fähigkeiten sind wichtig für das wirksame Funktionieren der Muskeln.

Das P.C.V. (packed cell volume oder Hämatokrit) bezieht sich auf den Prozentsatz der roten Blutzellen im gesamten Blut.

**Blutprobe**

Eine Blutprobe wird den gesundheitlichen Zustand des Pferdes zeigen. Sind z. B. die Zahl der roten Blutzellen oder der Hämoglobinspiegel niedrig, hat das Pferd Blutarmut und muß entsprechend behandelt werden. Ein hoher Prozentsatz Lymphozyten und Monozyten kann auf eine chronische Erkrankung hinweisen. Überzählige eosinophile Granulozyten deuten darauf hin, daß das Blut einen hohen Prozentsatz Eindringlinge wie z. B. Wurmlarven enthält. Aufschlüsse über eine Behandlung bzw. über die Leistung eines Pferdes von einer Blutuntersuchung zu erwarten, wird durch die Fähigkeit des Pferdes, Reserven sehr schnell zu mobilisieren, kompliziert; die Milz des Pferdes funktioniert als Vorratskammer für Blutzellen. So können manche Aspekte (insbesondere das Hämatokrit) des gleichen Pferdes zu verschiedenen Zeiten des gleichen Tages ein unterschiedliches Bild abgeben. Dies hängt von Veränderungen in Tätigkeit und Umgebung ab, ganz besonders von einer stimulierenden Abwechslung wie einer Reise oder auch einem fremden Tierarzt.

Dennoch kann eine Blutprobe nützliche Anhaltspunkte bieten, die als Teil des Gesamtbildes den Weg zur besseren Gesundheit zeigen. Blutarmut, Larvenbefall, Virusinfektion und Kreuzverschlag sind alle

Beispiele für Fälle, in denen das Blut die zur Diagnose und zur Wahl der Behandlung notwendigen Auskünfte geben kann.

## Das Herz

Das Herz ist ein hohles und kegelförmiges Organ. Es besteht aus in einer Schutzhülle (dem Pericardium) enthaltenem Muskelfleisch und befindet sich in der Brustmitte. Das Herz ist in vier innere Abteilungen unterteilt. Die oberen Kammern heißen Atria (früher Aurikel) und die unteren Ventrikel. Es ist die Funktion des Herzen, den Blutkreislauf aufrechtzuerhalten.

Die Vena cava führt sauerstoffarmes Blut zur rechten Seite des Herzen zurück. Das Blut sammelt sich in der oberen Kammer (Atrium), und fließt durch eine Einwegklappe in die untere Kammer, welche das Blut durch die Lungenarterie zu der Lunge hinaufdrückt.

Die Lungenarterie führt sauerstoffbeladenes Blut von der Lunge in die linke Herzkammer zurück. Von dort fließt es durch eine Einwegklappe in den linken Ventrikel, der das Blut dann unter Druck durch die Hauptarterie des Körpers (die Aorta) stößt.

Beide Seiten des Herzen arbeiten parallel. So füllen sich beide Atria, dann ziehen sich beide zusammen, um das Blut in die Ventrikel zu fördern. Ihrerseits ziehen sich beide Ventrikel zusammen und fördern das Blut durch die Lungenarterie und die Aorta. Wenn eine Herzkammer sich zusammenzieht, schließen sich die Klappen, damit das Blut nicht zurückfließen kann; so wie sich diese Kammer entspannt, öffnen sich die Klappen wieder. Der Herzschlag ist das durch die Kontraktionen und die Tätigkeit der Klappen entstehende Geräusch. Dieses ist zu hören, wenn das Pferd belastet ist, oder läßt sich mit Hilfe eines Stethoskops hinter dem linken Ellbogen abhören. Schriftlich läßt sich das Geräusch »LÖBB-döpp – LÖBB-döpp – usw.« darstellen.

Der normale Herzschlag in der Ruhe beträgt etwa 35–45/min., kann sich aber zu einer Höchstgeschwindigkeit von etwa 200/min. steigern. Steigt die Frequenz und bleibt noch hoch, wenn das Pferd ruht, weist dies auf Unwohlsein hin. Eine geringe Unregelmäßigkeit des Herzschlags ist bei Pferden nicht ungewöhnlich und muß nicht Grund zur Sorge sein; nur der Tierarzt kann entscheiden. Ein »Herzgeräusch« stammt von einer nicht einwandfrei funktionierenden Herzklappe. Dies muß auch nicht Grund zur Besorgnis sein, kann allerdings rechtlich gesehen einen Mangel bedeuten.

## Der Kreislauf

Das Kreislaufsystem ist in Abb. 22 schematisch dargestellt. Sauerstoffbeladenes Blut vom Herzen wird unter Druck in muskulösen, dickwandigen, Arterien genannten Röhren, deren Durchmesser sich mit zunehmender Länge verringert, durch den ganzen Körper befördert. Die größte Arterie, die vom Herzen ausgeht, ist die Aorta, deren erste Zweige das Herz selbst mit Blut versorgen. Sie hat weitere Zweige, die zu allen Körperteilen führen und jedes Organ und jede Struktur mit Blut versorgen. Der nächst größte Zweig führt zu Hals, Kopf und Vorderhand. Die Aorta führt durch das Zwerchfell und entläßt einen großen Zweig, der die Zöliaka heißt, welcher Magen, Leber und Milz versorgt. Die Baucheingeweide werden durch die Gekröse-Arterien – die stärkere vorne und die kleinere hinten – mit Blut versorgt. Die Nierenarterie versorgt die Niere und die Hüftarterie (A. iliaca) die Hinterhand (Abb. 23).

Jede Arterie teilt sich in kleinere Arteriolen, die sich ihrerseits in die feinen Haargefäße (Kapillaren) unterteilen, welche den ganzen Körper durchdringen. Wasser, Sauer- und Nährstoffe sickern von den Kapillaren zu den einzelnen Zellen und auf gleiche Weise fließt etwas Wasser zusammen mit Abfallprodukten zurück. Kapillaren vereinigen sich und bilden kleine Venen (Ve-

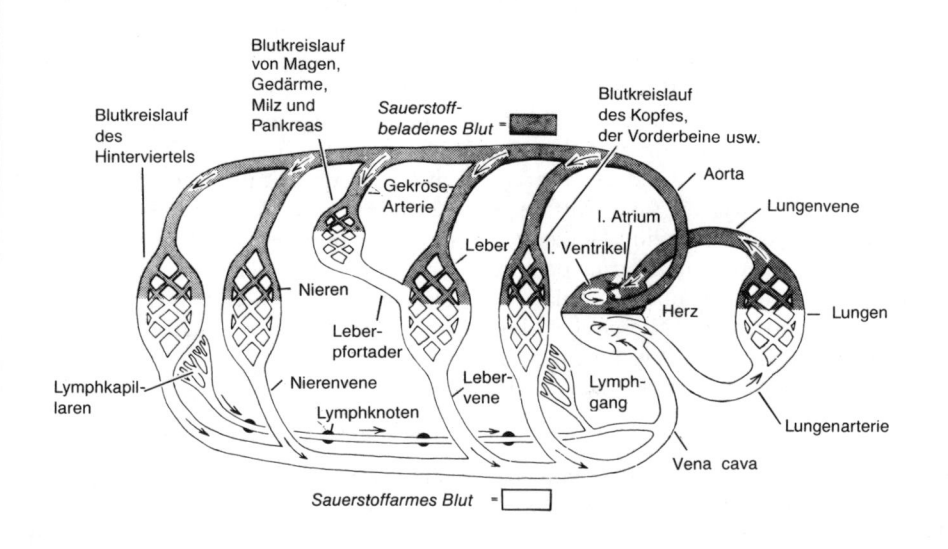

**22** Das Kreislaufsystem

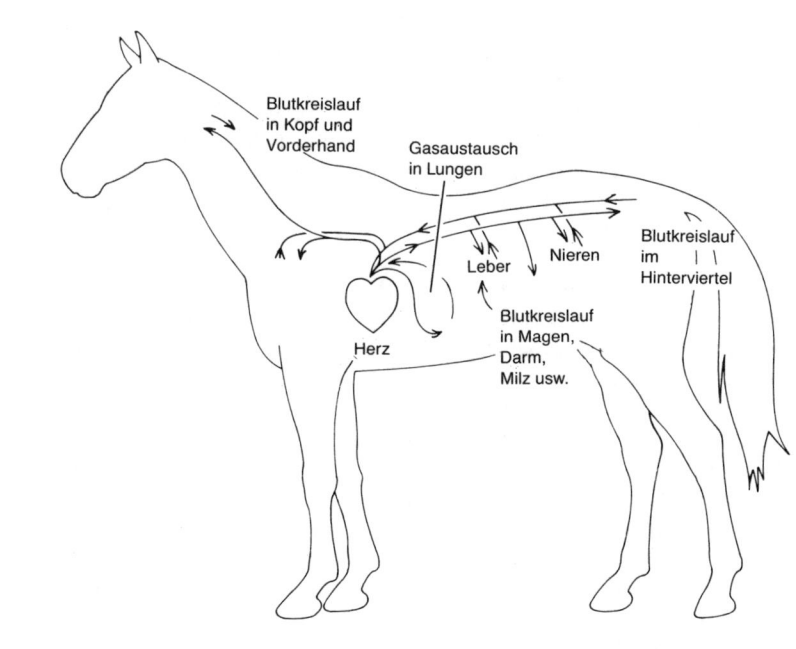

**23** Der Blutkreislauf des Pferdes

nula), die sich ihrerseits vereinigen und Venen bilden.

In Wirklichkeit sind Venula kleine Venenäste, die sauerstoffarmes Blut von den Kapillaren empfangen und dieses durch das Venensystem zum Herzen zurückbefördern. Venen sind dünnwandige, röhrenförmige Gefäße, welche sauerstoffarmes Blut auf seinem Rückweg zum Herzen befördern. Venen werden meist nach den betreffenden Arterien benannt; so heißt die Vene von den Nieren die Nierenvene. Die Venen laufen in die Vena cava hinein, welche das Blut zurück zum Herzen befördert.

Die wichtigste Ausnahme in dieser allgemeinen Anlage ist, daß das Blut von den Eingeweiden durch die Leber gefiltert werden muß, bevor es in den allgemeinen Blutkreislauf eintritt. Solches Blut fließt in der Pfortader zusammen, welche sich innerhalb der Leber in ein filtrierendes Netz von Kapillaren teilt, um anschließend die Lebervene zu bilden, die in die Vena cava verläuft.

Das Ganze heißt das systemische Kreislaufsystem. Der Lungenkreislauf ist das System, welches die Lunge mit Blut versorgt. Die Lungenarterie trägt sauerstoffarmes Blut zu der Lunge hin und die Lungenvene trägt es sauerstoffbeladen wieder zurück.

## Lymphsystem

Lymphe ist eine fast farblose, hauptsächlich weiße Blutzellen enthaltende Flüssigkeit, die das Körpergewebe umhüllt. Sie entsteht aus dem Blut und muß dorthin zurückgebracht werden. Einen Teil dieser Flüssigkeit nehmen Kapillaren auf, doch reicht dieses Auffangsystem nicht aus. Parallel dazu gibt es eine zweite Auffangeinrichtung, das Lymphsystem, welches sowohl umfangreich wie auch wichtig ist.

Die Funktion der dünnwändigen Lymphgefäße ist, die Nährstoffe aus verdautem Futter aufzunehmen und Flüssigkeitsansammlungen in jedem Körperteil zu verhindern. Die Lymphkapillaren münden in die Lymphgefäße; diese besitzen Klappen, die dafür sorgen, daß die Lymphe immer herzwärts fließt. Die Gefäße haben auch Knoten oder Filter (bohnenförmige Gewebemassen), welche die Lymphe nach Infektionen prüfen und gegebenenfalls Lymphozyten und Antikörper zu deren Bekämpfung erzeugen. Gibt es in einem Bereich eine Infektion, sind die Lymphknoten (-drüsen) vergrößert und stechen hervor. Dies macht sich unter dem Unterkiefer und auf der Innenseite des Schenkels besonders bemerkbar.

## Störungen im Kreislaufsystem

Blutarmut

Symptome: Innenseite des Augenlids oder andere Schleimhäute sind blaß. Herz muß schwerer arbeiten, um Sauerstoff durch den Körper zu pumpen: Es schlägt schneller als normal. Leistungsabfall und Verringerung der Ausdauer.

Ursachen: Mangel an roten Blutzellen oder Hämoglobin infolge Hämorrhagie (Blutung), Infektion, Blutwürmer, Magendasseln, oder mangelhafter Nahrung.

Behandlung: Der Tierarzt muß eine etwaige Infektion behandeln. Während der Genesung wird das Pferd weniger arbeiten müssen. Die Beigabe von Folsäure, Vitamin B12, oder Eisen im Futter kann notwendig sein.

Vorbeuge: Strongylus- und Magendasselbekämpfung. Tiefwurzelnde Kräuter im Paddock pflanzen, oder Beinwurz bzw. Mineralstoffe dem Futter beifügen.

Dehydratation

Symptome: Eine zusammengedrückte Hautfalte ebnet sich nur langsam wieder. Nach Bewegung normalisieren sich Puls- und Atmungsfrequenzen des Pferdes nur langsam. Das Pferd ist lustlos und träge. Lang anhaltende Belastung, wie z. B. eine Reise oder ein Distanzritt bei heißem Wetter, kann einen hörbaren Zwerchfellkrampf (»Klopfen«) hervorrufen. Dies ist ein Ernstfall, da das Pferd dem Kollaps nahe ist und dringend tierärztliche Versorgung braucht.

Ursachen: Wassermangel, oder das Pferd trinkt nicht genug, oder es hat zuviel Körperflüssigkeit verloren infolge von Durchfall, oder übermäßigem, durch Anstrengung, eine Fahrt im engen Raum, oder Fieber verursachten Schwitzen.

Behandlung: Dafür sorgen, daß das Pferd normalerweise ständigen Zugang zu Wasser hat. Sicherstellen, daß das Wasser dem Pferd schmeckt. Salz im Futter könnte es dazu bewegen, mehr zu trinken. Die Ursche von Durchfall oder übermäßig weichem Kot muß behandelt werden.

Bei nach Bewegung auftretenden Dehydrationssymptomen genügt weniger als ein halber Eimer Wasser, dem man möglichst eine große Prise Salz und etwas Glukose beimischt. Dies wiederholt man in Abständen von 10 Minuten, bis der Durst gelöscht ist. Elektrolyte lassen sich auch im Trinkwasser verabreichen, aber in schweren Fällen kann es sein, daß der Tierarzt sie intravenös spritzen muß.

## Druse

Symptome: Geschwollene Unterkieferdrüsen. Nasenausfluß. Erhöhte Temperatur. Husten. Schluckbeschwerden.

Ursache: Ansteckung durch spezifische Bakterien.

Behandlung: Isolieren. Ausbreitung der Krankheit auf andere Pferde verhindern. Den Tierarzt schnellstens heranholen, weil die Krankheit hochansteckend ist. Ruhe.

## Endokarditis und Perikarditis

Symptome: Oft vage. Mangelnde Arbeitslust und Konditionsabfall.

Ursachen: Die Membrane im oder um das Herz sind entzündet infolge Bakterien- oder Virusbefalls.

Behandlung: Die Infektion unter tierärztlicher Anleitung behandeln. Die Genesung dauert eher Monate als Wochen und Ruhe ist wichtig.

## Graskrankheit

Symptome: Entzündete Membrane. Schluckbeschwerden. Depression. Keine Darmentleerung. Geifern. Schleimiger Ausfluß an den Nüstern. Übelriechender Atem.

Ursache: Wahrscheinlich Viren.

Behandlung: Keine bekannt. Die Krankheit verläuft fast immer tödlich.

## Hämatom

Symptome: Knoten oder Beulen unter der Haut.

Ursachen: Hämorrhagie (Blutung), die entweder unter der Haut, oder in einen Muskel hinein fließt und einen Knoten bildet; meist die Folge eines Stoßes. Kann groß oder klein sein.

Behandlung: Kleine Hämatome werden resorbiert, aber große erfordern tierärztliche Behandlung und einige Tage Ruhe.

## Hitzeerschöpfung

Symptome: Das Pferd sieht erschöpft, lustlos und träge aus und schwitzt. Es kann zittern und erhöhte Puls- und Atemfrequenz zeigen. Die Temperatur kann bis 42 °C ansteigen.

Ursache: Lang anhaltende, oder hohe Anstrengung bei Hitze und Luftfeuchtigkeit.

Behandlung: Das Pferd mit kaltem Wasser abspritzen. Nasse Tücher über dem Kopf können helfen. Im Schatten mit leichter Luftbewegung halten, um die Verdunstung zu fördern. Dehydrationssymptome behandeln.

Vorbeuge: Wenn hohe Luftfeuchtigkeit und hohe Temperatur zusammenkommen, sind Maßnahmen gegen Dehydration zu treffen. Hohe Geschwindigkeit über längere Zeit ist zu vermeiden und der Körper des Pferdes ist so oft wie möglich mit kaltem Wasser zu kühlen.

## Kreuzverschlag (Schwarze Harnwinde, Lumbago)

Symptome: Im typischen Fall ist das Pferd aufgeregt, hat etwas gearbeitet, muß warten und kann dann nicht gehen, zum Beispiel nach dem ersten Suchritt bei der Jagd, zwischen den A- und B-Phasen einer Vielseitigkeitsprüfung, oder während es bei einem Wettkampf nach dem Warmreiten auf das Springen wartet. Es kann aber auch vorkommen, nachdem das Pferd nach dem Bewegungstraining wieder zuhause ist. Das Pferd wird schwitzen und kann sich nicht, oder nur mit Schwierigkeit vorwärts bewegen. Die Muskeln hinter dem Sattel sowie die des Hinterviertels fühlen sich hart an. Das Pferd leidet unter Schmerzen. Die Hinterbeine können gelähmt sein. Das Pferd kann dunkelroten, eigenartig riechenden Harn lassen. Im schweren Fall bricht das Pferd vollständig zusammen.

Ursachen: Diese Krankheit schreibt man unsachgemäßer Behandlung zu, doch scheinen manche Pferde dazu veranlagt zu sein. Viel Getreide und wenig Bewegung. Das Glykogen in den Muskeln baut sich während der Bewegung zu Milchsäure ab. Bei Kreuzverschlag wird die Milchsäure nicht schnell genug entnommen, sie sammelt sich in den Muskeln an und führt dazu, daß diese sich vollständig verkrampfen.

Behandlung: Das Pferd nicht bewegen, sondern aufdecken und zugfrei unterbringen. Falls unterwegs, das Pferd nach Hause transportieren lassen. Den Tierarzt rufen, der vielleicht Medikamente gegen die Schmerzen und eine Injektion verordnen wird. Heiße Umschläge können die Beschwerden lindern.

Vorbeuge: Mehr als genug Bewegung, um das Futter auszugleichen – wie bei Lymphangitis (s. unten). Ein Vitamin E-Zusatz kann hilfreich sein. Der Tierarzt kann ein Mittel gegen Magensäure oder eine Puffermischung im Futter verschreiben.

## Lymphangitis

Symptome: Im typischen Fall hat das Pferd ein geschwollenes Hinterbein, das warm und druckempfindlich ist. Die Schwellung reicht meist bis zu einer Linie um das Knie

herum hinauf. Das Pferd zeigt Schmerzsymptome und hat eine erhöhte Temperatur. Lymphgefäße und -knoten auch in anderen Bereichen können entzündet sein.

Ursachen: Ein unausgewogenes Verhältnis zwischen einem hohen Getreideanteil im Futter und mangelnder Bewegung. Wie den Kreuzverschlag bezeichnet man auch die Lymphangitis oft als »Feiertagskrankheit«. Sie kann auch durch Infektion entstehen.

Behandlung: Der Tierarzt wird einschlägige Medikamente verschreiben. Das Pferd braucht einen bequemen Stall, abführendes Futter sowie mehrere Male täglich heiße Umschläge auf die betroffene Gliedmaße. Lahmheit wird Bewegung einschränken. Nachdem aber die Anfangsschwellung etwas zurückgegangen ist, wird etwas leichte Bewegung an der Hand förderlich sein.

Vorbeuge: Futterration nach dem Arbeitsplan richten. Soll das Pferd einen Ruhetag bekommen, z. B. an einem Sonntag nach einer Samstagsjagd, ist das Vorabendfutter zu verringern. Wenn möglich, sollte man das Pferd am Ruhetag für eine Stunde oder mehr in die Koppel entlassen.

## Reisetetanie

Symptome: Unbehagen, Schwitzen, schnelle Atmung, stolpernder Gang, alle nach einer Reise (besonders einer säugenden Stute bei warmem Wetter).

Ursache: Senkung des Blutkalziumspiegels.

Behandlung: Eine kühle, ruhige Box, Trinkwasser. Den Tierarzt rufen.

## Tetanie (Wundstarrkrampf)

Symptome: Zunehmende Bewegungssteifheit. Das Pferd steht in einer gestreckten Haltung. Klopfen unter dem Kinn löst eine Reaktion der Nickhaut aus. Später reagiert das ganze Pferd auf Geräusche und Tastreize. Muskelzuckungen. Die Kiefer sind zusammengepreßt.

Ursache: Ein im Boden befindliches Bakterium (Clostridium tetani). In einer Verlet-

zung erzeugt dieses unter Luftabschluß Toxine, welche Muskelzuckungen verursachen. Kann durch eine Stichwunde, oder sogar durch einen Kratzer eindringen.
Behandlung: Den Tierarzt rufen. Die Prognose ist nicht gut, aber eine frühe Diagnose hilft. Ruhe, verdunkelter Stall.
Vorbeugung: Tetanusimpfung mit Nachimpfung alle zwei Jahre. Wird oft mit einer Schutzimpfung gegen Pferdeinfluenza kombiniert. Man kann trächtigen Stuten ihre Nachimpfung im letzten Monat der Trächtigkeit verabreichen, um das Fohlen mit einzubeziehen. Im Alter von etwa 3 Monaten braucht das Fohlen dann eine eigene Schutzimpfung.

Thrombose und Embolie
Symptome: Hängen vom Sitz des Problems ab. Der häufigste Sitz sind die Gedärme, das Symptom Kolik.

Ursachen: Die Verstopfung von Blutgefäßen durch ein darin festhaftendes, stationäres Blutgerinnsel (Thrombus). Die häufigste Ursache solcher Blutgerinnsel sind Wurmlarven im Organsystem. Wenn das Blutgerinnsel losbricht, im Blutgefäß weiterfließt und sich dann vor einem kleineren Blutgefäß festsetzt, heißt dies eine Embolie und der durch das blockierte Blutgefäß versorgte Bereich leidet darunter. Eine Embolie kann die Funktion eines Körperteils vorübergehend ausschalten. Manchmal sucht sich das Blut eine andere Bahn durch das Organsystem. Der Larvenbefall kann eine Ausbuchtung (ein Aneurysma) der Arterienwand verursachen.
Behandlung: Die symptomatische Kolik behandeln. Den Tierarzt wenn möglich sofort rufen. Würmer, insbesondere die durch den Körper wandernden Larvenstadien, bekämpfen.

# Das Atmungssystem

Die Hauptaufgabe dieses Systems ist es, Sauerstoff ins Blut aufzunehmen. Ohne Sauerstoff hören die Wärmeerzeugung und alle Lebensvorgänge auf. Stockt die Atmung, wird das Pferd innerhalb weniger Minuten sterben. Von den drei Hauptbedürfnissen des Pferdes – Futter, Wasser und Sauerstoff – wird Sauerstoffmangel in kürzester Zeit kritisch. Ein Pferd kann mehrere Tage ohne Wasser aushalten und mehrere Wochen ohne Futter; wenn ihm aber nur für Minuten der Sauerstoff fehlt, tritt der Tod ein.

### Die Aufgaben des Systems
Wie mehrere andere Organsysteme hat das Atmungssystem eine Hauptfunktion und mehrere untergeordnete, aber ebenfalls wichtige. Hauptfunktion des Systems ist die Sauerstoffversorgung. Seine anderen Aufgaben sind:

1 dem Blut Kohlenmonoxyd zu entziehen;
2 durch die Ausatmung warmer und die Einatmung kühler Luft zur Erhaltung einer gleichmäßigen Körpertemperatur beizutragen;
3 Wasser abzuscheiden: Dies läßt sich an einem kalten Tag leicht beobachten, geschieht aber ständig;
4 Ton (Lautäußerungen) zu übertragen;
5 durch die Nasenhärchen Sinnesreize des Geruchs und des Getasts zu empfangen.

### Die Atemwege und die Lungen
Im Kopf
Sauerstoff gelangt auf einem sehr komplizierten Weg in die Lungen. Das äußere Ende dieses Weges besteht aus den Nüstern, die groß, weich, sanft und aufnahmebereit sind. Sie ändern ihre Form je nach

73

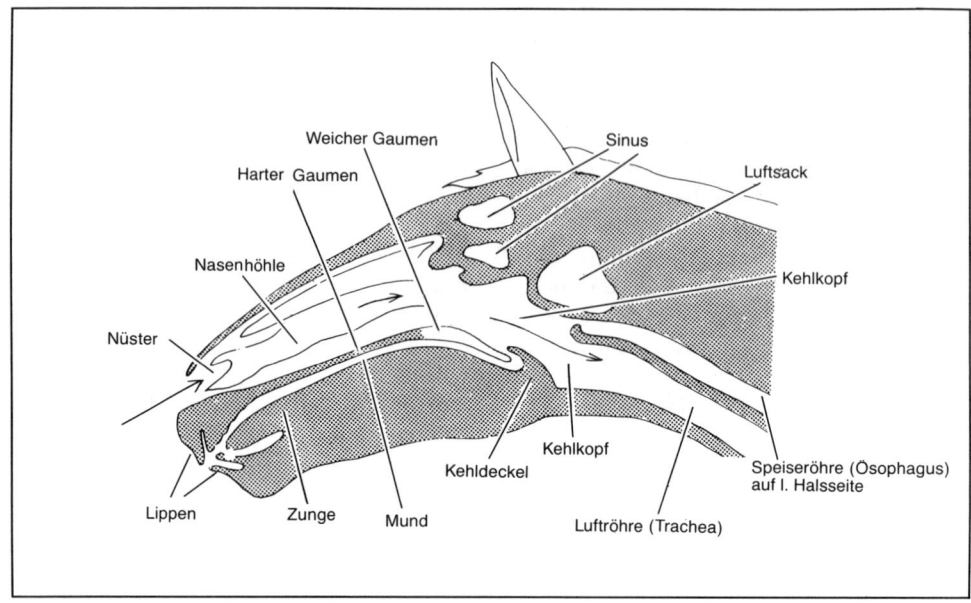

**24** Die Atemwege und Nebenhöhlen des Kopfes

Laune des Pferdes. Das Pferd atmet Luft nicht durch den Mund, sondern nur durch die Nüstern ein. Diese lassen sich leicht aufblähen und sind am Gesichtsausdruck eines neugierigen oder zornigen Pferdes beteiligt. Das Pferd kann die Wirkung des Gesichtsausdrucks unterstützen, indem es die Luft heftig aus den Nüstern bläst oder schnaubt. Die Haare zwischen und unter den Nüstern wirken als Tastorgane und ergänzen den Geruchssinn, wenn das Tier fremde Gegenstände aus der Nähe untersucht. Die Atemwege des Kopfes zeigt Abb. 24.

Die Nasenhöhlen – eine pro Nüster – sind durch ein Stück Knorpel voneinander getrennt. Vom Mund trennt sie der harte Gaumen und, weiter innen, der weiche Gaumen. Die Nasenhöhle ist zum Teil mit hauchdünnen, gewundenen Knochen gefüllt, die Muschelbeine heißen und so geformt sind, daß sie eine große Oberfläche besitzen. Wie die restliche Nasenhöhle ist diese mit einer Schleimhaut überzogen, die hilft, ankommende Luft etwas anzuwär-

men, bevor sie auf die Lungen trifft. Hierdurch verliert der Körper Wärme, wenn die Atemluft wieder ausgestoßen wird. Im oberen Teil der Nasenhöhle enthält die Schleimhaut die Sinneszellfortsätze (Riechhärchen), welche die Geruchswahrnehmungen vermitteln.

Vorne im Schädel befinden sich die luftgefüllten Nasennebenhöhlen (Ez. Sinus, Mz. Sinus mit langem u), die mit der Nasenhöhle verbunden sind. Der Sinus maxillaris befindet sich über den Backenzähnen; die anderen heißen S. frontalis, S. sphenopalatinus und S. etmoidalis. Alle sind paarweise vorhanden, auf jeder Seite einer; sie geben dem Schädel Festigkeit und Form bei gleichzeitiger Gewichtseinsparung.

Der Rachen oder Schlundkopf (Pharynx) ist der gemeinsame Weg für Nahrung und Luft, die beide aus verschiedenen Richtungen kommen und in je eigene Röhren fließen. Wenn das Pferd schluckt, verschließt der Kehlkopfdeckel (Epiglottis) den Eingang der Luftröhre automatisch und hebt Nahrung oder Flüssigkeit in die Speiseröhre. Wegen der besonderen Form des Schlundkopfs beim Pferd muß man ihm eine Magensonde durch eine Nüster einführen. Dabei ist darauf zu achten, daß der Schlauch auch wirklich in die Speise- und nicht in die Luftröhre läuft.

Die Eustachischen Röhren münden in das Dach des Schlundkopfs. Sie lassen Luft zum Mittelohr durch; mit ihnen verbunden sind paarige Luftsäcke, die sich gerade oberhalb des Schlundkopfs befinden.

## Im Hals

Luft fließt vom Schlundkopf durch den Kehlkopf, das Organ, welches die Stimme erzeugt. Er ist eine Kapsel voller gelenkig miteinander verbundener Knorpel (Stellknorpel), deren Stellung durch die sie umgebende Muskulatur verändert werden kann. Der Kehlkopf prüft die ein- und austretende Luft und weist Fremdkörper ab. Er befindet sich im Hals zwischen den Unterkieferästen und läßt sich leicht erfühlen. Auf ihrem Wege in die Speiseröhre fließen Nahrung und Wasser über seine Öffnung (Glottis) und er besitzt eine Klappe (Epiglottis), die sich automatisch schließt, wenn das Pferd schluckt. Jede Störung von Glottis oder Epiglottis verursacht Husten.

Zusammen mit den Stimmbändern, die dick und elastisch sind, erzeugen diese Organe die Stimme oder Lautäußerungen des Pferdes. Das Pferd kann quietschen, rufen, wiehern und stöhnen. Die Muskeln, welche die Stellknorpel bewegen, werden durch einen Ast des Nervus vagus gesteuert, der eigenartigerweise auf der linken Seite viel länger ist, als auf der rechten. Dieser Nerv unterliegt zuweilen Störungen; die Atmungsschwierigkeiten, die daraus folgen, beschränken sich oft auf die linke Seite des Kehlkopfes. Trotz der filternden Wirkung des Kehlkopfes atmet das Pferd einigen Staub ein, insbesondere wenn es trockenes Heu ißt, oder wenn das Lagerstroh während des Auslegens aufgeschüttelt wird.

Die Luftröhre (Trachea) läuft vom Kehlkopf bis zu den Lungen. Sie verläuft an der unteren Grenze des Halses und läßt sich bis zum Brusteingang leicht fühlen. Die Röhre wird durch Knorpelspangen mit überlappenden Enden verstärkt und ist mit mikroskopisch kleinen Härchen (Flimmerepithel) ausgekleidet, deren Bewegung kleine, eingedrungene Fremdkörper wie Staubkörnchen wieder nach draußen befördert.

## In der Brust

Am Brusteingang gabelt sich die Luftröhre in zwei Bronchien, die je in eine Lungenhälfte führen. Nach dem Eintritt in die Lunge veräseln und verzweigen sie sich in Bronchiolen, die an den Lungenbläschen (Alveolen) enden. Diese sind ihrerseits in viele traubenförmig angeordnete Kleinalveolen unterteilt, wodurch ihre innere Oberfläche außerordentlich groß wird (s. Abb. 25).

Die Lungen sind zwei große, elastische Organe. Die rechte Lunge des Pferdes besitzt einen zusätzlichen Lappen. Die Form der Lungen ist aber unwichtig, weil sie abgesehen von dem Platz, den das Herz beansprucht, die gesamte Brusthöhle ausfüllen, die unterhalb des Rückgrats liegt und von den Rippen und dem Zwerchfell umschlossen wird. Die Lungen sind durch eine glatte Schleimhaut (die Pleura) umhüllt, die Reibung verhindert.

Die Blutgefäße in den Lungen sind so fein verästelt, daß die Luft fast unmittelbaren Kontakt mit dem Blut hat. Sauerstoff kann durch die feine Zellenschicht aus der Luft in das Blut übertreten, während Kohlendioxyd und Wasser in die Atemluft ausgeschieden werden. Anschließend wird die Luft wieder ausgeatmet.

Das Zwerchfell trennt die Brust vom Bauch. Es ist eine kräftige, dünne Muskelschicht, die an den Innenseiten der Rippen befestigt ist. Es beginnt kurz vor der Lendenregion hoch unter dem Rückgrat und zieht von da nach unten und vorne bis zum

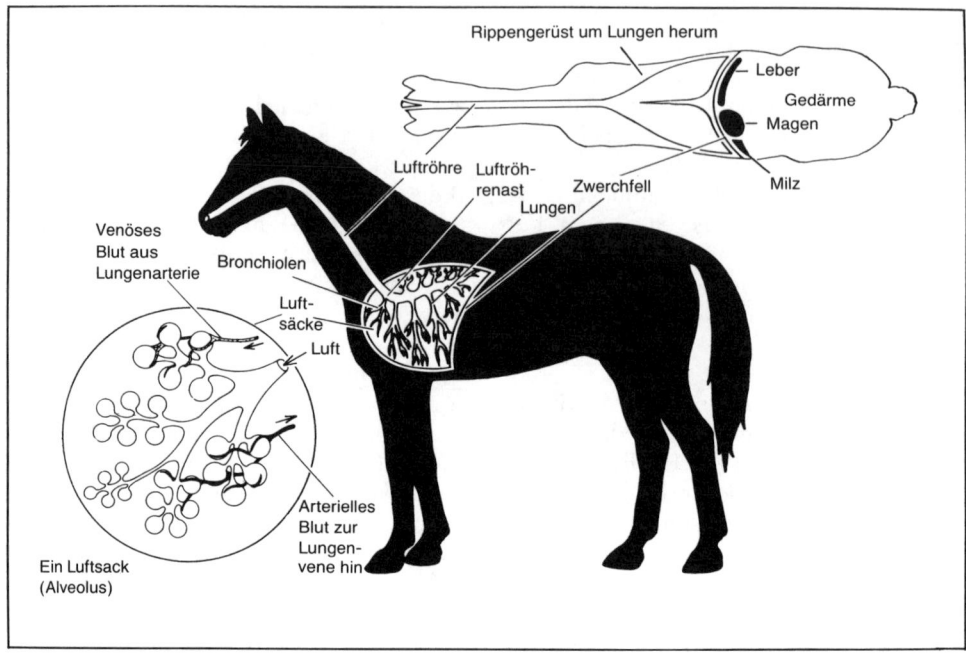

Rippengerüst um Lungen herum

Leber
Gedärme
Magen
Milz

Luftröhre  Luftröh-  Zwerchfell
renast
Lungen

Venöses
Blut aus
Lungenarterie  Bronchiolen

Luft-
säcke

Luft

Arterielles
Blut zur
Lungen-
vene hin

Ein Luftsack
(Alveolus)

**25** Das Atmungssystem

Brustbein. Die Hauptblutgefäße und die Speiseröhre treten durch es hindurch, wenn sie die Brust verlassen. Wie die Lungen, die es berührt, ist das Zwerchfell auch pleurabeschichtet.

## Die Atmung

Beim Atmen ziehen die Lungen Luft ein, um ihr den Gasaustausch mit dem Blut zu ermöglichen. Dies ist der eine Teil der Atmung. Der andere vollzieht sich in den Körpergeweben, die den Sauerstoff aus dem Blutstrom entnehmen.

Das Pferd atmet Luft durch die Nüstern ein. Die Luft bewegt sich durch den Kehlkopf, entlang der Luftröhre und in die Lungen. Hier tauschen Luft und Blut die Gase aus und anschließend stößt das Pferd nach einer kleinen Verzögerung die Atemluft wieder aus. Das ganze wiederholt sich unablässig in einem im wesentlichen automatisch gesteuerten Rhythmus.

Muskelzug dehnt den Brustkorb (Thorax)

und füllt so die Lungen. Die Ausatmung erfolgt zum Teil dadurch, daß der Brustkorb elastisch zurückfedert, zum Teil durch die Arbeit anderer Muskeln. Beim Pferd enthält der Brustkorb nur einen Pleuralsack für beide Lungenhälften, während bei vielen Tieren jede Lungenhälfte ihren eigenen Pleuralsack hat. Die Rippen schließen den Brustkorb ein und das Zwerchfell trennt ihn vom Abdomen. Das Zwerchfell hat die Form einer Kuppel, deren Wölbung nach vorn gerichtet ist. Wenn die Muskeln des Zwerchfells sich zusammenziehen, flacht es sich ab und erweitert so die Brusthöhle. Das vergrößert das Atmungsvolumen (tiefes Einatmen). Wenn aber Magen und Darm voll sind, behindern sie die Bewegung des Zwerchfells. Deshalb erhält am Morgen eines Rennens ein Rennpferd kein Heu und nur wenig Futter.

Wenn das Pferd entspannt ruht, zieht es nur etwa ein Fünftel der Luftmenge in die Lungen, die es für seine höchste Leistung braucht. In der Ruhe hat das Pferd meist eine Atemfrequenz von 8–16/min., beim Jungtier ist sie etwas höher. Nach langdauernder, höchster Anstrengung kann sich die Frequenz auf 120/min. erhöhen. Die Lungen entleeren sich nie vollständig (Residualluft), doch erhöht sich der Luftdurchsatz erheblich, wenn sich das Pferd anstrengt.

## Störungen im Atmungssystem

### »Dämpfigkeit« oder Lungenasthma
Symptome: Häufige Anfälle oft krampfhaften Hustens. Der Husten klingt tief und hohl und hält lange an. Atemnot kann vorkommen. Am Ende der Einatmung wird eine Linie sichtbar, die am Hinterbeinknie anfängt und dem Bauch entlangläuft, und beim Ausatmen heben sich die Flanken zweimal an. Die Atmung ist mühsam und keuchend.
Ursachen: Dies ist eine allergische Reaktion, die am häufigsten durch die im Heu und im Stroh befindlichen Pilzsporen verursacht wird.
Behandlung: Die Allergie als solche ist unheilbar. Die Symptome lassen sich mit einem dem humanmedizinischen Präparat »Intal« ähnlichen Arzneimittel erfolgreich behandeln. Man muß es mittels einer Pumpe einblasen. Wiederholungen der Anfälle lassen sich in vielen Fällen durch Medikation und entsprechende Vorbeugemaßnahmen in der Umgebung des Tieres verhindern. Behandelt man den Husten nicht, kann es zu einer Schädigung des Lungengewebes (Emphysem) kommen. Grundsätzlich sollte man Papiereinstreu verwenden und Gärheu verfüttern, um jede Staubentwicklung so weit wie möglich zu vermeiden.

### Erkältung oder Schnupfen (Erkrankungen der oberen Atemwege)
Symptome: Ein klarer, dicker Ausfluß aus den Nüstern, der sich später weißlich verfärben kann; angeschwollene Halsdrüsen;

ein leiser oder keuchender Husten, möglicherweise gewiße Schluckbeschwerden und ein leichter Temperaturanstieg.
Ursache: Ein Virus verursacht die Primärinfektion. Ein Pferd während der ersten Zeit der Aufstallung nach dem Weidegang bzw. eines, das in einer Umgebung wie z. B. einem Stall oder einem Lastwagen steht, der schlecht belüftet ist, ist anfälliger für das Virus.
Behandlung: Das Pferd isolieren und warm halten, aber für viel frische Luft sorgen. Sägespäne oder Papiereinstreu verwenden, oder das Pferd nicht im Stall lassen, während man die Einstreu aufschüttelt, oder frische ausbreitet. Heu sollte man nur angefeuchtet am Boden verfüttern und möglichst weiches sowie grünes Futter anbieten. Man kann eine antiseptische Latwerge geben. Auch läßt sich eine Salbe anwenden, die zur Befreiung menschlicher Nasen und Bronchien hergestellt wurde. Doch reibt man diese nicht auf Brust und Hals des Pferdes, sondern außen auf die Nüstern. Auch kann man das Pferd Benzoetinktur einatmen lassen. Die Infektion verschwindet meist innerhalb einer Woche wieder. Sie spricht gut auf Antibiotika an, die Sekundärinfektionen unterbinden. Bewegung soll sich auf Gehen beschränken, bis alle Symptome verschwunden sind.
Vorbeuge: Stickige Luft für Pferde vermeiden und bei der Aufstallung besondere Vorsicht walten lassen. Bei Veranstaltungen den Pferden nicht erlauben, aus öffentlichen Trögen zu trinken. Verhindern, daß das Pferd in Zugluft steht, besonders während es sich abkühlt.

### Kehlkopfpfeifen, »Rohren«
Symptome: Ein anomales Geräusch, wenn das Pferd beim Kantern oder Galoppieren einatmet.
Diagnose: Manche Fälle sind glasklar und leicht zu identifizieren, bei anderen hängt es vom Standpunkt des jeweiligen Sachkundigen ab: der eine wird meinen, das Pferd habe einen Atmungsmangel, der andere,

daß eine vorübergehende Infektion die Funktion der Atmungsorgane beeinträchtige, noch ein anderer, daß das Pferd einfach außer Kondition und etwas »kehlkopflahm« sei und daß sich dieses bei erhöhter Kondition wieder einrenken werde. Eine Untersuchung mittels eines Kehlkopfspiegels zeigt möglicherweise, ob die Bewegung der Stimmbänder eingeschränkt ist.

Ursache: Meist ist es der Nerv auf der linken Seite des Kehlkopfes, dessen Funktion gestört ist. Folglich ziehen sich dieses Stimmband und die anliegenden Knorpel während der Einatmung nicht zurück und das Geräusch wird durch die Atemluft erzeugt, während sie an diesem Hindernis vorbeizieht.

Behandlung: Früher löste man dieses Problem durch eine Tracheotomie, welche unter Umgehung des Hindernisses der Luft direkten Zugang zur Luftröhre verschaffte. Heute wird meist die Hobdaysche Operation durchgeführt, ein einfacher Eingriff, der das Hindernis beseitigt. Die entstehende Wunde dürfte ungehindert ablaufen und gut heilen und während dieser Zeit muß das Pferd ruhig im Stall gehalten werden. In Abänderung der Hobdayschen Operation kann man auch eine Prothese, d. h. ein künstlich hergestelltes Ersatzteil, einsetzen.

Vorbeuge: Da große Pferde anfälliger für diese Krankheit zu sein scheinen, muß man beim Konditionstraining besonders sorgfältig vorgehen. Das Landwirtschaftsministerium Großbritanniens führt die Krankheit als erblich auf, aber nicht jeder ist dieser Meinung. Pferde, an denen die Hobdaysche Operation durchgeführt wurde, dürfen an Jagdpferdprüfungen nicht teilnehmen.

### Laryngitis, Tracheitis, Bronchitis
Symptome: Husten. Untertemperatur. Ausfluß aus den Nüstern. Atembeschwerden. Alle drei Krankheiten verlaufen ähnlich.

Ursache: Infektion der oberen Atemwege.

Behandlung: Das Pferd warm halten mit viel Frischluft. Futter, insbesondere das Heu, vor dem Verabreichen anfeuchten. Latwerge, Antibiotika und Dampfbäder können helfen.

### Lugenentzündung
Symptome: Temperaturanstieg bis auf 41 °C. Nach 12 Stunden erhöhte Puls- und Atmungsfrequenz; Extremitäten kalt. Die Bauchmuskulatur ist verspannt. Husten.

Ursachen: Eine durch Viren, Bakterien, Pilze oder Parasiten verursachte Entzündung der Lungen.

Behandlung: Den Tierarzt rufen. Das Pferd ruhig und warm halten mit viel Frischluft. Dampfbäder können helfen. Langwierige Genesung.

### Lungenwürmer
Symptome: Ein trockener Husten. Zur Bestätigung des Befalls ist eine Laboruntersuchung des Kots notwendig.

Ursache: Wurmlarven.

Behandlung: Den Tierarzt rufen. Tiere in guter Kondition sind den Parasiten gegenüber am widerstandsfähigsten.

Vorbeuge: Ständige Sauberhaltung der Weide.

N. B.: Manche Pferde und die meisten Esel können Krankheitsträger sein, ohne Symptome zu zeigen.

### Nasenbluten (Epistaxis)
Symptome: Blut erscheint an den Nüstern. Nach schneller Arbeit kann die Blutung von den Lungen herrühren. Sie kann aber auch vom Luftsack, vom oberen Ende des Halses, oder, nach Verwendung eines Magenschlauchs, von der Nase stammen.

Ursache: Kann im Zusammenhang mit einer Virusinfektion stehen.

Behandlung: Das Pferd ruhig halten; oft hört die Blutung von alleine auf. Der Tierarzt kann vielleicht Vorschläge zur Behandlung machen.

Nebenhöhlenerkrankung, Sinusitis
Symptome: Grauer Nasenausfluß, meist aus nur einer Nüster. Der Bereich unterhalb des Auges kann geschwollen und schmerzempfindlich sein.
Ursachen: Eine Infektion, oft im Anschluß an einen Schnupfen oder die Druse. Ein kranker Zahn.
Behandlung: Den Tierarzt rufen, der den Sinus möglicherweise abzieht. Antibiotika und Sulfonamide helfen.

Pferdeinfluenza oder epidemischer Husten
Symptome: Diese ähneln meist denen einer Erkältung. Das Pferd kann zuerst frösteln, oder den Appetit verlieren. Erhöhte Temperatur. Je nach Abwehrlage kann aus einer leichten Erkältung eine schwere Krankheit werden.

Ursache: Ein hochansteckendes Virus mit unterschiedlichen Stämmen.
Behandlung: Den Tierarzt unverzüglich rufen. Antibiotika helfen. Wie bei Schnupfen oder Erkältung vorgehen. Als Faustregel harte oder schnelle Arbeit für so viele Wochen vermeiden, wie es Tage mit erhöhter Temperatur gibt.
Vorbeuge: Hat man das Virus einmal im Hof, ist es beinahe unmöglich zu verhindern, daß es von einem Pferd auf andere übergreift. Wenn man weiß, daß »der Husten« in der Gegend grassiert, ist es deshalb am sichersten, jeglichen Kontakt mit anderen Pferden zu verhindern. Ein Vakzin existiert, das gegen viele, aber doch nicht alle Influenzastämme Schutz bietet. Für die Teilnahme an vielen Wettkämpfen ist eine Impfung Vorbedingung.

# Die Haut

Die Haut ist viele Dinge zugleich. Sie ist die äußere Schutz- oder Deckschicht des Körpers und das größte Körperorgan überhaupt. Sie ist ein sehr zähes und komplexes Verpackungssystem. Pferdehaut benutzt man z. B. bei der Herstellung von Lederanzügen zum Schutz von Motorrad-Rennbahnfahrern, die häufig mit hoher Geschwindigkeit auf einen abreibenden Bodenbelag stürzen.
Dieser Pferde umhüllende Umschlag ist ebenfalls eine Schutzhülle für das darunterliegende Gewebe, hat aber auch mehrere andere Funktionen. Er gleicht die Körperwärme aus, scheidet die in Schweiß gelösten Abfallprodukte aus und bietet freilebenden Pferden Tarnung. Die Haut besitzt auch spezialisierte Nervenendigungen, durch welche das Tier Tast-, Druck-, Kälte-, Wärme- und Schmerzreize empfindet, wie auf Seite 60 erklärt.
Die Stärke der Haut ist je nach Rasse und Körperbereich unterschiedlich. So ist die Haut des Vollblüters und ähnlicher Typen wie z. B. des Arabers dünner, als die weniger edler Rassen; und die Haut über dem Rücken z. B. ist stärker als die des Gesichts.
Die Haut ist auch ein Gesundheitsindikator. Die Bewegung der Haut über den Rippen verrät selbst bei einem Pferd in guter Kondition die Anwesenheit subkutanen Fetts. Ähnlich kann eine zusammengedrückte Hautfalte, die sich nur langsam wieder ebnet, auf Austrocknung hinweisen.

## Struktur

Haut
Die Haut (siehe Abb. 26) ist das Gewebe, das die äußere Hülle des Pferdekörpers bildet. Sie besteht aus zwei Schichten: Die Dermis genannte Innenschicht sowie die Außenschicht oder Epidermis.
Die Epidermis ist mit Haaren bedeckt, die das Fell bilden. An den Enden der Pferdebeine verhornt sie und bildet die Hufe. Ihre oberste Schicht blättert in Form von

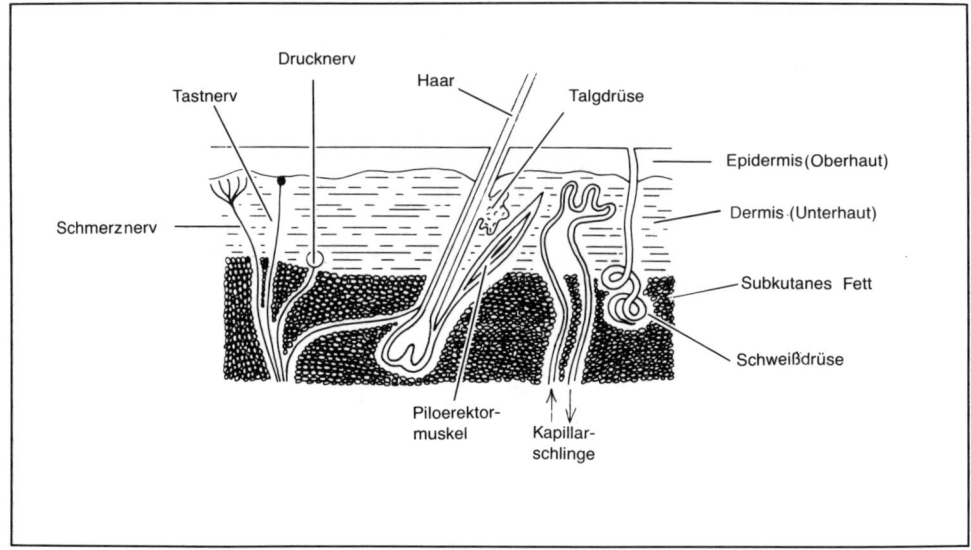

Tastnerv
Drucknerv
Haar
Talgdrüse
Epidermis (Oberhaut)
Dermis (Unterhaut)
Schmerznerv
Subkutanes Fett
Schweißdrüse
Piloerektor-
muskel
Kapillar-
schlinge

**26** Die Haut

Schuppen ständig ab, weil die Epidermiszellen wie die meisten anderen Körperzellen laufend absterben und ersetzt werden. Diese Schuppen muß man durch Putzen vom Körper entfernen, damit sie nicht auf der Oberfläche haften bleiben und manche der anderen Funktionen der Haut behindern. Freilebende Pferde brauchen kein Striegeln. Es liegt nicht in ihrer Natur, so umher zu rasen, daß sie schwitzen. Im Freileben vermischen sich die toten Zellen mit Fett, Schlamm usw. und alles zusammen fällt allmählich ab. Vom Reitpferd dagegen verlangt man anhaltende Tätigkeit und hohe Leistung. Regelmäßiges Striegeln erhöht die Fähigkeit der Haut, unter hohem Druck zu arbeiten, fördert zugleich die Sauberkeit und beugt Krankheiten vor.

Die Dermis oder Innenschicht der Haut ist tief und empfindlich. Sie enthält Blutgefäße, Nervenfasern, schweiß- und ölerzeugende Drüsen sowie Haarwurzeln. Die Haare sowie die Ausführgänge der Öl- und Schweißdrüsen dringen durch die Epidermis bis zur Oberfläche, ihre Öffnungen sind als Poren bekannt. Die Haut ist sehr elastisch und ihre Stärke ist verschieden, je

nach dem Schutz, den sie bieten soll. Sie verschiebt sich ungehindert über dem Muskelfleisch bei jeder Bewegung des Pferdes und sollte sich lose anfühlen, wenn man sie anfaßt. Die Unterseite liegt auf einer dünnen Schicht subkutanen Fetts.

Die Schweißdrüsen liegen tief in der Haut. Sie bestehen aus kleinen, gewundenen Gängen, die in engen Kanälen an der Oberfläche münden, durch die sie den Schweiß ausscheiden. Sie sind ununterbrochen tätig, obwohl man dies an einem ruhenden Pferd nicht wahrnehmen kann.

Haar
Der Pferdekörper ist fast gänzlich mit Haaren bedeckt. Diese wachsen aus den tief in der Haut eingesetzten Haarzwiebeln und treten im spitzen Winkel zur Oberfläche heraus, so daß das Fell flach und glatt liegt. Jeweils kleine Mengen Haare werden das ganze Jahr über abgestoßen und durch neuen Wuchs ersetzt. Das Pferd wechselt das Fell zweimal jährlich, im Frühling und im Sommer; die Dicke des neuen Wuchses hängt von der Jahreszeit ab. Jedes Haar wird durch Öl geschmiert, das eine kleine,

an seinem Ansatz befindliche Drüse abgibt, und besitzt einen winzigen Muskel, der es in eine aufrechte Stellung ziehen kann. Die Haare bilden einen Teil des Mechanismus, der die Körperwärme ausgleicht. Einige Haare, wie z. B. die Tasthaare am Maul, sind mit zahlreichen Sinneszellen im Haarbalg ausgestattet und übertragen Tast-, Druck- und Vibrationsempfindungen.

Die Farbe der Haare bestimmt ein einziges Pigment. Seine unterschiedliche Dichte und Verteilung ergibt die bekannte Farbpalette. Diese reicht von grau über kastanienbraun bis schwarz, und fast jede Kombination dieser Farben ist möglich. Weiße Haare haben kein Pigment. Ein Roan hat eine Mischung von weißen und farbigen Haaren, während ein Schwarz- oder Graufalbe eine verwässerte Haarfarbe zeigt, weil das Pigment sich auf einer Seite des einzelnen Haars sammelt. Ein Albino hat weder in den Haaren noch in der Haut Pigment: Die rosarote Farbe stammt von den in der Haut verlaufenden Blutgefäßen.

## Fellfarbe

Wenn man Pferde beschreiben will, ist es zweckmäßig, die vereinbarten Bezeichnungen der Fellfarben zu verwenden. In manchen Fällen ist eine Beschreibung schwer, aber das Problem läßt sich manchmal lösen, indem man auf das Maul, die Mähne und den Bereich des Kniegelenks achtet und die Hautfarbe nachprüft. Kleinere weißhaarige Areale an verschiedenen Körperstellen, die Abzeichen heißen, läßt man bei der Bewertung der Fellfarbe außer acht. Für eine vollständige Beschreibung des Pferdes sind sie jedoch zu vermerken.

Die folgende Einteilung ist nach der Farbe von Dunkel bis Hell geordnet.

| | |
|---|---|
| Schwarz (Rappe) | Das Fell muß vollständig schwarz sein ohne irgendwelche braunen Haare. |
| Schwarzbraun | Eine tiefe, kräftige Farbe mit einer Mischung von schwarz und wenig braun an Nüstern und Flanken; Gliedmaßen, Mähne und Schweif sind gänzlich schwarz. |
| Dunkelbraun | Ein braunes Pferd mit rotbraunem Maul. Dunkelbraun ist zwar die korrekte Bezeichnung zur Beschreibung eines Vollblüters, Pferde anderer Rassen mit dieser Färbung aber nennt man meist braun. |
| Braun | Dieses Pferd hat eine schwarze Mähne und schwarzen Schweif. Meist sind die Gliedmaßen schwarz. Die Farbe des Körpers reicht von rot-braun bis hell kastanienbraun. |
| Kastanienbraun (Fuchs) | Sind Mähne und Schweif nicht schwarz und ist die Körperfarbe braun bis goldfarben, nennt man die Farbe fuchsfarben. Die Färbung dieser Pferde reicht von braun mit brauner Mähne und braunem Schweif bis hell kastanienbraun mit Mähne und Schweif flachsgelb, was dem Palomino sehr nahe kommt. |
| Stark stichelhaarig (Roan) | Jede der oben aufgeführten Farben kann mit weißen Haaren vermischt vorkommen. Dies nennt man stark stichelhaarig. Schwarze oder braune, die so mit weiß vermischt sind, heißen Rapp-, Dunkelbraun- oder Braunschimmel, Füchse heißen Fuchsschimmel. |
| Schwarz- oder graufalb | Eine schwarze Haut mit abgeschwächter und |

gleichmäßig verteilter Fellfarbe, schwarzer Mähne und schwarzem Fell. Der Mausfalb hat ein abgeschwächtes schwarzes Fell; ein Pferd mit abgeschwächtem gelbem Fell heißt »Falb«. Manchmal läuft ein dunkler Haarstreifen dem Rücken entlang; dies nennt man einen »Aalstrich«.

**Grauschimmel (Grey)** Ein unterschiedlich ausfallendes Mosaik schwarzer und weißer Haare auf einer dunklen Haut. Daraus entsteht eine Farbpalette von bleifarben bis weiß. Ein graues Pferd wird im Alter oft weiß. Apfelschimmel kennzeichnen schwarze, rundliche Flecken auf weißem Grund; der Fliegenschimmel hat kleine Anhäufungen dunklerer, oft rostroter Haare.

**Albino** Ein helles Fell über rosafarbener oder unpigmentierter Haut, häufig im Zusammenhang mit roten oder blauen Augen.

**Schecken** Rappschecken: Schwarz und weiß, wobei die Areale beider Farben groß und klar definiert sind. Braun-, Fuchsschecken: Unregelmäßige aber klar umgrenzte Bereiche von weiß und jeder beliebigen Farbe außer schwarz. Setzen sich die Flecken aus mehr als zwei Farben zusammen, nennt man die Tiere Achatschecken.

## Abzeichen

Viele Pferde haben kleine, anders gefärbte Haarstellen am Körper. Die meisten solcher Abzeichen sind klar definiert. Die Augenfarbe ist manchmal von Bedeutung, und erworbene Abzeichen (d. h. Fellstellen oder zufällig hinzugekommene Merkmale) werden bei einer vollen Beschreibung ebenfalls angegeben. Folgende Liste umfaßt einige der häufiger vorkommenden Abzeichen.

*Aalstrich:* Der dunkle Streifen, der am Rücken mancher Pferde entlangläuft.

*Stern:* Ein kleines weißes Abzeichen auf der Stirnmitte.

*Blesse:* Ein weißes Abzeichen auf der Stirn, das sich manchmal über die ganze Länge und Breite des Gesichts ausdehnt. Eine übermäßig große Blesse nennt man eine »Laterne«.

*Schnurblesse:* Ein weißes, über die ganze Länge des Gesichts verlaufendes Abzeichen, das schmaler als der Nasenrücken ist.

*Schnippe:* Eine weiße oder rosarote Stelle auf einer Nüster oder Lippe.

*Stiefel:* Weiß am Bein von der Hufkrone bis zur Vorder- bzw. Hinterfußwurzel.

*Halbgestiefelt:* Nicht sehr weit hinaufreichende, weiße Haare am Bein.

*Glasauge:* Ein Auge, das bläulich-weiß erscheint, weil die Irisfärbung fehlt.

*Haarwirbel:* Eine Stelle, auf der die Haare gegen den normalen Strich des Fells liegen.

Eine internationale Norm für die Beschreibung von Pferden ist in den von der französischen Rennbehörde herausgegebenen »Internationalen Richtlinien zur Identifizierung von Vollblutpferden« sowie in einem vom Königlichen Veterinärmedizinischen Kollegium Großbritanniens (Royal College of Veterinary Surgeons – RCVS) veröffentlichten Bericht (überarbeitete Auflage 1954) zu finden. Die Bezeichnungen »gestiefelt« und »halbgestiefelt« in obiger Liste sind übrigens in der Veterinärmedizin nicht üblich.

Die vollständige Beschreibung eines Pferdes soll folgende Angaben enthalten: Name, Alter, Farbe, Rasse oder Typ, Geschlecht, Größe, Abstammung, echte Abzeichen (an Kopf, Körper, Gliedmaßen), Haarwirbel, erworbene Abzeichen. Der Bericht des RCVS empfiehlt, bei der Beschreibung von Gliedmaßen nicht mehr »außen« und »innen«, sondern nur noch »links« und »rechts« zu sagen, aber die Empfehlung hat sich bisher noch nicht allgemein durchgesetzt.

## Schutz

Die Farbe der Haut und des Fells schützt vor Sonnenlicht. Die Haut, z. B. beim Schimmel, hat nicht notwendigerweise die gleiche Farbe wie das Fell. Da ihm das Pigment fehlt, ist das Albinopferd empfindlicher gegen Sonnenlicht und ist oft anfälliger für Infektionen. Das Fell schützt außerdem gegen Dornen, stachelige Zweige und dergleichen. Die Haut hat eine zähe Außenschicht, haftet nur lose und ist so frei beweglich, daß sie nicht leicht einreißt. Sie läßt kein Wasser herein, kann aber trotzdem nach Bedarf überschüssige Feuchtigkeit ausscheiden. Dies geschieht durch die Schweißdrüsen. Das subkutane Fett wirkt wie ein Polster, das den Pferdekörper vor kleineren Stößen schützt.

## Wärmeausgleich

Muskeltätigkeit erzeugt Wärme, die der Körper dann durch Abstrahlung und die Verdunstung von Schweiß wieder abgibt. Bei heißem Wetter oder angestrengter Muskeltätigkeit (wie z. B. beim Galoppieren) erweitern sich die Blutgefäße in der Haut, um zusätzliche Wärme abzustrahlen und die Schweißdrüsen zu erhöhter Aktivität anzuregen. Das sichtbare Zeichen dafür, besonders bei Vollblütern, ist das Schäumen.

Die Haut wird durch die Verdunstung des Schweißes an der Hautoberfläche gekühlt. Bei hoher Luftfeuchtigkeit verdunstet der Schweiß langsamer und die kühlende Wirkung ist geringer. Ein Pferd bei Hitze und hoher Luftfeuchtigkeit lange und hart zu beanspruchen, setzt seinen Körper in gefährlichem Ausmaß der Überhitzung und der Austrocknung aus. Das bedeutet eine unzulässige Qual für das Pferd und kann im äußersten Fall bei Nachlässigkeit auch zu seinem Tod führen.

Bei kaltem Wetter muß das Pferd seine Körperwärme erhalten. Infolgedessen ziehen sich die Hautblutgefäße zusammen und weniger Wärme geht durch Abstrahlung verloren. Wenn das Pferd erkrankt, gibt es oft einen Kampf zwischen den eindringenden Erregern oder Bakterien und dem Abwehrsystem des Körpers und dies führt zum Schwitzen.

Das Fell des Pferdes hält den Körper warm und das Öl, das die unter der Hautoberfläche befindlichen Drüsen erzeugen, fettet die Haare ein und dichtet die Oberfläche gegen Wasser ab. In der Kälte richten sich die Haare auf und können auf diese Weise zusätzliche Luft im Fell festhalten. Außerdem wird das Fell länger und dicker, so daß es noch mehr Schutz bietet. Im Frühjahr wird das lange Fell abgestoßen und durch ein viel kürzeres ersetzt, dessen Haare bei heißem Wetter flachliegen. Pferde morgenländischen Ursprungs wie z. B. der Araber und der Vollblüter besitzen ein kürzeres, feineres Fell, als z. B. die einheimischen Tiere.

Bei einem geschwächten Pferd hat sich das subkutane Fett verringert und das Pferd friert. Um dieses auszugleichen, richtet es oft die Haare auf, so daß sie »starren«. Konditionsmangel, Vernachlässigung oder schlechte Gesundheit führen auch dazu, daß das Fell stumpf aussieht und sich rauh anfühlt. Das Fell eines gesunden Pferdes liegt flach, fühlt sich ganz glatt an und glänzt.

Werden einem Pferd die Haare geschoren, wie z. B. bei einem Jagdpferd oder Turnierpferd im Winter, muß man dies durch Decken und Futter ausgleichen. Das Eindecken des Pferdes verlangsamt das Nachwachsen der Haare.

## Ausscheidung

Die Absonderung in Schweiß gelöster Stoffwechselprodukte ist für schwer beanspruchte Pferde von besonderer Bedeutung. Schwitzen Pferde aus anderen Gründen viel, so scheiden sie natürlich mehr Salze als den Bedarfsüberschuß aus. Unter solchen Umständen muß man daher besonders darauf achten, durch geeignete Ernährung das Defizit wieder gutzumachen. Extreme Verluste lebenswichtiger Salze (Elektrolyte) können während dreitägiger Vielseitigkeitsprüfungen oder bei Distanzritten in heißer Witterung vorkommen. Nach derartigen Anstrengungen kann es notwendig sein, den Pferden eine Lösung dieser lebenswichtigen Salze anzubieten.

Wenn die Hautausscheidung gut funktionieren soll, müssen die Poren der Haut offen bleiben. Sie neigen dazu, sich durch Schmutz, abgestorbene Hautzellen und anderes zu verstopfen. Daher braucht das arbeitende Pferd die sachgerecht angewendete Kardätsche. Diese wirkt am besten, wenn das Pferd noch ziemlich bewegungswarm ist, weil die Poren dann noch offen sind.

## Tarnung

Im Freileben ist die Farbe des Pferdefells ein Mittel zur Tarnung, das ihm ermöglicht, sich der Aufmerksamkeit seiner Feinde zu entziehen, indem es mit der Umgebung verschmilzt. Dies läßt sich z. B. bei den wilden Ponies auf Exmoor und Dartmoor beobachten, deren Fellfarbe sich von dem Farnkraut und anderem umgebenden Laubwerk kaum abhebt. Das gestreifte Fellkleid eines anderen Mitglieds der Pferdefamilie, des Zebras, ist ein weiteres Beispiel der Tarnung.

## Wunden und Heilung

Wunden können durch Schnitte, Risse, Zerreißungen und Stiche verursacht werden. Sie alle, ganz besonders aber Stichwunden, können Tetanusbakterien Eingang in den Körper gewähren. Wenn ein Pferd sich verwundet und noch keine entsprechende Impfung bekommen hat, sollte man Antitetanusserum bereithalten.

Beim normalen Hergang der Heilung füllt das »wilde Fleisch« den Wundspalt mit Gewebe bis zur Oberfläche auf, dann wächst die Haut darüber und schließt sich unterhalb des Wundschorfs zusammen. Nach Heilung der Wunde fällt der Wundschorf ab und hinterläßt oft eine Narbe. Diesen Vorgang nennt man Sekundärheilung. Die Alternative ist, die Hautkanten zusammenzunähen, damit das Gewebe sich ohne Narbenbildung wieder vereinigen kann (Primärheilung). Jede Wunde, die eine Naht braucht, sollte noch am Tag des Unfalls genäht werden, da Narbengewebe bereits nach etwa 12 Stunden zu wachsen anfängt. Verbände können die gequetschten Bereiche schützen und helfen, Schmutz fernzuhalten. Sie sollten jedoch nicht luftdicht sein, weil Luft den Heilungsprozeß fördert.

## Hautmängel

Hauterkrankungen und -mängel kommen bei Pferden häufig vor.

### Allergische Dermatitis

Symptome: Mähnenbereich, Rücken, Hinterviertel und Schweifrübe sehen entzündet und verrieben aus. Wundstellen.

Ursache: Nach Mückenstichen entwickeln manche Pferde eine Allergie gegen bestimmte Proteine in ihrem Futter. Kommt meist im Frühjahr und Sommer bei Weidetieren, insbesondere Ponies, vor.

Behandlung: In der Morgen- und Abenddämmerung die Tiere im Stall einsperren. Den befallenen Bereich sauberhalten. Zur Parasitenbekämpfung jeden zweiten Tag Benzylbenzoat auftragen. Beim erstmaligen Vorkommen den Tierarzt veranlassen, nach Räude zu untersuchen.

### Dasselbeule

Symptome: Feste Knoten oder Schwellungen am Rücken. Nach etwa 14 Tagen sind

die Schwellungen größer und können ein Loch an der Spitze haben.
Ursache: Larven der Dasselfliege. Die Fliege legt ihre Eier auf das Fell. Mit der Zeit, meist im Frühjahr und Sommer, finden die Larven ihren Weg bis zur Haut.
Behandlung: Es könnte gefährlich sein, zu versuchen, die Larven auszuquetschen. Wenn sie unter der Haut zerdrückt werden, z. B. durch den Sattel, kann eine massive allergische Reaktion entstehen. Deshalb läßt man am besten die Finger davon. Breiumschläge sollte man nur anwenden, wenn eine Larve zerdrückt wurde und eine akute Reaktion entstanden ist.

## Drucknekrose
Symptome: Absterbendes Muskelfleisch in der Sattellage.
Ursache: Übermäßiger Druck von einem Sattel.
Behandlung: Breiumschläge, bis die abgestorbene Stelle sich loslöst. Anschließend täglich sauberwaschen und antibiotische Salbe auftragen. Tierärztliche Hilfe kann notwendig sein.
Vorbeuge: Einen ordnungsgemäß angepaßten Sattel verwenden.

## Flechte, Trichophytie
Symptome: Ein kreisförmiger, nässender Bereich mit aufgerichteten Haaren; später ein kahler Fleck.
Ursache: Eine Pilzinfektion, die durch Striegelutensilien, Ausrüstung, Kleidung usw. übertragen werden kann.
Behandlung: Das Pferd isolieren. Der Tierarzt wird ein geeignetes Medikament verschreiben.

## Gurtendruck
Symptome: Ein wunder Bereich unter dem Sattelgurt.
Ursachen: Empfindliche Haut. Der Gurt, besonders ein schmutziger, verursacht Reibung.
Behandlung: Wie bei einer Schnittwunde. Wenn man die Stelle mit einem Watte-

bausch abdeckt, kann man nach wenigen Tagen wieder normal mit dem Pferd reiten. Bis dahin an der Hand bewegen.
Vorbeuge: Nach Heilung kann man die Stelle mit medizinischem Alkohol abhärten.

## Läuse
Symptome: Hautjuckreiz im Mähnenbereich, am Hals und an der Brustseite, insbesondere im Frühjahr und Frühsommer.
Ursache: Läuse.
Behandlung: Mit Lauspuder bestäuben. Den Allgemeinzustand prüfen und gegebenenfalls die Ernährungsweise verbessern. Fell gründlich putzen.

## Mauke
Symptome: Ein entzündeter Bereich in der Fesselbeuge mit verhärteter Haut und rohen, roten Rissen, die Schmerz und Lahmheit verursachen.
Ursache: Die Fesselbeugen werden Nässe, Schlamm oder Kratzern ausgesetzt und dann am Ende des Tages nicht ordentlich versorgt. Der Zustand befällt vor allem geschorene Pferde.
Behandlung: Täglich antiseptische Salbe einreiben. Der Wundschorf muß entfernt werden.
Vorbeuge: beim Fußwaschen die tiefe Einkerbung der Fesselbeuge mit dem Daumen bearbeiten, um sicherzustellen, daß diese sauber wird. Vor der Jagd bei nasser Witterung die Fesselbeugen mit Eutersalbe oder einem ähnlichen Schutzmittel einreiben. Nasse Fersen vorsichtig trocknen und nie eine steife Bürste zum Entfernen von Schlamm verwenden.

## Nässebedingtes Hautekzem
Symptome: Rauhe, schorfige Stellen an Rücken und Hinterviertel.
Ursache: Ein Organismus, der in die obersten Hautschichten eindringen kann, wenn das Fell über längere Zeiten hinweg mit Wasser durchnäßt wurde.
Behandlung: Mit Sulfanilamidpuder be-

stäuben. Antiseptische Seife verwenden. Die Haut mit Paraffinöl abdichten.

### Phlegmone, Einschuß

Symptome: Entzündete Haut, oft etwas angeschwollen. Häufig in der Fesselbeuge von Pferden bei nasser Witterung zu finden. Befällt die Beine, zuweilen auch den Bauch. Hängt oft mit Mauke zusammen.

Ursache: Wasser oder Schlamm durchnässen und verwunden die Haut und machen sie für eine in manchen Böden vorzufindende Mikrobe frei.

Behandlung: In schweren Fällen Futterration kürzen und leichte, abführende Nahrung verabreichen. Die Beine mit Breiumschlägen behandeln, um die Infektion herauszuziehen. Antibiotische Salbe, oder auch die Haut mit Paraffinöl gegen Nässe abzudichten helfen.

Vorbeuge: Nie Bauch und Beine eines ermüdeten, schlammbedeckten Pferdes bürsten. Entweder Stallbandagen anbringen und erst am nächsten Tag putzen, oder mit Schwamm und kaltem Wasser putzen. Vorsichtig aber gründlich trocknen, insbesondere die Fesselbeuge.

### Räude

Symptome: Starker Hautjuckreiz. Kleine Schwellungen an Widerrist, Rücken, Hals und Schultern.

Ursache: Parasiten (Räudemilben).

Behandlung: Es ist notwendig, den Tierarzt zu benachrichtigen, weil manche Formen anzeigepflichtig sind. Ein befallenes Pferd sollte man isolieren. (In Großbritannien ist diese Krankheit äußerst selten.)

### Satteldruck

Symptome: Schmerzempfindlicher Rücken. Gelegentlich wunde Stellen.

Ursachen: Loser Sattelgurt. Schlecht gepolsterter oder schmutziger Sattel.

Behandlung: Wie für Gurtendruck (siehe oben).

### Urtikaria (Nesselausschlag)

Symptome: Erhöhte Bereiche oder Schwellungen auf der Haut, die durch Flüssigkeitsansammlungen unter der Haut verursacht werden.

Ursache: Es gibt mehrere Möglichkeiten. Der Zustand kann eine allergische Reaktion auf ätzende oder stechende Pflanzen sein, deutet aber gelegentlich auf Proteinüberschuß in der Nahrung hin.

Behandlung: Einen Tag lang abführende Nahrung wie z. B. Weizenkleie-Mash mit ein wenig Glaubersalz (Natriumsulfat) oder Magnesiumsulfat. Anschließend Kamillenlotion oder 2 El. Natriumbikarbonat in einem halben Liter Wasser äußerlich auftragen. Antihistaminika könnten nützlich sein.

# Das Verdauungssystem

Die Funktion des Verdauungssystems ist es, alle ankommende Nahrung, von welcher Art auch immer, zu bearbeiten und daraus den Großteil der Nährstoffe zu entziehen. Das System besteht aus den Zähnen, den akzessorischen Organen sowie dem Verdauungskanal, der durch die ganze Länge des Pferdekörpers verläuft. Der Verdauungstrakt beginnt am Mund und endet am After. Nahrung und andere Stoffe, die sich vorübergehend darin befinden, sind kein Teil des Pferdekörpers, sie durchlaufen ihn lediglich. Nährstoffe werden dem Darminhalt entzogen und Abfallprodukte des Stoffwechsels in ihn entleert. Der Verdauungstrakt ist sowohl lang wie auch kompliziert, und wenn man das Pferd anders füttert, als seine Natur verlangt, werden sich Probleme entwickeln. Der Trakt ist oft anfällig für Parasitenbefall. Das Pferd und sein Halter müssen also sorgfältig auswählen, was sie der Verdauung zumuten.

## Zähne

Die Zähne bieten ein einfaches und doch hochspezialisiertes System zum Schneiden und Mahlen. Die Zähne des Pferdes (Abb. 27) teilen sich in die Schneidezähne vorne und die Mahlzähne (Molare) hinten. Wie der Mensch, bekommt das Pferd zwei Satz Zähne: Als Säugling bekommt es Milchzähne, die später durch das Ersatz- bzw. Dauergebiß ersetzt werden.

Die Molaren sind zum Zerreiben grober, harter Pflanzenteile besonders geeignet. Sie besitzen große, mit kompliziert angeordneten Schmelzleisten versehene Kauflächen. Während das Pferd kaut, indem es seine Kiefer von Seite zu Seite bewegt, zerreiben die Molaren das Futter; sie reiben sich ebenfalls aneinander ab. Der Abrieb wird durch Neubildung ausgeglichen. Da aber der Unterkiefer schmaler ist, als der Oberkiefer, ist der Abrieb manchmal ungleichmäßig. Kleine Bereiche an den Rändern der Kauflächen nutzen sich nicht ab und stehen dann scharfkantig hoch. Dies

kann wunde Stellen in den Backen oder an der Zunge verursachen. Störungsträchtige Stellen sind die Innenkanten am Unterkiefer und die Außenkanten am Oberkiefer. Abraspeln (siehe Seite 34/35) erledigt dieses Problem.

Mit einiger Erfahrung kann man durch eine Untersuchung der Zähne das Alter des Pferdes beurteilen. Als Milchzähne sind die Schneidezähne weißer und kleiner und sehen am Zahnfleisch spitz aus. Bei den Schneidezähnen unterscheidet man die Zangen (das mittlere Paar oben und unten), die Mittelzähne (die neben den inneren stehenden) und die Eckschneidezähne. (Siehe Abb. 27.)

Um das Alter von Fohlen zu beurteilen, ist es leichter, andere Gegebenheiten wie z. B. Schweifwuchs und Entwicklungsstand heranzuziehen. Mit einem Jahr gibt es sowohl oben wie unten sechs niedliche, weiße Schneidezähne, aber die Eckschneidezähne treffen kaum aufeinander. Mit zwei Jahren gleichen die Schneidezähne weitgehend denen eines Sechsjährigen mit der Ausnahme, daß sie Milchzähne sind. Mit drei Jahren haben Dauerzähne die beiden Zangen ersetzt. Wenn das Pferd vier Jahre alt ist, sind die Mittelzähne auch ersetzt worden. Bis es fünf Jahre alt ist, gilt dies

**27** Die Zähne

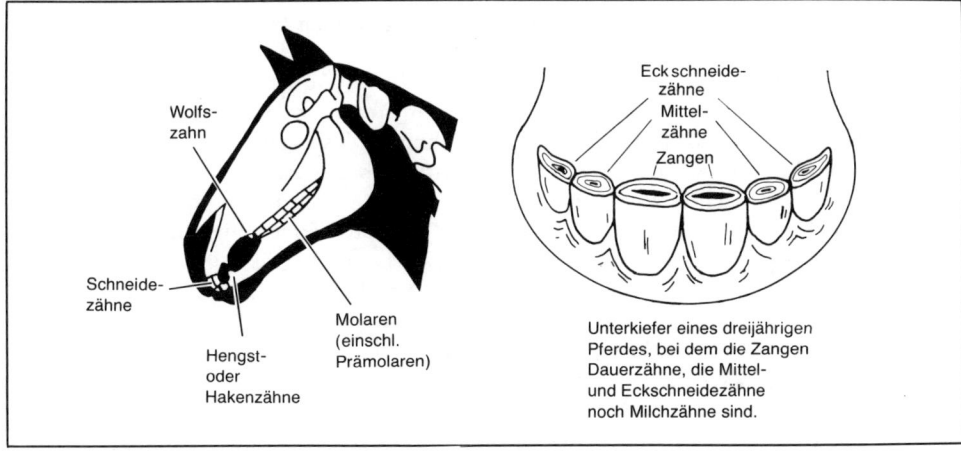

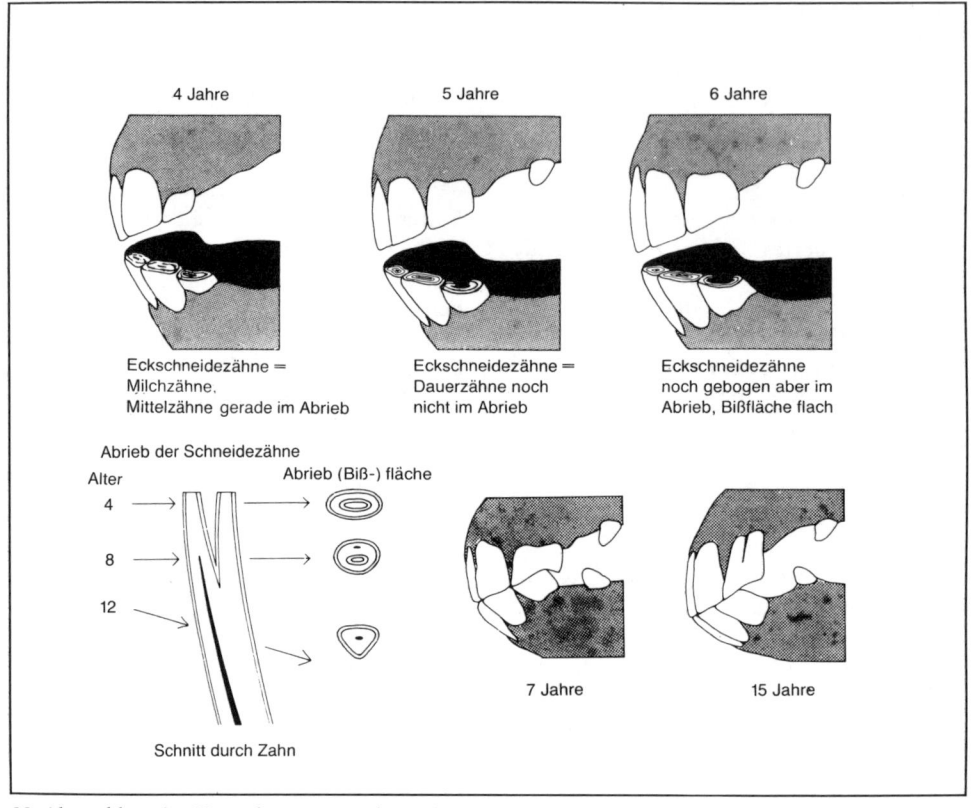

**28** Altersabhängige Veränderungen an den Zähnen

auch für die Eckschneidezähne, aber sie berühren ihr Gegenstück nur an der Vorderkante. Die Hengst- oder Hakenzähne sind vielleicht schon durchgebrochen, aber bei Stuten und Wallachen fehlen sie manchmal. Bis zum sechsten Lebensjahr treffen die Eckschneidezähne im Gegensatz zu Mittelzähnen und Zangen noch immer nicht vollständig aufeinander. Wenn man außerdem die Kauflächen anschaut, sieht man in der Mitte von jedem Zahn eine dunkle, hohle Stelle, die man Schmelzbecher oder Kunde nennt. Mit sieben Jahren sind die Kunden der Zangen und der Mittelzähne kleiner als die der Eckschneidezähne und die oberen Eckschneidezähne ragen über die unteren hinaus, so daß es einen kleinen Vorsprung an der Innenkante geben kann. Dies nennt man den »Siebenjahreshaken«. Bis zum achten Lebensjahr gleichen sich die Kunden an allen Zähnen vollständig und der »Haken« ist verschwunden (Abb. 28).

Die Galvayne'sche Furche erscheint mit neun Jahren an den oberen Eckschneidezähnen. Dies ist ein dunkler Bereich gerade unterhalb des Zahnfleischs, der sich über die Zähne nach unten ausdehnt und beim 15 Jahre alten Pferd über die halbe Zahnlänge verläuft. Im Verlauf der nächsten zehn Jahre richten sich die Schneidezähne allmählich immer mehr nach vorn und scheinen sich zu verlängern. Während dieser zehn Jahre verändert die Kaufläche ihre Form: Zu Beginn ist sie länglich-oval und am Schluß dreieckig.

## Die akzessorischen Organe

### Leber

Die Leber ist die größte Drüse des Pferdekörpers und liegt neben dem Zwerchfell. Man schreibt ihr mehr als hundert verschiedene Funktionen zu. Sie erzeugt eine Flüssigkeit, die Galle heißt, um die Verdauung zu unterstützen, und speichert Energie in Form von Glykogen. Die Leber wandelt außerdem Aminosäuren in Proteine um. Sie reguliert das Blut und regelt die darin transportierten Nährstoffe. Weil die Leber alles prüft, was das Blut trägt, kann sie durch Infektionen, Toxine und andere Gifte beschädigt und ihre Funktion dadurch beeinträchtigt werden. In manchen Fällen häuft sich der Schaden an, wie z. B. wenn ein Pferd immer wieder Kreuzkraut ißt. Entzündung der Leber heißt Hepatitis und Gelbsucht ist ein Symptom verschiedener Leberstörungen als Folge von Schädigung oder Krankheit.

### Pankreas

Diese große Drüse erzeugt Verdauungssäfte. Außerdem erzeugt sie das Hormon Insulin, das den Blutzuckerspiegel regelt.

## Der Verdauungstrakt

Eine schematische Darstellung des Verdauungstrakts des Pferdes zeigt Abb. 29. Die Lippen des Pferdes sind besonders beweglich und zum Greifen geeignet. Im Gegensatz zur Kuh, die Gras aufnimmt, indem sie es mit Hilfe der Zunge zwischen die unteren Schneidezähne und dem zahnlosen Oberkiefer zieht, faßt das Pferd Gräser und Kräuter zwischen oberen und unteren Schneidezähnen und rupft sie ab. Im Mund fördert die Zunge das Futter von vorn nach hinten und zur Seite zu, damit die Backenzähne es zerkleinern können. Während dieses Vorgangs erzeugen die paarweise angeordneten Speicheldrüsen (die Ohr-, Unterkiefer- und Unterzungenspeicheldrüsen) Speichel, der das Futter anfeuchtet und erwärmt und wesentliche Verdauungsfer-

mente enthält. Schließlich formt die Zunge einen Teil des Futters zu einer Kugel, die vom hinteren Ende der Zunge in den Schlund gleitet, wobei der Speichel als Gleitmittel wirkt. Dabei verschließt der Kehldeckel Kehlkopf und Luftröhreneingang automatisch, so daß die Futterkugel in die Speiseröhre eintreten muß. Diese ist ein bis zu 1,5 m langer Schlauch, der vom Rachen durch den Hals und zwischen den Lungen hindurch bis zum Mageneingang in der Bauchhöhle verläuft. Man kann an der linken Halsseite beobachten, wie geschlucktes Futter gerade hinter der Luftröhre (Trachea) hinuntergleitet. Die Bauchhöhle ist vom glatten Bauchfell (Peritoneum) ausgekleidet, das auch die Gedärme bedeckt, so daß sie wie sich in einem Bottich windende Schlangen leicht übereinander gleiten können. Futter wird durch Peristaltik genannte Wellen von Muskelkontraktionen durch die Därme befördert. In der Speiseröhre wirkt der Speichelfluß wie eine Gleitflüssigkeit und unterstützt die Bewegung des Futters.

Der leere Magen ist kaum größer als ein Rugby-Fußball, faßt aber im gefüllten Zustand 9–18 Liter. Der Ringmuskel (Sphincter), der den Magen zur Speiseröhre hin abschließt, heißt »Pförtner«, der am Magenausgang »Pylorus«.

An den Magen schließt sich der Dünndarm an, der drei Teile hat. Der erste davon heißt Zwölffingerdarm (Duodenum) und ist etwa einen Meter lang; in ihn münden die Ausführgänge von Leber und Bauchspeicheldrüse. Den Hauptteil des Dünndarms bildet der Leerdarm (Jejunum). Er ist fast 20 m lang; etwa die letzten 2 m davon bilden den Hüftdarm (Ileum). Diese drei Teile fassen etwa 50 Liter Inhalt. Der Durchmesser dieses langen Darmteils ist größer als der eines Gartenschlauchs, aber kleiner als der des Segeltuchschlauchs der Feuerwehr. Der lose zusammengerollte Dünndarm wird durch das Gekröse hochgehalten; dieses bildet sich aus Falten oder Schleifen des Bauchfells, welche den Darm umfassen

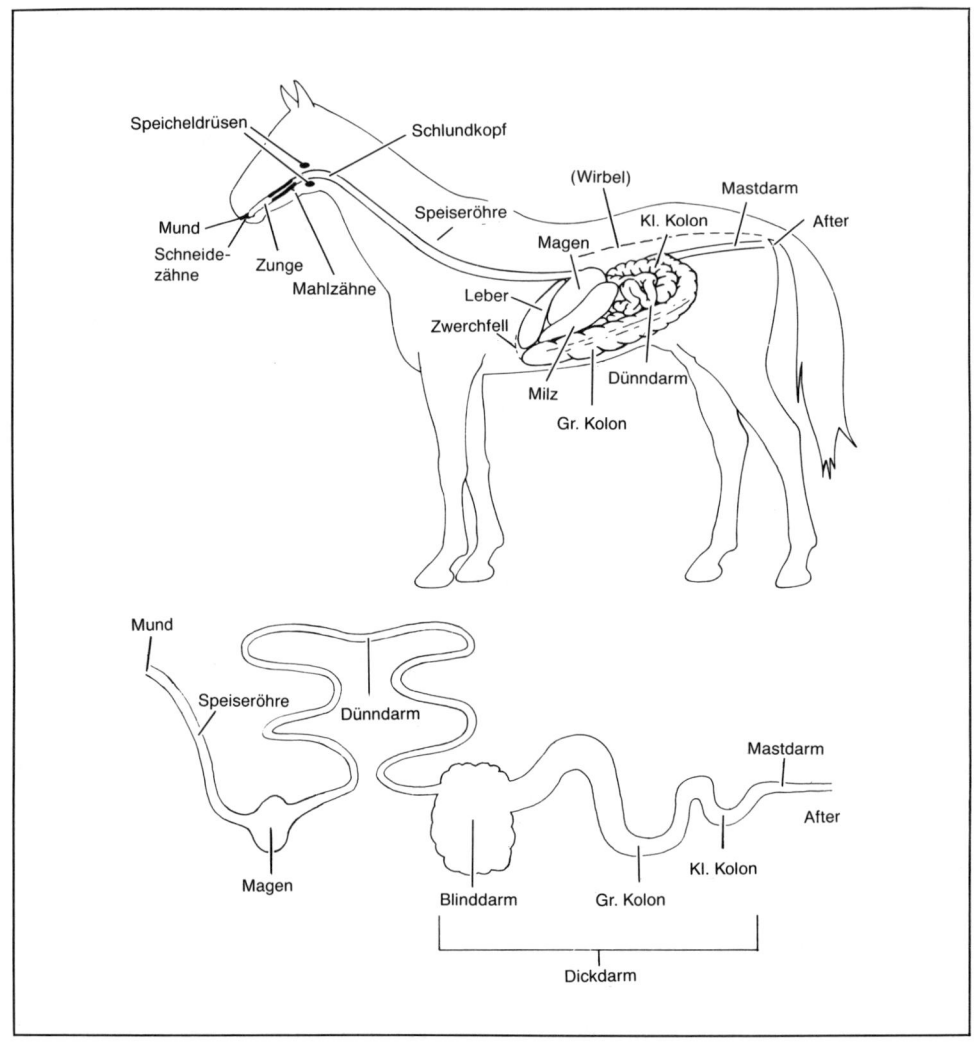

**29** Das Verdauungssystem und der Verdauungstrakt

und an der Decke der Bauchhöhle aufhängen. Es führt Blutgefäße und Nerven zum Darm.

Dem Dünndarm schließt sich der Dickdarm an, der zwar nur halb so lang wie der Dünndarm ist, aber fast den dreifachen Umfang besitzt. Sein erster Abschnitt ist der Blinddarm (Caecum). Dieser faßt etwa 35 Liter. Der nächste Abschnitt, das große Kolon, ist 3–4 m lang und hat ein Fassungs-

vermögen von bis zu 80 Liter. Das kleine Kolon hat ungefähr die gleiche Länge, ist aber kaum dicker als der Dünndarm und faßt bis zu 16 Liter. Die letzten rund 30 cm bilden den Mastdarm (Rectum), der am After endet, wo sich ein weiterer Schließmuskel befindet.

Leider hat der Verdauungtrakt des Pferdes »Konstruktionsfehler«. Das Pferd ißt zellulosereiches Ballastfutter, wie z. B. Gras, und dieses Futter wird erst im Dickdarm abgebaut. Infolgedessen passiert es den Dünndarm in einem viel gröberen Zustand, als bei den meisten Tieren. Der Mensch z. B. hat einen verhältnismäßig großen Magen, der fähig ist, Nahrung abzubauen; der Magen einer Kuh ist groß und fähig, Zellulose abzubauen. Infolge dieser Eigentümlichkeit in der »Konstruktion« des Pferdes und weil ein Teil seines Dünndarms oft unter starkem Wurmbefall leidet, können Koliken entstehen; weil halbfeste Nahrung träger als flüssige ist und außerdem der Darm mehrfach scharf abgeknickt ist, damit er in die Bauchhöhle hineinpaßt, kommt es infolge des engen Lumens und darin liegender, abgestorbener Gewebsteile zu schmerzhaften Koliken und sogar zu Darmverschlüssen.

## Verdauung

Die mannigfaltige Nahrung, die das Pferd zu sich nimmt, besteht aus Wasser, Vitaminen, Mineralstoffen, Kohlehydraten, Lipiden und Proteinen. Die drei letzten bilden den Großteil des verdauungsfähigen Futters. Die Kohlehydrate müssen zu Zucker abgebaut werden, der die Quelle der Betriebsenergie ist. Lipide, d. h. Fett und Öl, werden zu Fettsäuren und Glyzerin abgebaut, die verbraucht oder gespeichert werden können. Proteine werden zu Aminosäuren abgebaut, welche die hauptsächlichen Bausteine des Körpers sind.

Im Mund wird wenig verdaut; denn obwohl das Pferd große Mengen Speichel erzeugt, ist dieser arm an Enzymen, welche die Nahrung umwandeln. Im Magen wird die Nahrung mit Magensaft vermischt. Dieser wird von Drüsen in der Magenwand abgesondert und enthält Salzsäure. Außerdem enthält er drei Enzyme: Pepsin, das den Abbau von Proteinen einleitet; Renin, das bei Fohlen Milch gerinnen läßt und Lipase, die sich mit den Lipiden befaßt.

Das Pferd braucht 24 Stunden, um einen vollen Magen fast vollständig zu entleeren, zieht es aber vor, ihn etwa halb voll zu halten. Die flüssigsten Teile der Nahrung werden zuerst ausgeschieden: Die Reihenfolge ist erst Wasser, dann Kohlehydrate, Proteine und zuletzt Fette. Wenn die Nahrung genügend angesäuert ist, tritt sie in den Zwölffingerdarm über, sobald dieser leer ist. Etwa fünf Stunden, nachdem es sich satt gegessen hat, spürt ein Pferd wieder Hunger.

Absonderungen der Leber und der Bauchspeicheldrüse fließen in den Zwölffingerdarm hinein. Die Leber erzeugt Galle, die durch den Gallengang fließt; sie emulgiert Lipide und trägt so zu deren Verdauung und Aufnahme bei. Außerdem macht die Galle den sauren Mageninhalt für die weitere Darmpassage alkalisch. Das Pferd besitzt keine Gallenblase: Es ist für fortlaufende Nahrungsaufnahme eingerichtet. Deshalb fördert es störungsfreie Verdauung und gute Futterverwertung, dem Pferd seine Tagesration in kleineren Mengen über den Tag verteilt zu geben.

Der Saft der Bauchspeicheldrüse ist alkalisch und enthält Natriumbikarbonat, das der Magensäure entgegenwirkt. Außerdem enthält es Enzyme, darunter Trypsin, das Proteine zunächst in Peptide und anschließend in Aminosäuren umwandelt, sowie Amylase, die Stärke zu Maltose abbaut, die ihrerseits durch das Enzym Maltase in Glukose umgewandelt wird.

Die Verdauung setzt sich in der Hauptabteilung des Dünndarms (im Leerdarm) fort. In diesem Stadium ist das Futter der meisten Tiere eine kremig glatte Mischung. Beim Pferd jedoch enthält diese Mischung noch die groben Fasern, die den wesentlichen Teil der Pferdenahrung ausmachen. Die Muskelkontraktionen (Peristaltik), die das Futter fortbewegen, vermengen es außerdem mit den Verdauungssäften und drücken es gegen die Darmwand, wo die Nährstoffe aufgenommen werden. Die ganze Darmoberfläche trägt kleine Zotten (Villi), die wie der Flor eines Teppichs aussehen und so die Oberfläche vergrößern. Hier gehen Aminosäuren, Glukose,

Mineralstoffe und die Vitamine in die Blutbahn über und manche Fettsäuren und Glyzerin in das Lymphsystem. Zwischen den Zotten gibt es kleine Krypten, die weitere verdauungsfördernde Säfte erzeugen. Zwischen Leer- und Hüftdarm gibt es keine klare Trennung, aber eine Klappe, welche den Zugang zum Blinddarm regelt.

Obwohl der Verdauungsvorgang im Blinddarm nicht völlig unterbrochen wird, ist es doch im wesentlichen eine Vorratskammer, von der aus das große Kolon immer wieder aufgefüllt wird. Deshalb ist der Blinddarm so umfangreich, und wenn man ein Pferd nur mit Gras füttert, bekommt es daher einen dicken Bauch. Damit das Pferd dieses beträchtliche Gewicht tragen kann, besitzt es einen kräftigen Rükken. Weil das große Kolon so groß ist, knickt es an einem bestimmten Punkt in der Beckenbeuge vollständig um; an diesem scharfen Knick kommen gelegentlich Verschlüsse vor. Bakterien leben im Blinddarm und im Kolon und setzen durch den Abbau von Zellulose ihre flüchtigen Fettsäuren frei. Diese Bakterien sind sehr unterschiedlich und kurzlebig. Da sie auch einigermaßen nahrungsspezifisch sind, ist es wichtig, Veränderungen im Futter allmählich vorzunehmen, damit sich die Bakterienpopulation ebenfalls ändern und sich der neuen Nahrung anpassen kann. Bakterien können Nahrung nicht nur ab-, sondern auch zu lebenswichtigen Vitaminen aufbauen.

Vom großen gelangt die Nahrung in das kleine Kolon, wo ihr weitere Nährstoffe und Wasser entzogen werden. Schließlich erreicht sie den Mastdarm, wo noch mehr Wasser entzogen wird. Aus den Abfallstoffen bilden sich »Pferdeäpfel« oder Fäzes, die sich in Abständen durch den After entleeren. Das Futter braucht durchschnittlich 3–4 Tage, um den Pferdekörper zu passieren. Eine Kotuntersuchung nach einer Vollkornfütterung wird zeigen, daß manche Futtersorten ihn in weniger Zeit passieren.

## Parasiten des Verdauungstrakts

### Plattwürmer

Plattwürmer sind selten von Bedeutung. Der *Leberegel* (eine Art Plattwurm) ist in Feuchtgebieten zu finden. Sein vollständiger Lebenszyklus schließt einen Zwischenwirt, die Posthornschnecke, ein. Man kann den Leberegel nur wirksam bekämpfen, wenn man das betreffende Gelände trockenlegt und so die Schnecken vernichtet. Meist befällt der Leberegel Rinder und Schafe. Ein vom Leberegel befallenes Pferd wächst schlecht, kümmert und wird schließlich blutarm.

Der andere beachtenswerte Plattwurm ist der *Bandwurm*. Bandwürmer können bis zu 80 cm lang werden, sind aber meist 5–8 cm lang. Sie leben in Dick- und Dünndarm. Ihr Zwischenwirt ist eine Milbe. Sie rufen selten eindeutige Symptome hervor, können aber zum Kümmern führen.

### Rundwürmer

Die drei wichtigsten Rundwürmer, die das Pferd befallen, sind der Pfriemenschwanz, der große, runde Spulwurm und der rote Blutwurm.

Das Weibchen des *Pfriemenschwanzes (Oxyuris)* legt Eier am After des Pferdes. Larven entwickeln sich in den Eiern, fallen zu Boden und werden mit dem Futter aufgenommen. Die kleinen (bis zu 15 cm langen), erwachsenen Würmer leben im Blind- und Grimmdarm. Der Wurm verursacht Juckreiz am After des Pferdes und dies kann zu Schweifscheuern führen. Die gelben Eier sind um den After herum sichtbar. Man bekämpft diese Schädlinge durch regelmäßige Wurmbehandlungen.

*Spulwürmer (Askariden):* Diese großen Rundwürmer sind 15–30 cm lang und so dick wie ein Bleistift. Sie leben im Dünndarm. Das Weibchen legt bis zu 8000 Eier in der Stunde, die im Kot ausgeschieden werden. Unter günstigen Bedingungen auf Weideland entwickeln sich aus den Eiern Larven, die zu ihrem Schutz in der Eier-

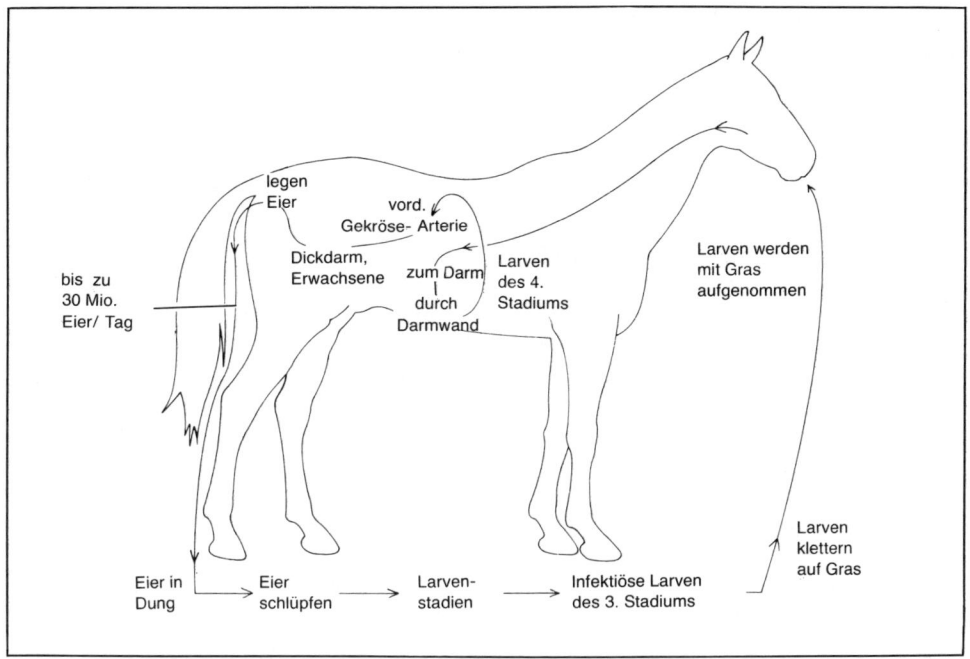

legen
Eier

vord.
Gekröse- Arterie

Dickdarm,
Erwachsene

zum Darm
durch
Darmwand

Larven
des 4.
Stadiums

Larven werden
mit Gras
aufgenommen

bis zu
30 Mio.
Eier/ Tag

Larven
klettern
auf Gras

Eier in
Dung

→ Eier
schlüpfen

→ Larven-
stadien

→ Infektiöse Larven
des 3. Stadiums

**30** Der Lebenszyklus des großen Blutwurms (*Strongylus vulgaris*): 200 Tage

schale bleiben. Die Eier bleiben mindestens 30 Tage, unter Umständen bis zu 3 Jahre lang infektionsfähig. Wenn sie aufgenommen werden, dringen die Larven durch die Darmwand und wandern über Leber und Herz bis zu den Lungen. Von hier aus werden sie in den Mund gehustet und hinuntergeschluckt. Wieder im Darm werden sie dann zu erwachsenen Würmern.

Bei weniger als drei Jahre alten Pferden führen Spulwürmer zu einem gewissen Konditionsverlust. Hauptsächlich sind sie ein Problem bei Fohlen. Erwachsene Pferde mit Spulwürmern müssen behandelt werden, wenn Fohlen Zugang zu ihrer Weide haben.

*Blutwürmer (Strongylus)* sind winzige Würmer, die so dünn wie Garn und so lang wie ein Fingernagel sind. Sie leben in den Gedärmen, wo das Weibchen Eier legt, die mit dem Kot ausgeschieden werden. Nach einer Wurmkur kann man Blutwürmer aus dem Kot entnehmen und ihre Eier unter dem Mikroskop identifizieren. Die Eier entwickeln sich weiter, wenn die Bedingungen angemessen warm und feucht sind. Die infektiösen Larven des dritten Stadiums steigen an Grashalmen hoch und werden mit ihnen verzehrt. Dann bohren sie sich in die Darmwände hinein. Manche vollenden hier in drei oder vier Monaten ihre Entwicklung, andere wandern weiter. Manche befallen nach einer achtmonatigen Reise die Leber. Die Larven der einen Art (*Strongylus vulgaris*, der große Blutwurm) dringen in die Arterien, welche die Gedärme versorgen, und schwimmen gegen den Blutfluß, bis sie die vordere Gekrösearterie erreichen (siehe Abb. 30). Dies ist das Hauptblutgefäß, das die Gedärme versorgt. Hier entwickeln sich die Larven einige Monate lang, bevor sie dem Blutgefäß entlang in die Gedärme zurückkehren. Durch ihre Wanderungen beschädigen sie die Arterienwände und verursachen Blutgerinnsel an den Stellen, an denen sich die

Würmer festsetzen. Diese Blutgerinnsel (Thrombi) können sich ablösen und Blutgefäße verstopfen. Das unterbricht die Blutzufuhr zu dem von einem verstopften Blutgefäß versorgten Darmteil. Zu den Symptomen dieser Schäden zählen Konditionsverlust, Blutarmut, aufgeblähter Bauch, struppiges Fell, Durchfall und Kolik. Zur Bekämpfung entfernt man den Kot aus dem Auslauf, läßt die Pferde zugleich mit Rindern und Schafen auf die Weide oder führt Wechselbeweidung durch. Manche Medikamente zur Wurmbekämpfung (Anthelminthika) können nicht nur die erwachsenen Würmer, sondern auch die wandernden Larven töten. Daher ist es jetzt möglich, durch eine Wurmkur das ganze System viel vollständiger als früher von diesen Parasiten zu befreien. Das hat die Aussichten der Wurmbekämpfung grundsätzlich verändert.

Magenbremsen

Bei diesem Parasiten handelt es sich nicht um einen Wurm, sondern um die Larven der Magenbremse (Gasterophilus intestinalis). Das befallene Pferd kümmert. Das Weibchen der Bremse legt zwischen Juni und September seine Eier in das Fell der Vorderbeine des Pferdes. Die Eier entwickeln sich zu Larven; wenn das Pferd sie ableckt, bohren sie sich in die Zunge oder Backe und bleiben dort 2–3 Wochen. Anschließend wandern sie zum Magen und heften sich an die Magenwand. Im Frühjahr fallen sie ab, werden mit dem Kot ausgeschieden und reifen zu Fliegen heran. Die Eier sollte man mit einem in Paraffin getränkten Tuch abwischen, oder mit einem Messer abschaben. Ein Fliegen abweisender Duft an den Vorderbeinen, wie z. B. von täglich aufgetragenem Zitronellenöl, ist zu empfehlen. Im Oktober und November kann man Medikamente einsetzen. Ein verfügbares Mittel sprüht man auf kleine, wirkstofffreie Pellets, die man dem Futter beimischt. Nachdem die Pellets ihre Aufgabe, das Mittel dem Pferde beizubringen, erfüllt haben, werden sie mit dem Kot ausgeschieden. Es ist zu beachten, daß solcher Kot Geflügel, ja überhaupt jeden Vogel tötet, der ihn verzehrt.

## Störungen des Verdauungssystems

Durchfall

Symptome: Unübersehbar.
Ursachen: Nerven. Plötzliche Futterumstellung, zuviel Grünfutter. Zuviel reichhaltiges Futter. Fehlerhafte Zähne. Darmentzündung als Folge von Futter, das die Darmwand reizt, oder Würmer, Infektion.
Behandlung: Ursache nach Möglichkeit ausschalten. Heu und ein wenig Kleie verfüttern. Temperatur messen. Ist diese erhöht, handelt es sich um eine Infektion.

Halsschmerzen

Symptome: Schlechter Appetit, Husten, Nasenausfluß.
Ursache: Bakterientätigkeit, oft als Sekundärinfektion.
Behandlung: Das Pferd sollte man isolieren, warm halten und mit viel frischer Luft versorgen. Inhalationen können helfen. Staubige Einstreu sowie staubiges Futter sind zu vermeiden. Breiiges Futter aus einer am Boden stehenden Schüssel verabreichen. Der Tierarzt verschreibt möglicherweise Antibiotika.

Karpfengebiß, Überbeißer

Symptome: Pferd in schlechter Kondition.
Ursache: Mißbildung, Unterkiefer verkürzt.
Behandlung: In schweren Fällen mit pelletiertem Alleinfutter füttern.

Kolik (Bauchschmerzen)

Es gibt mehrere Arten Kolik, wie folgt:
a *Anschoppungs- oder Verschlußkolik:* Kommt zustande, weil Futter den Verdauungsschlauch verschließt. Kann sogar die Folge einer Wurmbehandlung sein, wenn Knäuel ausgetriebener Würmer den Darm verstopfen.

**b** *Blähkolik,* die dadurch verursacht wird, daß Gas sich schneller bildet, als es resorbiert oder ausgeschieden werden kann. Es ist ganz natürlich, daß während der Verdauung Gas erzeugt wird. Wenn dies aber eingeschlossen bleibt, kann es die Darmwand ausdehnen, und dies verursacht Schmerz.

**c** *Krampfkolik* ereignet sich, wenn eine gereizte Darmwand hyperaktiv wird. Es ist nie gut, wenn irgendein Teil des Pferdes zu sehr erregt wird. Der Tierarzt kann Medikamente verabreichen, welche entkrampfend und lindernd wirken.

**d** *Arterienverstopfung* durch eine von Blutwürmern verursachte Thrombose. Ohne die Blutzufuhr stirbt der betroffene Darmabschnitt ab, wenn nicht rechtzeitig eine Ausweichversorgung entsteht.

**e** Eine *Darmverdrehung* kann sich bilden, wenn das Gekröse zerrissen wird.

Symptome: Jedes der folgenden oder alle zusammen. Das Pferd hat Schmerzen, tritt gegen seinen Bauch und scharrt den Boden mit seinen Vorderhufen. Es legt sich hin, zuweilen streckt es sich lang und stöhnt. Es steht abwechselnd auf und legt sich nieder, oder wälzt sich, stampft mit den Hufen, stellenweise bricht kalter Schweiß aus. Das Tier versucht, Harn zu lassen, scheidet kleine Mengen Kot aus. Die Atmung ist beschleunigt und erfolgt stoßweise. Der Bauch ist aufgebläht. Die Mastdarmperistaltik verlangsamt sich oder kommt zum Stillstand. Die Körpertemperatur kann ansteigen.

Ursachen: Fehlerhafte Zähne führen zu schlecht gekautem Futter. Zuviel oder ungeeignetes oder schlecht vorbereitetes Futter. Das Futter wird verschlungen. Unregelmäßige Fütterung, oder zu lange Abstände zwischen den Mahlzeiten. Schlechte Qualität des Futters. Das Pferd bekommt versehentlich Zugang zum Futter, oder zu Futter in der falschen Form, wie z. B. kurz geschnittenes Gras. Eine plötzliche Futterumstellung. Ein überhitztes Pferd bekommt übermäßig viel kaltes Wasser zu trinken. Zuviel bzw. zuwenig Arbeit. Arbeit unmittelbar nach der Fütterung. Trinken nach der Fütterung. Koppen oder Windschnappen. Nieren- oder Gallensteine. Graskrankheit. Das Pferd nimmt Sand mit auf, wenn es aus einem Bach trinkt. Parasiten – wahrscheinlich die häufigste Ursache.

Behandlung: Wenn das Pferd draußen ist, sollte man es in den Stall bringen. Man sollte es dazu ermuntern, Harn zu lassen. Zusätzliche Einstreu sollte ausgelegt und an den Wänden aufgehäuft sowie alle im Wege stehenden Gegenstände entfernt werden. Den Tierarzt rufen. Temperatur, Puls- und Atmungsfrequenzen prüfen. Das Pferd leicht eindecken und warm halten. Nicht füttern, aber Wasser anbieten. Es kann nützlich sein, gelegentlich das Pferd an der Hand im Hof herumzuführen. Der Tierarzt wird möglicherweise Medikamente geben, die Schmerz lindern, das Pferd entspannen und die Krämpfe lösen. Er kann auch physiologische Kochsalzlösung und Gleitmittel verabreichen. Bei Darmverdrehung ist ein sofortiger chirurgischer Eingriff notwendig.

## Scharfe Zähne

Symptome: Wickelkauen, d. h. Futter kauen, aber wieder herausgleiten lassen, ohne es zu schlucken. Vorsichtiges Essen, zeitweilig mit zu einer Seite gehaltenem Kopf. Wunde Zunge und Wangen.

Ursache: Scharfe Kanten durch ungleichmäßigen Zahnabrieb.

Behandlung: Raspeln, wie unter Behandlungen beschrieben. Bei wunden Stellen einige Tage breiiges Futter.

## Schlundverstopfung

Symptome: Geifern, Schluckversuche; der Kopf wird wiederholt an die Brust herangezogen und der Hals gespannt.

Ursache: Kartoffel, Apfel, Möhre oder ein Stückchen Trockenfutter.

Behandlung: Das Pferd beruhigen. Solange es Luft einatmen kann, wird es nicht ster-

ben. *Keine flüssigen Arzneimittel oder Wasser verabreichen.* Wie unter »Erste Hilfe« (Seite 28) vorgehen.
Vorbeuge: Einem sehr hungrigen Pferd kein Kraftfutter geben. Zunächst eine kleine Menge Wasser und ein wenig Heu verabreichen. Zwar können Pferde Flüssigkeiten durch die Nase zurückfließen lassen, sie sind aber unfähig, zu erbrechen. Zuckerrübenschnitzel müssen deshalb immer gründlich eingeweicht werden, bevor man sie verfüttert.

Vergiftung
Symptome: Durchfall, Kolik, Krämpfe, Koma, Verengung bzw. Erweiterung der Pupillen, mühsame Atmung, Koordinationsstörungen der Muskeln, Sensibilisierung, Blut im Urin, usw.
Ursache: Einnahme einer Substanz, welche die Körperfunktionen erheblich stört und schädigt.
Behandlung: Den Tierarzt sofort rufen.

Verstopfung
Symptome: Kotstückchen sind klein, hart, oder fehlen vollständig.
Ursache: Ungeeignete Nahrung.
Behandlung: Weiche, abführende Nahrung, bestehend aus Grünfutter und »Mash«. Abführmittel sollten nur auf Anraten des Tierarztes verwendet werden.

Wolfszähne
Symptome: Das Pferd wirft den Kopf hoch, wenn es ein Gebiß im Munde hat.
Ursache: Eine nicht immer vorhandene, natürliche Zahnbildung.
Behandlung: Mit dem Tierarzt über ihre Entfernung sprechen.

# Fortpflanzungssystem und Harnapparat

Das Fortpflanzungssystem und der Harnapparat stehen in Beziehung zueinander. Es ist die Aufgabe des Fortpflanzungssystems, den Fortbestand der Art zu sichern. Wie bei den meisten Tieren ist das Sexualverhalten des weiblichen Pferdes sowohl zyklisch wie auch jahreszeitlich bedingt. Aus Gründen der Sicherheit, der Leistung und der Annehmlichkeit werden die meisten männlichen Pferde kastriert. Trotz menschlicher Bemühungen und wissenschaftlichen Fortschritts ist aber leider besonders bei den Vollblütern die Anzahl der großgezogenen Fohlen im Vergleich zur Anzahl der Stuten, die jährlich zum Hengst gehen, gering.
Das System der Milchdrüsen liefert Nahrung für die Jungtiere. Zwar ist das Euter etwas diskreter angeordnet, als bei Kühen, doch erzeugt die Stute große Mengen Milch. In manchen Teilen der Welt liefert sie sogar Milch für den menschlichen Verzehr.

Der Harnapparat filtert Fremdkörper aus dem Blut, speichert sie vorübergehend und beseitigt sie schließlich.

**Das Fortpflanzungssystem des Männchens**
Die Fortpflanzungsorgane des Hengstes (Abb. 31) erzeugen Samen und fördern ihn so in den Körper der Stute, daß er sich mit einem Ei vereinen kann. Der Samen wird in den Hoden erzeugt, die bei einer etwas niedrigeren Temperatur als die des restlichen Körpers am besten funktionieren. Daher hängen sie in einem dünnen Hautsack (dem Skrotum), der sich zu seinem Schutz zwischen den Hinterbeinen befindet. Anfänglich befinden sich die Hoden in der Bauchhöhle, bewegen sich aber durch den Leistenkanal und haben bis zur Geburt den Hodensack erreicht. Zwar können die Hoden wieder hinaufwandern, doch wenn das Fohlen 12 Monate alt ist, sind sie endgültig im Hodensack. Bleiben eine oder sogar

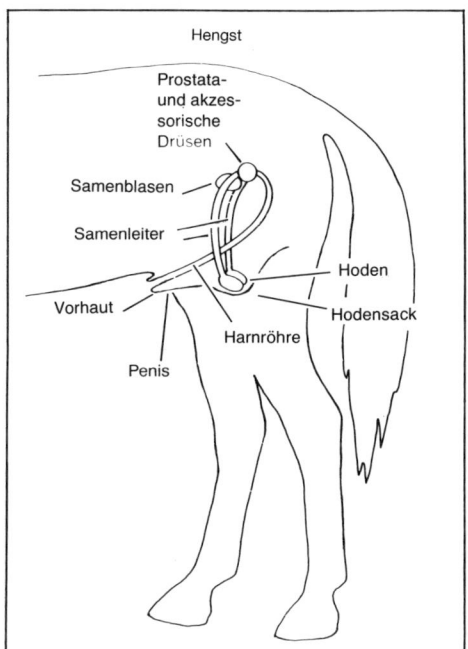

Hengst

Prostata-
und akzes-
sorische
Drüsen

Samenblasen

Samenleiter

Vorhaut

Penis

Harnröhre

Hoden

Hodensack

**31** Das männliche Fortpflanzungssystem

beide Hoden im Leistenkanal bzw. in der Bauchhöhle, ist das Pferd ein Kryptorchide (»Spitzhengst«). Es ist möglich, versehentlich einen Spitzhengst anstelle eines Wallachs zu kaufen. Zwar wird der zurückgehaltene Hoden keinen befruchtungsfähigen Samen erzeugen, doch erzeugt er das Geschlechtshormon Testosteron, das die geschlechtsbedingten Verhaltensweisen des Hengstes mitbestimmt. Folglich muß man einen Spitzhengst wie einen normalen Hengst behandeln. Spitzhengste kann man als Probierhengste einsetzen, um festzustellen, ob eine Stute rossig ist.

Beim erwachsenen Hengst sind die Hoden rund, lang und groß genug, um eine hohle Hand zu füllen. Jeder Hoden wiegt etwa 300 g. Der von den Hoden erzeugte Samen wird in kleinen, geschlängelten Kanälen gesammelt, die sich zu einem, dem Nebenhodenkanal, vereinigen (Epididymis). Dieser ist mit der Oberseite des Hodens verbunden. Vom Nebenhoden verläuft ein

Kanal (Vas deferens) in den Körper hinauf. Die beiden Kanäle (je einer von beiden Hoden) verlaufen nebeneinander und münden in die Harnröhre. Durch sie bewegt sich der Samen während des Geschlechtsakts. In der Bauchhöhle führen sie an den beiden Samenbläschen vorbei, die beidseits der Blase liegen und zusammen mit benachbarten akzessorischen Drüsen Samenflüssigkeit erzeugen. Die Samenzellen und die Samenflüssigkeit bilden zusammen den Samen. Ein Hengst ejakuliert jeweils 40–120 ml Samen und dieser enthält etwa 4 Milliarden Samenzellen. Ein gemeinsamer Kanal, die Harnröhre (Urethra), der sowohl Samen wie auch Urin befördert, verläuft von der Blase bis zum Penis und durch diesen hindurch. Im nicht erigierten Zustand ist der Penis in die Vorhaut eingehüllt.

Bei sexueller Erregung des Hengstes fließt Blut in den Schwellkörper des Penis, der anschwillt und bis zu 50 cm lang wird. Den erigierten Penis kann der Hengst mit einiger Übung in die Scheide einer paarungswilligen Stute einführen. Dieser Vorgang heißt *Immissio*. In der Scheide der Stute schwillt die Eichel des Penis (Glans) weiter an, so daß er sie ausfüllt. Nach einigen Stoßbewegungen ejakuliert der Hengst den Samen in die Stute und schlägt gleichzeitig mit dem Schweif. Dann fängt der Penis an, zu schrumpfen und der Hengst zieht ihn aus der Scheide der Stute wieder heraus. Zwischen Aufreiten und Absteigen dauert der ganze Vorgang meist weniger als eine Minute. Der Penis zieht sich rasch wieder in die Vorhaut zurück, die aus doppelt gefalteter Haut besteht, welche durch ein eigenes Sekret (Smegma) gleitfähig gemacht wird. Sowohl bei Hengsten wie auch Wallachen muß die Vorhaut innen und außen sauber gehalten werden.

Kastration ist eine Operation zur Entfernung der Hoden, die meist im Frühling oder Herbst durchgeführt wird. Ein kastrierter Hengst ist ein Wallach und ein solches Pferd klingt, sieht aus und verhält sich wie eine Stute außerhalb der Rosse. Im allgemeinen funktionieren die männlichen Geschlechtsorgane gut. Der Tierarzt kann eine Samenprobe entnehmen und diese auf Qualität prüfen. Gelegentlich befallen Krankheitserreger den Penis eines Hengstes. Diese kann er von einer Stute während des Deckakts auffangen. Ein Beispiel hierfür ist eine durch ein Herpes-Virus verursachte Geschlechtskrankheit, die Bläschenausschlag oder Koitalexanthem heißt. Diese äußert sich in Bläschen am Penis und erfordert zwei bis drei Wochen Ruhe für den Hengst. Ein Hengst kann auch durch den Tritt einer Stute verletzt werden, der eine mit Blut gefüllte Schwellung (Hämatom) am Penis bzw. eine mit gemischten Flüssigkeiten gefüllte (Ödem) am Hodensack hervorruft.

### Das weibliche Fortpflanzungssystem

Das Fortpflanzungssystem der Stute (Abb. 32) erzeugt ein Ei (Ovum), das sich mit einer Samenzelle vereinigt, um einen Embryo zu bilden. Außerdem liefert das System Nahrung für den Embryo sowie eine vorteilhafte Umwelt, in der dieser sich entwickeln kann.

Eier erzeugen die Eierstöcke (Ovarien). Zur Zeit der Geburt des Stutfohlens enthalten diese bereits die späteren Eizellen. Eier reifen fortwährend heran und werden in Abständen freigesetzt, solange die Stute fortpflanzungsfähig bleibt. Die beiden Ovarien liegen in der Bauchhöhle unmittelbar hinter den Nieren. Ein Fachmann kann sie durch die Wand des Afters tasten. Sie sind bohnenförmig und jedes hat etwa die Größe eines Hühnereis. Ein Ei bewegt sich vom Eierstock durch einen der Eileiter, in dem es befruchtet werden kann. Jeder Eileiter mündet in ein Horn der Gebärmutter (Uterus). Diese hat die Form eines Ypsilon mit zwei Hörnern und einem Hauptkörper. Sie hängt in der Bauchhöhle. An ihrem hinteren Ende gibt es einen Schließmuskel (Uterushals oder Zervix), der sich die meiste Zeit geschlossen hält. Ein kurzer Gang (die

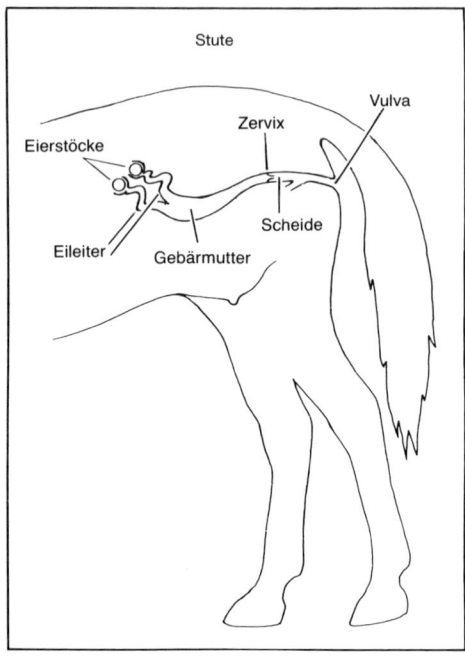

**32** Das weibliche Fortpflanzungssystem

Scheide oder Vagina) führt vom Uterushals nach außen. Die Scheide endet mit der Scham (Vulva), die auf der Außenseite zwei Lippen (Labia) und auf der Innenseite ein kleines Organ (Kitzler, Klitoris), das im Aufbau dem Penis ähnelt, besitzt.

Wenn die Stute rossig ist, kann sie die Lippen der Vulva blitzschnell auf- und zumachen (das sog. »Blitzen« oder »Blinken«). Dies macht sie meist, nachdem sie in der kennzeichnenden, leicht geduckten Stellung der rossigen Stute Harn gelassen hat. Statt festgeschlossen zu sein, entspannt sich der Gebärmutterhals und öffnet sich etwas, wenn die Stute rossig ist. Wenn der Hengst die Stute bei der Paarung deckt, empfängt ihre Scheide seinen Penis. Ein Teil des Samens wird in der Scheide verlorengehen, doch müßte das meiste davon durch den Gebärmutterhals gespritzt werden und auf der Suche nach einem Ei durch die Gebärmutter hindurch und in die Eileiter hinaufschwimmen. Treffen sie auf ein

Ei, so schwimmen die Samenzellen um es herum und versuchen einzudringen. Nur einer Samenzelle gelingt es, sich mit dem Ei zu vereinigen.

Im allgemeinen funktionieren die weiblichen Geschlechtsorgane gut. Jedoch können Krankheitserreger in die Geschlechtswege eindringen und Probleme verursachen. Den Zugang können sie sich während der Paarung (Koitus) verschaffen, oder weil die Stute eine schlecht gebildete Scheide hat, die erlaubt, daß Luft eindringt und Krankheitserreger mitbringt. Dieser Fehler läßt sich durch Nähen (Caslicks Operation) beheben.

Zwei Krankheiten, die große Probleme mit sich bringen bzw. früher brachten, sind die durch das equine Herpes-Virus verursachte Rhinopneumonitis und die ansteckende Gebärmutterentzündung (C.E.M.). Erstere führt zum Verfohlen und verursacht außerdem »Rotz« bei Jährlingen; letztere ist eine hochansteckende Geschlechtskrankheit, die zur Unfruchtbarkeit führt.

## Der Geschlechtszyklus

Eine Stute erreicht die Pubertät im Alter von 12 bis 24 Monaten und ist dann fähig, rossig zu werden. Die Rosse (Östrus) einer Stute ereignet sich in regelmäßigen Abständen während der Sommermonate, welche die Fortpflanzungsperiode darstellen. Bessere Futterqualität, länger werdende Tage und wärmerer Sonnenschein während des Frühlings lösen den Vorgang aus.

Die Hirnanhangdrüse (Hypophyse) der Stute erzeugt follikelstimulierendes Hormon (F.S.H.), das ihre Eierstöcke aktiviert. Einer der Eierstöcke bildet einen Follikel, der wie eine harte Zyste auf der Oberfläche erscheint. Die Eierstöcke sondern auch das Hormon Östrogen ab (im Griechischen bedeutet Östrogen »wildes Verlangen erzeugend«). Es ist dieses Hormon, das die Rosse der Stute einleitet. Dann fängt die Hirnanhangdrüse an, Luteinisierungshormon (L.H.) zu erzeugen, das den Reifungsprozeß des Eis und seine anschließende Freisetzung (Ovulation) in den Eileiter stimuliert. Dieses passiert nach etwa vier Tagen Rosse. Der Krater auf dem Eierstock, in dem sich das Ei befand, füllt sich wie eine weiche Zyste auf und heißt nun Gelbkörper (Corpus luteum). Dieser erzeugt das Hormon Progesteron. Anschließend endet der Östrus, nachdem die Stute etwa 5–6 Tage lang rossig gewesen ist. Eine zusammenfassende Darstellung des Geschlechtszyklus ist in Abb. 33 zu finden. Während der darauffolgenden zwei Wochen interessiert sich die Stute überhaupt nicht für den Hengst. Andererseits bereitet sich die Gebärmutter auf das befruchtete Ei vor. Wurde das Ei nicht befruchtet und zum Embryo umgebildet, veranlaßt eine Mitteilung von der Gebärmutter (das Hormon Prostaglandin) den Gelbkörper, seine Tätigkeit einzustellen, und der Zyklus läuft wieder an.

Diöstrus ist die Periode zwischen einem Östrus und dem nächsten; Anöstrus ist die Winterperiode, in welcher der Zyklus zum Stillstand kommt. Der normale Zyklus dauert etwa drei Wochen an und ist bei jeder Stute regelmäßig. Wenn man den normalen Zyklus einer Stute beobachtet hat, ist es leichter, den Zeitpunkt des Eisprungs vorauszusagen.

## Trächtigkeit

Die Stute ist trächtig, wenn Ei und Samen sich vereinigt und eine Zygote gebildet haben. Mittels Zellteilung entsteht aus der Zygote der Embryo und wächst rasch heran. Zunächst findet dieses Wachstum noch innerhalb des Eibläschens statt, während dieses den Eileiter entlang in den Uterus befördert wird. Nach zwei Wochen ist der Embryo eine rasch wachsende Masse, die in einem der Gebärmutterhörner liegt. Nach drei Wochen hat er den Eidotter aufgebraucht und dabei Körperform angenommen. Bis zur sechsten Woche hat sich der Embryo gut entwickelt und heißt nun Fötus, der sich von Histiotrophe (»Uterus-

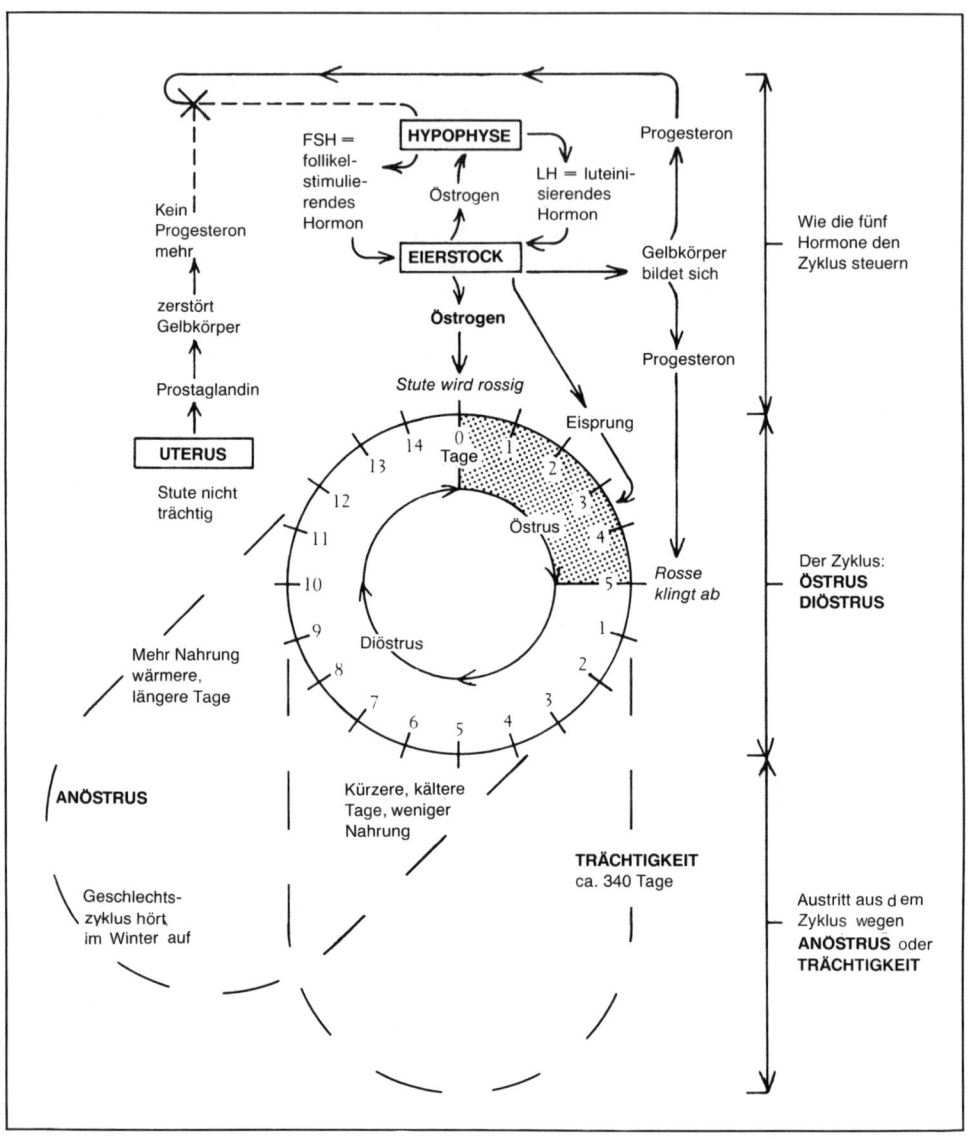

**33** Der Geschlechtszyklus

milch«) ernährt. Der Fötus schwimmt in Amnionflüssigkeit, die von der Schafhaut (Amnion) eingeschlossen ist (siehe Abb. 34). Diese Hülle befindet sich ihrerseits in der Allantoisflüssigkeit (Fruchtwasser) innerhalb einer zweiten Hülle (Plazenta). Die Plazenta ist mit der Innenwand der Gebärmutter verbunden; durch sie geht der Austausch von Nähr-, Sauer- und Abbaustoffen vor sich. Sie ist durch die Nabelschnur mit dem Fötus verbunden. Mit Ausnahme der Lungen funktionieren nun alle Systeme des Fötus. Flüssige Ausscheidungen werden in das Fruchtwasser abge-

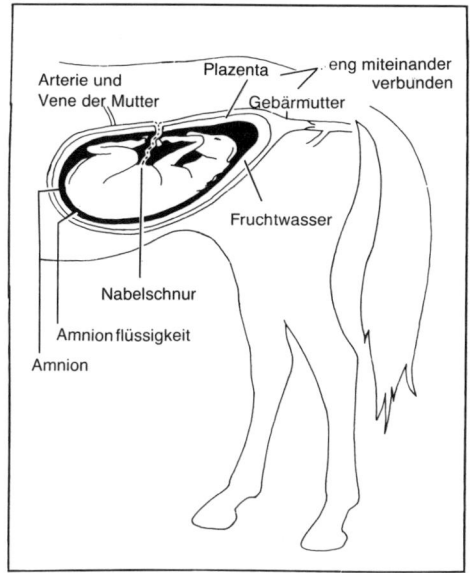

Arterie und
Vene der Mutter

Plazenta

eng miteinander
verbunden

Gebärmutter

Fruchtwasser

Nabelschnur

Amnion flüssigkeit

Amnion

**34** Trächtigkeit

geben. Ein Teil davon verfestigt sich und bildet ein ziemlich flaches, braunes Stück Materie, die Hippomane (»Fohlenbrot«), die mit der Nachgeburt ausgestoßen wird. In den späteren Stadien der Trächtigkeit, wenn der Fötus rasch heranwächst, sind auch seine Bewegungen leicht festzustellen.

## Abstammung

In jedem Ei und in jeder Samenzelle befindet sich verschlüsselte Information über die genaue Rasse und Form der Elterntiere. Diese Information ist in den Chromosomen enthalten. Ein Chromosom läßt sich mit einer Halskette vergleichen. Jedes Glied der Kette heißt ein Gen und hat eine besondere Funktion, z. B. die Bestimmung der Fellfarbe. Ei und Samenzelle besitzen jeweils die Hälfte der gesamten Chromosomenzahl. Wenn sie sich vereinigen und einen Embryo bilden, bekommt dieser die Gesamtzahl (64). Die einzelnen Chromosomen des einen Elterntiers paaren sich mit denen des anderen, so daß 32 verschiedene Paare entstehen. Sind die Gene gleich (ho-

mozygot), gibt es keinen Konflikt; sind sie verschieden (heterozygot), wird sich das eine als dominant und das andere als rezessiv herausstellen. Durch homozygote Genpaare bestimmte Eigenschaften züchten immer rein. Bei heterozygoten Genpaaren ist dies nicht immer der Fall. Ein Beispiel ist das großartige Rennpferd »The Tetrarch«. Von acht Urgroßeltern war nur einer ein Grauschimmel. Er erzeugte einen Grauschimmel, der eines der vier Großelterntiere war. Dieser erzeugte seinerseits noch einen Grauschimmel, der eines der beiden Elterntiere war. Von ihm stammte ein weiterer Grauschimmel: »The Tetrarch«. Dies zeigt, daß die graue Fellfarbe dominant ist.

Das Gen für Stehohren ist dominant über das für Hängeohren. Ähnlich dominiert das Gen für ein konkaves Nasenprofil über das für Ramsnase. Die Gene bestimmen außerdem das Geschlecht des Fohlens. Den bestimmenden Faktor hierzu trägt immer die Samenzelle.

Rezessive Gene können zum Vorschein kommen, wenn man *Inzucht* (die Paarung Nahverwandter) betreibt. Die Inzucht kann die genetische Struktur stärken vorausgesetzt, daß die Vorfahren keine unerwünschten Merkmale besaßen. Zur engen Inzucht zählt die Paarung von Vater und Tochter, Mutter und Sohn, oder Bruder und Schwester. Tiere, die mit unerwünschten Merkmalen geboren werden, sollten nicht als Zuchttiere eingesetzt werden. Zur *Linienzucht* gehört die Paarung von Großvater und Enkelin, Großmutter und Enkel, sowie Vettern untereinander. Die Linienzucht bringt weniger Risiko mit sich, braucht aber mehr Zeit, um eine Reinzucht zu erreichen. *Fremdzucht* bedeutet, daß man innerhalb der letzten fünf Generationen keine verwandten Tiere verpaart hat.

Die Paarung zwischen Tieren verschiedener Rassen heißt Kreuzung. Ein wahrer Hybride entstammt der Paarung zwei verschiedener Arten, z. B. eines Esels mit ei-

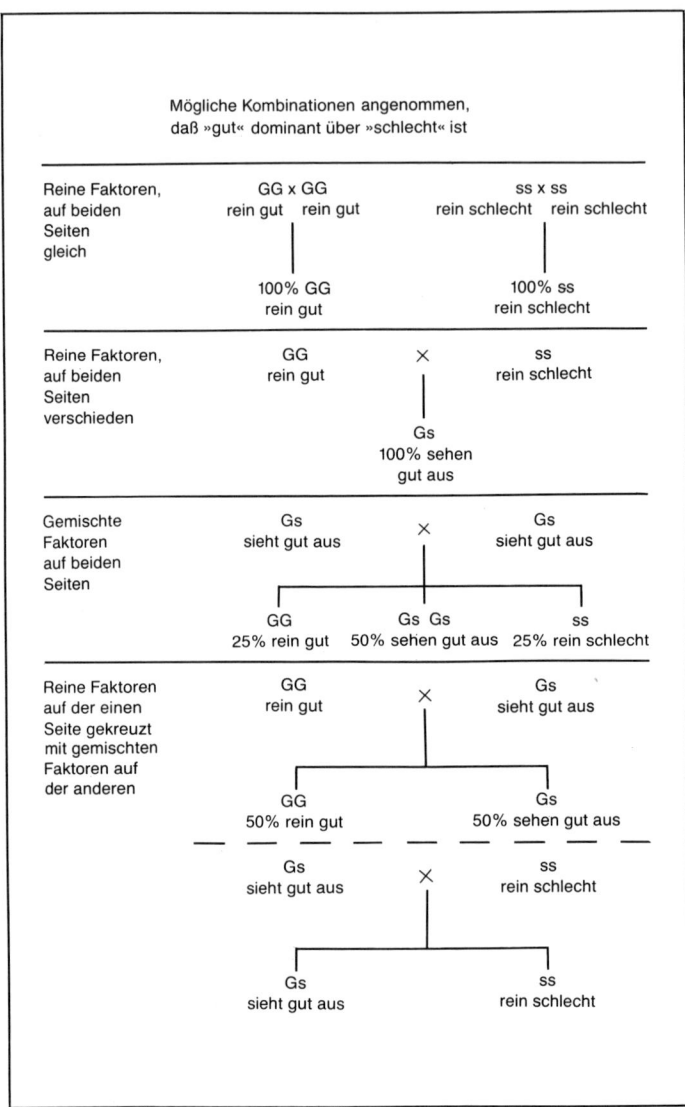

nem Pony. Meist sind solche Hybriden kräftig, aber unfruchtbar, wie z. B. die Maultiere. Die Kreuzung unterschiedlicher Rassen kann etwas von dieser Hybridenkraft hervorrufen. Sie entstand z. B., als man Pferde des südlichen und östlichen Mittelmeerraums mit veredelten, einheimischen englischen Pferden kreuzte, um das englische Vollblut zu erzielen (siehe Abb. 35 und 36).

**Das Euter**

Das Euter der Stute entwickelt sich, damit sie das Fohlen säugen kann. Es besteht aus den Milchdrüsen, die sich in zwei Euterhälften befinden und jeweils zu einer Zitze führen. Das Euter und die beiden Zitzen befinden sich zu ihrem Schutz zwischen den Hinterbeinen. Eine große Stute kann täglich bis zu 23 Liter Milch erzeugen.

Die Milchdrüsen sind mit Blut- und

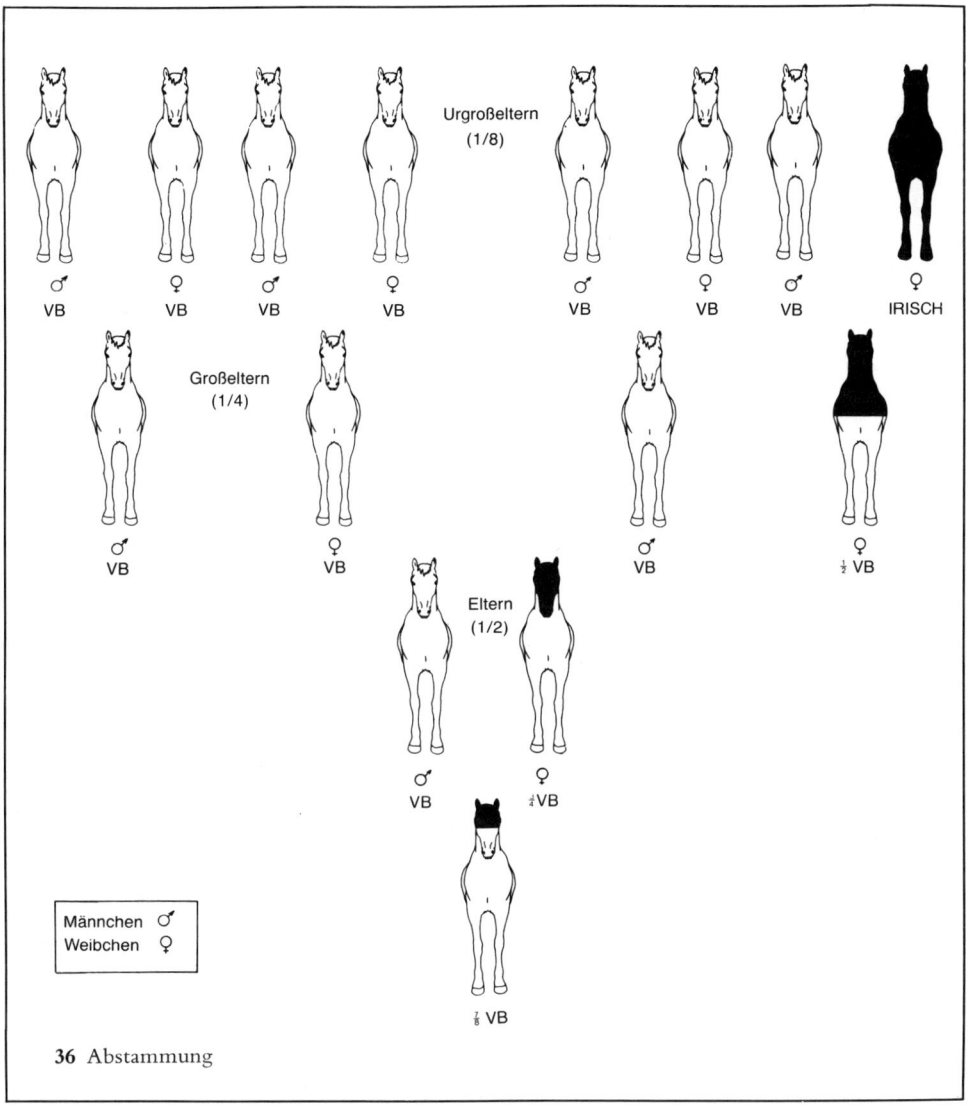

Urgroßeltern (1/8)

♂ VB  ♀ VB  ♂ VB  ♀ VB  ♂ VB  ♀ VB  ♂ VB  ♀ IRISCH

Großeltern (1/4)

♂ VB  ♀ VB  ♂ VB  ♀ ½ VB

Eltern (1/2)

♂ VB  ♀ ¾ VB

| Männchen | ♂ |
| --- | --- |
| Weibchen | ♀ |

⅞ VB

**36** Abstammung

Lymphgefäßen gut versorgt. Das für die Milcherzeugung verantwortliche Gewebe ist um kleine Säckchen angeordnet, die Alveoli heißen und denen der Lungen ähneln. Von diesen verlaufen Gänge wie die Äste eines Baums, die sich alle vereinigen und zum Stamm führen. Der Stamm in diesem Fall ist die Milchzisterne. Von dieser heißt der obere Teil der Drüsenteil und der untere der Zitzenteil. Die Zitze endet mit zwei kleinen, durch Schließmuskel geschützten Öffnungen, durch welche die Milch abgegeben wird.

Krankheitserreger können in das Euter eindringen und die als Mastitis bekannte Entzündung verursachen. Das Euter wird hart und tastempfindlich und geschwollene Lymphgänge werden dem Bauch entlang sichtbar. Dieser Zustand muß tierärztlich versorgt werden.

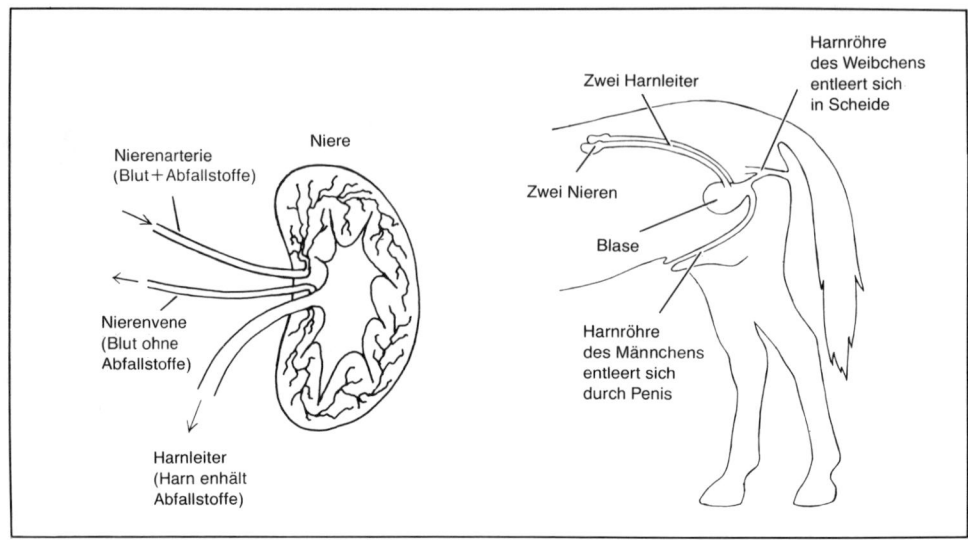

**37** Das Harnsystem

**Das Harnsystem**

Das Harnsystem (siehe Abb. 37) entfernt Wasser und nicht benötigte Substanzen aus dem Blut, indem es sämtliches Blut durch die Nieren filtert. Es ergänzt die Arbeit der Lungen, der Haut und des Mastdarms.

Die Nieren halten die Innenumwelt des Pferdes konstant. Sie regeln den Säurewert (pH), den osmotischen Druck, den Elektrolytenspiegel usw. des Wassers. Die Nieren werden durch die Zusammensetzung des Bluts, den Blutdruck, Hormone, Streß und Medikamente beeinflußt. Es gibt zwei Nieren, die je etwa 700 g wiegen und sich weit oben in der Bauchhöhle befinden. Jede besteht aus einer Außenrinde, in der Ab-

fallstoffe vom Blut in Sammelrohren verlaufen. Diese bilden eine innere Markzone und entleeren sich in ein zentrales Becken. Eine Nierenentzündung heißt Nephritis bzw. Pyelitis, wenn nur das Nierenbecken betroffen ist. Harnsteine (Calculi) können entstehen, wenn sich Salze im Harn kristallisieren; dieser Zustand ist aber selten. Harn fließt von jeder Niere durch die Harnleiter zur Harnblase hin. Zystitis ist eine Entzündung der Blase. Den Ausgang der Blase regelt ein Schließmuskel. Wenn dieser sich entspannt, fließt der Harn durch die Harnröhre und wird über den Penis bzw. die Vulva entleert. Ein Pferd kann täglich bis zu 10 Liter Harn lassen.

# Umgang mit dem Pferd und Stallführung

## Das Pferd im Stall

**Bestallung**

Pferde sind zwar robuste Tiere, die man das ganze Jahr über auf der Weide halten kann, doch ist eine Unterbringung in Ställen oft wünschenswert. Die Stallhaltung dient dem Schutz des Pferdes und der Bequemlichkeit des Besitzers. Ein Pferd in guter Kondition hat seine schützende Fettschicht verloren; dem Fell eines gestriegelten Pferdes fehlt das schützende Öl. Solche Pferde brauchen Schutz vor der Witterung. Wenn man das Pferd geschoren hat, wie es bei vielen arbeitenden Pferden der Fall ist, hat es sein Fell verloren. Der Stall schützt das Pferd vor Kälte, Nässe und Wind während der Wintermonate sowie vor Hitze, Fliegen und Sonne während des Sommers.

Vom Standpunkt des Besitzers ist es bequemer, das Pferd im Stall zu halten. Das Tier ist dann in der Nähe, sauber und trocken und außerdem leichter zu füttern und zu tränken. Selbst wenn ausreichend Weideland verfügbar ist, schont die Stallhaltung das Gras. Schließlich ist es möglich, ein Pferd gänzlich ohne Weide zu halten, vorausgesetzt, daß die Bestallung adäquat ist. Manche Rennställe wählen bewußt diese Methode, manche städtische Pferdebesitzer sind dazu gezwungen. Außerdem bietet die Stallhaltung Schutz und Sicherheit, ganz besonders, wenn der Stall sich in der Nähe des Hauses befindet.

Die Stallhaltung bietet auch viele weitere Vorteile. Selbstverständlich ist es leichter, die Futter- und Wassereinnahme des Pferdes zu überwachen und zu regulieren, wenn es innen gehalten wird. Das im Stall gehaltene Pferd hat man leichter unter Kontrolle hinsichtlich Bewegung wie auch, wo nötig, Bändigung. Für kranke

Pferde, die besser isoliert sein sollten, ist die Stallhaltung tatsächlich unentbehrlich.

## Wie ein Stall sein soll

Von jedem Gesichtspunkt zahlen sich die Kosten für einen ordentlichen Pferdestall aus. Es sollte nicht unbedingt feudal, aber auf jeden Fall zweckmäßig sein. Dies bedeutet zwar eine beträchtliche Kapitalanlage, doch erhöht ein Stallgebäude in den meisten Fällen den Wert des Grundbesitzes. Aus Ziegelsteinen oder Blöcken gebaute Ställe sind die besten, aber sehr kostspielig. Die meisten Privatbesitzer geben sich daher heutzutage mit Ställen aus Holzbauteilen zufrieden. Für diese gibt es eine Reihe von Herstellern. Qualität und Preis unterliegen beträchtlichen Schwankungen.

Gleich welchen Stalltyp man nimmt, auf bestimmte Grunderfordernisse darf man keinesfalls verzichten. Ställe sollten warm und trocken sein und ausreichend Dränage besitzen. Sie sollten frei von Zugluft sein und trotzdem dem Bewohner genügend frische Luft bieten. Holz, Ziegelsteine und Blöcke gestalten eine bessere Umgebung als galvanisch beschichtete Eisenplatten oder Asbest. Insbesondere galvanisch beschichtetes Eisen hat keinen Isolierwert und Bauten, die gänzlich oder teilweise daraus bestehen, neigen zu Schwitzwasserbildung und Überhitzung. Bis zu einem gewissen Grade läßt sich dies durch ausreichende Isolierung sowie Verkleidung des Stallinnern mit Brettern wettmachen.

Gutes Licht ist auch unentbehrlich, man muß also elektrische Beleuchtung anlegen. Im Stall selbst muß es eine Wasserleitung und Fütterungseinrichtungen geben. Vom Standpunkt des Besitzers aus sollte der Stall so angelegt sein, daß der notwendige Arbeitsaufwand möglichst gering bleibt. Schließlich ist es äußerst wichtig, den Stall *sicher* zu machen. Feuer droht ständig, die elektrischen Leitungen sollte man außer Reichweite der stets neugierigen Bewohner verlegen, und es darf keine vorstehende Ecken und Spitzen geben, an denen sich die Pferde verletzen könnten.

## Standort des Stalls

Den idealen Standort gibt es wahrscheinlich nicht. Der Platz sollte jedoch eben und gut dräniert sein. Wenn man von Grund auf neu baut, sollte aber ein Betonboden mit einem guten Abwassersystem eingebaut werden. Die Bauvorschriften verlangen ein richtiges Fundament und für Neubauten muß eine Genehmigung erteilt werden. Nach den Bauvorschriften ist die Genehmigung der örtlichen Behörde immer notwendig. Das Stallgebäude sollte vor dem vorherrschenden Wind, insbesondere von Norden und Osten, geschützt sein. Aber zuviele Bäume und Bauten darumherum können die für die Gesundheit unerläßliche Luftbewegung hindern. Wird der Stall in der Nähe eines Wohnhauses gebaut, sollte sich der Stalltrakt auf der windgeschützten Seite des Hauses befinden. An leichte Zufahrtswege nicht nur für Menschen, sondern auch für Fahrzeuge des Betriebs und der Notdienste ist auch zu denken.

## Der Stalltrakt

Heutzutage ziehen die meisten Privatbesitzer Laufställe solchen vor, in denen das Pferd angebunden wird. Werden aber bereits bestehende, nicht als Stallung konstruierte Nebengebäude umgebaut, kann es sein, daß ihre Anordnung eine Umwandlung in Ständer erzwingt.

Der Stalltrakt selbst, ob groß oder klein, besteht nicht nur aus Laufställen oder Ständern, sondern auch aus Diensträumen. Man braucht einen Raum, um Kraftfutter sowie Heu und Stroh oder andere Einstreu zu lagern. Eine sichere Ausrüstungskammer ist notwendig sowie ein Raum, in dem man Decken usw. trocknen kann.

Ein kommerziell betriebener Stall braucht zusätzliche Einrichtungen wie z. B. ein Büro und eventuell auch einen Aufenthaltsraum für Personal. In jedem Fall gibt es diverse Gegenstände, die untergebracht werden müssen: Werkzeug, Schubkarren, Pferdebox oder Anhänger usw. Es muß auch eine Möglichkeit zur Beseitigung des Stallmists geben. Ein Mistbunker läßt sich leicht bauen.

Verschiedene Behausungsarten, moderne wie herkömmliche, sind in Gebrauch. Die herkömmlichen Ständer haben immer noch ihren Wert, aber für die moderne Pferdepraxis sind Laufställe mit angeschlossenen Diensträumen die beste Lösung.

## Die Wahl eines Laufstalls

Als erstes muß ein Laufstall mindestens 3 m hoch sein. Die empfohlenen Ausmaße eines Laufstalls reichen von 3,5 × 3,0 m für ein Pony bis zu 3,5 × 4,5 m für ein großes Jagdpferd. Stalltüren sollten 1,2 m breit und für ein Pferd mindestens 2,1 m hoch sein und müssen Schiebetüren sein oder nach außen aufgehen. Riegel und andere Einrichtungen sollten nicht über die Kante der offenen Tür hinausragen; man sollte richtige Stallriegel zusammen mit einem Trittriegel unten verwenden. Die Stalltür sollte geteilt sein, so daß der obere Teil an einer Scharniere nach außen aufgeht und an der Außenwand festgehakt wird, damit das Pferd hinausschauen kann. Die untere Hälfte der Tür sollte für Pferde etwa 1,4 m hoch sein und eine Metalleiste an der Oberkante haben, damit das Pferd nicht am Holz kauen kann.

Abfohlboxen müssen größer sein: Die Idealgröße ist 4,5 × 4,5 m. In jedem Fall sollte die Box sowie die Überdachung so konstruiert sein, daß selbst bei größter Hitze die Temperatur unterhalb 15 °C bleibt. Pferde vertragen Kälte, fühlen sich aber bei hohen Temperaturen nicht wohl. In jedem Fall darf die Box nicht weniger als 42 Kubikmeter Platz je Pferd bieten.

Eine gute Größe für Ständer ist 1,8 m breit × 2,7 m tief; der Gang dahinter muß mindestens 1,8 m breit sein. Trennwände sollten vorne 2 m und hinten 1,5 m hoch sein.

Man sollte darauf zielen, mindestens 28 Kubikmeter Luft für jedes Pferd im Gebäude zur Verfügung zu stellen. Der Boden sollte rutschfest und strapazierfähig sein und nicht kalt wirken; Dränage muß auch eingebaut sein. Am häufigsten benutzt man heutzutage Beton, aber andere Möglichkeiten sind Ziegelstein, Tarmac, Kalk oder Gitterrost. Die Fußböden sollten sich von vorne nach hinten oder umgekehrt neigen, damit Feuchtigkeit gut abläuft. Die Neigungen sind meist 1:60 im Laufstall selbst und 1:40 in allen Rinnen. Innerhalb des Laufstalls sollte es keinen offenen Abfluß geben; deshalb sollte es entweder an der Vorder- oder Rückseite einen offenen, aber vergitterten Abfluß geben.

Die Stallbelüftung ist äußerst wichtig. Sie sollte so ausgerichtet sein, daß sie die Luft oft genug austauscht, um sich rein zu halten, aber ohne Zugluft zu verursachen. Pferde bleiben gesünder und werden seltener vom Husten heimgesucht, wenn sie genügend Frischluft bekommen. Wärme im Stall läßt sich durch Decken erzeugen. Die wichtigste Forderung heißt, Zugluft zu verhindern. Viele Leute machen die obere Türhälfte nur zu, um Regen, Schneeregen oder Schnee auszuschließen.

In jedem Laufstall sollte es ein Fenster geben, das sich öffnen läßt und auf der Innenseite durch Stäbchen oder Netz geschützt wird. Die beste Form von Fensterbelüftung ist das sogenannte »Sheringham-System«. Dieses leitet kalte Luft nach oben, damit sich diese mit der warmen Stalluft vermischt. Ställe sollten eine Öffnung im Dachfirst haben, damit warme Stalluft abgehen kann.

Jede Box muß ausreichend beleuchtet sein, damit man genug Licht hat, um in den Wintermonaten früh und spät arbeiten zu können. Die Beleuchtungskörper müssen durch Drahtgitter geschützt oder abgekapselt sein. Alle Einrichtungen müssen vor unbefugten Eingriffen gesichert sein und alle Schalter und Stromanschlüsse sind außerhalb der Box anzubringen.

Die Wände der Box sollten Trittbretter bis in einer Höhe von 1,2 m haben und an allen Innenwänden darf es keine Vorsprünge geben.

Alle Stalleinrichtungen muß man mit größter Sorgfalt durchdenken: Sie müssen unfallsicher sein. Anbinderinge müssen gut befestigt sein. Selbsttränken sind teuer, sparen aber Arbeit. Gegen Kunststoffeimer ist nichts einzuwenden vorausgesetzt, daß sie stabil genug sind und mindestens 9 Liter fassen. Sie sollten auf dem Boden in der Ecke neben der Tür stehen.

Heu läßt sich in einer tiefen Krippe bzw. in einer in Augenhöhe angebrachten Raufe oder in einem Heunetz verfüttern; allerdings ziehen es viele Leute vor, das Heu auf dem Boden auszulegen. Ein etwaiger Trog für Kraftfutter wird meist in der Ecke etwa 1,1 m hoch angebracht.

**Einstreu**

Welche Art Einstreu benutzt wird, hängt von mehreren Umständen ab, aber geeignete Einstreu ist immer unentbehrlich. Die Einstreu sollte dem Pferd eine behagliche Umgebung bieten, gegen Feuchtigkeit und Kälte isolieren und außerdem zur Verhinderung von Zugluft beitragen. Gute Einstreu hilft, die Hufe in Ordnung zu halten und Hufeisenverschleiß zu verringern, verhindert Verletzungen und vermeidet die Gefahr des »Verlegens«.

Die Wahl der Einstreu ist eine persönliche Entscheidung, bei der man Verfügbarkeit, Verbraucherfreundlichkeit und Kosten bedenken muß. Es gibt verschiedene Arten Einstreu.

Die herkömmliche Art ist Weizenstroh, das die beste Dränageeinstreu ist. Wenn man es verwenden will, sollte es staubfrei, glänzend und sauber sein. Weizenstroh bindet wenig Feuchtigkeit, sondern läßt sie nach unten in die Entwässerung sickern.

Gerstenstroh und Haferstroh sind etwas weicher als Weizenstroh und bleiben nicht so elastisch und nässedurchlässig. Es ist daher wahrscheinlich, daß das Pferd sie ißt.

Wenn man sie benutzt, ist es daher äußerst wichtig sicherzustellen, daß sie staubfrei sind. Alle Einstreu muß staubfrei sein, aber dies gilt besonders für Gersten- oder Haferstroh. Ein Großteil des heutigen Strohs enthält viel Staub und kurze Halme.

Moderner Ersatz fürs Stroh sind Sägespäne und Papier. In der Verwendung sind Sägespäne die einfachste Einstreuart. Sie sind saugfähig und werden kaum je gegessen. Zur Beseitigung verbrennt man sie, sie sind sparsam im Verbrauch und lassen sich durch regelmäßiges Auswechseln leicht sauberhalten. Papier ist eine staubfreie und saugfähige Einstreuart. Es ist in zwei Formen zu beziehen: In lange Streifen geschnitten, oder in kleine Würfel gepreßt. Papiereinstreu läßt sich weniger leicht handhaben als Stroh oder Sägespäne. Nach dem Verbrauch wird sie verbrannt.

Torf und Sägemehl sind weitere Alternativen. Torf ist teuer und nicht leicht zu handhaben. Sägemehl ist zwar billig, wird aber schnell heiß und feucht. Rindenmulche läßt sich auch verwenden, wird aber leicht zu feucht und die Mehrzahl der Pferdehalter entscheidet sich für eine der anderen Möglichkeiten.

In der Box sollte die Einstreu eine gute Tiefe haben. Man sollte sie gegen die Wände aufhäufen als Schutz gegen Verletzung oder Zugluft. Die Einstreu ist täglich gründlich auszumisten, wobei man alle verschmutzte und nasse Teile entfernt (Wechselstreu). Soll das Pferd in der Box gehalten werden, so muß man unbedingt den Kot regelmäßig entfernen, mindestens einmal täglich.

Eine andere Technik bei der Verwendung von Stroheinstreu ist die Matratzenstreu. Kot und verschmutzte Teile der Einstreu werden täglich entfernt und frisches Stroh darüber ausgelegt. Die gesamte Einstreu wird erst gewechselt, wenn sie eine Tiefe von mehr als 50 cm erreicht hat. Auf kurze Sicht gesehen spart diese Methode Arbeit und bietet dem Pferd ein tiefes, warmes Lager.

## Scheren

Pferde mit dickem Fell erhitzen sich bei der Arbeit. Ein überhitztes Pferd fühlt sich nicht wohl, und dies beeinträchtigt seine Leistung. Um kühl zu bleiben, schwitzt das Pferd erheblich und verliert daher Gewicht. Deshalb schert man Stallpferde, die arbeiten. Geschorene Pferde sind leichter zu striegeln und zu trocknen; sie werden nicht so leicht wund und sind weniger anfällig für Erkältungen. Außerdem läßt die Schur das Pferd besser aussehen und erleichtert die Kontrolle von Ektoparasiten und Hauterkrankungen.

Ein Pferd sollte man erst scheren, wenn der Haarwechsel zum Winterfell vollendet ist, es sei denn seine Leistung läßt nach. Die erste Schur erfolgt meist im Oktober; dann wiederholt man dies so oft wie notwendig – meist in Abständen von drei bis vier Wochen – den Winter hindurch. Die letzte Schur sollte nicht später als im Januar erfolgen, damit das Sommerfell des Pferdes nicht darunter leidet. Man muß aber immer einen Ausgleich zwischen Schönheit und Leistung finden.

Es gibt verschiedene Schnitte. Welchen man benutzt, hängt von der Art der Haltung des Pferdes und der Mode wie vom Geschmack des Besitzers ab. Bei einem Totalschnitt schert man das Fell am ganzen Körper. Als Abwandlung davon gibt es den »Jagdpferd-Schnitt«, bei dem man die Beinhaare bis hinauf zu den Ellbogen und den Schenkeln sowie die Haare der Sattellage beläßt. Beim »Schabrackenschnitt« entfernt man die Haare nur von Hals und Bauch. Bei Weidetieren wendet man häufig einen Kompromiß an: Man schert die Haare nur am Bauch selbst sowie an den Beinen bis zur Hälfte des Vorderarms und der Schenkel hinab (trace clip).

Selbst bei der Ganzschur schert man nie die Innenseite der Ohren, und die Tasthaare aller im Freien lebenden Pferde werden belassen. Die Haare der Fesselbeuge und des Kötenbehangs kann man immer halblang belassen.

Das richtige Pferdescheren ist eine Kunst. Es ist auch ein langwieriger Vorgang und das wesentlichste dazu ist eine gute elektrische Schere mit scharfen Klingen. Das Fell des Pferdes sollte man gründlich putzen. Beim Scheren geht man wie folgt vor:

**1** Die Umgebung so vorbereiten, daß sie hindernis- und störungsfrei ist.

**2** Einen geeigneten Stromanschluß für das Gerät benutzen und nicht etwa einen Lichtstecker oder ähnliches.

**3** Der Bediener des Gerätes muß Schuhwerk mit Gummisohlen tragen, um sich vor einem Elektroschock zu schützen.

**4** Die Spannschraube der Klingen sorgfältig einstellen. Ist sie zu fest angezogen, wird der Motor überlastet; ist sie zu lose, schneiden die Klingen nicht ordentlich. Die Schraube anziehen, bis der Motor sich verlangsamt, dann um eine halbe Umdrehung wieder lösen.

**5** Darauf achten, daß die Klingen ein zusammenpassendes Paar und scharf sind. Sie müssen regelmäßig geschliffen werden: Stumpfe Klingen schneiden nicht ordentlich, belasten den Motor und ziehen an den Haaren.

**6** Mit leichtem Maschinenöl oder einem speziellen Sprühmittel die Klingen gut geschmiert halten. Das Rotationslager sowie die Lageroberflächen im Gerätekopf sind auch zu schmieren.

**7** Während des Schervorgangs ist von Zeit zu Zeit das Gerät am Stromanschluß auszuschalten; die Klingen sollte man abkühlen lassen und sauberbürsten. Sie sind schmutz- und fettfrei zu halten; falls notwendig, benutzt man hierzu eine in medizinischem Alkohol eingetauchte Bürste. Bevor man sie wieder benutzt, muß man die Klingen trocken wischen *und erneut schmieren.*

**8** An der Schulter anfangen. Ohne zu drücken, die Klingenspitzen in Berührung mit der Haut halten und lange, langsame Striche ausführen.

**9** Gegen den Haarstrich oder im rechten Winkel dazu arbeiten.

**10** Dafür sorgen, daß das Pferd entspannt ist, aber im Interesse der Sicherheit es angemessen festsetzen und ablenken.

**11** Das Pferd ständig warm halten. Falls notwendig, eine Decke auf seinen Rücken legen und nach Bedarf nach vorn und hinten umlegen, wie beim Putzen (siehe nächsten Abschnitt).

**12** Um die Linien des Schnitts zu zeichnen, verwendet man Kreide oder im Falle der Sattellage den Sattel selbst.

**13** Läßt man die Haare an den Beinen, zeichnet man eine Linie von einer Handbreite oberhalb des Sprunggelenks bis zum Kniegelenk sowie von einer Handbreite unterhalb des Ellbogens nach vorne und oben hin, um der Muskelbildung zu folgen.

**14** Beim Scheren des Kopfes das Kopfstück zum Hals hin zurückschieben und dafür sorgen, daß die Klingen nicht zu warm sind.

**15** Lange Haare kann man zuerst mit dem Strich scheren, um den Überschuß zu entfernen, und dann in der anderen Richtung zurück.

**16** Nach Beendigung des Scherens die Klingen entfernen, gründlich reinigen, mit Vaseline leicht einschmieren und wegpacken. Den Gerätekopf ebenfalls reinigen. Die Luftein- und auslässe am Gerät sauberbürsten.

**Putzen**

Putzen führt man morgens vor dem Bewegungstraining aus. Man bindet das Pferd an und kratzt seine Hufe aus. Augen, Nüstern und Schweifrübe werden mit dem Schwamm geputzt. Die Decken wirft man nach oben, oder legt sie zurück; der Deckengurt bleibt in Stellung, wenn man die Decken nicht wechseln will. Die bloßgelegten Teile des Körpers werden dann gebürstet, wobei man eine Wasserbürste verwendet, um Stalldreck zu entfernen. Falls notwendig, verzieht man die Mähne. Zweck der Übung ist es, das Pferd ordentlich aussehen zu lassen.

Striegeln

Striegeln hat folgende Vorteile:

*Es fördert die Gesundheit.* Der Vorgang ersetzt das Wälzen, entfernt Abfallprodukte wie z. B. Schweiß, hält die Poren offen und unterstützt den Blut- und Lymphkreislauf.

*Es beugt Krankheiten vor.* Parasiten ernähren sich von totem Haar und toter Haut.

*Es erhöht die Kondition.* Massage ist für Muskel- und Hauttonus notwendig.

*Es verbessert das Aussehen.*

*Es sorgt für Sauberkeit.* Striegeln hilft, Ausrüstung und Kleidung sauberzuhalten und verhindert Wundstellen.

Außerdem hilft tägliches Striegeln, das Verhältnis zwischen dem Pferd und seinem Besitzer zu fördern. Es wirkt entspannend auf das Pferd, ist aber, richtig ausgeführt, für den striegelnden Menschen harte Arbeit. Striegeln gibt dem Besitzer die Möglichkeit, das Pferd eingehend zu untersuchen und zu beobachten.

Striegeln ist ein nach Bewegungstraining durchgeführtes, vollständiges Säubern eines trockenen Pferdes. Durch die Bewegung wird die Haut warm und locker, das Pferd entspannt. Man geht wie folgt vor:

**1** Pferd anbinden, Decken ausziehen.

**2** Hufe über einem Behälter auskratzen.

**3** Schlamm und Schweiß mit einer Wurzelbürste oder einem Gummistriegel ausbürsten.

**4** Kardätsche und Striegel:
   a linke Seite, Kardätsche in linker Hand;
   b Mähne: Kardätsche und Finger (Mähne zur anderen Seite des Halses hinüberwerfen, Mähnenkamm gründlich bürsten, Mähne allmählich – jeweils nur ein paar Strähne – zurückarbeiten);
   c rechte Seite, Kardätsche in rechter Hand;
   d Kopf (Halfter um Hals legen, Kopf des Pferdes ruhighalten);
   e Schweif, Kardätsche und Finger;

**5** Wollappen oder Tuch, feucht:
20 Striche auf linker Halsseite – Andrücken und mit dem Haarstrich gleiten lassen;
20 Striche auf linker Schulter;

20 Striche auf linker Rückenmuskulatur (sachte über die Lende);

20 Striche auf linkem Hinterviertel;

Auf der anderen Seite wiederholen; Anzahl der Striche mit zunehmender Kondition des Pferdes steigern.

**6** Augen, Nüstern und Lippen, anschließend Schweifrübe und Vorhaut/Euter mit Schwamm abwischen.

**7** Wasserbürste: Mähne und Schweif verlesen, die Hufe waschen.

**8** Mit feuchtem Lappen das Pferd polieren.

**9** Öl auf Hufwände pinseln.

**10** Schweif bandagieren. Decken ausschütteln. Pferd eindecken und hinauslassen.

Bürsten

Man bürstet das Pferd leicht ab, wenn man die Decken wechselt, oder am Ende des Tages. Die Hufe werden immer ausgekratzt.

Waschen

Zuweilen ist es notwendig, das Pferd zu waschen. Waschen unterstützt das Striegeln, indem es die Poren von Staub und Fett befreit. Man wäscht ein Pferd, weil es schmutzig oder verschwitzt ist, oder auch um des Aussehens willen, wie z. B. für eine Ausstellung.

Schwitzt und schnauft das Pferd stark, sollte man es mit einer Abschwitzdecke mit einer Baumwolldecke darüber kleiden und herumführen, bis es aufhört zu schnaufen. Anschließend wäscht man den Schweiß schnell ab und entfernt die Feuchtigkeit mit einem Schweißmesser. Anschließend wird das Pferd eingedeckt und herumgeführt, bis es trocken ist.

Bei einem schmutzigen Pferd ist der Vorgang grundsätzlich gleich, doch muß man, nachdem der Schmutz abgewaschen ist, besonders auf die Fesselbeugen achten und diese mit einem alten Handtuch sorgfältig trocknen. Stets sind kaltes Wasser und ein Schwamm zu verwenden; heißes Wasser würde die Poren öffnen und die Anwen-

dung einer steifen Bürste könnte das Eindringen von Krankheitserregern in die Haut begünstigen.

Wenn man zur Verbesserung des Aussehens oder zur Unterstützung des Striegelns das Pferd wäscht, geht man folgendermaßen vor:

**1** An windgeschützter Stelle und auf gut ablaufendem Boden waschen.

**2** Körper, Beine, Hals und Mähne des Pferdes mittels Wasserschlauch und Schwamm tränken.

**3** Haarwaschmittel in warmem Wasser lösen und mit Hilfe einer Wasserbürste auf Körperoberseite, Hals und Mähne bzw. eines Schwamms auf Beinen, Bauch und Schweifrübe einschrubben.

**4** Schweif waschen, indem man ihn in den Eimer hängt und zwischen den Händen reibt.

**5** Kopf und Schopf mit dem Schwamm waschen, dabei darauf achten, daß keine Seife in die Augen gelangt. (Für den Kopf eventuell Baby-Shampoo benutzen.)

**6** Das Pferd mit Schlauch und Schwamm abspülen.

**7** Schweißmesser betätigen – Metallseite für den Körper, Gummiseite für die Beine.

**8** Ohren, Beine und Fesselbeugen mit einem alten Handtuch, den Schweif durch schleudernde Bewegungen trocknen.

**9** Auf sauberem Gras longieren, bis das Pferd trocken ist, oder unter einer Wärmelampe trocknen.

**Kleidung**

Im Freileben braucht das Pferd keine andere Kleidung, als die von der Natur gegebene. Arbeitende Pferde brauchen aus verschiedenen Gründen verschiedene Kleidungsstücke.

Ein geschorenes Pferd auf der Weide muß trocken bleiben. Dies erreicht man mit Hilfe einer Neuseelanddecke, von der es mehrere Ausführungen gibt. Für den Ausritt läßt sich eine Regendecke mit Halsteil benutzen.

Das Pferd muß auch warm bleiben, z. B.

nach dem Scheren, oder um übermäßigen Futterverzehr bei kalter Witterung zu vermeiden. Nachts braucht das Stallpferd eine Unterdecke, eine Stalldecke und eine Nachtdecke, die ein Deckengurt in Stellung hält; manchmal braucht es auch Stallbandagen. Tagsüber kann man eine Unterdecke und eine Tagesdecke verwenden, die durch Deckengurt festgehalten werden; zuweilen wird der Schweif bandagiert. Bei Bewegungstraining braucht ein geschorenes Pferd eventuell eine Nierendecke.

Damit das Pferd trocknet, ohne sich dabei zu erkälten, verwendet man meist eine Abschwitzdecke mit einer leichten Decke darüber. Man kann aber auch unter die Abschwitzdecke eine lockere Schicht Stroh auf den Rücken des Pferdes legen.

Man verwendet Kleidung aber auch, um das Fell des Pferdes zu pflegen; denn Kleidung hält es sauber und glatt. Kleidung hilft auch, den Haarwuchs im Winter zu unterdrücken, und erleichtert im Frühling den Haarwechsel.

Fliegen können das Weidepferd belästigen. Dagegen schützt eine Sommerdecke oder Fliegendecke und in extremen Fällen ein Fliegenfransenschutz sowie Augen- und Ohrenfliegenschutz.

Stützbandagen und Trainingsbandagen festigen die Beine. Der Blutkreislauf in den Beinen wird durch Stallbandagen unterstützt. Bei bestimmten Verletzungen und medizinischen Behandlungen können Hufschuhe notwendig sein.

Das Pferd kann eventuell auch für die Reise oder für Bewegungstraining Schutzkleidung brauchen. Die normale Kleidung für die Reise ist Halfter mit Genickschutz, Abschwitzdecke, eine von der Schulter zurückgeschlagene Jutedecke, Deckengurt, Transportbandagen oder Gamaschen, Gummiglocken, Schweifbandage und -schoner, Knieschoner und Sehnenschoner. Beim Training kann man offene Knieschoner, Bandagen oder Gamaschen oder Gummiglocken, sowie eine Satteldecke benutzen.

## Fütterung

Es gibt zehn Grundregeln der Fütterung, die immer gelten:

1 Den Durst immer vor der Fütterung löschen.

2 Zu regelmäßigen Zeiten füttern.

3 Keine plötzlichen Veränderungen im Futter oder in der Fütterungsroutine machen.

4 Futter guter Qualität, das sorgfältig gelagert wurde, verwenden.

5 Die Futterration auf der Basis von Ballastfutter wie z. B. Gras oder Heu aufbauen, das mindestens 25% des Futters ausmachen sollte. Das genaue Verhältnis ändert sich jedoch je nach Arbeit.

6 Kraftfuttermengen gering halten: Um mehr zu geben, ist es häufiger zu verabreichen.

7 Bei der Futterration an den Arbeitsplan denken. (Hat das Pferd morgen einen Ruhetag, heute das Kraftfutter kürzen.) Arbeit und Futter sollten sich ausgleichen.

8 Stallpferde brauchen zusätzliches Saftfutter, z. B. Wurzeln, Äpfel, geschnittenes Gras – oder man entläßt sie eine Weile in die Koppel.

9 Jedes Pferd individuell behandeln. »Das Auge des Meisters macht das Pferd fett.« Seinem Geschmack ein wenig entgegenkommen.

10 Ein Pferd soll mit vollem Magen nicht arbeiten. Mindestens eine Stunde sollte zwischen Fütterung und Arbeit verstreichen.

Diese Richtlinien und etwas gesunder Menschenverstand werden für die meisten Fälle ausreichen. Ein besseres Verständnis der Grundlagen ist jedoch vorteilhaft. Die Pferdeernährung unterscheidet sich von der der meisten anderen Tiere und es herrscht wenig Einigkeit unter den Fachleuten. Etwas Forschung ist im Zusammenhang mit Flachrennpferden durchgeführt worden, die besondere Probleme haben, weil sie bereits arbeiten, wenn sie noch nicht vollständig reif sind. Es gibt aber genügend Forschungsergebnisse, um ein einigermaßen klares Bild abzugeben. Aus folgenden Ausführungen soll man nicht folgern, daß die Kunst der Fütterung durch die Ernährungswissenschaft zu ersetzen sei. Um beste Ergebnisse zu erzielen, ist eine Kombination beider notwendig.

Nahrung

In dem Verhältnis zwischen Tieren und Pflanzen offenbart sich die Vollkommenheit der Natur. Pflanzen entnehmen Wasser aus dem Boden und Kohlendioxyd aus der Luft. Mit Hilfe der Sonnenenergie verwandeln sie diese beiden einfachen Stoffe in einen komplexeren, energiespeichernden Stoff, der Kohlenhydrat heißt. Das Tier ißt die Pflanze, nutzt das Kohlenhydrat in seinem Muskelfleisch und anschließend wird die Energie in Form von Körperwärme und Aktivität freigesetzt. Zu den Kohlenhydraten zählen Zucker, Stärke und Zellulose (Faser). Während des Verdauungsvorgangs werden die Kohlenhydrate zu einfachen Zuckerarten abgebaut, um die Darmwand zu passieren; anschließend werden sie im Pferdekörper zu komplexeren Zuckerarten und tierischer Stärke (Glykogen) wieder aufgebaut. Das Glykogen wird als leicht verfügbare Energiequelle hauptsächlich in der Leber gespeichert.

Für längerfristige Speicherung können sowohl Pflanzen wie auch Tiere aus Kohlenhydraten Lipide aufbauen. Lipide gibt es in fester Form als Fett, oder in flüssiger Form als Öle, und sie machen 17% der meisten Pferdekörper aus. Außer für Arbeit, die Ausdauer erfordert, benötigt das Pferd nicht viele Lipide in seiner Nahrung.

Pflanzen nehmen außerdem Stickstoff und Spurenelemente auf und fügen sie mit Kohlen-, Wasser- und Sauerstoff zu Proteinen zusammen. Jedes Protein ist aus Aminosäuren aufgebaut. Während des Verdauungsvorgangs werden die pflanzlichen Proteine in ihre jeweiligen Aminosäuren zerlegt, um die Darmwand zu passieren. Dann werden sie wieder zusammengefügt, um andere tierische Proteine zu bilden. Et-

wa die Hälfte der Aminosäuren kann das Pferd selbst in seinem Körper aufbauen (synthetisieren). Sie müssen daher nicht in seiner Nahrung enthalten sein. Die restlichen (die sogenannten essentiellen Aminosäuren) muß es mit der Nahrung aufnehmen. In der Praxis wird ein erwachsenes Weidepferd oder ein mit anständigem Heu und etwas Getreidekörnern oder einem Getreideprodukt gefüttertes Stallpferd meist genügend davon bekommen, vorausgesetzt, daß man es nicht überanstrengt. Allerdings dürfte eine chemische Analyse seiner Nahrung in aller Wahrscheinlichkeit einen Mangel an einer der essentiellen Aminosäuren, Lysin, aufdecken.

Unsere Großväter überwanden unbewußt dieses Problem, indem sie dem Futter Erbsen oder Bohnen beimischten. Moderne Futterhersteller tun das gleiche. Sie verwenden hierzu entweder Sojabohnenmehl, das ziemlich proteinreich ist, Trockenmilch, oder Lysin.

Enthält das Futter mehr Protein, als der Körper benötigt, wird ihm durch die Nieren der Stickstoff entzogen. Das Protein wird dann als Lipid gespeichert, oder als Energiequelle genutzt. Der Pferdekörper nutzt Protein, um Körpergewebe zu bilden, zunächst während des Wachstums und später, um Gewebe in allen Teilen des Körpers ständig reparieren oder ersetzen zu können.

Schnelle Arbeit bringt mehr Körperverschleiß mit sich und dann wird mehr Protein benötigt. Das Fertigfutter für Rennpferde enthält mehr Protein als das Standardfutter, ist aber für wachsende, zwei- bis dreijährige Rennpferde gemeint.

Protein wird außerdem während der Fortpflanzung und insbesondere während der letzten drei Monate der Trächtigkeit sowie während der Laktation (Milcherzeugung) benötigt.

In Pflanzen befinden sich die besten Energiereserven in dem Samen oder den Körnern. Daher verwendet man Getreidekörner im Pferdefutter für zusätzliche Energie.

Protein läßt sich aus manchen tierischen Quellen, wie z. B. dem in manchen Pferdepellets verwendeten Fisch- und Knochenmehl, gewinnen. Außerdem läßt es sich aus bestimmten Pflanzen gewinnen, darunter die Hülsenfrüchtler (Erbsen und Bohnen), die es in konzentrierter Form enthalten. Trockenmilchpulver ist eine weitere Quelle konzentrierten Proteins. Allerdings gibt es in Getreidekörnern meist mehr als genug Protein, um den Bedarf des Pferdes zu decken.

Zusätzlich zu Kohlenhydrat und Protein brauchen Pferde Mineralstoffe, Vitamine und Wasser. Pflanzen, insbesondere die tiefwurzelnden, nehmen Mineralstoffe aus dem Boden auf. Im allgemeinen bieten sie eine ausreichende Mischung dieser, um den Bedarf des Pferdes bei der Knochenbildung und für das ordnungsgemäße Funktionieren verschiedener Systeme zu decken.

Früher in diesem Jahrhundert war die landwirtschaftliche Produktion weniger intensiv als heute. Düngemittel, Unkrautvernichter sowie hochproduktive Pflanzenzüchtungen waren noch in den Anfängen. Bis vor kurzem mischten sich viel mehr Wildkräuter unter das Getreide. Sie enthalten eine gute Mischung von Mineralstoffen, während man für manche Fütterungszwecke, wie z. B. für Jungtiere, dem modernen, schnellwachsenden, krautfreien Getreide Mineralstoffe beimischen muß.

Meistens brauchen Stallpferde zusätzlich Viehsalz. Es ist auch wichtig, daß sie eine angemessene Menge Mineralstoffe (vor allem Kalzium und Phosphor) bekommen, sonst entwickeln sie schwache Knochen. In dieser Beziehung ist beispielsweise Weizenkleie sehr schlecht. Sie enthält zuviel Phosphor und außerdem einen Stoff, der die Aufnahme von Kalzium hemmt. Kleie muß mit zerstampftem Kalkstein angereichert werden, um für zusätzliches Kalzium zu sorgen.

Pflanzen enthalten außerdem einige der Vitamine, die der Pferdekörper braucht, um ordentlich zu funktionieren. Mit Hilfe des Sonnenlichts und der im hinteren Darmteil befindlichen Bakterien stellt das Pferd einige Vitamine innerhalb seines Körpers her.

## Die Praxis der Fütterung

Das Pferd bevorzugt Nahrung, die auf Rauhfutter basiert und frei von Schimmelbildung und Verschmutzung ist. Sein Verdauungssystem ist darauf angelegt, in häufigen Abständen jeweils kleine Mengen einzunehmen. Bekommt das Pferd zwei große Mahlzeiten am Tag, nutzt es das Futter weniger gut, und dies bedeutet eine Geldverschwendung. Außerdem, obwohl das Pferd einige Abwechslung schätzt, bekommen ihm plötzliche Umstellungen insbesondere im Rauhfutterteil der Nahrung schlecht. Der Grund hierfür ist, daß Rauhfutterstoffe durch Bakterien abgebaut werden, die sich für einen besonderen Zweck entwickeln. Gibt es eine beträchtliche Änderung in der Nahrung, so wird sich auch die Bakterienpopulation ändern, aber hierzu braucht es Zeit.

Innerhalb des Darms bildet getreidehaltiges Futter eine brotteigähnliche Masse, in welche die Verdauungssäfte nur schwer eindringen können. Die Verdauung verläuft reibungsloser, wenn man den Getreidekörnern Rauhfutter beimischt. Die Beimischung von etwas Kleie, getrocknetem Gras, Nüssen oder eingeweichten Zuckerrübenschnitzeln kann die Verdauung unterstützen. Häcksel (geschnittenes Heu oder Stroh) kann man auch dazu geben. Einem Stallpferd eine kleine Menge Rauhfutter vor der morgendlichen Getreidefütterung anzubieten, ist ein nützliches Mittel, die Verdauung zu unterstützen. Das Heu erreicht den Magen vor den Körnern und hilft, den »Teig« abzubauen.

Hafer- und Gerstenstroh hat den gleichen Nährwert wie Heu niedriger Qualität. Daher ist Stroh ein nützlicher Futterzusatz für Ponies, die im Freien überwintern. Ohne Ergänzung aber bieten weder Heu noch Stroh ausreichende Nahrung.

Mahlzeiten, die aus getreidehaltigem Kraftfutter bestehen, sind für das Stallpferd wichtige Höhepunkte des Tages und man verabreicht sie am besten zu regelmäßigen Zeiten. Selbstverständlich ist aber das Pferd fähig, hinsichtlich der Fütterung flexibel zu sein, wenn es verreist. Das Pferd hat einen scharfen Geruchssinn. Daher muß man alle Futterbehälter peinlichst sauberhalten und Tröge inspizieren, bevor man das nächste Futter hineinsetzt.

## Wasser

Zwischen 50 und 70% des Körpergewichts des Pferdes besteht aus Wasser, wobei der tatsächliche Prozentsatz von Alter und Kondition abhängt. Wasser hat eine Reihe wichtiger Funktionen:

☐ Es hilft bei der Aufrechterhaltung einer gleichmäßigen Körpertemperatur sowie bei der Beseitigung übermäßiger Wärme in Form von Schweiß.

☐ Es funktioniert als Medium, in dem chemische Reaktionen stattfinden.

☐ Es wirkt als Lösungsmittel, in dem sich Substanzen lösen und im Körper befördern lassen.

☐ Es hilft, den Körperzellen Form zu verleihen.

☐ Es bildet die Basis von Urin zur Absonderung von Abfallstoffen.

☐ Es bildet die Basis von Milch für säugende Stuten.

Im Freileben trinken Pferde meist in der Morgen- und Abenddämmerung. Stallpferde brauchen jedoch mehr Wasser, weil sie trockenes Futter verzehren. Eine typische Menge für ein im Stall lebendes, mittelgewichtiges Jagdpferd wäre ca. 37 Liter täglich, aber die Menge schwankt je nach Tier, Arbeit, Witterung und Futter. Wasser sollte frei von Verschmutzung, Giften und Krankheitserregern sein. Bei Wettkämpfen ist es ratsamer, einen Wasserkran oder das eigene mitgebrachte Wasser zu benutzen, als dem Pferd zu erlauben, aus einem öffentlichen Trog zu trinken, aus dem es Krankheitskeime aufnehmen könnte.

Was den Stallhof betrifft, wenn dort Eimer aus einem Trog gefüllt werden, sollte es einen Abschöpfeimer geben, der an einem Haken hängt, damit die verschmutzten Unterseiten der Stalleimer das Wasser im Trog nicht verunreinigen. Alle Tröge und Selbsttränken muß man sauberhalten und regelmäßig entleeren und ausschrubben. Oft weigert sich ein Pferd, das Wasser in einem Stalleimer zu trinken, weil es alt oder verdreckt ist. Daher füllt man den Eimer lieber nicht auf, sondern wechselt das Wasser vollständig.

Außer wenn ein Pferd überhitzt und müde nach Hause kommt, ist es üblich, dem Tier ständig freien Zugang zu Wasser zu geben. Ist der Wassereimer im Stall leer, so muß man ihn mehrere Minuten, bevor das Pferd Getreidekörner vorgesetzt bekommt, wieder auffüllen. Ausgiebiges Trinken nach einer Mahlzeit könnte das Futter durch den Magen schwemmen und zu Verdauungsstörungen führen. Wasser wiegt aber schwer und kann den Magen füllen, wenn er leer zu sein hat. Aus diesem Grunde sollte man zwei Stunden vor wichtiger, schneller Arbeit Wasser aus dem Stall entfernen; dies sollte man aber nicht vor Ausdauer erfordernder Arbeit tun, wenn das Pferd austrocknen könnte. Einem überhitzten, müden Pferd bietet man am besten ein wenig zimmerwarmes Wasser.

Nach langen Perioden schwerer oder schneller Arbeit kann das Pferd, besonders bei heißer Witterung, austrocknen. Unter diesen Umständen sollte man ihm alle zehn Minuten nur ein wenig Wasser bieten, bis sein Durst gelöscht ist. Essentielle Mineralstoffe, die man dem Trinkwasser zufügen kann, heißen Elektrolyte. Wenn Pferde unter Dehydration leiden, sollte man ihnen gleichzeitig einfaches Wasser und Elektrolyte bieten, damit sie nach Bedarf wählen können. Nach jeder Periode ergiebigen Schwitzens sowie bei langen Reisen an heißen Tagen trocknen Pferde aus, selbst wenn wegen der modernen Decken kein Schweiß sichtbar ist.

## Mineralstoffe

Der Mineralstoffhaushalt ist wichtig. Selbst wenn alle notwendigen Mineralstoffe in der Nahrung des Pferdes wären, könnte es sein, daß es sie nicht richtig aufnimmt oder nutzt. Daher haben die Mineralstoffe etwas Geheimnisvolles an sich, das die Verkäufer von Ergänzungsfuttermitteln zu ihrem Vorteil nutzen!

Kalzium (Ca) ist für Knochenbildung wie auch für die Funktion der Nerven notwendig. Das Pferd ist unfähig, das gesamte Kalzium in seiner Nahrung zu nutzen. Dieser Mineralstoff ist im Gras zu finden. Es kann notwendig sein, die Nahrung des Stallpferdes mit Knochenmehl, gemahlener Kreide oder Kalkstein zu ergänzen, weil die Menge des Kalziums im Verhältnis zum Phosphor immer höher sein sollte. Gutes Heu enthält etwa doppelt soviel Kalzium wie Phosphor. Getreidekörner enthalten mehr Phosphor als Kalzium. Vitamin D ist für die Aufnahme von Kalzium notwendig. Dieses Vitamin wird hauptsächlich durch die Wirkung des Sonnenlichts auf die Haut gebildet. Ein junges Pferd während des Winters ohne eine Quelle von Vitamin D zu halten und ihm große Mengen Weizenkleie zu verfüttern, bedeutet vorprogrammiertes Unheil.

Den für Knochenbildung notwendigen Phosphor (P) liefern im allgemeinen Gras und Getreidekörner. Dem Stallpferd verabreicht man das benötigte Natrium (Na) und Chlor (Cl) am besten, indem man jeder Futterration ein wenig Viehsalz (NaCl) zufügt und einen Leckstein zur Verfügung stellt, damit es nach Bedarf daran lecken kann. Ein Salzmangel führt zu schneller Ermüdung und man sollte daher je nach Arbeit und Witterung dem Pferd 25–100 g täglich geben.

Das Futter des Pferdes enthält meist genügend Magnesium, Mangan, Kupfer, Fluor, Jod und Kobalt, um seinen Bedarf zu decken. Unter Umständen aber kann es an Kalium, Eisen, Zink, Schwefel und Selen mangeln. Die Böden mancher Gegenden haben Mangel an dem einen oder anderen Mineralstoff und dort angebautes Heu oder Getreide können ergänzungsbedürftig sein. Andere Gegenden haben Überschußprobleme, entweder im Boden selbst, oder aufgrund von Umweltverschmutzung.

Es wird behauptet, daß ein Jodleckstein Pferden hilft, die zu allergischer Dermatitis neigen.

Die Menge Eisen in der Nahrung kann ausreichen, bis man dem Pferd eine hohe Leistung abfordert; dann wird die doppelte Menge benötigt. Läßt die Leistung eines Hochleistungspferds etwas nach, sollte man es auf Blutarmut untersuchen lassen. Verwendet man sorgfältig gelagertes Futter guter Qualität, so werden die meisten Pferde wenig Ergänzungsfutter brauchen, wenn sie nicht durch Wachstum, Zucht oder Hochleistung belastet sind. Ein wenig täglich geschnittener Gemeiner Beinwell wird dem Stallpferd im Sommer helfen, und ein einzelnes Ergänzungsfutter (aber kein selbstgebrauter Cocktail) kann im Winter hilfreich sein.

## Vitamine

Vitamine sind eine komplexe Gruppe organischer Substanzen, die in kleinen Mengen für die normale Stoffwechselfunktion unentbehrlich sind. Normalerweise lassen sie sich nicht im Körper synthetisieren, kommen aber in bestimmten Nahrungsarten natürlicherweise vor. Die wichtigsten Vitamine sind auf Seite 117 zusammengefaßt.

## A (Retinol)

Frischer Pflanzenstoff enthält ausreichend Karotin, das im Pferdekörper zu Vitamin A umgewandelt wird. Dies ist ein besonderer Grund, weshalb Stallpferde Grünfutter, Möhren oder Lebertran brauchen. Ein Mangel an Vitamin A führt zu schlechten Hufen, schlechtem Fell, tränenden Augen, Unruhe und vermindertem Widerstand gegen Infektionen. Zuchtstuten brauchen hohe Konzentrationen von Vitamin A und Karotin.

Vitamine

| Name | Bemerkungen |
|---|---|
| A    (Retinol) | fettlöslich |
| B-Komplex | wasserlöslich |
| B    (Thiamin) | |
| B    (Riboflavin) | |
| B    (Pyridoxin) | |
| B    (Cobalamin) | |
| Niacin | |
|    (Nikotinsäure) | früher Vitamin G |
| Pantothensäure | |
| Folsäure | |
| Biotin | früher Vitamin H |
| Cholin | |
| C    (Ascorbinsäure) | wasserlöslich |
| D    (Calciferol) | fettlöslich |
| E    (Tocopherol) | fettlöslich |
| K    (Menaquinon) | fettlöslich |

## Vitamin B-Komplex

Die Vitamine der B-Gruppe sind wasserlöslich; der Körper kann keine bedeutsamen Mengen davon speichern. Vitamin B 12 ist typisch für die vielfältigen Wirkungen dieser Vitamine. Vitamin B 12 kann sich im Pferd synthetisieren, vorausgesetzt, das Pferd hat keinen Kobaltmangel. Aber Parasiten verbrauchen es entweder, oder sie verhindern seine Aufnahme. Trainer von Rennpferden, die merken, daß hochtrainierte Pferde den Appetit verlieren, greifen zu einer Vitamin B 12-Spritze, um ein paar Tage vor dem Rennen ihren Appetit anzuregen.

Es gibt auch Anzeichen dafür, daß dieses Vitamin die Bildung der roten Blutzellen fördert.

Nahrhaftes Futter zusammen mit der Tätigkeit der Darmbakterien erzeugen normalerweise ausreichend B 1 (Thiamin), B 2 (Riboflavin), B 6 (Pyridoxin) und B 12 (Cobalamin). Manchmal kann es aber zu wenig Folsäure geben (deren Mangel Blutarmut verursacht), besonders um den Bedarf von heranwachsenden Tieren zu decken. Biotin und Cholin werden auch benötigt.

## C (Askorbinsäure)

Dies ist grundwichtig und wird durch die Darmbakterien ausreichend erzeugt. Wie der Vitamin B-Komplex ist Vitamin C auch wasserlöslich; andere Vitamine sind fettlöslich und werden bis zu einem gewissen Grade im Körper gespeichert.

## D (Calciferol)

Mit Hilfe des Sonnenlichts bildet das Pferd Vitamin D selbst. Die Speicherkapazität des Pferdes ist aber begrenzt, und obwohl Heu guter Qualität meist ausreichend Vitamin D liefert, kann ein Pferd, das den Winter im Stall verbringt, eine Ergänzung, wie z. B. Lebertran, brauchen.

## E (Tocopherol)

Dieses Vitamin ist in frischem Futter zu finden. Es läßt sich nicht gut lagern. Stuten, die für die frühe Zucht aufgezogen werden, brauchen zusätzliches Vitamin E; und es ist außerdem vorteilhaft, Hengsten früh in der Saison dieses Vitamin zu verabreichen. Ausreichend Vitamin E ist unentbehrlich für Ausdauer und hohe Leistung. Außerdem vermindert es in manchen Fällen Nervosität und dies könnte die Tatsache erklären, daß man es mit Vorteil bei der Behandlung von Kreuzverschlag (Azoturie, siehe Seite 72) einsetzen kann. Vitamin E erlaubt dem Körper, Sauerstoff wirkungsvoller zu nutzen. Das Pferd bekommt aber den vollen Vorteil davon nur, wenn seine Nahrung ausreichend Selen enthält; dieser Mineralstoff ist notwendig, um das Enzym zu bilden, welches das Vitamin nutzt. In Gegenden, in denen ein Selenmangel herrscht, sollte man dieses täglich (in winzigen Mengen) dem Futter von Leistungspferden zufügen.

## K-Gruppe

Dieses Vitamin ist unentbehrlich für die normale Gerinnung des Blutes. Es ist in Grünfutter vorhanden und wird auch im Verdauungstrakt durch Bakterien hergestellt.

## Energie

Kohlenhydrate sind die beste Energiequelle für Pferde. Zu errechnen, wieviel Energie das Pferd braucht, müßte relativ einfach sein. Je mehr Arbeit man dem Pferd abverlangt, umso mehr Energie muß man ihm geben. Die Schwierigkeit liegt darin, die Arbeit zu messen. Gibt man dem Pferd mehr Energie, als es verbrauchen kann, wird sich der Überschuß als Fett ansetzen. Verbraucht andererseits das Pferd mehr Energie, als es bekommt, zehrt es an den Reserven im Körper und wird abmagern.

Um dieses Prinzip auf die Pferdeernährung anwenden zu können, ist es notwendig, die Energie im Futter zu messen. Man könnte dazu wie bei der menschlichen Ernährung mit Kalorien arbeiten. Meist wird aber Energie als Joule/kg Futter ausgedrückt. Wie die Kalorie, ist das Joule eine Meßeinheit der Energie, und weil es sich immer um Tausende von Joules handelt, benutzt man die multiple Maßeinheit Megajoule (MJ).

Das Pferd kann nicht das ganze Energiepotential aus seiner Nahrung herausholen. Zum Beispiel kann es Zellulosefaser, nicht aber Ligninfaser verdauen. Daher braucht man Information nur über die nutzbare Energie (NE). Und die beste Information über Nahrung für Arbeit wird als Megajoules von nutzbarer Energie ausgedrückt.

## Protein

Protein ist unentbehrlich für alle lebenden Organismen und der Pferdebesitzer muß verstehen, daß das Pferd Protein benötigt und sein Futter es ihm liefern muß.

Eine einfache Methode, den Proteingehalt der Nahrung zu messen, ist, das Futter nach Stickstoff zu analysieren. (Im allgemeinen enthält Protein 16% Stickstoff.) Diese Messung zeigt den Prozentsatz Rohproteins in der Nahrung, stellt aber nur einen groben Hinweis dar. Da sich Rohprotein (RP) nicht gänzlich verdauen läßt, geben manche Nahrungswerttabellen eine

Zahl für nutzbares Rohprotein an. Der Prozentsatz Protein wird nicht auf jedem kommerziellen Pferdefutter deklariert und der Proteingehalt von Grundzutaten, wie z. B. Heu, kann sehr unterschiedlich sein. Im allgemeinen hat Gras einen höheren Proteingehalt im Frühjahr, und wenn es junge Triebe zeigt. Sowie der Sommer fortschreitet und das Gras blüht und Samen bildet, geht der Proteingehalt zurück. Deshalb kann z. B. vakuumverpacktes, angewelktes Gras einen höheren Proteingehalt als das meiste Heu haben, und dies sollte man bei der Fütterung berücksichtigen.

## Rationierung

Bei der Wahl des Pferdefutters empfiehlt es sich, an die Rationierungstheorie zu denken. Man füttert Pferde mit dem Ziel, sie in ihrem gegenwärtigen Zustand zu erhalten. Ihr Futter liefert die Energie für die Muskeln der inneren Organe wie für das Weiden, zur Erhaltung einer gleichmäßigen Körpertemperatur und zum laufenden Ersatz verbrauchter Körperzellen. Pferde werden aber auch mit dem Ziel der Produktion gefüttert. Diese läßt sich in verschiedene Kategorien unterteilen:

**a** Wachstum vom Tage der Geburt, bis das Pferd mit 4–7 Jahren aufhört, zu wachsen.

**b** Laktation der Zuchtstute vom Tag, an dem das Fohlen geboren wird, bis zum Tag der Entwöhnung.

**c** Wachstum innerhalb des Mutterleibs von Embryo bis zum fertigen Fohlen. (Der Großteil dieses Wachstums findet im letzten Drittel der Tragzeit statt.)

**d** Reparaturen am Körper, Neubildung nach schwerer Verletzung oder Krankheit.

**e** Mästung.

**f** Arbeit. (Dies läßt sich unterteilen in leichte Arbeit, mittelschwere Arbeit, schwere Arbeit, oder schnelle Arbeit.)

Bei Erhaltungsfütterung ist das Hauptkriterium die Größe des Tieres: Größere Tiere brauchen mehr Futter. In der Praxis erzielt man Erhaltung beim Weidepferd durch Gras mit dem Zusatz von Heu oder Stroh

Fütterung des Stallpferds

|  | Heu (%) | Kraftfutter (%) |
|---|---|---|
| Erhaltung | 100 | 0 |
| Leichte Arbeit | 70 | 30 |
| Mittelschwere Arbeit | 50–60 | 50–40 |
| Harte oder schwere Arbeit | 25–30 | 75–70 |

und eventuell etwas Preßfutter im Winter. Für das Stallpferd erzielt man Erhaltung durch Heu oder andere Formen konservierten Grases. Braucht das Pferd eine große Menge Futter für Produktion, muß das Heu hoher Qualität sein, und infolgedessen wird weniger Volumen benötigt. Die Darmkapazität eines Pferdes ist begrenzt, und wenn man ein Leistungspferd mit großen Mengen Erhaltungsfutters niedriger Qualität vollstopft, wird es weder Platz für ausreichende Mengen von Produktionsfutter, noch Lust an seiner Arbeit haben.

Produktionsfutter richtet sich hauptsächlich nach dem Ausmaß der benötigten Produktion. Bei der trächtigen Stute z. B. wird das zusätzliche Futter allmählich während des letzten Drittels der Tragzeit gesteigert. Beim Turnierpferd erhöht man die Ration, so wie sich die Kondition erhöht und das Pferd härter arbeiten kann. Produktionsfutter basiert hauptsächlich auf Getreide. Gutes Gras oder Heu sehr hoher Qualität liefern etwas mehr als für die Erhaltung notwendig und decken daher auch etwas Produktion.

Das Pferd kann täglich das Äquivalent von etwa 2,5% seines Körpergewichts (2% für Ponies und bis zu 3% für Jungtiere) an Heu und Kraftfutter verzehren. Das Verhältnis Heu/Kraftfutter hängt von der Qualität des Heus und der benötigten Produktion ab (siehe Tabelle oben).

Die Futterwerttabelle im Anhang S. 296 enthält nähere Angaben darüber, wie man Futterbedarf und -zusammensetzung im einzelnen genauer abschätzen kann.

# Das Pferd auf der Weide

Es gab eine Zeit, da man in England die Pferde nur während ihrer Ruhesaison auf die Weide ließ. Dies gilt immer noch für die meisten Jagdpferde, die zur Erholung von der Arbeit während des Sommers auf der Weide gehalten werden. Viele Pferde werden aber das ganze Jahr auf der Weide gehalten. Das tun viele Privatbesitzer. Eine andere Möglichkeit verbindet Stallhaltung und Weidehaltung, indem ein Stallpferd täglich einen Teil der Zeit auf Gras und den Rest im Stall verbringt.

## Wie eine Koppel sein soll
Selbst wenn Pferde auf der Weide leben, muß man täglich nach ihnen sehen. Vom Standpunkt des Besitzers ist leichter Zugang zu jeder Jahreszeit wichtig. Eine Weide in der Nähe des Hauses ist ideal, aber

nicht immer vorhanden oder einzurichten. Auch muß man berücksichtigen, was in der Nachbarschaft alles betrieben wird: Eine Eisenbahn mag noch erträglich sein, aber eine Go-Kart-Bahn vielleicht nicht.

Auch die Geländeform ist wichtig: Eine ebene Wiese ist einem Hang vorzuziehen. Steile Wiesen können für temperamentvolle Vollblüter und Jungtiere eine Belastung darstellen. Sie begrenzen auch die Möglichkeit, innerhalb der Koppel zu reiten.

Die Lage der Koppel ist auch von Bedeutung. Eine Wiese ist wärmer, wenn sie gegen Süden liegt, und das Gras wird im Frühling eher wachsen. Bäume und Hecken sind ein großer Vorteil, da sie einen natürlichen Wind- und Regenschutz sowie im Sommer Schatten bieten. Gibt es keinen natürlichen Schutz, so sollte man einen

Unterstand oder künstlichen Windschutz aufstellen.

Im Winter besteht die Gefahr, daß Pferde die Baumrinde essen. Es ist daher ratsam, erreichbare Bäume zu umzäunen.

Es ist äußerst wichtig, die Koppel mit einem ausreichend festen Zaun zu versehen. Gefahrenbereiche, wie z. B. Kaninchenbauten und Hindernisse, müssen auch eingezäunt werden. Größere Steine und Unrat sollte man entfernen. Von der Verwendung von Stacheldraht ist abzusehen.

Die Bodenart ist von großer Bedeutung. Leichte, sandige Böden bleiben das ganze Jahr über trocken, liefern aber, besonders im Hochsommer, schlechtes Gras. Für Reitzwecke sind sie aber die besten, und dies ist wohl ein wichtiger Standpunkt. Selbst mit Entwässerung bleiben schwere, tonige Lehmböden tief und schlammig im Winter. Der Graswuchs darauf beginnt im Frühling erst langsam, sie sind aber produktiv. Ein ernster Nachteil solcher Böden ist ihre Neigung, im Hochsommer zu erhärten, so daß es riskant ist, darauf zu reiten. Ein mit Sand und Sediment vermischter, tonfreier Lehmboden ist ein guter Kompromiß zwischen den beiden Extremen.

Die Koppel sollte eine gute Entwässerung haben. Ein Entwässerungssystem anzulegen ist teuer und es muß dann auch instandgehalten werden. Gräben müssen regelmäßig ausgeräumt werden. Wenn die Entwässerung problematisch ist, sollte man fachmännischen Rat suchen.

Eine Koppel muß auf natürliche Weise oder künstlich ausreichend mit Wasser versorgt sein. Stehende Teiche umzäunt man am besten; die ideale natürliche Wasserversorgung ist ein unverschmutzter, laufender Bach, vorzugsweise mit einem festen, steinigen Grund. Sand oder Schlamm lassen sich von Pferden leicht aufwirbeln und führen zu Koliken, wenn die Pferde sie mit dem Trinkwasser aufnehmen.

Wassertröge müssen an der richtigen Stelle angebracht und angemessen geschützt sein.

Sie sollten solide und am besten eigens angefertigt sein. Ein Trog mit einer scharfen Kante in Höhe der Vorderfußwurzel, wie z. B. eine alte Badewanne, kann Pferde verletzen, und Schwimmerhähne oder andere Vorsprünge sollten vor der Pferdeneugier gut geschützt sein. Aus dem Boden herausragende Leitungsrohre sind gegen Frost zu schützen. Ein Trog, der ein Stück vor dem Zaun steht, ist nicht ideal. Im Winter wird der Boden darumherum zertreten und schlammig. Daher entfernt man am besten die oberste Erdschicht, legt den Bereich mit einer durchlässigen Kunststoff-Folie aus und deckt ihn dann anschließend mit Sand und Kies ab. Das gleiche sollte man in Toröffnungen und vor Unterständen tun, wenn die Wiese während der Wintermonate benutzt werden soll.

Gute Zäune sind angenehm für das Auge und – finanziell wie auch sonst – eine gute Anlage. Man braucht sich weniger Sorge zu machen, daß die Tiere sich verletzen oder streunen könnten. Zäune müssen sicher und ordentlich sein, müssen Druck widerstehen, leicht zu unterhalten aber schwer zu kauen und einigermaßen erschwinglich sein. Einfacher, hochspannbarer Draht mit kräftigen Spannpfosten, an denen der unterste Drahtstrang 0,3 m vom Boden angebracht ist, ergibt einen guten Zaun. Der herkömmliche Zaun aus Latten und Pfosten ist ausgezeichnet, aber ein wenig teuer. Holz, das mit Kreosot gut imprägniert ist, wird selten gekaut, wohl aber Holz, das mit anderen Konservierungsmitteln behandelt wurde.

Ein möglicher Kompromiß wäre ein Zaun mit einem Strang gespannten, einfachen Drahts oben, um Kauen zu verhindern, dann ein paar Latten und einem einfachen Draht unten. Muß der Zaun auch viehfest sein, so sollte der unterste Strang ein durch Isolatoren verlaufender Elektrodraht sein. Trifft man diese Vorsorgemaßnahmen nicht, könnte das Vieh beim Äsen den Kopf unter dem Draht durchschieben und womöglich den Zaun beschädigen.

Wo man Probleme mit Schafen hat, wird eine andere Art Zaun nötig. Dafür gibt es einen speziellen Schafdraht. Als Alternative kann man zwei untere Drahtstränge anbringen, die sicherheitshalber gespannt werden müssen.

Anstelle von Holzlatten gibt es heute mehrere Zäunungsarten sowohl aus Metall wie aus kunststoffbeschichtetem Maschendraht. Sie sind kräftig, langlebig und brauchen keine Pflege, müssen aber sehr fest gespannt werden, um adrett auszusehen und tiersicher zu bleiben.

Falls es notwendig wird, eine Wiese zeitweise zu unterteilen, wie z. B. für parzellenweise Beweidung, oder um die Pferde vom Dauerzaun abzuhalten, kann man einen Elektrozaun benutzen. Er sollte eines speziell für Pferde hergestellten Typs mit einem breiten und gut sichtbaren Band sein.

**Der Unterhalt der Koppel**

Das Ziel des Besitzers ist es, für solange wie möglich während des Jahres nahrhaftes Futter bereitzustellen. Dies erfordert einen aus guten, nahrhaften Gräsern bestehenden Rasen sowie einen Boden, der dem durch Tiere verursachten Verschleiß standhält. Ferner sollte man bemüht sein, die Abhängigkeit von Medikamenten zur Parasitenbekämpfung zu verringern. Dies läßt sich hauptsächlich auf dreierlei Art erreichen:

(a) durch den gleichzeitigen Weidenaufenthalt mit anderen Tierarten;
(b) durch parzellenweises Weiden;
(c) durch gute Graspflege. Bei kleinen Koppeln in der Nähe der Wohnung ist es wichtig, das Gras so dungfrei wie möglich zu halten; er ist regelmäßig zu entfernen, bevor er Zeit hat, Ärger zu verursachen.

Wenn man das Land so unterteilen will, daß man gut damit wirtschaften kann, erheben sich die Probleme der Besatzdichte und der Größe der Koppeln. Bei der Frage der Größe gibt es soviele Variablen, daß es schwer ist, bestimmte Aussagen zu machen. Unqualifizierte Antworten sind

leicht mißverständlich. Wie dem auch sei: Angenommen, daß es sich um *16-Handbreit-Pferde* mit einem Gewicht von je etwa 500 kg und gut bewirtschaftete Koppeln auf leichtem Lehmboden handelt, wäre eine Besatzdichte von etwa 2–2,5 Pferde/ha ungefähr richtig. Diese Besatzdichte rechnet ein, daß der Boden im Winter etwas zertrampelt und dadurch der Graswuchs im Sommer etwas beeinträchtigt wird. Selbst ohne Düngemitteleinsatz wird es im Sommer zuviel Gras geben, wenn man nicht einiges zu Heu macht. Wenn man den höchsten Nutzen aus dem Land ziehen will, wird man große Wiesen in Koppeln unterteilen. Dann darf man hoffen, daß während des Winters nur eine davon zertreten wird.

Während des Sommers sollte man die Pferde abwechselnd von einer Koppel zur anderen umsetzen und jede Koppel zwischendurch mindestens drei Wochen lang ruhen lassen. Nach dem Abweiden und der Umsetzung der Pferde sollte man Düngemittel streuen und die Koppel ruhen lassen. Pferde sollte man nicht in einer gedüngten Koppel weiden lassen, solange die Körner noch zu sehen sind, weil die Gefahr besteht, daß sie durch Einnahme der Chemikalien Kolik oder Vergiftung bekommen könnten.

Für Pferde sollte das Gras nicht zu saftig sein und keinen zu hohen Stickstoffgehalt haben. Benutzt man ein Düngemittel mit hohem Stickstoffgehalt, sollte man eine niedrigere Dosis als die für eine Viehweide angegebene anwenden. Zum Beispiel wäre ein durchschnittliches Analyseergebnis 25:10:10 bei 200 kg/ha, wenn das Graswachstum im Frühling anfängt. Danach sollte man knapp 100 kg/ha einfachen Stickstoffdüngemittels nach jedem Abweiden anbringen, beträchtlich mehr aber vor einem Heuschnitt. Nach einer Heumahd benutzt man oft ein kalihaltiges Düngemittel, um dem Boden die entzogenen Nährstoffe wieder zuzuführen.

Überschüssiges Gras im Sommer verlangt

entweder zusätzliche Tiere (Pferde, Rinder oder Schafe), oder eine Mahd. Man kann das Gras einem Bauern verkaufen, der es für Heu oder Silage nimmt. Heu für den eigenen Gebrauch zu machen, hat nur dann Sinn, wenn das Areal groß genug ist, um die Anschaffung eigener Geräte zu rechtfertigen. Man kann ein landwirtschaftliches Unternehmen mit dem Heumachen beauftragen, aber Pferdebesitzer sind oft deren kleinste und unwichtigste Kunden. Das Heu wird nicht oft genug gewendet, oder naß oder alt gepreßt, und das Heu wird schlecht sein. Gutes Heu läßt sich mit der Hand und altmodischen Heureutern machen, wenn man Zeit und Kraft dazu hat. Der Vorteil von Rindern und Schafen ist, daß sie die Weiden aufräumen und die Würmer vertilgen, welche die Pferde, aber nicht sie selbst schädigen. Rinder und Schafe brauchen besonders starke Zäune, um sie einzuhegen. Sind die zusätzlichen Tiere die eigenen, müssen manche bei Winteranbruch behaust oder verkauft werden. Allerdings zertrampeln Schafe den Boden nicht im selben Ausmaß wie Pferde oder Rinder. Ist der Boden nach dem Winter schlammig, belüftet ihn gutes Eggen und ebnet ihn für das Weiden. Für eine gute Reitfläche muß anschließend mit Flach- oder Ringelwalze gewalzt werden. Diese Art der Bearbeitung muß auf den Tag genau rechtzeitig erfolgen.

So wie der Sommer fortschreitet, sollte die Weide gemäht werden, um Unkraut und verschmähte Gräser abzuschneiden. Dies ist besonders wünschenswert, wenn man nur Pferde hält. Das ist wichtig; denn ohne Mähen gedeihen die verkehrten Pflanzen. An sehr heißen Tagen kann man die Weide mit einer Kettenegge bearbeiten, um den Pferdekot zu verteilen in der Hoffnung, daß die Sonne ihn austrocknet und sowohl Wurmeier wie auch -larven tötet.

### Die Aufbesserung von Weideland

Schlechtes Weideland läßt sich immer aufbessern. Die Aufbesserung von Weideland ist ein Aspekt der Pferdeversorgung, die viele Leute übersehen. Der Grundstein guter Weide ist der Boden, und genauso, wie der Gärtner sein Gemüsebeet verbessern kann, so kann auch der Weidebesitzer seinen Boden verbessern. Einem sandigen Boden nützt organische Düngung; diese hilft, sowohl Nährstoffe wie auch Feuchtigkeit festzuhalten. Einem Lehmboden nützt Dränage am meisten.

Der Säurewert des Bodens ist wichtig und sollte etwa alle fünf Jahre geprüft werden. Der Vertreter eines örtlichen Kalkherstellers wird Bodenproben entnehmen und sie analysieren. Säurewerte werden nach einer pH-Skala gemessen, bei der 7 neutral ist. Niedrigere Zahlen bedeuten sauer und höhere alkalisch. Für Gras ist ein pH-Wert von 6,5 etwa richtig. Ist der Boden zu sauer, werden die verkehrten Pflanzen gedeihen; ist er zu alkalisch, wird das Gras unfähig, bestimmte Mineralstoffe vom Boden aufzunehmen. Dies ist schlecht für die Ernährung von wachsenden Tieren. Bei einem sehr alkalischen Boden wird eine gute Lage Bauernhofmist die Zusammensetzung in Richtung Säure ausgleichen. Pferdemist sollte nach Möglichkeit vermieden werden, da er Wurmeier enthalten könnte.

Saurer Boden (pH 6 oder darunter) braucht eine andere Behandlung und hier sollte eine gute Lage Kalk oder geriebener Kreide verabreicht werden.

Abgesehen von Kalzium (das in Kalk enthalten und im Boden meist frei verfügbar ist), sind die hauptsächlichen Nährstoffe, an die man denken muß, Stickstoff (N), Phosphor ($P_2O_5$ ist Phosphat) und Kalium ($K_2O$ ist Kali). Stickstoff wird durch Regen aus dem Boden gewaschen und daher nur während der Wachstumsperiode benutzt. Phosphate und Kali sind für ein gesundes Wachstum der Pflanzen nötig. Der örtliche Handel mit landwirtschaftlichen Produkten kann dem Koppelbesitzer einen Dünge-Experten empfehlen, der die örtlichen Bodenarten kennt. Wenn ein Mangel an Phos-

phat oder Kalk bestehen könnte, wird er zu einem entsprechenden Kunstdünger raten.
Zuviel frei verfügbares Phosphat würde aber den Kalziumstoffwechsel des Pferdes stören. Manche Leute haben auch Vorbehalte gegenüber »Chemie-Kunstdüngern« und ziehen solche auf organischer Grundlage vor. Diese entfalten ihre Wirkung langsamer und sind auch teurer, aber sie enthalten auch einige Spurenelemente, die dem Boden fehlen könnten, und sie sind im allgemeinen frei von Fluor, das sich oft in anorganischen Kunstdüngern findet.
Züchter legen Wert darauf, daß ihre Stuten einen regelmäßigen Sexualzyklus haben und jedes Jahr ein gesundes Fohlen liefern. Sie sollten daher die Weidedüngung danach beurteilen, wie sie die Ernährung ihrer Pferde beeinflußt.
Phosphat begünstigt den Klee, der in seinen Wurzelknötchen freien Stickstoff erzeugt. Ein wenig Klee auf der Weide ist erwünscht. Doch genügt eine Pflanze wilden Weißklees je Quadratmeter. Zu viel Klee macht das Futter zu gehaltvoll.
Den Hauptteil des Weidebewuchses sollte ein spät blühendes überdauerndes Lolchgras von niederem Wuchs stellen. Ein Gras mit der Sortenbezeichnung S 23 entspricht dieser Forderung. Kriechend wachsendes, rotes Schwingelgras ist schnellwüchsig und ergibt einen festen Rasen. Auch die Hundsquecke ist sehr widerstandsfähig gegen die Abnutzung durch Pferdehufe. Auf trockeneren Böden kann man der Mischung etwas weiches Rispengras zufügen, auf feuchten Wiesen rauhes Rispengras. Knäuelgras ist sehr trittfest, bildet aber Klumpen. Timotheusgras hält sich gut, aber die meisten Pferde bevorzugen Wiesenschwingel.
Der Hauptanteil in der Grasmischung sollte von zwei einander ähnlichen Sorten gestellt werden. Eine gute Grassamenmischung für eine widerstandsfähige, schmackhafte und wuchsfreudige Weide wäre etwa die folgende:

| Art | kg/ha |
|---|---|
| 2 Sorten überdauerndes Lolchgras | 18 |
| Rotes Schwingelgras | 5 |
| Hundsquecke | 1 |
| Rispengras (beide Arten) | 2 |
| Knäuel- und Timotheusgras, Wiesenschwingel | je 2 = 6 |
| Wilder Weißklee | 1 |
| | Summe 33 |

Diese Mischung ist hauptsächlich zum Weiden, doch kann man hin und wieder auch etwas Heu davon gewinnen. Man fügt besser keine Kräutersamen zur Mischung, da sie die Anwendung von Unkrautvertilgern (Herbiziden) erschweren und beim Heu die Trocknung verzögern. Doch lieben Pferde die Kräuter, weil ihre tiefreichenden Wurzeln die Mineralstoffe aus den tieferen Bodenschichten heraufholen. Man kann einen Kompromiß schließen und einen Streifen Kräuter am Zaun entlang säen. Unter diesen Kräutern sollten sich Zichorie, Wegerich, Schafgarbe und Pimpinelle befinden.
Pferdeweiden pflügt man selten um. Doch die angegebene Samenmischung kann man ebensogut verwenden, um alte Weiden aufzufrischen, wie um neue anzulegen. Wenn die Grasnarbe schon dünn ist, säe man zur Verjüngung eine mit Kunstdünger versetzte Samenmischung aus. Man benutze entweder eine Spritzdüse oder säe von Hand, im Herbst oder Frühjahr. Vor der Aussaat ziehe man eine Kettenegge über die Wiese und hinterher eine Ringwalze.
Köpfen und stellenweise Mähen hält Unkraut nieder. Kreuzkraut muß ausgezogen und verbrannt werden, Ampfer, Disteln und Farnkraut kann man mit einem tragbaren Sprühgerät behandeln. Größere Überwucherungen brauchen besondere Unkrautvertilger. Gegebenenfalls sollte man einen Fachmann zuziehen. Zu viel Klee

bekämpft man mit einer Heumahd oder einem Unkrautvertilger, der MCPA enthält und dazu dient, vor allem breitblättrige Pflanzen zu vernichten.

Viele Weiden sind gröblich vernachlässigt, können aber ohne allzu große Schwierigkeiten wieder hergestellt werden. Für den Anfang empfiehlt sich, die Umzäunung, Wasserversorgung, Entwässerung und Kalkversorgung in Ordnung zu bringen. Dann bringe man eine Rinderherde auf die betreffende Weide, die sie vollständig abweidet. Dann egge man tief und gründlich, dünge, säe und walze. Das erste Beweiden sollte kurz sein, und Rinder dürfen nicht mehr auf diese Weide, bis das Gras sich voll gefestigt hat. Dann gehe man zu dieser Folge über: Pferde, Rinder, Kopfschnitt, Düngung, Ruhe. Dieser Zyklus ist mehrmals zu wiederholen. Das Gras sollte nicht zu kurz abgeweidet werden (nicht tiefer als 5 cm), aber auch nicht so lang werden, daß gutes Futter nur zertrampelt wird.

**Arbeit von der Weide**

Der Weidehaltung von Pferden schreibt man viele Vorteile zu. Sie ist ein natürliches System und es spricht vieles dafür. Man verbraucht weniger Stroh und Heu und verbringt weniger Zeit mit der Versorgungsroutine. Man braucht nicht mit den Pferden zu reiten, weil sie sich selbst bewegen.

Das System hat aber entsprechende Nachteile. Im Sommer ist das Pferd oft zu fett und im Winter oft naß und verschlammt. Im Winter wird es Zusatzfutter brauchen und auch im Sommer, wenn das Gras nicht ausreicht.

Es ist einfacher, nach dem »kombinierten System« zu arbeiten, wobei das Pferd einen Teil von jedem Tag auf der Weide und einen Teil im Stall verbringt. So wird im Sommer das Pferd, oder eher das Pony, für einen Teil des Tages eingesperrt, um seine Futtereinnahme zu begrenzen, und auch um es vor Fliegen zu schützen. Im Winter kann man das Pferd nachts aufstallen, oder

auch rechtzeitig bevor man mit ihm reitet, damit es getrocknet werden kann. Dies ist eine ideale Haltungsmethode für Jagdpferde.

In Großbritannien wird Tieren, die im Winter von der Weide aus arbeiten, das Fell teilweise geschoren. Dies erleichtert das Striegeln und das Pferd kann galoppieren, ohne übermäßig zu schwitzen. Ein geschorenes Pferd wird eine gute Neuseelanddecke brauchen. Die besten Ausführungen haben zwei Riemen vorne, einen gut geformten Rückenteil und gute Beinriemen, damit die Decke in Stellung bleibt, selbst wenn das Pferd sich wälzt.

Das ungeschorene Pferd kann ohne Decke im Freien bleiben, aber sein langes Fell bedeutet, daß man bei nasser Witterung seinen Rücken vor dem Satteln trocknen muß. Die beste Methode ist, das Pferd in den Stall zu stellen, seinen Rücken mit einer Schicht Stroh zu decken, darüber einen leichten, aufgeschlitzten Jutesack zu legen und das Ganze mit einem lose geschnallten Sattelgurt zu befestigen. Nach etwa einer halben Stunde kann man den gröbsten Schmutz abbürsten. Da es unerwünscht ist, das natürliche Haarfett von einem ungeschorenen Weidepferd zu entfernen, sollte man dazu nur eine Wurzelbürste benützen. Wird vor dem Satteln der Rücken nicht geputzt, reibt sich der Schlamm sowohl in den Sattel wie auch in den Rücken des Pferdes und kann letzteren wundscheuern.

Nach dem Ritt darf ein Pferd nicht im nassen Zustand im Stall gelassen werden. Soll es im Stall bleiben, sollte man eine Stroh-Abdeckung wie oben beschrieben anbringen. Soll das Pferd im Freien bleiben, ist es sofort hinauszulassen, damit es sich wälzt und in Bewegung bleiben kann. Die Kombination von einem kalten, zugigen Stall und einem nassen Pferd führt schnell zu einer Erkältung.

Eine Abart des herkömmlichen Systems, die zwar größere anfängliche Auslagen verlangt, aber viele der Vorteile einer Koppel

**38** Offenstall mit Auslauf

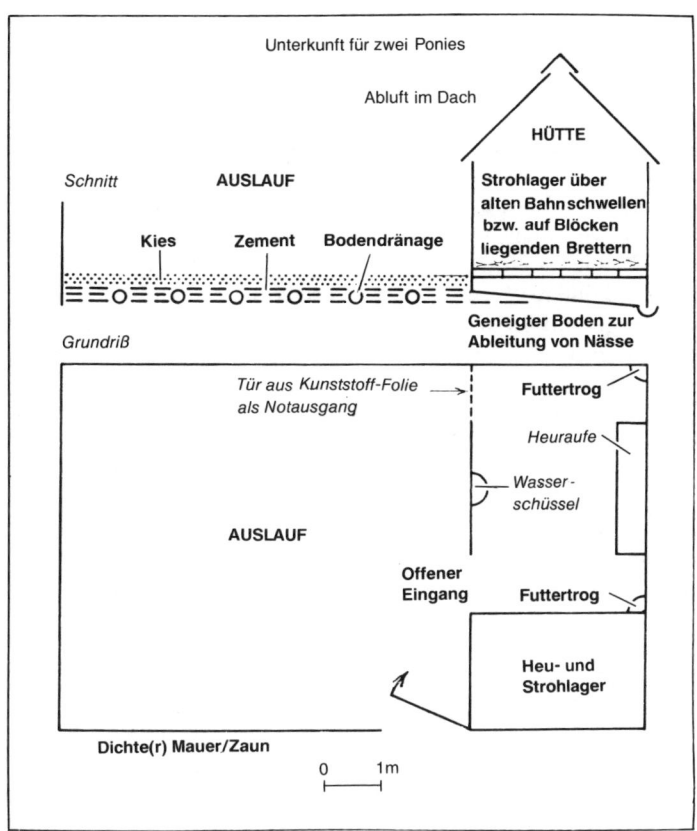

ohne den damit verbundenen Schmutz bietet, ist der Offenstall mit anschließendem, dräniertem, sandbedecktem Paddock (Abb. 38). Wegen der ständig steigenden Kosten für Einstreu und Arbeitslohn erfreut sich dieses System immer größerer Beliebtheit.

Ob auf der Weide, im Paddock oder im Stall, immer stellt sich das Problem der Verfütterung von Heu und Kraftfutter. Auf der Weide kann man Kraftfutter in runden Trögen verfüttern. Solche, die in Autoreifen stehen, sind empfehlenswert, da sie weniger leicht umkippen und weniger scharfe Kanten haben. Die Tröge sollten weit auseinanderstehen und es ist eine gute Idee, einen Trog mehr zu haben als Pferde da sind, weil diese die Plätze häufig tauschen, wenn die gierigen die ängstlichen

vertreiben. Heu kann man am Zaun entlang auf dem Boden auslegen, um zu verhindern, daß es zertreten wird. Schwere Lehmböden werden aber dann am Zaun bald zu Matsch. Heunetze sind mühsam anzuwenden und auch nicht ungefährlich und Heuraufen sind etwas verschwenderisch. Verfüttert man Heu in einer Hütte, so kann das dazu führen, daß die Pferde sich treten und beißen. Die beste Lösung, falls verfügbar, sind billige Kunststoffhülsen, die man längs am Zaun anbringt. Das Rohr ähnelt einer Flöte: Man schiebt das Heu an einem Ende hinein und die Pferde ziehen es durch die Löcher heraus.

**Versorgung**

Pferde, die ausschließlich auf der Weide gehalten werden, muß man unbedingt täglich besuchen. Das erfahrene Auge entdeckt kleine Einzelheiten, die auf bedeutsamere Entwicklungen hindeuten.

Hält sich das Pferd immer von Straßenhekken fern, weil Kinder es mit Steinen bewerfen? Wird das schöne Sommerwetter viele Eicheln hervorbringen, die ausreichen, das Pferd zu vergiften, falls es die herabgefallenen ißt? Hat es ein struppiges Fell, das auf einen erhöhten Wurmbefall hinweist? Solche Fragen muß man sich stellen. Manche Veränderungen sind so geringfügig, daß nur ein Besucher sie bemerkt, der das Pferd wochenlang nicht mehr gesehen hat.

Die tägliche Kontrolle des Weidepferds läßt sich nur mit dem Auge machen. Man sollte das ganze Pferd nach Verletzungen absuchen, besondere Aufmerksamkeit sollte den Hufen gelten. Eine Kontrolle mit der Hand unter dem Bauch, den Beinen hinunter und über dem Rücken könnte etwas aufdecken, das dem Auge entging. Zur Sicherheit und Bequemlichkeit könnte man diese Untersuchung zu zweit machen, am besten wöchentlich. Es ist ratsam, einen Hufkratzer mitzunehmen und mindestens einmal in der Woche die Hufe zu heben, zu untersuchen und auszukratzen.

Die tägliche Kontrollrunde muß die Wasserversorgung und den allgemeinen Zustand der Weide einschließlich des Grases mit berücksichtigen. Im Oktober z. B. besitzt Gras weniger Nährwert und es kann notwendig sein, Heu oder Kraftfutter zuzufüttern beziehungsweise die Menge zu steigern.

Man sollte regelmäßig die Grenzen der Weide abgehen und etwaige Zaunschäden notieren und reparieren. In der Nähe von Fußpfaden, öffentlichen Straßen oder Gärten muß man regelmäßig nach weggeworfenen Gegenständen, insbesondere Draht, Blech, Glas oder Gummi, suchen. Wie das Einsammeln von Unrat, braucht auch das Unkraut ständige Aufmerksamkeit: Giftige Pflanzen, wie z. B. Bittersüßer Nachtschatten, Fingerhut usw., sollte man entwurzeln und entfernen. Greiskraut auszu-

reißen zahlt sich aus. Sauerampfer und Disteln breiten sich nicht aus, wenn man ein Gartenmesser oder eine Sichel mitführt und sie ständig köpft. Weiden, die ein Durcheinander von Schlamm und Unkraut darstellen, umgekippte Sprunghindernisse, schlecht geflickte Zäune und heruntergekommene Gebäude bringen Pferdeleuten einen schlechten Ruf ein. Den kann man vermeiden, wenn man nur gewissenhaft nachschaut, gut wirtschaftet und ständig auf der Hut ist.

## Aufstallung nach dem Weidegang

Es gibt zwei Methoden, das Weidepferd auf eine Stallhaltung umzustellen. Welche man wählt, hängt von den individuellen Umständen und Einrichtungen ab.

### Allmähliche Umstellung

Dies ist die bessere Methode, weil sie eine plötzliche Veränderung vermeidet, die immer einen Schock sowohl für den Pferdedarm wie auch für das Pferd im ganzen bedeutet. Diese Methode eignet sich besonders da, wo eine Koppel in der Nähe des Stalls liegt.

Bekam das Weidepferd kein Trockenfutter, beginnt man damit mindestens eine Woche, bevor das Pferd endgültig im Stall bleibt. Man führt Trockenfutter allmählich ein, indem man mit einer kleinen Portion anfängt und es schrittweise bis auf zwei größere Portionen täglich erhöht. Ist ein leerer Stall vorhanden, kann man die Portionen im Stall verabreichen. Das Pferd eine Weile im Stall zu halten, verkürzt die Zeit, in der es äsen kann, und bereitet das Tier auf eine schlankere Linie vor.

Dies ist der richtige Zeitpunkt, die Zähne zu kontrollieren und sie gegebenenfalls abraspeln zu lassen. Das Pferd wird wahrscheinlich auch einen Hufbeschlag benötigen. Dies ist auch die beste Zeit, das Pferd gegen Tetanus und Pferdeinfluenza impfen zu lassen. Nach solchen Impfungen braucht das Pferd mehrere Tage ohne Arbeit, damit es nicht schwitzt oder pustet.

Mit Bewegung im Schritt beginnt man meist von der Weide aus. Dies hat den Vorteil, die Seelenruhe des Pferdes zu erhalten. Ein mit Getreide gefüttertes Pferd, besonders ein frisch geschorenes, kann ziemlich energiegeladen sein! Die ersten Tage, an denen das Pferd ganz im Stall bleibt, sind vom gesundheitlichen Standpunkt aus immer kritisch. Die zwei Gefahrenbereiche sind die Verdauung und die Atmungswege. Der Stall muß gut gelüftet sein und darf keine abgestandene Luft enthalten. Die einzige Gelegenheit, bei der eine Zigarette im Stall erlaubt sein sollte, ist, wenn man Rauch in eine leere Box pustet, um die Luftbewegung zu prüfen. Eine Imkerpfeife, falls vorhanden, eignet sich noch besser zu diesem Zweck. Die obere Hälfte der Stalltür sollte ständig offen bleiben. Heu muß in einem Trog gewässert und feucht verfüttert werden; Abspritzen genügt nicht. Gärheu ist eine Kreuzung zwischen Heu und Silage und ist zu dieser Zeit vorteilhaft als Futter. Es ist teuer aber staubfrei und besitzt hohen Nährwert.

Futter muß abführend und leicht angefeuchtet sein. Die Portionen sollten Weizenkleie oder Häcksel enthalten, um den Darm zu unterstützen, der an sehr faserhaltige Nahrung gewöhnt ist. Das Pferd sollte genug Bewegung haben, um das Kraftfutter auszugleichen. In dieser Übergangsperiode braucht das Pferd manchmal weniger Getreide, als es auf der Weide bekam.

## Die Sofortumstellung

Dies ist die alte Methode vollständigen Wechsels von Weide zu Stall und wird in einem Tag durchgeführt. Früher verabreichte man dann dem Pferd eine Aloekugel mittels eines Blasrohrs oder eines ähnlichen Geräts. Heute führt man solche Maßnahmen selten durch. Allerdings sind Mash-Futter und größtmöglichste Vorsorge gegen Kolik äußerst wichtig, wenn man die Sofortumstellung wählt. Kraftfutter sollte man langsam einführen und die Menge allmählich steigern.

## Frühe Konditionierung

Kondition muß langsam aufgebaut werden, aber es ist wichtig, daß das Pferd in den ersten Tagen nicht im Stall stehen bleibt. Ein solches Pferd wird übermütig werden und seine Beine können anlaufen. Selbst an Ruhetagen sollte das mit einer Neuseelanddecke bedeckte Pferd eine Stunde auf der Koppel verbringen. Als Alternative kann man es führen, um etwas Gras und ein wenig Bewegung an der Hand zu bekommen.

Dies ist eine gute Zeit, das Pferd gegen Würmer und Dassellarven zu behandeln. Eine solche Behandlung sollte man nicht am gleichen Tag wie eine Impfung durchführen. Eine zweite Wurmbehandlung folgt vier Wochen nach der ersten.

Ein Weidepferd besitzt ein dickes Fell, natürliches Öl und subkutanes Fett, die es warmhalten. Ein Stallpferd braucht Eindecken, um sein Futter wirtschaftlich zu nutzen.

Es ist wichtig, Sattel- und Gurtlagen abzuhärten. Der Schlüssel zum Erfolg lautet: »Vierzehn Tage lang kein Schweiß und alles sehr sauber.« Eine Satteldecke hilft. Ein Pferd, das von der Weide kommt, ist fett und der Sattel kann rutschen. Beim Reiten muß man daher besonders darauf achten, genau, gerade und still zu sitzen. Es hilft, die Sattel- und Gurtlagen abzuhärten, wenn man die Haut zweimal täglich mit medizinischem Alkohol einreibt. Es gibt mehrere Möglichkeiten, ein aufgesatteltes Pferd ohne Reiter zu bewegen, wie z. B. eine Bewegungsmaschine, eine Reithalle, die Longe, oder indem man es durch ein anderes Pferd als Handpferd führen läßt. Longieren darf man anfangs immer nur in großen Kreisen und am besten auf einem passenden, begrenzten Areal mit gutem Boden durchführen. Dies mutet dem Pferd ein Mindestmaß an körperlicher Belastung zu. Ein Zerren an der Longe oder Wenden in engen Kreisen können die Sehnen und Ligamente eines untrainierten Pferdes übermäßig belasten.

Wer nur über begrenzte Einrichtungen verfügt, für den ist Reiten die beste Möglichkeit, das Pferd unter Kontrolle zu halten. Für die ersten zwei Wochen nach der Aufstallung sollte die Bewegung nur im Schritt erfolgen.

Nach alter Tradition begann man ein Pferd zu reiten, sobald es aufgestallt wurde. Das hat den Vorteil, daß gleich nach der Aufstallung das Pferd relativ schwach ist. Steigt man erst nach ein paar Wochen auf, wenn es in besserer Kondition und kräftiger ist, kann es Probleme geben.

Unmittelbar nach der Aufstallung wird das Pferd täglich nur eine halbe Stunde oder weniger Bewegung im Schritt brauchen. Dies kann man während der ersten vierzehn Tage allmählich steigern. In der dritten Woche kann man mit langsamem Traben beginnen. Allmählich wird sich die Arbeit auf eine Stunde oder mehr ausweiten. In der vierten Woche kann man allmählich mit Kantern anfangen und ein wenig bergauf traben. Bis zur fünften Woche kann das Pferd bergauf kantern und in der sechsten Woche kann man das Tempo erhöhen.

In den frühen Trainingsstadien kann das Pferd stolpern oder sich stoßen. Es empfiehlt sich daher, ihm vorne Gamaschen anzuziehen, für Straßenarbeit vielleicht auch Knieschoner.

Das Geheimnis des Trainings ist, die Arbeit allmählich zu steigern – und Auge und Ohr des Besitzers sind die besten Richtlinien. Jedes Pferd ist anders.

## Umstellung von Stallhaltung auf Weidegang

Am Ende der Arbeitssaison braucht das Stallpferd eine Periode der Abhärtung, damit Körper und Seele sich nach einer anstrengenden Arbeitssaison erholen können. Wie das Training, sollte auch dieser Abhärtungsprozeß allmählich vor sich gehen.

Da sich die Abhärtung erst nach einiger Zeit auswirkt, ist es unvorteilhaft, sie nur etwa einen Monat lang durchzuführen. In dieser kurzen Zeit würde das Pferd lediglich aus dem Gleichgewicht gebracht und gleich wieder zurückgeworfen. Eine kurze Erholung erreicht man am besten, indem man das Pferd auf leichte, einfache Arbeit mit viel Zeit auf der Weide umstellt. Pferde, die gleichmäßige Routinearbeit leisten, gedeihen ohne Ruhetage am besten.

Jagdpferde stellt man am Ende der Jagdsaison im März auf den Weidegang um. Im Sommer wird es gutes Gras geben, mit dem sie Fett ansetzen können. Andere Pferde kommen vielleicht erst zu Zeiten auf die Weide, wenn sie mager ist. In diesem Fall muß man zusätzlich Getreide verfüttern und es muß einen Unterstand für die Nacht geben, wenn die Koppel ungeschützt ist. Der verstorbene, berühmte David Brock faßte seinerzeit den Vorgang bei Jagdpferden so zusammen:

*»Angefangen von etwa einer Woche, bevor sie auf die Weide gehen, sollte man ihre Decken eine nach der anderen entfernen. Ihr Getreidefutter sollte allmählich reduziert und schießlich gänzlich weggelassen werden. Ihre Hufeisen sind zu entfernen. Man sollte sie eher putzen als striegeln.«*

Dieses Zitat faßt die Grundsätze des Vorgangs zusammen. Die Abhärtung basiert auf Verringerungen in vier Hauptbereichen: Kleidung, Striegeln, Trockenfutter und Training. Alle Verringerungen müssen allmählich vor sich gehen – jeden Tag ein bißchen weniger. Es ist ideal, wenn das Pferd täglich etwas länger auf der Weide bleiben kann, anfangs mit einer Neuseelanddecke. Später können die meisten Pferde auf einer geschützten Weide ohne Decken auskommen. Nach Vollendung der Umstellung kann es je nach Jahreszeit angezeigt sein, dem Pferd reichlich Trockenfutter zu geben, während es auf der Weide ist. Dies gilt aber nicht für Jagdpferde!

Heutzutage entfernt man meist die hinteren Hufeisen. Für gute Pferdehufe ist dies sicherlich ein Vorteil. Es kann aber keine allgemein gültige Regel geben: Ein Pferd mit schlechten Hufen könnte die Hufeisen behalten und während der Ruheperiode regelmäßig durch den Hufschmied untersucht werden. Ein Pferd mit schlechten Vorderhufen z. B. könnte ein Paar leichte Hufeisen brauchen, um keinen Schaden zu nehmen.

Ist es unmöglich, die Anzahl der Stunden, die das Pferd täglich auf der Weide verbringt, allmählich zu steigern, sollte man es früh am Tag hinauslassen und in Abständen beobachten. Der erste Auslauf sollte möglichst mit einem sehr hungrigen Pferd durchgeführt werden, das sich dann sofort dem Äsen hingeben wird. Übermäßiger Bewegungsdrang ist immer gefährlich.

Die Abhärtungszeit eignet sich zur Behandlung von Exostosen oder anderen Knochenauswucherungen sowie von Verstauchungen und Zerrungen. Blister werden zu dieser Zeit häufig verwendet. Brennen aber betrachtet man immer kritischer. In der Tat kam eine neuere, auf Antrag des Royal College of Veterinary Surgeons durchgeführte Untersuchung zu dem Schluß, daß diese Behandlungsmethode eingestellt werden sollte. Die Frage ist, ob es die Operation oder die Ruheperiode ist, die am meisten hilft.

# Das belastete Pferd

Da die dem Turnierpferd, dem Jagdpferd, oder dem Vielseitigkeitspferd abverlangte Leistung höher ist, als die anderer Pferde, muß man sie auch besser versorgen. Die Grundregeln der Pferdepflege sind dieselben, gleich welchen Gebrauch man vom Pferd macht. Aber bei arbeitenden Leistungspferden kommen zusätzliche Fähigkeiten ins Spiel. Insbesondere muß ein außerordentlich hoher Grad an Fitneß erreicht werden, wenn das Pferd seine Möglichkeiten voll ausschöpfen soll. Man muß aber auch an die physischen wie auch psychischen Belastungen denken, denen man das Pferd aussetzt.

## Auf die Grundregeln achten

### Stall
Jedes Pferd muß wie ein Individuum behandelt werden. Unter den vielen verfügbaren Ställen oder Boxen wird es für jedes Pferd eine beste Box geben. Ein Pferd zum Beispiel, das gerne weiß, was auf dem Hof vor sich geht, wird gereizt, wenn man es auf der Rückseite unterbringt. Ein unruhiges Pferd wird in geräumiger Unterbringung besser gedeihen.

### Einstreu
Gleich welche Einstreu man wählt, man muß Wert auf eine staubfreie Umgebung legen. Benutzt man Späne oder Stroh, ist es besser für das Pferd, wenn es sich nicht in der Enge des Stalls befindet, während neue Einstreu aufgeschüttet wird. Wenn man einen Hof mit Betonbelag ausfegt, hilft etwas feuchtes Sägemehl, Staubwolken zu verhindern. Einstreu verursacht zwar selten Allergien, aber ein Einstreuwechsel könnte die Leistung steigern. Zum Beispiel essen viele Pferde sehr gerne reichlich Stroh und bekommen davon einen runderen Leib, der sich bei schneller Arbeit unvorteilhaft auswirkt.

### Fütterung
Futter hoher Qualität ist unentbehrlich: Es muß soweit wie möglich frei von Staub und Schimmelbildung sein. Es ist üblich, während ungefähr der ersten acht Wochen des Trainings dem Pferd soviel Heu zu erlauben, wie es haben will, außer es neigt zum Fettwerden. So wie man die Galopparbeit steigert und das mehr Trockenfutter gibt, muß man die Heuration verringern.

Die genaue Menge täglich verabreichten Trockenfutters muß man nach den besonderen Merkmalen des einzelnen Pferdes bemessen. Das Temperament des Pferdes, seine Futterverwertung, ob es von Natur aus schlank oder dick ist, und ob es bei der Futtereinnahme gierig oder scheu ist, sind alles Faktoren, die man berücksichtigen muß. Heute ist die Auswahl von Futtersorten so groß, daß es relativ leicht sein dürfte, für jedes Pferd eine besonders geeignete Zusammensetzung zu finden, die ihm auch schmeckt. Hält man eine breite Auswahl von Futtersorten vorrätig, kann man jeden Einzelfall abdecken. Ergänzungsfutter sollte man mit Überlegung wählen und dabei die Erfordernisse der einzelnen Pferde berücksichtigen.

Will man das Futter möglichst vorteilhaft ausnutzen, muß man zweierlei beachten: Erstens sollte man versuchen, durch regelmäßige Behandlungen das Pferd frei von Würmern und sonstigen Parasiten zu halten. Zweitens sollte man zweimal jährlich die Zähne überprüfen, da ungleichmäßige Abnutzung die Kautätigkeit beeinträchtigen kann; sie kann sich auch auf die Bereitschaft des Pferdes auswirken, das Gebiß anzunehmen.

## Hufe

Ein zuverlässiger und freundlicher Hufschmied ist unentbehrlich. Es kann sein Interesse stärken, wenn man seinen Rat sucht und den Fortschritt und den Erfolg des Pferdes mit ihm bespricht. Beobachtungen des Reiters hinsichtlich der Bewegungsweise des Pferdes während des Konditionstrainings können darauf hinweisen, daß das Pferd andere Hufeisen braucht. Einem Hufschmied darf man aber nie Befehle erteilen: Er muß das Gefühl haben, daß die meisten Vorschläge von ihm stammen! Man sollte überlegen, wann das Pferd zum ersten Mal Stollenlöcher brauchen wird und den Hufschmied rechtzeitig benachrichtigen. Ein häufiger Wechsel des Hufschmieds ist nicht zu raten.

## Rücken

Dies ist eine umstrittene Angelegenheit. Während manche behaupten, daß die Massage dem Pferderücken nichts nützt, bieten andere ihre Dienste genau zu dem Zweck an. Hat ein Pferd Gangfehler, die seiner Leistung abträglich sind, muß der einzelne Stallmeister entscheiden, ob diese Behandlungsmethode versucht werden soll.

## Beine

Außer bei älteren Pferden, oder wenn ein besonderer Grund wie z. B. Galle vorliegt, ist es nicht ohne weiteres vorteilhaft, Stallbandagen regelmäßig anzuwenden. Der Stallmeister bekäme dann die Beine eines Pferdes nur nach der Arbeit oder im bandagierten Zustand zu sehen. Wenn man Bandagen benutzt, sind die modernen Thermalbandagen als sehr wirkungsvoll zu empfehlen.

Eine adstringierende Paste kann nach anstrengender Arbeit benutzt werden, oder um kleinere Schwellungen zu mildern. Bei offenen Wunden sollte man sie lieber nicht benutzen. Dasselbe gilt für den Gebrauch von adstringierendem Alkohol oder Beinlotion. Es ist nützlich, nach besonders harter Arbeit, vor allem wenn auch noch der Boden hart war, das Pferd für die Heimreise zu bandagieren. Solche Arbeit ermüdet die Beine und müde Beine sind anfälliger für Verletzungen.

Die große Angst aller Stallmeister ist, daß das Pferd »ein Bein« entwickeln könnte. Dies reicht von einer leichten Zerrung bis zum Riß einer Beugesehne. Ob nun Erschütterung, Stoß oder Überlastung die Ursache war, die anfängliche Behandlung ist immer gleich. Es ist wichtig, jede verdächtige Wärme oder Schwellung sofort zu bemerken. Im Zweifelsfalle sollte man sofort handeln, ehe sich die Sache verschlimmern kann. Man muß alle Arbeit sofort einstellen und die Behandlung solange fortsetzen, bis alle Wärme und Schwellung abgeklungen sind. Dies kann Tage oder auch Monate dauern. Hält der Zustand an, muß man den Tierarzt rufen. Solange das Pferd nicht arbeitet, muß man das Futter drastisch verringern und das Pferd täglich an der Hand zum Weiden führen.

Kehrt das Bein nach drei oder vier Tagen zum Normalzustand zurück, kann man mit Bewegung im Schritt wieder anfangen. Man sollte das Pferd an der Hand traben lassen, um zu prüfen, ob es fehlerfrei läuft. Bleibt das Pferd fehlerfrei, kann man während der darauffolgenden Woche die Arbeit allmählich wieder steigern. Während der Zeit der Verletzung und der Erholung benötigen sowohl das verletzte Bein wie auch sein Nachbar im Stall Bandagen. Jetzt kann man die Bandagen weglassen, muß das Bein aber sorgfältig auf Anzeichen eines Rückfalls beobachten. Solche Störfälle verlängern unausweichlich das Trainingsprogramm des Pferdes.

**Konditionstraining**

Während des ersten Teils des Trainingsprogramms muß man besonders auf Anzeichen von Verschleiß oder Wundstellen an den Beinen und den Sattel- und Gurtlagen des Pferdes achten. Wenn die Beine anfangen, anzulaufen, kann das die Folge von zuviel Wärme oder Futter, oder einer zu schnellen Steigerung des Arbeitsprogramms sein. Es ist ratsam, anfangs mit einer Satteldecke zu arbeiten, selbst wenn man sie später wegläßt. Die Satteldecke muß besonders sauber gehalten werden. Gummigefüllte Satteldecken sind abzulehnen, weil sie den Rücken nicht atmen lassen.

Webstoffgurte sind weich und neigen daher weniger dazu, das Pferd schwitzen zu lassen oder es wundzureiben. Trägt das Pferd normalerweise Gamaschen, vermeidet man am besten die gummigefütterten, weil sie reizen können. Bei kalter Witterung sollte das Pferd für langsame Arbeit eine Nierendecke tragen, wenn es geschoren worden ist.

Theoretisch sollte das Pferd während der ersten zwei Wochen des Programms nur im Schritt gehen. Benimmt sich das Tier aber schlecht, muß man entweder das Futter oder die Arbeit umstellen, da es sinnlos wäre, wenn sich Pferd oder Reiter verletzten, ehe die Saison begonnen hat. Täglich etwas Zeit in der Koppel zu verbringen, bekommt den meisten Pferden, da es ihnen hilft, ausgeglichen zu bleiben. Nach zwei Wochen kann das Pferd mit leichter Trabarbeit beginnen. Gymnastizierende Arbeit in der Reitbahn oder der Reithalle wird traditionell Turnierpferden vorenthalten; aber verbesserte Geschmeidigkeit und Beherrschung des Gleichgewichts sind für jedes Pferd vorteilhaft.

Das Pferd muß entsprechend den Wettbewerbsanforderungen, die man anstrebt, arbeiten; aber die Übungen sollten einfach bleiben. Schon während der anfänglichen Straßenarbeit wird man vom Pferd verlangt haben, daß es das Gebiß annimmt, damit alle Verbesserungen allmählich vor sich gehen. In diesem Stadium kann man mit Vorteil das Longieren einführen, es sollte aber 20 Minuten täglich nicht überschreiten.

Während dieser Periode darf das Pferd nicht zu schnell Gewicht verlieren und man muß entsprechend auf sein Futter achten. Von Hafer könnte man absehen, aber zu den geeigneten Futtermitteln zählen Walzgerste, Pferde- und Ponycobs, Maisflocken, ein wenig Weizenkleie und Zuckerrübenschnitzel, sowie eventuell zweimal die Woche gekochtes Futter aus Leinsamen und Gerste.

Bei sehr kalter Witterung wird das Pferd tiefere Einstreu schätzen, die bis zur Tür reicht und so Zugluft verhindert. Besteht die Einstreu aus Papier oder Sägespäne, kann man ein niedriges Brett vor der Innenseite der Türöffnung anbringen, um die Einstreu zurückzuhalten.

In der fünften und sechsten Woche leistet das Pferd bis zu anderthalb Stunden Arbeit an den Tagen der Straßenarbeit. Mehr als dies dürfte nicht notwendig sein. An etwaigen Steigungen bergauf-, aber nie bergab traben, da letzteres unnötigen Verschleiß an den Vorderbeingelenken verursachen könnte. Durch die Wellen am Strand zu reiten ist auch sehr vorteilhaft.

Kanterarbeit sollte man in der vierten Woche beginnen. Man fängt mit 1,25 km langsamen Kantern an und erhöht bis zum Ende der achten Woche auf etwa 3,5 km. Dies sollte für das durchschnittliche Jagdpferd oder das Ein-Tag-Vielseitigkeitspferd reichen. Spezialtraining wie z. B. Dressurreiten oder Springen sollten in den vierten bis achten Wochen aufgebaut werden. Solche Arbeit sollte etwas höhere Leistungen fordern, als das Turnier selbst. Es ist gar nicht schlecht, wenn ein Jagdpferd vor Beginn der Saison etwas Springtraining erhält, weil es ja einige Zeit keine Gelegenheit zum Springen gehabt hat.

Es ist nützlich, das Blut eines Pferdes, das auf eine schwer belastende Sportart vorbereitet wird, gelegentlich untersuchen zu lassen, damit die Normen als Bezugswerte vorhanden sind, falls sich Probleme entwickeln sollten.

Das Impfprogramm des Pferdes ist wichtig. Dieses sollte Erholungszeiten nach jeder Impfung mit einplanen und wird daher am besten vor Anfang des Konditionierungstrainings durchgeführt. Ist dies unmöglich, oder hat man die Gelegenheit verpaßt, sollte das Pferd eine Woche lang nach der Impfung gegen Pferdeinfluenza keine harte Arbeit leisten. Der durch Impfung erreichte Schutz könnte Anzeichen einer Infektion verbergen und man sollte peinlichst vermeiden, das Pferd dadurch zu schädigen, daß man es arbeiten läßt, während es unter einer Erkrankung leidet.

Atypisches Husten oder Niesen eines Pferdes sollten als Warnzeichen gelten. Man sollte die Temperatur prüfen, Arbeit und Futter verringern und das Pferd warm halten. Dauern nach 48 Stunden die Symptome noch an, sollte man den Tierarzt rufen. Es ist wichtig zu wissen, ob die Symptome von einer Erkältung, einem gefährlichen Virus, einer Drüseninfektion oder einer al-

lergischen Reaktion herrühren. Alle diese verlangen unterschiedliche Behandlungen und Erholungszeiten.

## Leistungstage

### Am Vorabend

Am Vorabend einer Jagd oder eines Turniers sollte man die Ausrüstung prüfen, säubern und bereitstellen. Will man am anderen Morgen sehr früh aufbrechen, könnte es eine gute Idee sein, jetzt schon die Mähne des Pferdes einzuflechten.

Für ein Turnier sollte alle Ausrüstung am Vorabend bereitgestellt werden. Es ist empfehlenswert, eine Checkliste für Pferd und Reiter vorzubereiten. Diese sollte alle einschlägigen Reglements und Papiere umfassen. Ein Zeitplan wäre nützlich, der rückwärtsgehend von der Abfahrtszeit bis zum Anfang der morgendlichen Stallarbeit ausgearbeitet werden sollte.

Die Leistung des Pferdes im Turnier wird teilweise davon abhängen, wie das Tier den vorangegangenen Tag verbrachte. Diesen muß man daher je nach Temperament und Körperzustand des Pferdes sorgfältig planen. Ein nervöses oder sehr lebhaftes Pferd braucht eventuell besonders langes Training, oder eine lange Periode an der Longe. Man sollte das Pferd zur Entspannung auf die Weide lassen, selbst wenn dies zusätzliches Striegeln bedeutet. Die Auswirkung auf seine Leistung wird die Mühe lohnen. Für ein Pferd mit träger Atmung kann ein zügiger 1 km-Galoppritt am Tag vor dem Wettkampf zuträglich sein.

Letzte Springübungen macht man am besten zwei Tage vor dem Turnier. Dies gibt dem Pferd genügend Zeit, die Lehre zu verarbeiten, und dem Pfleger, etwaige Stoßverletzungen zu behandeln.

### Am Morgen des Tages

Das Pferd sollte früh – spätestens eine Stunde, bevor es den Hof verläßt – gefüttert werden. Es sollte bis zur Abfahrtszeit Zugang zu Wasser haben.

Nachdem die Fütterung beendet ist, sollte das Pferd gestriegelt, geflochten und für die Reise angezogen werden. Werden Schraubstollen benutzt, muß man die Löcher prüfen. Straßenstollen müssen leicht zu entfernen sein. Es ist äußerst frustrierend, den Turnierort zu erreichen und dann erst einen Kampf mit den Stollen aufführen zu müssen!

Es ist wichtig zu prüfen, ob das Pferd sich während der Nacht verletzt, oder irgendein anderes Problem sich entwickelt hat. Beim leisesten Verdacht sollte man das Pferd im Trab nach Fehlern prüfen.

Man sollte reichlich Zeit für die Reise einplanen, damit man das Turnier in ruhiger Verfassung erreicht.

### Weite Reisen

Manchmal läßt es sich nicht vermeiden, Pferde über weite Entfernungen zu transportieren. In der Praxis sollte man selbst auf Autobahnen nicht mehr als 500 km täglich fahren. Lange Reisen sind durch Rastperioden zu unterbrechen, in denen man die Pferde im Transporter füttert und tränkt. Man darf auf keinen Fall zu viele Pferde in einen Transporter zwängen.

Lange Reisen können Stoffwechselstörungen verursachen und man muß daher dem Pferd Zeit geben, sich vor dem Turnier zu erholen. Auf jeder Reise besteht die Gefahr, daß ein Pferd fällt, und Verletzungen sind die Folge, wenn das Pferd kurz angebunden ist. Jeder Strick sollte daher ein Sollbruchstück enthalten, das im Notfall reißt.

Passende Ablenkung verringert die Gefahr, daß Pferde sich in fremder Reiseunterkunft aufregen. Sie entspannen sich schneller, wenn sie seit ein paar Stunden kein Futter mehr bekommen haben und dann im Transporter ein Heunetz erhalten.

### Die Rückkehr

Sobald das Pferd aus dem Transporter kommt, sollte man es in seinen Stall bringen und Decken und Bandagen entfernen, damit es sich wälzen kann, wenn es will. Das Pferd sollte Zugang zu reichlichen Mengen sauberen Wassers haben und Heu bekommen. Man füllt die Raufe und säubert das Pferd kurz, besonders um die Ohren, die Gurt- und Sattellagen sowie zwischen den Hinterbeinen. Wenn man die Beine putzt, ist es wichtig, auf Verletzungen, Wärme oder Schwellungen zu achten und sie gegebenenfalls zu behandeln. Die Hufe sollten ausgekratzt und nach Einhauwunden oder im Hufeisen festgeklemmten Steinchen untersucht werden. Ist alles in Ordnung, bandagiert man die Beine wieder. Eine Abschwitzdecke sollte man unter die Stalldecke legen, wenn das Pferd übermäßig warm oder zum Schwitzen veranlagt ist. Dann verabreicht man eine kleine Portion leicht verdaulichen Futters und läßt das Pferd ruhen. In der Zwischenzeit kann man, wenn es die Zeit erlaubt, andere notwendige Aufgaben wie z. B. Ausrüstung putzen usw. erledigen. Abschließend schaut man noch einmal nach dem Tier, bevor man sich zurückzieht.

### Am Tag danach

Nach dem Füttern und Ausmisten am nächsten Morgen sollte man dem Pferd die Bandagen wieder abnehmen und seine Beine erneut untersuchen. Es ist ratsam, das Pferd traben zu lassen, um sicher zu sein, daß alles in Ordnung ist. Zerrungen, Quetschungen usw. sind entsprechend zu behandeln.

Zuweilen werden Verletzungen durch schlecht angebrachte Bandagen verursacht, die den Blutkreislauf hemmen, sowie durch das Scheuern von Gamaschen gegen das Fleisch. Man sollte das Pferd gründlich striegeln und, falls notwendig, die Hufe und den Schweif waschen. Anschließend, wenn es die Witterung erlaubt, tut oft eine Zeit in der Koppel gut; dies wirkt sowohl entspannend wie auch anregend auf das Pferd.

Manche Pferde verlieren ihren Appetit nach einem Turnier oder einer Jagd. Ihnen muß man immer wieder kleinere Portionen zusätzlichen Saftfutters – Möhren, Äpfel usw. – anbieten und sie so zu normaler Futteraufnahme »überreden«. Ein wenig Verwöhnen schadet nichts.

Einige Pferde neigen nach anstrengender Arbeit zu Bauchmuskelverkrampfung oder Untergewicht. Um solche Pferde gesund und fit zu erhalten, kann es notwendig sein, die Anzahl der Veranstaltungen, an denen sie teilnehmen, zu begrenzen. Dies gilt vor allem für den Beginn der Saison. In jedem Fall ist nach einem besonders anstrengenden Tag große Sorgfalt notwendig. Die Bewegung des Pferdes sollte man auf leichtes Gehen im Schritt beschränken, bis alles wieder in Ordnung ist, und danach muß man immer daran denken, die Arbeit nur allmählich wieder zu steigern.

## Streß

Dem Pferd widerfahren viele Formen von Streß. Eine gewisse körperliche Belastung ist gut, weil sie dem Tier erlaubt, Kraft und Ausdauer zu entwickeln. Weitergehende Belastungen jedoch können zu Schäden führen. Alles, was Streß verursacht, heißt ein Stressor, und der belastende Druck kann von einer Situation oder einer körperlichen Ursache herrühren. Ein Streßzustand ist die Reaktion auf den Stressor. Sie kann ein physischer Zusammenbruch, wie z. B. eine Streßfraktur, oder ein Syndrom von Anpassungsreaktionen sein. Diese können sich physisch (durch Adrenalinausschüttung) oder psychisch (im Verhalten) äußern.

Sinn der Reaktionen des Pferdes ist es, das Problem zu bewältigen und beseitigen. Streß kann zum ernsthaften Problem werden, wenn der Stressor bestehen bleibt, oder sich wiederholt, so daß die Reaktionen auch fortdauern. Der Körper ist nicht darauf eingestellt, solche nie endenden Situationen zu bewältigen.

Es gibt vier hauptsächliche Stressorgruppen: Sie entstammen der Psychologie des Pferdes, der Psychologie der Menschen und den besonderen Bedingungen einer Situation, oder sie haben einfache physikalische Ursachen.

## Pferdepsychologie

Im Freileben gibt es häufig körperliche Belastungen; aber seelische Belastungen führen meist zu mehr Streß. Hat zum Beispiel ein Pferd Angst vor einem Hindernis, wird aber von seinem Reiter immer wieder dazu gezwungen zu springen, so kann dieser wiederholte Konflikt später Schwierigkeiten bereiten, wenn man ihn nicht richtig angeht. Auch Unsicherheit erzeugt seelischen Druck und verwirrt das Pferd; es verrät sein Dilemma, etwa indem es Harn oder Kot läßt. Wenn sich so etwas wiederholt, kann es schnell zur Gewohnheit werden.

Langeweile ist ein weiterer Stressor und zeigt sich im Kauen von Stallholz, Zaunlatten usw. Es ist möglich, daß viele Untugenden wie Windschnappen und Weben ihre Ursache in der Langeweile haben.

Das Temperament des Pferdes ist ein wichtiger Faktor. Es ist wohl überwiegend durch Vererbung bestimmt, aber der körperliche Zustand und die seelische Entwicklung beeinflussen es ebenfalls. Auf kurze Sicht ist der bedeutendste Faktor wahrscheinlich die Fütterung, wenn z. B. ein Pferd »der Hafer sticht«.

Die Instinkte sind von Bedeutung und müssen berücksichtigt werden. Einen Feind von seinem Rücken abzuschütteln, ist eine angeborene Reaktion des Pferdes. In einer Krisensituation könnte es dasselbe mit seinem Reiter machen! Das Pferd ist von Natur aus gesellig und Einsamkeit kann deshalb ein Stressor sein. Die richtige Gesellschaft hilft dem Pferd, sich zu entspannen.

## Menschliche Psychologie

Die menschliche Psychologie kann für das Pferd sehr schlimme Stressoren hervorbringen. Diese können von »durch Fürsorglichkeit umbringen« bis zu glatter

Vernachlässigung reichen. Angst ist ein Dilemma für jeden Reiter, stellt aber das Pferd vor ein viel schlimmeres Dilemma. Die Bande des Vertrauens werden gebrochen. Ein Reiter, der die Selbstbeherrschung verliert, kann in Panik an den Zügeln zerren und dem Pferd Schmerzen zufügen. Das Pferd vergißt seine Lehren und reagiert nur auf den Schmerz: Ein Pferd, das durchgeht, ist bestimmt dabei, auf Streß zu reagieren.

## Situationsbedingte Ursachen

Selbstverständlich ist die Geburt das erste belastende Erlebnis für jedes Tier und es ist wahrscheinlich, daß frühe Erfahrungen spätere Ereignisse beeinflussen. Es gibt viele künstliche, situationsbedingte Ursachen. Eingebrochen oder verkauft zu werden oder ein neues Zuhause sind offensichtliche Beispiele. Die Jagd oder Turniere, bei denen die Arbeit oft sehr hart ist, sind sehr belastend und führen oft zu physischen Auswirkungen. Allerdings sind manche Pferde nie glücklicher, als wenn sie auf hohem Niveau arbeiten. Wichtig ist, das einzelne Pferd zu verstehen.

## Physische Ursachen

Viele Leute betrachten Streß nur von der physischen Seite und scheinen ihn sich manchmal nur als etwas vorzustellen, das zu einer Fraktur oder anderen Körperschäden führt. Es gibt aber viele anderen physischen Ursachen von Streß. So sind z. B. Geschwindigkeit und Dauer sowie das Gewicht des Reiters Faktoren, die zu Ermüdung und Erschöpfung führen, und das ermüdete Pferd reagiert nicht schnell genug, um sich bei jedem Schritt zu schützen.

Die Umwelt ist auch wichtig. Jedes Pferd ist in jeder Beziehung ein Individuum. Was als Umweltstressor wirkt, ist daher je nach Rasse, Alter und Kondition des Pferdes verschieden. Es gibt aber gewisse Grundregeln. Im lichten, luftigen Stall mit regelmäßiger Pflegeroutine wird ein Pferd sich tagsüber hinlegen und sich viel mehr entspannen, als in enger, dunkler Unterbringung, wo der Ablauf unvorhersehbar ist.

Im Falle von Schmerz und Krankheit sind Pferde verglichen mit Menschen natürlich im Nachteil. Vielleicht gelingt es den Herd zu orten, aber es ist möglich, daß viele Schmerzen nicht identifiziert werden.

## Physiotherapie

Das heutige Pferd muß genügend fit sein, um beträchtliche Leistungen zu vollbringen, und ist daher der Gefahr von Verletzungen ausgesetzt. Während des Leistungstrainings von menschlichen Athleten setzt man verbreitet Physiotherapie ein, um sowohl Verletzungen vorzubeugen wie auch die Erholung von einer Verletzung zu beschleunigen. Diese Techniken werden jetzt mit Erfolg dem »Athleten Pferd«, wie z. B. dem Jagd- oder Turnierpferd, angepaßt. Es ist bei einem Pferd natürlich schwieriger, den genauen Sitz und die Art des Schmerzes zu diagnostizieren und die Mitarbeit des Pferdes während der Behandlung zu erzielen.

Die herkömmliche Behandlung für viele leistungsbedingte Probleme des Pferdes heißt Ruhe. Heute gibt es eine Reihe von Methoden, die, wenn sie unter tierärztlicher Anleitung durch kompetente Kräfte angewendet werden, zu schnellerer und oft dauerhafterer Erholung führen.

Viele anspruchsvolle medizinische Geräte hat man für die Behandlung verschiedener leistungsbedingter Schäden beim Pferd modifiziert. Einige dieser, wie z. B. Faradisation und Ultraschallwellen, erzielen ihre Wirkung, indem sie Energiequellen unmittelbar auf das Pferd einwirken lassen.

Muskeln verleihen den Gelenken Stabilität sowie Funktion. Die Funktion eines Gelenks kann beeinträchtigt sein infolge einer vorangegangenen, leichten Verletzung, die unbemerkt blieb. Das Pferd ist zwar nicht lahm, kann das Gelenk aber nicht so gut bewegen wie vorher. Bleibt das unbemerkt, kann die gestörte Funktion bei der nächsten Belastung zu einer ernsthaften Verletzung des Gelenks führen. Dauernde Schäden können eintreten oder Schmerzen die Leistung des Pferdes herabsetzen. So kommt man zu einem laurigen Pferd.

## Faradisation

Faradisation läßt sich sowohl für diagnostische wie auch für therapeutische Zwecke einsetzen. Sie besteht in der Anwendung von Wechselstromstößen, in deren Rhythmus sich der betreffende Muskel abwechselnd spannt und wieder entspannt. Dies verhindert eine Muskelatrophie. Die künstliche Reizung durch faradischen Strom regt schadlos den Kreislauf in den verletzten Teilen an und sorgt so für eine reichliche nähr- und sauerstoffbeladene Blutzufuhr, wann und wo sie am meisten benötigt wird. Faradisation kann Adhäsionen vermindern und gewinnbringend den Austausch von Flüssigkeiten innerhalb des Körpers fördern. Sie kann auch helfen, ungleiches Muskelwachstum zu korrigieren und lange anhaltende Muskelverspannungen zu lösen.

## Ultraschalltherapie

Ultraschallwellen liegen oberhalb des normalen Hörbereichs. Man erzeugt sie, indem man mittels elektrischer Hochfrequenzwellen einen Kristall im Gerätekopf zu Schwingungen anregt.

Ultraschallwellen können bis zu einer Tiefe von 5–10 cm eindringen und beeinflussen das Gewebe auf verschiedene Weise. Der Widerstand, auf den die Schallwellen im Gewebe treffen, wandelt sie in Wärme um; die Wellen versetzen das betroffene Gewebe in mechanische Schwingungen entsprechend der eigenen Frequenz; und schließlich lösen sie noch eine chemische Reaktion aus. Alle drei Wirkungen helfen, die Schwellung und die Entzündung aufzulösen, chemische Zersetzungsprodukte zu beseitigen, Sehnenschwellungen zu vermindern und Adhäsionen zu lösen.

## Vibration und Massage

Seit vielen Jahren kennt man den Heilwert von Massage und Vibration. Ihr größter Wert liegt darin, daß sie völlige Entspannung herbeiführen und Muskelverkrampfungen lösen. Muskeln können sich nicht entwickeln, wenn sie ständig gespannt sind. Pferde sind im allgemeinen unnatürlichen Lebens- und Arbeitsbedingungen ausgesetzt, die zu Muskelspannungen führen können. Das Temperament des einzelnen Pferdes ist wichtig für seine Einstellung zur Arbeit und zu seinem Besitzer oder Trainer. Angespannte Muskeln können das Pferd hindern, sich seelisch wie körperlich zu entspannen. Da ständig unter Überspannung stehende Muskeln sich erschöpfen, können sie sich in diesem Zustand nicht entwickeln und dies kann zu unausgeglichener Muskelbildung oder zur fehlerhaften Entwicklung der Gestalt oder Form führen. Beseitigt der Trainer unerwünschte Muskelspannungen, sobald er diese bemerkt, so kann er das Trainingsprogramm des Pferdes fortführen und erhält sich außerdem die willige Mitarbeit des Tieres.

## Therapeutische Übungen

Verletzung kann den Bewegungsbereich von Gelenken einengen und diese durch verminderte Beweglichkeit der Ligamente oder schmerzhafte Adhäsionen beeinträchtigen.

Spezifische Übungen können die Beweglichkeit von Gelenken erhöhen und helfen, Adhäsionen langsam zu beseitigen und das Vertrauen des Pferdes in die Brauchbarkeit des Gelenkes wiederherzustellen. Auch gleichen sie den teilweisen Muskelschwund wieder aus, der durch die von der vorangegangenen Verletzung verursachte Fehlbelastung etwa entstanden ist.

## Wärmebehandlung

Wärme läßt sich auf dreierlei Weise zur Therapie einsetzen – als Strahlungswärme, als Kontaktwärme und als Diathermie. Die physiologischen Wirkungen der drei Anwendungen sind im wesentlichen gleich und reichen von der Hautoberfläche bis tief ins Gewebe. Strahlungswärme wird durch Infrarotlicht erzeugt. Kontaktwärme liefern z. B. Wärmflaschen, elektrische Heizplatten und heiße oder mit Brei getränkte Umschläge. Zur Diathermie verwendet man Hochfrequenzstrom oder Ultraschall.

Wärme fördert den Kreislauf im betreffenden Bereich und dies unterstützt den Heilungsprozeß und hilft, Schmerz zu lindern. Dadurch entspannt und beruhigt sich der Patient.

## Hydrotherapie

Meist wird Wasser für Kälteanwendungen eingesetzt. Schwimmbecken für Pferde erlauben es aber, Herz und Lungen des Pferdes fit zu halten, ohne daß die Beine Gewicht zu tragen brauchen.

## Krankenpflege

Sorgfalt und das Achten auf kleine Einzelheiten wirken sich psychologisch wie körperlich gut aus. Wie Menschen reagieren auch Pferde in einer freundlichen und entspannten Atmosphäre mit einer positiven Einstellung, gewinnen Vertrauen und werden zu bereitwilligen Patienten.

# Die Zucht

### Inhalt

## Der Hengst

Die Grundregeln der Stallführung gelten für Hengste genau so wie für andere Pferde. Hengste sind oft groß und kräftig und sie sind sehr entschlossen, ihre sexuellen Ziele zu erreichen; zuweilen sind sie auch temperamentvoll. Wie andere Pferde auch gedeihen sie im zufriedenen Seelenzustand am besten. Der Weg zur Sicherheit liegt in gut durchdachter Routine im Zusammenhang mit einem ruhigen, selbstsicheren und entschlossenen Umgang, der auf Disziplin besteht. Den Hengst in der goldenen Mitte zwischen zulässiger Lebensfreude oder Begeisterung und Über-die-Stränge-Schlagen zu halten, erfordert das feine Urteilsvermögen, das aus Erfahrung wächst.

## Allgemeine Pflege

Unterkunft

Wie alle Pferde, sind Hengste gesellig. Man sollte sie so halten, daß sie andere Pferde, und was sonst um sie herum vorgeht, beobachten können. Viele Hengste kann man ohne Sorge im gemischten Hof halten. Allerdings bringt man in den meisten Voll-blutgestüten die Hengste in einem getrennten Trakt unter. Der Stall muß stabil und ordentlich sein. Besonders ist darauf zu achten, daß keine scharfen Vorsprünge oder Kanten vorhanden sind, da sich ein erregter Hengst in seiner Box ziemlich lebhaft benehmen kann. Der Abstand der Git-

138

terstäbe vor dem Fenster muß so eng sein, daß der Hengst seinen Huf nicht hindurchstecken oder einklemmen kann.

Die Maße der Box sollten großzügig sein. Für Vollblutpferde sind manche Boxen fast 6 m × 6 m groß. Die untere Türhälfte darf höher als durchschnittlich sein, um den Hengst davon abzuhalten, mit den Vorderbeinen darüber zu steigen. Viele Hengste dürfen zur oberen Türhälfte hinausschauen, außer wenn andere Pferde vorbeigeführt werden. Sollten Stäbe an der oberen Hälfte notwendig sein, ist es wichtig, daß das Pferd sich nicht eingesperrt fühlt. Auf jeden Fall muß eine feste obere Tür vorhanden sein. Ein Deckhengst, der auch anderen Züchtern zur Verfügung steht, regt sich beim Anrollen jedes Pferdetransporters auf, könnte sich doch in ihrem Inneren eine weitere Stute befinden.

## Bewegung

Der Hengst braucht täglich Bewegung. Während einer regen Beschälungssaison kann man deren Ausmaß verringern, jedoch darf man nie einen Hengst im Stall einsperren und nur zur Deckung einer Stute herausführen. Dies wäre physiologisch wie psychologisch falsch.

Zur Bewegung werden viele Hengste geritten, brauchen aber selbstverständlich einen kompetenten Reiter. Ob und wieweit man mit ihnen in gemischter Gesellschaft reitet, hängt zum Teil von der Jahreszeit, zum Teil vom Grad der ihnen anerzogenen Disziplin ab. In manchen Ländern sieht man intakte Hengste häufiger als in anderen; es ist daher teilweise eine Frage der Gewohnheit. Risiken sollte man vermeiden, und selbst wenn man einen Hengst an der Hand führt, sollte der Führende seine Wegstrecke sorgfältig planen, Handschuhe anziehen und eine Handpeitsche tragen. Zusätzlich zu Bewegungstraining können Hengste auch an Turnieren teilnehmen und die erhöhte Kondition mag ihre Deckleistung steigern. Teilnehmen trägt auch dazu bei, einen Hengst bekanntzumachen.

Die wertvollsten Hengste sind Vollblüter guter Abstammung mit einer guten Leistungsvorgeschichte. Solche Tiere werden im allgemeinen entsprechend hochkarätig behandelt und versorgt, doch kann diese Art der Pflege kein allgemeingültiges Muster abgeben.

Alle Pferde genießen es, wenn man sie – möglichst täglich – in einen Paddock entläßt. Der Paddock eines Hengstes muß einen Zaun haben, den er nicht überspringen kann. Abgerundete Ecken sind vorteilhaft und irgendwelche Sichtblenden ebenso, damit weder Hengst noch vorbeiziehende Stuten sich über Gebühr erregen. Ein Paddock, der sich dem Hengststall anschließt, spart Zeit.

Zusätzlich zur normalen Bewegung kann man den Hengst an der Longe bewegen, oder er kann in der Reithalle frei laufen, falls die Möglichkeit besteht. Im Winter läßt man die Hengste mit den von ihnen gedeckten, trächtigen Stuten zusammen in die Koppel. Läßt man einen Wallach mit dem Hengst laufen, wird er angegriffen, es sei denn, man hat die beiden zusammen großgezogen.

Im Idealfall sollte der Hengst viel Kontakt mit Menschen haben. Ein Hengst braucht gleichmäßige Behandlung mit gerechter Belohnung und Bestrafung; letztere sollte hauptsächlich stimmlich erfolgen. Ein durch gegenseitige Achtung gekennzeichnetes Verhältnis ist ideal.

## Fütterung

Ein gefragter Zuchthengst wird während der Decksaison ein sehr aktives Leben führen und muß daher von Anfang an kräftig und in guter Kondition sein. Da man von einem Hengst Kraft und die Fähigkeit, Samen zu erzeugen, verlangt, braucht er eine ähnliche Fütterung wie ein Turnierpferd. Frisches Wasser muß ständig verfügbar sein. Gras oder Heu muß guter Qualität sein; Kraftfutter sollte ausreichend Mineralstoffe und Vitamine sowie etwa 10–14% Proteine enthalten.

## Gesundheit

Eine regelmäßige Entwurmung ist erforderlich. Es ist wichtig, Parasiten, die an seiner Kraft zehren könnten, möglichst einzudämmen. Der Hengst sollte auch gegen Tetanus und Pferdeinfluenza geimpft werden. Die Zähne muß man regelmäßig kontrollieren und die Hufe in gutem Zustand erhalten. Arbeitet der Hengst viel auf hartem Boden, wird ein Hufbeschlag notwendig sein.

Ordentliches Striegeln fördert die gute Kondition. Außerdem fühlt sich das Pferd danach wohl und bietet Stutenbesitzern ein angenehmes Äußeres.

## Deckverfahren

Es gibt zwei verschiedene Methoden, einen Deckhengst einzusetzen. Bei der ersten trennt man den Hengst ab und läßt ihn die Stuten an der Hand decken. Bei der zweiten entläßt man ihn mit den Stuten auf die Weide. Aber selbst wenn man letztere Methode praktiziert, ziehen es viele Gestütsleiter vor, neue und besonders Maidenstuten beim ersten Mal aus der Hand decken zu lassen.

Die Decksaison dauert vom 15. Februar bis zum 15. Juli bei Vollblütern, bei anderen Rassen etwas länger. Außerhalb der Saison kann ein Hengst zusammen mit güsten Stuten laufen. Wenn alles andere fehlgeschlagen hat, können sie vielleicht auf diese Weise trächtig werden. Es gibt aber Hengste, die man nicht mit einer Stute zusammen lassen darf, bevor sie rossig ist.

Stuten mit Fohlen bei Fuß werden meist aus der Hand gedeckt und anschließend als Gruppe in eine getrennte Koppel entlassen. Aufgrund des zusätzlichen Risikos wird man einen Vollbluthengst selten mit Stuten laufen lassen. Bei den meisten Hengsten ist es aber gut, wenn sie lernen, in der Gesellschaft anderer Pferde zu leben, wie es im Freileben der Fall ist.

Ein Hengst, der zusammen mit Stuten läuft, bekommt bereits als Jungtier oft Tritte versetzt. Auf diese Weise lernt er, vorsichtig und scharfsinnig zu sein, sich der Stute von der Seite zu nähern und erst nachzufragen, bevor er sie bespringt. Ein Hengst, der mit erfahrenen Stuten läuft, kann auf diese Weise sein Handwerk lernen und wird dann meist eher vernünftig sein, wenn er aus der Hand deckt.

## Der Einsatz von Hengsten

Bis vor kurzem erhielten die meisten Hengste Großbritanniens ihre Lizenz vom Landwirtschaftsministerium. Inzwischen überläßt man die Legitimierung von Deckhengsten den Zuchtgesellschaften. Diese können auf eine Untersuchung bestehen, welche den Hengst auf Übereinstimmung mit den Typusmerkmalen, Freiheit von Fehlern, Erbkrankheiten und Untugenden, sowie auf Fruchtbarkeit prüft. Soll ein zweijähriger Junghengst ordentlich untersucht werden, ist es wichtig, daß er gutes Benehmen gelernt hat und zur Zeit der Untersuchung an der Hand gezeigt werden kann.

## Deckgeld

Die Höhe des Deckgelds liegt im Ermessen des Hengstbesitzers. Es gibt aber einige Standardabmachungen, welche die Höhe der Gebühr beeinflussen können. Man sollte darauf achten, daß der Preis wettbewerbsfähig ist, besonders wenn der Hengst noch ziemlich unbekannt ist und es andere der gleichen Rasse in der Gegend gibt. Bietet man andererseits den Hengst unter seinem Wert an, könnte dies als Hinweis auf Minderwertigkeit angesehen werden. Ein Fohlen zu erzeugen ist kostspielig; möglichst wenig für das Deckgeld ausgeben zu wollen, hieße an der falschen Stelle sparen. Stutenbesitzer sollten den besten Hengst aussuchen, den sie sich leisten können. Da die Stute oft einige Zeit im Gestüt bleibt, sind auch die Unterhaltskosten ein wichtiger Faktor.

Wenn ein Hengst nicht etwas ganz Besonderes ist, sollte er nicht als Beschäler angeboten werden. Die Rasse und Abstammung des Hengstes, oder einfach seine allgemeine Qualität, sollten ihn auszeichnen.

Die am häufigsten angewendeten Zahlungsbedingungen sind wie folgt:

**a** Eine pauschale Deckgebühr von DM x,–, zahlbar meist im voraus, oder wenn die Stute vom Gestüt abgeholt wird.

**b** »Kein Fohlen, kein Deckgeld«: Stellt man bei einer Untersuchung an einem festgelegten Termin fest, daß die Stute nicht trächtig ist, wird die Deckgebühr an den Besitzer zurückerstattet.

**c** »Kein Fohlen, kostenlose Wiederholung«: Die Gebühr wird wie unter a entrichtet. Nimmt die Stute in dem Jahr nicht auf, wird sie im darauf folgenden Jahr kostenlos gedeckt.

**d** »Kein lebendes Fohlen, kein Deckgeld«: Überlebt das Fohlen die ersten 48 Stunden nicht, wird die Gebühr zurückerstattet.

**e** Ratenzahlung: Ein Teil der Gebühr wird zum Zeitpunkt des Deckens der Stute gezahlt, der Rest nach einer Abmachung wie unter b oder d.

Meist steigen die Kosten der dem Stutenbesitzer gebotenen Dienstleistung, je mehr sich das Risiko vermindert. Beträgt zum Beispiel die Pauschalgebühr DM 500,–, würde man etwa DM 600,– für »Kein Fohlen, kostenlose Wiederholung« oder DM 750,– für »Kein Fohlen, kein Deckgeld« zahlen. Besitzern anerkannter Stuten mit einem guten Zuchtergebnis werden möglicherweise günstigere Bedingungen angeboten. Stuten, die nur schwer aufnehmen, verderben die Fruchtbarkeitsstatistik eines Hengstes. Ein Hengstbesitzer hat es gern, wenn er behaupten kann, daß etwa 80% der gedeckten Stuten trächtig werden. Je wählerischer der Hengstbesitzer gegenüber besuchenden Stuten sein kann, desto besser wird die Leistungsstatistik des Hengstes aussehen. Allerdings wird der Besitzer eines neuen Hengstes ohne Leistungsnachweis einige Zugeständnisse machen müssen.

Vollbluthengste gehören oft einem Syndikat. Der Wert des Hengstes wird beispielsweise durch 40 geteilt und jedes Mitglied des Syndikats erhält einen Nennanteil, der manchmal übertragbar ist und manchmal nicht.

## Deckeinrichtungen

Ein Gestüt, in dem der Hengst mit den Stuten läuft, braucht keine besonderen Einrichtungen. In den meisten Gestüten gibt es aber einen »Probierstand«, an dem der Hengst die Stuten auf Rossigkeit prüfen kann. Zwar lassen manche Besitzer eine Stute an der Tür des Hengststalls probieren, doch besteht dabei die Gefahr, daß die Stute ausschlägt und sich an der Türverriegelung verletzt.

Eine Alternative ist eine Luke, durch die der Hengst den Kopf stecken kann, während die Stute – eventuell in einer Art Probierstand – davorsteht. Die Wand unterhalb der Luke sollte man gut polstern und ähnlichen Schutz am hinteren Teil der gegenüberliegenden Wand des Probierstandes anbringen. Eine andere Möglichkeit ist eine freistehende, gepolsterte Wand, die im Boden fest verankert ist. Diese sollte auf gut dräniertem, rutschfestem Bodenbelag stehen. Der dafür verwendete Bereich sollte ungestört und vom Publikum abgeschirmt sein.

In manchen Gestüten benutzt man einen Innenprobierstand. Oft hängt eine solche Bretterbarriere an Scharnieren an der Innenwand einer Scheune und wird bei Bedarf in Stellung gedreht. Besonders für Vollblutgestüte ist eine Inneneinrichtung vorteilhaft. Diese treten früher im Jahr in Aktion, weil sie bis zum Januar nach der Geburt der Fohlen gutgewachsene Jährlinge heranziehen müssen. Der Boden einer solchen Gestütsscheune wird mit Rindenspänen bedeckt sein, wie man sie in einer Reithalle benutzt; die Oberfläche muß man ständig flachwalzen und benetzen, damit sie fest und staubfrei ist.

Die Barriere selbst sollte sehr stabil und ihre Oberkante so hoch sein, daß sie mit der

Delle im Rücken der durchschnittlichen Stute übereinstimmt. Sie muß länger als die Stute sein, damit diese den Hengst nicht treten oder vor ihm ausschlagen kann. In manchen Gestüten steht ein kleiner Käfig davor, etwas versetzt von der Linie des Probierstands, damit ein Pfleger ohne Gefahr das Fohlen der Stute in der Nähe ihres Kopfs halten kann. Manche Stuten werden gereizt, wenn man ihre Fohlen getrennt von ihnen unterbringt.

Zusätzlich zum Probieren im Hof des Gestüts kann es notwendig sein, sowohl den Hengst am Paddock der Stute vorbeizuführen, wie auch Stuten am Zaun zu probieren. Zu diesem Zweck setzt man ein Probierbrett mit engstehenden Latten in den Zaun. Eine Zeit lang brachte man oben auf dem Brett noch ein großes, rundes Holz an für den Fall, daß es dem Hengst gelingen sollte, ein Vorderbein darauf zu setzen. Aber alles, was ungefährlich und glatt ist, läßt sich als Schutz anwenden; am häufigsten nimmt man besonders strapazierfähiges Gummi.

## Der Einsatz eines Hengstes

Viele Junghengste sind mit zwei Jahren reif genug, um eine Stute zu befruchten. Es ist allzu leicht, den Zweijährigen noch für einen Jüngling zu halten und unausreichende Maßnahmen gegen das Risiko zu treffen, daß er über den Zaun springt und eine Stute deckt. Dem Dreijährigen kann man ein paar erfahrene Stuten erlauben. Den Vierjährigen kann man schon als Beschäler anbieten und er könnte etwa ein Dutzend oder sogar bis zu 20 Stuten decken. Ein Fünfjähriger müßte zweimal so viele bewältigen können. Bei diesen Überlegungen darf man aber nicht vergessen, daß Vollblüter und gut behandelte Pferde schneller reifen als weniger gut gepflegte, und große Pferde langsamer als kleinere. Auf diese Tatsachen muß man Rücksicht nehmen, aber auch darauf, ob der Hengst zu dem Stutenmaterial paßt, das vom Züchter vorgesehen ist.

## Werbung

Es ist notwendig, einen Hengst bekannt zu machen. Anzeigen sollten in der Lokalpresse, in den gesonderten Hengstheften von Wochen- und Monatszeitschriften sowie in Veröffentlichungen der Zuchtverbände erscheinen. Man kann den Hengst auf Ausstellungen zeigen, oder auch an Turnieren teilnehmen lassen, wenn es die entsprechenden Klassen gibt. Bei der Gelegenheit sollten der Hengstwärter und etwaige Mitarbeiter gedruckte Geschäftskarten des Gestüts an Interessierte aushändigen, welche die besonderen Vorteile ihres Schützlings erläutern.

Besitzt man mehrere Zuchthengste, so bietet ein jährlicher »Tag der offenen Tür« mit Hengstparade eine gute Gelegenheit, sie bekannt zu machen.

## Probieren

»Der rechte Augenblick«
Werden Stuten aus der Hand gedeckt und hat der Hengst mehrere Stuten, ist es am besten, wenn er jede einzelne Stute so selten wie möglich deckt. Decken kostet Zeit und Kraft. Das Ziel ist, die Stute unmittelbar vor dem Eisprung decken zu lassen, damit die aufsteigenden Samenzellen auf das herabsteigende Ei treffen. Die Schwierigkeit liegt darin, den genauen Zeitpunkt festzustellen. Im Freien deckt der Hengst die rossige Stute wiederholt und so lange, wie sie ihn zuläßt und er die Kraft hat.

Im Vollblutgestüt führt der Tierarzt seine Hand in den After der Stute und tastet den Eierstock durch die Darmwand hindurch. In manchen Gestüten beobachtet der Betreuer die Zervix mittels eines sterilen Scheidenspekulums.

In den meisten Gestüten wird man aus früherer Erfahrung mit einer bestimmten Stute wissen, wie lange ihre Rosse dauert. Der Eisprung findet in den beiden letzten Tagen der Rosse statt. Wenn die Stute fünf Tage lang rossig zu sein pflegt, wäre es wenig sinnvoll, sie vor dem dritten Tag decken zu lassen. Da der Samen der meisten Hengste auch nach 24 Stunden in der Stute noch lebensfähig ist, bedeutet es lediglich eine Sicherheitsmaßnahme, wenn man sie am fünften Tag nochmals decken läßt.

Aber selbst wenn so bei der Stute alles ganz regelmäßig abläuft, hängt der Erfolg des Zuchtplans dennoch davon ab, daß man ganz genau weiß, wann ihre Rosse anfängt. Dieses unentbehrliche Wissen läßt sich nur durch peinlich genaue Beobachtungen und Aufzeichnungen erwerben. Diese beiden Verfahren ergänzt man, indem man die Stute wissen läßt, daß der Hengst in der Nähe ist. Zwar kann man wohlerzogene Hengste einfach in den Paddock der Stute führen, in den meisten Fällen aber führt man den Hengst am Halfter mit eingesetzter Trense an der Koppel vorbei, in der sich die Stute befindet.

Wenn die Stute rossig ist, läßt man den Hengst probieren. Das ist aber für den Hengst nicht ganz ungefährlich; man verwendet dazu keine kostbaren Hengste, sondern einen Spitzhengst oder sonst einen weniger wertvollen Hengst, eben einen »Probierhengst«. Mit einem erfahrenen Hengst ist das Probieren viel leichter; am Verhalten eines solchen Pferdes läßt sich manchmal deutlich ablesen, ob die Stute paarungswillig ist oder nicht. Ein Probierhengst, der sich zu benehmen weiß, erleichtert die Aufgabe des Wärters. Manche Hengste sind übereifrig und daher nicht die besten Probierhengste. Es kommt vor, daß der Probiervorgang die Rosse der Stute auslöst.

Werden die Stuten an einem Probierstand im Koppelzaun geprüft, bringt man den Hengst bzw. Probierhengst zur Bretterbarriere. Dieser wird die Stuten wahrscheinlich rufen. Der Hengstwärter merkt sich, welche Stuten auf den Hengst zukommen und wie sie reagieren. Ein Helfer hält beschützende bzw. überfürsorgliche Stuten fern. Manche Stuten sind spröde und kommen ungern zum Hengst. Diesen soll ein

Helfer ein Halfter überziehen und sie zur Barriere führen, wo dann das Probieren ohne Aufregung stattfinden soll.

## Probiervorgang

Jeder Hof geht nach seiner Weise vor; das folgende Vorgehen ist weithin üblich. Man führt die Stute am Halfter mit eingesetzter Trense zum Probierstand, wobei der Betreuer üblicherweise neben ihrer linken Schulter steht. Dann führt man den Hengst mit Halfter und Führzügel zum Probierstand. Sein Wärter trägt eine Peitsche oder einen Stock und sollte sicherheitshalber Handschuhe anziehen. Auf manchen Höfen besteht man darauf, daß der Hengstwärter auch einen Hut trägt. Jeder Hut bietet etwas Schutz, das sicherste ist aber selbstverständlich eine feste Kappe mit Kinnriemen.

Es kann sein, daß der Hengst zunächst Nasenberührung mit der Stute aufnimmt, und der Helfer muß aufpassen für den Fall, daß die Stute nach dem Hengst schlägt. Sehen die Zeichen günstig aus, wendet der Helfer die Stute so, daß sie parallel zur Barriere steht, damit der Hengst zunächst ihre rechte Schulter beschnuppern und sich anschließend zur Vulva hinarbeiten kann.

Eine rossige Stute beweist Interesse für den Hengst, duckt sich ein wenig beim Harnlassen und »blinkt«. Die Vulva kann etwas mehr Blut enthalten sowie glatter und länger als üblich aussehen. Wenn eine Stute gerade anfängt, rossig zu werden, zeigt sie vielleicht schon einige Symptome, ist aber noch nicht bereit, den Hengst heranzulassen. Sie schlägt vielmehr aus, quietscht, wedelt mit dem Schweif und legt die Ohren zurück.

Manche spröden Stuten sträuben sich zunächst. Wenn man aber Geduld hat, freunden sie sich allmählich mit dem Gedanken an, daß ein Hengst sie bespringen soll. Daher muß der Hengst bzw. Probierhengst bereit sein, eifrig aber auch geduldig zu bleiben, während er Stuten probiert. Ein überlauter oder aggressiver Hengst könnte manche Stuten abschrecken, ein allzu gelassener, langsamer Hengst andererseits vielleicht nicht anregend genug wirken.

**Decken**

Will man eine Stute aus der Hand decken lassen, bieten sich zwei Verfahren an, die wohl am häufigsten angewendet werden. Der hauptsächliche Unterschied zwischen beiden stammt aus dem Widerstreit des Strebens nach Natürlichkeit einerseits und Sicherheit andererseits. Zur höchstmöglichen Sicherheit kann man an den Hinterbeinen der Stute Fesseln anbringen, die mit sehr starken Stricken am Halsriemen befestigt sind. Andere Sicherheitsvorkehrungen sind z. B. Augenbinden, das Hochbinden eines Vorderbeins, sowie eine Bremse für die Stute. Im anderen Verfahren hält man die beiden Pferde an langen Führzügeln und läßt sie sich in ihrer eigenen Zeit und auf ihre eigene Weise begegnen und paaren.

Vorgang

Folgendes stellt einen vernünftigen Kompromiß dar. Man striegelt die Oberseite des Hinterviertels der Stute, damit sie frei von Staub und Schmutz ist. Anschließend wäscht man sie mit mildem Desinfektionsmittel, wobei man besonders auf Schweifrübe, Vulva und After achtet. Dazu benutzt man mehrere Wattebäusche, um nie einen verschmutzten wieder in die saubere Flüssigkeit tauchen zu müssen. Den Schweif umwickelt man mit einer frisch gewaschenen Schweifbandage. Das Langhaar kann geflochten und in die Bandage zurückgebogen werden. Wichtig ist, daß kein Schweifhaar über der Vulva liegt, wenn der Hengst den Penis einführt.

Dann zieht man der Stute Filzschuhe über die Hinterhufe, um das Risiko zu verringern, falls sie nach dem Hengst schlägt. Anschließend hält man sie mit einem Halfter; eine lange Bremse hält man für den Notfall bereit. Der Hengst trägt eine Decktrense mit Führzügel. Man führt ihn auf den Deckhof; dabei sollte man ihn zur linken Flanke der Stute hinführen, von wo aus er sie in aller Ruhe beschnuppern und ihr Vertrauen gewinnen kann. Käme der Hengst von hinten, so könnte er getreten werden.

Sowie die Erregung der Stute steigt, erregt sich der Hengst ebenfalls, obwohl jeder Hengst seine eigene Erregungskurve hat. Neigt die Stute dazu, zu treten, kann man ihr zur zusätzlichen Sicherheit eine Bremse anlegen. Im allgemeinen ist eine Bremse nicht notwendig. Es kann aber sein, daß sie der Stute routinemäßig angelegt wird, wenn es sich um einen wertvollen Hengst handelt.

Der Duft der Stute veranlaßt den Hengst zu flehmen. Bis er das Hinterviertel der Stute erreicht hat, müßte sein Penis vollständig erigiert sein. Er kann sie nun bespringen. Hierbei sehen es manche Hengstwärter gern, wenn ein zusätzlicher Helfer den Schweif der Stute weghält und sogar den Penis in die Vulva führt. Allerdings kommen die meisten Hengste und Stuten alleine ganz gut zurecht.

Wenn der Penis in die Scheide eintritt, macht die Stute manchmal einen Schritt nach vorne, um das Gleichgewicht zu halten. Sie muß gerade gehalten werden. In den seltenen Fällen, wenn ein Hengst die Schultern der Stute mit seinen Vorderhufen oder ihren Widerrist mit seinen Zähnen zu heftig bearbeitet, kann man ihr ein Schutzleder überziehen. Für Hengste, die ihre Stuten gern beißen, gibt es einen sogenannten Beißkorb.

Ist der Penis eingeführt, schwenkt der Hengst seinen Schweif, und dies zeigt an, daß er absamt. Wenn er soweit ist, steigt er ruhig von der Stute wieder herab.

Sobald der Hengst den Penis herausgezogen hat, gibt der Hengstwärter dem Betreuer der Stute ein Zeichen, woraufhin dieser am Kopf der Stute zieht und sie nach links und vorne wegbewegt. Diese Bewegung dreht das Hinterviertel der Stute automatisch sowohl vom Hengst wie auch von seinem Wärter weg, so daß keiner von beiden getreten wird. Der zweite Helfer tritt rasch mit einer Kanne milder Desinfektionslösung heran, um den Penis des Hengstes zu säubern. Dies muß binnen weniger Sekunden geschehen, bevor sich der Penis in die Vorhaut zurückzieht. Wenn der Hengst wieder absteigt, kann etwas Samen aus der Stute verloren gehen. Die Filzschuhe der Stute sind sofort zu entfernen. Dann führt man sie eine Weile herum, bis sie sich wieder beruhigt hat, weil manche Stuten das Bedürfnis haben, nach dem Deckakt Harn zu lassen, und man der Meinung ist, sie könnte dabei weiteren Samen herausdrücken. Der Samen müßte bereits in der Gebärmutter sein, jedoch könnte ein Teil davon sich am inneren Ende der Scheide neben der Zervix befinden. Auch dem Hengst kann es angenehm sein, wenn man ihn herumführt, während er sich abregt.

Junge, unerfahrene Hengste brauchen ruhige, erfahrene Stuten der richtigen Höhe, die stehen bleiben. Sollte der junge Hengst zur Seite aufsteigen, muß man die Stute herumführen und für einen erneuten Versuch in Stellung bringen. Es kann Zeit und Geduld kosten. Zur Bändigung eines sehr eifrigen Jünglings braucht man u. U. einen zweiten Zügel. Ein zweiter Betreuer auf der anderen Seite könnte gefährdet sein, wenn Hengst oder Stute sich aus der gewünschten Richtung drehen.

Gibt es einen beträchtlichen Größenunterschied zwischen Stute und Hengst, kann es notwendig sein, beispielsweise eine kleine Stute auf eine Steigung oder einen Erdwall oder auch eine große in eine Vertiefung wie z. B. ein Wasserhindernis zu stellen.

Der junge Hengst kann täglich eine Stute decken, ein älterer morgens eine und nachmittags eine weitere. Aber selbst wenn nur jeden zweiten Tag gedeckt wird, kann es passieren, daß am gleichen Tag mehrere Stuten zu decken sind, und der Hengst muß diesen Anforderungen genügen. Bei einem

Hengst, der bereits vor der Decksaison wirklich gute Kondition erlangt hat und dessen Kraft und Gesundheit durch die ganze Saison hindurch aufrecht erhalten werden, bestehen die besseren Aussichten, daß er die Aufgabe bewältigt und daß ein hoher Prozentsatz seiner Stuten trächtig wird.

## Wie man 100% Deckerfolg erreicht

Eine Stute zu halten, ist eine teure Angelegenheit. Zwischen dem Tag, an dem man zur Deckvorbereitung die Tupferprobe ausführt, und der Entwöhnung des Fohlens vergehen mindestens 18 Monate. Zusätzlich zu den Unterhaltskosten für Stute und Fohlen gab es bereits das Deckgeld und ähnliche Gebühren sowie mögliche Kosten für tierärztliche Versorgung. Ein Fohlen zu erzeugen, ist daher ein kostspieliges Unterfangen. Außerdem hat sich während dieser 18 Monate der Wert der Stute eventuell gemindert. Sollte die Stute statt eines Fohlens jährlich nur 2 Fohlen alle 3 Jahre erzeugen, erhöhen sich die meisten Unkosten um 50%. Daher ist es äußerst wichtig, daß jede Stute, die zum Hengst geht, auch trächtig wird.

Der erste Schritt heißt, die Anzeichen einer bevorstehenden Rosse zu erkennen, damit der Tierarzt die Tupferprobe durchführen kann. Es ist auch wichtig zu merken, wann die Rosse tatsächlich anfängt, damit die Stute im richtigen Moment probiert werden kann. Normalerweise sollte sie am zweiten Tag der Rosse und anschließend an jedem zweiten Tag gedeckt werden, bis die Rosse abgeklungen ist. Bei manchen Stuten dauert die Rosse nur wenige Tage an, und solche Stuten müssen täglich probiert und gedeckt werden. Bei anderen, insbesondere älteren, scheinen die Säurewerte des Genitalwegs erhöht zu sein und die Überlebenschancen des Samens sind schlecht; solche Stuten müssen ebenfalls täglich gedeckt werden.

Problematisch ist die Stute, die rossig wird und bleibt, bei der aber der Eisprung versagt. Hier bewirkt eine L.H.-Spritze, daß das Ei aus dem Eierstock freigesetzt wird. Bei einer Stute, deren Rosse ausbleibt, hilft es, wenn man ihren Genitalweg mit physiologischer Kochsalzlösung ausschwemmt. Dies sollte der Tierarzt machen. Manche Stuten, bei denen sich Progesteron im Blut nachweisen läßt, brauchen eine Prostaglandinspritze. Andere werden ein Gestagen brauchen, das wie Progesteron wirkt. Dies kann man 10 Tage lang im Futter verabreichen. Etwa 5 Tage nach Beendigung der Behandlung wird die Stute rossig. Der Eisprung erfolgt dann meist am vierten Tag der Rosse.

Nachdem eine Stute gedeckt wurde und ihre Rosse zu Ende gegangen ist, ist es wichtig, daß sie auch aufnimmt. Man wird darauf achten, ob sie erneut rossig wird. Bei einer Stute, die ordnungsgemäß gedeckt worden ist, jedoch nicht aufnimmt, muß der Tierarzt die Eierstöcke durch Tasten untersuchen, um festzustellen, ob sie normal ausgebildet sind.

40 Tage (6 Wochen) nach dem letzten Dek-ken kann der Tierarzt mit der Hand prüfen, ob die Stute trächtig ist. Man soll die Untersuchung nicht zu einem früheren Zeitpunkt durchführen, weil der Fötus sich vorher noch nicht fest eingenistet hat. Stattdessen kann der Tierarzt nach 10 Wochen anhand einer Blutprobe feststellen, ob die Stute trächtig ist. Eine dritte Möglichkeit bietet eine Urinprobe nach 17 Wochen. Die neueste Möglichkeit, eine Trächtigkeit festzustellen, bietet ein elektronisches Ultraschallgerät.

## Datensammlung
Ein Gedächtnis kann versagen und deshalb muß man die Daten jeder Stute fortlaufend und genau aufzeichnen. Das Verhalten der Stute im Gestüt (mit genauen Einzelheiten über Dauer der Rosse sowie Zeitpunkt des Probierens und des Deckens), Datum und Ergebnis von Trächtigkeitstests, und Geburtsdaten der Fohlen müssen festgehalten werden. Außerdem werden Einzelheiten über Hufbeschlag und tierärztliche Behandlungen notiert.

# Die Stute

## Die Wahl einer Zuchtstute
Eine Stute für die Zucht einzusetzen, weil sie zu nichts anderem taugt, ergibt keinen Sinn. Darüber sind sich alle einig. Aus gutem Grund wählt man sie, weil sie hervorragende Eigenschaften besitzt. Sie kann diese bei Material- oder Turnierprüfungen, auf der Rennbahn, oder wo auch immer bewiesen haben. Meist wäre es falsch, mit einer Stute weiterzuzüchten, die ihren Fötus schwer behält, bei der Geburt Schwierigkeiten hat oder eine schlechte Mutter ist. Nur eine ganz außergewöhnliche Stute könnte es rechtfertigen, dies Mehr an Schwierigkeiten hinzunehmen.

Es ist auch falsch, mit einer Stute zu züchten, die ein fehlerhaftes Gebäude oder ein schlechtes Temperament hat oder deren Fohlen nicht genügend Blut, kein gutes Gebäude und zu wenig Temperament haben oder die nicht robust und gesund sind. Sentimentale Gründe alleine rechtfertigen dies nicht. Allzuoft züchtet man mit einer Stute einfach nur deshalb, weil sie da ist und nichts anderes zu tun hat, manchmal aber auch weil sie ständig lahm ist.

## Die Wahl eines geeigneten Hengstes
Bei der Wahl eines Hengstes für eine bestimmte Stute muß man dreierlei berücksichtigen: genetisches Potential, Leistung und bisherige Nachkommen.

### Genetisches Potential
Seine genetische Ausstattung bezieht der Hengst je zur Hälfte von seinen beiden

Eltern, zu je einem Viertel von seinen Großeltern und zu je einem Achtel von seinen Urgroßeltern. Die Einzelheiten seiner Abstammung lassen sich meist beschaffen und es lohnt sich, sie zu betrachten, weil seine Nachkommen wiederum die Hälfte ihrer Gene von ihm erhalten. Die erste Auflage des Vollblut-Zuchtbuchs zählte 50 Stuten mit dokumentierten Nachkommen auf, und diese entsprechen den 50 numerierten Familien. Wenn man streng innerhalb einer Familie oder Abstammungslinie züchtet, nennt man das Inzucht. Inzucht kann bewirken, daß sowohl gute wie auch schlechte Merkmale vermehrt auftreten. Inzucht kann aber auch gefahrlos sein, wenn die Gene der Familie »rein« sind, wie z. B. beim Exmoor-Pony. Die Inzucht kann aber auch ein unerwünschtes, auf rezessiven Genen beruhendes Merkmal ans Licht fördern. Etwa vorhandene Geschwister (Brüder und Schwestern) des Hengstes werden eine teilweise andere Auswahl aus dem Genpotential ihrer Eltern aufweisen. Auch Halbgeschwister sind von Bedeutung, wie die Durchsicht eines Verkaufskatalogs beweist.

## Leistung

Wie war das Ergebnis der Hengstleistungsprüfung? Was hat der Hengst sonst geleistet? Man sollte auch prüfen, was er bei Turnieren erreicht und was er gewonnen hat, und ob er das Training verkraftete. Ist der Hengst ein Rennpferd, über welche Distanz hatte er den meisten Erfolg? Hat sein Temperament einen guten Ruf? Bewegt er sich gut? Ist er fehlerfrei? Wie steht es um seine Fruchtbarkeit? Alle diese Fragen sind von Bedeutung.

## Nachkommen

Man muß die Nachkommen des Hengstes auch betrachten, um zu sehen, ob er wünschenswerte Merkmale erzeugt und seinen Typ durchsetzt. Es könnte sein, daß seine Nachkommen unwünschenswerte Merkmale oder gebäudemäßige Fehler zeigen.

Nachdem man zwei oder drei Hengste in die engere Wahl gezogen hat, muß man sie besichtigen. Im Gestüt sollte man das Exterieur, die Bewegungsweise und das Temperament des Hengstes prüfen. Sehr wichtig ist auch der äußere Eindruck, den das Gestüt macht, und daß es allen Ansprüchen genügt. Der Stutenbesitzer muß das sichere Gefühl haben, daß seine Stute gut versorgt und nett behandelt wird.

## Die Kondition der Stute

Wenn eine Stute ins Gestüt geht, muß sie in guter Kondition sein. Ihre Hufe müssen in Ordnung, frisch gepflegt und die hinteren unbeschlagen sein. Wurde bei ihr in letzter Zeit keine Wurmbehandlung durchgeführt, wird dies unter Umständen bei Ankunft im Gestüt nachgeholt. Viele Gestüte wünschen, daß die Stute gegen Tetanus und Pferdeinfluenza geimpft ist, und verlangen einen entsprechenden Nachweis.

Was Körpergewicht und Kondition angeht, so ist es schwierig, mit fetten oder sehr mageren Stuten zu züchten. Die Stute sollte gesund und fit sein, wenn sie ins Gestüt fährt, eine vernünftige Muskelschicht über den Rippen haben und eine leichte Gewichtszunahme aufweisen. Diese leichte Steigerung der Futteraufnahme spiegelt die natürliche Wachstumssteigerung des Grases im Frühjahr wider. Diese ist ein Teil des Auslösemechanismus, der den regelmäßigen Geschlechtszyklus der Stute in Gang setzt. Eine Wetterbesserung, welche die Stute die Sonnenwärme auf ihrem Rücken spüren läßt, ist ebenfalls ein Teil in diesem Mechanismus. Der bedeutendste Faktor ist aber die zunehmende Dauer des Tageslichts.

Bei Vollblütern sind frühe Fohlen erwünscht und daher muß der Zyklus der Stute im Februar anlaufen. Um den Zyklus auszulösen, sorgt man ab Januar durch helle Beleuchtung im Stall der Stute für mindestens 16 Stunden Licht täglich.

Wenn die Stute im Gestüt ankommt, muß sie sich an andere Futtersorten, anderes

Wasser und sogar andere Keime gewöhnen und sie wird zunächst etwas an Kondition einbüßen. Daher ist es ratsam, sie eine Woche vor dem erwarteten Anfang ihrer nächsten Rosse ins Gestüt zu bringen. Damit erhöht man die Wahrscheinlichkeit, daß sie aufnimmt. Soll sie dagegen während der Fohlenrosse gedeckt werden, so wäre es besser, wenn sie das Fohlen im Gestüt bekommt. Es ist nicht ratsam, eine Stute mit neugeborenem Fohlen zu transportieren. Damit die Stute noch nicht zu schwer ist und Zeit hat, Immunität gegen die Keime ihrer neuen Umgebung zu erwerben, die sie dann an das Fohlen weitergibt, könnte sie bereits bis zu einem Monat vor der Geburt ins Gestüt fahren.

**Künstliche Besamung**

Mit Hilfe einer geeigneten Stute ist es nicht schwierig, den Samen eines Hengstes in eine künstliche Scheide abzuleiten. Der Samen läßt sich bei sehr niedrigen Temperaturen lagern. Man verwendet ihn im verdünnten oder im ursprünglichen Zustand. Verdünnter Samen wird in speziellen Röhrchen gelagert.

Die künstliche Besamung bietet mehrere Vorteile, vor allem den der Krankheitskontrolle. Wenn der Hengst keinen Körperkontakt mit der Stute hat, kann er keinerlei Geschlechtskrankheit aufnehmen. 1977 trat in der Gegend von Newmarket eine Epidemie ansteckender Gebärmutterentzündung auf. Sie übte eine durchgreifende Wirkung auf den Ruf und die Finanzlage vieler dortiger Gestüte aus. Von daher stammen die strengen und kostspieligen Vorbeugemaßnahmen, die heute in den meisten Gestüten praktiziert werden.

Der zweite Hauptvorteil der künstlichen Besamung ist der, daß sie das Risiko einer Verletzung des Hengstes vermindert. Da dieser nie eine fremde Stute deckt, vermeidet er Tritte in Penis oder Hoden, die ihn außer Gefecht setzen könnten.

Der dritte Hauptvorteil ist, daß der Samen in genau dem richtigen Augenblick durch die Zervix in die Gebärmutter einer Stute eingeführt wird.

Wegen dieser Vorteile ist die künstliche Besamung heute weit verbreitet. Sie hat aber auch Nachteile. Weil es möglich ist, Samen zu verdünnen, könnte ein einzelner Hengst in einer Saison Tausende von Fohlen erzeugen und dabei Hunderte von Hengsten überflüssig machen und den meisten Gestüten das Geschäft verderben. Ferner wäre es notwendig, eine Bluttypbestimmung aller erzeugten Fohlen durchzuführen, um sicherzustellen, daß sie vom richtigen Hengst stammen. Zur notwendigen Sicherheit wird wahrscheinlich eine gesetzliche Regelung unerläßlich sein, falls die künstliche Besamung breite Anwendung findet. »Retortenzeugung« sowie Leihmütterschaft sind weitere Zukunftsmöglichkeiten.

**Krankheitskontrolle**

Die Bekämpfung von inneren und äußeren Parasiten muß regelmäßig durchgeführt werden. Die trächtige Stute sollte man einen Monat vor der Geburt impfen lassen. Krankheiten, welche die Genitalwege befallen, können die Fortpflanzung beeinträchtigen und von Stute zu Hengst oder umgekehrt übertragen werden.

Seinerzeit hielt man Stuten und Hengste für »sauber«, solange Ausfluß oder sonst ein gegenteiliger Beweis fehlten. Heute ziehen Gestütsbesitzer das sichere Wissen vor. Insbesondere wünschen sie sicher zu sein, daß die Stute frei von C.E.M ist. Diese Krankheit wird durch Bakterien verursacht, die sich in der Nähe der Klitoris ansiedeln. Wenn die Stute rossig ist, entspannt sich ihre Zervix. Der Tierarzt kann dann Tupferproben vom Genitalweg entnehmen und sie auf C.E.M. und andere Krankheiten untersuchen. Jedes Gestüt stellt seine eigenen Bedingungen für die Decksaison.

**Pflege der trächtigen Stute**

Die Versorgung der trächtigen Stute teilt sich in drei sich überlappende Perioden.

Während der ersten 2 Monate ist es wichtig, daß der Stute kein Sturz, Stoß oder Erlebnis widerfährt, welche den Embryo erschüttern könnten. Nachdem sich dieser eingenistet hat, folgt die mittlere Periode, in der es einfach gilt, die Stute gesund und fit zu erhalten. Die dritte Periode bilden die letzten drei Monate vor der Geburt.

## Die frühen Monate der Tragzeit
Wird die Stute nach dem Decken nicht erneut rossig, darf man hoffen, daß sie trächtig ist. Die Trächtigkeit läßt sich später durch manuelle Untersuchung, Blut- oder Urinproben, oder mit Hilfe des entsprechenden Geräts vom Tierarzt bestätigen.

Fällt das Ergebnis der Untersuchung negativ aus, ist es möglich, daß die Stute zunächst aufnahm, aber der Embryo bzw. Fötus sich nicht einnisten konnte, starb und resorbiert wurde. Eine weitere Ursache des Verlusts können Krankheitserreger sein, welche die Genitalwege der Stute befallen haben: Es gibt verschiedene Viren, Bakterien und Pilze, die zum Verfohlen führen. Leider ist es nicht leicht, einen Frühabort zu entdecken. Das wenige abgestoßene Material wird rasch von natürlichen Aasvertilgern beseitigt und entgeht so der Beobachtung.

Bei manchen Stuten ist die Vulva so ausgebildet, daß die Schamlippen schlaff oder falsch ausgerichtet sind. Dieser Fehler läßt sich durch Caslicks Operation korrigieren.

Eine weitere mögliche Erklärung für das Verfohlen ist, daß die Stute Zwillinge empfing. In der Mehrzahl solcher Fälle gibt es eine Fehlgeburt. Selbst wenn die Stute die Zwillinge austrägt, überleben sie selten.

Obwohl es heute kaum noch üblich ist, gibt es eigentlich keinen Grund, weshalb die Stute während der ersten zwei Drittel der Tragzeit nicht normale, leichte Arbeit leisten sollte. Es ist vielmehr wichtig, daß sie während der ganzen Tragzeit fit bleibt. Deshalb sollte sie täglich Bewegung bekommen. Viele Stuten bleiben auf der Weide und bewegen sich ausreichend beim Grasen. Vollblüter sowie Pferde, die auf schweren, leicht aufweichenden Lehmböden stehen, muß man eventuell nachts hereinholen. Wo keine geeignete Weide verfügbar ist, ist ein recht bemessenes Bewegungstraining dem Herumstreunen auf einem strohbedeckten Hof vorzuziehen. Bewegungsmaschinen können hier nützlich sein; für Stallstuten sind 20 Minuten lebhaften Gehens täglich das Minimum. Stattdessen kann die Bewegung auch unter Sattel oder an der Hand erfolgen.

## Die mittleren Monate der Tragzeit
Die Stute muß in gutem Allgemeinzustand gehalten werden. Beaufsichtigung der Hufe und Zähne sowie Wurmkontrollen sind wichtig. Manche Wurmbekämpfungsmittel sind für trächtige Stuten ungeeignet.

Während dieser Periode beginnt die Winterroutine der Stute und ihr Futter wird sich entsprechend ändern. Das Ziel lautet, die Stute im gesunden, aber nicht verfetteten Zustand zu erhalten. Eine Stute, die in diesem Stadium überfüttert wird, setzt Fett in ihrem Körper an, das ihre Beine zunehmend belastet und beim Abfohlen hinderlich sein wird. Das Futter muß aber gut sein. Es muß ausreichend Mineralstoffe, Vitamine und essentielle Aminosäuren enthalten. Es muß auch frei von Schimmelpilzen sein, da manche Toxine zum Verfohlen führen.

So wie der Winter herannaht, muß der Besitzer der Stute darauf achten, daß das verfütterte Heu sauber, gut aufbereitet und gut gelagert ist. Das Kraftfutter mischt man aus Getreidekörnern und einem fertigen Ergänzungsfutter, das sowohl die Vitamine A, D, E und Folsäure wie auch Mineralstoffe enthalten kann.

Hat die Stute ein Fohlen bei Fuß, kann man von der Verfütterung von Zusatzstoffen absehen, bis das Fohlen völlig entwöhnt und die Milch versiegt ist. Während der Entwöhnung kann man die Stute für ein paar Tage im Stall halten und nur mit Heu füttern, oder sie zusammen mit Gesellschaft auf eine aufgeräumte, gut eingezäunte Weide entlassen. Nach einigen Tagen müßte die Milchproduktion aufhören. Das Euter sollte man aber weiterhin auf Mastitis untersuchen.

### Die letzten drei Monate

Während dieser Zeit ist es am wichtigsten, dafür zu sorgen, daß die Stute weiterhin in Kondition bleibt, frei von unnötiger Belastung ist und gesunde Nahrung erhält. Sowie die Futtermenge steigt, wechselt man am besten zu speziellen Zuchtcobs über. Diese enthalten die richtige Menge Protein und außerdem die essentiellen Aminosäuren. Mischt man das Kraftfutter selbst, gibt es ein proteinreiches Ergänzungsfutter zu kaufen, das man beimischen kann; dieses sollte aber nicht alleine verfüttert werden. Als Alternative kann man während des letzten Monats vor der Geburt Gras- und Sojamehl bzw. Trockenmilch in die Futterration aufnehmen. Je nachdem, ob Gras verfügbar ist, kann man für ein paar Monate nach der Geburt auch damit fortfahren. Das Futter der im Stall gehaltenen Stute sollte leicht abführend sein.

Gegen Ende dieser Periode ist es wichtiger denn je, die normalen Angewohnheiten und das Normalverhalten der Stute genau zu kennen, weil eine Veränderung das erste Anzeichen des Abfohlens sein kann.

### Die Geburt

Abfohlen ist ein natürlicher Vorgang, den die meisten Stuten am liebsten ohne fremde Einmischung erledigen. Aber nicht immer verläuft alles reibungslos.

### Die Abfohlbox

Eine Abfohlbox muß größer als eine gewöhnliche Box sein; eine gute Größe ist 4,5 × 4,5 m. Eine große Box ist deshalb empfehlenswert, weil die Stute sich eventuell zum Abfohlen quer hinlegen könnte. In einer kleinen Box bliebe dann hinter ihr nicht genug Platz für das Austreten des Fohlens. Die Box muß vorher gereinigt und saubergeschrubbt werden. Sie ist auch durchweg zu desinfizieren.

Will man die Stute erst bei Beginn des Abfohlens in die Abfohlbox hereinbringen, sollte man eine dünne Schicht Sägemehl unter der Einstreu auslegen, um zu verhindern, daß die Stute ausrutscht. Die Box darf keine scharfen Vorsprünge oder Hindernisse enthalten. Für die Nacht sollte es eine kleine Glimmlampe geben sowie gute Beleuchtung für Zeiten, wenn ein Eingreifen erforderlich wird; stufenlose Regulierung ist ideal. Eine Infrarot-Wärmelampe sollte auch vorhanden sein.

Ein Nebenraum, in dem ein Betreuer wachen kann, ohne die Stute zu stören, ist wünschenswert. In großen Gestüten benutzt man Fernsehüberwachung. Aber regelmäßige Kontrollbesuche, wenn sie auch störender für die Stute sind, sorgen schon dafür, daß man das Ereignis nicht versäumt.

Ein Kunststoffeimer mit fest schließendem Deckel ist ein geeignetes Behältnis für das notwendige Zubehör. Ein sauberer Arbeitskittel sollte griffbereit liegen und es ist ratsam, die Stute an den Anblick so gekleideter Personen zu gewöhnen. Beige ist eine praktischere Farbe dafür als Weiß. Eine Gelegenheit, die Hände gründlich zu waschen und die Nägel zu schrubben, muß vorhanden sein. Auch muß es möglich sein, schnell heißes Wasser zu bereiten.

Um auf die verschiedenen Zwischenfälle, die beim Abfohlen eintreten können, vorbereitet zu sein, ist u. a. folgendes bereit zu halten:

☐ Saubere Handtücher, um falls nötig das Fohlen trocken zu reiben.
☐ Eine Fohlendecke (oder alter Pullover).
☐ Eine Klistierspritze und Paraffinöl.
☐ Eine Taschenlampe (beim Abfohlen im Freien bzw. für eventuellen Stromausfall).
☐ Etwas Bindfaden.
☐ Wasser, Seife und Handtuch.
☐ Eine Decke für die Stute.

☐ Sterile Geburtsstricke in versiegelter Verpackung.

☐ Kunststoffwatte.

☐ Jod-Alkohol (Molkerei-Zitzendip) oder Antibiotika-Spray.

☐ Babyfläschchen mit Kälberzitze.

## Anzeichen bevorstehender Geburt

Stuten tragen ihre Fohlen etwa 330–340 Tage. Man darf daher erwarten, daß das Fohlen elf Monate nach dem letzten Sprung geboren wird. Frühere oder auch spätere Geburten sind aber nicht ungewöhnlich. Das Euter hat sich meist gefüllt. Ein Harztropfen müßte sich an den Zitzen bilden und Milch kann fließen. Die Muskeln um die Schweifrübe herum nehmen eine gelähnliche Konsistenz an und sacken ab. Das Hinterviertel wirkt etwas eingefallen. Normalerweise sieht die Vulva fest und trocken aus und eine über das Hinterteil gelegte Hand wird sie nicht berühren. In diesem Stadium aber entspannt sich die Vulva und wird feucht und könnte eine über das Hinterteil gelegte Hand berühren, ein Zeichen dafür, daß sie sich etwas nach hinten vorwölbt. Manche Stuten versetzen ihre Menschen bereits Wochen vor dem Ereignis in Unruhe; bei anderen gibt es wenig Änderung in ihrem Verhalten, lediglich zunehmende Rastlosigkeit.

## Abfohlen

Abfohlen im Freien ist natürlich und bei allen einheimischen Tieren normal. Für Vollblüter ist eine Abfohlbox üblich. Die Abfohlbox bietet Bequemlichkeit. Um Mitternacht eine Koppel mit Taschenlampe abzusuchen, ist ein langwieriges Unterfangen! Ein moderner Geburtsmelder ist ein nützliches, wenn auch teures Gerät, das für Seelenruhe sorgt und viele Stunden Zeit spart. Es wird an die Stute angeschlossen und läßt in einiger Entfernung ein Alarmsignal tönen, wenn das Abfohlen einsetzt.

Zum Abfohlen legen sich Stuten meist nieder. Sie können aber in jedem Stadium wieder aufstehen, herumlaufen und sich dann erneut hinlegen. Die Stute schaut sich besorgt um, selbst wenn noch nichts zu sehen ist. Eine Stute mit Preßwehen drückt die Fruchtblase durch die Zervix hindurch. Daraufhin birst die Fruchtblase und setzt das Fruchtwasser frei. Auf dieses erste Stadium kann eine kurze Ruheperiode folgen.

Innerhalb zehn Minuten erscheint die das Fohlen umhüllende Eihülle. Diese platzt meist auch und setzt Schleim frei. Zu diesem Zeitpunkt betreten die meisten Betreuer leise die Box, um sich zu überzeugen, daß das, was aus der Vulva austrat, tatsächlich zwei dicht hintereinander liegende Vorderhufe enthält mit einer etwas darüber und weiter zurück liegenden Nase. Dies ist die normale Geburtslage und der Betreuer sollte die Box genauso leise wieder verlassen, wie er kam. Selbst für diese einfache Kontrolle sollte der Betreuer sich die Hände gründlich schrubben oder Einmal-Plastikhandschuhe anziehen. Ist die Stellung des Fohlens nicht normal oder geht die Geburt nicht weiter voran, wird man vielleicht erfahrene Hilfe brauchen und sollte den Tierarzt rufen. Die meisten Stuten kommen aber ohne Hilfe zurecht.

Die Vorderbeine, der Kopf und anschließend die Schultern treten hervor. Man sollte das Fohlen mit den Hinterbeinen noch in der Vagina liegen lassen. Dies ist wichtig; denn die Stute wird ruhig liegen bleiben und Blut wird noch durch die Nabelschnur von Stute zu Fohlen gepumpt. Was man in diesem Stadium allenfalls machen kann, ist, die Box leise betreten und die Eihülle über der Nase des Fohlens öffnen, damit es atmen kann. Normalerweise wird diese Hilfe nicht nötig sein, weil das Fohlen die Schleimhaut mit seinen Vorderhufen durchbricht. Man neigt leicht zu Zweifeln, ob Stute und Fohlen es schaffen werden, aber im allgemeinen hilft die Natur sich selbst am besten.

Mit der Zeit wird sich die Stute bewegen, die Hinterhufe des Fohlens werden sich befreien, und die Nabelschnur wird abbrechen und sich verschließen. Die Stute wird ihr Fohlen erkennen und es sauberlecken und dabei wird sich die so wichtige Stute-Fohlenbindung herstellen. Man darf kurz stören, um den Nabelstumpf des Fohlens mit Jod-Alkohol zu behandeln (pures Jod wäre zu stark), das man sich im voraus vom Tierarzt besorgt. Nabelschnur und Fruchtblase werden noch an der Vulva der Stute hängen. Manchmal wickelt der Betreuer diese in sich zusammen, damit sie frei vom Boden schweben.

Zur Zeit der Geburt darf eine Abfohlbox nicht warm sein, weil es der anfängliche Kontakt mit kühler Luft ist, welcher die Atmung des Fohlens in Gang setzt. Setzt die Atmung des Fohlens nicht ein, hilft es, wenn man einen Eimer voll kalten Wassers über seinem Kopf und seiner Brust schüttet und anschließend eine Nüster zuhält und in die andere pustet. Wenn das Fohlen drei Stunden alt ist, darf der Stall etwas wärmer sein, falls Stute und Fohlen eingesperrt bleiben müssen.

Zwei Dinge müssen binnen sechs Stunden passieren. Erstens muß die Stute den Geburtsvorgang vollenden, indem sie die Nachgeburt auf natürliche Weise ausstößt. Geschieht dies nicht, sollte man den Tierarzt rufen. Die ausgestoßene Nachgeburt sollte man untersuchen, um sicherzustellen, daß die Hörner intakt sind, und sie anschließend wasserbedeckt in einem Eimer aufheben. Sollten dann im Laufe der nächsten 24 Stunden Komplikationen eintreten, kann der Tierarzt prüfen, ob die gesamte Nachgeburt abgegangen ist, ebenso, ob das Fohlen gesund ist.

Zweitens ist es wichtig, daß das Fohlen saugt. Hier wird oft überflüssige Hilfe geleistet. Falls das Fohlen nach etwa einer Stunde noch immer nicht auf den Beinen

steht, kann man ein wenig helfen. Aber genauso, wie einige Versuche scheitern werden, bevor es ihm gelingt aufzustehen, so auch wird es ihm zunächst nicht gelingen, die Zitze zu finden. Eingriffe sind nach Möglichkeit zu vermeiden. Sollte es doch notwendig werden, dem Fohlen zu helfen, wird ein zweiter Helfer die Stute eventuell halten müssen.

Die erste Milch der Stute, die sogenannte Kolostralmilch, enthält die für das Überleben des Fohlens notwendigen Antikörper. Sie ist reich an essentiellen Nährstoffen. Es ist lebenswichtig, daß das Fohlen sie erhält. Notfalls muß man die Stute melken und diese Milch dem Fohlen in einem Fläschchen verabreichen, bis es kräftig genug ist, um alleine zurechtzukommen. Hat die Stute 6 Wochen vor der Geburt keine Tetanusvorbeuge bekommen, muß der Tierarzt dem Fohlen Tetanusschutz verabreichen.

Der erste, Mekonium genannte Kot des Fohlens erscheint im Laufe der ersten 24 Stunden, vorausgesetzt, daß die Nahrung der Stute vor dem Abfohlen einigermaßen abführend gewesen ist. Ist das Fohlen unfähig, das Mekonium zu lassen, können erfahrene Betreuer versuchen, es manuell oder mittels einer Klistierspritze zu entfernen. Weniger erfahrene Personen werden die Hilfe des Tierarztes brauchen.

Nachdem sich die Stute durch Ausstoßen der Nachgeburt selbst gereinigt hat, sollte man ihr Hinterteil mit warmer Desinfektionslösung säubern. Die Vulva sollte man auf Risse prüfen. Ist sie gerissen, wird der Tierarzt sie nähen müssen. Man sollte der Stute Weizenkleie-Mash geben, dem man etwas Kalk zufügt, und sie dann in Ruhe lassen, damit sie ihr neues Fohlen genießen kann.

# Das Fohlen und das Jungpferd

## Die ersten Tage

Fohlen, die im Freien geboren werden, bringt man oft zusammen mit der Mutter in den Stall, damit man sie am ersten Tag in dreistündigen Abständen beobachten und sicher sein kann, daß alles in Ordnung ist. Solange sie im Stall bleibt, wird die Stute etwas geschnittenes Gras schätzen. Am zweiten Tag können Stute und Fohlen zur Bewegung ins Freie, vorausgesetzt, das Wetter ist schön; auf manchen Gestüten darf das Fohlen ungebunden hinter der Stute laufen.

Im Laufe der ersten Wochen muß das Fohlen ein Fohlenhalfter bekommen. Um dieses zu befestigen, umfaßt ein Helfer mit einem Arm die Brust und dem anderen das Hinterviertel des Fohlens. Läßt sich das Fohlen schwer einfangen, kann man die Stute so hinstellen, daß sie es in eine Ecke zwängt. Von Anfang an ist es sicherer, das Fohlen zu führen, als es ungebunden laufen zu lassen. Für die erste Zeit führt man eine weiche Webstoffleine durch das Fohlenhalfter und zur linken Hand zurück. Diese Hand legt man zunächst über die Brust des Fohlens, um es ruhig zu halten. Eine zweite Schlinge aus ähnlichem Stoff legt man um das Hinterteil des Fohlens herum und hält sie auf der Lende. Ein Helfer führt die Stute, während das Fohlen neben ihrer Flanke gehalten wird. So hat das Fohlen den Führer der Stute vor sich, seinen eigenen Führer und die Stute zu seinen beiden Seiten und die Kruppenleine hinter sich.

Wenn Stute und Fohlen nachts aufgestallt werden, wird sich das Fohlen nach ein paar Wochen an das Führen gewöhnt haben, und dann wird nur eine Person beide führen können. Nur am Koppeltor wird sie vielleicht Hilfe brauchen. Man muß regelmäßig prüfen, ob das Fohlenhalfter noch paßt: Fohlen wachsen schnell!

Das Fohlen muß unbedingt genug Milch bekommen. Es kann vorkommen, daß eine Stute trotz sorgfältiger Fütterung nicht genug gibt. Eine überempfindliche oder nervöse Stute läßt das Fohlen nicht saugen. Manche Stuten muß man festhalten und zuweilen dazu noch ihren Vorderhuf hochhalten, während das Fohlen saugt. Allerdings sind solche Maßnahmen selten notwendig und selbst nervöse oder empfindliche Stuten finden sich meist innerhalb einiger Tage mit dem Saugfohlen ab. Beim Säugen verlagert die Stute den größten Teil des Gewichts ihres Hinterteils auf das dem Fohlen nächststehende Bein. Auf diese Weise neigt sie ihr Becken und macht es dem Fohlen leichter, die Zitzen zu erreichen.

Manche Stuten läßt man nach etwa drei Wochen wieder arbeiten. Dann muß man aber das Fohlen alle drei Stunden saugen lassen. Normalerweise saugt das Fohlen tagsüber alle zwei Stunden 5–10 Minuten lang, in der Nacht nicht so oft. Nach dem Trinken entleert sich das Fohlen meist und schläft dann bis zu einer halben Stunde. Bewegung, Trinken und Ruhe wechseln sich ständig ab.

Es gibt Organisationen, die große Erfahrung mit der Hand- und Ammenaufzucht haben. Es empfiehlt sich, eine in erreichbarer Nähe auszumachen, damit man sofort Rat suchen kann, falls entweder Stute oder Fohlen sterben, oder die Stute keine Milch haben sollte. Auch der Tierarzt weiß meistens darüber Bescheid.

Während der ersten Lebensstunde wird das Fohlen schneller als normal atmen. Die Atemfrequenz müßte sich dann aber auf 20–30/min einpendeln. Das ist etwa doppelt so schnell wie die der Mutter. Der Puls wird bei der Geburt um 80 Schläge/min liegen, schnellt aber auf 140 hoch, während das Fohlen sich bemüht aufzustehen. Der Puls wird sich beim Eintagsfohlen auf etwa 100 Schläge/min einstellen und sinkt beim Einjährigen auf unter 50. Die Körpertemperatur sollte 38,3–38,6 °C betragen.

## Erkrankungen des Fohlens

### Diarrhöe
Symptome: Durchfall.
Ursachen: Eine Darmverstimmung, die am häufigsten durch Erkältung verursacht wird, oder aber durch eine Veränderung in der Stute; wenn z. B. etwa 9 Tage nach dem Abfohlen die Fohlenrosse der Stute anfängt, bekommt das Fohlen oft für ein oder zwei Tage Durchfall.
Behandlung: Einfache Behandlungsmittel lassen sich vom Tierarzt besorgen. Auf die Aufrechterhaltung insbesondere des Elektrolytenspiegels ist zu achten.

### Entropion
Symptome: Eingewachsenes Augenlid.
Ursache: Angeborener Mangel.
Behandlung: Der Tierarzt kann das Lid nach außen drehen und mit einer Naht festsetzen, bis es sich richtig einstellt.

### Fohlenlähme
Symptome: Schwellung am Nabel, der nicht austrocknet. Geschwollene Gelenke und Steifheit. Appetitlosigkeit und Schmerzsymptome. Der Zustand kann sich rapide verschlechtern und zum Tode führen.
Ursache: Blutvergiftung durch eine am Nabel eintretende Infektion.
Behandlung: Den Tierarzt unverzüglich rufen.
Vorbeuge: Um dieser und jeder anderen, durch mangelnden Kolostralschutz entstehenden Krankheit vorzubeugen, ist es üblich, daß der Tierarzt ein neugeborenes Fohlen untersucht und ihm eine Antibiotikaspritze verabreicht. Ferner ist in der Abfohlbox peinlichst auf Hygiene zu achten und der Nabel des Fohlens unmittelbar nach der Geburt zu behandeln.

### Hyperflexion bzw. Schwäche der unteren Gliedmaße
Symptome: Fesseln und/oder Fesselgelenke übermäßig gebeugt oder schwach (äußerster Punkt des Fesselgelenks senkt sich so weit, daß der Sporn den Boden beinahe berührt).
Ursachen: Aufhängesehnen und -ligamente können etwas zu lang oder zu kurz bzw. die Muskelspannung zu schwach oder zu stark sein.
Behandlung: Geringfügige Fälle gleichen sich oft selbst aus. Schwere Fälle lassen sich durch sorgfältig angepaßte und regelmäßig gewechselte, orthopädische Schuhe korrigieren. In Gegenden wie z. B. Newmarket, in denen viele wertvolle Fohlen erzeugt werden, besorgen Fachspezialisten diese Dienstleistung. Später kann das Fohlen winzige orthopädische Hufeisen bekommen; zur Behandlung von verkürzten Sehnen gibt es z. B. Hufeisen mit verlängerten, gerollten Kappen, welche die Ferse bis zum Boden zwingt.

### Immunzytopathie
Symptome: Schläfrigkeit, wie von der Gelbsucht gelbgefärbte oder blasse Schleimhäute, Saugunfähigkeit, Apathie, rot gefärbter Harn.
Ursache: Die roten Blutzellen des Fohlens werden durch die Antikörper in der Kolostralmilch der Stute zerstört.
Behandlung: Das Fohlen braucht eine sofortige Bluttransfusion. Die Stute muß man regelmäßig melken und die Milch beseitigen, bis die Kolostralmilch endet. Anschließend verträgt das Fohlen ihre Milch wieder.

### Infektiöse Diarrhöe, Ruhr
Symptome: Binnen 1–2 Tagen nach der Geburt Durchfall, der die Hinterhand des Fohlens mit einer übel riechenden, gelblichen oder gräulichen Substanz bedeckt.
Ursache: Eine bakterielle Darminfektion.
Behandlung: Die Hinterhand durch regelmäßiges Waschen mit warmer Seifenlauge sauberhalten. Man kann eine schützende Salbe wie z. B. Eutersalbe für Milchkühe anwenden, um der Bildung von Hautekzemen vorzubeugen. Peinlichst auf Hygiene

achten. Verschmutzte Einstreu verbrennen. Dieses Fohlen immer als letztes versorgen. Es ist notwendig, den Tierarzt zu rufen, die Infektion zu behandeln, sowie Maßnahmen gegen die Dehydration, die Durchfall unweigerlich begleitet, zu ergreifen.

## Karpfengebiß und Gaumenspalte
Symptome: Siehe Seite 14. Auf solche Mißbildungen muß das neugeborene Fohlen untersucht werden.
Ursache: Diese sind angeborene Anomalien.
Behandlung: Wie bei jeder angeborenen Anomalie kann nur der Tierarzt entscheiden, ob sich der Zustand von alleine regeln wird, zu operieren oder behandeln ist, oder ob das Fohlen als lebensunfähig getötet werden sollte.

## Lungenentzündung
Symptome: Beschleunigte Atmung, Fieber, Husten.
Ursache: Durch Infektion entzündete Lungen. Kommt häufiger in muffiger, schlecht belüfteter Behausung vor.
Behandlung: Antibiotika, gute Krankenpflege, ein warmer, sauberer, aber gut belüfteter Stall.

## Nabelbruch
Symptome: Wenn das Fohlen 4–6 Wochen alt ist, erscheint eine weiche Schwellung am Nabel.
Ursache: Der Ringmuskel, durch den die Gefäße verliefen, um die Nabelschnur zu bilden, verschließt sich nach der Geburt nicht und der Inhalt des Abdomens tritt hervor.
Behandlung: Der Tierarzt wird entscheiden, ob und wann eine Behandlung notwendig ist. Der Zustand kann innerhalb 12 Monate von alleine in Ordnung kommen. Wenn die Öffnung eingeengt wird (Brucheinklemmung), entstehen Schmerzen und ein chirurgischer Eingriff ist unverzüglich vorzunehmen.

## Rotz (Rhinopneumonitis)
Symptome: Schnupfen, Katarrh, Husten, Nasenausfluß.
Ursache: Eine spezifische Virusinfektion der oberen Atemwege.
Behandlung: Den Tierarzt heranziehen.

## »Schlafkrankheit« der Fohlen
Symptome: Fieber, Schläfrigkeit, beschleunigte Atmung, Saugunfähigkeit, zunehmende Schwäche.
Ursache: Eine spezifische bakterielle Infektion.
Behandlung: Keine möglich. Diese Krankheit verläuft meist tödlich.

## Verhaltensstörungen (Ataxie)
Symptome: Übererregbarkeit, Muskelzuckungen, Zittern, Kopfnicken, Taumeln, fehlender Saugreflex, Krämpfe, unaufhörliche Kaubewegungen usw.
Ursachen: Möglicherweise Meningitis (Hirnhautentzündung), oder durch Gehirnverletzung bei der Geburt verursachtes Fehlanpassungssyndrom.
Behandlung: Den Tierarzt rufen. Durch gute Pflege unter tierärztlicher Anleitung erholt sich das Fohlen vielleicht.

## Würmer
Symptome: Konditionsverlust.
Ursache: Wurmparasiten (wie auf S. 92 ff. erörtert). Während bei erwachsenen Pferden ein Wurmbefall oft keine äußeren Anzeichen hervorruft, weil sie bis zu einem gewissen Grade immun sind, sind Jungtiere viel anfälliger.
Behandlung: (a) Jungtiere auf Weideland großziehen, das so parasitenfrei wie möglich ist. (b) Die Stute regelmäßig behandeln, damit sie keine hohe Wurmlast trägt. Man muß beachten, daß manche Wurmbekämpfungsmittel für trächtige Stuten ungeeignet sind. (c) Von der sechsten Lebenswoche an muß das Fohlen regelmäßig jeden Monat gegen Strongylus und Askariden, im Herbst auch gegen Magenbremsen behandelt werden.

## Disziplin

Führen mehrere Personen Stuten mit Fohlen oder Jungtieren, ist ein streng geregeltes Verfahren notwendig. Nehmen wir an, drei Leute führen drei Stuten mit Fohlen zu einer Koppel. Ließe nun der erste Betreuer gleich beim Betreten der Koppel seine Stute mit Fohlen laufen, so könnte die Stute bocken, treten, mit dem Fohlen zusammenstoßen und dann losgaloppieren. Die beiden anderen Führer kämen in Schwierigkeiten, weil ihre Schützlinge sich auch an dem Spaß beteiligen möchten. Jede Arbeit im Gestüt verlangt Sorgfalt, Überlegung, Aufmerksamkeit und Disziplin. Die anfängliche Behandlung der Fohlen ist der Anfang ihrer Ausbildung und sie müssen von Anfang an lernen, sich zu benehmen. Die Behandlung muß freundlich, aber entschieden sein. Nichts verwirrt Tiere mehr als Leute, die inkonsequent sind, oder zu Launen und Wutausbrüchen neigen. Ein Fohlen, das aufsteigt oder mit den Vorderhufen schlägt, ist durch einen Klaps auf die Brust und Ausschelten zu züchtigen. Ein Fohlen, das – wenn auch nur spielerisch – beißt, straft man besser, indem man an seinen Tasthaaren zieht, als durch einen Klaps auf das Maul. Ebenso wie übermäßige Nachsicht sind Gewaltanwendung und Wutausbrüche unbedingt zu vermeiden.

Wenn Fohlen zwei Monate alt sind, kann man sie zusammen mit ihrer Mutter an der Hand vorführen. Hierzu muß natürlich das Fohlen artig und gut zu führen sein. Man sollte es daran gewöhnen, sowohl vor wie hinter der Stute aufgestellt zu werden. Bei einer Vorführung wird es notwendig sein, Stute und Fohlen etwas auf Abstand zu halten, damit der Preisrichter die Bewegung jeden Tieres beobachten kann, ohne daß ihm das andere die Sicht nimmt. Alles das wird dem Fohlen helfen, sich sowohl an Menschen wie auch an Gehorsam zu gewöhnen. Fohlen müssen sich auch an das Auskratzen der Hufe gewöhnen, und dies wird sie auf die Hufpflege vorbereiten.

## Entwöhnung

Freilebende Pferde leben meist in Familiengruppen. Wenn die Junghengste reif werden, stößt sie die Stute ab. Ein Stutenfüllen dagegen kann mehrere Jahre lang bei der Mutter bleiben.

Während des ersten Winters nach dem Abfohlen ist es natürlich, daß die Milchproduktion der Stute deutlich abnimmt. Daher muß sich das Fohlen selbständig ernähren können. Es ist die Praxis der meisten Gestüte, die Fohlen im September zu entwöhnen, wenn das Gras viel von seinem Nährwert verliert. Wenn die Stute aber noch nicht wieder trächtig ist, ist es nicht unbedingt erforderlich, das Fohlen in diesem Stadium zu entwöhnen. Während des Entwöhnungsvorgangs müßte das Fohlen gesund sein und bereits Anzeichen der Unabhängigkeit beweisen.

In dem Monat vor der Entwöhnung muß sich das Fohlen an Kraftfutter gewöhnen. Man kann Stute und Fohlen zweimal täglich füttern, oder eine Vorrichtung benutzen, welche dem Fohlen, nicht aber seiner Mutter Zugang zum Futter erlaubt. Man kann z. B. außen am Zaun eine Futterschüssel befestigen. Der Zaun hat eine verstellbare, enge Öffnung, die nur das kleine Fohlenmaul durchläßt. Man kann auch in den Zaun einen engen Durchlaß einbauen, durch den nur das Jungtier, nicht aber die Mutter schlüpfen kann. Für Pferde verwendet man oft eine breitere Öffnung, aber mit einem höhenverstellbaren Querstab, unter dem nur die Fohlen durchschlüpfen können. Wer Vorrichtungen dieser Art verwendet, muß die Fohlen mit Leckerbissen heran- und hindurchlocken und ihnen die Sache vielleicht sogar vormachen, bis sie mit dem Prinzip vertraut sind. Außerdem müssen sie natürlich lernen, wo die Futterschüssel steht.

Während der Entwöhnung ist es vorteilhaft, wenn sich mehrere Stuten und Fohlen in der Koppel befinden, die einen sicheren Zaun haben muß. Eines morgens entfernt man ganz ruhig eine der Stuten und stellt sie mit einem anderen Pferd zusammen in eine möglichst entfernte, gut umzäunte und ziemlich übersichtliche Koppel. Ihr Fohlen bleibt mit seinen Spielkameraden zurück und wird sich bald beruhigen. Nach ein paar Tagen entfernt man eine oder zwei weitere Stuten. Eine Stute läßt man solange wie möglich als Beschützerin und Erzieherin zurück.

Nach einer anderen Methode sperrt man das Fohlen in einen Stall. Da es wahrscheinlich versuchen wird, herauszuklettern, schließt man die obere Türhälfte oder vergittert sie. Es sollte im Stall nichts geben, in dem sich das Fohlen verheddern könnte, und daher verfüttert man Heu am Boden. Wasser und Kraftfutter verabreicht man in sicheren Behältern, die nicht leicht umzuwerfen sind. Wenn man solche Fohlen wieder herausläßt, suchen sie vielleicht nach der Mutter. Daher sollten sie mit ihnen bekannter Gesellschaft in eine gut umzäunte Koppel kommen. Diese Methode ist zwar herkömmlich, bedeutet für das Fohlen aber ein Trauma, das sich nachteilig auf seine Entwicklung auswirkt.

Junghengste sollte man vor dem ersten Frühjahr nach ihrer Geburt von Stuten und Stutenfüllen trennen, weil man ihre natürliche Neigung, die Weibchen zu bespringen, nicht fördern sollte. Als Zweijährige können Junghengste bereits fruchtbar sein, sind aber meist bis dahin kastriert worden.

## Ernährung

Das wesentlichste bei der Ernährung von Jungtieren ist, die kurz- und langfristigen Ziele festzustellen. Soll das Tier als Fohlen, als Jährling, als Zweijähriges usw. Ausstellungssieger werden? Soll es als Absatzfohlen, als Jährling, oder wann verkauft werden? Soll das Pferd ein Turniersieger werden, und wenn ja, in welcher Art Turnier? Alle diese Fragen hätte man bereits vor der Zeugung stellen sollen, aber Umstände können sich ändern und man sollte es sich erneut überlegen.

Man muß zwei sich widerstreitende Tatsachen abwägen. Erstens ist meist der Sieger in der Schauarena oder das beliebteste Pferd bei einer Auktion das frühreifste Tier – groß, fortgeschritten und möglicherweise überbaut. Ein Pferd für den Auktionstag in diese Kondition zu bringen, ist eines. Es eine ganze Ausstellungssaison lang so zu erhalten, birgt langfristige Gefahren insbesondere für ein- bis dreijährige Pferde. Zweitens geben Pferde, die als Jungtiere überfüttert wurden und sich zu schnell entwickelt haben, oft nicht die besten erwachsenen Pferde ab. Andererseits soll man aber das Fohlen so gut füttern, daß es sein Wachstumspotential voll ausnutzt. Das langfristige Ziel heißt darum ganz grundsätzlich, ausreichend Futter guter Qualität zu geben, um ein großes, kräftiges, gesundes, aber nicht fettes Jungtier aufzuziehen.

Epiphysitis verursacht geschwollene und manchmal entzündete Gelenke. Sie ist eine Gefahr, die es zu vermeiden gilt. Die langen Röhrenknochen der Gliedmaßen haben während des Wachstums an jedem Ende zwischen der Röhre und dem Gelenkkopf (Epiphyse) eine Knorpelscheibe (Epiphysenfugenknorpel), die das Längenwachstum ermöglicht. Starke Erschütterung kann sie anschwellen lassen. Es ist dies eine besondere Gefahr für überbaute Jungtiere auf hartem Boden. Der Zustand kann auch von einem Kalziummangel oder einem schlechten Kalzium-Phosphor-Verhältnis stammen; schließlich kann auch Weizenkleie die Kalziumaufnahme hemmen.

Jungen Tieren, die im Winter aus Heu und Getreidekörnern bestehende Nahrung bekommen, können manche essentiellen Aminosäuren (z. B. Lysin und Methionin) fehlen. Um dies zu vermeiden, kann man ein fertiges Aufzuchtfutter verwenden oder auch eine hausgemachte Mischung, die Trockenmilch, getrocknetes Gras oder Sojamehl enthält. Der hausgemachten Mischung dürfen auch Mineral- und Vitaminzusätze nicht fehlen. Die Winterfütterung sollte so gut sein, daß das Fohlen problemlos, und ohne einen Unterschied im Nährwert zu verspüren, auf das Frühlingsgras wechselt. Eine alte Faustregel für die Fütterung von Vollblutfohlen hieß: Täglich 454 g Kraftfutter für jeden Lebensmonat.

Für Jungtiere ist alte Weide besser als neue. Am besten sollte die Weide frei sein von Furchen oder tiefen, vom Winter gebliebenen Trittspuren, in welchen sich das junge Fohlen seine Gliedmaßen verstauchen könnte. Der Bewuchs kann bis zu 10% Klee enthalten; ein höheres Verhältnis könnte den Knochenstoffwechsel stören. Saftiges Frühlingsgras könnte zu Rachitis führen, weil es möglicherweise viel Vitamin A enthält, das die Aufnahme von Vitamin D unterdrückt. Daher ist im Frühling ein Vitamin D-Zusatz nützlich. Leicht saure Weiden fördern die Aufnahme von Mineralstoffen. Man sollte also besser nicht zu viel Kalk düngen.

**Ausbildung und Training**

Während der ersten drei Lebensjahre sind die Knochen des Pferdes verhältnismäßig weich und wachsen schnell. Daher sollte man das Pferd keine Lasten tragen oder sonst eine anstrengende Arbeit ausführen lassen, bis es drei Jahre alt ist. Andernfalls können sich Knochenanomalien ergeben.

Flachrennpferde trainiert man früher. Aber sie tragen nur ganz geringe Gewichte und arbeiten nur auf geraden Bahnen, oder solchen mit nur mäßigen Kurven. Allerdings muß man feststellen, daß diese Tiere für häufige Fehlentwicklungen bekannt sind.

Wird ein junges Pferd durch falsche Behandlung verdorben, muß es ohne eigene Schuld den Rest seines Lebens darunter leiden. Wegen der vielen Unkosten bei der Zucht und Aufzucht des Jungtiers kommt so etwas auch den Besitzer teuer zu stehen.

Diese Unkosten hat man vermutlich dadurch möglichst gering gehalten, daß man die Pferde im Freien unterbrachte und so Arbeitskosten sparte. Diese Art der Haltung hat auch unweigerlich dazu geführt, daß man sich weniger mit den Tieren abgegeben hat, es sei denn, sie sind bereits verkauft oder ausgestellt worden. Die Behandlung muß aber gerade dann besonders gut und richtig sein, wenn sie auf ein Mindestmaß beschränkt blieb. Ein Pferd, das während seiner empfänglichen Jahre eine strenge aber gerechte Erziehung erhalten hat, wird sich leichter ausbilden lassen und daher keinen so großen Rückschlag durch diese Erfahrung erleiden.

Der Vorgang des Einreitens, der Ausbildung und des anfänglichen Trainings gehört nicht in dieses Buch. Das Ziel der Autoren war, dem Leser ein besseres Verständnis der Pferdehaltung zu vermitteln. Und die beste Haltung ist *Haltung mit Herz und Verstand.*

# Teil 2

## Konditionstraining für Pferde
*Getting Horses Fit*

Autor: Sarah Pilliner

# Vorwort

Durch den enormen Anstieg der pferde-sportlichen Aktivitäten in aller Welt und durch das Aufkommen immer neuer Ideen neben den konventionellen Methoden der Pferdehaltung ist es an der Zeit für ein Buch, das genau beschreibt, was die Pferde brauchen, um die heutigen Anforderungen erfüllen zu können.

Leistung ist die wichtigste Voraussetzung für Erfolg in jeder Sparte des Pferdesports, aber ohne das Wissen, wie man darauf hin-arbeiten kann und sollte, erreichen verhält-nismäßig wenig Pferde ihr wirkliches Lei-stungspotential, weil sie nicht korrekt ge-halten und entsprechend der ihnen gestell-ten Anforderungen vorbereitet werden.

»Konditionstraining für Pferde – Eine An-leitung zur Leistungssteigerung« füllt end-lich diese Lücke, indem von maßgeblicher Seite alle Aspekte der Haltung und des Konditionstrainings einfach und ausführ-lich erläutert werden. Es ist eine hervorra-gende Auskunftsquelle für den neuen Pfer-debesitzer ebenso wie für den erfahrenen Reiter oder Trainer, denn es erklärt in an-schaulicher Weise nicht nur das Wie, son-dern auch das Warum eines jeden Aspekts der Pferdehaltung. Es gibt außerdem eine Anleitung zur Erstellung von Trainings-programmen für die verschiedenen Sparten des Leistungssports und erklärt ausführ-lich, wie das Pferd Kondition erlangt.

Sarah Pilliner's Buch ist sicherlich eine willkommene Ergänzung im Literaturbe-stand eines verantwortungsbewußten Rei-ters, und es ist ein großer Beitrag zum Wohlergehen des Pferdes.

Jane Holderness-Roddam

# Einleitung

Um ein Sportpferd zu Höchstleistungen zu führen, muß es sowohl korrekt gefüttert als auch gearbeitet werden. Dieses Buch möchte auf einfache Weise erläutern, welche Vorgänge sich im Körper des Pferdes während der Bewegung und durch Training abspielen. Dieses Wissen ermöglicht es, angemessene Trainingsprogramme für so verschiedene Disziplinen wie Distanzreiten und Vielseitigkeitsreiten auszuarbeiten. Der Einblick in die inneren Funktionen sollte für Trainer, Reiter und Besitzer von gleichem Interesse sein, egal ob sie ihre Pferde für Badminton, Jagden, Galopprennen oder die Wettbewerbe im Pony-Club vorbereiten.

Pferdeleute sollten sich der Konsequenzen der Überforderung ihrer Pferde bewußt sein, besonders der Belastung durch zu viele Turniere, Turnierteilnahme in schlechter Kondition und lange Hängerfahrten. Wer die Physiologie der täglichen Belastung kennt, d. h. weiß, wie der Körper des Pferdes funktioniert und reagiert, kann dieses Wissen zum eigenen Vorteil und dem seiner Pferde in Bezug auf höhere Leistungen und gesteigertes Wohlbefinden sowie größere Wirtschaftlichkeit einsetzen. Wenn man bessere Trainingsprogramme aufstellen kann, ist ein besser trainiertes Pferd das Ergebnis. Da ein Pferd mit schlechter Kondition zu Problemen neigt, wie z. B. Sehnenschäden, kann das Pferd mit der besseren Kondition länger eingesetzt werden. Das besser trainierte Pferd kann nicht nur häufiger gestartet werden, es ist auch erfolgreicher.

Es ist eine teure und zeitaufwendige Angelegenheit, ein Pferd für eine bestimmte Disziplin des Pferdesports zu trainieren. Das vorliegende Buch soll dabei helfen, Zeit und Geld effektiver einzusetzen.

161

# So kommt das Pferd in Kondition

**Inhalt**

## Ziel des Trainings

Kondition kann man als den Zustand bezeichnen, der einen zu einer Leistung oder Tätigkeit befähigt. Der Grad der Kondition hängt von der Art der Anforderung oder Tätigkeit ab, die erfüllt werden soll. Mit anderen Worten: Jede Disziplin im Pferdesport verlangt einen bestimmten Grad und eine bestimmte Form an Kondition vom Pferd. Daher kann ein Pferd, das für die eine Disziplin trainiert wurde, für eine andere nicht die richtige Kondition haben. Ein Springpferd, das einen Parcours der Klasse A ohne Erschöpfungsanzeichen absolviert, hat nicht genug Kondition, um eine Vielseitigkeitsprüfung ohne Erschöpfungszustände durchzustehen.

Damit das Pferd Kondition erlangen kann, d. h. um es fit zu machen, ist die richtige Kombination von Arbeit und Fütterung notwendig. Diese Kombination versteht man als »Training«. Es ist wichtig, hier einmal aufzuzeigen, was man unter Arbeit versteht. Im Physikbuch heißt es, daß Arbeit »die Anstrengung ist, eine Last über eine gegebene Entfernung zu bewegen«. Diese Definition ist gut zu verstehen, wenn man sich ein Pferd vorstellt, das über eine gegebene Strecke einen Reiter trägt oder eine Last zieht. Das Ziel, ein Pferd fit zu machen oder in Kondition zu bringen, bedeutet, das Pferd in die Lage zu versetzen, eine gegebene Menge an Arbeit mit geringstmöglicher Ermüdung zu erledigen. Der Grad der erforderlichen Kondition hängt natürlich vom Schwierigkeitsgrad der Arbeit ab. Die Grundlage einer jeden Methode zur Erlangung von Kondition ist die Steigerung der Fähigkeit des Pferdes, Arbeit zu tolerieren, indem man ihm im Laufe des Trainings ständig steigende Arbeitsmengen gibt. Diese langsame, aber stetige Erhöhung der Arbeitsbelastung ist von fundamentaler Bedeutung für das körperliche und seelische Wohlbefinden des Pferdes, und wenn man dabei auf die Persönlichkeit des Pferdes eingeht, bauen sich Vertrauen und Sicherheit auf.

Eine »Siegeskondition« wird auf der Grundlage von guter Gesundheit aufgebaut und erhalten. Jede sportliche Leistung stellt große Anforderungen an den Pferdekörper; ein gesunder Körper ist besser in der Lage, den Belastungen der körperlichen Aktivität zu widerstehen. Trainer und Reiter müssen die Merkmale von guter Gesundheit kennen und fähig sein, auf kleinste Anzeichen von Krankheit zu reagieren.

Die drei sichtbarsten Zeichen von Gesundheit sind Puls, Atmung und Temperatur. Diese Werte sollten im Normbereich liegen. Sie sind jedoch von Pferd zu Pferd unterschiedlich, und ein Trainer sollte die Normalwerte jedes von ihm betreuten Pferdes kennen. Wenn die Normalwerte von Puls, Atmung und Temperatur (P.A.T.) nicht bekannt sind, ist es schwer, Streßanzeichen in Form einer Abweichung festzustellen. Die P.A.T.-Werte sollten gemessen werden, wenn das Pferd im Ruhezustand und nicht aufgeregt ist (Die Methode wird auf Seite 261 ff. ausführlich beschrieben).

Die Normaltemperatur eines Pferdes liegt bei 38 °C. Dieser Wert erhöht sich, wenn das Pferd Fieber hat oder nach einer Anstrengung. Ein Sinken der Temperatur kann auf Schock deuten. Der Ruhepuls liegt normalerweise zwischen 36 und 42 Schlägen pro Minute. Dieser Wert steigt bei Anstrengung, Angst, Aufregung und Fieber. Die Ruhe-Atemfrequenz liegt bei ungefähr 8 bis 16 Atemzügen pro Minute. Wie in den anderen Fällen, steigt auch dieser Wert durch Anstrengung, Aufregung etc. Auch eine Erkrankung der Atemwege kann eine ungewöhnlich hohe Atemfrequenz zur Folge haben.

Wenn ein Trainer irgendwelche Zweifel an der Gesundheit eines Pferdes hat, kann er den Tierarzt bitten, eine Blutprobe zu nehmen. Die nicht immer unfehlbaren Ergebnisse der Blutuntersuchung helfen dem Tierarzt bei der Diagnose der Krankheit und bei der Einschätzung der Kondition des Pferdes. Was die Ergebnisse einer Blutuntersuchung im einzelnen bedeuten, wird später noch genauer erläutert.

Vorausgesetzt, daß das Pferd gesund ist, gibt man ihm Arbeit, damit es Kondition bekommt. Diese Arbeit kann entweder allgemeiner oder spezieller Art sein. Schritt- und Trabarbeit sind ausgezeichnet dazu geeignet, eine allgemeine Kondition zu erlangen. Das Pferd sollte vor und nach der Arbeit sowieso immer Schritt gehen, denn das regt den Aufwärmungsprozeß an und erhöht die Blutzirkulation im Körper. Der Huf ist so konstruiert, daß er durch den Druck des Pferdegewichts Blut pumpt. Daher fördert Schrittgehen vor der eigentlichen Arbeit die Blutzirkulation in den Beinen und bereitet sie auf den Streß der schnelleren Gänge vor. Nach der Arbeit hilft der Schritt, die Blutzirkulation langsam zu verringern, so daß das Pferd sich besser vom Streß der Arbeit erholen kann.

Pferde für besondere Aufgaben brauchen ein besonderes Training, damit sich die am meisten beanspruchten Muskeln und die damit zusammenhängenden Strukturen entwickeln können. Ein Springpferd z. B. braucht einen starken Rücken und eine starke Hinterhand. Beim Rennpferd verdienen die Beine besondere Beachtung. Spezielle Arbeit wird auch benötigt, um Schwachstellen, die von Verletzungen oder Gebäudefehlern herrühren, zu unterstützen.

Wenn Arbeit mit der Fütterung einer ausgewogenen Ration kombiniert wird, wird die Kondition langsam, aber sicher zunehmen, bis das Pferd in der Lage ist, die ihm gestellte Aufgabe zu erfüllen. Ganz so einfach ist Training allerdings nicht, denn jedes Pferd ist ein Individuum, das sich ständig körperlich oder seelisch ändert. Verhalten und Temperament eines Pferdes sind den täglichen Änderungen in seiner Umgebung unterworfen. Jeder Tag ist anders und bedeutet eine neue Herausforderung.

Ein Pferd ist keine Maschine, und so darf man auch nicht erwarten, daß es wie eine solche funktioniert. Das bedeutet, daß der Trainer nur dann das volle Leistungspotential eines Pferdes erreichen kann, wenn er in der Lage ist, seine Grenzen und Fähigkeiten in den verschiedenen Situationen, mit denen er es konfrontiert, zu erkennen.

Von den individuellen Eigenschaften eines Pferdes hängt es ab, wie es auf ein Trainingsprogramm reagiert bzw. es annimmt. Diese Eigenschaften müssen bei der Aufstellung und Durchführung des Trainingsprogramms berücksichtigt werden. Zu den zu beachtenden Faktoren zählen:

Alter: Jüngere, besonders noch nicht voll ausgereifte Pferde sind in vielen Fällen dem Streß eines strengen Trainings körperlich nicht gewachsen, dennoch brauchen sie mehr tägliche Bewegung als ältere Pferde, um in Kondition zu bleiben.

Früheres Training: Hatte ein Pferd schon einmal seine Spitzenkondition erreicht, ist es viel einfacher, es wieder dorthin zu bringen.

Dauer der Pause: Je kürzer die Pause ist, desto einfacher bekommt es wieder Kondition.

Temperament: Einige Pferde sind faul, während andere fleißig sind. Das arbeitseifrige Pferd bekommt schneller Kondition, aber es ist schwieriger, es ruhig zu halten. Das faule Pferd braucht vielleicht mehr Arbeit, um Kondition zu bekommen, aber es hält seine Kondition und ist ruhiger.

Gesundheitszustand: Wenn ein Pferd in der Vergangenheit Krankheiten hatte, z. B. Sehnenprobleme, sollte das Trainingsprogramm länger sein und zu viel Arbeit in schnelleren Gangarten vermieden werden. Auch Gebäudefehler müssen in Betracht gezogen werden, da sie manche Krankheit begünstigen.

Ebenso muß der Typ, einschließlich Gewicht, Rahmen und Größe des Pferdes, berücksichtigt werden.

Einen großen Einfluß auf Art und Dauer des Trainings hat auch die Prüfung (oder Prüfungen), auf die man das Pferd vorbereitet. Das Pferd sollte auch nicht zu viel Kondition haben, so daß es für einen jungen oder unerfahrenen Reiter schwer zu reiten wäre.

Der Lernprozeß ist ein wichtiger Bestandteil des Trainings, besonders beim jungen Pferd. Das Herdentier Pferd ist es gewohnt, dem Verhalten des Leittieres zu folgen. Das Durchschnittspferd hat im Vergleich zu anderen Tieren nicht viel Eigeninitiative und ist daher oft unsicher, wie es sich verhalten soll, wenn es alleine ist. Der Reiter oder Trainer nutzt diese Eigenschaften, indem er das Pferd leitet. Er muß sicher, konsequent und leicht fordernd sein, um so das Vertrauen des Pferdes zu gewinnen. Das Pferd ist am zufriedensten, wenn es weiß, was von ihm verlangt wird. Wenn der Reiter oder Trainer unsicher wird, überträgt sich das sofort auf das Pferd und es wird auch unsicher.

Um ein Pferd zu einer Spitzenleistung zu bringen, braucht es eine optimale Kondition all der Körpersysteme, die an der speziellen Aufgabe beteiligt sind. Ein trainiertes Pferd ist seltener vollkommen erschöpft nach seiner Trainingsarbeit oder im Wettkampf – z. B. einem Rennen. Das ist sehr wichtig, denn Erschöpfung kann zum Zusammenbruch führen.

Sowohl Intensität als auch Dauer des Trainingsprogramms beeinflussen den Grad der erreichten Kondition. Man muß jedoch immer daran denken, daß es Grenzen gibt, über die hinaus man bestimmte Körpersysteme nicht belasten kann, ohne eine Schädigung zu riskieren. Es ist z. B. sinnlos, so lange die Muskelentwicklung zu fördern, bis das Pferd Knochen- und Gelenkprobleme bekommt.

In einfachen Worten: Sowohl Trainer als auch Reiter müssen jene undefinierbare Fähigkeit besitzen, die man gern als »Feeling« bezeichnet. Sie müssen ihre Pferde kennen und ihre Reaktionen vorausahnen. Dieses Gefühl bekommt man zum größten Teil durch jahrelange Erfahrung, die durch eine angeborene Sensibilität, für die es keinen Ersatz gibt, ergänzt wird. Die folgenden Kapitel sollen Trainern und Reitern mehr Kenntnisse über die Funktionen des Pferdekörpers und seiner Anpassung an Training vermitteln. Mit diesem Wissen können dann Trainingsprogramme ausgearbeitet werden, die das Pferd nicht überfordern und somit bessere, langfristige Ergebnisse erzielen.

Die Trainer und Reiter von heute dürfen nicht der Wissenschaft und Technik verfallen, sondern sollten von einer Mischung aus altbewährtem Pferdeverstand und mo-dernen, wissenschaftlichen Erkenntnissen profitieren. Der gesunde Menschenverstand darf nicht verachtet werden. Die allgemeinen Grundlagen der Pferdehaltung sind sehr wichtig und können wie folgt zusammengefaßt werden:

1 Eine luftige, sichere Laufbox ohne Zugluft.
2 Gut eingezäunte, saubere Weiden.
3 Frisches, sauberes Futter.
4 Ständige Bereitstellung sauberen Wassers.
5 Sorgfältige Pflege.
6 Hufbeschlag.
7 Bewegung.

Das alles muß in die tägliche Routine einbezogen werden, um aus dem Pferd das Beste herausholen zu können. Die Bedeutung der einzelnen Faktoren wird später erläutert, aber jeder ist von großer Bedeutung für ein optimales Trainingsergebnis.

# Konventionelle Trainingsmethoden

Seit Tausenden von Jahren ist das Pferd domestiziert. Es ist anzunehmen, daß unsere Vorfahren es ursprünglich als Fleischlieferant hielten, aber bald feststellten, daß es sich dabei um ein Tier handelte, das nicht nur enorme Strecken zurücklegen konnte, sondern auch noch große Schnelligkeit besaß. Das Pferd wurde als Arbeitstier unersetzlich, und die Anforderungen an Schnelligkeit und Ausdauer waren sehr hoch. Folglich war ein hoher Grad an Kondition erforderlich.

Im 18. und 19. Jahrhundert wurde die Fuchsjagd (fox hunting) zum bevorzugten Pferdesport. Aus den Methoden, wie die Weidepferde für die Fuchsjagden trainiert wurden, entwickelten sich die nachfolgend beschriebenen Trainingsmethoden, die seither von Generationen angewendet wurden, damit die Pferde genügend Kondition haben, wenn es im November zum Stelldichein der Eröffnungsjagd geht. Die Jungfuchsjagden (cub hunting) im Oktober liefern schon einen Teil der schnellen Arbeit, die nötig ist, damit das Pferd die richtige Kondition bekommt. Wenn man Pferde trainiert, die nicht z. T. durch die Jungfuchsjagden Kondition bekommen, muß auch die schnelle Arbeit ins Trainingsprogramm aufgenommen werden. Das Training für diese Fälle wird noch genau erläutert. Traditionsgemäß werden die Hunter am 1. August von der Weide geholt und dann drei Monate lang trainiert, damit sie genügend Kondition für einen harten Jagdtag bekommen – ein solcher Jagdtag entspricht etwa einem 30-km-Distanzritt oder einer Kurzprüfung in der Vielseitigkeit. Diese drei Monate kann man in drei Abschnitte à vier Wochen unterteilen: Training der Grundkondition, Aufbautraining und Training der Leistungskondition. Es ist wichtig, daß auf jeden dieser drei Abschnitte genügend Zeit ver-

| Impfung | | |
|---|---|---|
| Verwendete Vakzine und CH.-B. | Datum | Name und Anschrift des Tierarztes (Druckbuchstaben oder Stempel und Unterschrift |
| Prevacun-T 018N05 | 12. 07. 81 | |
| Prevacun-T 175 | 07. 08. 81 | |
| Prevacun-T A180 | 02. 08. 82 | |
| Prevacun-IE-T 4T01901 | 01. 08. 83 | |
| Duvaxyn-IE 4026001 | 17. 07. 84 | |
| Prevacun-T A002 | 16. 07. 85 | |
| | | |
| | | |
| | | |
| | | |

### Impfbescheinigung für Pferde

Dieses Dokument sollte vom Besitzer/Halter des umseitig aufgeführten Pferdes aufbewahrt werden und muß auf Verlangen vorgezeigt werden. Bitte bewahren Sie dieses Dokument sorgfältig auf, da ein Verlust dazu führen kann, daß das Pferd vom Turnierplatz, aus dem Stall oder von der Geländestrecke verwiesen wird.
Dieses Dokument muß dem neuen Besitzer bei Besitzwechsel ausgehändigt werden.
Der impfende Tierarzt soll die Idendität des Pferdes anhand der umseitigen Beschreibung überprüfen, bevor er die Impfbescheinigung unterzeichnet.

| Name des Besitzers | Anschrift des Besitzers |
|---|---|
| | |
| | |
| | |
| | |

P. S. Diese Bescheinigung entspricht nicht den Bestimmungen der Rennordnung oder des Englischen Gestütbuchs.

**1** Eine Impfbescheinigung

wendet wird, so daß langsam ein hoher Grad an Kondition aufgebaut wird. Moderne Leistungspferde haben selten solch lange Weidepausen wie der Hunter. Sie können folglich schneller Kondition bekommen.

**Das Aufstallen**

Zum Training eines Pferdes gehören Bewegung, Fütterung und die allgemeine Haltung. Bevor mit dem eigentlichen Trainingsprogramm begonnen wird, sollten einige Routinemaßnahmen durchgeführt werden, die die Grundlage für Gesundheit und Wohlbefinden des Pferdes sind.

Beschlag: Der Schmied sollte die Hufe untersuchen und neue Eisen anpassen. Stollen sind zu diesem Zeitpunkt noch nicht erforderlich. Solange das Pferd gearbeitet wird, sind alle vier bis sechs Wochen neue Eisen nötig.

Zähne: Die Zähne sollten auf scharfe Kanten oder Ecken untersucht werden. Jede scharfe Kante sollte vom Tierarzt oder Pferdezahntechniker abgeraspelt werden, so daß das Pferd beim Fressen nicht beeinträchtigt wird oder sich unwohl fühlt, wenn es das Gebiß im Maul hat. Junge Pferde (bis zu 5 Jahren) sollten auch daraufhin untersucht werden, ob sie alle Milchzähne verloren haben und ob die bleibenden Zähne eventuell Schmerzen und somit Ungehorsam verursachen. Wolfszähne können ebenfalls zu Problemen führen und sollten dann entfernt werden.

Impfungen: Jedes Jahr vor der Ruhephase sollten die Pferde gegen Influenza und zweimal jährlich gegen Tetanus geimpft werden (Abb. 1 zeigt eine Impfbescheinigung). Der aktuelle Stand der Tetanus-Immunisierung eines jeden Pferdes im Stall sollte bekannt sein, so daß im Verletzungsfall der Tierarzt weiß, ob eine Tetanusspritze notwendig ist oder nicht. Influenza-Impfungen sind bei vielen Sportpferden vorgeschrieben. Sie sind aber auch für den Hunter wichtig, der jede Woche mindestens einmal auf eine ganze Reihe fremder

Pferde trifft. Die Impfbestimmungen zur Aufnahme in einen Rennstall sind wesentlich strenger als die zur Teilnahme an einem Turnier. Der Impfpaß wird auf die Abstände zwischen den Impfungen bis hin zur ersten Impfung kontrolliert.

Entwurmung: Pferde müssen regelmäßig entwurmt werden, gleichgültig, ob sie Weidegang haben oder ob sie nur im Stall stehen. Es ist unfair, von einem unter Wurmbefall leidenden Pferd harte Arbeit zu verlangen.

Kontrolle: Nach der täglichen Arbeit muß das Pferd auf Schwellungen, Kratzer und Beulen untersucht werden. Jede Verletzung, egal wie klein und nichtig, muß zur Kenntnis genommen und behandelt werden. Besondere Aufmersamkeit gilt den unteren Gliedmaßen und den Hufen, wobei auf Wärme, Schwellungen und Schmerzempfindlichkeit zu achten ist.

Waschen: Bei mildem Wetter kann das Pferd im Rahmen des Trainingsprogramms von Zeit zu Zeit gewaschen werden. Das entfernt Parasiten, Schmiere und Schorf aus dem Fell, wodurch das Pferd einen Juckreiz haben könnte. Außerdem verbessert sich ganz allgemein das Aussehen des Pferdes. Ein erhitztes, schwitzendes und schwer atmendes Pferd sollte nicht gewaschen werden, da Pferde anfällig für Erkältungen sind. Desweiteren sollte ein Pferd nur dann gewaschen werden, wenn die gründliche Trocknung des Fells gewährleistet ist. Seife und Shampoo und viel warmes Wasser werden am ganzen Körper mit Ausnahme des Kopfes aufgetragen. Der Kopf wird zum Schluß mit klarem Wasser abgewaschen. Alle Shampoo- oder Seifenreste müssen gründlich abgespült werden, da sie eine Hautirritation verursachen könnten. Das restliche Wasser wird mit einem Schweißmesser abgezogen, und dann trocknet man das Pferd so gut es geht mit einem Handtuch ab. Abschließend wird es mit einer Abschwitzdecke trockengeführt.

Ein Hunter, der z. B. im August aufgestallt

wird, kann in den ersten Wochen »halb und halb« gehalten werden. Das bedeutet, daß das Pferd entweder tagsüber im Stall gehalten wird (wegen der Hitze und Fliegen) und nachts im Paddock ist oder umgekehrt. Das geht natürlich nicht mit einem Pferd, das im Winter ins Training genommen wird. Dieses Halb-und-halb-System hat viele Vorteile:

1 Jede Änderung im Tagesablauf des Pferdes sollte schrittweise vorgenommen werden, damit sich der Verdauungsapparat an Heu und Kraftfutter gewöhnen kann.

2 Ein Pferd ist nicht so übermütig, wenn es einige Zeit auf der Koppel verbringt, anstatt nur im Stall eingesperrt zu sein.

3 Besonders junge Pferde langweilen sich oder werden quengelig, wenn sie plötzlich 23 Stunden am Tag in ihrer Box verbringen müssen.

4 Dünnhäutige Vollblüter können an Kondition einbüßen, wenn sie auf der Koppel allzusehr von Fliegen geplagt werden.

Wenn das Pferd hinten wieder beschlagen ist, hat das den Nachteil, daß selbst ein Ausschlagen nach Fliegen bei einem anderen Pferd ungewollt zu Verletzungen führen kann.

## Training der Grundkondition

In dieser Phase des Trainings wird das Pferd mit steigender Zeitdauer langsam bewegt. Dazu gehört Schrittgehen auf der Straße zur Kräftigung von Muskeln, Sehnen und Bändern oder allgemein »zur Abhärtung der Beine«. Wenn auch physiologisch nicht korrekt, so gibt dieser Begriff doch genau die Aufgabe dieser Einführungsphase wieder.

Von der Schrittarbeit sagt man, sie löse den Prozeß der Umwandlung von Fett (durch den Weidegang) in Muskeln aus. Genau genommen findet dieser Prozeß nicht statt. Das Muskelsystem entwickelt sich langsam. Gleichzeitig werden die Fettreserven des Pferdes verbrannt, um Energie für die Arbeit zur Verfügung zu stellen. Dieser Prozeß ist besser zu beobachten, nachdem die dritte Phase, die schnelle Arbeit, begonnen hat.

Während der ersten Tage kann eine Führmaschine die Arbeit übernehmen, aber auch Arbeit an der Doppellonge oder Reiten und Führen sind geeignet. Im allgemeinen beginnt man bei Pferden mit ausgeglichenem Temperament sofort mit dem Reiten. Jegliches Longieren ist mit Vorsicht einzusetzen, denn die Körpersysteme des Pferdes sind noch nicht »reif« für den Streß, den das Pferd durch den kleinen Zirkel empfindet.

Am Anfang ist es am besten, mit 30 Minuten auf ebenem Boden zu beginnen. Dieses Pensum wird jeden Tag um 10 bis 15 Minuten gesteigert, bis man am Ende der Woche das Pferd eine Stunde im Schritt arbeitet. Am Ende der zweiten Woche sollte das Tagespensum zwei Stunden Schrittarbeit betragen, wenn möglich mit Kletterarbeit. Während der dritten Woche kann ein wenig ruhiger Trab bergauf einbezogen werden. Das Bergaufreiten trainiert verstärkt Muskulatur und Atmung und belastet die Vorderbeine nicht so sehr. In der vierten Woche sieht das Programm ähnlich aus. Die Trababschnitte können verlängert werden, aber nur so weit, daß das Pferd danach weder schwitzt noch pumpt.

Man sollte sich nicht dazu hinreißen lassen, dieses grundlegende Training abzukürzen, besonders die Schrittarbeit nicht, egal wie langweilig sie einem vorkommt. Es ist wichtig, daß das Pferd seine Muskulatur entwickeln und kräftigen kann und sich wieder an das Reitergewicht gewöhnt, ohne daß Herz, Lunge und Beine überlastet werden. Die Bedeutung der Schrittarbeit kann gar nicht genug betont werden. Wenn diese Anfangsphase des Trainings nicht geduldig und gründlich durchgeführt wird, steigt das Risiko, daß das Pferd zu einem späteren Zeitpunkt lahmt.

Während der Schrittarbeit soll das Pferd aktiv mitarbeiten. Auf der anderen Seite ist es möglich, daß gerade ein junges Pferd, das frisch von der Weide kommt, ein wenig übermütig ist und zackelt oder pullt. Aber nur im Schritt sollte man versuchen, ein solches Pferd zu ruhigem Arbeiten zu erziehen. Auf keinen Fall darf man sich des Übermuts entledigen, indem man in schnelleren Gangarten »die Luft abläßt«. Während des gesamten Trainings ist jeder Aspekt der Stallhygiene und Betreuung des Pferdes wichtig, ganz besonders aber in dieser Phase. Während der ersten 14 Tage z. B. wird das Pferd jeden Tag genau auf Streichwunden, Gallen oder Verletzungen untersucht. Nach der Sommerpause ist die Haut des Pferdes sehr weich und kann leicht durch schlecht passendes oder schlecht gepflegtes Sattelzeug irritiert werden. Besonders gefährdet sind die Maulwinkel und Gurt- und Sattelgegend. Man sollte vorsorglich eine dicke Satteldecke und einen weichen Gurt oder einen weichen Gurtschoner benutzen. Man kann den Sattel- und Gurtbereich auch abhärten durch Abwaschen mit Salzwasser, Methylalkohol oder Desinfektionsmittel. Als weitere Vorbeugemaßnahme lockert man den Gurt (nicht zu sehr!) während der letzten Viertelstunde des Reitens, damit sich die Haut unter dem Gurt schon langsam abkühlen kann. Wenn gesattelt wird, sollten die Vorderbeine etwas vorstehen, so daß sich die Haut bequem unter dem Gurt dehnen kann. Sattelgurt und -decke werden immer gut gereinigt und nach jedem Ritt abgebürstet oder gesäubert. Satteldecken mit Schaumstofffüllung scheinen Satteldruck zu begünstigen, ebenso kommt es bei Gamaschen mit Schaumstofffutter häufiger zu Hautirritationen an den Beinen.

Da jetzt hauptsächlich auf Straßen geritten wird, werden Kniekappen angelegt, um das untrainierte Pferd, das vielleicht zum Stolpern neigt, zu schützen. Bei einem untrainierten, schlechtbemuskelten Pferd kann es auch zum Streichen kommen, besonders wenn man anfängt zu traben. Der Reiter muß also besonders auf die Beine achten und wenn nötig auch Streichgamaschen anlegen.

Im allgemeinen beginnt man mit der Trabarbeit erst dann, wenn das Pferd nach einem zweistündigen Ritt im Schritt so frisch zum Stall zurückkehrt wie es ihn verlassen hat. Im Trab werden besonders die Vorderbeine beansprucht. Daher sind die ersten Trabreprisen langsam und nur kurz, aber flüssig und wenn möglich bergauf. Vier Trabreprisen über je 200 m reichen für den ersten Tag. Vorher sollte das Pferd mindestens 15 Minuten im Schritt gegangen sein, so daß es gut aufgewärmt ist für den ersten Trab.

Nachdem ein paar Tage getrabt wird, kann man, wenn man möchte, auch mit dem Longieren beginnen. Zu Anfang sollte das Pferd aber nicht länger als 6 oder 7 Minuten auf jeder Hand vor oder nach dem Reiten longiert werden. In der vierten Woche kann das Pferd auch ein wenig dressurmäßig geritten werden, d. h. auf dem großen Zirkel in Schritt und Trab auf beiden Händen. Durch Longieren und dressurmäßiges Reiten läßt sich verhindern, daß sich das Pferd langweilt. Sowohl zum Longieren als auch zum Reiten werden Gamaschen angelegt.

## Aufbautraining

Zum Ende der vierten Woche mit Straßenarbeit, die zum Schluß auch etwas Bergaufreiten im Trab enthält, sollte das Pferd so weit sein, daß es in die nächste Trainingsphase übernommen werden kann und man schon ein wenig kantern kann. Es ist von Pferd zu Pferd verschieden, wann es dieses Stadium erreicht. Am besten geht man danach, wie es mit dem Bergauftraben fertig wird. Wenn es ruhig weiteratmet, ist es wahrscheinlich so weit, daß mit dem Kantern begonnen werden kann.

Das Aufbautraining richtet sich nach der Prüfung, für die das Pferd trainiert werden soll. Das Polo-Pony erhält eine Grundausbildung und etwas Arbeit mit Stick und Ball, das Springpferd wird kleinere Hindernisse und Kombinationen springen, das Rennpferd kantert nur, beim Distanzpferd werden Strecke und Geschwindigkeit erhöht und das Vielseitigkeitspferd wird sowohl auf der Flachen als auch über kleinere Hindernisse geritten. All diese Aspekte werden noch einzeln in den folgenden Kapiteln erläutert. Die traditionellen Trainingsmethoden wurden in England für den Hunter entwickelt und mit ihm wollen wir uns weiter beschäftigen.

Der Boden, auf dem das erste Mal gekantert wird, sollte eben und gut bis hart sein, auf keinen Fall tief und voller Schlaglöcher. Der Reiter muß damit rechnen, daß ein übermütiges Pferd wahrscheinlich versuchen wird zu buckeln und schneller als gefordert zu galoppieren, was aber mit Verletzungsrisiko verbunden ist. Das Pferd wird ruhig angaloppiert, wobei man darauf achten sollte, daß der Kopf oben bleibt. Wenn das Pferd schon dafür bekannt ist, gern zu pullen, sollte man von vornherein entsprechende Hilfsmittel wie etwa ein Martingal anlegen. Am Anfang wird nur über eine kurze Strecke langsam gekantert. Dieses Pensum wird gesteigert, bis am Ende der sechsten Woche drei oder vier Kanterabschnitte in ruhigem Tempo geritten werden. Nach jedem Kanter wird das Pferd etwas pumpen, aber es sollte sich schnell wieder erholen während des auf schnelle Arbeit folgenden Trabs.

Während der siebten und achten Woche sieht das Trainingsprogramm ähnlich aus. Die Stamina des Pferdes wird entwickelt (Ausdauer von Herz und Lungen), indem u. a. auch bergauf gekantert wird. Jetzt (Mitte bis Ende September) ist das Pferd so weit, daß es ein- oder zweimal die Woche auf einer morgendlichen Jungfuchsjagd eingesetzt werden kann. Hierbei sollte es sich aber gerade zu Beginn um kurze Einsätze handeln. Wenn um 7 oder 8 Uhr morgens losgeritten wird, kommt man leicht erst gegen Mittag zurück und muß feststellen, daß das Pferd länger unter dem Sattel war als auf einer Jagd. Obwohl es

nicht galoppiert oder gesprungen ist, sind die Stunden, die es draußen mit dem Reiter auf dem Rücken verbrachte schon sehr anstrengend für ein halbtrainiertes Pferd.

Schnelle Arbeit
Während des Trainings wird der Hunter selten schnell gearbeitet. Die Jungfuchsjagden im Oktober sind gelegentliche Spritzer, um das Pferd auf den Beginn der Jagdsaison vorzubereiten. Die Beine des Hunters werden während der Saison von November bis März/April ziemlich hart beansprucht, auch ohne daß an den jagdfreien Tagen galoppiert wird. Es tut ihm gut, wenn er im Oktober ein- oder zweimal über ein paar natürliche Hindernisse oder auf einer Querfeldeinstrecke geritten wird. Unter Umständen ist er fünf Monate lang nicht gesprungen, und mit dieser kleinen Gedächtnisauffrischung kann man manch unangenehme Situation vermeiden, wenn er während der Jagd plötzlich vor dem ersten Hindernis steht.

Nach diesem Programm erscheint auf dem Stelldichein zur Eröffnungsjagd ein Pferd, das soviel Kondition hat, daß es um sein Leben laufen kann und die fünfmonatige Saison spielend durchsteht.

**Während der Jagdsaison**
Während der Saison wechseln sich Jagdtage mit Trainingstagen ab. Das Training ähnelt jetzt dem im ersten Teil des Trainingsprogramms, hängt aber natürlich davon ab, wie stark das Pferd beansprucht wird. Normalerweise geht ein Hunter nicht mehr als einen langen Jagdtag oder zwei halbe Tage pro Woche, wobei letzteres auf jeden Fall zu bevorzugen ist. Das Pferd hält seine Kondition durch die Jagden, das Training sollte nicht mehr als 60 bis 90 Minuten Schrittreiten und ein wenig Trab beinhalten. Sonntag ist gewöhnlich Stehtag, und man läßt das Pferd etwa 10 Minuten an der Hand grasen. Am Tag nach einer Jagd wird es nur 30 Minuten im Schritt bewegt, um Steifheiten zu beheben.

Das Pferd eines Jagdreiters, das pro Woche nur eine Jagd geht, hat einen weniger anstrengenden Tag als das Jagdpferd. Es wird am Tag nach der Jagd (meistens ein Sonntag) kurz im Schritt bewegt und hat Mitte der Woche einen Stehtag, an dem es 10 Minuten an der Hand grasen kann. An den restlichen vier Tagen wird es 60 bis 90 Minuten trainiert, wozu Schritt, Trab und Kanter gehören – so wie beim Aufbautraining. Auch diesem Pferd tut ein »Spritzer« am Tag vor der Jagd gut, damit seine Atmungsorgane frei sind und es für den Galopp am nächsten Tag vorbereitet ist.

Es gibt auch Pferde, die zweimal in der Woche oder ein- oder dreimal in vierzehn Tagen eine Jagd gehen. Das Training an den dazwischenliegenden Tagen richtet sich nach den Anforderungen. Pferde, die zweimal pro Woche auf eine Jagd gehen, werden genauso wie die Jagdpferde behandelt. Auch sie arbeiten sehr hart und brauchen nur ein Minimum an Training, um in Form zu bleiben. Ein Pferd, das nur alle zwei Wochen einmal eine Jagd geht, muß in der jagdlosen Woche auch schnelle Arbeit erhalten, sonst kann es keine Spitzenkondition erlangen. Die schnelle Arbeit kann z. B. in der 10. Woche aus 750 bis 1000 m in mittlerem Tempo bestehen und bis zur 15. Woche des Trainingsprogramms (Mitte November) auf 1500 m in etwas schnellerem Tempo gesteigert werden.

Wenn es keinen Unfall erleidet, kann ein gut gefüttertes und trainiertes Pferd seine Kondition während der ganzen Saison halten, egal, ob es zweimal die Woche oder nur einmal in vierzehn Tagen eingesetzt wird. Die Arbeit, die das Pferd braucht, um topfit zu bleiben, hängt aber von seinem Temperament und Typ sowie Art des Einsatzes ab. All diese Faktoren müssen berücksichtigt werden, wenn man den Trainingsplan für einen Hunter aufstellt. Die ergänzenden Faktoren wie Fütterung und Betreuung werden in späteren Kapiteln dieses Buchs erläutert.

**Abtrainieren**

Am Ende der Jagdsaison bekommt der Hunter seine lange Sommerpause. Traditionsgemäß kommen Hunter am 1. Mai auf die Weide. Aufgrund der landwirtschaftlichen Erfordernisse muß die Jagdsaison immer früher beendet werden, so daß viele Jagdgesellschaften ihr letztes Stelldichein schon im März oder April haben. Ein geschorener, mit Getreide gefütterter Hunter kann aber zu dieser Jahreszeit, wo das Wetter gelinde gesagt unvorhersehbar und der Graswuchs gering ist, nicht einfach auf die Weide gestellt werden. Es folgt erst einmal eine Phase, in der das Pferd »abtrainiert« wird, bevor es gar nicht mehr bewegt wird. Die tägliche Arbeit wird stufenweise reduziert, ebenso wie die Kraftfutterration. Die Heumenge wird erhöht. Die Zahl oder das Gewicht der Decken wird auch langsam reduziert, wenn es wärmer wird. Sobald der Boden es zuläßt, wird das Pferd ein paar Stunden pro Tag in den Paddock gestellt. Zu diesem Zeitpunkt kann die tägliche Arbeit eingestellt und die Hintereisen abgenommen werden. Man sollte die Vordereisen nicht abnehmen, um Hufprobleme zu vermeiden. Das Pferd bekommt langsam sein Sommerfell und sieht nicht mehr so schlank und athletisch aus. Gegen Ende April ist das Pferd den ganzen Tag draußen und kommt nur noch nachts in den Stall. Dieses langsame Abtrainieren ist der Mühe wert, denn wenn sich das Pferd erkältet und viel Kondition verliert, kann es lange dauern, bis es sich erholt hat.

Während der Monate Juni und Juli kann es sehr heiß werden und das Pferd wird von Fliegen geplagt, wodurch besonders dünnhäutige Vollblüter schnell an Kondition verlieren. Wenn kein geeigneter Schutzunterstand zur Verfügung steht, ist es in solchen Fällen ratsam, das Pferd tagsüber in den Stall zu stellen und nur nachts auf die Weide zu bringen. In der Sommerpause wird das Pferd alle vier bis sechs Wochen entwurmt und täglich auf kleinere Wunden untersucht. Der Schmied muß die Hufe schneiden und wenn das Pferd vorne noch beschlagen ist, so müssen die Eisen wie üblich überprüft und wenn nötig gewechselt werden. Die Weiden werden regelmäßig auf den korrekten Zustand der Zäune und Wasserversorgung überprüft sowie auf Abfälle, giftige Pflanzen oder sonstige Gefahrenquellen für das Pferd.

Wenn das Pferd während der Jagdsaison in Spitzenkondition war, scheint es einem bedauerlich vorzukommen, wenn es jetzt wieder an Figur und Form verliert. Der menschliche Athlet bekommt keine dreimonatige Ruhepause, in der er zunimmt, um sich danach abzumühen, wieder fit zu werden. Die Sportler haben ihre Ruhepause, indem sie es über einen gewissen Zeitraum etwas ruhiger angehen lassen, aber sie bleiben immer in Grundkondition. Es ist eine gewaltige Anstrengung für die Körpersysteme, Herz, Lunge, Muskeln und Sehnen vorübergehend überhaupt kein Training zu bekommen und danach wieder Kondition zu erlangen.

Pferde, die eine ganze Saison lang harte Jagden gegangen sind, brauchen unbedingt diese Pause zur Erholung und Entspannung. Ein guter Kompromiß ist es, das Pferd abzutrainieren und auf die Weide zu stellen, aber die Eisen nicht abzunehmen und es ein- bis zweimal die Woche zu reiten. 60 bis 90 Minuten in Schritt und Trab reichen aus, damit Rücken- und Gurtbereich an den Sattel gewöhnt bleiben und auch die Körpersysteme nicht untätig sind. Das ist manchen Leuten zu unbequem, aber für das Pferd ist es auf jeden Fall gesünder.

# So funktioniert das Pferd

**Inhalt**

## Einleitung

Man muß sich den Pferdekörper als eine Integration vieler einzelner Körpersysteme vorstellen. Jedes System besteht aus Organen und Geweben, die auf die Aufgabe des jeweiligen Systems spezialisiert sind.
1 Der Atmungsapparat.
2 Der Kreislauf von Blut und Lymphe.
3 Der Bewegungsapparat aus Skelett, Muskeln und Sehnen.
4 Die Systeme zur Information und Regelung: Nerven-, Sensoren- und endokrine Systeme.
5 Die Zähne.
6 Die Haut.
7 Die Fortpflanzungs- und Laktationsorgane.
8 Die Harnwege.
9 Das Verdauungssystem.
Die ersten vier Systeme werden bei jeder Belastung des Pferdes beansprucht, und

dieser Teil wird sich daher besonders mit dem Atmungsapparat, dem Kreislauf und dem Bewegungsapparat beschäftigen. Gelegentlich haben auch die Zähne und der Verdauungstrakt Auswirkungen auf die Kondition eines Pferdes. Haben die Zähne scharfe Kanten, kann es nicht richtig fressen, und wenn es seine Nahrung nicht richtig nutzen kann, wird es nicht so gut gedeihen. Ein wichtiger Bestandteil des Trainings ist die korrekte Fütterung. Auf Seite 174 ff. werden die Verdauungsorgane und die Fütterung ausführlich behandelt.
Die Haut ist am Wärmeverlust beteiligt. Schwitzen ist wichtig zur Temperaturregelung während einer Anstrengung.
Ein Trainer muß über diese Körpersysteme und -funktionen Bescheid wissen, damit er das Beste aus dem Pferd herausholen kann.

# Fütterung des Leistungspferdes

## Die Bedeutung der Fütterung

Die Fütterung hat mit den größten Einfluß auf die Leistung des Pferdes. Man verläßt sich im allgemeinen auf die Erfahrungen mit den seit Generationen bewährten Fütterungsmethoden, wobei immer zugrundegelegt wird, alle Pferde hätten die gleichen Bedürfnisse. Dieses Kapitel soll diese Erfahrungswerte ausbauen zu einer Kombination von traditionellen Fütterungsregeln und wissenschaftlich fundierten Erkenntnissen. Ebenso soll der Mythos der Fütterung aus wissenschaftlicher Sicht aufgeklärt werden, ohne jedoch die bewährten Methoden außer Acht zu lassen.

Man kann argumentieren, daß die Fütterung unserer Großväter ohne den wissenschaftlichen Humbug auch für das Pferd von heute richtig sei. Es gibt jedoch viele Gründe, warum man sich mehr Gedanken machen sollte um die ernährungsspezifischen Bedürfnisse seines Pferdes:

1 Leistungspferde der Spitzenklasse sind viel Streß ausgesetzt, wenn sie weite Strecken über Land, auf dem Wasser oder in der Luft transportiert werden, um zum Wettkampfort zu kommen.

2 Dazu kommt der lange Kontakt mit fremden Pferden in den dortigen Stallungen, was zu subklinischen Krankheitserscheinungen führen kann.

3 Die Produktionstechnik für Futtermittel hat sich verändert und somit eventuell auch Nährwerte und Verfügbarkeit.

4 Ungewöhnliche, billigere Proteinquellen werden zu Mischfutter hinzugefügt, die eine allergische Reaktion wie etwa Urtikaria (Nesselsucht) hervorrufen können.

5 Der intensive Ackerbau kann den Boden auslaugen, so daß die Erträge einen geringeren Nährwert haben.

Immer mehr Pferdebesitzer werden sich dieser Faktoren bewußt, da sie Trainingsprobleme verursachen. Eine bessere Kenntnis der ernährungsspezifischen Bedürfnisse des Pferdes führt zur besseren Zusammensetzung der Futterration und somit zu einem gesunderen Pferd.

## Das Verdauungssystem des Pferdes

Das Pferd ist hauptsächlich ein Weidetier und hat sich im Laufe der Evolution dazu entwickelt, ständig kleine Futtermengen zu sich zu nehmen. Der Darm ist darauf eingerichtet, regelmäßig kleine Mengen rohfaserreichen Futters aufzunehmen. Der konstante Nachschub ist wichtig, es darf jedoch nicht zu viel auf einmal sein.

### Hintergründe

Ein Stallpferd lebt in einer künstlichen Umgebung und ist vollkommen abhängig vom Menschen in Bezug auf Futter und Wasser. Damit die Körpersysteme gut funktionieren, muß der Futterplan so gut wie möglich der Natur angeglichen werden. Daher ist das oberste Gebot einer effektiven Fütterung: wenig, aber oft. Der Hauptgrund ist, daß das Pferd im Verhältnis zu seiner Größe einen ziemlich kleinen Magen hat – etwa so groß wie ein Rugby-Ball (siehe Abb. 2). Der Magen kann sich zwar dehnen und ca. 13 bis 23 Liter Futter aufnehmen, aber aufgrund seiner J-Form ist er nie mehr als ⅔ gefüllt, d. h. der Magen enthält ca. 9 bis 13 Liter Futter, etwa ⅔ eines normalen Wassereimers. Geht man davon aus, daß ein Drittel des Mageninhalts aus Wasser und Speichel besteht (das Pferd produziert sehr viel Speichel), so liegt die optimale Futtermenge bei höchstens einem halben Eimer. Jede größere Futtermenge – z. B. ein ganzer Eimer Kraftfutter für ein gieriges Pferd – drückt halbverdautes Futter aus dem Magen, bevor es verwertet werden kann. Das ist nicht nur Verschwendung, sondern auch gefährlich, denn halbverdautes Futter kann im Dünndarm gären und eine Kolik hervorrufen.

**2** Die Verdauungsorgane beim Pferd und deren Größe und Fassungsvermögen

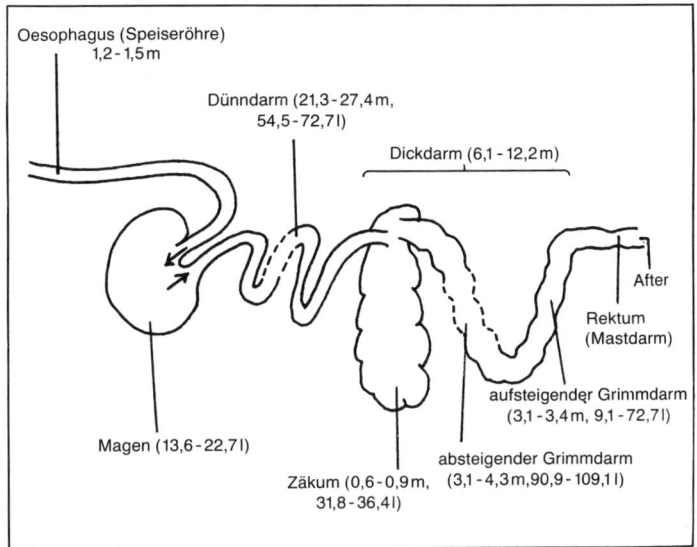

Oesophagus (Speiseröhre) 1,2-1,5 m

Dünndarm (21,3-27,4 m, 54,5-72,7 l)

Dickdarm (6,1-12,2 m)

After

Rektum (Mastdarm)

aufsteigender Grimmdarm (3,1-3,4 m, 9,1-72,7 l)

absteigender Grimmdarm (3,1-4,3 m, 90,9-109,1 l)

Magen (13,6-22,7 l)

Zäkum (0,6-0,9 m, 31,8-36,4 l)

**3** Das Verdauungssystem in Seitenansicht

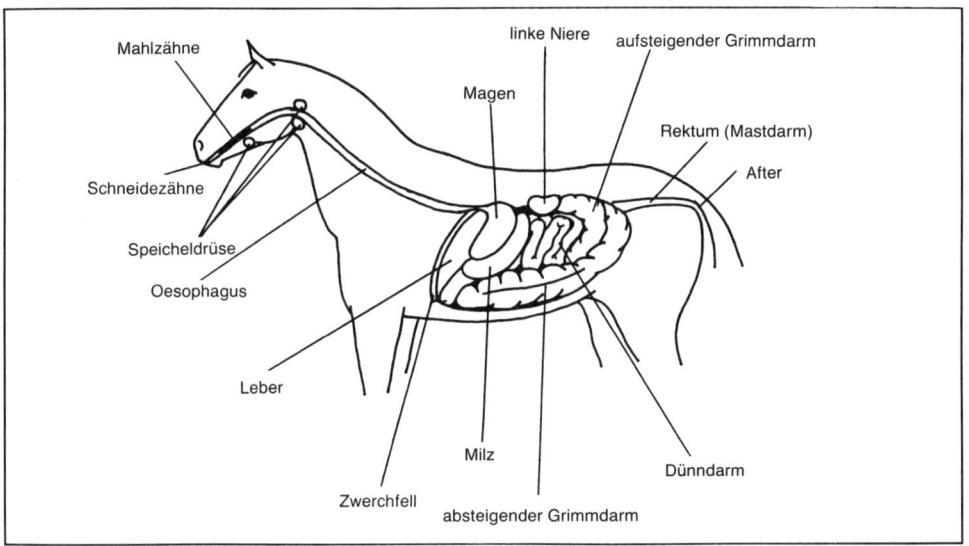

Mahlzähne

linke Niere

aufsteigender Grimmdarm

Magen

Rektum (Mastdarm)

After

Schneidezähne

Speicheldrüse

Oesophagus

Leber

Milz

Dünndarm

Zwerchfell

absteigender Grimmdarm

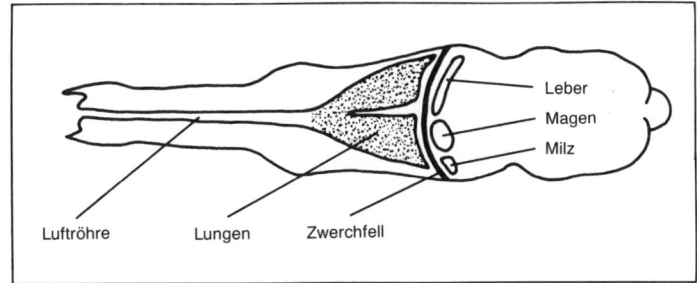

Leber

Magen

Milz

Luftröhre

Lungen

Zwerchfell

**4** Das Größenverhältnis von Magen, Zwerchfell und Lungen

Ein erweiterter, voller Magen drückt außerdem auf das Zwerchfell (die muskuläre Schicht, die Lungen und Därme trennt), wodurch das Pferd seine Lungen nicht mehr ganz füllen kann – daher die Regel »Keine starke Beanspruchung direkt nach dem Füttern« (Abb. 3 und 4). Niemand von uns möchte nach dem Sonntagsessen einen Waldlauf machen – dem Pferd geht es ebenso!

Weiterhin muß man berücksichtigen, daß ein Teil der Blutversorgung vom Darm zu den Muskeln umgeleitet wird, wenn das Pferd gearbeitet wird. Die Verdauung verlangsamt sich, aber weiterhin wird Futter durch den Darm geleitet, was dazu führt, daß das Pferd weniger Nährstoffe des Futters verwerten kann, bevor es als Kot den Verdauungstrakt wieder verläßt. Aus diesem Grund kommt es bei vielen Pferden und Menschen zu Diarrhoe (Durchfall) nach einer großen Anstrengung.

Wenn der Magen voll ist und das Pferd viel Wasser säuft, kann Futter aus dem Magen gespült werden, ohne daß es durch die Verdauungssäfte verarbeitet wurde. Wie im vorherigen Fall, ist auch das eine Verschwendung und führt möglicherweise zu Kolik. Die Regel »Vor dem Füttern tränken« hat also ihre Berechtigung. Wieviel Futter weggespült würde, darüber kann man sich streiten. Nach heutiger Auffassung ist der Effekt nicht so schlimm wie früher befürchtet. Durch die J-Form des Magens kann es nämlich sein, daß das Wasser lediglich über das Futter hinweggespült wird, ohne großen Schaden anzurichten. Um jegliche Probleme zu vermeiden, sollte das Pferd immer Zugang zu frischem, sauberen Wasser haben, es sei denn, es soll gleich darauf in schnellen Gangarten gearbeitet werden.

Aus Größe und Aufbau von Blinddarm und Dickdarm (Abb. 2) kann man sehen, daß das Pferd Rohfasern in seinem Speiseplan braucht. Keine Tagesration sollte weniger als 25% Rauhfutter enthalten, d. h. immer reichlich Rauhfutter geben. Proble-me können bei Leistungspferden auftreten, deren Därme voller Rauhfutter sind, da Rauhfutter voluminös ist und viel Wasser zur Verdauung beansprucht. Wird viel Rauhfutter gefüttert, bekommt das Pferd einen dicken Bauch und trägt eine unnütze Last mit sich herum. Das zusätzliche Gewicht und der Druck auf das Zwerchfell beeinträchtigen auch die Funktion von Herz und Lunge, dennoch soll der Anteil von Rauhfutter an der täglichen Futtermenge mindestens 25% betragen, damit der Darm richtig arbeiten kann. Zuckerrübenschnitzel sind ein sinnvolles Futtermittel aus besonders gut verdaulichen Rohfasern, worauf später noch genauer eingegangen wird.

Die Verdauung von Rauhfutter findet in Blinddarm und Dickdarm statt und stellt dem Pferd Nährstoffe zur Verfügung, die dem Fleischfresser, wie z. B. dem Hund, oder dem Allesfresser, wie z. B. dem Menschen, nicht zugänglich sind – wir würden bei einer Ernährung mit Gras gar nicht gut aussehen. Der in Blinddarm und Grimmdarm stattfindende Prozeß nennt sich Gärung und geschieht durch eine große Anzahl von Mikroorganismen (Bakterien und Protozoen). Sie sind auf die Gärung bestimmter Nahrungsbestandteile spezialisiert, daher ändert sich die Anzahl eines jeden Typus von Mikroorganismus im Darm je nachdem, was dem Pferd gefüttert wird. Plötzliche Futterumstellungen haben zur Folge, daß es nicht die genügende Anzahl der benötigten Organismen zur Verarbeitung des Futters gibt. Das Futter wandert nur halbverdaut durch den Darm. Das ist bestenfalls eine Verschwendung, schlimmstenfalls kann es zu Diarrhoe kommen. Daher sollten alle Futterumstellungen schrittweise geschehen. Das ist zum Teil auch ein Grund für die abführende Wirkung von einmal in der Woche verabreichtem Kleie-Mash.

Das Pferd ist anfällig für Probleme wie Hufrehe und Azoturie, deren Ursachen zum Teil in Überfütterung zu finden sind.

Es ist daher wichtig, daß die Futtermenge der Arbeit entspricht. Die Stehtage müssen gut geplant werden, die Futtermenge muß schon am Tage zuvor entsprechend geändert werden. Wenn die tägliche Arbeit aufgrund von Krankheit, Lahmheit oder schlechtem Wetter ausfällt, sollte die Kraftfutterration drastisch reduziert werden. Sind die Stehtage nicht im voraus abzusehen, muß die Kraftfuttermenge an diesen Tagen reduziert werden und wenn irgend möglich das Pferd an der Hand bewegt oder auf die Weide gestellt werden.

Die Fütterung muß auf jedes einzelne Pferd und die Arbeit, die es zu leisten hat, abgestimmt sein. Das ist leichter gesagt als getan und bedarf näherer Erläuterung. Ein überfüttertes Pferd kann gefährlich sein, für sich selbst und für seinen Reiter.

Die restlichen Fütterungsregeln sind selbstverständlich. Eine davon lautet: »Benutze nur Futter von guter Qualität«. Die immer häufiger auftretende Anfälligkeit von Pferden für Stauballergien kann nur durch sauberes Futter von guter Qualität vermieden werden. Das Pferd verliert den Appetit durch verdorbenes Futter oder verschmutzte Futterkrippen. Daher gilt besondere Sorgfalt der Hygiene und den Lagerplätzen. Einige Futtermittel haben nur eine begrenzte Haltbarkeitsdauer. Nach dieser Zeit verlieren sie an Nährwert und Geschmack. Beim Kauf von Futtermitteln oder Ergänzungsfutter in größeren Mengen muß das berücksichtigt werden.

Das Pferd ist ein Herden- und Gewohnheitstier und profitiert davon, jeden Tag zu den gleichen Zeiten gefüttert zu werden. Es kann ungeduldig werden, wenn es nicht pünktlich sein Futter bekommt und dadurch an Kondition verlieren, was wiederum seine Leistungsfähigkeit mindert.

Die Bakterien im Darm des Pferdes sind in der Lage, einige Vitamine synthetisch zu produzieren, aber das Füttern von Obst ist ein ausgezeichnetes Mittel zur Appetitanregung und eine natürliche Vitamin- und Mineralstoffquelle.

Seit vielen Jahren richtet man sich nach diesen Regeln, da schon seit langem die Anatomie und Physiologie des Pferdedarms bekannt sind. Unsere größere Kenntnis der Vorgänge im Pferdekörper hat gezeigt, daß diese Regeln auf soliden, wissenschaftlichen Fakten beruhen. Daher haben sie auch die Zeit überdauert.

## Die Nährstoffe, die ein gesundes Pferd braucht

Um in Hochform zu bleiben, benötigt das Leistungspferd regelmäßig etwa 40 Nährstoffe. Um diese Nährstoffe zu bekommen, muß es richtig gefüttert werden. Die Nährstoffe gliedern sich in 7 große Kategorien: Kohlenhydrate, Fette, Proteine, Rohfasern, Wasser, Mineralstoffe und Vitamine.

### Kohlenhydrate

Zu den Kohlenhydraten zählen Substanzen wie Zucker, Stärke und Rohfasern, die den Hauptanteil des Pferdefutters bilden und die hauptsächliche Wärme- und Energiequelle darstellen. Zucker, die einfachste Form eines Kohlenhydrats, bestehen hauptsächlich aus Monosacchariden oder einfachen Zuckern, z. B. Glukose. In Form von Glukose werden Kohlenhydrate durch die Wände des Dünndarms absorbiert. Die Glukose wird dann im Pferdekörper in Form von Glykogen und Fett gespeichert und kann bei Bedarf zum Einsatz in den Muskeln bei einer Kraftanstrengung zurück in Glukose verwandelt werden. Im Übermaß können Kohlenhydrate Probleme wie Hufrehe, Lymphangitis und Verschlag hervorrufen.

Stärke ist der wesentliche Energiespeicher in Pflanzen. Futterrüben und Knollen z. B. haben einen Stärkegehalt von 30%, Getreide hat ca. 10,5%. Diese Futtermittel sind ein guter Kohlenhydratlieferant für das Pferd.

Zellulose oder Rohfasern (Rauhfutter) sind ein komplexes Kohlenhydrat und sehr wichtig in der Struktur der pflanzlichen

Zellwände. Zellulose wird vom Pferd in Blinddarm und Dickdarm verarbeitet und ist ein wertvoller Energielieferant der Weidepferde. Lignin (Holzstoff) ist eine Rohfaser, die nicht abgebaut werden kann. Das ist wichtig zu wissen, da der Ligningehalt mit dem Alter der Pflanze zunimmt, d. h. daß ältere Pflanzen schwerer verdaulich sind (folglich auch weniger nahrhaft). Dennoch ist das rohfaserhaltige Rauhfutter ein essentieller Bestandteil des Pferdefutters – zum Abbau und zur Verdauung anderer Futterbestandteile und zur Gesunderhaltung des Darms ist eine große Menge an Ballastfutter nötig. Mindestens 25% der täglichen Futtermenge müssen in Form von Rauhfutter gegeben werden.

## Fette und Öle

Fett ist eine sehr konzentrierte Form von Energie und liefert mehr als zweimal soviel Wärme und Energie pro Gramm wie Kohlenhydrate. Fett kann in größerer Konzentration in den Körperzellen gelagert werden und bildet somit einen permanenteren Energiespeicher. Unter der Haut gelagert bildet es auch eine Wärmeisolierung. Bis vor kurzem waren Fette in unbekannter Menge im Pferdefutter. Die meisten traditionellen Futterpläne enthielten ca. 2 bis 3% Öl. Möglicherweise ist der vermehrte Einsatz von Fetten als Energielieferant geeignet, die Probleme, die mit der Fütterung von zuviel Kohlenhydraten zusammenhängen, z. B. Verschlag und Hufrehe, zu reduzieren. Einige Futtermittelhersteller setzen ihrem Futter für Hochleistungspferde bis zu 6% Pflanzenöl zu. Es gibt Fütterungsexperten, die in den Futterplan von Ausdauerpferden auch Fett einbeziehen.

## Protein

Protein dient zum Ersatz von Muskelgewebe, das auf natürliche Weise aufgebraucht wurde, und zum Aufbau neuen Gewebes. Ist zuviel Protein im Futter, kann es auch als Energielieferant benutzt werden.

Protein wird durch die Wand des Dünndarms in Form von Aminosäuren absorbiert, die dem Aufbau von Körpergewebe dienen. Es gibt ca. 23 verschiedene Aminosäuren, von denen 10 »essentiell« sind und unbedingt im Futter enthalten sein müssen. Der Rest kann von den Mikroorganismen im Blinddarm synthetisch gebildet werden. Das bedeutet, daß die Proteine im Futter nicht nur die richtigen Aminosäuren aufweisen müssen, sondern sie müssen auch in ausgewogener Form vorkommen, d. h. das Pferd braucht hochwertiges Protein. Die Qualität wird vom »biologischen Wert« des Proteins widergegeben, der die Anzahl der vorhandenen, essentiellen Aminosäuren angibt. Tierisches Protein (z. B. Knochenmehl) hat einen hohen biologischen Wert, aber pflanzliches Protein (z. B. Hafer und Gerste) hat eher einen niedrigen biologischen Wert. Z. B. können die Aminosäuren Lysin und Methonium bei Pferden, die auf traditionelle Weise nur mit Hafer und Heu gefüttert werden, fehlen. Daher haben unsere Großväter andere Zutaten wie z. B. Bohnen zugefüttert.

Der Proteingehalt im Pferdefutter muß den Energiegehalt ergänzen, da optimale Futterverwertung von der richtigen Relation zwischen Protein und Energie abhängt. Obwohl harte Arbeit nur eine geringe Erhöhung des Proteinanteils erfordert, um dem etwas schnelleren Muskelumsatz genüge zu tun, muß der Proteinanteil ebenso wie der Energieanteil erhöht werden, damit das Protein-Energie-Verhältnis erhalten bleibt. Es ist jedoch überflüssig und teuer, viel Protein an Leistungspferde zu verfüttern, denn überschüssiges Protein wird als alternative Energiequelle abgebaut. Eine Überfütterung an Protein hat sich als schädlich für die Leistung erwiesen.

## Wasser

Wasser ist ein wesentlicher Bestandteil der Ernährung. Nährstoffe müssen in aufgelöster Form ins Körpersystem des Pferdes gelangen. Dazu ist Wasser erforderlich, ebenso wie zur Produktion einer großen Menge von Speichel, der das Schlucken erleichtert. Ein Pferd kann fast alle Körperfette verlieren, ohne großen Schaden zu erleiden, aber bei Verlust von nur 8% Wasser im Körperhaushalt ist das Pferd krank. 15% Wasserverlust kann bei Leistungspferden zu Dehydratation und Hitzschlag führen.

Die Wasseraufnahme wird von verschiedenen Faktoren, wie etwa Futter, Umgebungstemperatur und Art und Umfang der Arbeit des Pferdes beeinflußt. Zu wenig Wasser wiederum beeinflußt die Futteraufnahme. Das ist zu bedenken, wenn ein krankes Pferd nur ungern säuft.

Sauberes, frisches Wasser sollte dem Pferd jederzeit zur Verfügung stehen. Wenn das nicht möglich ist, z. B. während der Arbeit, und das Pferd sehr durstig ist, sollte ihm ab und zu Wasser angeboten werden, bis sein Durst gestillt ist.

## Mineralstoffe und Vitamine

Die Fachzeitschriften sind voll von Anzeigen für Ergänzungsfutter und jedes ist das beste. Woher weiß der Pferdehalter, welches er kaufen soll? Hier soll nicht ein bestimmtes Ergänzungsfutter empfohlen werden, sondern nur die Aufgabe der Vitamine und Mineralstoffe bzw. wo Mängel auftreten könnten beschrieben werden, um dem Pferdehalter zu zeigen, worauf er achten soll. Ein Ergänzungsfutter ist nämlich kein Wundermittel, es soll das ausgleichen, was dem Futter an notwendigen Stoffen fehlt. Ein Ergänzungsfutter korrigiert das Verhältnis der einzelnen Nährstoffe, wohingegen ein Beifutter lediglich einen zusätzlichen Bestandteil etwa zur Geschmacksverbesserung liefert.

## Mineralstoffe

Es gibt ca. 14 Mineralstoffe, die sich als wichtig für die biologischen Prozesse erwiesen haben. Dazu gehören die in größeren Mengen benötigten Makrominerale (Kalzium, Phospor, Natrium, Chlor, Kalium, Magnesium und Schwefel) und die in kleineren Mengen benötigten Spurenelemente (Eisen, Kupfer, Jod, Kobalt, Mangan, Zink und Selen). Es ist noch nicht eindeutig bewiesen, aber möglicherweise spielen auch noch andere Mineralstoffe, wie Molybdän und Fluor, eine große Rolle.

Alle natürlichen Futtermittel enthalten Mineralstoffe, jedoch in unterschiedlichen Proportionen. Getreide hat z. B. niedrige Kalzium- und Magnesium-Werte, aber hohe Phosphorwerte, wohingegen Rauhfutter viel Kalzium und Magnesium, aber wenig Phosphor enthält. Da diese Futtermittel nur die Mineralstoffe enthalten können wie der Boden, auf dem sie wachsen, kann es durchaus zu einem Mangel kommen. Aber auch die Landwirtschaft trägt dazu bei, daß der Boden langsam ausgelaugt wird. Pferdehalter sollten über die jeweilige örtliche Besonderheit, die Zusammensetzung und Qualität der Futtermittel beeinflussen könnte, Bescheid wissen.

Die Mineralstoffe, die in traditioneller Fütterung fehlen könnten, sind Kalzium, Phosphor und Magnesium. Natrium, Kalium und Chlorid (Natriumchlorid ist unser gewöhnliches Salz) werden beim Schwitzen ausgeschieden und können daher nach größeren Anstrengungen fehlen. Dieser Verlust läßt sich sofort durch Elektrolyt-Lösungen während und nach der Prüfung ausgleichen. Die am häufigsten fehlenden Spurenelemente sind Selen, Zink, Mangan und Jod.

Die Diagnose eines solchen Mangels ist schwierig, weil es keine besonderen Symptome gibt. Wenn das Pferd einfach nicht mehr so leistungsfreudig ist, ohne irgendwelche Krankheitszeichen zu zeigen, könnte es sich um einen Grenzfall handeln. Ein Leistungspferd sollte täglich zusätzlich Mineralstoffe und Vitamine bekommen, damit der Körper ordnungsgemäß funktionieren kann. Das ist um so wichtiger, wenn keine ausreichende, gute Weidemöglichkeit besteht und das Pferd dem Streß der Spitzenleistung unterliegt.

## Kalzium und Phosphor

Diese Mineralstoffe sind erforderlich zum Aufbau und zur Gesunderhaltung der Knochen. Ihre Wirkung hängt aber von der ausreichenden Zufuhr an Vitamin D ab. Der Bedarf an Mineralstoffen und Vitaminen hängt größtenteils von einem ausgewogenen Verhältnis zueinander ab. Sie müssen in der täglichen Futterration in richtiger Menge und ausgewogenem Verhältnis vorkommen. Das gilt besonders für Kalzium und Phosphor – kommt eines in zu geringer Menge vor, nimmt auch das andere in seiner Wirkung ab. Adäquate Mengen im Verhältnis 1:1 oder 2:1 (Kalzium zu Phosphor) sind unerläßlich für die optimale Ausnutzung der Mineralstoffe im Körper. Die meisten der an Pferde verfütterten Getreidesorten haben einen geringen Gehalt, daher sollten Pferde, die hauptsächlich mit Getreide gefüttert werden, sowie junge Pferde, die noch im Wachstum sind, zusätzlich Kalk oder Knochenmehl zur Deckung des Kalziumbedarfs erhalten. Kleie behindert die Kalziumaufnahme. Bei regelmäßiger Kleiefütterung wird ein Kalziumzusatz erforderlich, um das Kalzium-Phosphorverhältnis auszugleichen.

## Magnesium

Auch dieses Element ist für eine gesunde Entwicklung von Zähnen und Knochen wichtig. Normalerweise ist es im Futter ausreichend vorhanden.

## Natrium und Kobalt

Natriumchloride (Speisesalz) und Kobaltsalze sorgen für einen geregelten Flüssigkeitshaushalt im Körper und spielen eine wichtige Rolle im Blutaufbau und der Verdauung. Mangelzustände äußern sich durch Müdigkeit, besonders bei Hochleistungspferden, die viel schwitzen. Die tägliche Zugabe von 30 g Kochsalz ins Futter ist hilfreich.

## Eisen und Kupfer

Zur Bildung des Blutpigmentes (Hämoglobin), das zum Sauerstofftransport im Blut dient, sind Eisen und Kupfer unerläßlich.

## Mangan und Zink

Sie tragen zur Aktivierung der Enzyme (biologische Katalysatoren) bei, die das Futter während des Verdauungsprozesses zersetzen. Aber auch zur Gesunderhaltung von Haut und Fell sind sie wichtig. Zinkmangel wirkt sich durch Appetitlosigkeit aus, kommt aber selten vor.

## Jod

Ein Pferd mit Jodmangel macht einen lustlosen Eindruck und das Fell glänzt nicht richtig. Jod ist ein wesentlicher Bestandteil des Hormons Thyroxin, das wiederum den gesamten Stoffwechsel regelt.

## Kobalt

Als Komponente des Vitmains B 12 hilft es gegen Anämie.

## Selen

Man glaubt, daß Selen in Verbindung mit Vitamin E Zellschädigungen, besonders der Muskelfasern, reduzieren kann. Selen kann zur Behandlung von Verschlag eingesetzt werden. Einige Fütterungsexperten empfehlen Selen und Vitamin E als Ergänzungsfutter für Hochleistungspferde.

## Vitamine

Vitamine gehören zu den wichtigsten Bestandteilen der Futterration. Sie sind wichtig für einen gut funktionierenden Stoffwechsel und eine optimale Futterverwertung. Sie werden nur in kleinen Mengen benötigt und gelten als »Mikronährstoffe«. Die übliche Futterration aus Hafer und Heu enthält oft nicht genügend dieser wichtigen Nährstoffe. Die Bakterien im Blinddarm sind jedoch in der Lage, bestimmte Vitamine zu produzieren. Die Höhe der synthetischen Produktion hängt aber von den betreffenden Vitaminen und der Art des Futters ab. Die Vitaminmenge, die vom Dickdarm zur Nutzung im Körper absorbiert wird, ist gering und die künstliche Produktion im Blinddarm kann durch äußere Faktoren, wie z. B. eine Behandlung mit Antibiotika unterbunden werden. Es gibt zwei Kategorien: die fettlöslichen Vitamine A, D, E und K, die für einen begrenzten Zeitraum in der Leber gespeichert werden können, und die wasserlöslichen, das Vitamin C sowie der Vitamin B-Komplex, die nicht speicherbar sind.

## Vitamin A

Das für gesunde Knochen und Gewebe notwendige Vitamin A kommt in Gras, allen Grünfuttersorten und gutem Heu vor. Es kann in der Leber gespeichert werden, aber diese Vorräte können im Winter aufgebraucht sein, so daß eine Ergänzung z. B. durch Lebertran erforderlich ist.

## Vitamin D

Das »Sonnenvitamin« (bei Sonneneinstrahlung wird es in der Haut gebildet) wird vom Darm benötigt, um Kalzium und Phosphor absorbieren zu können. Ein Mangel führt zu Knochenproblemen. Vitamin D wird ebenfalls in der Leber gespeichert, aber diese Vorräte sind gewöhnlich bis zur Mitte des Winters aufgebraucht. Lebertran bildet auch hier die ideale Ergänzung.

## Vitamin E

Dieses auch als »Fruchtbarkeitsvitamin« bekannte Vitamin ist für die Muskelfunktionen von großer Bedeutung. Man sagt ihm nach, in Verbindung mit Selen die Leistung stark beanspruchter Pferde zu steigern. Außerdem soll diese Verbindung einen Kreuzverschlag bekämpfen.

## Vitamin K

Dieses Vitamin ist wichtig für die Blutgerinnung. Manchmal wird es dem Futter von Pferden beigegeben, die zu Nasenbluten neigen. Ein Mangel kommt selten vor, denn die Mikroorganismen des Darms können Vitamin K produzieren.

## Vitamin B-Komplex

Diese Vitamine ⟨Aneurin, Laktoflavin, Nikotinsäure, Vitamin B 6 (Pyridoxin), Pantothensäure, Biotin, Folinsäure, Vitamin B 12 und Cholin⟩ kommen in frischem Gras und Kräutern sowie eiweißhaltigem Futter vor. Auch sie werden von der Darmflora produziert. Sie sind an der Verwertung von Kohlenhydraten beteiligt und tragen zu einer optimalen Nahrungsverwertung bei. Pferde, deren Ration sehr kohlenhydratreich ist, brauchen gegebenenfalls mehr Vitamin B als z. B. junge oder mit Antibiotika behandelte Pferde.

Vitamin B 12 ist unerläßlich für den Eiweiß-Stoffwechsel und somit für Wachstum und Fortpflanzung. Ein Mangel kann zu Anämie führen, was aber sehr selten bei Pferden vorkommt. Von Thiamin sagt man, es wirke beruhigend. Folinsäuremangel führt zu nahrungsbedingter Anämie, da sie an der Produktion roter Blutkörperchen teil hat. Von Biotin weiß man heute, daß es für Hufwachstum und Hufqualität wichtig ist.

## Vitamin C (Askorbinsäure)

Da die Mikroben im Darm Vitamin C produzieren können, ist ein Mangel unwahrscheinlich. Dennoch wird es gefüttert, um Pferde streßunempfindlicher zu machen, zur Erholung nach einer Anämie und zur Vorbeugung gegen Nasenbluten.

Man kann also ganz allgemein sagen, daß ein gesundes Pferd zusätzlich zu seiner ausgewogenen Futterration noch Salz, Kalzium und die Aminosäuren Lysin und Methion erhalten sollte, da diese öfters im Getreide fehlen. Auch die Vitamine A, D und E sowie Folinsäure müssen evtl. zugefüttert werden, besonders im Winter. Hat ein Pferd besondere Probleme, wie z. B. Anämie oder chronische Hufprobleme, muß u. U. ein besonderer Futterzusatz gefüttert werden bzw. sollte der Tierarzt zu Rate gezogen werden.

**Welches Futter für das Leistungspferd?**
Die Aufgabe des Verdauungssystems ist es, Nährstoffe in Endprodukte zu verwandeln, die von der Darmwand absorbiert werden können. Diese Endprodukte gehen über in die Blutbahn und werden vom Körper verbraucht, erstens um leben zu können, d. h. zur »Erhaltung« und zweitens zur »Leistung«, d. h. für alle Körperfunktionen, die über die reine Erhaltung hinausgehen, z. B. Trächtigkeit, Laktation, Galoppieren und Springen oder einfach Wachstum.
Wenn der Pferdehalter sein Pferd so füttern möchte, daß es in der Lage ist, alle gestellten Aufgaben zu erfüllen, so muß er den Bedarf an Nährstoffen in Einklang bringen mit den Werten der ihm zur Verfügung stehenden Futtermittel.

**Verschiedene Futtersorten und ihre Nährwerte**
Man kann die verschiedenen Futtersorten auf ihre Nährstoffe hin untersuchen. Grundlegende Kenntnisse über die Zusammensetzung der verschiedenen Futtersorten sollte man besitzen, wenn man daran geht, eine Futterration für ein Pferd vorzubereiten. Jeder weiß, daß Hafer und Bohnen »energiereicher« sind als Gerste, aber solch oberflächliche Kenntnisse reichen nicht aus, und man sollte deshalb Nährwerttabellen benutzen. Pferdefutter läßt sich in 5 Kategorien unterteilen:
**1** Getreide: Die energiespendende Grundlage der Futterration, z. B. Hafer, Gerste und Mais.
**2** Eiweißhaltiges Futter: kann tierischen Ursprungs sein (z. B. Knochenmehl und Milchpulver) oder auf Pflanzenbasis (z. B. Leinsamen, Soya und andere Bohnen und Erbsen).
**3** Beifutter: Dazu gehören Weizenkleie, Zuckerrübenschnitzel und Grasmehl.

**4** Grünfutter: Gras, Heu, Gärheu und Silage.
**5** Fertigfutter: Nüsse und gemischtes Getreideschrot.
Diese Futtersorten werden noch eingehender behandelt unter Bezugnahme auf die Nährwerttabelle (Tab. Seite 183).

Getreide

Hafer
Aufgrund des Stärkegehalts hat Hafer einen sehr hohen Energiewert. In Großbritannien und Nordeuropa ist Hafer das übliche Futter für Arbeitspferde. Nur, wirklich nur Qualitätshafer enthält genug Eiweiß für stark beanspruchte Pferde.
Das Korn sollte prall, glänzend und staubfrei sein, wobei der Kern im Verhältnis zur Schale größer sein sollte. Es sollte blaßgelb sein und süßlich riechen. Schwarzer Hafer verschwindet mehr und mehr aus dem Handel.
Hafer wird gequetscht, die Schale soll ohne Verletzung des Kerns aufgebrochen werden. Gequetschter Hafer sollte innerhalb von 3 Wochen verfüttert werden, da der Nährwert langsam sinkt. Gekochter Hafer hat einen höheren Nährwert und ist gut für Pferde in schlechtem Zustand. 90% der Kraftfutterration können aus Hafer bestehen, aber man darf nicht vergessen, daß Hafer niedrige Werte bei den Aminosäuren Lysin und Methionin und kein ausgewogenes Verhältnis von Kalzium und Phosphor aufweist.

Gerste
Gerste hat einen höheren Energiegehalt als Hafer (deshalb macht sie auch dicker), aber einen geringeren Rohfaseranteil. Gerste sollte daher nicht mehr als 50% der Futterration ausmachen.
Das Korn soll voll, sauber und glänzend sein und voller und runder aussehen als das Haferkorn. Zwischen den Körnern sollte es keine scharfen Graunen geben.
Gerste kann in Flockenform, gekocht oder

Tabelle 1 Der Nährwert der handelsüblichen Futtermittel

| | Rohpro-tein % | Öl % | Roh-faser % | Verd. Energie MJ/kg Trocken-substanz | Kalzium % | Phosphor % | Trocken-substanz % |
|---|---|---|---|---|---|---|---|
| **Getreide** | | | | | | | |
| Hafer | 11 | 5 | 12 | 14 | 0,1 | 0,4 | |
| Gerste | 11 | 2 | 5 | 15 | 0,05 | 0,4 | |
| Mais | 10 | 4 | 2 | 17 | 0,01 | 0,3 | |
| **Eiweißfutter** | | | | | | | |
| Knochen-mehl | 27 | | | | 30 | 10 | |
| Milch-pulver | 36 | 0,5 | | 17 | 1 | 0,8 | |
| Lein-samen | 26 | 39 | 6 | 27 | 0,3 | 0,6 | |
| Sojamehl | 50 | 1 | 6 | 17 | 0,25 | 0,6 | |
| Bohnen | 25 | 1,5 | 9 | 15 | 0,2 | 0,7 | |
| **Beifutter** | | | | | | | |
| Weizen-kleie | 17 | 4 | 12 | 12 | 0,8 | 3 | |
| Zucker-schnitzel | 10 | 0,5 | 15 | 14 | 0,6 | 0,07 | |
| **Fertigfutter** | | | | | | | |
| Pferde-pellets[1]) | 10 | 3,5 | 8 | 10 | | | |
| Renn-pferde-pellets[1]) | 13 | 6,5 | 6 | 13 | | | |
| **Grünfutter** | | | | | | | |
| Heu grasreich | 10 | 1,6 | 32 | 10 | 0,4 | 0,25 | 85 |
| mittel | 8 | 1,6 | 33–37 | 9 | 0,4 | 0,2 | 85 |
| schlecht | 4 | 1,6 | 37+ | 8 | 0,3 | 0,2 | 85 |
| Silage | 13–17 | 4,0 | 30 | 12 | | | 25 |
| Gärheu | 16 | 2,5 | 30 | 11–12 | | | 40 |
| Hydro-Gras[1]) | 16 | 4,0 | 12–15 | 17 | | | 17 |

[1]) = Herstellerangaben

hitzebehandelt (mikronisiert) gefüttert werden. All diese Verfahren erhöhen Verdaulichkeit und Geschmack. Gerstenflokken können bröckelig und staubig sein. Hitzebehandelte Gerste ist zwar teurer, wird aber immer beliebter und einige Mischfutter enthalten einen hohen Gersteanteil.

Durch Gerste werden die Pferde möglicherweise nicht so übermütig oder »explosiv« wie bei Hafer, was sich aber wissenschaftlich nicht beweisen läßt. Ebenso wie Hafer weist auch Gerste ein unausgewogenes Kalzium-Phosphor-Verhältnis auf.

### Mais

Mais enthält viel Energie, aber wenig Rohfasern. Der Anteil an der Kraftfutterration beträgt normalerweise nicht mehr als 25%. Mais scheint die Pferde leichter schwitzen zu lassen und zu viel Mais kann zu flachen Beulen unter der Haut führen. Mais wird entweder gequetscht oder hitzebehandelt gefüttert. Er sollte sattgelb, sauber und fest sein.

### Eiweißfuttermittel

#### Bohnen und Erbsen

Sie werden gequetscht, zerkleinert oder hitzebehandelt gefüttert. Erbsen und die braunen, süßlich schmeckenden Bohnen findet man oft in Mischfutter. Sie haben nicht nur einen ebenso hohen Energiegehalt wie Hafer, sondern sind auch sehr eiweißreich. Sie eignen sich als Futtermittel für stark beanspruchte Pferde oder Pferde, die im Winter draußen bleiben, lassen die Pferde aber leichter schwitzen und sollten daher nicht unüberlegt gefüttert werden.

#### Leinsamen

Der sehr eiweiß- und fettreiche Samen der Flachspflanze hat einen hohen Energiegehalt, obwohl die Eiweiße von keiner guten Qualität sind. Leinsamen sollte klein, flach und glänzend bei dunkelbrauner Farbe sein. Er muß sorgfältig vorbereitet werden:

über Nacht (mindestens 6 Stunden) einweichen, dann kochen und mindestens 1 Stunde köcheln lassen bzw. bis der Samen aufgeplatzt ist und sich eine dickflüssige, geleeartige Masse gebildet hat. Diese Masse kann nun entweder kalt unter das Futter gegeben werden oder heiß mit Kleie zu einem appetitanregenden Mash vermischt werden.

Heutzutage in der Zeit des Mikrowellenherdes gibt es kaum noch Probleme mit dem Kochen des Leinsamens.

### Beifutter

#### Weizenkleie

Weizenkleie ist ein Binde- oder Füllmittel im Futter, aber als Mash auch ein schmackhaftes, leicht abführendes Futter. Kleie ist relativ energiearm, eignet sich also gut für Pferde, die nicht gearbeitet werden. Kleie ist eiweißreich, aber das Eiweiß ist von geringer Qualität.

Kleie ist die innere Hülle des Weizenkorns und besteht im Idealfall aus großen, blaßrosa Flocken, die süßlich riechen. Kleie von guter Qualität ist schwer zu bekommen, und bevor man teure, minderwertige Kleie verfüttert, sollte man der Futterration lieber mit Zuckerrübenschnitzel oder gehäckseltem Heu mehr Volumen geben.

Kleie beeinträchtigt die Kalziumaufnahme, weshalb man einen Kalziumzusatz füttern sollte.

#### Zuckerrübenschnitzel

Zuckerrübenschnitzel mit Melasse sind eine gute Energiequelle mit gut verdaulichem Rohfaseranteil. Die Energie aus dem leicht verdaulichen Zucker kann sofort freigesetzt werden, aber auch während der Verdauung wird durch die Gärung der Rohfasern im Dickdarm Energie freigesetzt. Im Gegensatz dazu dienen die Fasern in der Weizenkleie lediglich als Füllstoff, da sie zum großen Teil unverdaulich sind.

Der Anteil der schmackhaften Zuckerrübenschnitzel an der Kraftfutterration kann selbst bei stark beanspruchten Pferden bei bis zu 10% (Trockengewicht) liegen. Sie müssen über Nacht in einer ihrem Volumen entsprechenden Wassermenge aufgeweicht werden. Das hohe Kalzium-Phosphor-Verhältnis kann dazu beitragen, das Ungleichgewicht durch das Getreide in der gesamten Futterration auszugleichen.

Grünfutter

Die natürliche Ernährung des Pferdes ist Gras. Man kann es für die Winterfütterung auf verschiedene Arten konservieren – Heu, Silage und Gärheu; alles dient jedoch nur dazu, der Futterration mehr Ballaststoffe zu geben. Mindestens 25% der aufgenommenen Nahrung müssen Ballaststoffe sein, als absolutes Minimum 0,7 kg pro 100 kg Körpergewicht, also 3,5 kg Heu pro Tag für ein 500 kg schweres Pferd bei starker Beanspruchung. Konserviertes Gras kann nur so gut sein wie das Ausgangsgras minus Konservierungsverluste. Bei der Beurteilung muß man also immer beachten, woher es kommt und wie gut es konserviert wurde.

Heu

Die Qualität des Heus kann eine Futterration abrunden oder zerstören. Qualitätsheu ist von grünlicher Farbe, riecht süßlich und ist staub- und schimmelfrei. (Auf dem Heuboden getrocknetes Heu hat weniger Geruch, ist aber energie- und eiweißreicher). Staubiges Heu schädigt die Atmung eines Pferdes und sollte daher befeuchtet werden, wenn man keine andere Alternative hat. Schimmeliges Heu sollte aber auf keinen Fall verfüttert werden.
Da 80% der Nährstoffe im Blatt des Grases sind, hat Heu aus Stengeln einen geringeren Nährwert. Außerdem ist es nicht so gut verdaulich. Das Gras sollte gemäht werden, wenn es in der Blüte steht, wird aber öfter später gemäht, um einen größeren Ertrag zu bekommen. Wird zu spät gemäht, reifen die Grassamen und fallen ab, so daß der Nährwert des Grases und somit

auch des Heus sinkt. Das kann dazu führen, daß schlechtgemachtes, frühgeschnittenes Heu mehr Nährwert hat als spätgeschnittenes, aber ansprechender aussehendes Heu. Der Kauf von teurem Qualitätsheu zahlt sich auf lange Sicht immer aus, denn man spart Kraftfutter ein und die Pferde sind gesünder. Wie in Tab. 1 S. 183 zu sehen, variiert der Energiegehalt bei gutem und schlechtem Heu kaum, bei Eiweiß kann es jedoch enorme Unterschiede geben. Bei stark beanspruchten Pferden spielt das eine große Rolle und man muß diesen Mangel in der Kraftfutterration ausgleichen.
Es gibt drei Arten von Heu. Wiesenheu wird auf Grünland gemacht, zu dessen Bewuchs auch Wicken und Kräuter zählen. Hierbei handelt es sich gewöhnlich um ein weiches, eiweißarmes Heu. Saatheu wird aus roggengrasähnlichen Pflanzen gemacht und ist ein härteres, groberes Heu mit höheren Proteinwerten (Die Gräser werden als Frucht gesät und bleiben für 1 bis 8 Jahre stehen). Aufgrund der groberen Grassorten braucht gutes Saatheu viel schönes Wetter, anderenfalls wird es von Maschinen zerkleinert, damit es schneller trocknet. Wenn es danach noch Regen abbekommt, wird ein Großteil der Nährstoffe herausgespült. Luzerne (Alfalfa) wird nur in kleinem Umfang angebaut. Sie ist teuer und sehr eiweißreich und wird hauptsächlich als Ergänzung der Gras-Heu-Ration gefüttert. Gutes Luzerneheu wird auf dem Speicher getrocknet.

Silage

Die beste Silage für Pferde ist »Gras im eigenen Saft«. Man sollte jedoch wissen, daß beim Silieren oft Zusatzstoffe benutzt werden. Das für die Silage bestimmte Gras wird früher gemäht als für Heu, nämlich vor der Blüte, wodurch es reichhaltiger ist. Das Gras wird in ein Silo gelegt (Miete, Turm oder Plastiksack). Man kann es etwas vorwelken lassen, indem es leicht getrocknet wird, bevor es siliert wird. Bei jedem Silageverfahren wird so viel Luft wie möglich abgeführt und das Futter dann luftdicht versiegelt. Durch die Mikroorganismen im Gras kommt es zur Gärung und es bilden sich Säuren, die das Wachstum anderer, schädlicher Mikroorganismen verhindern. Sie konservieren das Gras auf die selbe Art wie die Essigsäure bei Mixed Pickles. Seit vielen Jahren werden Pferde erfolgreich mit Silage gefüttert. Das Irische Nationalgestüt hat erfolgreiche Versuchsfütterungen durchgeführt. Stellt man die Pferde schrittweise auf Silage um, fressen sie es oft lieber als Heu. Vor einiger Zeit gab es Probleme mit Verschmutzungen bei schlechter Großballen-Silage. Solange nicht mehr über Silagefütterung bekannt ist, ist es ratsam, sich genau zu erkundigen, bevor man Großballen-Silage füttert. Ebenso wie Heu muß auch Silage schimmelfrei und sauber sein. Das Hauptproblem der Silagefütterung liegt in der richtigen Handhabung der Silage.

Gärheu

Normalerweise wird es als Ballenheu an Pferde verfüttert. Man kann es am besten als Kompromiß zwischen Heu und Silage beschreiben. Man läßt es etwas länger als für Silage stehen und mäht es vor der Blüte. Dann läßt man es teilweise trocknen. Als vakuum-verpackter Ballen in einem dicken Plastiksack ist es ein staubfreies, schmackhaftes Grünfutter mit hohem Energie- und Eiweißgehalt. Dieses teure Grünfutter hat einen hohen Wassergehalt, es hält sich nicht lange und muß innerhalb von 3 Tagen nach dem Öffnen verfüttert werden. Für Pferde mit Atmungsproblemen ist es jedoch ein ausgezeichnetes Futtermittel. Da ein Pferd seine Tagesration sehr schnell auffressen kann, muß darauf geachtet werden, daß die Pferde sich nicht langweilen.
Der allgemein bekannte höhere Nährwert von Silage und Gärheu hat 3 Gründe:
1 Heu wird zu einem späteren Wachstumsstadium geschnitten, wenn das Gras schon mehr unverdauliche Strukturen enthält.

2 Heu ist sehr regenempfindlich, während es auf der Wiese trocknet. Wenn es regnet, werden Nährstoffe aus dem Gras gespült und es verliert somit an Qualität. Gärheu und Silage werden sofort konserviert bei minimalem Nährstoffverlust.
3 Heu wird oft von nährstoffärmeren Grassorten gemacht, Silage und Gärheu jedoch von eiweiß- und kohlenhydratreichen Grassorten.

Hydrokultur-Gras

Dank der Hydrokultur gewinnt man Grünfutter im Wasser ohne Erde in besonders geheizten, beleuchteten und bewässerten Geräten.
Das Gras wächst aus wassergetränkten Gerstesamen und wird 5 bis 14 Tage nach dem »Pflanzen« geerntet. Dadurch hat man frisches, grünes Gras 365 Tage im Jahr zur Verfügung. Der geringe Gehalt an Trockenmasse macht es zwar ungeeignet als alleiniges Grünfutter für Vielseitigkeitspferde, aber es ist ideal als appetitanregender Teil der Grünfutterration.

Fertigfutter

Diese Futtermittel sind so zusammengestellt und gemischt worden, daß sie eine ausgewogene Futterration darstellen. Fertigfutter sind hauptsächlich in 4 Typen erhältlich:
1 Alleinfutter-Pellets: enthalten sowohl den Grünfutter- als auch den Kraftfutteranteil der Ration.
2 Kraftfutter-Pellets: ersetzen den gesamten Kraftfutteranteil der Ration, Rauhfutter wird normal dazu gefüttert.
3 Eiweißkonzentrat: eiweißreiche Pellets werden mit Getreide etc. zu einer ausgewogenen Ration gemischt, Rauhfutter wird zusätzlich gefüttert.
4 Mischfutter aus Getreide, Beifutter und vielen sonstigen Nährstoffen.
Fertigfutter enthalten Mineralstoffe und Vitamine. Art und Menge des Zusatzfutters hängt von der Menge des gefütterten Fertigfutters ab. Besteht die halbe Ration

aus Pellets, wird vom Zusatzfutter auch nur die Hälfte der angegebenen Menge gefüttert. Diese Faustregel hängt aber wie gesagt von der Art der Pellets und des Zusatzfutters ab. Da die üblichen Pellets für Pferde und Ponys wenige Mineralstoffe und Vitamine enthalten, braucht das Leistungspferd ein Zusatzfutter. Mischfutter gibt es für Pferde und Ponys als Mischung aus gequetschtem Hafer, Mais und Gerste bis hin zu Mischungen aus eiweißreichen Pellets, Erbsen, Bohnen, Leinkuchen etc.

All diese Mischfutter schmecken nicht nur dem Pferd gut, der Pferdehalter findet sie auch gut – und das ist auch wichtig! Das liegt daran, daß die verschiedenen Futter mit Sirup oder Melasse gebunden werden. Getreidefertigfutter sind dazu bestimmt, nur mit Heu gefüttert zu werden. Es ist vollkommen sinnlos, andere Getreidesorten zuzufüttern.

Die Fütterung von Pellets hat viele Vorteile, u. a. Arbeitserleichterung, ein bequemes Füttern und das Bewußtsein, eine ausgewogene Ration an Qualitätsfutter zu geben. Bei Getreidefertigfutter und Pellets muß die Zusammensetzung auf dem Sack angegeben sein. Abweichungen von diesen Angaben sind nur in einem vom Gesetzgeber begrenzten Rahmen zulässig. Bei Getreide hingegen können die Werte von Abfüllung zu Abfüllung sehr unterschiedlich sein. Es bleibt zu hoffen, daß eines Tages die Angaben auf den Säcken von größerem Nutzen sind.

Fertigfutter bieten u. U. aber nicht für jedes Pferd das richtige Verhältnis an Nährstoffen. Z. B. kann ein Pferd mehr Energie benötigen als in den Pferde- und Pony-Pellets enthalten, die Rennpferde-Pellets haben zuviel. Unter der Voraussetzung, daß alle Zusammensetzungen bekannt sind, kann man beide Pellets so miteinander mischen, daß man genau die richtige Ration für das Pferd erhält. Viele verschiedene Pelletsorten sind auf dem Markt erhältlich. Eine davon oder auch eine Kombi-

nation davon ist genau das richtige für das jeweilige Pferd. Man darf auf keinen Fall die individuellen Bedürfnisse des einzelnen Pferdes vergessen. Im allgemeinen werden Pellets von allen Pferden gern gefressen, wenn das Futter nicht zu alt ist.

Beachtet man die allgemeinen Fütterungsregeln, den Nährstoffbedarf des Pferdes und den Nährstoffgehalt der Futtermittel, läßt sich für jedes Pferd ein Futterplan mit der richtigen Ration aufstellen.

## Die Zusammenstellung der Ration

Eine Ration ist eine Zuteilung an ausgesuchten Futtermitteln, die einem bestimmten Pferd seinen täglichen Nährstoffbedarf zur Verfügung stellt. Jeder Pferdehalter kann eine solche Ration selbst zusammenstellen, vorausgesetzt, er beachtet ein paar einfache Regeln und verfügt über eine Nährwerttabelle der ihm zur Verfügung stehenden Futtermittel.

Pferde werden aus zwei Gründen gefüttert: erstens, um sie am Leben zu erhalten, und zweitens, um sie in die Lage zu versetzen, die von uns geforderten Leistungen zu vollbringen. In der Wissenschaft spricht man von »Erhaltung« und »Leistung«.

### Erhaltungsbedarf

Ein Pferd um seiner Erhaltung willen zu füttern, bedeutet, ihm so viel Futter zu geben, daß es in seinem momentanen Zustand bleibt. Muskeln, Darm, Herz und Lungen brauchen Energie für lebenswichtige Körperfunktionen, Energie zum Grasen, zur Aufrechterhaltung der Körpertemperatur und zur Zellerneuerung, damit das Pferd gesund bleibt. Der Hunter, der im Sommer auf der Weide läuft, bekommt Erhaltungsfutter und lebt froh und munter nur von Gras.

Der Erhaltungsbedarf eines Pferdes wird im Normalfall durch Grünfutter ausreichend gedeckt. Wieviel Energie ein Pferd zur Erhaltung braucht, hängt von seinem Körpergewicht ab. Große Pferde brauchen mehr Futter zur Erhaltung.

Leistungsbedarf

Es gibt sechs verschiedene Arten von Leistung: Wachstum, Trächtigkeit, Laktation, Gewichtszunahme, Arbeit und Wiederaufbau (oder Erholung von Verletzung und Krankheit). In diesem Buch geht es um die verschiedenen Kategorien von Arbeit je nach Alter und Fähigkeit von Pferd und Reiter. Der zusätzliche Energie- und Eiweißbedarf durch die Arbeit wird normalerweise durch Kraftfutter gedeckt. Das Leistungspferd kann aus der Grünfutterration nicht so viel Energie bekommen, wie es während der Arbeit braucht, und würde an Kondition verlieren.

Der Energiegehalt eines Futtermittels wird in Megajoule gemessen. Der Energiegehalt von Hafer beträgt 14 MJVE, d. h. ein kg enthält 14 MJ verdaulicher Energie (siehe Tab. 1 S. 183). Megajoule ist lediglich die metrische Maßeinheit für Kalorien, wir machen also nichts weiter als Kalorien zählen. Eiweiß wird in Prozent berechnet. Hafer hat 11% Rohprotein, jedes kg Hafer enthält 110 g Rohprotein (siehe Tab. 1 S. 183).

## Regeln für die Zusammenstellung einer Ration

Eine Ration wird in fünf Schritten zusammengestellt, danach überprüft und an die besonderen Bedürfnisse des einzelnen Pferdes angepaßt. Jeder Schritt wird ausführlich erläutert, und im Anschluß stellen wir eine Ration zusammen.

**Schritt 1** Feststellung des Körpergewichts

Hierzu gibt es verschiedene Methoden:
– Gewichtstabelle (siehe Tab. rechts oben)
– Berechnung
– Wiegemeßband
– Waage.

Berechnung

Man kann das Körpergewicht eines Pferdes ungefähr berechnen, indem man zwei Maße nimmt: den Leibumfang (G) und die Strecke von der Schulter zur Hüfte (L).

Geschätztes Körpergewicht

| Typ | Größe | ungefähres Gewicht |
|---|---|---|
| Pony | 1,30 m | 260 kg |
| Kleinpferd | 1,45 m | 400 kg |
| Kleiner Hunter | 1,55 m | 450 kg |
| Mittelgr. Hunter | 1,62 m | 550 kg |
| Schwerer Hunter | 1,65 m | 600 kg |
| Springpferd | 1,62 m | 500 kg |
| Shire | 1,72 m | 1070 kg |

Körpergewicht (kg)

$$= \frac{\text{Größe (cm)} \times G \times L \text{ (cm)}}{8700}$$

Wiegemeßband

Es gibt Maßbänder für den Leibumfang, auf denen man das ungefähre Körpergewicht ablesen kann.

Waage

Das ist die einzige Möglichkeit, das Körpergewicht eines Pferdes genau festzustellen. Wer einen Rennstall in der Nähe hat, kann dort sicher einmal die Waage benutzen. Anderenfalls kann man aber auch mit seinem Pferd zur nächsten öffentlichen Viehwaage fahren. Nehmen Sie auch einen alten Teppich mit, denn Pferde gehen nicht gern auf eine Metallplatte.

**Schritt 2** Appetit des Pferdes

Es ist sinnlos, dem Pferd mehr Futter anzubieten, als es körperlich in der Lage ist zu fressen. Die Ration muß also dem Appetit des Pferdes entsprechen. Der Appetit hängt vom Körpergewicht ab:

$$\text{Appetit (kg)} = \frac{\text{Körpergewicht}}{100} \times 2,5$$

**Schritt 3** Befriedigung des Erhaltungsbedarfs

Energieverbrauch für Erhaltungsbedarf

$$\text{MJDE/Tag} = 18 + \frac{\text{Körpergewicht (kg)}}{10}$$

**Schritt 4** Leistungsbedarf
Pro 50 kg Körpergewicht kommen zum Erhaltungsbedarf noch die folgenden Einheiten hinzu:

| | |
|---|---|
| 1 Stunde Schritt | + 1 MJVE |
| Schritt- und Trabarbeit | + 2 MJVE |
| Ruhiger Kanter | + 3 MJVE |
| Ausbildung, Dressur und Springen | + 4 MJVE |
| Vielseitigkeit (1 Tag) Kl. A 1 Jagd pro Woche | + 5 MJVE |
| 2 Jagden pro Woche | + 6 MJVE |
| Große Vielseitigkeit (3 Tage) | + 7 MJVE |
| Rennen | + 8 MJVE |

Rechnet man Erhaltungs- und Leistungsbedarf zusammen, so erhält man den gesamten Energiebedarf. Diesen Energiebedarf teilt man dann je nach Art der Arbeit des Pferdes auf Kraftfutter und Heu auf.

| | Energie aus Heu % | Energie aus Kraftfutter % |
|---|---|---|
| Erhaltungsbedarf | 100 | 0 |
| leichte Arbeit (Stufe 1–2) | 70 | 30 |
| mittlere Arbeit (Stufe 3–4) | 50 | 50 |
| harte Arbeit (Stufe 5–6) | 30 | 70 |
| Galopparbeit (Stufe 7–8) | 25 | 75 |

**Schritt 5** Eiweißbedarf des Leistungspferdes
Beim Einsatz hochwertiger Futtermittel kann man davon ausgehen, daß der Eiweißbedarf gedeckt wird.

| | Rohprotein in der Ration (%) |
|---|---|
| leichte Arbeit | 7,5– 8,5 |
| mittlere Arbeit | 7,5– 8,5 |
| harte Arbeit | 9,5–10 |
| Galopparbeit | 9,5–10 |

## Überprüfung und Anpassung der Ration

Jedes Pferd ist ein Individuum und muß dementsprechend gefüttert werden. Ist die Ration einmal berechnet und wird gefüttert, muß beobachtet werden, ob sie auch wirklich richtig für das Pferd ist.

**1** Sauberes, frisches Wasser muß dem Pferd jederzeit zur Verfügung stehen.

**2** Nur Qualitätsfuttermittel verfüttern, die das Pferd gern annimmt – frißt das Pferd sie gern?

**3** Das Futter muß nicht nur den Nährstoffbedarf des Pferdes decken. Auch die Psyche muß befriedigt werden, d. h. es darf sich nicht langweilen oder einen Heißhunger auf Rauhfutter haben.

**4** Der Zustand des Pferdes muß mit dem Auge, Wiegemeßband oder auf der Waage überprüft werden. Verliert das Pferd an Gewicht oder nimmt es zu? Ist das beabsichtigt? Wenn nicht, muß die Ration entsprechend geändert werden. Jedes Pferd hat sein eigenes optimales Leistungsgewicht, was der Besitzer oder Trainer kennen sollte.

**5** Auch Temperament und Verhalten des Pferdes beeinflussen die Ration. Halbblüter brauchen oft mehr Kraftfutter und weniger Rauhfutter, da sie gute Futterverwerter und im Normalfall ruhiger sind. Auch durch einen geregelten Tagesablauf und Ruhe im Stall kann man Futter sparen, da die Pferde sich nicht in ihren Boxen aufregen.

**6** Die Umwelt des Pferdes ist ein wesentlicher Einflußfaktor. In einer Kaltwetterperiode ist eine Erhöhung der Ration und eine Decke vonnöten.

**7** Das Pferd muß regelmäßig entwurmt werden. Die Zähne sollten von Zeit zu Zeit vom Tierarzt auf scharfe Kanten untersucht werden.

**8** Manche Pferde sind schlechte Futterverwerter. Ihr Darm kann durch Wurmbefall Schaden erlitten haben, so daß sie ihr Leben lang mit besonderer Aufmerksamkeit gefüttert werden müssen.

**Kalkulation einer Ration**

**Beispiel 1**
Vollblüter, 1,62 m, Kleine Vielseitigkeit
Kl. A.

**Schritt 1**  Schätzung des Körpergewichts
nach der Tabelle: 500 kg.
Wenn es auch nicht so ideal ist, begnügen
wir uns in diesem praktischem Beispiel mit
der Tabelle.

**Schritt 2**  Appetit

$$\text{Appetit (kg)} = \frac{\text{Körpergewicht (kg)}}{100} \times 2,5$$
$$= \frac{500}{100} \times 2,5 = 12,5 \text{ kg}$$

**Schritt 3**  Erhaltungsbedarf
Energie zur Erhaltung (MJVE)

$$= 18 + \frac{\text{Körpergewicht (kg)}}{10}$$
$$= 18 + \frac{500}{10}$$

Der Erhaltungsbedarf liegt bei 68 MJVE.

**Schritt 4**  Leistungsbedarf
Kleine Vielseitigkeit + 4 MJVE pro 50 kg
Körpergewicht

$$\text{Energie} = 4 \times \frac{500}{50}$$

Der Leistungsbedarf liegt bei 40 MJVE.
Der gesamte Energiebedarf ist = 68 + 40
MJVE = 108 MJVE.
Nach der Tabelle deckt ein Pferd mit mitt-
lerer Beanspruchung 50% seines Energie-
bedarfs in Form von Heu und 50% durch
Kraftftutter.

$$\text{Energie aus Heu} = 0,50\times108$$
$$= 54 \text{ MJVE}$$

$$\text{Energie aus Kraftfutter} = 0,50\times108$$
$$= 54 \text{ MJVE}$$

Nach der Nährwerttabelle hat durchschnittliches Heu 9 MJVE/kg. Das Pferd
benötigt 54 MJVE in Form von Heu.

$$\text{Heu (kg)} = \frac{54}{9} = 6 \text{ kg}$$

Die tägliche Heumenge beträgt 6 kg.

54 MJVE werden durch Kraftfutter gedeckt. Hafer hat 14 MJVE/kg.

$$\text{Hafer (kg)} = \frac{54}{14} = 4 \text{ kg}$$

4 kg Hafer müssen täglich gefüttert wer-
den.
Der Energiebedarf eines jungen Vielseitig-
keitspferdes wird also durch eine Ration
von 6 kg Heu und 4 kg Hafer gedeckt.
Wollen Sie nicht nur Hafer füttern, spielen
Sie einfach mit den Zahlen: siehe Abb.
S. 191 oben.

**Schritt 5**  Eiweißbedarf
Ein Pferd bei mittlerer Beanspruchung
braucht 7,5 bis 8,5% Rohprotein. Der
Proteingehalt einer Ration kann mit Hilfe
der Nährwerttabelle errechnet werden:
Der prozentuale Proteingehalt der Ration

$$= \frac{95,0}{10,5} = 9\%$$

**Beispiel 2**
Vollblüter, 1,64 m, Vielseitigkeitspferd.
**Schritt 1**  Schätzung des Körpergewichts
nach der Tabelle: 550 kg.

**Schritt 2**  Appetit

$$\text{Appetit (kg)} = \frac{\text{Körpergewicht (kg)}}{100} \times 2,5$$
$$= \frac{550}{100} = 2,5 = 13,75 \text{ kg}$$

| 2,0 kg Hafer | a) 14 MJVE/kg | = | 28 MJVE |
| 0,5 kg Zuckerrübenschnitzel | a) 14 MJVE/kg | = | 7 MJVE |
| 2,0 kg Pferde- und Pony-Pellets | a) 10 MJVE/kg | = | 20 MJVE |
| 4,50 kg | | | 55 MJVE |

Das ist eine praktische Ration, die genügend Energie liefert.

| | | | Proteingehalt % im Futter | | Protein in der Ration (g) |
|---|---|---|---|---|---|
| Heu | 6,0 kg | × | 8 | = | 48 |
| Hafer | 2,0 kg | × | 11 | = | 22 |
| Zuckerschnitzel | 0,5 kg | × | 10 | = | 5 |
| Pellets | 2,0 kg | × | 10 | = | 20 |
| | 10,5 kg | | | | 95 |

Diese Ration hat mehr als genug Protein.

**Schritt 3** Erhaltungsbedarf
Energie zur Erhaltung (MJVE)

$$= 18 + \frac{\text{Körpergewicht (kg)}}{10}$$

$$= 18 + (550 : 10) = 73$$

Der Erhaltungsbedarf liegt bei 73 MJVE.

**Schritt 4** Leistungsbedarf
Vielseitigkeitspferd: + 7 MJVE pro 50 kg Körpergewicht
Energie = 7 × (550:5)

Der Leistungsbedarf liegt bei 77 MJVE.
Der gesamte Energiebedarf beträgt

$$= 73+77 \text{ MJVE} = 150 \text{ MJVE}$$

Wie aus der Tabelle zu entnehmen, stellen wir einem Pferd bei Galopparbeit 25% der Energie in Form von Heu zur Verfügung und 75% in Form von Kraftfutter.
Energie aus Heu

$$= 0,25×150 = 38 \text{ MJVE}$$

Energie aus Kraftfutter

$$= 0,75×150 = 112 \text{ MJVE}$$

Nach der Tabelle:
38 MJVE müssen in Form von Heu gegeben werden. Durchschnittliches Heu enthält 9 MJVE/kg.

$$\text{Heu (kg)} \frac{38}{9} = 4 \text{ kg}$$

4 kg Heu werden täglich gefüttert.
Pro 100 kg Körpergewicht soll das Pferd mindestens 0,7 kg Grünfutter erhalten, d. h. 3,9 kg im Falle unseres 550 kg schweren Vielseitigkeitspferdes.
112 MJVE müssen durch Kraftfutter gedeckt werden. Rennpferdepellets enthalten 13 MJVE/kg.

$$\text{Pellets (kg)} = \frac{112}{131} = 8,5 \text{ kg}$$

Das Pferd muß täglich 8,5 kg Pellets erhalten.
Der Energiebedarf eines Vielseitigkeitspferdes wird durch eine Ration von 4 kg Heu und 8,5 kg Pellets (die Appetitgrenze liegt bei 14 kg) gedeckt. Alternative siehe S. 192.

**Schritt 5** Eiweißbedarf
Ein Pferd, das überwiegend schnell gearbeitet wird, braucht 9,5 bis 10,5% Rohprotein in der Ration. Der Eiweißgehalt wird wie zuvor berechnet.

Eine Alternative:

| | | | | |
|---|---|---|---|---|
| Zuckerschnitzel | 1,00 kg | a) 14 MJVE/kg | = | 14 MJVE |
| Hafer | 4,00 kg | a) 14 MJVE/kg | = | 56 MJVE |
| Gerste | 1,00 kg | a) 15 MJVE/kg | = | 15 MJVE |
| Mais | 1,00 kg | a) 17 MJVE/kg | = | 17 MJVE |
| Grünmehlpellets | 0,75 kg | a) 13 MJVE/kg | = | 10 MJVE |
| Leinsamen | 0,25 kg | a) 27 MJVE/kg | = | 7 MJVE |
| | 8 kg | | | 119 MJVE |

| | | | Proteingehalt (%) im Futter | | Protein in der Ration (g) |
|---|---|---|---|---|---|
| Heu | 4,00 kg | × | 8 | = | 32 |
| Zuckerschnitzel | 1,00 kg | × | 10 | = | 10 |
| Hafer | 4,00 kg | × | 11 | = | 44 |
| Gerste | 1,00 kg | × | 11 | = | 11 |
| Mais | 1,00 kg | × | 10 | = | 10 |
| Grünmehlpellets | 0,75 kg | × | 17 | = | 13 |
| Leinsamen | 0,25 kg | × | 26 | = | 6 |
| | 12 kg | | | | 126 |

Der prozentuale Proteinanteil an der Gesamtration beträgt 126:12 = 10,5%
Die Ration enthält ausreichend Protein.
Schlußfolgerung:
Diese Rationen sind nur Beispiele dafür, wie man eine Ration kalkuliert. Damit soll nicht das Fingerspitzengefühl beim Füttern abgewertet werden, nur die Raterei soll beendet werden. Das Fingerspitzengefühl kommt mit der Zeit hinzu, wenn alle Pferde lange Zeit zufrieden und in guter Kondition bleiben, nachdem für jedes Pferd die richtige Ration gefunden wurde. Es gibt keine mathematische Formel für dieses Gefühl – einfach Erfahrung, und die ist eben durch nichts zu ersetzen.

# Der Atmungsapparat

Der Atmungsapparat hat die Aufgabe, den Körper mit Sauerstoff zu versorgen und das sich bildende Kohlendioxyd abzuführen. Dieser Vorgang findet im ganzen Körper statt. Die Zellen entnehmen den Sauerstoff aus dem Blut und geben Kohlendioxyd ab.

## Anatomie

Der Atmungsapparat besteht aus den Luftwegen in Kopf, Hals und den Lungen.

### Die Atmungsorgane in Kopf und Hals

Abb. 5 zeigt die Luftwege in Kopf und Hals. Die Nüstern sind der Eingang zum Atmungssystem. Das Pferd atmet nicht durch den Mund ein, sondern nur durch die Nüstern, die sich weiter öffnen können, um mehr Luft aufzunehmen. Die Nüstern gehen in die Nasenhöhlen über, wo sich die Luft erwärmt und Schmutzpartikel zurückgehalten werden. Die Luft strömt dann in den Rachen. Am Ende des Rachens befindet sich der weiche Gaumen, der vom Kehldeckel überlappt wird.
Die meiste Zeit schließt der Kehldeckel die Mundhöhle ab, so daß die Luft ungehindert in den nächsten Teil des Systems, den Kehlkopf, gelangen kann. Schluckt das Pferd, legt sich der Kehldeckel über die

**5** Die Luftwege in Kopf
und Hals

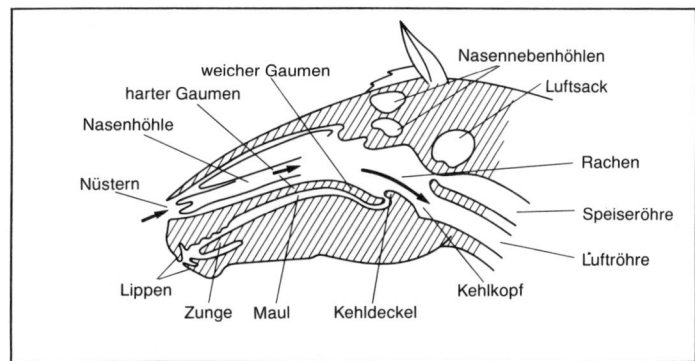

Öffnung des Kehlkopfes, der weiche Gaumen hebt sich und das Futter gelangt vom Maul in den Rachen und wird hintergeschluckt (Abb. 6). Durch diesen Mechanismus ist die Unterscheidung zwischen Atmen und Fressen einfach, aber es fällt dem Pferd äußerst schwer, durch das Maul zu atmen.

Die Luft gelangt in den Kehlkopf, einem Hohlraum am Anfang der Luftröhre, wo sich die Stimmbänder befinden. Hier wird der Ein- und Austritt der Luft geregelt. Die aus einer langen Röhre aus Knorpelringen bestehende Luftröhre führt vom Kehlkopf zu den Lungen.

Die Atmungsorgane in der Brust

Die Struktur der Lunge wird in Abb. 7 gezeigt. Die Luftröhre mündet oberhalb der Lungen in die Bronchien. Jeder Bronchus versorgt eine Lungenhälfte. In der Lunge verzweigen sich die Bronchien zu Bronchiolen. Im Gegensatz zu den Bronchiolen werden die Bronchien von Knorpelplättchen versteift. Die Bronchiolen gehen in Endaufzweigungen, die Alveolen, über. Diese winzigen Bläschen, die unter dem Mikroskop wie Weintrauben aussehen, bilden die Lunge und geben ihr das Aussehen eines weichen Schwammes. Viele Millionen Alveolen mit einem Durchmesser von jeweils 0,3 mm ergeben eine Oberfläche von mehreren Hundert Quadratmetern. Jede Alveole (Lungenbläschen) ist von winzigen Blutgefäßen umge-

ben, den Kapillaren (Abb. 8). Das Blut fließt von den Kapillaren in die dünnen Membranen der Alveolen. Sauerstoff diffundiert von der Luft in den Bläschen in das Blut und Kohlendioxyd diffundiert in die Alveolen und wird beim Ausatmen ausgeschieden.

Das Zwerchfell trennt Brust und Lunge von der Bauchhöhle und den Verdauungsorganen. Diese kuppelförmige Muskelplatte unterstützt die Atmung. Abb. 9 zeigt die Anordnung von Lunge und Herz im Brustraum des Pferdes.

**Atmung**

Der Atmungsprozeß kann unterteilt werden in:

**1** das Atmen: darunter versteht man im allgemeinen den sichtbaren Vorgang des Ein- und Ausatmens (die äußere Atmung)

und

**2** die Zellatmung: sie (die innere Atmung) ist besonders für den Trainer von Sportpferden von Bedeutung.

Das Atmen

Hierunter versteht man den Vorgang des Einatmens von Luft in die Lungen und des Ausatmens.

Das Pferd zieht die Luft durch die Nüstern ein, die Luft strömt durch Kehlkopf und Luftröhre in die Lunge, wo der Gasaustausch stattfindet. Das Blut nimmt Sauerstoff auf und gibt Kohlendioxyd ab. Die

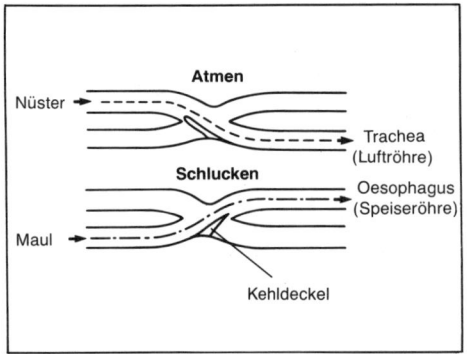

6 Position des Kehldeckels im Rachen beim Atmen und Schlucken

Lungen werden durch die Tätigkeit der Rippen und des Zwerchfells gefüllt. Der Brustraum vergrößert sich, wenn sich die Rippen heben. Gleichzeitig strafft sich das kuppelförmige Zwerchfell, wodurch mehr Platz für die Lungen zur Verfügung steht und sie sich mit Luft füllen. Diesen Vorgang nennt man Einatmen.

Das Ausatmen geschieht durch den elastischen Rückstoß von Rippen und Lunge, wodurch die Luft herausgedrückt wird. Auch die Bauchmuskeln, die das Darmkonvolut gegen das Zwerchfell drücken, unterstützen auf diese Weise das Ausatmen. Die Luft in den Lungen wird gegen frische Luft ausgetauscht und Sauerstoff gelangt in die Alveolen. Sauerstoff und Kohlendioxyd werden in einem einfachen Diffusionsprozeß gegeneinander ausgetauscht, d. h. sie diffundieren vom Hochdruck- in den Tiefdruckbereich auf jeder Seite der dünnen Alveolar-Membrane, die die Luft vom Kapillarenblut trennt (Abb. 8). Ohne Sauerstoff können die Muskeln nicht funktionieren. Die Höchstleistung eines Pferdes hängt vom effektiven Sauerstofftransport zu den Muskeln und den anderen Geweben ab. Der Sauerstoff wird an das in den roten Blutkörperchen enthaltene Hämoglobin gebunden und so vom Blut transportiert, worauf im Kapitel

»Kreislauf« noch näher eingegangen wird.

Im Ruhezustand hat das Pferd eine Atemfrequenz von 8 bis 16 Atemzügen pro Minute. Bei einem jungen Pferd kann die Atemfrequenz höher liegen. Nach einer Anstrengung erhöht sich die Atemfrequenz enorm – auf bis zu 120 Atemzüge pro Minute. Tabelle 2 zeigt die Atemfrequenz im Ruhezustand von einigen anderen Haustieren und dem Menschen.

Zellatmung

Der zweite Teil des Atmungsvorgangs findet statt, wenn der im Blut transportierte Sauerstoff das Muskelgewebe erreicht – man spricht hier von Zellatmung. Aus der Glukose im Blut oder aus dem in den Muskelzellen gespeicherten Brennstoff, dem Glykogen, wird Energie gebildet. Um diese Energie freizusetzen, ist Sauerstoff aus dem Blut erforderlich. Es laufen allerdings Hunderte von chemischen Prozessen ab, bis Energie zur Verfügung steht.

7 Die Struktur der Lunge

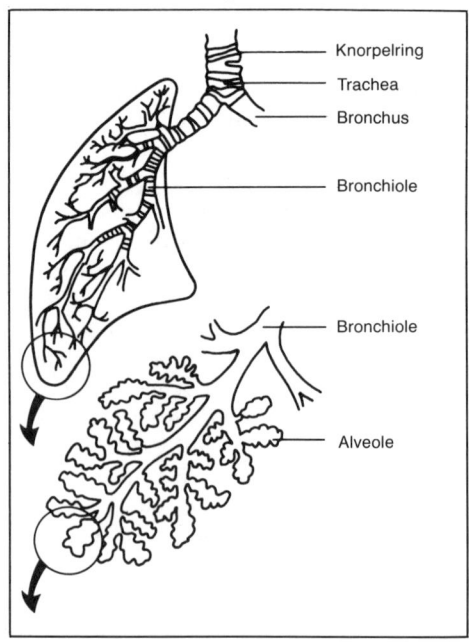

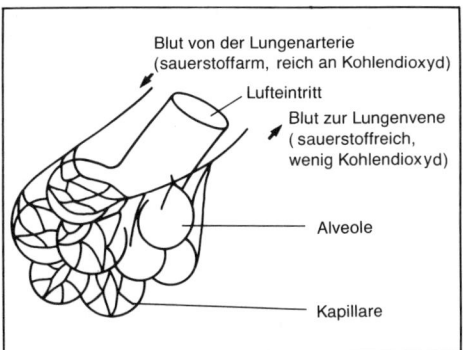

Blut von der Lungenarterie
(sauerstoffarm, reich an Kohlendioxyd)

Lufteintritt

Blut zur Lungenvene
( sauerstoffreich,
wenig Kohlendioxyd)

Alveole

Kapillare

8 Bluttransport in den Alveolen

Tabelle 2   Atemfrequenz in Ruhe

| Atemzüge pro Minute | |
|---|---|
| Pferd | 8–12 |
| Kuh | 15–24 |
| Schaf | 12–24 |
| Ziege | 12–20 |
| Schwein | 15–24 |
| Hund | 19–30 |
| Katze | 24–42 |
| Mensch | 12–30 |

Der Organismus kann seine Energie auf zwei Arten durch Zellatmung erhalten:
**1** aerob
**2** anaerob.

Man spricht von aerober Atmung, wenn die Sauerstoffmenge im Blut ausreicht, um einen Teil des Glykogens in den Muskeln zu verbrennen und den Energiebedarf zu decken. Während dieses Vorgangs, der Glykolyse, produziert eine Einheit Sauerstoff 36 Einheiten Energie. Das dabei als Abfallprodukt entstehende Kohlendioxyd wird beim Ausatmen über die Lungen ausgeschieden (Abb. 10).

Anaerobe Atmung (ohne Sauerstoff) findet statt, wenn die Sauerstoffmenge im Blut nicht zur Deckung des Energiebedarfs ausreicht.

Das ist der Fall bei großer Anstrengung, z. B. bei einem Sprint. Das Muskelgewebe bildet Energie aus den Glykogenreserven ohne Sauerstoff. Aber eine Glykogeneinheit liefert nur drei Einheiten Energie. Somit ist die aerobe Atmung zwölf Mal so effektiv wie die anaerobe Atmung (Abb. 10).

Bei der anaeroben Atmung bildet sich ein Abfallprodukt, die Milchsäure. Sie wird vom Blut zur Leber transportiert und dort zu unschädlichen Substanzen abgebaut. Wird jedoch Milchsäure in großen Mengen gebildet, z. B. bei extremer Anstrengung wie etwa im Galopp, staut sie sich im Blut, da sie nicht schnell genug abtransportiert

werden kann. Dieser Milchsäurestau schädigt die Muskelfasern, und die Muskelkontraktion wird behindert. In der Praxis bedeutet das, daß das Pferd nicht mehr ord-

9 Der Brustkorb mit Lunge und Herz:
1 Herz   2 Herzkranzgefäße   3 Aorta
4 Lungenvenen   5 Lungenarterien
6 Hohlvene   7 Luftröhre   8 Bronchien
9 Speiseröhre   10 Aorta   11 Brustfell
12 Lungen   13 Wirbel   14 Rippen
15 Rückenmuskulatur   16 Haut

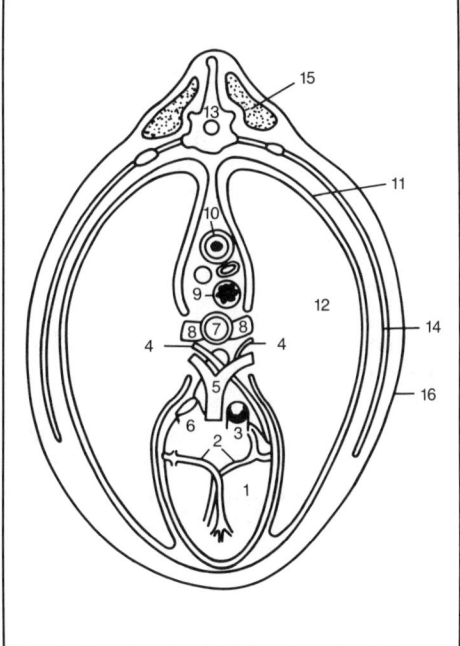

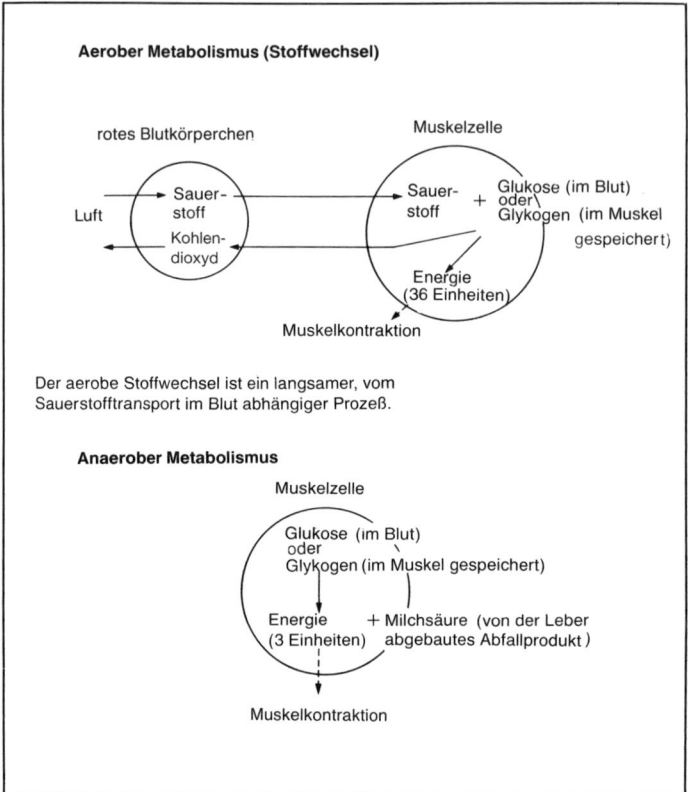

**Aerober Metabolismus (Stoffwechsel)**

rotes Blutkörperchen     Muskelzelle

Luft     Sauer-stoff     Sauer-stoff     + Glukose (im Blut) oder Glykogen (im Muskel gespeichert)

Kohlen-dioxyd

Energie (36 Einheiten)

Muskelkontraktion

Der aerobe Stoffwechsel ist ein langsamer, vom Sauerstofftransport im Blut abhängiger Prozeß.

**Anaerober Metabolismus**

Muskelzelle

Glukose (im Blut) oder Glykogen (im Muskel gespeichert)

Energie (3 Einheiten)     + Milchsäure (von der Leber abgebautes Abfallprodukt)

Muskelkontraktion

nungsgemäß galoppieren kann; Ermüdung macht sich bemerkbar. Die Milchsäurepro-duktion fördert Erschöpfungszustände, sie ist daher ein wesentlicher Begrenzungsfak-tor jeder sportlichen Leistung.

**Auswirkungen des Trainings**

Sowohl Trainer als auch Reiter sind sich bewußt, daß ihr Pferd keine Atmungspro-bleme haben darf. Ein Trainingsprogramm zielt folglich darauf ab, die Kondition des Pferdes, vor allen Dingen seine Lungenka-pazität zu steigern. Hat das Pferd Kondi-tion, kann es wesentlich mehr Leistung erbringen, bevor es anfängt zu pumpen, als ein untrainiertes Pferd. Aber auch wenn es pumpt, erholt sich seine Atemfrequenz schneller.

Training bewirkt die folgenden Verände-rungen am Atmungsapparat:

**1** Wiederaufbau der Alveolen: Infolge von Inaktivität verstopfen die winzigen Bläs-chen durch Schleim und anderes Zellzer-fallsmaterial. Durch Bewegung werden diese schleimigen Absonderungen aus der Lunge geworfen. Daher atmen manche Pferde ganz zu Beginn des Trainings oft etwas schwer und haben ein wenig Schleim-auswurf in den Nüstern. Dieser Vorgang der Reinigung der Atemwege erhöht die Lungenkapazität, und das Pferd kann wie-der mehr Sauerstoff ins Blut aufnehmen.

**2** Neubildung von Kapillaren: Die winzi-gen Äderchen oder Kapillaren, von denen jede Alveole umspannt ist, reagieren auf den steigenden Sauerstoffbedarf des im Training stehenden Pferdes, indem sie sich vermehren. Nun ist also nicht nur eine größere Anzahl an Kapillaren für den Gas-austausch vorhanden, sondern auch mehr

Lungengewebe. Der Körper kann mehr Sauerstoff aufnehmen.

**3** Muskelentwicklung: Die Muskeln des Zwerchfells und des Brustkorbs werden stärker, da das Pferd sie jetzt häufiger benutzt.

**4** Die Größe der Nüstern: Es besteht die Ansicht, daß die Luftmenge, die das Pferd aufnehmen kann, von der Größe seiner Nüstern abhängt. Die Nüstern der Pferde, die auf Schnelligkeit gezüchtet werden, z. B. Araber und Vollblüter, können sich bei Anstrengung ganz weit öffnen. Wie dem auch sei, auf jeden Fall ist jegliche Einschränkung der Atmung der Leistung abträglich.

Abgesehen von diesen Auswirkungen des Trainings müssen die Atemwege des Pferdes gesund sein, wenn es Spitzenkondition erlangen soll. Ein Atemwegsdefekt wie Kehlkopfpfeifen oder eine Allergie behindert die Atmung, so daß das Pferd nie seine maximale Kondition erlangen kann. Das bedeutet nicht, daß das Pferd nicht zur Jagd oder für die Vielseitigkeit geeignet ist, aber es wird nie die Kondition erreichen, die es ohne den Defekt haben könnte.

Das Ziel des Trainings ist, den Pferdekörper dazu zu erziehen, mehr Sauerstoff zu verbrauchen. Je mehr Sauerstoff der Körper nutzen kann, desto länger kann er im aeroben Bereich arbeiten: die »anaerobe Schwelle« wird erhöht. Die anaerobe Atmung setzt später ein, d. h. Milchsäureproduktion und Ermüdung werden verschoben. Anaerobe Atmung ist eine Art »Atmung auf Kredit«, denn die verbrauchte Energie muß bezahlt/ersetzt werden, wozu Sauerstoff gebraucht wird. Es ist ein Sauerstoffdefizit (Sauerstoffschuld) entstanden, das nach der Anstrengung wieder ergänzt werden muß – das Pferd pumpt weiter, obwohl die Belastung vorbei ist. Der Zeitraum, den das Pferd braucht, bis sich seine Atmung wieder normalisiert hat, kann als Maßstab für seine Kondition angesehen werden.

Die während der Zellatmung anfallende Energie muß nicht sofort verbraucht werden. Sie wird in einem besonderen chemischen Molekül, dem Adenosin-Triphosphat (ATP), gespeichert. Durch Umwandlung in Adenosin-Diphosphat (ADP) wird die Energie freigesetzt (Abb. 11).

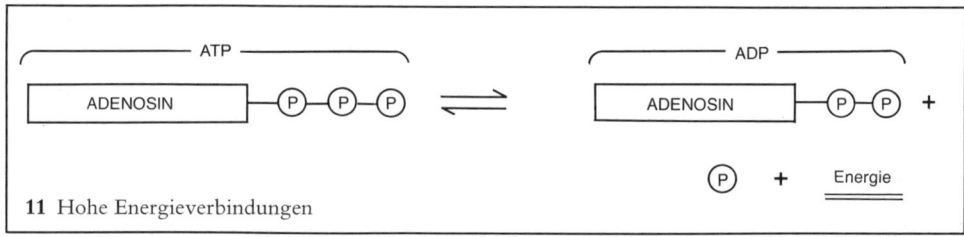

**11** Hohe Energieverbindungen

# Die Muskulatur

Die Muskeln sind der Motor des Pferdes und Konditionstraining besteht daher zum Teil auch aus »Muskelbildung«. Jeder Pferdetyp entwickelt seine Muskulatur an anderen Stellen des Körpers. Bei den Vollblütern sieht der Steher eher rank und schlank aus, während der Flieger oder auch ein Quarterhorse abgedrehter und kräftiger

bemuskelt wirken. Um zu verstehen, warum es diese Unterschiede gibt und wie ein Pferd durch ein entsprechendes Trainingsprogramm Spitzenkondition erlangen kann, muß man mehr über Aufbau und Funktion des Muskelgewebes wissen.

Man kann grundsätzlich drei Arten von Muskeln unterscheiden:

**1** Die glatte Muskulatur bewirkt das Zusammenziehen von Hohlorganen, wie etwa dem Verdauungstrakt.

**2** Der Herzmuskel, nur im Herzen zu finden.

**3** Die Skelettmuskulatur (auch quergestreifte Muskulatur) bewegt die Körperteile. Das ist der Muskeltyp, mit dem sich der Reiter beschäftigen muß.

## Skelettmuskulatur

Diese Muskeln sind darauf spezialisiert, sich zusammenzuziehen. Jeder Skelettmuskel besteht aus Millionen von langgestreckten Zellen, den sogenannten Muskelfasern oder Myofibrillen. Sie liegen parallel zueinander und sind miteinander und an den Enden einer Sehne durch Bindegewebe verbunden (siehe Abb. 12). Muskelzellen enthalten Glykogenvorräte und die Enzyme zur Freisetzung des Glykogens, der Energie für die Muskelkontraktion. Sie enthalten außerdem den roten Muskelfarbstoff, das Myoglobin, das genau wie Hämoglobin Sauerstoff binden kann und somit als Sauerstoffspeicher wirkt.

Muskelkontraktionen werden durch das Übereinandergleiten von Muskelfasern hervorgerufen, was zu einer Verkürzung des Muskels führt (Abb. 13). Eine solche Kontraktion benötigt Energie. Die Energiezufuhr wird durch winzige Strukturen innerhalb der Zelle, den Mitochondrien, getätigt. Sie erhalten diese Energie aus der freigesetzten Glukose. Auch im Blut vorhandene oder im Muskel gespeicherte freie Fettsäuren spielen eine Rolle als Energiequelle.

Die Muskeln erhalten Nervensignale und es kommt zur Kontraktion. Sie werden ständig mit Blut versorgt, d. h. die Zufuhr von Sauerstoff und anderen Nährstoffen, die zur Bildung der für die Kontraktion benötigten Energie gebraucht werden, geschieht durch das Blut, das auch die Abfallprodukte und das Kohlendioxyd abtransportiert. Während einer anstrengenden Tätigkeit kann die Blutzufuhr zur Muskulatur

um das 60-fache gesteigert werden. Es ist daher von großer Bedeutung, daß die Muskeln ausreichend mit Nährstoff versorgt werden. Das Training bewirkt, daß jedes Organsystem so effektiv wie möglich arbeiten kann.

## Muskelfaserarten

Während der letzten 10 Jahre konnten detaillierte Erkenntnisse über die Zusammensetzung des Muskels und den Einsatz der einzelnen Muskelfasern während des Trainings gewonnen werden.

Diese Erkenntnisse konnten u. a. gewonnen werden dank der Technik der Muskelbiopsie, d. h. kleine Proben werden dem lebenden Muskel auf völlig schmerzfreie Weise für Studienzwecke entnommen.

Man hat herausgefunden, daß das Pferd verschiedene Typen von Skelettmuskelfasern besitzt. Zuerst einmal lassen sich die Muskeltypen durch ihre Farbe unterscheiden. Ein roter Muskel bedeutet Dauerbelastung oder Ausdauer, z. B. die Beinmuskeln beim Geflügel. Die dunkle Farbe zeigt den hohen Myoglobin-Gehalt und die größere Fähigkeit, Sauerstoff zu verarbeiten, d. h. es handelt sich um einen Muskel mit hoher Sauerstoffkapazität. Ein weißer Muskel bedeutet Kraft, z. B. die Brustmuskulatur beim Geflügel, denn das sind die kräftigen Muskeln, die beim Fliegen gebraucht werden. Dieser Muskel kann nur wenig Sauerstoff aufnehmen, d. h. es handelt sich um einen Muskel mit geringer oxydativer Kapazität.

Genauer genommen gibt es zwei Typen von Muskeln, je nach Art ihrer Kontraktionseigenschaften:

**1** Der sich langsam kontrahierende Muskel (ST = slow twitch) zieht sich langsamer zusammen. Er kann mehr Sauerstoff aufnehmen und daher dauernd belastet werden.

**2** Der sich schnell kontrahierende Muskel (FT = fast twitch) zieht sich schneller zusammen. Hier gibt es je nach Sauerstoffkapazität zwei Typen:

**a** Muskel mit hoher oxydativer Kapazität, der sich schnell zusammenziehen, aber auch viel Sauerstoff aufnehmen und daher über einen langen Zeitraum belastet werden kann. Dieser Muskel ist für ein Pferd, das seine Geschwindigkeit über weite Strecken beibehalten muß, von großer Bedeutung.

**b** Muskel mit geringer oxydativer Kapazität, der zum Galoppieren und zur Beschleunigung eingesetzt wird. Dieser Muskel ermüdet schnell.

### Die Funktionen von Muskelfasern

Während der meisten Muskelkontraktionen müssen nicht alle Muskeln mit größtmöglicher Kraftanstrengung arbeiten. Nicht alle Fasern müssen stimuliert werden. Je nach Ausmaß der Anstrengung herrscht eine geordnete Auswahl der benutzten Muskelfasern: zum Gehen und Stehen werden nur sich langsam kontrahierende Fasern benutzt. Steigt die Geschwindigkeit, werden die schnellen Fasern mit hoher Sauerstoffkapazität eingesetzt und nur während einer extremen Beschleunigung und zum Springen werden die schnellen Fasern mit geringer Sauerstoffkapazität eingesetzt.

Die meisten Muskeln sehen aus wie ein Mosaik aus den drei verschiedenen Typen von Skelettmuskelfasern. Sind alle drei Typen vorhanden, ist der Muskel in der Lage, vielseitige Aufgaben zu erfüllen (Abb. 14).

### Verteilung der verschiedenen Fasertypen

Man hat herausgefunden, daß Spitzenmarathonläufer sehr viele langsame Fasern haben, während Sprinter weniger langsame Fasern, dafür aber mehr schnelle Fasern besitzen. Dieser Unterschied scheint genetisch festgelegt zu sein, d. h. Marathonläufer werden mit dem Potential geboren, lange Strecken laufen zu können.

Ähnliches kann man auch bei Pferden beobachten. Selbst in untrainiertem Zustand hat der Sprint-Spezialist, das Quarterhorse, mehr schnelle Fasern als der Voll- oder Warmblüter (Tab. 3 S. 201).

Eine weitere Besonderheit des Quarterhorses ist, daß die schnellen Muskelfasern einen größeren Durchmesser haben, d. h. sie

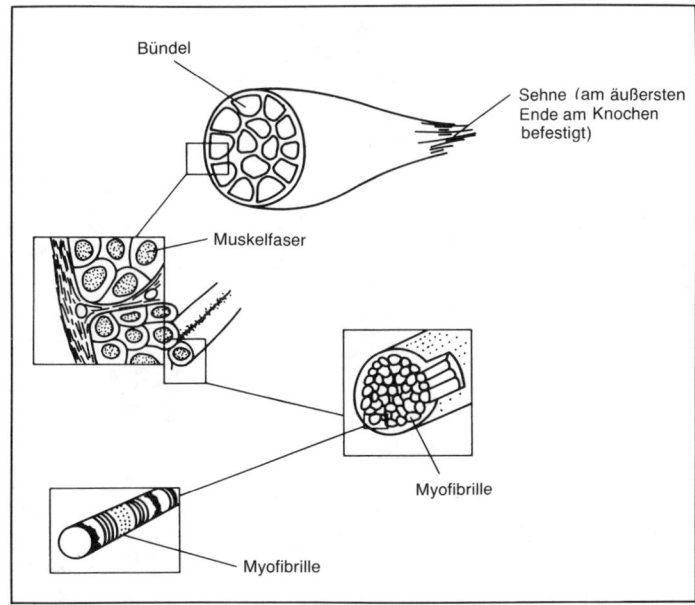

Bündel

Sehne (am äußersten Ende am Knochen befestigt)

Muskelfaser

Myofibrille

Myofibrille

**12** Struktur der Skelettmuskulatur

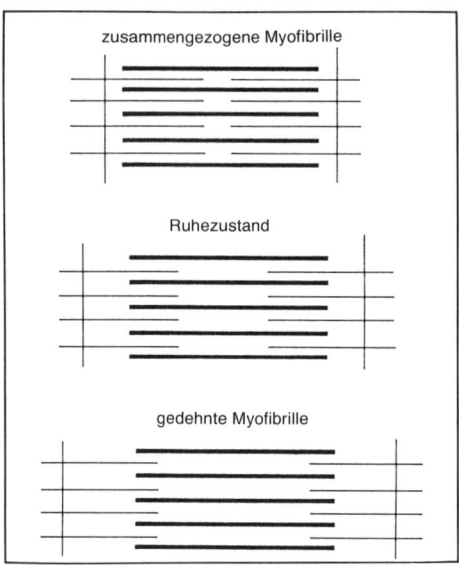

zusammengezogene Myofibrille

Ruhezustand

gedehnte Myofibrille

**13** Muskelkontraktion und -entspannung

sind dicker und stärker. Bei diesen für Dauerbelastung gut geeigneten Pferden haben alle Muskelfasern dieselbe Größe. Das Blut kann alle Fasern erreichen und ausreichend mit Sauerstoff und Nährstoffen versorgen (Abb. 15).

### Ermüdung

Das Ziel des Trainings ist, das Pferd länger arbeiten zu können, bevor es ermüdet. Mit anderen Worten, man will den Zeitpunkt der Ermüdung hinauszögern.

Ermüdung ist die Unfähigkeit einer physiologischen Funktion, endlos abzulaufen – ein Pferd kann z. B. nicht ununterbrochen galoppieren. Darf das Pferd sein Tempo nicht verlangsamen, werden letztendlich Ermüdungserscheinungen auftreten. Erschöpfung ist die vollkommene Unfähigkeit, eine Tätigkeit fortzuführen.

**14** Skelettmuskelfasertypen (SNOW, 1983):
  a Langsame (Typ I) und schnelle (Typ II) Fasern und

b Typ I   = Fasern mit hoher Sauerstoffkapazität (ST)
  Typ II  = Fasern mit hoher Sauerstoffkapazität (FTH)
  Typ III = Fasern mit geringer Sauerstoffkapazität (FT)

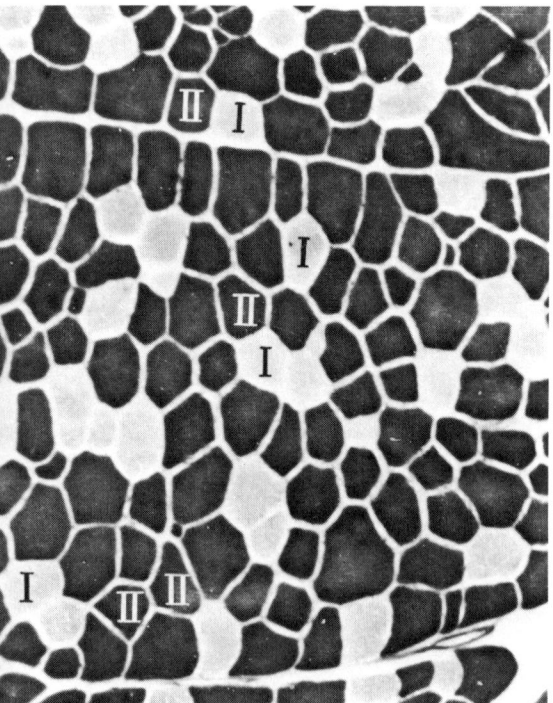

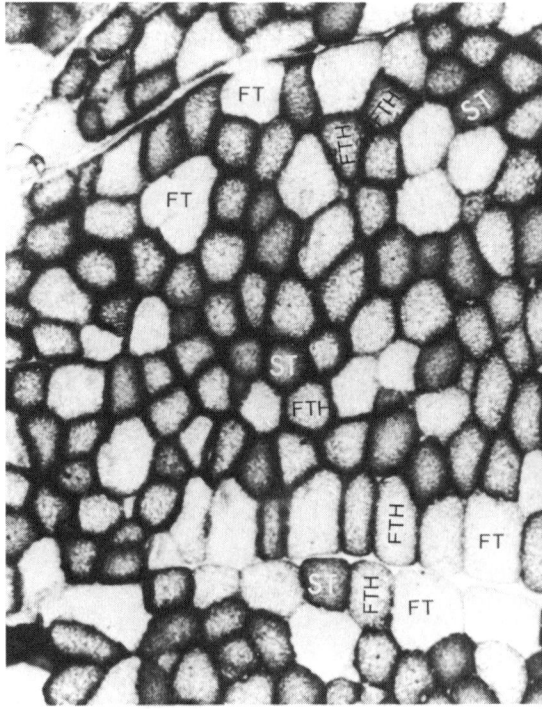

Tabelle 3 Prozentualer Anteil der schnellen Fasern bei verschiedenen Pferderassen (gemessen im mittleren Kruppenmuskel)

| | |
|---|---|
| Quarterhorse | 7% |
| Vollblüter | 13% |
| Araber | 14% |
| Warmblüter | 18% |
| Shetland-Pony | 21% |
| Pony | 23% |
| Esel | 24% |
| Ausdauerpferd | 28% |
| schweres Arbeitspferd | 31% |

Nach Snow (1985)

Es ist besonders wichtig, die Ursachen der Ermüdung festzustellen, um ein Pferd wirksam trainieren und Erschöpfung vermeiden zu können. Vier Faktoren tragen zur Ermüdung bei:

– Glykogenverbrauch
– Milchsäurebildung
– Dehydratation (Austrocknung) und Hyperthermie (Überhitzung)
– Lahmheit.

Auf die letzten beiden Punkte wird noch detaillierter eingegangen.

Glykogenverbrauch

Während der Arbeit werden die Muskelfasertypen abwechselnd eingesetzt und ihre Glykogenreserven aufgebraucht. Ein Pferd, das hauptsächlich im aeroben Bereich (mit Sauerstoff) gearbeitet wird, d. h. eine Ausdauerleistung in niedriger Geschwindigkeit über weite Strecken erbringt, benutzt vorwiegend langsame Fasern und nur einige wenige schnelle Fasern mit hoher Sauerstoffkapazität. Der Energiebedarf der Muskeln kann ohne weiteres

15 Muskelbiopsien vom mittleren Kruppenmuskel von drei 2jährigen Vollblütern zeigen große Unterschiede im Querschnitt der Muskelfasern (die Succinat-Dehydrogenase wurde reaktiviert (SNOW, 1983) *The Veterinary Record*)

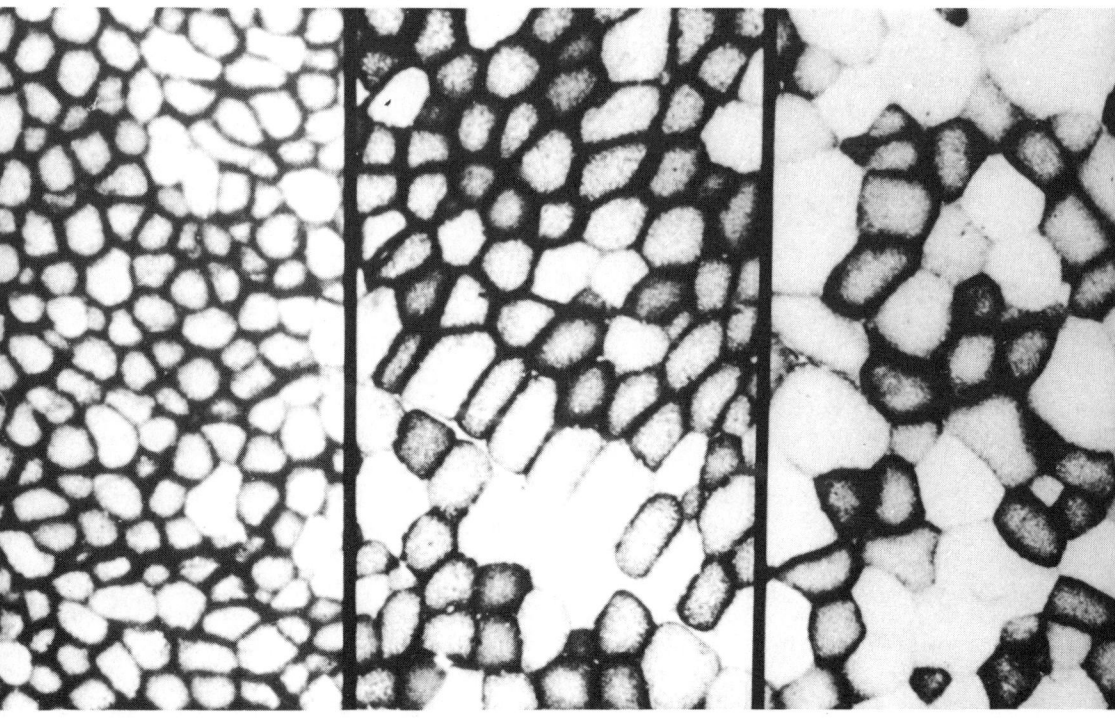

durch den Sauerstoff im Blut gedeckt werden, da das Pferd nicht hart arbeitet.

Irgendwann sind die Glykogenreserven aufgebraucht, und es gibt keine Energiequelle mehr für die Muskelfasern, so daß sie sich nicht mehr zusammenziehen können. (Bei der aeroben Atmung werden Sauerstoff und Glykogen als Energiequelle benötigt.) Sind alle Glykogenreserven aufgebraucht, braucht der Körper 48 bis 72 Stunden, um sie wieder aufzufüllen. Das muß beim Training beachtet werden.

Milchsäurebildung

Mit steigender Geschwindigkeit wird so viel Milchsäure produziert, daß das Blut sie nicht schnell genug von den Muskeln wegtransportieren kann. Die Milchsäure staut sich in den Muskeln. Dadurch können die Muskelfasern nicht mehr richtig funktionieren. Schließlich können sie sich nicht mehr zusammenziehen und fallen aus – das Pferd muß sein Tempo verlangsamen.

Beim Menschen löst ein Milchsäurestau Schmerzen aus. Das mag auch beim Pferd so sein, was bedeuten würde, daß seine Leistung auch davon abhängt, wie stark die Schmerzen sind bzw. wie groß sein Wille ist, diese Schmerzen auszuhalten. Das Pferd kann auf jeden Fall mehr Milchsäure vertragen als der menschliche Athlet. Das macht das Pferd zu einem Spitzenathleten.

Ist die Milchsäure nicht mehr im Muskel, kann die Arbeit wieder voll weitergeführt werden – man halte sich vor Augen, wie schnell sich ein pumpender Hunter nach einem Durchparieren erholt. Der Abtransport der Milchsäure geht bei leichter Bewegung schneller vor sich. Das Rennpferd erholt sich besser von einem Galopp, wenn es ruhig getrabt wird, denn eine gute Blutversorgung der Muskeln ist auch für den Abtransport von Milchsäure wichtig. Der schnelle Abbau der Milchsäure hat langfristige Vorteile: Die Muskeln sind am nächsten Tag nicht so steif. Das ist für ein Vielseitigkeitspferd wichtig, das am Tag

nach der anstrengenden Geländestrecke (inklusive Rennbahngalopp) einen Springparcours absolvieren muß.

Man kann den Ermüdungszeitpunkt eventuell etwas hinauszögern, indem man dem Pferd Natriumbikarbonat gibt (zur Neutralisierung der Milchsäure). Es gibt jedoch keine Untersuchungen über die richtige Menge und darüber, zu welchem Zeitpunkt vor dem Wettkampf die Gabe erfolgen sollte.

Milchsäure setzt also der Leistung unseres Pferdes Grenzen; es gilt daher, durch Training den Beginn der Milchsäurebildung hinauszuzögern.

**Die Auswirkungen des Trainings**

Die Muskulatur kann sich während des Trainings an die unterschiedlichen Anforderungen anpassen. Obwohl sich langsame Fasern zu schnellen Fasern und umgekehrt umbilden können, ist es ziemlich unwahrscheinlich, daß sich im Verlauf eines normalen Trainings wesentliche Änderungen im Verhältnis der beiden Muskelfasertypen zueinander ergeben. Der Stoffwechsel in den Fasern wird hauptsächlich durch Training beeinflußt, d. h. ob die schnellen Fasern viel oder wenig Sauerstoff aufnehmen können. Mit anderen Worten: Training kann die Anzahl der schnellen Fasern mit hoher Sauerstoffkapazität erhöhen. Je mehr Fasern dieses Typs vorhanden sind, desto mehr Sauerstoff kann das Pferd aufnehmen.

Eine Muskelfaser kann nur dann die im Wettkampf gestellten Anforderungen erfüllen, wenn sie im Training genügend Reize erhielt. Training hat daher nur dann positive Auswirkungen, wenn die gleiche Art von Belastung in ähnlicher Intensität wie im Wettkampf geübt wurde. Wenn Schnelligkeit erforderlich ist, müssen im Training genügend Sprints enthalten sein, um die entsprechenden Fasern für Kraft und Beschleunigung aufzubauen. Wenn Ausdauer in verschiedenen Schnelligkeitsstufen erforderlich ist, muß dies ausführlich trainiert werden, damit die Sauerstoff-kapazität der Muskeln steigt. Das bedeutet, daß der Ermüdungszeitpunkt verschoben wird und das Pferd in höheren Geschwindigkeiten arbeiten kann, bevor der anaerobe Stoffwechsel und damit die Milchsäureproduktion beginnt.

Durch Training bekommen die Muskelfasern mehr Brennstoff aufgrund der erhöhten Anzahl an Mitochondrien (den kleinen Energieerzeugern in den Zellen) und Enzymen (den biologischen Katalysatoren), die Glykogen und freie Fettsäuren abbauen. Auch die Blutzufuhr steigt, da sich die Kapillaren vermehren, wodurch der Muskel wiederum mehr Glykogen speichern kann. Alles, was den Glykogenverbrauch reduziert oder die Glykogenkonzentration

im Muskel erhöht, verzögert den Ermüdungszeitpunkt. Durch Training wird auch der Verbrauch freier Fettsäuren als Energiequelle gefördert. Durch diese »Glykogenersparnisse« steht mehr Glykogen für den Ernstfall zur Verfügung. Der Marathonläufer kann seine Kost so manipulieren, daß die Glykogenkonzentration in den Muskeln sehr hoch ist. Beim Pferd ist das jedoch sehr umstritten, denn durch viel Glykogen im Körper ist das Pferd auch viel anfälliger für Kreuzverschlag. Außerdem dient beim Pferd die Milz als Blutspeicher, was beim Menschen nicht im gleichen Maße der Fall ist. Das Training von Mensch und Pferd hat zwar Parallelen, läuft aber nach unterschiedlichen Gesichtspunkten ab.

# Der Kreislauf

Der Kreislauf besteht aus einer Muskelpumpe – dem Herzen – und einem Netz von Blutgefäßen für den Bluttransport im Körper.

## Funktion des Kreislaufs

Die wesentliche Funktion des Kreislaufs liegt im Transport lebenswichtiger Stoffe innerhalb des Körpers. Dazu gehören:

1 Sauerstoff – von der Lunge zu allen Körperzellen.
2 Kohlendioxyd – von den Körperzellen zur Lunge.
3 Nährstoffe – vom Darm zu den Körperzellen.
4 Abfallprodukte – von den Körperzellen zu den Nieren.
5 Hormone – von den Drüsen zu den Körperzellen.
6 Antikörper (die körpereigenen Abwehrkräfte) – zu den betroffenen Körperstellen.
7 Wärme – gleichmäßige Verteilung von der Körpermitte zur Haut.

## Anatomie des Kreislaufs

### Das Herz

Das Herz (Abb. 16) ist eine Hohlmuskel-Pumpe mit vier Kammern im Zentrum des Kreislaufsystems. Die oberen Kammern, rechter und linker Herzvorhof genannt, empfangen das von den großen Venen kommende Blut. Die unteren Kammern, die rechte und linke Kammer, sind als Pumpkammern tätig. Sie pumpen das Blut in die großen, vom Herzen wegführenden Arterien. Aufgrund dieser Pumptätigkeit sind die Kammern größer (mehr Muskeln) als die Vorhöfe. Am größten ist die linke Kammer, da sie das Blut in den ganzen Körper pumpt.

### Der Blutkreislauf durch Herz und Lungen

Der Blutkreislauf ist in Abb. 17 dargestellt. Die Hohlvene bringt das Blut nach der Sauerstoffentladung im Körper zurück auf die rechte Seite des Herzens.
Sauerstoffarmes Blut hat den größten Teil

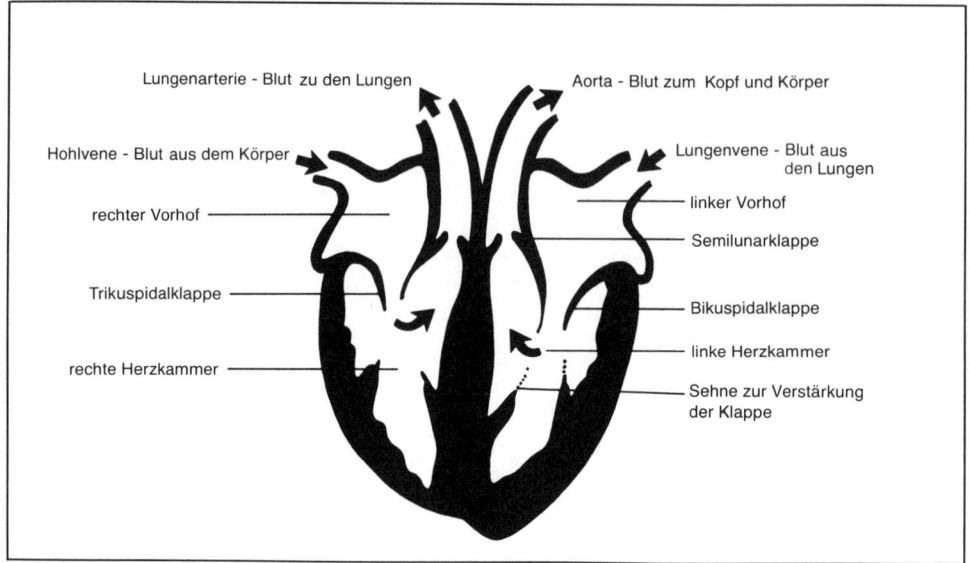

Lungenarterie - Blut zu den Lungen

Aorta - Blut zum Kopf und Körper

Hohlvene - Blut aus dem Körper

Lungenvene - Blut aus den Lungen

rechter Vorhof

linker Vorhof

Semilunarklappe

Trikuspidalklappe

Bikuspidalklappe

linke Herzkammer

rechte Herzkammer

Sehne zur Verstärkung der Klappe

**16** Herz

Sauerstoff abgegeben und durch Kohlendioxyd ersetzt (siehe Seite 193 ff.). Das Blut wird im rechten Vorhof gesammelt und gelangt dann in die rechte Kammer. Die rechte Kammer zieht sich zusammen und pumpt Blut in die zur Lunge führende Lungenarterie. Dort wird das Kohlendioxyd gegen Sauerstoff ausgetauscht, d. h. das Blut führt wieder Sauerstoff. Es gelangt durch die Lungenvene an die linke Seite der Lunge und tritt in den linken Herzvorhof ein. Von dort gelangt es in die linke Herzkammer. Zieht sich die linke Herzkammer zusammen, wird das Blut in die Aorta gepumpt (die Hauptschlagader des Körpers). Während dieses Vorgangs verhindern Ventile im Herzen (die Herzklappen) den Rückfluß des Blutes.

## Der Blutkreislauf

Sauerstoffreiches Blut wird vom linken Herzvorhof durch die Aorta gepumpt und im ganzen Körper mit Hilfe eines weitverzweigten Netzes von Arterien und Arteriolen (kleinen Arterien) verteilt. Diese Blutgefäße haben dicke Muskelwände, die jederzeit die Blutmenge regulieren können

und dadurch dazu beitragen, den Blutdruck aufrechtzuerhalten. Dem Pferdebesitzer sind die Arterien bekannt, denn hier wird der Puls gemessen, z. B. unter dem Unterkiefer, unter der Schweifrübe, an der Innenseite des Ellbogens und unterhalb des Sprunggelenks. An diesen Stellen liegt eine Arterie über einem Knochen direkt unter der Haut, und man kann deutlich das Pulsieren des Blutes spüren. Der Pulsschlag entspricht dem Herzschlag des Pferdes.
Wenn die Verzweigungen kleiner werden, fließt das Blut durch ein System winziger Blutgefäße, das Kapillarnetz. Hier werden Wasser, Sauerstoff und andere vom Blut transportierte Nährstoffe durch die dünnen Wände der Kapillaren an das Körpergewebe abgegeben. Im Austausch geben die Zellen ihre Abfallprodukte an das Blut ab.
Die winzigen Kapillaren verschmelzen nun zu größeren Venen und transportieren das sauerstoffarme Blut zurück zum Herzen. Venen haben dünne Wände mit sehr wenig Muskeln. Damit das Blut nicht zurückfließen kann, haben die Venen an ihren Wänden viele Ventile (Abb. 18 und 19), die sogenannten Venenklappen. Dadurch kön-

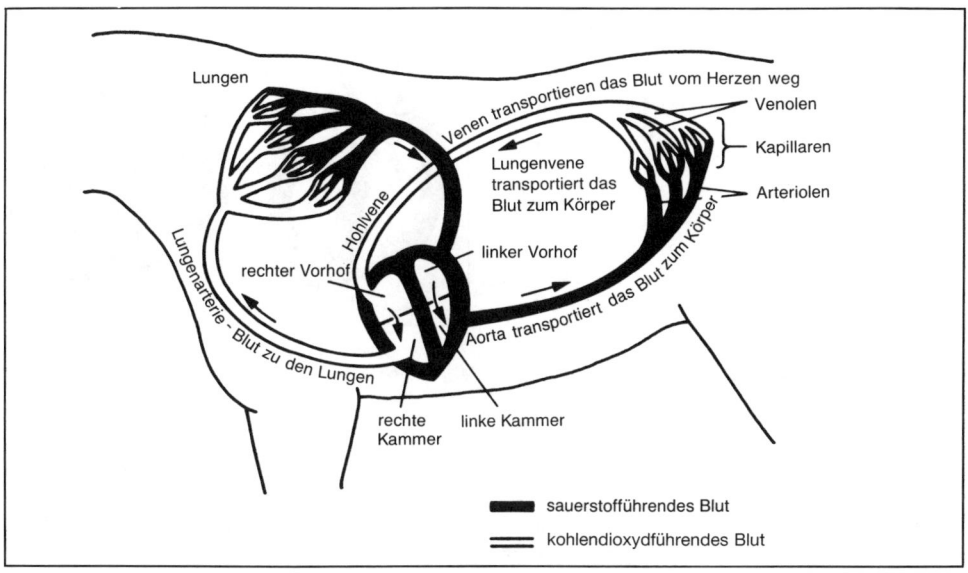

Lungen

Venen transportieren das Blut vom Herzen weg

Venolen

Kapillaren

Lungenvene transportiert das Blut zum Körper

Arteriolen

Hohlvene

Lungenarterie - Blut zu den Lungen

rechter Vorhof

linker Vorhof

Aorta transportiert das Blut zum Körper

rechte Kammer

linke Kammer

■■■■ sauerstoffführendes Blut

══════ kohlendioxydführendes Blut

17 Herz und Kreislauf

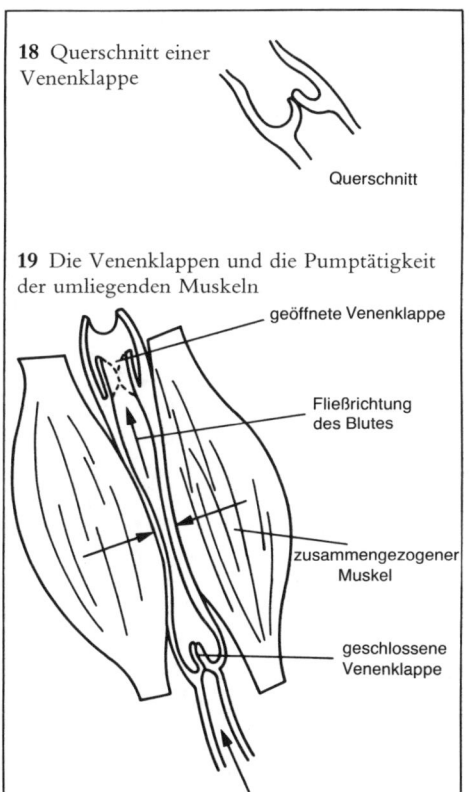

18 Querschnitt einer Venenklappe

Querschnitt

19 Die Venenklappen und die Pumptätigkeit der umliegenden Muskeln

geöffnete Venenklappe

Fließrichtung des Blutes

zusammengezogener Muskel

geschlossene Venenklappe

nen die Muskelkontraktionen bei den normalen Körperbewegungen dazu beitragen, das Blut zurück zum Herzen zu pumpen. (Das Anschwellen der Beine, wenn das Pferd nicht genug Bewegung hat, ist auf den Mangel an Muskelaktivität zurückzuführen. Das Blut kann nicht mehr so gut zurück zum Herzen fließen und Flüssigkeit sammelt sich in den Beinen.) Die große Vene, die Hohlvene, bringt schließlich das gesamte sauerstoffarme Blut zur rechten Seite des Herzens. Die Blutzirkulation durch den Körper wird »großer Kreislauf« genannt, die Blutzirkulation durch die Lungen nennt man »kleinen Kreislauf«. Beide Kreisläufe zusammen stellen den typischen zweifachen Kreislauf des Pferdes dar.

### Die Auswirkungen von Bewegung und Training

Die Herzfrequenz im Ruhezustand beträgt normalerweise 36 bis 42 Schläge pro Minute, die Herzfrequenz eines trainierten Pferdes kann bei nur 26 Schlägen pro Minute liegen – und im Galopp das Maximum von 240 Schlägen pro Minute erreichen.

Wie schon gesagt, ist das Ziel eines jeden Trainings, die Muskelzellen optimal mit Sauerstoff zu versorgen und die Abfallprodukte abzuführen. Dabei spielen Herz und Kreislauf eine bedeutende Rolle. Während der Bewegung ziehen sich die Muskeln häufiger zusammen; ihr Energiebedarf steigt (d. h. der Energiebedarf des Körpers). Daher sind die unmittelbaren Auswirkungen von Belastung:
– erhöhte Herzfrequenz
– erhöhte Atemfrequenz.
Die erhöhte Herzfrequenz bewirkt eine größere Leistung des Herzens – mehr Blut wird in einer gegebenen Zeit durch den Körper gepumpt. Die erhöhte Atemfrequenz versorgt den Körper mit mehr Sauerstoff. Hat das Pferd keine Kondition, kann der Körper nur für eine begrenzte Zeit diese erhöhte Leistung vollbringen.

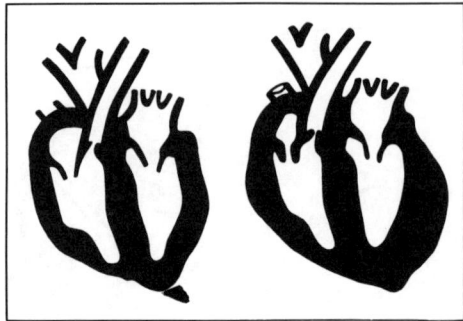

20 Die Auswirkungen des Trainings: ein größeres Herz

Die Auswirkungen des Trainings
**1** Größeres Herz: Wie jeder andere Muskel im Körper reagiert auch das Herz des Pferdes auf Bewegung mit Wachstum (Abb. 20). Ein durchschnittliches Pferdeherz wiegt etwa 8 Pfund. Ein trainiertes Herz kann durchaus 12 Pfund wiegen und mit jedem Schlag ca. 1,4 l Blut pumpen. Das Herz des berühmten Rennpferdes Eclipse wog über 14 Pfund. Das Blut des trainierten Pferdes fließt im Galopp in etwas mehr als 5 Sekunden einmal durch den ganzen Körper. Es ist also enorm wichtig, daß Herz und Kreislauf gesund sind.
**2** Neubildung von Kapillaren: Durch Training kann die Anzahl der Kapillaren um bis zu 50% zunehmen (Abb. 21). Dadurch steht eine größere Oberfläche an

Blutgefäßen für den Sauerstofftransport zu den Muskeln zur Verfügung. Werden die Kapillaren nicht benutzt, wie etwa beim untrainierten Pferd, so trocknen sie aus. Durch Training können sie allmählich wieder funktionstüchtig werden.
Bei einem absolut untrainierten Pferd dauert es schätzungsweise bis zu 3 Jahren, bis das volle Kreislaufpotential erreicht ist.
Diese inneren Veränderungen von Herz, Kreislauf und Atmungsapparat bei fortschreitendem Training zeigen sich dem Reiter durch
– eine niedrigere Herzfrequenz im Ruhezustand;
– einen weniger drastischen Anstieg von Herz- und Atemfrequenz bei einer gegebenen Arbeitsmenge;
– eine kürzere Erholungsphase (die Zeit, die Herz- und Atemfrequenz benötigen, um wieder die Ruhewerte zu erreichen, sinkt).
Das Pferd kann also für eine längere Zeit gearbeitet werden, ohne daß es ermüdet oder erschöpft ist.

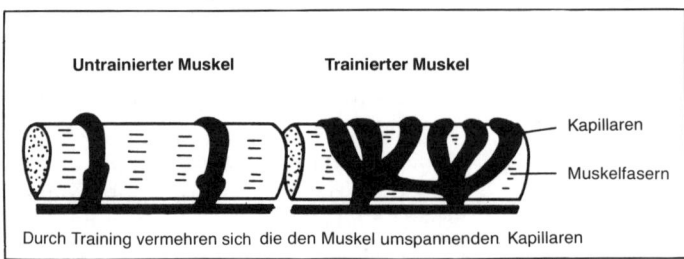

Untrainierter Muskel    Trainierter Muskel

Kapillaren

Muskelfasern

Durch Training vermehren sich die den Muskel umspannenden Kapillaren

21 Die Auswirkungen des Trainings: Kapillarenzunahme am Muskel

Überwachung der Herzfrequenz

Die Herzfrequenz kann auf verschiedene Weise durch den Reiter/Trainer überwacht werden:

1 Stethoskop: Kann vom Reiter zur Feststellung der Herzfrequenz oder vom Tierarzt zur Feststellung von abnormen Herztönen (wird noch genauer erläutert) benutzt werden.

2 Puls: Wie schon erwähnt, wird der Puls an einer Stelle, wo eine Arterie über einem Knochen direkt unter der Haut liegt, gefühlt, meistens die Kopfarterie unter der Ganasche. Das ist die einfachste Art für Reiter oder Tierarzt, die Herzfrequenz eines Pferdes festzustellen.

3 Herzfrequenzmonitor: Dieses Gerät gibt mit Hilfe von Elektroden, die am Fell angebracht werden, unmittelbar die Herzfrequenz an. Ein digitales Anzeigegerät wird am Handgelenk des Reiters oder am Hals des Pferdes befestigt, so daß der Reiter jederzeit die Herzfrequenz ablesen kann. In den USA werden hochentwickelte Modelle beim Intervalltraining benutzt, aber sie sind sehr teuer. In Großbritannien gibt es billigere Modelle, aber sie sind auch nicht so zuverlässig.

4 Elektrokardiogramm: Der Tierarzt kann das Herz mit einem Elektrokardiogramm (EKG) untersuchen. Hierzu werden die durch Nervenimpulse im Herzmuskel hervorgerufenen Aktionsspannungen aufgezeichnet. Durch dieses besondere Verfahren kann man von der Größe des Herzens auf sein Leistungspotential schließen. Geht man davon aus, daß ein größerer Herzmuskel mehr Zeit zur Kontraktion braucht, kann ein bestimmter Teil der EKG-Kurve, der auch die »Herzachse« genannt wird, Aufschluß über die Größe des Herzens geben. Man sagt, je größer das Herz im Verhältnis zur Körpergröße ist, desto besser ist es in der Lage, den Sauerstoffbedarf der Muskeln bei einer Anstrengung zu decken. In Australien durchgeführte Untersuchungen haben gezeigt, daß die erfolgreichsten Rennpferde auch die größeren Herzen besaßen. Man kann also davon ausgehen, daß man von der Herzgröße auf die athletischen Fähigkeiten schließen kann.

Eine niedrigere Ruhefrequenz deutet auch auf ein größeres Herz. Das größere Herz muß weniger arbeiten, um die gleiche Blutmenge durch den Körper zu pumpen, weshalb das trainierte Pferd mit einem gut entwickelten, muskulösen Herz eine niedrigere Ruhefrequenz hat als das untrainierte Pferd.

Man muß jedoch bedenken, daß die Herzfrequenz von Pferd zu Pferd sehr unterschiedlich sein kann. Jeder Reiter sollte daher die Ruhefrequenz seines Pferdes kennen. Dieser Wert gilt als Grundlage bei der Beurteilung von Trainingsfortschritten.

**Der Herzschlag**

Die Tätigkeit des Herzens während eines Herzschlages wird als »Herzzyklus« bezeichnet. Blut strömt aus dem Körper in den rechten Vorhof und gleichzeitig von der Lunge in den linken Vorhof. Sind die Vorhöfe gefüllt, ziehen sie sich zusammen, die Klappen werden geöffnet und das Blut fließt in die entspannten Kammern. Wenn die Kammern fast voll sind, schließen sich die Klappen der Vorhöfe und die Kammern kontrahieren sich. Wenn sich die Kammern zusammenziehen, wird das Blut aus dem Herzen gepumpt und gelangt durch die Rückflußventile in Körper und Lunge. Diese Phasen werden »Diastole« (Erschlaffungsphase des Herzens kurz vor und während der Füllung der Kammern) und »Systole« (Austreibungsphase zur Entleerung der Kammern) genannt.

Wenn das Herz schlägt, macht es Geräusche. Es gibt sogar vier verschiedene Herztöne, aber nur zwei sind so laut, daß man den Unterschied deutlich hören kann. Sie sind als »BUUH-dup« bekannt und kennzeichnen Öffnung und Schließung der Klappen während der Herztätigkeit. Der »BUUH«-Ton entsteht, wenn die Klappen zwischen Vorhof und Kammer geschlossen werden und sich die Arterienklappen öffnen, damit das Blut zum Körper und zu den Lungen gelangen kann. Der knisternde »dup«-Ton entsteht, wenn sich die Kammerklappen öffnen und die Arterienklappen geschlossen werden.

Der Herzschlag entsteht durch elektrische Impulse eines natürlichen Herzschrittmachers. Das Gehirn regelt die Herzfrequenz über Nervensignale. In regelmäßigen Abständen sendet der Schrittmacher elektrische Impulse ans Herz, die eine Welle von Kontraktionen im Herzmuskel auslösen, so daß eine Reihe von Systolen und Diastolen stattfindet. Während der geräuschlosen Phase des Herzschlags füllt sich das Herz mit Blut. Die Herztöne können Rückschlüsse auf den Gesundheitszustand des Pferdes geben, was ein kompetenter Tierarzt feststellen wird.

## Herzgeräusche und Arrhythmien

Im Gegensatz zum Herzanfall beim Menschen hat der plötzliche Herztod beim Pferd seine Ursache meist im Riß der Aorta, der Hauptschlagader, die das sauerstoffreiche Blut vom Herzen wegführt.

Der Mensch bricht bei einem Herzanfall zusammen, weil der Muskel der Herzwand von der Blutversorgung abgeschnitten wird; die Koronararterie ist z. B. durch ein Blutgerinnsel blockiert, wodurch ein Teil des Herzmuskels ausgeschaltet wird. Das Herz kann nicht schlagen, und es kommt zum Kollaps.

Obwohl es selten vorkommt, daß Pferde an Herzproblemen sterben, schlägt bei manchen Pferden das Herz im Ruhezustand unregelmäßig. Auch bei einem gesunden, trainierten Pferd kann unter Umständen eine lautere Variante der normalen Herztöne vorkommen. Zum Glück funktioniert aber auch ein Herz, das seltsame Geräusche macht oder dessen Herzschlag Unregelmäßigkeiten aufweist, fast immer trotzdem gut. Man vermutet, daß mehr als die Hälfte aller gesunden Pferde ungefährliche Herzgeräusche und gutartige Arrhythmien hat.

## Herzgeräusche

Ein Herzgeräusch ist ein ungewöhnlich lauter oder seltsamer Herzton, der während einer normalerweise geräuschlosen Phase des Herzschlags zu hören ist. Die während einer Routineuntersuchung am häufigsten auftretenden Abweichungen sind Herzgeräusche. Sie entstehen durch Turbulenzen im durch das Herz fließenden Blut und hören sich pfeifend, rauh, motorartig, summend, brummend, hoch, quiekend, zischend oder säuselnd an. Einige dieser Geräusche werden durch Veränderungen der Pumptätigkeit oder der Konsistenz des Blutes hervorgerufen, aber sie sind normalerweise ungefährlich. Ernstzunehmende Herzgeräusche resultieren aus Herzfehlern.

Ein trainiertes, athletisches Herz neigt zu Herzgeräuschen, denn durch Training baut sich mehr Herzmuskulatur auf, so daß das Herz mit jedem Schlag mehr Blut pumpt. Daher ist die Ruhefrequenz niedriger und die große Blutmenge strömt lauter als normal durch das Herz. Technisch gesehen ist dies ein Herzgeräusch, aber es handelt sich nur um einen normalen Herzton.

Andere Herzgeräusche bei Pferden mit normalem Herz entstehen durch veränderte Blutzirkulation infolge von Fieber, Streß und Anämie. Erhöhte Körpertemperatur und Streß beschleunigen Herzfrequenz und Blutzirkulation, was zu abnormen Geräuschen im Herzzyklus führt. Eine Anämie begünstigt ungewöhnliche Herzgeräusche, da die Konsistenz des Blutes durch die herabgesetzte Anzahl roter Blutkörperchen verändert ist. Wenn das dünnere Blut durch die Adern strömt, entstehen Turbulenzen, die als Geräusch gehört werden. Die meisten dieser Herzgeräusche verschwinden bei ansonsten gesundem Herz, sobald das Pferd wieder gesund ist.

Herzgeräusche können auch auftreten, wenn die Herzklappen, die die Kammern trennen, durch Verschleiß nachlassen (Abb. 22). Die Klappen werden kleiner und dicker, so daß sie sich nur noch man-

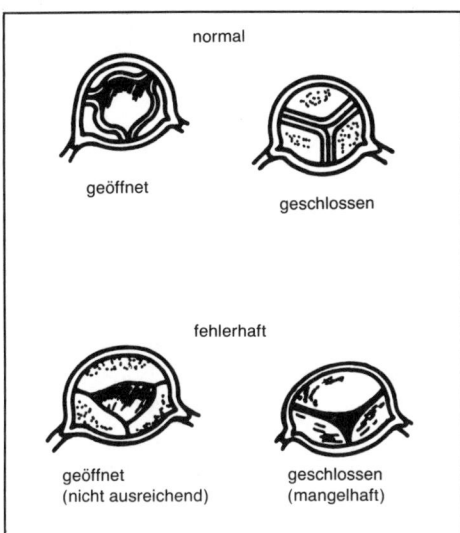

normal

geöffnet

geschlossen

fehlerhaft

geöffnet
(nicht ausreichend)

geschlossen
(mangelhaft)

22 Normale und fehlerhafte Herzklappen

gelhaft schließen und Blut durchdringen kann. Dieses Leck verursacht ein Geräusch, das man mit dem Stethoskop gut hören kann. Ältere Pferde kommen oft ganz gut zurecht mit »lauten Herzklappen«, aber man wird diese Pferde nur selten zu Höchstleistungen bringen können.

Um Aufschluß darüber zu bekommen, ob ein Herzgeräusch ernstzunehmen ist oder nicht, muß das Herz im Ruhezustand und nach einer Belastung abgehört werden. Der Tierarzt konzentriert sich dabei auf zwei Punkte:

1 Den Zeitpunkt im Herzzyklus, an dem das Geräusch auftritt.

2 Wie das Geräusch auf Belastung reagiert. Verschwinden die Geräusche nach einer Belastung oder klingen sie ab, so sind sie meist ungefährlich.

Tiefe, blasende Geräusche, die während der Kontraktion (nach dem BUUH-Ton) auftreten, sind normalerweise harmlos. Sie entstehen, wenn aus einem überdurchschnittlich großen Herzen das Blut herausgepumpt wird. Laute Herzgeräusche, die das normale, knisternde Geräusch der Klappen (das dup) übertönen, weisen ge-wöhnlich auf eine Fehlfunktion der Klappen hin. Fließgeräusche während der Ruhepause des Herzens bedeuten, daß Blut aus den Arterien zurückfließt.

Arrhythmien

Ab und zu läßt das Herz eines Pferdes im Ruhezustand einen Schlag aus. Für ein gesundes Pferd ist dies wahrscheinlich ein Weg zur Regulierung der Blutversorgung des Gewebes. Selbst wenn das Herz so langsam wie möglich schlägt, stößt es pro Minute mehr Blut aus, als das Pferd im Ruhezustand benötigt. Die Lösung besteht darin, von Zeit zu Zeit einen Herzschlag auszulassen. Wenn das Pferd gearbeitet wird und der Blutbedarf steigt, schlägt das Herz wieder regelmäßig. »Herzflimmern« ist eine unregelmäßige, beschleunigte Herztätigkeit. Das Herz arbeitet nicht effizient. Ein langsamer, regelmäßiger Schlag ermöglicht das Auffüllen, schnelle, unregelmäßige Schläge aber nicht. Der Herzschlag wird nicht mehr von den Nerven geregelt, und es kommt zum Flimmern. Das die Kontraktion stimulierende Nervenzentrum (der Schrittmacher) kann sich verlagert haben, weil sein ursprünglicher Platz z. B. durch eine Entzündung beschädigt wurde. Weitere Schrittmacher können entstanden sein, die mit dem eigentlichen Schrittmacher konkurrieren. Durch überflüssige Signale zieht sich das Herz zusammen, bevor sich die Kammern mit Blut gefüllt haben.

Die häufigste Arrhythmie tritt in den Vorhöfen auf und wird Vorhofflimmern genannt. Während einer Belastung schlägt ein solches Herz 260 Mal/Minute. Normalerweise liegt die Höchstfrequenz bei 240 Schlägen in der Minute. Ein plötzlicher Leistungsabfall ist ein Zeichen für den Beginn der Krankheit. Medikamentöse Behandlung zusammen mit Ruhe kann den Zustand beheben. Eine Herzmuskelentzündung durch Infektion kann eine Veränderung im Schrittmacher hervorrufen, z. B. nach seuchenhaftem Husten.

Obwohl man meinen könnte, die Herzanomalie müsse bei vielen Pferden zum Tode führen, sterben aber nur sehr wenige tatsächlich daran. Mit Herzgeräuschen und Arrhythmien kann ein Pferd leben, solange es keine Höchstleistungen erbringen muß. Im großen und ganzen kann ein solches Herz die gestellten Anforderungen gut erfüllen.

## Das Blut

Blut ist das Transportmittel, das Herz und Lunge mit dem restlichen Körper verbindet. Es bringt die vom Verdauungstrakt absorbierten Nährstoffe zu sämtlichen Organen. Sauerstoff wird von den Lungen zum Gewebe gebracht, und Kohlendioxyd wird vom Gewebe zu den Lungen transportiert. Das Blut transportiert Abfallprodukte von den Zellen zu den Nieren zur Ausscheidung. Auch Hormone und Antikörper zur Bekämpfung von Krankheiten werden im Blut transportiert. Die Gerinnungsfähigkeit des Blutes verhindert, daß das Pferd durch eine Verletzung zu viel Blut verliert. Außerdem trägt es zur Regelung der Körpertemperatur bei, indem es Wärme aus dem Körperinnern an die Oberfläche transportiert.

## Die Struktur des Blutes

### Plasma

Abb. S. 67 zeigt die Zusammensetzung des Blutes. Es besteht aus einer strohgelben Flüssigkeit, dem Plasma, in der sich alle zellulären Bestandteile des Blutes befinden. Dazu gehören rote und weiße Blutkörperchen und die Blutplättchen. Plasma enthält Fibrinogen zur Unterstützung der Blutgerinnung. Das ebenfalls im Plasma enthaltene Serum besteht aus Wasser, Proteinen, Glukose, Lipiden (Fetten), Aminosäuren, Salzen, Enzymen, Hormonen, Antigenen, Antikörpern und Harnstoff. Das Verhältnis von Blutkörperchen und Plasma (genannt Hämatokrit) liegt bei 31 bis 55%, im Durchschnitt 40%.

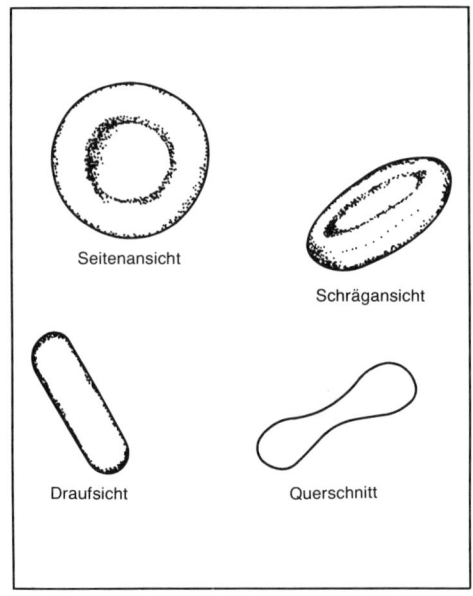

Seitenansicht

Schrägansicht

Draufsicht

Querschnitt

23 Das rote Blutkörperchen

### Rote Blutkörperchen

Rote Blutkörperchen oder Erythrozyten entstehen im Knochenmark. Diese winzigen Zellen enthalten Hämoglobin, das Atmungspigment. Ihre Aufgabe ist der Sauerstofftransport. Bei hoher Sauerstoffkonzentration, wie z. B. in den Lungen, nimmt Hämoglobin Sauerstoff auf und transportiert ihn in Form von Oxyhämoglobin weiter. In den Körperzellen, wo die Sauerstoffkonzentration gering ist, gibt es den Sauerstoff ab, und das Gewebe benutzt ihn zur Energieproduktion.

Rote Blutkörperchen haben durch ihre dikken Ränder und die dünne Mitte mehr Oberfläche für den Sauerstoffaustausch (Abb. 23). Sie werden ständig beansprucht und ausgetauscht, wenn sie abgenutzt sind. Abgenutzte Blutkörperchen werden in der Leber zerstört, und was nicht noch einmal benutzt werden kann, wird über die Galle ausgeschieden.

Ein Vollblüter hat im allgemeinen 9 bis 12 Mio. rote Blutkörperchen pro Kubikmillimeter Blut.

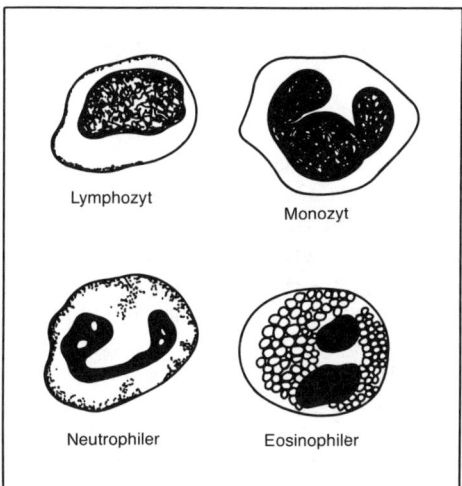

**24** Die verschiedenen weißen Blutkörperchen

Weiße Blutkörperchen

Es gibt fünf verschiedene Arten weißer Blutkörperchen (Leukozyten): Neutrophilen, Basophilen und Eosinophilen sowie Monozyten und Lymphozyten (Abb. 24). Ihre Hauptaufgabe ist die körpereigene Abwehr.

Einige, z. B. die Neutrophilen, sind besonders aktiv in der Abwehr von akuten Infektionen, während andere, z. B. die Monozyten, weniger akute Infektionen bekämpfen.

Die Leukozyten werden mit dem Blut zur Infektionsstelle befördert und dringen dann zum Infektionsherd vor. Sie umschlingen die eindringenden Bakterien und verdauen sie. Daraus und aus abgestorbenen Gewebebestandteilen bildet sich Eiter.

Proportionen im Blut

Jeder Typ von Blutkörperchen kommt in bestimmter Anzahl im Blut vor. Läßt man eine Blutanalyse machen (wird später noch genauer erläutert), kann man anhand dieser Zahlen Rückschlüsse auf Gesundheit und Kondition eines Pferdes ziehen. Das Blutvolumen eines Pferdes beträgt ca. 10% sei-

nes Körpergewichts. Ein normales Pferd mit 500 kg Körpergewicht hat ca. 45 l Blut. 60% davon sind Wasser. Blut spielt eine wichtige Rolle bei der Regulierung des Flüssigkeitshaushaltes des Pferdekörpers. Bei einem Leistungspferd, das stark schwitzt, kann das wichtig sein. Nicht die gesamten 45 l Blut zirkulieren ständig im Pferdekörper. Etwas Blut wird in der Milz gespeichert, einem als Blutspeicher dienenden Organ in der Nähe des Magens. In Streßsituationen, z. B. bei einer Anstrengung, gibt die Milz Blut ab. Durch dieses Blut aus der Milz können sich die Ergebnisse der Blutprobe enorm ändern.

**Die Auswirkungen des Trainings auf das Blut**

Anzahl der roten Blutkörperchen

Sieht man das Pferd als Athleten, ist besonders die Anzahl der roten Blutkörperchen wichtig, da sie Sauerstoff transportieren. Werden die Muskeln nicht ausreichend mit Sauerstoff versorgt, kann das Pferd die Anforderungen eines Wettkampfs nicht erfüllen. Die Sauerstoffkapazität des Blutes erkennt man am Hämatokrit-Wert und der Anzahl der roten Blutkörperchen. Diese Werte steigen mit zunehmendem Trainingsfortschritt. Auch hier muß die Auswirkung der Freisetzung von Blutreserven aus der Milz auf die Anzahl der roten Blutkörperchen und Hämatokrit berücksichtigt werden. Ebenso bewirken Alter, Geschlecht und Rasse eine Abweichung.

Der Umsatz roter Blutkörperchen

Eine weitere, wichtige Auswirkung des Trainings ist ein erhöhter Umsatz an roten Blutkörperchen. Die Blutkörperchen haben eine begrenzte Lebensdauer von durchschnittlich vier bis fünf Monaten. Je mehr ein Pferd beansprucht wird, desto kürzer wird die Lebensdauer der roten Blutkörperchen.

Die Blutkörperchen wandern viele Hundert Kilometer durch die Blutgefäße. Sie werden letztendlich abgenutzt durch Scheuern an den Blutgefäßwänden und weil sie sich durch die winzigen Kapillaren hindurchzwingen müssen. Ein Pferd, das regelmäßig gearbeitet wird, pumpt das Blut schneller durch den Körper, so daß auch die Blutkörperchen schneller verbraucht sind. Frischere rote Blutkörperchen können mehr Sauerstoff transportieren, d. h. ein trainiertes Pferd mit im Durchschnitt jüngeren Erythrozyten besitzt größere Kapazitäten zum Sauerstofftransport.

## Blutproben

Der Tierarzt nimmt eine Blutprobe, läßt das Blut untersuchen und innerhalb weniger Tage liegt das Ergebnis vor. Die Blutprobe ist ein wertvolles Hilfsmittel für die Diagnose von Krankheiten oder zur Beurteilung von Kondition und allgemeinem Gesundheitszustand. Damit eine solche Blutprobe aber wirklich aussagefähig ist bzw. Abweichungen von den Normalwerten, z. B. Krankheiten, anzeigen kann, müssen die Normalwerte des Pferdes bekannt sein. Blutproben sind also nur dann sinnvoll, wenn sie regelmäßig als Bestandteil des Trainingsprogramms genommen werden.

### Blutentnahme

Die Haut über der Drosselvene wird mit Desinfektionsmittel betupft, die Nadel wird in die Vene eingeführt und 2 bis 3 ml Blut werden entnommen und sofort mit einem gerinnungshemmenden Mittel vermischt. Weitere 5 bis 7 ml werden in ein zweites Röhrchen entnommen. Dieses für die Serum-Untersuchung bestimmte Blut darf gerinnen.

Es gibt nur wenige Pferde, die sich gegen die Blutentnahme wehren – im Gegensatz zu einer Injektion von Antibiotika beispielsweise. Das Pferd darf sich nicht aufregen und an dem Tag noch nicht gearbeitet worden sein, denn einige Werte ändern sich nach Belastung oder Streß. Da das Blut nicht allzu lange aufbewahrt werden kann, sollte es innerhalb von 24 Stunden im Labor sein.

### Blutanalyse

Das ungeronnene Blut wird auf spezielle Objektträger mit Zählkammern gegeben und hochentwickelte, technische Geräte zählen die Erythrozyten. Der Hämoglobin-Gehalt des Blutes wird geschätzt. Ungeronnenes Blut wird dann zentrifugiert, so daß sich alle Blutkörperchen an einem Ende des Röhrchens in Form einer Säule absetzen.

Nach Messung der Länge dieser Säule aus Blutkörperchen wird der Hämatokrit-Wert prozentual errechnet. Wenn der Hämatokrit-Wert erhöht ist, bedeutet das, daß das Pferd Flüssigkeit verloren hat. Mit der Erythrozyten-Zahl, der Hämoglobin-Konzentration und dem Hämatokrit-Wert kann man das mittlere korpuskuläre Volumen des Einzelerythrozyten errechnen. Mit diesem Test läßt sich Anämie durch Mangel an Eisen, Folat oder Vitamin B 12 nachweisen.

Auch die Leukozyten werden gezählt. Jede Abweichung von den Normalwerten wird durch einen erhöhten Bedarf verursacht, z. B. deutet eine erhöhte Anzahl an Neutrophilen auf eine bakterielle Infektion und/oder eine Entzündung hin. Lymphozyten produzieren Antikörper gegen bestimmte Krankheiten und Keime. Die auf Viren reagierenden Lymphozyten sind anders geartet und können schon vor der Erkrankung im Blutbild nachgewiesen werden. Eosinophile vermehren sich bei Allergien (Unverträglichkeit von fremdem Protein), aber auch, wenn das Pferd an Wurmbefall leidet. Ein Monozyten-Anstieg kann auch als Teil einer Immunreaktion auftreten, wenn eine bakterielle Infektion vorliegt oder bei deutlichem Parasitenbefall.

Weiße Blutkörperchen werden einmal insgesamt gezählt und einmal werden die verschiedenen Arten gezählt.

Serumuntersuchung

Wenn man Blut gerinnen läßt, bleibt eine Flüssigkeit, das Blutserum, übrig. Werden gerinnungshemmende Mittel hinzugefügt und die Blutkörperchen entfernt, bleibt eine Flüssigkeit, das Plasma, übrig. Plasma besteht aus Serum plus den bei der Gerinnung beteiligten Mitteln. Das Serum wird auf Proteine und Enzyme (biologische Katalysatoren, die die Stoffwechselvorgänge ermöglichen) untersucht, genannt Serum-Biochemie.

Es gibt zwei Arten von Serumproteinen:
– Albumin
– viele Globuline.

Albumin wird bei entsprechender Ernährung in der Leber gebildet. Das Immunsystem bildet die Globuline oder Antikörper gegen Krankheiten. Mit zunehmendem Alter nimmt auch die Zahl der Krankheiten zu, gegen die das Pferd Antikörper bildet, d. h. die Globulin-Werte und der gesamte Gehalt an Blutproteinen steigt. Jüngere Pferde haben weniger Proteine im Blut, was sich auch durch erhöhte Proteingaben im Futter nicht beeinflussen läßt.

Niedrige Albumin-Werte bedeuten im allgemeinen, daß die Ration unzureichend ist oder das Albumin verlorengeht, z. B. durch Wurmbefall.

Die korrekte Funktion der Körperorgane kann getestet werden. Die Leberfunktion z. B. kann durch Proteinschätzungen und Serum-Enzym-Tests überprüft werden; die Nierenfunktion wird anhand der Werte von Serumproteinen und Serumharnstoff überprüft. Die Muskulatur ist reich an Enzymen (Kreatin-Phosphokinase K.P.K.). Muskelschäden bewirken einen Anstieg des K.P.K.-Wertes. Diese Tests unterstützen Diagnose und Behandlung von Nierenverschlag.

Mit den entsprechenden Geräten kann das Blut auch auf seinen Gehalt an Mineralien untersucht werden. Wenn Sie in einem Selen-Mangelgebiet wohnen, ist es sicherlich sinnvoll, das Blut Ihres Pferdes auf seinen Selengehalt untersuchen zu lassen.

Laborbefund _____

Besitzer Name: _____

Anschrift: _____

_____

_____

_____

Tierarzt: _____

Ankunftsdatum: _____

| Name des Pferdes: | |
|---|---|
| Labor-Prot.-Nr.: | |

| Hämatologie | |
|---|---|
| Erythrozyten-Zahl | 10,80 |
| Hämoglobin g/100 ml | 14,5 |
| Hämatokrit % | 43 |
| Mittl. Hämoglobingehalt der Erythrozyten % | 34 |
| Leukozyten-Zahl | 7.900 |
| polymorphkernige Granulozyten % | 55 |
| Lymphozyten | 42 |
| Eosinophile % | 2 |
| Basophile | 1 |
| Monozyten % | |
| Erythrozytmins | 10 |
| Blutkörperchensenkungs- reaktion | 20 |
| | 30 |
| | 60 |

| Biochemie | |
|---|---|
| Serumprotein: total g/100 ml | 6,8 |
| Globulin g/100 ml | 4,0 |
| Albumin g/100 ml | 2,8 |
| GOT | |
| KPK | |
| Serum-Kalzium mg/dl | 11,3 |
| Phosphor mg/dl | 3,0 |
| (Ca: P04) | (3,8:1) |

25 Ergebnisse einer Blutuntersuchung

Man darf aber nie vergessen, daß jedes Pferd anders ist – was für das eine Pferd normal ist, ist es für das andere nicht. Idealerweise sind nicht nur die Normalwerte eines Pferdes bekannt, sondern sie sollten mit einer Tabelle von normalen Laborwerten verglichen werden (Tabelle 4).

Auswertung der Blutuntersuchung
Die Auswertung obliegt dem Tierarzt (siehe Abb. 25), er hat die nötigen Kenntnisse. Einiges kann man erkennen:
1 Infektion
   a) bakterieller Art
      – erhöhte Anzahl Leukozyten
      – prozentuale Erhöhung der neutrophilen Granulozyten.
   b) Virusinfektion
      – Erhöhung der Gesamtzahl der Leukozyten
      – Erhöhung der Lymphozyten-Anzahl
      – Vorhandensein von Virus-Lymphozyten.

2 Anämie
   – reduzierte Anzahl Erythrozyten
   – geringe Hämoglobin-Konzentration.
   Anämie tritt normalerweise unter folgenden Umständen auf:
   – mangelhafte Ernährung
   – Wurmbefall
   – Mangelerscheinungen (Eisen, Vitamin B 12, Folinsäure).
3 Dehydratation
   Hierunter versteht man ein Defizit an Körperflüssigkeit, d. h. der Flüssigkeitsverlust ist größer als die Flüssigkeitsaufnahme (z. B. Krankheit, Erschöpfung, Wasserentzug). Dehydratation (Austrocknung) kann man am Hämatokrit-Wert erkennen.
4 Muskelschäden
   Sie entstehen durch Verletzung, Erschöpfung (besonders durch Dehydratation oder Krankheit) oder Verschlag und werden durch einen erhöhten Kreatin-Phosphokinase-Wert angezeigt.

Tabelle 4  Normbereich der Blutwerte

| Hämatologie | |
| --- | --- |
| Anzahl der Erythrozyten | 8,5–11 Mio./mm$^3$ |
| Hämoglobin-Konzentration | 13–17 gm/100 ml |
| Hämatokrit | 34–44% |
| mittl. korpuskuläres Volumen des Einzelerythrozyten | 38–45 Femtoliter[1]) |
| mittl. Hämoglobingehalt der Erythr. | 32–39 gm/100 ml |
| Leukozyten | 6000–12 000/mm$^3$ |
| neutrophile Granulozyten | 2000–8000/mm$^3$ |
| Lymphozyten | 1500–4000/mm$^3$ |
| eosinophile Granulozyten | 100–600/mm$^3$ |
| Monozyten | 100–600/mm$^3$ |
| basophile Granulozyten | 20–50/mm$^3$ |
| **Biochemie** | |
| Serumproteine | |
| – total | 55–75 gm/l |
| – Albumin | 25–41 gm/l |
| – Globuline | 25–41 gm/l Ratio 1:1 |
| Harnstoff | 20–45 mg/100 ml |
| Kreatin-Phosphokinase | 20–80 IE/l |
| IE = Internationale Einheit | |

[1]) = femto – skand. fünfzehn, d. h. 10$^-$-facher Wert

# Der Knochenbau und der Huf

## Knochen

Struktur und Funktion

Das Skelett des Pferdes besteht aus einer harten Substanz, den Knochen, und dient als Stützgerüst für das Gewebe. Knochen bestehen aus lebenden Gewebefasern, Kalzium- und Phosphorsalzen. Bei dem lebenden Gewebe handelt es sich um Kollagen, ein auch in Sehnen und Knorpel vorhandenes faserreiches Protein. Das Kollagen befindet sich in einer Grundsubstanz (Matrix) mit Mineralkristallen, hauptsächlich Kalziumphosphaten. Das Verhältnis von lebenden und mineralischen Substanzen im Knochen ändert sich mit dem Alter des Pferdes. Junge Pferde haben weiche Knochen, die zu ca. 60% aus faserreichem Gewebe bestehen, wohingegen die Knochen ausgewachsener Pferde nur noch 35% Gewebefasern enthalten und spröder sind.

Obwohl ein Knochen hart, kompakt, unelastisch und leblos zu sein scheint, ändert sich seine Struktur ständig – das gesamte Kalzium im Skelett wird alle 200 Tage ausgetauscht. Der Knochen dient als Mineralstoffspeicher und wird laufend aufgefüllt oder entleert. Keine andere Substanz im Körper ist zu einem solchen Wachstum oder Resorption fähig wie der Knochen.

Es gibt zwei Arten von Knochen: harten, kompakten und schwammartigen. Harten Knochen findet man im Mittelstück der Röhrenknochen der Gliedmaßen. Unter dem Mikroskop hat der harte, dicke Knochen eine rohrähnliche Form mit einer Füllung aus gelbem Knochenmark. Von außen ist der Knochen von der Knochenhaut, dem Periost, umgeben. Der schwammartige Knochen ist in den kurzen Knochen und an den Enden der langen Röhrenknochen zu finden. Seine Struktur ist weniger dicht. Sein rotes Knochenmark ist ein wesentliches Organ für die Bildung der roten Blutkörperchen.

Jeder Knochen ist durchzogen von einer Reihe sehr dünner Kanäle mit Blutgefäßen, Nerven und Lymphgefäßen. Sie versorgen den Knochen mit den für Wachstum, Erhaltung und Reparatur notwendigen Reizen und Nährstoffen.

Knochen stützen nicht nur den Bewegungsapparat, sie haben vielfältige Aufgaben. Für die Muskeln sind die Knochen eine Art Hebel, gegen den sie arbeiten. Knochen schützen innere Organe und fungieren als Speicher für Kalzium und andere Mineralstoffe. Die mechanische Funktion (Stütze, Hebel oder Schutz) bestimmt die Form eines Knochens, und man teilt sie nach ihrer Form in Gruppen ein:

**1** Röhrenknochen: Diese als Säulen und Hebel fungierenden Knochen (z. B. Röhrbein) haben ein zylindrisches Mittelstück mit breiteren Enden, den Epiphysen.

**2** Platte Knochen: Sie üben eine Schutzfunktion aus, z. B. schützt der Schädel das Gehirn.

**3** Kurze Knochen: Ihre Aufgabe ist es, Stöße aufzufangen, wie z. B. die kleinen Knochen von Knie und Sprunggelenk.

**4** Unregelmäßig geformte Knochen: Diese Knochen üben eine besondere Funktion aus, z. B. die Wirbel.

Ungeachtet ihrer Form ist die Zusammensetzung dieser Knochen ähnlich. Der Querschnitt durch einen Röhrenknochen (Abb. 26) zeigt eine äußere Schicht aus harter Substanz, die dort am dicksten ist, wo die Belastung am größten ist, an den äußeren Oberflächen des Zylinders. Die Corticalis umhüllt die schwammförmige, mit Knochenmark durchsetzte Spongiosa. Knochenmark ist wesentlich an der Bildung der Blutkörperchen beteiligt. In den Röhrenknochen befindet sich nur an den Enden Spongiosa, während das Innere des Mittelstücks, die Markhöhle mit Knochenmark gefüllt ist.

Die Knochen sind von der Knochenhaut

umhüllt, die auch als Befestigungspunkt für Sehnen und Bänder dient. Die Knochenhaut (Periost), die u. a. aus knochenbildenden Zellen, den Osteoblasten, besteht, bringt dem Knochen Nährstoffe über die Blutgefäße und Nerven, die über eine Reihe von Kanälchen in den Knochen gelangen.
Die Gelenkoberfläche der Knochen besteht aus einer Kapsel aus glänzendem, flexiblem Knorpel (Abb. 27) und bildet durch die Gelenkschmiere eine glatte und reibungsfreie Gelenkverbindung.

Bildung und Wachstum

Beim ungeborenen Fohlen besteht der Knochen noch aus Knorpel. Knochenbildende Zellen (Osteoblasten) dringen in den Knorpel ein und zersetzen die Matrix. Mineralstoffe werden in der Matrix abgelagert

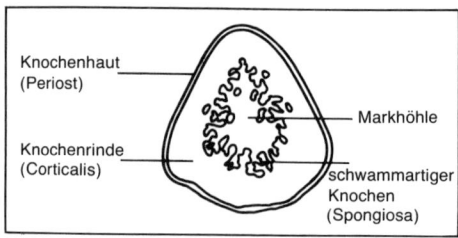

26 Querschnitt eines Röhrenknochens

27 Die Struktur eines Gelenks

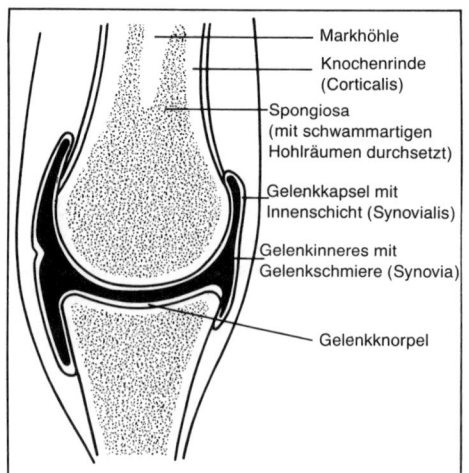

und sie verkalkt zu Knochen. Wenn das Fohlen geboren wird, ist diese Verkalkung in den meisten Knochen abgeschlossen (Abb. 28).

Wachstum der Röhrenknochen

Knochen müssen sowohl an Länge als auch an Durchmesser zunehmen. Das Längenwachstum geschieht an zwei dünnen Knorpelbändern jeweils am Ende des Knochens. Diese Bänder heißen Epiphysenfugen (Abb. 29). Knorpel wächst an der Seite der Epiphysenfuge, die zum Knochenende zeigt. Die zum Mittelstück zeigende Seite wird von Osteoblasten durchsetzt, die den Knorpel schrittweise zu Knochen umbilden. Sobald der Knochen die richtige Größe hat, schließen sich die Epiphysenfugen und werden ebenfalls zu Knochen.
Jeder Knochen hört zu einer bestimmten Zeit auf zu wachsen, z. B. schließen sich die Epiphysenfugen des Röhrbeins mit 9 oder 12 Monaten und die des Schienbeins im Alter von 3 ½ Jahren.
Ein Knochen vergrößert seinen Durchmesser durch die die Knochenhaut umhüllenden Osteoblasten. Diese Zellen bilden neues Knochengewebe über dem alten, wodurch sich ähnlich wie beim Baumstamm Ringe bilden. Gleichzeitig wird von den Osteoklasten die alte Knochensubstanz abgebaut, so daß die Markhöhle sich vergrößern kann und die Seitenwand nur wenig dicker wird. Osteoklasten bauen abgestorbene und beschädigte Knochensubstanz ab und reduzieren Kallusbildung oder Verdickungen an den »Reparaturstellen«.

Die Anpassung des Knochens an Streß

Nachdem das Wachstum eingestellt ist, unterzieht sich der Knochen einer »Umgestaltung«. Ein Gleichgewicht zwischen der Knochenneubildung und der Rückresorption alter Knochensubstanz entsteht, Mineralstoffspeicher werden zugänglich gemacht und die Anpassung an Streß ermöglicht.
Die Umgestaltung beginnt im Fohlenalter

216

1.Am Anfang steht der Knorpelstab

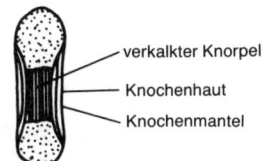

verkalkter Knorpel

Knochenhaut

Knochenmantel

2. Bildung des perichondralen Knochenmantels

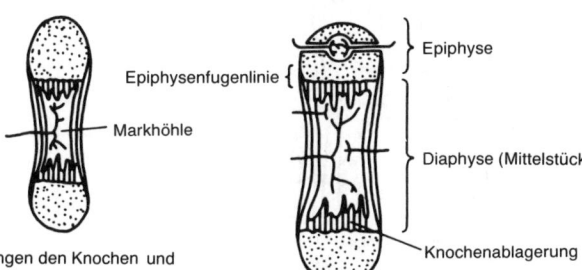

Epiphysenfugenlinie {

Markhöhle

Epiphyse

Diaphyse (Mittelstück)

Knochenablagerung

3. Blutgefäße durchdringen den Knochen und
rückresorbieren verkalkten Knorpel aus der Mitte

4. Blutgefäße durchziehen die Epiphyse, resorbieren Knorpel
und bilden ein Wachstumszentrum am Knochenende. Die
Osteoblasten lagern Knochen in der Epiphysenfuge ab.

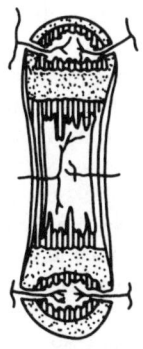

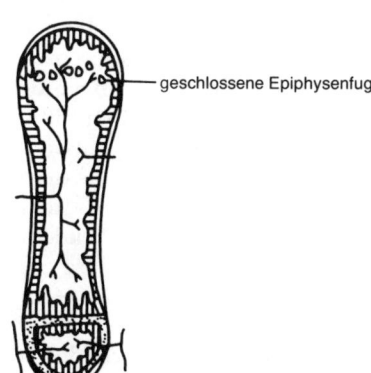

geschlossene Epiphysenfuge

5. Knorpel wird jeweils an den Enden durch
Knochen ersetzt. Das Mittelstück wird verlängert, indem
Knochen an der Epiphysenfuge abgelagert wird.

6. Am oberen Ende ist der gesamte Knorpel (mit Ausnahme
des Gelenkknorpels) durch Knochen ersetzt. Der
Knochen ist über die Epiphysenfuge gewachsen, das
Knochenmark der Epiphyse und der Diaphyse ist
ineinander übergegangen. Das Wachstum ist
abgeschlossen.

**28** Wachstum und Entwicklung eines Röhrenknochens

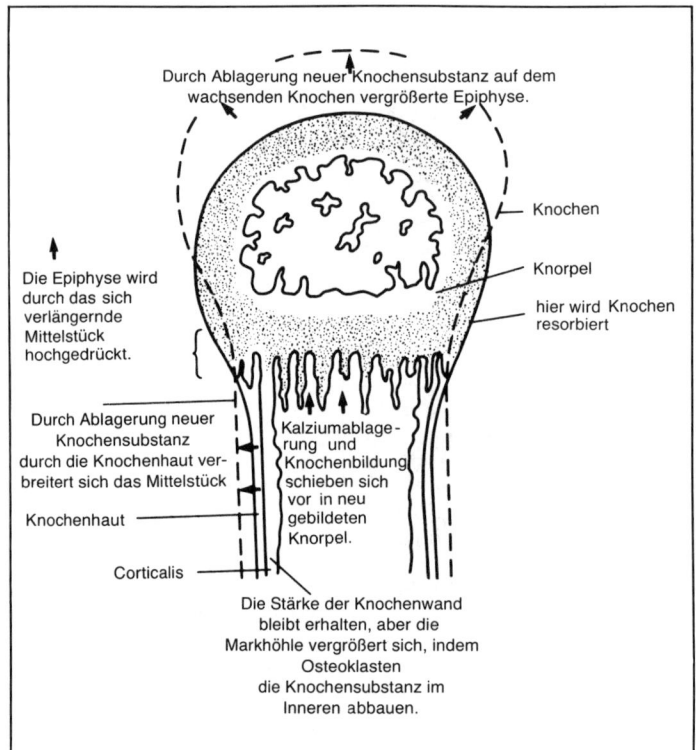

Durch Ablagerung neuer Knochensubstanz auf dem wachsenden Knochen vergrößerte Epiphyse.

Knochen

Knorpel

hier wird Knochen resorbiert

Die Epiphyse wird durch das sich verlängernde Mittelstück hochgedrückt.

Durch Ablagerung neuer Knochensubstanz durch die Knochenhaut verbreitert sich das Mittelstück

Knochenhaut

Corticalis

Kalziumablagerung und Knochenbildung schieben sich vor in neu gebildeten Knorpel.

Die Stärke der Knochenwand bleibt erhalten, aber die Markhöhle vergrößert sich, indem Osteoklasten die Knochensubstanz im Inneren abbauen.

**29** Die Vorgänge an der Epiphysenfugenlinie

von drei Monaten, wenn der neugebildete Knochen von Havers-Kanälchen durchzogen ist. In den in Längsrichtung angeordneten Kanälchen verlaufen die Blutgefäße. Die Umgestaltung ist gewöhnlich mit dem 6. Lebensjahr des Pferdes abgeschlossen. Wenn das Havers'sche Kanälchensystem zu schnell und nicht mit ausreichendem Mineralstoffgehalt gebildet wird, wird der Knochen porös. Poröser Knochen ist nicht so belastbar wie kompakter, harter Knochen. Wenn der Kalziumbedarf nicht durch die Ration gedeckt wird, kann es zu porösen Knochen kommen. Eine ausgewogene Ration ist somit auch für Entwicklung und Erhaltung eines gesunden Knochenbaus unerläßlich.

## Die Auswirkungen von Belastung
Auch wenn Knochen leblos erscheinen, reagieren sie doch sehr intensiv auf äußere Einflüsse. Die Knochenstruktur kann sich durch Änderung von Druck, Blut- und Nährstoffversorgung ändern. Die Größe des Knochens kann zurückgehen (Atrophie) oder er nimmt weiter an Größe zu (Hypertrophie), er kann Brüche ausheilen und seine innere Struktur umbilden, um Streß und Belastung zu widerstehen. Ein Knochen kann seine Form verändern, um ein Maximum an Belastung mit einem Minimum an Knochengewebe auszuhalten. Atrophie tritt auf, wenn der Knochen ständig einem starken Druck ausgesetzt ist oder wenn der Druck länger andauert als die Erholungspause. Proliferation (überschießende Neubildung) oder Hypertrophie treten auf nach Erschütterungen oder stoßweisem Druck. Von Stärke und Dauer des Drucks sowie der Wachstumsphase des Knochens hängt es ab, ob er an Größe verliert oder zunimmt. Druck auf einen im

Wachstum befindlichen Knochen führt zu einer Verlangsamung oder gar zum Stillstand des Wachstums. Ein ausgewachsener Knochen reagiert auf Druck mit exzessiver Größenzunahme oder einer Umbildung der Knochenstruktur. Diese Veränderungen äußern sich häufig in Form von Problemen wie Überbein, Schale und anderen Knochenerkrankungen, worauf noch detailliert eingegangen wird.

Kurze Knochen, wie z. B. die Knochen des Kniegelenks, sind nicht so widerstandsfähig gegen Kompression und Druck wie die Röhrenknochen, z. B. das Röhrbein. Sie neigen zur Bildung knochiger Wucherungen oder zu Haarrissen, die schmerzhaft sind, die Bewegungsfähigkeit einschränken und oft schlecht heilen. Die Hufknochen zählen zu den kurzen Knochen. Die Hufrolle ist eingebettet zwischen Hufbein und Kronbein, die beide größer und härter sind. Sie ist während des Galopps oder beim Springen extremen Belastungen ausgesetzt. Schädigungen führen schnell zur Hufrollenerkrankung.

Während der Belastung ist der relativ unelastische Knochen streckenden Kräften ausgesetzt – ein langer Knochen kann nur um 0,005% gedehnt werden, ohne zu brechen. Wird er bis kurz vor die Belastungsgrenze gedehnt, erlangt er aber hinterher nicht mehr seine ursprüngliche Länge. Ein Knochen verformt sich unter derartigem Streß, ohne seine ursprünglichen Ausmaße zurückzuerhalten – ein extremes Beispiel ist Rachitis. Während der Bewegung ist ein Knochen außerdem Belastungen in Form von Druck, Reibung, Biegung und Drehung ausgesetzt. Ein Knochen kann mehr Gewicht tragen, wenn das Pferd steht, als wenn es sich bewegt. Die Beinknochen sind einer statischen oder stationären Belastung ausgesetzt, wenn das Pferd steht, und einer dynamischen Belastung, wenn das Pferd galoppiert oder springt. Bewegungen verursachen Kompression, Biegung und Reibung. Wenn das Pferd wendet und dabei mit einem Bein Kontakt zum Boden

hat, kommt die Drehungsbelastung hinzu. Muskeln und Sehnen fungieren dabei als »Spanndraht« und dämpfen die Belastung des Knochens. Damit sie das können, müssen sie selber der Belastung standhalten: sie müssen trainiert sein. Knochen reagiert auf Belastung durch Bewegung, indem er sich umstrukturiert und mehr Knochensubstanz ablagert, so daß Masse oder Gewicht des Knochenbaus zunehmen. Auf der anderen Seite wird nicht beanspruchter Knochen rückresorbiert und die Knochenmasse geht zurück. Bei jedem Reiten wird der Knochenbau beansprucht und verändert sich. Das bedeutet, wenn wir die Muskulatur eines Pferdes trainieren, trainieren wir auch seinen Knochenbau. Eine der Grundvoraussetzungen für ein Leistungspferd ist ein gesunder Knochenbau; es ist also wichtig, die Auswirkungen von Training auf den Knochenbau zu kennen.

Das unbewegliche Knochengerüst kann nicht umgeformt werden. Ein Knochen kann seine Form nur verändern, indem er an Größe zu- oder abnimmt. Ein Knochen kann eine Beschädigung nur ausheilen oder seine innere Struktur ändern, indem sich die Osteoklasten einen Weg zur Schadenstelle schaffen und die Osteoblasten das von ihnen hinterlassene Loch füllen. Während der »Reparatur« ist der Knochen geschwächt, denn in der ersten Phase wird Knochensubstanz beseitigt, der Knochen also geschwächt, bevor die knochenbildenden Zellen auftreten und den Schaden ausbessern. Wird einem Knochen während des Trainings Schaden zugefügt und das Training aber fortgesetzt, beginnt ein Teufelskreis: weniger Knochensubstanz, mehr Schaden, mehr Rückresorption, weniger Knochensubstanz usw. Dieser Teufelskreis kann mit einer Fraktur enden (Abb. 30) – der Knochen bricht aufgrund wiederholter Belastung, genau wie ein Stück Draht, das immer gedreht wird. Bei jungen Pferden, die auf hartem Boden trainiert werden, kann man solche Belastungsbrüche in Form von Spontanbrüchen finden.

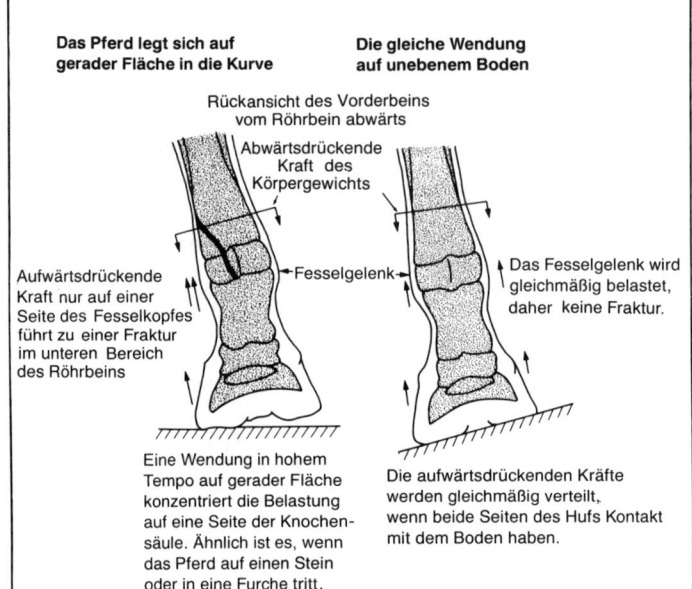

**Das Pferd legt sich auf gerader Fläche in die Kurve**

**Die gleiche Wendung auf unebenem Boden**

Rückansicht des Vorderbeins vom Röhrbein abwärts

Abwärtsdrückende Kraft des Körpergewichts

Aufwärtsdrückende Kraft nur auf einer Seite des Fesselkopfes führt zu einer Fraktur im unteren Bereich des Röhrbeins

Fesselgelenk

Das Fesselgelenk wird gleichmäßig belastet, daher keine Fraktur.

Eine Wendung in hohem Tempo auf gerader Fläche konzentriert die Belastung auf eine Seite der Knochensäule. Ähnlich ist es, wenn das Pferd auf einen Stein oder in eine Furche tritt.

Die aufwärtsdrückenden Kräfte werden gleichmäßig verteilt, wenn beide Seiten des Hufs Kontakt mit dem Boden haben.

Begrenzte Belastungen fördern den Umbildungsprozeß im Knochen und führen zu kompaktem, starkem Knochen. Ein Trainingsprogramm muß deshalb Abschnitte mit flottem Trab beinhalten und so vielseitig wie möglich gestaltet werden, damit sich die Knochen an alle Formen von Belastung, denen sie während der Prüfung ausgesetzt werden könnten, gewöhnen können. Ein hartes Training hat seine Vorteile, da es das Pferd stark beansprucht, aber eine solche starke Beanspruchung sollte nicht allzu lange andauern.

Erst nach einem dreimonatigen Training hat die Umbildung Auswirkungen. Der Prozeß geht noch Monate weiter. Das Ergebnis ist jedoch von Pferd zu Pferd verschieden. Eine Untersuchung bei Profi-Tennisspielern hat gezeigt, daß die Knochen in der Körperhälfte, mit der sie den Aufschlag machen, durchschnittlich 35% mehr Knochensubstanz als die der anderen Körperhälfte haben. Bei einigen sind es sogar 100% mehr.

Die Belastung eines Pferdes geschieht in drei Bereichen:

**1** Im elastischen Bereich: Die elastischen Eigenschaften der Knochen absorbieren eine Wucht von 900 bis 1350 kg bei jedem Auftreffen der Vorderbeine auf dem Boden im leichten Kanter, ohne daß sich der Knochen in seiner Struktur ändert.

**2** Im Ermüdungsbereich: Der Knochen erlangt nach einem Galoppsprung nicht mehr seinen ursprünglichen Zustand und eine langsame Verformung setzt ein. Der Ermüdungsbereich wird im schnellen Galopp erreicht, wenn jedes Vorderbein bei der Landung ca. 4000 kg Druck standhalten muß. Wenn das Pferd eine Ruhepause hat, wird der Knochen aufgebaut und stärker. Ist die Zeit zur Ausheilung vor dem nächsten Galopp zu kurz, kann der Knochen bleibende Schäden davontragen – bis zu vier Wochen Erholung reichen aus. Will man den Knochenbau des Pferdes stärken, muß das Pferd im Ermüdungsbereich gearbeitet werden.

**3** Im Überlastungsbereich: Der Knochen hat nicht genügend Elastizität; er erleidet ernsthafte Deformationen und bricht. Die Belastungsgrenze liegt zwischen 5500 und

8000 kg und wird erreicht, wenn der Knochen nicht gleichmäßig belastet wird – z. B. in einer Wendung, wenn der gesamte Druck auf einer Seite des Röhrbeins liegt (siehe Abb. 30).

Veränderungen in der Struktur des Knochens können mit Ultraschall festgestellt werden. Je schneller die Ultraschallwelle den Knochen durchdringt, desto kompakter und stärker ist der Knochen. In den USA wird diese Technik schon sehr häufig eingesetzt, um die Auswirkungen von Training auf den Knochen darzustellen.

Obwohl man nicht ganz genau weiß, wodurch Belastung dem Knochen signalisiert, mehr Knochensubstanz zu bilden, so geht man doch davon aus, daß es sich um Signale elektrischer Art handeln muß. Beim Menschen haben sich kleine Stromstöße in einem Magnetfeld als beschleunigend bei der Heilung eines gebrochenen Knochen erwiesen. Diese Methode wird mittlerweile auch bei der Therapie knochenbedingter Probleme beim Pferd eingesetzt.

Der Knochen läßt sich ebenso wie andere Körpersysteme trainieren. Er muß Belastungen unterworfen werden, damit er die im Wettkampf gestellten Anforderungen erfüllen kann.

## Knochenerkrankungen

Da die Knochen tief in anderem Gewebe eingebettet sind und nicht übermäßig mit Blut versorgt werden, werden Knochenerkrankungen oft übersehen.

Es gibt fünf Arten von Knochenerkrankungen:
– Periostitis (Knochenhautentzündung)
– Ostitis (Entzündung der Knochensubstanz)
– Epiphysitis (Entzündung der Epiphyse)
– Infektion
– Fraktur.

Unter Periostitis versteht man die Entzündung der Knochenoberfläche und ihrer Umhüllung, der Knochenhaut. Sie entsteht durch Zerrung, Verstauchung oder Infektion. Die Symptome sind Schmerz, Schwellung und Wärmeentwicklung an der betroffenen Stelle. Periostitis kann zu Schale (Ringbein), Knochenhautentzündungen am Fesselgelenk und Spat führen.

Ein Pferd hat Schale, wenn an Huf-, Kron- oder Fesselbein neuer Knochen wuchert (Exostosis). Schale entsteht durch ein Trauma (z. B. Stoß, Schlag oder Kronentritt), eine darunterliegende Knochenerkrankung, Ernährungsfehler oder Infektion. Je nach betroffener Stelle unterscheidet man zwischen oberer und unterer Schale.

Knochenhautentzündungen am Fesselgelenk können durch eine Erschütterung entstehen und Knochenwucherungen am Fesselkopf hervorrufen.

Durch Galoppieren auf hartem Boden kann sich die Knochenhaut entzünden. Sie löst sich und Knochenwucherungen treten auf. Spat ist eine Erkrankung des Sprunggelenks. Knochenspat wird durch Entzündung der Knochenhaut oder -rinde am oberen Röhrbein und an einigen kleinen Knochen des Sprunggelenks hervorgerufen und führt zu Lahmheit.

Bei Ostitis ist die Knochensubstanz selbst entzündet. Sie tritt am häufigsten am Hufbein auf. Das entzündete Hufbein schmerzt und das Pferd lahmt.

Epiphysitis ist eine Entzündung der Epiphyse durch Infektion, Trauma oder eine unausgewogene Ration (z. B. durch zuviel Eiweiß oder ein schlechtes Kalzium-Phosphor-Verhältnis). Diese Erkrankung tritt am häufigsten während schnellen Wachstums auf – z. B. im unteren Teil der Speiche (Knochen unterhalb des Knies) im Alter von 12 bis 24 Monaten. Symptome sind Schmerz, Schwellung und Lahmheit.

Eine Knocheninfektion ist eine ernstzunehmende Krankheit und macht eventuell einen chirurgischen Eingriff erforderlich. Frakturen beurteilt man je nach Alter des Pferdes und der Bruchstelle unterschiedlich. Ist ein kleiner Knochen gebrochen (z. B. das Griffelbein), kann das weniger

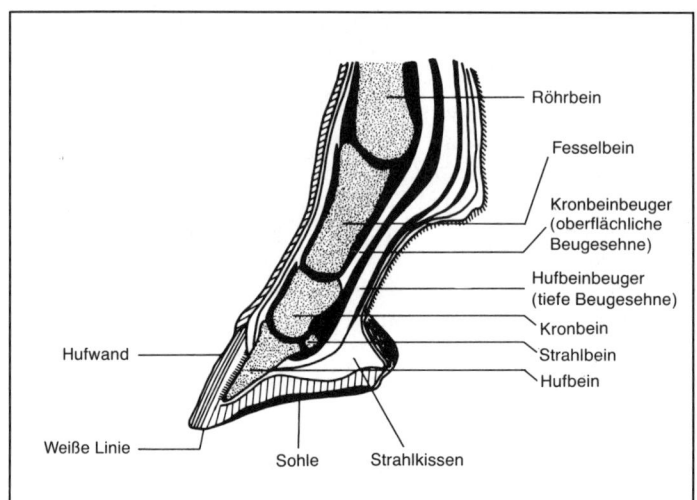

**31** Die Struktur des Pferdefußes mit Knochen und Sehnen

Röhrbein

Fesselbein

Kronbeinbeuger (oberflächliche Beugesehne)

Hufbeinbeuger (tiefe Beugesehne)

Kronbein

Strahlbein

Hufbein

Hufwand

Weiße Linie

Sohle     Strahlkissen

ernst sein als der Bruch eines gewichttragenden Knochens, was dazu führen kann, daß das Pferd getötet werden muß.

Überbeine (Knochenauftreibungen) können durch eine Fraktur des Griffelbeins mit Kallusbildung entstehen. Ursache für eine solche Fraktur kann ein Stoß sein, etwa wenn ein Vorderbein das andere streift (Streichen).

Viele der hier beschriebenen Krankheiten entstehen durch eine Erschütterung oder ein Trauma. Sie sind also belastungsbedingt und kommen somit besonders häufig bei Sportpferden vor. Der Knochen ist sehr wohl in der Lage, sich den Belastungen der Bewegungen anzupassen bzw. ihnen standzuhalten. Nur wenn die Belastungen zu groß werden oder zu lange andauern, treten Erkrankungen auf. Wenn der Reiter sowohl die Vorgänge kennt, die eine Belastung auslösen kann, als auch die Reaktion des Knochens darauf, kann er es vermeiden, sein Pferd in eine Situation zu bringen, wo die Belastung zu groß ist. Werden Muskeln, Knochen und Sehnen durch ein geplantes, systematisches Trainingsprogramm gestärkt, ist der Pferdekörper besser den Anforderungen gewachsen und das Risiko der oben genannten Verletzungen und Krankheiten wird kleiner.

**Der Huf**

Der Huf des Pferdes (Abb. 31) besteht aus einer Hornkapsel, die Huf- und Strahlbein, Sehnen und Bänder, Strahlkissen, sensitive Blättchen, Blutgefäße und Nerven umgibt. Diese Hornkapsel ist der Huf, den man in Zehenwand (vorne) und Seitenwände (an den Seiten) unterteilt. Sohle, Eckstreben und Strahl befinden sich auf der Unterseite. An der Hinterseite verläuft die Hufwand scharf nach hinten und bildet damit die

**32** Horizontaler Schnitt durch Hornwand und Blättchenschicht des Hufes

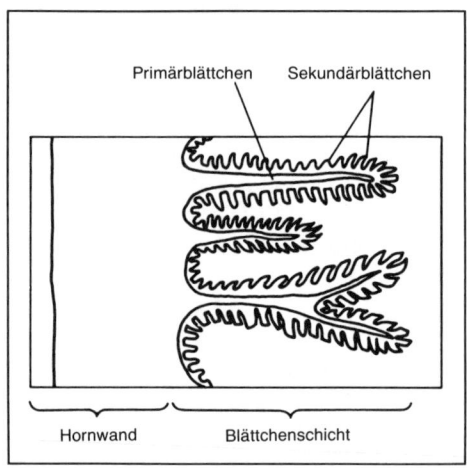

Primärblättchen     Sekundärblättchen

Hornwand     Blättchenschicht

Eckstreben. Die Hufwand besteht aus besonderen Hautzellen (Lederhaut) und ist eigentlich eine Art umgebildeter Nagel oder Haut. Sie besteht zu 25% aus Wasser und wird durch ihre äußere Schicht, die Glasurschicht, vor Austrocknung geschützt. Die mittlere Schicht der Hufwand ist kompakt und hart. Hat das Pferd dunkle Beine, enthält sie Pigment. Die innere Schicht heißt Blättchenschicht. Mit einer besonderen Membran aus Blättchen ist der Huf an das Hufbein befestigt (Abb. 32). Es gibt Hunderte winziger Primär-Blättchen, von denen wiederum jedes ca. 100 Sekundär-Blättchen besitzt. Sie sind mit den sensitiven Blättchen verflochten, die das Hufbein umgeben. Das bedeutet, daß jedes Hufbein zwar etwa ein Viertel des Körpergewichts trägt, aber diese Last auf eine sehr große Fläche verteilt ist. Wäre das nicht der Fall, würde das Hufbein wie bei Hufrehe durch die Sohle gedrückt.

An der Unterseite geht die Wand in die Sohle über. Das Horn hat hier eine hellere Farbe und ist weicher. Man spricht von der »Weißen Linie«. Hier liegt die Grenze zu den sensitiven Blättchen, was bedeutet, daß Hufnägel nicht weiter eingeschlagen werden dürfen. Die Unterseite des Hufs, die Sohle, ist konkav geformt und wird an den Seiten von den Hufwänden und Eckstreben begrenzt. Der Strahl, ein Keil aus

weichem Horn zwischen den Eckstreben, ist der elatischste Teil des Hufs. Im Innern des Hufs über dem Strahl und um ihn herum befindet sich eine weiche Substanz, das Strahlkissen.

Rechts und links vom Hufbein liegt der Hufknorpel (Abb. 33). Strahl, Strahlkissen und Hufknorpel wirken zusammen als Stoßdämpfer und unterstützen die Blutversorgung von Fuß und Bein. Wenn das Pferd auftritt und das Gewicht auf dem Fuß lastet, wird der Strahl an die Eckstreben gedrückt, der Ballen dehnt sich aus und die Wucht wird verteilt. Das Strahlkissen wird gegen Strahl und Hufknorpel gepreßt. Die Hufknorpel geben nach, wobei das Blut aus den Venen und Kapillaren zwischen Knorpel und Hufwand weggedrückt wird. Das hat zwei Effekte: erstens wird das Blut aus dem Fuß hoch ins Bein gedrückt und zweitens hat das Blut in der Hufwand einen hydraulischen Stoßdämpfer-Effekt.

Bleibt das Pferd in seiner Box, kann dieses Rückflußsystem nicht funktionieren. Das Ergebnis ist schlechte Durchblutung und dicke Beine. Werden die Hufnägel zu weit nach hinten in die Seitenwände geschlagen, wird durch die eingeschränkte Elastizität des Ballens der Blutstrom im Huf behindert. Der Kontakt mit dem Strahl gewährleistet auch Stoßdämpfung und korrekten Blutstrom im Fuß.

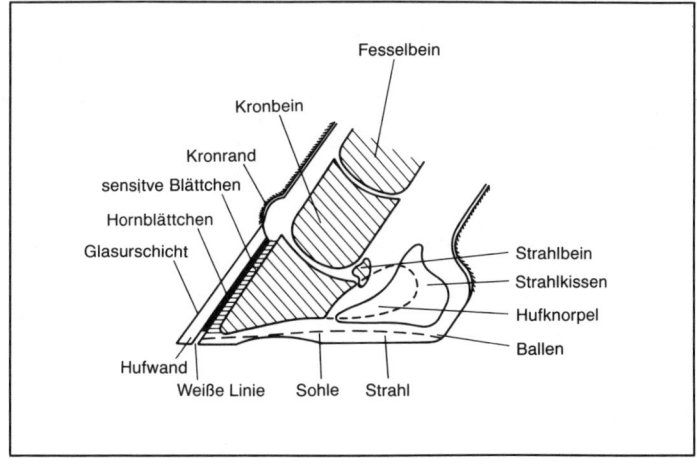

**33** Aufbau des Hufs und Lage von Strahlkissen und Hufknorpel

Der Huf wächst in der Krone monatlich um 0,6 cm. In neun Monaten wächst der Huf vom Kronrand bis zur Zehe. Am Wachstum des gesunden Hufs lassen sich Gesundheitszustand und Ernährungsniveau erkennen.

Für einen gesunden Huf ist die Entwicklung von Herz und Lunge unerläßlich, denn die Systeme im Huf brauchen viel Blut. Das Blut wird für die Ernährung des Gewebes, zur Warmhaltung und Wärmeverteilung benötigt. Viele Huferkrankungen sind zum Teil auf schlechte Blutversorgung zurückzuführen – z. B. Hufknorpelverknöcherung und Hufrolle.

Bewegung beeinflußt das Hufwachstum. Wird das Pferd gearbeitet, erhöht sich seine Herzfrequenz und das Blut wird schneller durch den Körper gepumpt. Huf und Krone wird mehr Blut mit Nährstoffen für das Wachstum zugeführt, der Huf wächst schneller. Gleichzeitig verbessert sich die Nährstoffversorgung eines Pferdes im Training, wenn seine Ration erhöht wird. Der Huf erhält die erforderlichen Nährstoffe, um vermehrt wachsen zu können. Sieht man sich die Wachstumsringe auf den Hufen an, kann man erkennen, wann das Pferd ins Training genommen wurde und wann es nicht mehr gearbeitet wurde.

# Die Zähne

Die Zähne stehen am Anfang des Verdauungssystems des Pferdes und spielen eine bedeutende Rolle. Das Pferd zahnt zweimal in seinem Leben.

1 Die Milchzähne: kleiner und weißer als die bleibenden Zähne.

2 Die bleibenden Zähne: größer und gelber.

Das Pferd hat nur drei Arten von Zähnen:

– die Schneidezähne, vorne im Gebiß (Abb. 34);

– Molare oder Mahlzähne, an den Seiten der Kieferknochen – die Backenzähne (Abb. 35);

– Hakenzähne.

Im Kiefer befinden sich jeweils 6 Schneidezähne: zwei an der Ecke, zwei seitlich und zwei vorne. Das Alter eines Pferdes wird anhand dieser Zähne bestimmt. Jeder Kiefer hat 12 Molare, sechs auf jeder Seite. Mit 5 Jahren hat das Pferd sein bleibendes Gebiß. Ausgewachsene, männliche Pferde haben noch einen Hakenzahn zwischen Schneide- und Mahlzähnen. Bei Stuten kommt dieser Zahn nur selten vor. Stuten haben somit 36 Zähne, Wallache und Hengste haben 40 Zähne.

Gelegentlich treten »Wolfszähne« im Oberkiefer auf. Diese rudimentären Prämolare können Probleme bereiten, wenn sie beim Zubeißen stören oder Schmerzen verursachen. Daher ist es am besten, sie vom Pferdezahntechniker oder dem Tierarzt entfernen zu lassen.

Die Zähne des Pferdes sind dazu bestimmt, Gras zu fressen. Die Schneidezähne können

**34** Der Schneidezahn

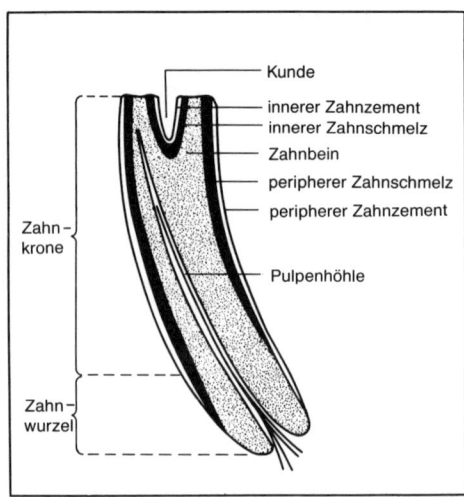

Kunde
innerer Zahnzement
innerer Zahnschmelz
Zahnbein
peripherer Zahnschmelz
peripherer Zahnzement

Zahnkrone

Pulpenhöhle

Zahnwurzel

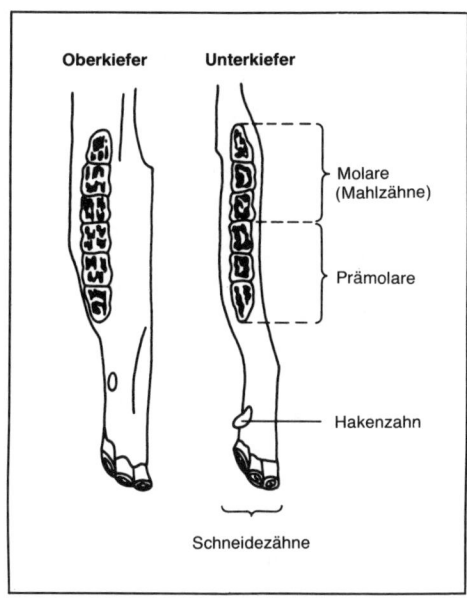

35 Die Backenzähne

Der Pferdekopf ist so geformt, daß der Oberkiefer breiter ist als der Unterkiefer – die Backenzähne des Oberkiefers stehen seitlich etwas über. Die Zähne wachsen ständig aus dem Gaumen nach und werden durch das Mahlen des faserigen Futters abgerieben. Der Kiefer bewegt sich beim Kauen hin und her und die Molare reiben aneinander, aber die unteren kommen dabei nie an den äußeren Rand der oberen Molare und die oberen Molare kommen nie an den inneren Rand der unteren Molare. Dadurch können sich lange, scharfe Kanten bilden, die Wangen und Zunge verletzen und die Kautätigkeit behindern bzw. schmerzhaft machen. Priemen (oder Wikkelkauen), d. h. beim Kauen entsteht ein Futterwickel, der dann ausgespuckt wird, ist ein sicheres Zeichen für scharfe Kanten an den Backenzähnen.

Der Tierarzt oder Pferdezahntechniker kann diese Kanten auf die Höhe des übrigen Zahns abfeilen. Diese Tätigkeit wird Raspeln oder Schleifen genannt. Um allen Problemen vorzubeugen, sollte man die Zähne zweimal jährlich untersuchen und ggf. raspeln lassen.

kurzes Gras kurz über den Wurzeln abbeißen, und die Mahlzähne mit ihrer gefurchten Oberfläche zermahlen das harte, faserige Gras, bevor es heruntergeschluckt wird.

# Zusammenfassung

## Die Auswirkungen des Trainings auf den Körper

Mit Beginn der Arbeit steigert sich die Muskelaktivität. Die Muskeln brauchen Energie, um sich zusammenziehen zu können. Zuerst wird diese Energie von den Muskelzellen geliefert. Sind diese Energiespeicher erschöpft, wird die notwendige Energie von anderen Organen, z. B. der Leber, in Form von Glukose und freien Fettsäuren geliefert.

Die für die Muskelkontraktion bereitgestellte Energie benötigt Sauerstoff, der von den Lungen durch die roten Blutkörperchen geliefert wird. Sie führen Sauerstoff in einer chemischen Verbindung mit Hämoglobin. Ein giftiges Abfallprodukt, das Kohlendioxyd, entsteht beim Abbau dieser Energie und muß von den Muskelzellen wegtransportiert werden, wenn diese weiterhin funktionieren sollen. Es wird an Hämoglobin gebunden mit dem Blut in die Lungen gebracht und dann ausgeschieden.

Das Blut transportiert Sauerstoff und andere Nährstoffe und entfernt Abfallprodukte. Je stärker das Pferd beansprucht wird, desto schneller ziehen sich die Muskeln zusammen und desto mehr Sauerstoff wird benötigt. Wird die Belastung gesteigert, muß das für die Blutversorgung zuständige Herz seine Frequenz und sein Schlagvolumen erhöhen. Die Atemfrequenz und das Volumen eines Atemzugs müssen steigen, damit mehr Sauerstoff in den Körper gelangt. Die Steigerung von Herz- und Atemfrequenz gewährleistet eine erhöhte Sauerstoffzufuhr zu den Muskelzellen.

Bei steigender Belastung setzen die Nebennieren das Hormon Adrenalin frei. Das ruft eine Entweder-Oder-Reaktion hervor, Atem- und Herzfrequenz erhöhen sich und Energiereserven werden freigesetzt. Auch die Milz zieht sich zusammen und setzt eine große Menge Blut frei. Die Sauerstoffkapazität des Körpers ist erhöht, und die Muskelkontraktion wird unterstützt.

Während einer sehr großen Belastung, wenn die Muskeln auf Hochtouren arbeiten (d. h. sich zusammenziehen), ist der Sauerstoffbedarf dieser Muskeln größer als die Menge, die das Blut herantransportieren kann. Die Energie muß von anderen Energiequellen ohne Sauerstoff kommen, d. h. anaerob. Die anaerobe Atmung liefert nicht so viel Energie wie die aerobe. Man kann sie daher als kurzfristige Spitzenleistung mit Energiedefizit bezeichnen.

Das dabei gebildete giftige Abfallprodukt, die Milchsäure, trägt wesentlich zur Ermüdung des Muskels bei. Das Blut bringt die Milchsäure zur Leber, wo sie in der Anwesenheit von Sauerstoff in ungiftige Substanzen umgewandelt wird, d. h. am Ende der anaeroben Belastung. Große Mengen an Milchsäure führen zu Muskelkrampf und -schaden. Nach der Arbeit pumpt das Pferd noch so lange, bis die Milchsäure abgebaut ist. Bei geringerer Belastung entspricht der Sauerstoffbedarf der Sauerstoffzufuhr, so daß keine Milchsäure gebildet wird.

# Das Leistungspferd

## Probleme und Betreuung

**Inhalt**

## Lahmheiten

**Sehnenschäden**

Struktur einer Sehne
Die Abbildungen 36 und 37 zeigen die untere Hälfte der Gliedmaßen des Pferdes. Eine Sehne besteht aus vielen Bündeln unterschiedlicher Kollagenfasern, von denen die Stärke einer Sehne abhängt. Die länglichen Kollagenfasern sind durchsetzt von Fibroblasten. Sie bilden eine Substanz, die sich unter bestimmten Umständen zu langen Kollagenfasern verbindet. Diese Umstände sind korrekter Salzgehalt, Säuregrad und Sauerstoffversorgung.
Die Sehnen produzieren laufend Kollagen und sind ebensowenig wie die Knochen leblos. Normalerweise wird das Kollagen einer Sehne in den unteren Gliedmaßen alle 6 Monate erneuert. Besondere Enzyme bauen überflüssiges Kollagen ab und entsorgen alte und beschädigte Fasern. Die ständige Kollagenbildung erfordert eine ausreichende Sauerstoff- und Nährstoffversorgung des Sehnengewebes durch das Blut. Die Blutversorgung der Sehnen ist aber eher gering und sehr störanfällig. Schon durch kleinste Stauchungen und Zerrungen verringert sich die Sauerstoffzufuhr und das Gewebe degeneriert sehr schnell.

Blutversorgung
Jede Sehne ist von einer dünnen Schicht Bindegewebe umhüllt, das sich in den Fasern und Faserbündeln fortsetzt als Träger von Blut, Lymphe und Nerven. Die Sehnenscheide umhüllt die ganze Sehne.
In den unteren Gliedmaßen des Pferdes gibt es sogenannte »kalte Bereiche« mit geringerer Durchblutung, als da wären:

– das Unterstützungsband
– der mittlere Teil des Kronbeinbeugers
– der Bereich um das Fesselgelenk.

In diesen Bereichen kommt es häufig zu degenerativen Änderungen in Form von vermehrter Wärmebildung und Schwellung. Ist die untere Hälfte des Beins warm, ist das ein Warnsignal. Nimmt man dieses Warnsignal nicht ernst, kann es leicht zu ernsteren Problemen kommen.

## Struktur der Kollagenfasern

Kollagen ist das in Säugetieren am häufigsten vorkommende Protein. Es ist zu finden in der Haut, den Knochen, Sehnen und Bändern. Man unterscheidet vier Typen:

**Typ I** Knochen und Sehnen
**Typ II** Knorpel
**Typ III** Eihäute, Herzkreislaufsystem
**Typ IV** Basalmembran.

Das Kollagen vom Typ I ist durch seine »gekräuselte« Struktur das härteste. Kollagen selbst ist unelastisch, die gekräuselten Strukturen lassen sich jedoch »glattziehen«, wodurch sich die Fasern um ca. 4% ausdehnen und einer Zugkraft standhalten können.

Bei älteren oder schon beanspruchten Kollagenfasern finden sich weniger gekräuselte Strukturen; die Sehnen lassen nach und werden erneuert. Die Kollagenfasern werden gemäß ihrer Beanspruchung erneuert. Befindet sich das Pferd im Training, wer-

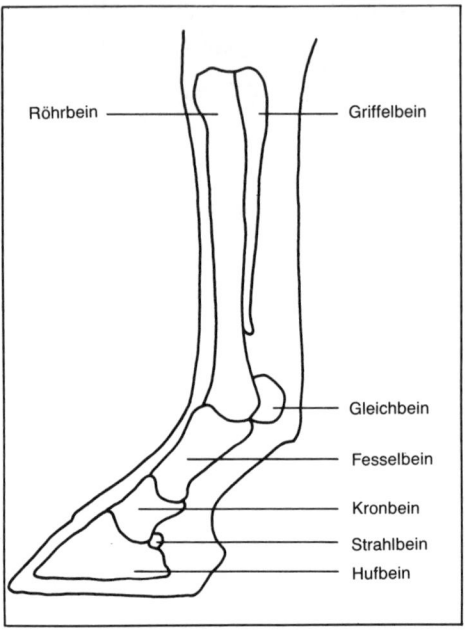

Oben:
**36** Die Knochen der unteren Gliedmaße

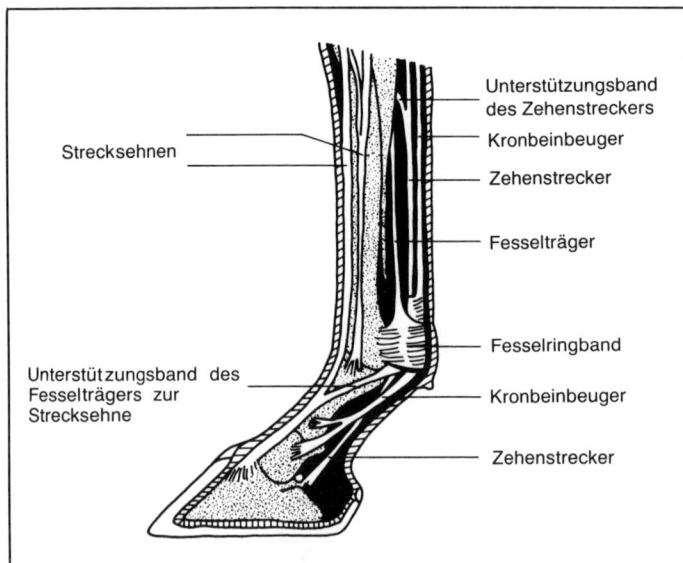

Links:
**37** Bänder und Sehnen der unteren Gliedmaße

den sie schnell erneuert. Die Kollagenfasern sind im Durchschnitt jünger, haben folglich mehr gekräuselte Strukturen und können daher größere Belastungen aushalten. Beim untätigen Pferd sinkt der Kollagenumsatz, und gekräuselte Strukturen verschwinden, ohne ersetzt zu werden. Wird ein Pferd, das lange gestanden hat, plötzlich belastet, sind die Sehnen weniger belastungsfähig.

Training der Sehnen
Die konventionellen Trainingsprogramme sehen wochenlange Schrittarbeit zur Stärkung der Pferdebeine vor. Es gibt tatsächlich genügend praktische und physiologische Gründe dafür, ein Trainingsprogramm mit Schrittarbeit zu beginnen und langsam zu steigern. Die Sehnen eines untrainierten Pferdes bestehen zum Großteil aus älterem Kollagen, haben weniger gekräuselte Strukturen und können schnellere Gangarten kaum verkraften, ohne daß das Risiko eines Sehnenschadens besteht. Schrittarbeit stimuliert die Blutversorgung der Sehnen, erhöht den Umsatz an Kollagenfasern, so daß die Sehnen stärker und belastungsfähiger sind, wenn im nächsten

Teil des Trainingsprogramms in schnelleren Gangarten gearbeitet wird.

Schäden
Besonders anfällig sind die Sehnen der unteren Gliedmaßen. Ein Großteil der Lahmheiten bei Sportpferden ist auf Sehnenschäden zurückzuführen. Man unterscheidet zwei Arten von Sehnenschäden:
– mechanische
– degenerative.
Ein mechanischer Schaden ist das Resultat einer Verletzung – z. B. das Pferd streicht sich oder kommt an einen scharfen oder groben Gegenstand. Verletzungen durch Glas oder Draht geschehen am häufigsten unterhalb oder direkt am Fesselkopf und reichen von Sehnenprellung bis hin zu Schnittwunden und durchtrennten Sehnen. Wird eine Sehne geprellt, entsteht ein Hämatom. Innerhalb der Sehne treten Blutungen auf, und es kommt zu einer schmerzhaften Schwellung. Nach einiger Zeit zersetzt sich das Hämatom. Die Schwellung geht vorüber, aber es können Narben oder Verwachsungen zurückbleiben. Verwachsungen entstehen, wenn das heilende Gewebe an darüber- oder darun-

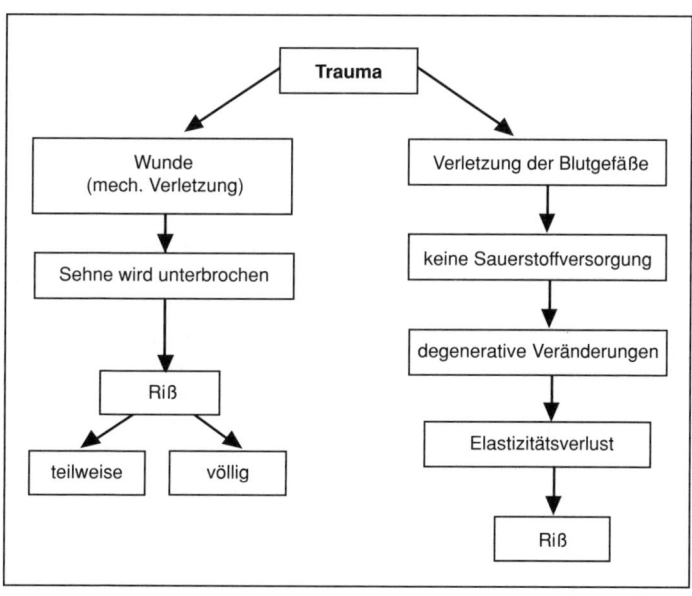

**38** Sehnenschaden

terliegendem Gewebe haftet und somit die Beweglichkeit einschränkt. Ein mechanischer Schaden wird besonders gefährlich, wenn die Wunde infiziert wird. Die Heilung ist langwierig, und es kann zu erheblichen Vernarbungen oder Verwachsungen kommen. Die außenliegenden Sehnen, wie der Kronbeinbeuger und die Strecksehnen (siehe Abb. 37), sind am ehesten einer mechanischen Verletzung ausgesetzt. Plötzliche Überdehnung oder Zerrung entsteht durch einen bestimmten Vorfall, etwa wenn das Pferd in ein Loch tritt, durch Übermüdung oder bei sehr nassen Bodenverhältnissen.

Das Thema degenerativer Sehnenschäden ist komplexer. Derartige Sehnenschäden werden hauptsächlich durch mangelnde oder fehlende Sauerstoffversorgung hervorgerufen, was dazu führt, daß die Sehne teilweise einreißt oder vollkommen durchreißt. Ein solcher Sehnenschaden ist äußerlich nicht sichtbar und entsteht durch fortwährende Belastung (Abb. 38).

## Ursachen eines Sehnenschadens

**1** Muskelermüdung: Wenn die Muskeln ermüden, kann es zu Störungen des Bewegungsablaufs kommen. Die Muskeln verlieren an Elastizität, die Sehne wird übermäßig gedehnt. Diese Ermüdungserscheinungen treten schneller auf bei tiefem und unebenem Boden oder beim Springen.

**2** Kondition: Hat das Pferd Konditionsschwächen, verfügt es nur über begrenzte Muskelkraft. Es ermüdet schneller, und sein Bewegungsablauf ist unkoordiniert.

**3** Hufpflege: Sind die Zehen zu lang oder die Ballen zu tief durch schlechten oder unregelmäßigen Hufbeschlag, wird das Fesselgelenk überdehnt und die Beugesehnen gezerrt.

**4** Körperbau: Pferde, die zu schwer für ihre Gliedmaßen sind, lange Röhrbeine, lange Fesseln, krumme Beine usw. haben, sind durch die zusätzliche körperbedingte Belastung der Sehnen anfälliger für Sehnenschäden.

## Anzeichen eines Sehnenschadens

Mechanische Verletzung
Die Anzeichen einer mechanischen Verletzung sind nicht zu übersehen, aber unterschiedlicher Art, je nachdem, welche Sehne verletzt ist und wie groß die Verletzung ist. Das Pferd lahmt, und selbst wenn die Sehne freiliegt, blutet die Wunde kaum: Der Tierarzt muß unbedingt hinzugezogen werden. Obwohl eine solche Wunde immer große Sorgen auslöst, heilt sie im allgemeinen schneller als ein Sehnenschaden durch eine degenerative Veränderung.

Degenerative Veränderungen
Hierbei handelt es sich um einen inneren Vorgang, obwohl Überdehnungen und Zerrungen schnell passieren, z. B. wenn ein Pferd auf sehr weichem, morastigen Boden galoppiert. Einige Stunden nach der Belastung treten die ersten Anzeichen einer Entzündung auf, wie Temperaturanstieg, Schwellung und Schmerzen. Von der Entzündung kann nur eines oder auch beide Vorderbeine betroffen sein, d. h. entweder nur eine oder beide Sehnen. Bei akuten Zerrungen bleibt das Pferd sofort lahmend stehen, oder es lahmt erst kurze Zeit später. Das Pferd schont den Ballen, um die Beugesehnen zu entlasten. Das Knie wird nach vorn gedrückt, und das Pferd schont die Fessel beim Auftreten, um dem schmerzhaften Druck zu entgehen. Die Sehne sieht geschwollen aus (Abb. 39).

## Die Auswirkungen eines Sehnenschadens

Der Sehnenschaden beginnt mit zerrissenen Sehnenfasern und Hämorrhagie (Übertritt von Blut aus den Gefäßen ins Gewebe), was zur Entzündung führt. Die Sehne ist von kräftigen, schlauchartigen Hüllen und Ringbändern umgeben, die Druck und somit Schaden auf die angeschwollene Sehne ausüben. Gewebe stirbt ab, u. U. wird auch die Sehnenscheide betroffen. Das abgestorbene Gewebe wird durch narbiges, unelastisches und wahllos angeordnetes Gewebe ersetzt.

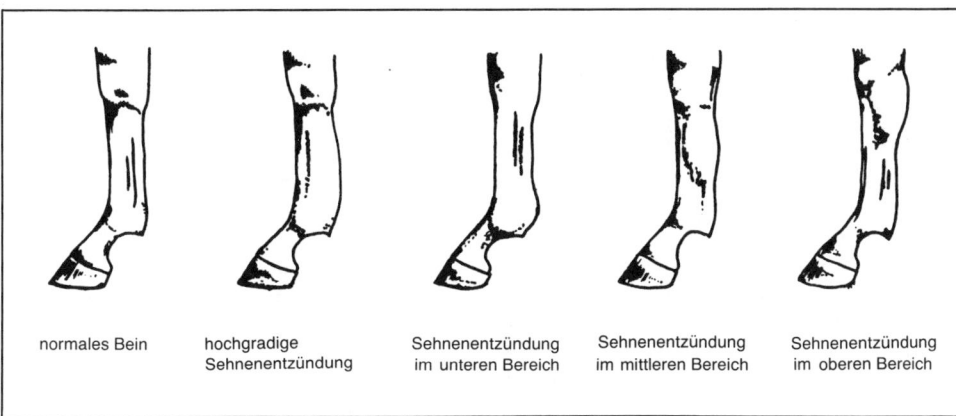

normales Bein

hochgradige
Sehnenentzündung

Sehnenentzündung
im unteren Bereich

Sehnenentzündung
im mittleren Bereich

Sehnenentzündung
im oberen Bereich

**39** Sehnenentzündung in verschiedenen Bereichen des Beins

Der bleibende Schaden wird zum größten Teil durch die Entzündung verursacht, denn aufgrund der Entzündung kann es zu Verklebungen zwischen Sehne und Sehnenscheide kommen. Die Sehne verliert dadurch ihre Elastizität und wird leicht erneut gezerrt.

Heilung von Sehnenschäden
Vor dem eigentlichen Heilungsprozeß steht eine Entzündung, die mit Schwellungen, Temperaturanstieg und Schmerzen einhergeht. Die Sehnenfasern sind beschädigt, und der Körper reagiert darauf, indem er neue Zellen in die Gegend des Schadens schickt, wo sie zusammen mit Zellen aus den betroffenen Blutgefäßen beschädigte Fasern, Blutgerinnsel und Zellzerfallsmaterial von der Wunde entfernen. Die geschädigten Fasern werden durch Granulationsgewebe ersetzt, einem zellhaltigen Gewebe zur Wiederherstellung von verletzten Gebieten, das zur Verdickung der Sehne führt.
Schritt für Schritt bildet sich Narbengewebe aus Kollagenfasern. Diese Kollagenfasern lagern sich willkürlich an und nicht längs der Sehne in Streckrichtung, wodurch die Sehne nicht mehr so kräftig ist. Mit der Zeit ordnen sich diese Fasern um, und nach 6 Monaten sieht die Sehne schon normaler aus. Bei dem neuen Kollagen

handelt es sich außerdem um Typ III, nicht um Typ I. Kollagen vom Typ III hat weniger gekräuselte Strukturen und ist eine schwächere, unreife Kollagenart, die weniger belastbar ist. Daher sind »frisch geheilte« Sehnen besonders anfällig für Verletzungen. Letztendlich wird das Kollagen vom Typ III durch Typ I ersetzt, aber das kann bis zu 12 Monate dauern. Es ist wichtig, daß die neuen Kollagenfasern längs der Sehne und nicht wahllos angeordnet werden, um die Sehne zu stärken. Diese Anordnung längs der Sehne hängt von den Kräften ab, die auf die heilende Sehne einwirken. Sind Schwellung und Wärmeentwicklung erst einmal abgeklungen, erzeugt man diese Kräfte am besten, indem das Pferd für kurze Zeit im Schritt geführt wird. Durch Bewegung kommt es auch weniger zu Verwachsungen zwischen den Kollagenfasern und der Sehnenscheide.

Die Behandlung von Sehnenschäden
Der erste Schritt ist die Überwachung des entzündlichen Prozesses, damit die Narbenbildung an der Sehne in Grenzen gehalten wird. Sobald Schmerz und Schwellung abgeklungen sind, gibt es verschiedene Behandlungsmöglichkeiten, wie Stallruhe, Brennen, Sehnensplitting und Kohlenstoffaser-Implantate. Wird eine Sehnenzerrung nicht beachtet, kann es unter Um-

ständen so weit kommen, daß das Pferd aus dem Sport genommen werden muß, statt daß es nach einer Pause wieder ins Training genommen werden kann.

Druckbandagen, heiße und kalte Umschläge und Ultraschall-Physiotherapie können ebenfalls zur Behandlung eingesetzt werden. Druckbandagen dienen nicht unbedingt zur Stützung, sondern mehr um die Entzündung einzudämmen. Der Tierarzt kann entzündungshemmende Mittel verabreichen und evtl. für 7–10 Tage einen Gipsverband anlegen, der weitere Schwellungen verhindert und das Bein stützt. Je nach Schwere der Verletzung ist ein zweiter Gipsverband für 2–3 Wochen erforderlich. Nachdem der zweite Gipsverband abgenommen wurde, soll das Pferd ein wenig Bewegung an der Hand erhalten, damit es nicht zu starken Verwachsungen von Narbengewebe und Sehne kommt, bevor es für weitere 9 bis 12 Monate Stallruhe bekommt.

Überwachung des entzündlichen Prozesses
Die Entzündung ist ein Teil des Heilungsprozesses, aber zu starke Schwellungen schaden mehr, als daß sie gut sind für den Heilungsprozeß, der unter Umständen sogar noch verzögert wird.

Kaltwasserbehandlungen (z. B. kalte Umschläge, Abspritzen mit kaltem Wasser, Eispackungen) verringern vorübergehend Schwellung und Schmerzen. Nach einer Kaltwasserbehandlung werden sofort Stützbandagen angelegt, um einen erhöhten Blutrückfluß ins Bein zu verhindern. Die Bandagen werden vorsichtig um die nassen Beine gewickelt, denn sie könnten sich nachträglich zusammenziehen. Beide Vorderbeine werden bandagiert, denn auch das gesunde Bein muß gestützt werden, da das meiste Gewicht jetzt auf ihm lastet.

Wärmebehandlungen (z. B. Breiumschlag, Ultraschall, Faradisation [= Elektrotherapie], Magnetfeldtherapie) erhöhen die Blutzufuhr und fördern das Abschwel-

len. Wärmebehandlungen sollten frühestens 48 Stunden nach der Verletzung angewandt werden, wenn der Schmerz durch Kältetherapie bereits zurückgegangen ist.

Kälte- und Wärmetherapie im Wechsel wirken wie eine Massage, indem sie die Blutzufuhr einmal einschränken und einmal anregen.

Massage (z. B. mit der Hand oder durch mechanische Vibration) läßt die Schwellung abklingen und reduziert die Bildung von Narbenverwachsungen. Bewegung ist eine billige Therapie und am besten geeignet, den Abschwellungsprozeß zu fördern, vorausgesetzt sie ist kontrolliert und wohldosiert. Ist die anfängliche Lahmheit zurückgegangen, so daß das Pferd wieder gut laufen kann, ist es von großem Vorteil, wenn das Pferd zwei- bis dreimal täglich jeweils 5 Minuten im Schritt geführt wird.

Weitere Behandlungsmöglichkeiten eines Sehnenschadens
Die Schaffung eines Gegenreizes fördert den entzündlichen Prozeß. Es gibt mehrere Wege, einen solchen Gegenreiz zu schaffen. Die mildeste Form ist das Einreiben und die schärfste Form das Brennen. Hautrötende Mittel (z. B. Linimente und Adstringentien) sind milde Anwendungen, die einmassiert oder unter den Bandagen aufgetragen werden. Sie haben eine sehr kurzfristige Wärmebildung zur Folge, so daß sie zwei- oder dreimal am Tage angewandt werden.

Blistern hat stärkere Auswirkungen. Die mildeste Form verursacht rote, entzündete Hautstellen, während schärfere Formen die Haut ablösen. Die Wirkung ist aber oberflächlich und betrifft nur die Haut und die darunterliegenden Gewebe, so daß eine solche Behandlung von Sehnenschäden jeder Grundlage entbehrt.

Brennen, d. h. die Anwendung eines heißen Eisens oder einer Säure an den Pferdebeinen, ist zumindest wirkungslos und schlimmstenfalls sogar dem Heilungsprozeß abträglich. Das dadurch entstehende Narbengewebe ist sowohl dünner als auch schwächer als normal und weit davon entfernt, das Bein zusätzlich zu stützen. Brennen hat nur einen Vorteil: Die nötige Stallruhe wird unumgänglich. Der durch das Brennen verursachte Schmerz verschwindet langsam, die Beweglichkeit des Pferdes wird langsam wieder größer. Zeit und Geduld sind die besten Heilmittel bei Sehnenschäden. Geduld und Selbstdisziplin des Besitzers bedeuten für das Pferd weniger Schmerzen, kosten weniger und sind wirkungsvoller.

Sehnensplitting ist eine Operation, während der mit dem Skalpell senkrechte Schnitte in die geschädigte Sehne und das umgebende, gesunde Gewebe gemacht werden, damit die heilenden Elemente besser zur betroffenen Stelle vordringen können. Aber jüngste Untersuchungen haben gezeigt, daß Sehnensplitting nur eine ausgeklügeltere Form von Brennen ist und die Heilung sogar verzögert.

Kohlenstoffaser-Implantate sind eine relativ neue Methode, die aber immer beliebter wird zur Behandlung akuter Sehnenschäden, gerissene und durchtrennte Sehnen inbegriffen, sowie alter, chronischer Sehnenschäden. Eine Platte mit Fäden aus Kohlenstoffasern wird als Gerüst in die geschädigte Sehne eingesetzt, um die herum sich Sehnengewebe in Wuchsrichtung ansammelt und nicht wahllos wie im Narbengewebe.

Wie alle Behandlungsmethoden von Sehnenschäden kann auch ein Kohlenstoffaser-Implantat nur seinen Zweck erfüllen, wenn das Pferd nach der Operation ausreichend Stallruhe erhält (mindestens 9 Monate), bevor es langsam und behutsam wieder ins Training genommen wird.

Bei überdehnten Sehnen ist ein korrekter Beschlag besonders wichtig. Wenn der Fesselträger nicht betroffen ist, wird der Ballen 4 bis 6 Wochen lang 25 bis 40 mm erhöht, um die entzündete Sehne zu entla-

sten. Wenn das Pferd wieder gearbeitet wird, legt man Pads oder Keile unter die Eisen.

Behandlung chronischer Sehnenschäden
Chronische Sehnenschäden entstehen aus vernachlässigten, akuten Sehnenentzündungen oder wenn das Bein jahrelang immer leicht geschwollen und warm war und sich daraus eine feste, deutlich sichtbare Schwellung auf der Rückseite des Röhrbeins entwickelt hat. Diese Schwellung besteht aus Narbengewebe, das durch die Entzündung zum Zeitpunkt der Verletzung gebildet wurde.

Sehnenschäden sind die häufigste Ursache für Lahmheiten bei Turnierpferden. Man hat sich damit abgefunden, daß ein Sehnenschaden plötzlich und unerwartet auftreten kann, obwohl das bei einem korrekt trainierten Pferd mit guter Kondition viel seltener vorkommt. Das Pferd sollte erst in schnelleren Gangarten gearbeitet werden, wenn seine Beine und Muskeln entsprechend trainiert sind. Ermüdete Pferde sollten nicht über ihre Leistungsfähigkeit hinaus gefordert werden. Jedes Anzeichen einer Schwellung oder von Wärmeentwicklung in den unteren Gliedmaßen sollte entsprechend behandelt werden.

Hat das Pferd einmal einen Sehnenschaden erlitten, muß es immer vorsichtig eingesetzt werden, denn die ausgeheilte Sehne wird nie mehr so belastungsfähig sein wie eine Sehne, die noch keinerlei Schädigung erlitt. Obwohl besserer Hufbeschlag und verbesserte Trainingsmethoden das Risiko eines Sehnenschadens stark reduzieren und wärmeempfindliche Kameras (Thermographie) und die Untersuchung auf dem Laufband die Früherkennung von Lahmheiten ermöglichen, bleibt das Risiko unverändert hoch, wenn ein Pferd über seine Leistungsgrenze hinaus gefordert wird.

Bänderschäden
Auch Fesselträger und Unterstützungsband des Zehenstreckers können einen Riß

oder Zerrungen erleiden. Besonders ernstzunehmen sind die Schäden an der Stelle des Fesselträgers, wo er am oberen Teil des Röhrbeins befestigt ist. Die dünnen Fasern des Bandes passen in winzige Löcher an der Oberfläche des Knochens. Einmal abgerissen, können sie aufgrund umfangreichen Narbengewebes gar nicht mehr in die Löcher passen und verwachsen stattdessen mit der Knochenoberfläche – eine sehr lose Befestigung.

Anzeichen für einen Fesselträgerschaden
Lahmheit und Schwellung im Bereich des Fesselträges deuten auf einen Fesselträgerschaden hin. Wird das Bein angehoben und der entspannte Fesselträger abgetastet, will sich das Pferd dem Schmerz entziehen. Es drückt Knie und Fessel nach vorne und hebt den Ballen leicht an; in der Bewegung tritt es mit nicht ganz durchgedrückter Fessel auf.

Behandlung von Fesselträgerschäden
Akute Zerrungen verlangen absolute Stallruhe, entzündungshemmende Mittel und wenn möglich Ultraschallbehandlung. Chronische Schäden werden mit Kortikosteroiden und Stallruhe von mindestens 6 Monaten behandelt. Früher wurde geblistert und gebrannt – allerdings mit zweifelhaften Ergebnissen. Alle Bänderschäden brauchen viel Zeit zum Heilen, da die Bänder nur wenig durchblutet werden.

**Hufrollenentzündung**
Früher galt sie als unheilbar, aber heute werden große Fortschritte erzielt bei der Behandlung der Hufrollenentzündung, dem Alptraum eines jeden Pferdebesitzers.

Die Lage der Hufrolle
Das längliche Strahlbein oder auch Hufrolle genannt, ein Sesambein, liegt quer unter der Mitte des Strahles zwischen Kron- und Hufbein (Abb. 40) und wird durch Bänder in Position gehalten. Die Hufrolle ist direkt

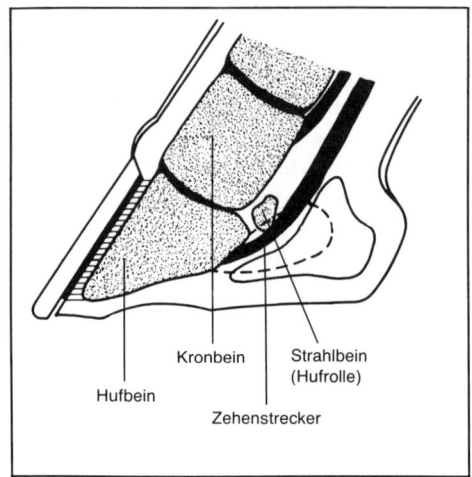

Kronbein

Strahlbein (Hufrolle)

Hufbein

Zehenstrecker

**40** Lage des Strahlbeins

mit dem Kronbein verbunden. Während der Bewegung drückt das Gewicht des Pferdes auf die Hufrolle, sie bewegt sich laufend auf und ab. Der untere und hintere Rand des Knochens reichen an den Hufbeinbeuger, der über die Hufrolle führt und am Hufbein befestigt ist. Damit die Sehne sanft über den Knochen gleiten kann, ist die Rückseite der Hufrolle von Knorpel und einer Art Gelenkschmiermittel in der Hufrollentasche umgeben. Diese Stelle wird während der Bewegung am meisten belastet, besonders wenn der Huf den Boden berührt und das ganze Gewicht des Pferdes auf ihm ruht.

Diagnose der Hufrollenentzündung
Eine Hufrollenentzündung setzt schrittweise ein und als Anzeichen machen sich verkürzte Gänge, widerwilliges Springen und ein gewisses Fehlen an Aktion in den Gängen bemerkbar. Die Lahmheit kann vorübergehen, wenn das Pferd Stallruhe erhält und sich erholt, setzt aber sofort wieder ein, wenn das Pferd gearbeitet wird. Es lahmt eventuell nur leicht auf einem oder beiden Vorderbeinen.
Die Hufrollenentzündung kann auch abrupt auftreten, z. B. nachdem das Pferd

hart gearbeitet wurde, und das Pferd lahmt nur auf einem Bein.

Wenn die Lahmheit weiter fortschreitet, lahmt das Pferd immer stärker und tritt zuerst mit der Zehe auf, so daß der Ballen kaum belastet wird. Daraus ergeben sich die typischen Merkmale eines an Hufrollenentzündung erkrankten Pferdes: der klamme Gang, die abgenutzten Zehen und der Hufzwang.

Es ist oft schwer, eine Hufrollenentzündung zu erkennen. Zuerst muß die Lahmheit im Huf festgestellt werden, danach muß speziell die Hufrolle untersucht werden. Der Huf wird auf ein Holzstück, etwa einen Hammerstiel, gestellt, die Ballen bleiben ohne Unterlage. Das Pferd streckt den Hufbeinbeuger, der dann auf die Hufrolle drückt. Trabt man das Pferd jetzt an, lahmt es stärker als zuvor. Auch wenn man mit einer Hufuntersuchungszange auf die Strahlmitte drückt, lahmt das Pferd stärker. Die hinteren Nervenenden im Huf werden durch örtliche Betäubung blockiert, so daß das Pferd keinen Schmerz mehr empfindet. Geht es jetzt klar, liegt mit großer Sicherheit eine Hufrollenentzündung vor.

Der nächste Schritt besteht darin, daß der Huf geröntgt wird. Es kann aber zu Unklarheiten bei der Auslegung des Röntgenbildes kommen. Bei einer positiven Diagnose erwartet man eine Erweiterung der die Hufrolle versorgenden Blutgefäße; der Knochen verändert sich bis hin zur Form eines umgekehrten V's, da entlang der Blutgefäße Knochensubstanz rückresorbiert wird, was die charakteristischen, baumförmigen Erosionen auf dem Strahlbein verursacht. Manche Tierärzte sagen, bis zu fünf solcher Pyramiden seien normal.

## Erosion der Hufrolle und des Hufknorpels

Die Hufrollenentzündung verursacht Gewebedefekte im Knorpel an der Rückseite der Hufrolle und Knochenneubildung an den Seiten. Auch der Hufbeinbeuger kann sich verändern – von Quetschungen und Verfärbungen bis hin zu Verwachsungen zwischen Sehne und Hufrolle. Im Extremfall kann es zur Fraktur der geschwächten Hufrolle oder zum Riß der Sehnen kommen. Die Gewebedefekte von Knorpel und Knochen lassen sich auf dem Röntgenbild als durchscheinende Stellen erkennen. Knochenneubildungen lassen sich ebenso wie die aufgrund der Entzündung erweiterten Blutgefäße erkennen. Die Gewebedefekte in Knochen und Knorpel scheinen von einer Arteriosklerose der die Hufrolle versorgenden Blutgefäße herzurühren. Die winzigen Blutgefäße werden durch Blutgerinnsel verstopft, so daß einige Bereiche von der Blutzufuhr abgeschnitten sind, d. h. ohne Sauerstoff und andere Nährstoffe. Dieser Ischämie genannte Zustand der Blutleere bedeutet Schmerzen und Absterben kleiner Knochenstrukturen. Durch den Druck des Hufbeinbeugers werden diese geschwächten Knochenstrukturen abgetragen, was zu der auf dem Röntgenbild erkennbaren Erosion führt.

Die Sehne gleitet nun über eine schmirgelartige Oberfläche und wird angegriffen. Neue Blutgefäße entwickeln sich, um den von der Nährstoff- und Blutzufuhr abgeschlossenen Knochen zu versorgen. Im unteren Bereich des Knochens entstehen pilzförmige Kanäle.

Das Röntgenbild stark lahmender Pferde mit dem Verdacht auf Hufrollenentzündung weist jedoch unter Umständen keines dieser Anzeichen auf und das eines gesunden Pferdes kann Läsionen aufweisen, was zu einer gewissen Unsicherheit bei der Auslegung von Röntgenbildern führt. Eine unumstößliche Diagnose erhält man nur durch wiederholtes Röntgen in Abständen von 4 bis 6 Monaten anhand der Entwicklung der Veränderungen im Knochen.

## Behandlung

Da man nicht genau weiß, wodurch eine Hufrollenentzündung ausgelöst wird, zielt eine Behandlung eher darauf ab, die Symptome auszuschalten als eine Heilung zu bewirken. Folgende Ursachen sind möglich:

1 Ständiger Druck des Hufbeinbeugers auf die Hufrolle.

2 Wiederholte Erschütterungen der Hufrolle von unten durch den Strahl.

3 Erbliche Veranlagung, evtl. in Zusammenhang mit dem Gebäude; z. B. Zwanghufe, steile Fesseln und eine falsche Huf-Fessel-Achse. Zwanghufe können aber auch das Ergebnis der Hufrollenentzündung und nicht ihre Ursache sein.

Jeder Pferdetyp kann eine Hufrollenentzündung bekommen, obwohl es scheint, daß besonders Pferde der mittleren Altersgruppe und stark beanspruchte Pferde daran erkranken. Der Schmied kann den Zwanghuf öffnen, indem er eine tiefe Furche schneidet, den Hornballen kürzt und orthopädische Eisen verwendet. Eine andere Möglichkeit ist, den Ballen wachsen zu lassen, um den Druck auf die Beugesehnen zu verringern. Eisen mit verdickten Schenkelenden, Padds und Keile haben denselben Effekt.

Phenylbutazon (Bute) lindert nur die Symptome und ermöglicht es, das Pferd zu arbeiten, wenn es nicht anders geht; es darf aber nicht mißbräuchlich angewendet werden.

Warfarin, ein gerinnungshemmendes Mittel, wird ins Futter gegeben. Die Dosierung richtet sich nach dem Ausmaß der Lahmheit, um die Gerinnungszeit um 20 bis 50% zu erhöhen. Wiederholte, teure Blutproben sind erforderlich, um die Gerinnungszeiten festzustellen, da verhängnisvolle Hämorrhagien auftreten können. Dennoch ist diese Behandlungsmethode weit verbreitet. Isoxsuprin-Hydrochlorid ist eine relativ neue Behandlungsmethode. Es bewirkt eine Dilatation (Erweiterung) der die Hufrolle versorgenden Blutgefäße. Man spricht von einer hohen Erfolgsrate, besonders bei frühzeitig erkannten und sofort behandelten Fällen. Eine häufig angewandte Operation bei Hufrollenentzündung ist der Nervenschnitt, wodurch der hintere Teil des Hufs unempfindlich wird. Wenn diese Operation auch der letzte Ausweg ist, so ist sie doch die einzige Methode, um das Pferd weiter arbeiten zu können. Beinen und Hufbeschlag muß danach besondere Aufmerksamkeit geschenkt werden.

Eine neue Operationsmethode zur Verminderung des Drucks auf die Hufrolle befindet sich noch im Versuchsstadium.

# Stoffwechselstörungen

### Azoturie und das Kreuzverschlag-Syndrom

Azoturie ist unter vielen Namen bekannt – Nierenverschlag, Feiertagskrankheit, Kreuzverschlag, paralytische Myoglobinurie und schwarze Harnwinde. Sie ist ein verbreitetes Problem und kann in manchen Fällen ernste Formen annehmen. Normalerweise tritt sie auf beim guttrainierten Pferd, das einen Tag im Stall bleibt, z. B. weil das Wetter zu schlecht ist oder weil der wöchentliche Stehtag ist, und trotzdem die normale Kraftfutterration bekommt.

Kreuzverschlag wird gewöhnlich erst dann bemerkt, wenn das Pferd wieder geritten wird.

### Symptome

Wenn das Pferd geritten wird, bewegt es sich zu Beginn völlig normal, aber nach einer Weile macht es einen steifen Eindruck. Nach einem Durchparieren ist es nur widerwillig vorwärtszubewegen oder es pumpt und/oder schwitzt für die Anforderung viel zu stark. Zwingt man das Pferd weiterzugehen, kann es schließlich nicht mehr stehen und muß sich niederlegen. Es schwitzt stark, atmet schwer und macht den Eindruck, als ob es enorme Schmerzen habe. Die Hinterhand- und Lendenmuskulatur ist gespannt und schmerzempfindlich, evtl. sogar stark geschwollen. Läßt das Pferd Wasser, so kann man eine deutliche Verfärbung des Urins erkennen – von gelb- oder mittelbraun bis hin zu schwarz, daher der Name »Schwarze Harnwinde«. Jede Rasse, jedes Alter und jedes Geschlecht kann Azoturie bekommen. Am häufigsten scheint es Stuten, Quarterhorses und Kaltblüter zu treffen. Hat ein Pferd einmal Azoturie gehabt, kann es immer wieder daran erkranken. Ein solches Pferd muß entsprechend betreut werden. Azoturie steht in direktem Zusammenhang mit der Bewegung, die ein Pferd erhält und tritt in Ausnahmefällen nach einem Kolikanfall auf. Die Azoturie betrifft die Skelettmuskulatur, gewöhnlich die Rückenmuskulatur, in seltenen Fällen die Vordergliedmaßen. Das Pferd hat Schmerzen und geht klamm, je nach Ausmaß geht die Steifheit in die Unfähigkeit zu stehen über.

## Behandlung

In leichteren Fällen läßt sich die Steifheit durch vorsichtiges Führen im Schritt beseitigen. Man spricht hier von Kreuzverschlag und viele Pferdebesitzer wissen nicht, daß es sich dabei um eine leichte Form von Azoturie handelt.

In der Mehrzahl der Fälle braucht das Pferd absolute Stallruhe – es sollte noch nicht einmal nach Hause geführt werden. Eine Jacke über den Lenden schützt vor Wärmeverlust und dann sollte das Pferd im Hänger nach Hause transportiert werden. Selbst die für die Hängerfahrt erforderliche Muskelanstrengung kann schon weitere Schäden hervorrufen. Ist das Pferd in seiner Box angelangt, muß es warmgehalten werden, besonders die Rückengegend. Die

Kraftfutterration wird gestrichen, und das Pferd bekommt nur ein Minimum an Heu und abführenden Kleie-Mash.

Sogar in leichten Fällen sollte der Tierarzt gerufen werden. Die Behandlung setzt sich wie folgt zusammen: Phenylbutazon oder Kortikosteroide, um die Entzündung in den Muskeln einzudämmen, ein Muskel-Relaxans, ein Beruhigungsmittel und Vitamin E mit Selen. Kann das Pferd nicht mehr stehen, bekommt es intravenöse Injektionen und muß intensiv behandelt werden.

Vielleicht nimmt der Tierarzt eine Blutprobe, um sie auf Vorhandensein und Konzentration bestimmter Muskelenzyme zu untersuchen (K.P.K., A.S.T. und L.D.H.)[1]), woran sich die Schwere des Zustandes erkennen läßt. Anhand weiterer Blutuntersuchungen läßt sich die Erholung verfolgen. Kreatin-Phosphokinase wird nach Belastung oder Schädigung eines Muskels freigesetzt. Die Konzentration von K.P.K. im Blut erreicht 6 Stunden nach der Schädigung ihren Höchstwert und sinkt dann langsam wieder auf Normalwerte ab, vorausgesetzt dem Muskel wird kein weiterer Schaden zugefügt. Aber auch bei einem untrainierten Pferd, das plötzlich gearbeitet wird, steigt der K.P.K.-Wert bis auf das Fünffache an, so daß die Beurteilung dieses Wertes nicht immer einfach ist. Es gibt typische klinische Fälle, wo die erhöhte K.P.K.-Konzentration nicht vorliegt. Eine Erklärung gibt es dafür nicht.

Die Dauer der Ruhepause kann bei ein paar Tagen, aber auch bei ein paar Wochen liegen. Auf jeden Fall darf das Pferd nur schrittweise wieder bewegt werden. An den ersten Tagen wird das Pferd 5 Minuten im Schritt geführt, was langsam um 5–10 Minuten gesteigert wird. Besondere Aufmerksamkeit gilt evtl. wiederkehrenden Symptomen. Narbengewebe ersetzt den beschädigten Muskel, aber der entstehende

---

[1]) = Kreatin-Phosphokinase, Aspartat-Aminotransferase, Laktat-Dehydrogenase

Muskelschwund ist so gering, daß er nur selten auffällt.

## Ursachen

Die Ursachen der Azoturie sind weitgehend unbekannt, aber man vermutet, daß es eine Menge begünstigender Faktoren gibt, z. B. die Arbeit mit einem untrainierten Pferd, unregelmäßige Bewegung und Stehtag(e) bei normaler Ration. Dadurch kommt es zu einer Störung im Kohlenhydrat- oder Fettstoffwechsel. Mangel an Vitamin E, Selen oder Elektrolyten und zu große Mengen bestimmter Futtersorten, z. B. Gerste und gebrochener Mais (Maisflocken), begünstigen ebenfalls den Zustand. Eine Störung im normalen Kohlenhydrat- oder Fettstoffwechsel kann zu verstärkter Milchsäurebildung im Muskel und damit verbundener Muskelschädigung führen.

Das Muskelpigment Myoglobin wird von den geschädigten Zellen freigesetzt und über die Niere im Urin ausgeschieden. Durch das Myoglobin entsteht die typische Verfärbung des Urins. Aber es gehört nicht zu den Aufgaben der Niere, Myoglobin auszuscheiden, wodurch es bei schweren Fällen von Azoturie obendrein zur Nierenschädigung kommen kann.

## Vorbeugemaßnahmen

Einer Azoturie kann vorgebeugt werden durch:

1 Eine ausgewogene, korrekte Ration.
2 Eine der Arbeitsbelastung entsprechende Fütterung.
3 Rechtzeitige Anpassung der Ration an einen Stehtag. Wenn es nicht möglich ist, die Futtermenge *vorher* zu verringern, das Pferd 10 Minuten führen oder auf die Weide stellen.
4 Langsame Steigerung der Arbeitsbelastung, damit sich die Muskulatur anpassen kann.
5 Intensives Aufwärmen (Abreiten) des Pferdes vor der eigentlichen harten Belastung.

6 Regelmäßige Bewegung des Pferdes (kein Stehtag!), besonders wenn es sich um ein trainiertes Pferd mit hoher Kraftfutterration handelt.

## Hufrehe

Hufrehe ist im allgemeinen als typische Krankheit dicker Ponys bekannt, besonders im Frühjahr. Solche Ponys sind tatsächlich sehr gefährdet, aber auch das Pferd mit mittlerer Arbeitsbelastung, das routinemäßig einen hohen Getreideanteil in der Ration erhält. Viele Pferde stehen immer kurz vor dem Ausbruch der Hufrehe, wodurch sich manche plötzliche, vorübergehende Lahmheit erklären läßt.

## Symptome

Bei einer akuten Hufrehe sind die Hufe meist sehr warm, und das Pferd zeigt Anzeichen von Schmerz, d. h. es schwitzt und atmet schwer. Das Pferd hat die für Hufrehe charakteristische Haltung – es stellt die Vorderbeine weit nach vorn und belastet nur die Ballen, die Hinterhand ist unter den Körper gestellt, um das Gewicht zu tragen (Abb. 41). Ein weiteres Symptom ist der pochende Puls in der Zehenarterie.

Bei einer sich langsam entwickelnden Hufrehe äußern sich die Symptome weniger drastisch. Die ersten Anzeichen sind nur Freßunlust, widerwilliges Bewegen, leicht apathisches Verhalten und der Eindruck allgemeinen Unwohlseins. Besteht der Verdacht auf Hufrehe, ist sofortiges Handeln notwendig.

## Ursachen

1 Verdauung: Getreideüberfütterung, junges Gras, kaltes Wasser im Magen eines erhitzten Pferdes.
2 Geburtsspätschäden: Metritis durch Nachgeburtsverhaltung oder sehr schwierige Geburt.
3 Mechanisch: direkte Schädigung des empfindlichen Hufbereichs durch Erschütterung oder übertriebenes Kürzen und Raspeln der Hufe.

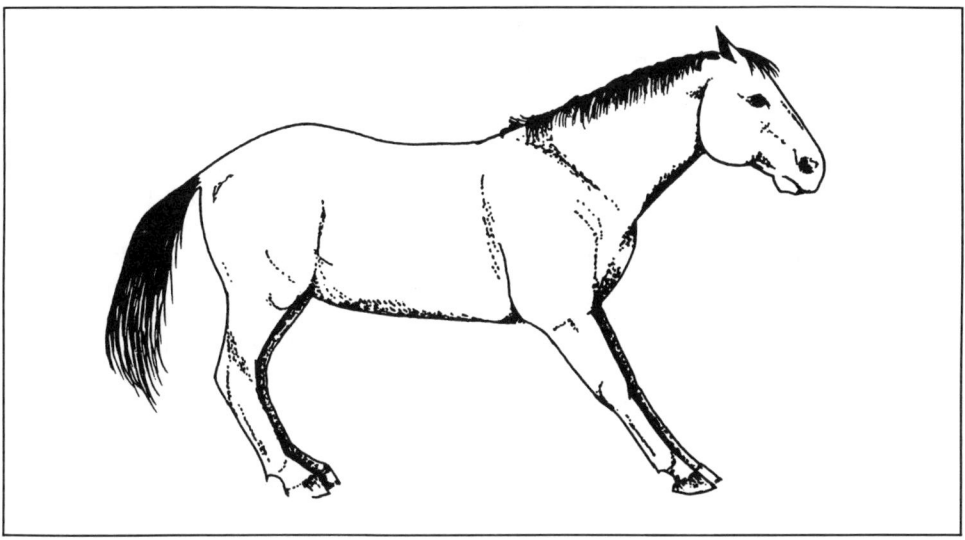

**41** Typische Haltung eines Pferdes mit Hufrehe

**4** Belastung: Krankheit, lange Hängerfahrten oder Umgebungswechsel.
**5** Medikamente: Steroide, Wurmmittel
und Antibiotika können bei empfindlichen
Pferden Hufrehe hervorrufen.
Hufrehe ist keine Erkrankung des Hufs,
sondern des Kreislaufs. Alle oben aufgeführten Ursachen führen zur Freisetzung
von Endotoxinen (im Körper produzierten
Giftstoffen), die die Gefäße beeinflussen –
sie bewirken, daß sich die winzigen Kapillaren im Huf zusammenziehen und die
empfindlichen Zonen im Huf keine Nährstoffe mehr erhalten. Das Blut fließt weiter
durch den Huf, aber es erreicht nicht mehr
die Zellen in der Zehe, die die sensitive und
die Hornblättchenschicht verbinden. Die
unterernährten Blättchen werden schwächer und sterben ab, wodurch das Hufbein
seine wichtige Befestigung verliert und
durch die Zugkraft des Hufbeinbeugers
ungehindert rotiert. Die Hufbeinspitze
senkt sich.

Behandlung
**1** Beseitigung der Ursache: Der Tierarzt
kann Mineralöl über die Nasenschlundson-
de eingeben, um die Getreidekörner her-
auszuspülen, oder die Nachgeburtsreste
beseitigen. Die Ration wird reduziert.
**2** Zwangsweise Bewegung unterstützt
den Kreislauf, aber auf weichem Boden,
z. B. Sand, Torf oder Mist, um die Hufsohle zu stützen.
**3** Eventuell verabreicht der Tierarzt ein
Antihistaminikum, entzündungshemmende und schmerzstillende Medikamente,
wie z. B. Kortikosteroide und Phenylbutazon als Gegenmittel zu den Veränderungen
im Pferdekörper.
**4** In schweren Fällen, wo das Hufbein
durchgebrochen ist, muß der Huf entsprechend geschnitten werden, so daß das Hufbein wieder zurückfindet in die alte Lage.
Ein orthopädischer Korrekturbeschlag
verhilft dem Pferd zu unbeschwertem Laufen.

**Anämie**
Anämie ist keine Krankheit, sondern ein
Zustand des Blutes. Hat das Pferd eine
Anämie, so hat es extrem wenig Hämoglo-
bin (sauerstoführende Substanz in den ro-
ten Blutkörperchen) im Blut.

## Symptome

Die allgemeinen Anzeichen einer Anämie sind stumpfes Fell, trübe Augen und fahles Zahnfleisch, Muskelschwäche, Teilnahmslosigkeit, Appetitmangel und erhöhte Herzfrequenz. Die normale Anzahl roter Blutkörperchen liegt bei 7 bis 8 Millionen pro Kubikmillimeter, der Hämoglobingehalt liegt bei 11 bis 17 g pro 100 ml Blut. Werte von 3 bis 6 Millionen roter Blutkörperchen pro Kubikmillimeter und 8 bis 11 g Hämoglobin pro 100 ml Blut sind Anzeichen für eine Anämie. Diese Werte besagen deutlich, daß die Sauerstoffkapazität des Bluts stark reduziert ist, was die Leistungsfähigkeit des Pferdes nachteilig beeinflußt.

## Ursachen

Anämie kann entstehen durch:

**1** Blutverlust durch Riß eines Blutgefäßes, äußere oder innere Blutungen, d. h. Hämorrhagie;

**2** vermehrte Zerstörung roter Blutkörperchen;

**3** Nährstoffmangel.

Eine zeitweise Anämie kann durch starke oder wiederholte Blutungen aus ernsten Wunden oder Nasenbluten entstehen. Eine solche Anämie ist leicht zu beheben, wenn sich der Allgemeinzustand nicht durch eine Infektion oder ständigen Blutverlust verschlechtert.

Blutverlust bedeutet den Verlust aller Bestandteile des Bluts: rote und weiße Blutkörperchen und Plasma. Plasma- oder Bluttransfusionen sind bei starken Blutungen erforderlich.

Die Zerstörung der roten Blutkörperchen nennt man hämolytische Anämie. Sie wird durch Infektion mit Bakterien, Viren und Protozoen, Vergiftung oder immunologische Reaktionen des Körpers hervorgerufen.

Schlechtes Futter kann dazu führen, daß das Knochenmark weniger rote Blutkörperchen und Hämoglobin freisetzt. Ein normaler Verlauf von Freisetzung und Erneuerung roter Blutkörperchen hängt stark ab von guter Ernährung und dem Gesundheitszustand des Pferdes. Am häufigsten wird eine zu niedrige Anzahl roter Blutkörperchen durch den Befall mit großen Palisadenwürmern (vor allem Strongylus vulgaris) und schlechte Futterqualität ausgelöst. Durch Mangel an Kupfer, Eisen, Folinsäure und Vitamin E haben die roten Blutkörperchen weniger Hämoglobin.

## Behandlung

Die Anämie kann nur behoben werden, wenn man ihre Ursachen beseitigt. Schlechte Ernährung, Parasitenbefall, virale und bakterielle Infektionen und Hämorrhagien müssen zuerst beseitigt bzw. behandelt werden, bevor die Anämie behandelt wird. Manchmal reicht es schon, die Ursachen zu beheben, und der Körper hat wieder genug Kraft, um in ein bis zwei Monaten die Anämie zu überwinden. Als sofortige Behandlung kann man ein eisenhaltiges Ergänzungsfutter und Vitamine der B-Gruppe füttern. Vitamin B 12-Injektionen kurbeln die Hämoglobin-Produktion an.

Gewöhnlich läßt sich eine Anämie durch gute Stallhygiene, einschließlich regelmäßiger Entwurmung, und eine ausgewogene Ration mit Qualitätsfuttermitteln vermeiden.

# Atemwegsprobleme

## Chronisch Obstruktive Bronchopneumonie

(obstructive pulmonary disease – O.P.D.)
Ohne zu atmen, kann das Pferd nicht leben. Jede Einschränkung der Atmung führt zu enormem Leistungsabfall. Seit langem schon ist es bekannt, daß Pferde in staubigen Ställen husten und daß sie, wenn dieser Zustand nicht geändert wird, letztendlich dämpfig werden.

Ursachen und Symptome
Umfangreiche Studien haben gezeigt, daß einige Pferde empfindlich auf die Pilzsporen in schlecht konserviertem Heu und Stroh reagieren, besonders auf Aspergillus fumigatus und Micropolyspora faeni. Werden die Sporen eingeatmet, lösen sie einen ganz normalen Abwehrmechanismus aus, d. h. die zu den Lungen führenden Bronchien und Bronchiolen ziehen sich zusammen, um ein weiteres Eindringen dieser Partikel in die Lunge zu verhindern. Das geht gewöhnlich einher mit Husten, wobei die Sporen herausgeschleudert werden. Danach nehmen die Bronchien wieder ihre normale Größe an.
Bei Pferden, die besonders empfindlich gegenüber Pilzsporen sind, gehen die Bronchiolen nicht mehr auf die normale Größe zurück und vom Körper freigesetzte Substanzen rufen eine entzündliche Reaktion, Schwellungen (Ödeme) und vermehrte Schleimbildung hervor, was die Luftwege in der Lunge reduziert. Wenn die Luftwege auf diese Art verengt sind, spricht man von Atemwegsverengungen (Abb. 42). Der Widerstand gegen den Luftstrom wird größer, das Ausatmen dauert länger. Das nächste Einatmen beginnt unter Umständen schon, bevor vollkommen ausgeatmet wurde. Luft bleibt in den Alveolen zurück, wodurch sie nach dem nächsten Einatmen überfüllt sind. Dies ist charakteristisch für Dämpfigkeit (Lungenemphysem).

Die Auswirkungen dieses Zustandes können ernster Natur sein. Statt kaum merkbarer Atemtätigkeit muß das Pferd jetzt körperliche Anstrengungen unternehmen, um die eingeatmete Luft wieder aus dem Körper zu transportieren. Das führt zum Keuchen, einem zweiphasigen Ausatmungsversuch, und schließlich kommt es aufgrund der Überentwicklung der für die Ausatmung benötigten Muskeln zur Entstehung der »Dampfrinne«, die zwischen den Rippenenden und dem Leib verläuft (Abb. 43).
Das Pferd hat zudem einen chronischen, rauhen Husten bei erhöhter Atemfrequenz. Die Leistungsfähigkeit geht drastisch zurück.
Der Stallstaub enthält auch Mikroorganismen, die eine Entzündung der Bronchien (Bronchitis) und Bronchiolen (Bronchiolitis) hervorrufen, und winzige Staubpartikel, die die Auskleidung der Luftröhre irritieren und schädigen und dadurch Husten auslösen.

Behandlung
Glücklicherweise kann O.P.D. behoben werden, wenn sie sofort behandelt wird. Beim richtigen Einsatz von Medikamenten und Stallhygiene kann das Pferd später wieder normal gearbeitet werden.
Zur Stallhygiene gehört auch, daß das Pferd in einer so weit als möglich staubfreien Umgebung lebt. Drei Aspekte verdienen dabei besondere Aufmerksamkeit:
– Belüftung
– Einstreu
– Fütterung.
Ein trockener, sauberer und luftiger Stall ist die erste Voraussetzung. Die Belüftung sollte so aussehen, daß die Luft im Stall sechsmal pro Stunde ausgetauscht wird. Das bedeutet, daß der Stall abgesehen von der Tür einen Lufteinlaß und im oberen Teil einen Luftauslaß hat. Spinnweben und

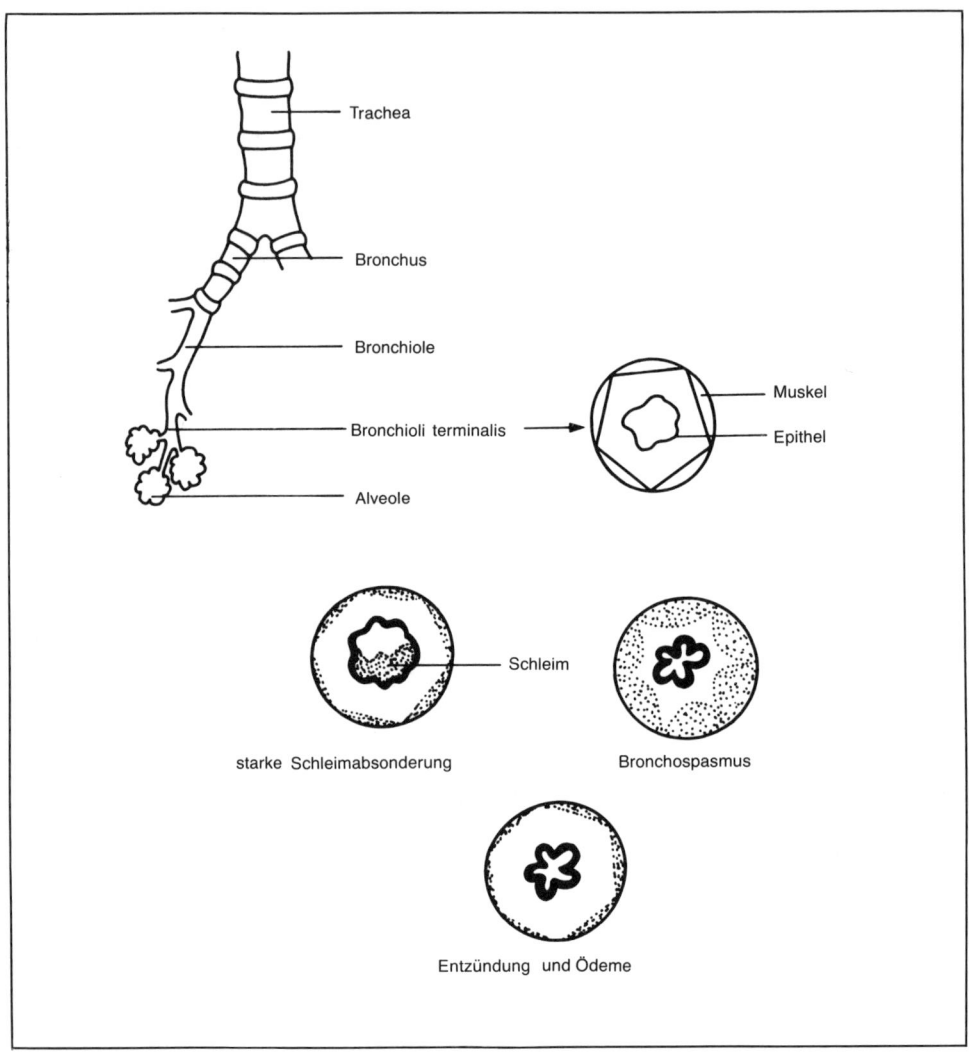

Trachea

Bronchus

Bronchiole

Bronchioli terminalis

Alveole

Muskel

Epithel

Schleim

starke Schleimabsonderung

Bronchospasmus

Entzündung und Ödeme

**42** Normale und verengte Luftwege der Lunge

Staub sollten nicht zu finden sein. Der Stall sollte nicht in Windrichtung von staubenden Einrichtungen, etwa einer Scheune, liegen.

Stroh ist nicht die geeignete Einstreu für ein an O.P.D. erkranktes Pferd. Alternativen sind Papierschnitzel, Torf oder Sägespäne. Die gesamte nasse Einstreu muß beim Misten entfernt werden, denn nach ein paar Tagen bildet uringetränktes Papier den idealen Nährboden für Pilzwachstum und Sporenbildung.

Eine dicke Matratze ist ebenfalls nicht ideal für ein Pferd mit O.P.D. Alleinfutter-Pellets und Gärheu sind sporenfreie Alternativen zum Heu. Beide sind teuer, und Pellets können obendrein zu Langeweile und anderen Problemen aufgrund der rauhfutterlosen Ration führen. Gärheu muß sorgfältig gelagert und innerhalb von drei Tagen

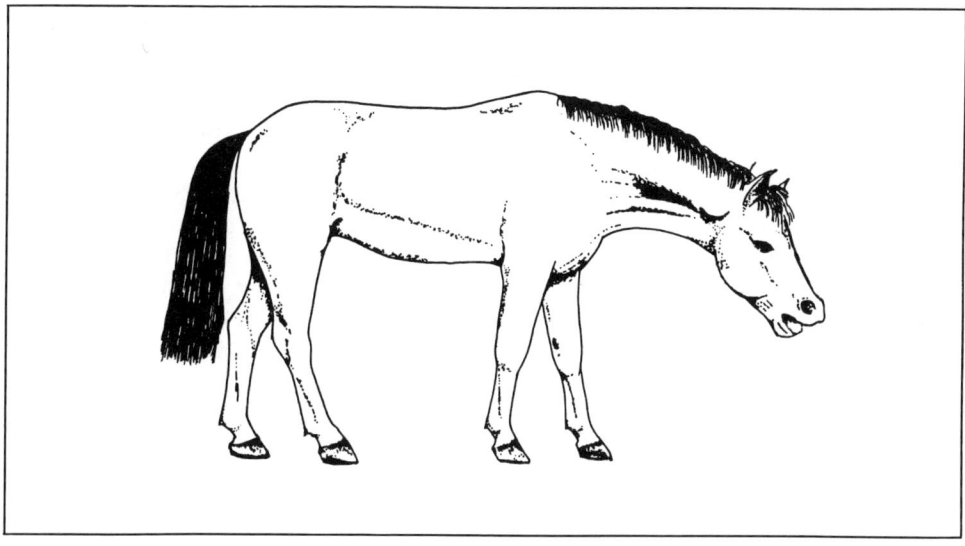

**43**   Die Dampfrinne

nach Öffnen der Verpackung aufgebraucht werden. Das Einweichen des Heus ist ebenfalls eine erfolgversprechende, wenn auch zeitraubende Methode, vorausgesetzt, es handelt sich um Qualitätsheu. Diese Methode eignet sich übrigens nicht dazu, schlechtes Heu schmackhafter zu machen. Die Meinungen der Tierärzte gehen auseinander, ob das Heu 24 Stunden eingeweicht werden sollte oder ob ein 10minütiges gründliches Eintunken ausreicht.

Ein guter Kompromiß ist sicherlich, das Heu für die morgendliche Fütterung am Abend vorher in Wasser zu legen und das Heu für abends am Morgen, d. h. das Heu ist 8 bis 12 Stunden im Wasser.

Allein schon das Vorbeitragen von Heu und Stroh an dem erkrankten Pferd kann Symptome hervorrufen, so daß das Pferd am besten einzeln untergebracht werden sollte.

## Medikamentöse Behandlung

Manchmal wird das Pferd Schimmelpilzsporen z. B. auf einem Turnier oder einer anderen Veranstaltung ausgesetzt. Hier ist eine medikamentöse Behandlung sinnvoll.

Die drei am häufigsten eingesetzten Medikamente sind:
– Mukolytika (schleimlösende Mittel)
– Spasmolytika (krampflösende Mittel)
– Antiallergika.

Schleimlösende Mittel, wie etwa Bisolvon, verringern die Viskosität des von den Bronchiolen abgesonderten Schleims. Das Pferd kann den Schleim besser abhusten und seine Atemwege davon befreien.

Ein Antispastikum wie etwa Ventipulmin, bewirkt eine Entkrampfung der Bronchiolen, so daß die Luft wieder besser in und aus der Lunge gelangen kann.

Ein Antiallergikum, z. B. Chromovet, bewirkt, daß die allergischen Zellen für max. 10 Tage desensibilisiert werden.

Mit diesen Medikamenten und der entsprechenden Stallhygiene sollte ein Pferd mit O.P.D. in der Lage sein, Spitzenleistungen zu vollbringen. Aber wahrscheinlich gibt es viele Pferde, die unter subklinischen Symptomen leiden. Es ist daher eine gute Maßnahme, alle Sportpferde auf Sägespäne zu stellen und nasses Heu zu füttern, um solchen Problemen von Anfang an vorzubeugen.

## Atemwegsviren

Viren sind sehr kleine, lebende Partikel, die bei Pflanze, Mensch und Tier Infektionen und Krankheiten verursachen. Im Gegensatz zu Bakterien werden sie nicht durch Antibiotika zerstört. Die drei häufigsten Viruserkrankungen bei Pferden sind:
- Influenza
- Rhinopneumonitis
- Adenovirus-Infektion.

Typischerweise werden immer mehrere Pferde zur gleichen Zeit von diesen Viren befallen. Viele ältere Pferde haben die Erkrankung schon hinter sich und sind mittlerweile immun gegen eine erneute Infektion. Daher sind besonders jüngere Pferde empfänglich für die Atemwegserkrankungen. Besonders in Rennställen ist »das Virus« gefürchtet. Aber wenn eine Mutationsform des Virus (genetisch verändert) auftritt, sind alle Pferde betroffen und auch die älteren sind nicht mehr dagegen gefeit.

Die verschiedenen Viren äußern sich alle mit ähnlichen Symptomen. Die Diagnose wird aufgrund von Untersuchungen der Antikörpertiter in zwei Serumproben (in Abständen von 10 Tagen) gestellt. Das Virus kann aus einem Nasentupfer isoliert werden. Zu den Symptomen gehören ein bis drei Tage Fieber (39–41 °C), Teilnahmslosigkeit und Appetitmangel, Nasenausfluß und Husten.

Das Virus befällt die auskleidenden Zellen von Luftröhre, Nüstern und Lungen und führt zu einer akuten Entzündung. Antibiotika wirken nicht gegen Viren, können aber vorbeugend gegen bakterielle Infektionen, die das von der Virusinfektion geschwächte Pferd befallen können, eingesetzt werden. Das Pferd sollte in seiner Box bleiben (die natürlich sauber und luftig ist) und warm gehalten werden, bis seine körpereigenen Abwehrkräfte den Virusangriff bewältigt haben.

Man darf jedoch nicht vergessen, daß der von den Viren innerlich angerichtete Schaden erst ausgeheilt ist, wenn die klinischen Symptome seit mehr als drei Wochen abgeklungen sind. Eine Faustregel ist, das Pferd für jeden Tag Fieber eine Woche stehen zu lassen. Wird zu früh mit der Arbeit begonnen, d. h. bevor der Husten vollkommen verschwunden ist, verursachen die Virusgeschwüre in Nüstern und Kehlgang eine Infektion, die wiederum hohes Fieber, eiterähnlichen Nasenausfluß und bei starker Belastung sogar eine Brustfellentzündung hervorruft. Will man also dauerhafte Schäden vermeiden, so bleibt das Pferd auch nach einer scheinbar harmlosen Infektion der Atemwege mindestens drei bis vier Wochen stehen.

### Influenza (Seuchenhafter Husten)

Seuchenhafter Husten ist eine äußerst ansteckende Atemwegserkrankung, die durch den in mehreren Formen auftretenden Myxovirus verursacht wird. Der Husten kann in milder Form (kaum bemerkbar) auftreten, aber auch in heftigerer Form – je nach Alter und Kondition des Pferdes und Typ des Virus. Nach einer kurzen Inkubationszeit bekommt das Pferd für ein bis drei Tage Fieber und den charakteristischen Husten. Dieser trockene, stoßweise Husten geht bald in seltener auftretende, feuchte Hustenanfälle über, die aber hartnäckig einige Wochen anhalten. Das Pferd kann wässrigen Nasenausfluß haben und leidet etwa zwei bis sieben Tage lang an Schwäche, Steifheit, Appetitmangel und Teilnahmslosigkeit. Eine bakterielle Sekundärinfektion ist selten, kann aber durchaus auftreten und führt dann zu Lungenentzündung, chronischer Bronchitis, Emphysem und Herzmuskelentzündung. Der seuchenhafte Husten kann sehr gut durch die gestiegene Anzahl an Antikörpern im Blut zwischen akutem und Rekonvaleszenzstadium nachgewiesen werden. Die auf dem Markt befindlichen Impfstoffe haben das Auftreten und auch die Schwere der Fälle von seuchenhaftem Husten schon stark reduziert. Für viele ist Impf-Prophylaxe leider immer noch ein

Fremdwort, denn in vielen Ställen wird dieses Thema sehr nachlässig behandelt. Eine Impfung ist für jedes Pferd empfehlenswert, das mit fremden Pferden zusammenkommt, etwa bei Jagden, und obligatorisch bei vielen Pferdesportarten, wie Galopprennen, Distanzritten und Springprüfungen. Die Impfvorschriften im Rennsport sind jedoch nicht einheitlich.

## Equines Herpesvirus 1 (Rhinopneumonitis)

Dieses Virus ruft dem seuchenhaften Pferdehusten ähnliche Symptome einer Atemwegserkrankung hervor. Eine bakterielle Sekundärinfektion kann in schweren Fällen zu eiterähnlichem Nasenausfluß führen, aber das Pferd erholt sich normalerweise in 10 bis 21 Tagen.

Bei Herpes-Myelitis (Rückenmarkentzündung) kann es zu unkoordinierten Bewegungen der Hinterhand oder sogar Lähmungserscheinungen kommen. Dieses Virus kann auch zu dem bekannten Syndrom »Leistungsabfall«, der mindestens 10 Tage andauert, führen.

## Adenovirus

Dieses Virus befällt die oberen Atemwege und die Augenbindehaut. Es führt zu Schleimabsonderungen von Nase und Augen und Husten, Fieber usw. Bei Fohlen kann der Tod eintreten.

Equines Herpesvirus 1 und Adenovirus können in einer milden Form auftreten, die man »Rotznase« nennt. Das Fieber wird nicht bemerkt, nur der Nasenausfluß. Bei Fohlen und Jährlingen tritt das häufig auf und dauert manchmal Monate an. Bei erwachsenen Pferden kommt diese leichte Form allerdings nur selten vor.

## Epistaxis (Nasenbluten)

An Epistaxis erkrankte Pferde bluten aus den Nüstern. Das Bluten rührt aus unterschiedlichen Gründen von den Schleimhäuten der Nasenhöhlen, Kehlgang, Luftsack oder Lungen her:

1 Infektion des Luftsacks, meist durch Schimmelpilze.

2 Wenn das Pferd aus irgendwelchen Gründen seinen Atem anhält oder unregelmäßig atmet, ist der Luftstrom behindert und die Luft kann sich in den Lungen stauen. Das führt dazu, daß sich die Alveolen mit Luft füllen und der Blutstrom aus den Lungen sich verlangsamt. In den Venen entsteht ein Gegendruck, die Wände der Blutgefäße werden beschädigt und bluten in die Lungen. Die Theorien über die Ursachen von Lungenblutungen ohne vorherige Erkrankung bedürfen noch ausreichender Beweise.

3 Unzureichende Erholungsphase nach einer Erkrankung an seuchenhaftem Husten. Die Verletzungen an den Atemwegen bluten, wenn das Pferd galoppiert.

4 Siebbeinhämatom.

Es gibt kein zuverlässiges Mittel gegen Nasenbluten, u. U. helfen gerinnungsfördernde Mittel, Vitamin C und Antibiotika. Nur wenn man dem Pferd lange genug Ruhe gönnt, können diese Verletzungen abheilen.

## Leistungsabfall

Es gibt noch viele andere Viren, die das Pferd befallen können. Wenn ihre Symptome auch weniger dramatisch und unauffälliger sind, so sind sie doch die Ursache dafür, daß das Pferd plötzlich nicht mehr die erwarteten Leistungen bringt (Leistungsabfall). Viele Trainer lassen bei ihren Pferden regelmäßig Blutproben nehmen und lassen sie nur an den Start gehen, wenn »das Blut in Ordnung ist«. Es ist jedoch ein weitverbreiteter Irrglaube, daß eine Blutuntersuchung dabei hilft, eine Viruserkrankung festzustellen, bevor die klinischen Symptome in Erscheinung treten. Die in der Blutprobe untersuchten Parameter sind die Gesamtzahl der weißen Blutkörperchen und das Differentialblutbild. Sie reflektieren die Reaktion des Pferdes auf die Infektion, und daher gibt es immer eine Zeitverzögerung.

# Hitzschlag und Austrocknung

Großbritannien hat wahrscheinlich das beste Klima der Welt für Sportpferde – auch während der manchmal langen Winter- und rauhen Frühlingsperiode sollte man das nicht vergessen. In letzter Zeit jedoch nehmen unsere Pferde unter heißen und feuchten Klimaverhältnissen an Turnieren teil. Das Klima ist manchmal so schlecht, daß man sich um das Wohlergehen der Pferde sorgen muß. Die Military-Saison wird immer länger, und die Sommerpause verschwindet mehr und mehr, so daß die Vielseitigkeitspferde öfter im Sommer, wenn die Temperaturen am höchsten sind, gestartet werden. Aber auch die Pferde, die im Sommer bei hohen Temperaturen und feuchtem Klima lediglich gearbeitet und transportiert werden, z. B. Springpferde und Distanzpferde, sind betroffen.

## Wärmeverlust

Während einer Belastung der Muskulatur entsteht sehr viel Wärme. Bei einer Herzfrequenz von 140–160/Minute würde die Körpertemperatur alle drei Minuten um 1 °C steigen, wenn der Körper keine Wärmeregulierung hätte. Im Normalfall wird die Körpertemperatur des Pferdes in einem sehr engen Bereich von Sensoren im Körper konstant gehalten, die Reflexe zur Senkung oder Erhöhung auslösen. Wenn diese Regelvorgänge durch extreme Umstände versagen, steigt die Körpertemperatur entweder an oder sie sinkt ab und das Pferd wird krank. Hält dieser Zustand an, kann das Pferd sterben.

## Möglichkeiten der Wärmeabgabe

Es gibt drei Wege, wie das Pferd Körperwärme abgeben kann:

**1 Die Haut:** Das Kreislaufsystem bringt Wärme von der Muskulatur an die Oberfläche. Die Blutgefäße unter der Haut dehnen sich aus und Wärme wird an die Umgebung abgegeben (Abb. 44).

**2 Die Lungen:** Die ausgeatmete Luft ist relativ warm und hat einen hohen Wasseranteil (höher als in der eingeatmeten Luft). Das Ausatmen ist eine gute Methode, um Wärme abzugeben, besonders für Tiere, die nicht schwitzen können, z. B. hechelnde Hunde. Ein Pferd hechelt nur unter

Querschnitt durch die Haut

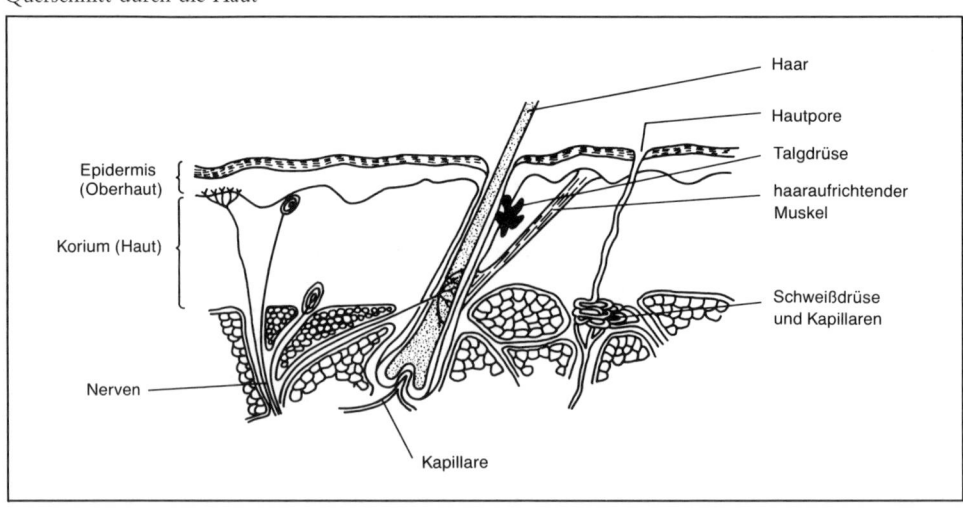

- Epidermis (Oberhaut)
- Korium (Haut)
- Nerven
- Kapillare
- Haar
- Hautpore
- Talgdrüse
- haaraufrichtender Muskel
- Schweißdrüse und Kapillaren

Tabelle 5   Wärmeabgabefähigkeit bei verschiedenen effektiven Temperaturen

| Umgebungstemperatur plus relativer Luftfeuchte | effektive Kühlung |
|---|---|
| unter 54° C | kein Problem |
| über 60° C | verstärktes Schwitzen |
| über 66° C | effektives Schwitzen eingeschränkt |
| über 82° C | unzureichende Kühlung über die Haut, Pferd hechelt |

extremen Umständen, wenn die Kühlung über die Haut nicht ausreicht. Es kann 200mal pro Minute hecheln, um die Wärmeabgabe zu beschleunigen.

**3 Schwitzen:** Beim Schwitzen wird die von den Schweißdrüsen abgesonderte Flüssigkeit an der Hautoberfläche verdampft (Abb. 44). Die Wärme geht verloren, wenn der Schweißdampf in die Luft übergeht, so daß die Oberfläche, auf der er verdampfte, kühler zurückbleibt. Schwitzen ist eine sehr effiziente Kühlmethode. All diese Methoden sind noch wirkungsvoller, wenn Lufttemperatur und -feuchtigkeit niedrig sind und die Luft sich bewegt, d. h. wenn ein leichter Wind weht. Jegliche Isolierung, wie z. B. Decke, Sattelzeug, ein dickes Fell und Fett, erschwert die Wärmeabgabe. Wenn das Fell naß ist, das Pferd also sichtbar schwitzt, dann findet keine effektive Wärmeabgabe statt, da der Schweiß nicht schnell genug verdampft. In feuchtem Klima, wo die Luft schon einen hohen Wasseranteil hat, ist effektives Schwitzen nur schwer möglich – eine Gefahr für Sportpferde. Bei den Kli-

mabedingungen ist aber nur die effektive Temperatur von Bedeutung, d. h. die Kombination von Umgebungstemperatur und relativer Luftfeuchte (Wassergehalt der Luft). Tabelle 5 oben zeigt die Wärmeabgabefähigkeit (effektive Kühlung) bei verschiedenen effektiven Temperaturen.

**Austrocknung durch Schwitzen**

Pferdeschweiß ist sehr reich an Elektrolyten, den im Blutplasma enthaltenen Mineralsalzen (Schweiß wird aus dieser Blutflüssigkeit gebildet). Elektrolyte müssen im richtigen Verhältnis im Körper vorhanden sein, damit der normale Stoffwechsel stattfinden kann. Der Elektrolytgehalt im Pferdeschweiß ist 10mal so hoch wie im Schweiß des Menschen (Tabelle 6), und die Elektrolyte sind hier konzentrierter als im Blutplasma anzutreffen. Das bedeutet, daß es für den Menschen, den Marathonläufer z. B., wichtig ist, seinen Wasserhaushalt zu ergänzen, beim Pferd ist es jedoch ebenso wichtig, Elektrolyte zu ersetzen.

Pferdeschweiß ist außerdem sehr eiweiß-

Tabelle 6   Die Zusammensetzung von Schweiß

| | Natrium (Na) Gramm/Liter | Kalium (K) Gramm/Liter | Chlorid (Cl) Gramm/Liter |
|---|---|---|---|
| Plasma | 140 | 3,5–4,5 | 100 |
| Schweiß des Menschen | 10–60 | 4–5 | 10–60 |
| Pferdeschweiß | 130–190 | 20–50 | 160–190 |

reich – 15 bis 20 gr/l im Vergleich zu Blutplasma mit 60 gr/l. Diese Eiweiße werden in den Schweißdrüsen gespeichert und nur zu Beginn des Schwitzens freigesetzt. Aufgrund seiner reinigenden Eigenschaften kann der Schweiß die Haare entlanggleiten, wodurch das Schwitzen effektiver wird. Diese Eiweiße verursachen den weißen, schäumenden Schweiß bei stark schwitzenden Pferden, wie man es z. B. bei Rennpferden im Führring beobachten kann. Die Niere regelt den Wasser- und Elektrolytgehalt im Körper, indem sie Zusammensetzung und Menge des Urins ändert. Die Verluste von Wasser und Elektrolyten durch Schwitzen und Hecheln können von der Niere nicht beeinflußt werden und müssen durch Füttern und Tränken ersetzt werden. Ein Pferd kann innerhalb einer Stunde bei starker Belastung in heißer Umgebung bis zu 15 Liter Schweiß verlieren. Wird diese Menge nicht ersetzt, kann das Pferd austrocknen. Ein Pferd hat also enorme Probleme, normale physiologische Bedingungen in seinem Körper aufrechtzuerhalten, wenn es in feuchtem, heißem Klima gearbeitet wird.

## Auswirkungen von Flüssigkeits- und Elektrolytverlust

Wenn ein Pferd 22 Liter Flüssigkeit ausgeschwitzt hat und diese nicht durch Trinken ersetzt worden sind, leidet es unter Austrocknung (Dehydratation). Blutplasma (extrazelluläre Flüssigkeit) und Flüssigkeit aus dem Zellinnern (interzelluläre Flüssigkeit) sind abgegeben worden und fehlen jetzt dem Körper. Die Zellfunktionen sind gestört, ebenso Gewebe- und Organfunktionen. Die Blutversorgung ist herabgesetzt, und das Blut ist konzentrierter und dicker.

Das hat vier Auswirkungen:

**1** Mit abnehmendem Blutvolumen schwitzt das Pferd weniger, wodurch die Körpertemperatur ansteigt.

**2** Die Sauerstoffkapazität des Bluts nimmt ab. Die Muskeln leiden an Sauerstoffunter-versorgung und um weiter funktionieren zu können, benötigen sie eine alternative Energiequelle. Die in den Muskeln gespeicherte Energie wird ohne den Einsatz von Sauerstoff freigesetzt (anaerobe Atmung). Milchsäure wird gebildet, was zum Versagen und möglicherweise sogar zur Zerstörung von Muskelfasern führt. Das macht sich bemerkbar durch Azoturie, Nieren- oder Kreuzverschlag. Eventuell äußert das Pferd auch Anzeichen von Kolik.

**3** Da die Kühlung durch die Haut versagt, beginnt das Pferd zu hecheln. Ist die Herzfrequenz höher als die Pulsfrequenz, leidet das Pferd unter Hitzestreß, denn der Körper wird zu warm. Der Tierarzt sollte gerufen werden.

**4** Beim Schwitzen gehen Elektrolyte verloren, was einige der typischen Anzeichen von Austrocknung und Erschöpfung hervorruft, nämlich Muskelflattern und Singultus (Schluckauf durch schnelles Zusammenziehen des Zwerchfells, wobei das Herz in den Flanken zu schlagen scheint).

## Temperatur

Die normale Körpertemperatur des Pferdes beträgt 38 °C. Während der Belastung kann das Pferd etwas Hitze im Körperinnern speichern, so daß die Temperatur im Innern steigt. Es ist nicht ungewöhnlich, daß ein Pferd nach Phase C 39 °C und nach Phase D einer Vielseitigkeitsprüfung 40 °C hat. Solange die Temperatur bei sehr heißem Wetter nicht über 40 °C liegt oder weiter steigt oder konstant hoch bleibt, besteht kein Grund zur Besorgnis. Ein waches, munteres Pferd darf Phase D mit dieser Temperatur beginnen. Ein Pferd mit einer Temperatur von 41 °C darf auf keinen Fall weiter eingesetzt werden. Man bedenke, bei all diesen Temperaturen handelt es sich um Rektaltemperaturen. Die Temperatur im Körperinnern liegt ca. 2 °C höher. Ab 45 °C sterben Muskelfasern ab. Ein Pferd, dessen Temperatur 45 °C übersteigt, wird Muskelschäden davontragen – wenn es überhaupt überlebt.

## Diagnose der Austrocknung

Austrocknung läßt sich feststellen durch:
- den Hautfaltentest
- auf biochemische Art.

Wenn man ein Stück Haut kneift und sich diese Hautfalte nicht gleich wieder glättet, leidet das Pferd an Austrocknung. Am einfachsten läßt sich dieser Test an Schulter oder Hals machen.

Austrocknung läßt sich auch durch eine Blutprobe nachweisen, bei der der Proteingehalt im Plasma gemessen wird. Aber eine solche Blutuntersuchung braucht ihre Zeit und die hat man nicht immer.

## Vorbeugende Maßnahmen gegen Hitzschlag, Erschöpfung und Austrocknung

Jeder Reiter sollte die Symptome von Austrocknung und Erschöpfung kennen. Einige der ernsteren Symptome wie Hecheln, Muskelflattern und Singultus sind schon erwähnt worden. Müdigkeit wird normalerweise von allgemeiner Mattigkeit und Desinteresse am Futter oder Grasen begleitet. Wenn die Muskeln nicht ausreichend mit Sauerstoff versorgt werden, atmet das Pferd so langsam, daß es oft weniger als einen Atemzug pro Galoppsprung macht. Ist das Pferd obendrein stark erhitzt, macht es viele kurze Atemzüge zwischen den langen Atemzügen, bis der Sauerstoffbedarf gedeckt ist. Das Pferd hechelt jetzt fast ständig.

Auf Austrocknung weisen auch Flächen von dickem Schweiß hin. Das ist sehr gefährlich, denn das Pferd ist jetzt der Gefahr einer Überhitzung ausgesetzt. Lidbindehäute und Zahnfleisch verlieren an Farbe. Drückt man mit dem Finger auf das Zahnfleisch, dauert es sehr lange, bis es sich wieder normal färbt. Das deutet darauf hin, daß das Blut zu dick ist für die engen Blutgefäße und langsamer fließt. Nimmt man eine Hautfalte am Hals zwischen Daumen und Zeigefinger und dauert es länger als 5 Sekunden, bis sich die Haut wieder geglättet hat, so kann man davon ausgehen,

daß das Pferd mittelmäßig bis stark ausgetrocknet ist. Der Reiter kann diesen einfachen Test unterwegs machen.

Tritt eines der genannten Symptome auf, muß der Reiter das Tempo zurücknehmen und so schnell wie möglich den Rat eines Tierarztes einholen, ob er weiterreiten soll oder nicht. Solche Probleme lassen sich am besten vermeiden, wenn man folgende Punkte sorgfältig beachtet:
- das Pferd,
- seine Vorbereitung,
- den Einsatz seiner Kräfte während der Prüfung.

Das Pferd sollte der geeignete Typ für die geforderte Leistung sein. Viele Distanzpferde sind Araber oder arabischer Abstammung, die erfolgreichsten sind nur etwa 1,53 m groß. Die besten Pferde für eine Große Vielseitigkeit sind wohl die Vollblüter oder Pferde mit 7/8 Blutanteil, schlanke, athletische Typen mit raumgreifenden, fließenden Bewegungen.

Das Ziel der Vorbereitung ist es, das Pferd in die Lage zu versetzen, seelisch ausgeglichen und in normaler physiologischer Verfassung die geforderten körperlichen Anforderungen zu erfüllen. Aber selbst während des Trainings besteht das Risiko der Austrocknung. Das Defizit im Wasserhaushalt des Körpers kann innerlich auftreten – z. B. durch stundenlanges Stehen im heißen LKW. Ein trainiertes Pferd sollte jede Stunde Wasser angeboten bekommen, besonders wenn es schon gearbeitet wurde. Man muß darauf achten, daß es das Wasser, das ihm während des Aufenthalts auf einem Turnier angeboten wird, auch säuft. Das bedeutet, Wasser von zu Hause mitnehmen oder dem Futter Speisesalz oder Rübenmelasse zugeben, damit auch das zaghafte Pferd besser säuft.

Kurz vor und während einer Prüfung bedarf das Pferd besonderer Fürsorge. Dem Vielseitigkeitspferd wird am Geländetag bis etwa eine Stunde vor Phase A Wasser angeboten. Der Pferdemagen leert sich sehr schnell und deshalb ist es nicht nötig, dem Pferd lange Zeit vor dem Start schon kein Wasser mehr zu geben. Hat das Pferd in seiner Box freien Zugang zu Wasser, wird es sowieso nicht zuviel auf einmal saufen.

Wenn möglich, sollte das Pferd nach Phase C nicht in aller Eile auf den Hänger gebracht werden. Das Pferd muß sich erholen und die Zwangspause würde so ihren Wert verlieren. Man bedenke, daß es bei der tierärztlichen Kontrolle noch 25 m traben muß. Man führt es also erst einmal ein paar Hundert Meter im Schritt. Im Hänger läßt man es nicht einfach stehen und steif werden. Unter normalen Umständen trägt man mit einem Schwamm Wasser auf Hals und Beine auf und läßt es verdampfen. Nicht durch das Wasser wird das Pferd abgekühlt, sondern durch das Verdampfen von der Haut. Man nimmt warmes Wasser, denn dadurch bleiben die Blutgefäße unter der Haut geöffnet. Bei kaltem Wasser könnten sie sich zusammenziehen, die Hitze kann nicht mehr optimal abgegeben werden und staut sich. Sobald das Pferd trocken ist, wird erneut Wasser aufgetragen.

Bei heißem Wetter wird das Pferd am ganzen Körper naß gemacht, mit Ausnahme von Kruppe und Lenden, denn das könnte zu Steifheit der Rückenmuskulatur oder sogar Verschlag führen. Für Ausnahmefälle sollte man Eis bei sich haben und es auf Kopf, Hals und die Innenseiten der Beine auflegen, denn an diesen Stellen kann es das Blut unter der Hautoberfläche kühlen. Ein Gemisch aus Spiritus und Wasser kühlt und reinigt sehr effektiv. Wenn die Satteldecke mit Schweiß vollgesaugt ist, wird sie gegen eine trockene Satteldecke ausgetauscht. Man bietet dem Pferd ein Maulvoll Wasser an – mehr Wasser ist nur ein unnützer Ballast im Magen in Phase D der Geländeprüfung, denn während der Geländestrecke kann der Magen nicht viel Wasser verarbeiten. Man kann auch stattdessen das Maul des Pferdes mit einem nassen Schwamm auswischen.

Nach diesen Vorbeugemaßnahmen hat das Pferd mehr Chancen, den anspruchsvollen Kurs zu absolvieren, ohne wesentlich unter der Hitze zu leiden.

Nach der Geländestrecke wird das Pferd genauso versorgt wie während der 10-minütigen Zwangspause. Es sei hier nochmals betont, wie wichtig es ist, das Pferd im Schritt zu führen – das unterstützt die Blutzirkulation und den Abbau von Stoffwechselnebenprodukten, die während des Galopps entstehen, und trägt auch zur Abkühlung des erhitzten Pferdes bei. Das Pferd wird mit dem Schwamm abgerieben und ruhig geführt, bis Puls- und Atemfrequenz langsam wieder normal sind. Jede Viertelstunde werden dem Pferd 4 Liter Wasser angeboten (das wird in einem späteren Kapitel ausführlich erläutert). Aber man darf nicht vergessen, daß ein erschöpftes und möglicherweise ausgetrocknetes Pferd lange Zeit (bis zu einer Minute) braucht, um sich zu entschließen zu saufen. Man sollte also immer etwas warten und den Wassereimer nicht zu schnell wieder wegnehmen.

Ist das Klima sehr heiß und das Pferd nicht an eine solche Hitze gewohnt, z. B. britische Pferde in Kentucky oder Kalifornien, kann die Austrocknung schon einsetzen, bevor die eigentliche Prüfung beginnt. Es ist ganz hilfreich, den Stall kühl zu halten, indem man das Dach mit Wasser bespritzt und an den Türen Ventilatoren anbringt, um einen leichten Wind zu erzeugen. Man kann dem Pferd auch Elektrolyte geben, worauf später noch detaillierter eingegangen wird.

Kühlung und ausreichend Wasser sind auch für das Distanzpferd von größter Bedeutung. Vor dem Ritt muß es in Box und Paddock Wasser zur freien Verfügung haben. Dann ist es weder nötig, das Pferd vor dem Füttern oder der Arbeit extrem saufen zu lassen, noch ist das Pferd zu Beginn der Arbeit durstig.

Während der Prüfung sollte das Pferd möglichst nicht allzu durstig werden. Das ist jedoch aufgrund des Tempos, der Strecke oder des Wetters nicht immer möglich, so daß das Pferd nicht immer so fit an einem Tränkeplatz ankommt, daß es das gesamte Wasser, das es braucht, ohne Pause trinken kann. In einem solchen Fall sollte man warten und das Pferd mit Unterbrechungen trinken lassen, bis sein Durst gestillt ist. Kann es seinen Durst nicht löschen, ist das Pferd am nächsten Tränkeplatz noch durstiger.

Es wird empfohlen, daß 15 bis 20 Schlucke gefolgt von einer einminütigen Pause erlaubt sein sollen. Danach soll das Pferd einige 100 m im Schritt geritten werden, damit das Wasser im Magen Zeit hat, sich zu erwärmen. Wenn man sich an diese Methode hält, ist es nicht gefährlich, einem erhitzten Pferd kaltes Wasser zu geben.

Bei einem Halt wird das Pferd wie vorher beschrieben abgewaschen, besonders gründlich wird der Bereich von Satteldecke und -gurt gesäubert. Beine und Sattelgegend kann man mit Methyl-Alkohol abreiben, um den Kreislauf zu beleben. Methyl-Alkohol verfliegt schnell und wirkt erfrischend und belebend. Auch Nüstern, Augen und Schweifrübe werden mit klarem Wasser abgeschwammt.

Konnte das Pferd während des Ritts genügend saufen, so dürfte es nicht übermäßig durstig sein, wenn es am Halt ankommt. Man gibt ihm alle 5 Minuten 2 bis 3 Liter, bis sein Durst gestillt ist. Bleibt es in Bewegung, kann es ruhig kaltes Wasser bekommen, aber die meisten Reiter geben ihrem Pferd kein allzu kaltes Wasser.

Elektrolyte gibt es als Pulver oder in flüssiger Form. Sie werden in Wasser aufgelöst und dem Pferd vor, während und nach der Prüfung gegeben, um die durch das Schwitzen verlorengegangenen Elektrolyte zu ersetzen. Wie schon erwähnt, enthält manche Ration zu wenig Salz, und wenn das Pferd schwitzt, leidet es schnell an einem Mangel an Natriumchloriden. Dieser Mangel kann durch einen Leckstein behoben werden – für stark belastete Pferde reicht das zwar nicht aus, aber man kann davon ausgehen, daß sich die Salzwerte des Pferdes erhöhen. Nach der Prüfung kann es 5 bis 6 Tage dauern, bis die Kaliumverluste durch starkes Schwitzen wieder ausgeglichen worden sind. Kaliumdefizit gilt als einer der Auslöser von Azoturie beim Menschen und kann auch bei Pferden eine große Rolle spielen. Es gibt Meinungen, daß die Gabe von Elektrolyten den Körper darauf trainiere, gar nicht mehr zu versuchen, seine Defizite über die Ration auszugleichen, und daß eine von vornherein korrekte Fütterung ausreiche. Elektrolyte werden am besten ein paar Tage vor, während und ein paar Tage lang nach einer starken Belastung unter heißen, feuchten Bedingungen gegeben.

# Endoparasiten

Jeder Pferdehalter sollte wissen, daß kein Pferd Höchstleistungen erbringen kann, wenn es an Wurmbefall oder den Schäden durch vorausgegangenen Wurmbefall leidet. Regelmäßige Entwurmung ab dem Fohlenalter von 6 Wochen ist während des ganzen Pferdelebens erforderlich. Das Pferd ist Wirt einer großen Vielzahl von Endoparasiten, wovon hier nur die wichtigsten besprochen werden – nämlich große und kleine Palisadenwürmer (Strongyliden), Spulwürmer (Askariden), Magendassellarven und Lungenwürmer. Durch diese Wurmarten scheint die Leistungsfähigkeit am meisten zu leiden.

### Strongyliden (Palisadenwürmer)

Es gibt zwei Gruppen von Strongyliden, die großen und die kleinen Strongyliden. Der Blutwurm (Strongylus vulgaris), einer

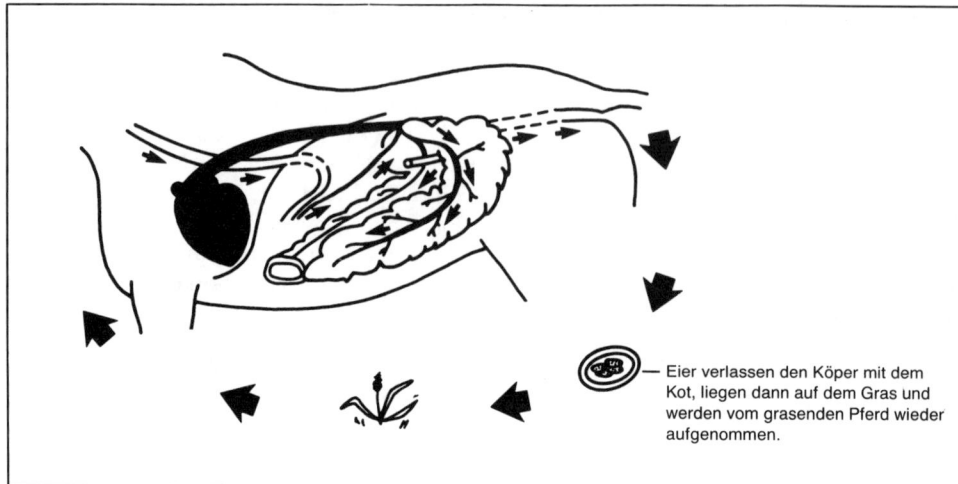

Eier verlassen den Köper mit dem Kot, liegen dann auf dem Gras und werden vom grasenden Pferd wieder aufgenommen.

**45** Der Lebenszyklus des großen Palisadenwurms (Strongylus vulgaris). Mit der Nahrungsaufnahme gelangen die Larven in den Körper, wo sie in die vordere Gekrösearterie wandern und von dort die Blutgefäße entlang zur kopfwärtsführenden Gekrösearterie. Nach einer gewissen Zeit in diesem Blutgefäß wandern sie abwärts entlang der Arterien, um in den Dickdarm zu gelangen, wo sie zu eierlegenden, erwachsenen Würmern heranreifen.

der großen Strongyliden, richtet von allen Endoparasiten den meisten Schaden an. Im Larvenstadium wandert er durch den ganzen Körper. Zuerst bohrt er sich durch die Magenwand, gelangt über die kleinen Arteriolen in den Blutkreislauf und wandert dann durch die Arterien immer entgegen dem Blutstrom. Larven können in die Aorta und bis ins Herz gelangen, wo sie Herzklappenschäden hervorrufen. Oder sie gelangen in die Nierenarterie, aber die Mehrzahl bleibt wohl in der vorderen Gekrösearterie. Hier heften sich die Larven an die Wand der Arterie, was zu Entzündungen, Schwächung und Ausweitungen (Aneurysmen) führt. Bei vielen dieser Ausweitungen wird die Arterie aufgrund der Ansammlung von Larven und Blutgerinnseln blockiert. Als Folge wird ein Teil des Darmes unterversorgt mit Blut und stirbt den Infarkttod. Den abgestorbenen Teil kann das Futter nicht mehr normal durchlaufen und es entsteht eine Kolik. Man vermutet, daß der Strongylus vulgaris die Hauptursache für Krampfkoliken ist.

Der Lebenszyklus dieses Wurms ist sehr lang. Von der Aufnahme der Larven durch die Nahrung bis zum Auftreten der ausgewachsenen Würmer im Dickdarm dauert es 6 bis 12 Monate (Abb. 45). Hier legt das Weibchen Eier, die über den Kot auf die Weide gelangen. Die Larven I schlüpfen aus. Daraus entstehen die Larven II und dann die des III. Stadiums, die infektionsfähigen Larven. Werden sie vom Pferd aufgenommen, können sie ihren Lebenszyklus vervollständigen. Sie wandern wie beschrieben durch den Pferdekörper und kehren als eierlegende Würmer zurück in den Dickdarm. Der erwachsene Wurm richtet Schaden an, indem er aus den Eingeweiden Blut saugt, was zu Anämie, Geschwüren, Blutungen, Kolik oder Durchfall führen kann.

Kleine Palisadenwürmer sind ungefährlicher, da ihre Larven nicht die Eingeweide verlassen und durch den Körper wandern. Der ausgewachsene Wurm saugt normalerweise kein Blut. Der Hauptschaden entsteht durch die Geschwüre an der Darmwand, nachdem die Larven dort geschlüpft sind. Kleine Palisadenwürmer sind in 6 bis 12 Wochen ausgewachsen.

### Askariden (Spulwürmer)

Der Spulwurm (Parascaris equorum) ist der größte im Pferd vorkommende Rundwurm. Der männliche Spulwurm wird bis zu 30 cm lang und so dick wie ein Bleistift. Der ausgewachsene Wurm lebt im Dünndarm, wo das Weibchen seine Eier ablegt, die mit dem Kot den Körper verlassen. Infektionsfähige Larven entwickeln sich und gelangen beim grasenden Pferd mit der Nahrungsaufnahme wieder in den Darm. Die Larven bohren sich durch die Darmwand und gelangen mit dem Blut zum Herz, zu den Lungen und zur Leber. Nach einer Wachstums- und Entwicklungsphase schädigen sie diese Organe. Sie dringen in die Luftröhre, werden ausgehustet und

hinuntergeschluckt. Die Larven wandern durch den Magen in die Därme, wo sie zu erwachsenen Würmern heranreifen. Der Zyklus ist innerhalb von 12 Wochen abgeschlossen (Abb. 46). Ein Weibchen hat etwa 27 Mio. Eier in sich und legt 20 000 Stück pro Tag. Die gegen viele Chemikalien resistenten Eier leben viele Monate lang.

Häufig werden Fohlen und junge Pferde, die noch keine Abwehrkräfte erworben haben, von Spulwürmern befallen. Aufgrund der langen Lebensdauer der Eier kann das diesjährige Fohlen mit den von ihm ausgeschiedenen Eiern das Fohlen des nächsten Jahrgangs anstecken. Idealerweise werden daher junge Fohlen auf eine »saubere« Weide gestellt, d. h. auf dieser Weide waren in den letzten 12 Monaten keine Pferde. Spulwürmer verursachen ein schlechtes Gedeihen, Lungenschäden und gelegentlich ei-

**46** Der Lebenszyklus des Spulwurms. Die Eier werden mit dem Gras aufgenommen, hinuntergeschluckt und gelangen durch die Speiseröhre in Magen und Dünndarm. Sie wandern von dort durch Leber und Lunge, werden ausgehustet und wieder hinuntergeschluckt. Sind sie wieder im Dünndarm, reifen sie zu eierlegenden, erwachsenen Würmern heran.

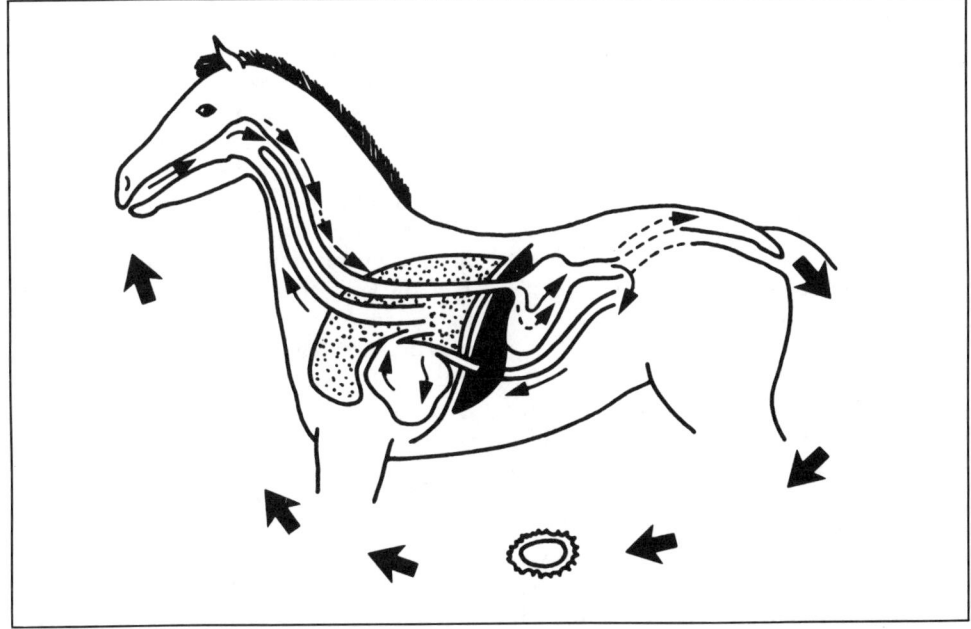

nen tödlichen Darmriß aufgrund der enormen Ansammlung von Würmern.

Der Befall mit Spulwürmern ist relativ einfach zu überwachen. Fohlen werden im Alter von 6 Wochen entwurmt, danach jeweils in Abständen von 4 bis 6 Wochen.

## Magendassellarven

Hierbei handelt es sich um die im Pferdemagen lebenden Larven der Dasselfliege (Gastrophilus). Diese Fliege ist etwa 1,5 cm lang und ähnelt der Biene. Sie kann aber weder saugen noch stechen oder fressen, da ihre Mundwerkzeuge degeneriert sind. Die Dasselfliege ist zu Beginn des Sommers und im September aktiv. Sie macht ein brummendes Geräusch, wenn sie fliegt. Ihre gelben Eier legt sie am Fell von Hals und Beinen oder an den Lippen ab. Ein Ei ist nach 9 bis 12 Tagen ausgereift, aber die ersten Larven können sich erst entwickeln, wenn sie durch Ablecken ins warme, feuchte Pferdemaul gelangt sind. Dort bohren sie sich in die Wangen oder in die Zunge, wo sie 20 bis 30 Tage bleiben, bevor sie weiter in den Magen wandern. Die Larven II und III (Dasselmaden) wachsen im Magen heran, wo sie sich 12 Monate lang von der Nahrung ihres Wirtes ernähren. Dann werden sie mit dem Kot ausgeschieden und verpuppen sich für 3 Wochen. Danach schlüpft die erwachsene Fliege, und der Zyklus schließt sich.

Es gibt Pferde, die in Panik geraten, wenn sie eine Dasselfliege hören, und wild losgaloppieren. Die Larven können zu entzündeten Magengeschwüren führen und die Verdauung behindern.

## Lungenwurm (Dictycaulus arnfieldi)

Es gibt Rundwürmer, die in den Luftwegen der Lunge leben, wo sie auch ihre Eier legen. Die Eier werden ausgehustet, wieder hinuntergeschluckt und verlassen den Körper mit dem Kot. Hier reifen sie heran und werden von einem anderen Pferd wieder aufgenommen. Die hinuntergeschluckten Larven bohren sich durch die Darmwände, um in den Lymphstrom zu gelangen. Mit dem venösen Blut wandern sie durch das Herz zu den Lungen, wo sie zu eierlegenden, erwachsenen Würmern heranreifen. Sie rufen Irritationen und Entzündungen der Bronchien hervor und führen so zu Bronchitis und chronischem Husten. Die wandernden Larven können Durchfall hervorrufen. Viele Esel sind stark von Lungenwürmern befallen, ohne irgendwelche Symptome zu zeigen. Man sollte daher niemals Esel zusammen mit Pferden auf einer Weide grasen lassen, ohne daß sie vorher untersucht und entsprechend behandelt wurden.

### Diagnose des Wurmbefalls

Auch wenn ein Pferd regelmäßig entwurmt wird, sollte es trotzdem in Abständen auf Wurmbefall untersucht werden, denn es kann vorkommen, daß diese Parasiten resistent geworden sind gegen die eine oder andere Chemikalie. Eine solche Untersuchung geschieht entweder in Form einer Kotprobe (die Wurmeier werden gezählt) oder durch einen Bluttest.

Kotprobe

Eine frische Kotprobe wird unter dem Mikroskop auf die Anzahl der Wurmeier untersucht. Selbst wenn die Anzahl der Eier nur gering ist, deutet es auf eine große Anzahl eierlegender Würmer in den Eingeweiden. Dieser Test kann aber auch »irreführend« sein – wenn das Pferd erst kürzlich entwurmt wurde, befinden sich keine Eier im Kot, aber es kann sein, daß viele Larven im Körper sind, die bald ausgereift sind und Eier legen. Das Pferd ist also nicht frei von Parasitenbefall, denn die gefährlichen Larven sind trotzdem vorhanden.

Blutproben

Durch die wandernden Larven ändert sich die Anzahl der weißen Blutkörperchen. Besonders die Anzahl der Eosionophilen erhöht sich. Eosinophile vermehren sich stark während einer Allergie. Eine Allergie ist eine Unverträglichkeit von fremden Proteinen, also erhöht sich die Anzahl der Eosinophile auch durch Wurmbefall. Die Eosinophile geht erst zurück, wenn keine wandernden Larven mehr vorhanden sind. Aber auch bei anderen allergischen Reaktionen steigt die Zahl der Eosinophilen an. Daher werden auch die Serum-Protein-Werte herangezogen. Das normale Albumin-Globulin-Verhältnis liegt bei 1,0:0,73 g/100 ml Albumin und 2,1 g/100 ml Globulin, so daß das Verhältnis sich umkehrt und z. B. bei 0,5:1,0 liegt.

## Behandlung von Wurmbefall

Im Handel sind viele Wurmmittel erhältlich. Der Pferdebesitzer muß die Produktbeschreibungen aller Wurmmittel lesen, um entscheiden zu können, ob sie gegen Strongolyden und Askariden im ausgewachsenen Stadium wirken und ob sie die gewünschten Wirkstoffe enthalten, wie z. B.:

☐ Cambendazol (Cambenzol)
☐ Thiabendazol (Equizole) für tragende Stuten geeignet
☐ Mebendazol (Telmin)
☐ Pyranteltartrat (Banminth)
☐ Dichlorvos (Equigard) gegen Dassellarven
☐ Piperazin (Piperazin) wirkt nicht gegen Strongylus vulgaris
☐ Fenbendazol (Panacur).

(Diese Aufzählung ist nicht vollständig und dient nur als Beispiel.)
Sollen die Wurmmittel bei tragenden Stuten und Fohlen eingesetzt werden, müssen sie auf ihre Eignung überprüft werden. Die Abstände zwischen den Wurmkuren müssen sorgfältig berechnet werden, denn im Larvenstadium sind die Würmer unempfindlich gegen Anthelmintika (Wurmmittel). Am sichersten ist ein Abstand von 4 Wochen, besonders bei reinen Weidepferden. Aber alle Pferde, die auf der Weide grasen, müssen entwurmt werden, sonst ist es sinnlos. Häufig geht man zu Abständen von 6 bis 8 Wochen über, denn das ist die Mindestzeit, die die kleinen Strongyliden zur Reife benötigen. Das reicht bei guten Weiden, die noch nicht pferdemüde sind, aus. Eine Entwurmung im Frühjahr und Herbst, wie sie häufig gemacht wird, ist *nicht* ausreichend.

Auch das Stallpferd muß alle 6 bis 8 Wochen entwurmt werden. Auf der Weide kann es Blutwurm-Larven aufgenommen haben, die innerhalb von 12 Monaten zu eierlegenden Würmern werden. Das bestätigt die langfristigen Auswirkungen eines schlechten Entwurmungsplanes während der Weideperiode der Stallpferde – die ganze Zeit wandern Blutwurm-Larven durch den Körper und richten Schaden an.

Vor kurzem wurde eine revolutionäre Neuheit auf dem Anthelmintika-Markt mit dem Namen Ivermectin herausgebracht (im Handel erhältlich als Ivomec P). Dieses Mittel tötet Endo- und Ektoparasiten einschließlich der Larven von Strongylus vulgaris und Dassellarven. Die regelmäßige Entwurmung mit diesem Mittel macht das Entwurmungsprogramm sowohl von Stall- als auch von Weidepferden wesentlich effektiver.

# Das Hoch-
# leistungspferd

**Inhalt**

# Betreuung und Pflege des
# Hochleistungspferdes

**Streß**

Wenn man über Turnierpferde spricht, taucht oft der Begriff »Streß« auf. Es ist sehr wichtig, über die Auswirkungen von Streß Bescheid zu wissen.

Jedes Turnierpferd ist Streß ausgesetzt. Diejenigen Pferde, die den Streß am besten verkraften, vollbringen auch die besten Leistungen. Reiter und Trainer müssen wissen, wieviel Streß das Pferd verkraften kann, ohne körperlich oder seelisch Schaden zu nehmen. Man sollte aber bedenken, daß Streß die natürliche und normale Antwort auf alle Veränderungen in der Umwelt des Pferdes ist. Bis zu einem gewissen Grad ist die Streßreaktion hilfreich, da sie zur Gewöhnung führt. Das bedeutet, daß das Pferd dieselbe Situation als weniger stressig empfindet, wenn es ihr erneut ausgesetzt ist, weil es sich auf diese Situation eingestellt hat.

Das beste Beispiel für Streß, dem ein Pferd ausgesetzt ist, ist die ständig steigende Trainingsbelastung. Jedesmal, wenn das Pferd gearbeitet wird, wird es einem neuen Ausmaß an Streß ausgesetzt, um es darauf zu trainieren, mit einer gegebenen Belastung fertigzuwerden. Das heißt, Streß ist ein notwendiger und wünschenswerter Bestandteil eines Trainingsprogramms. Wenn das Pferd das Ausmaß an Streß nicht verkraften kann, ist es überfordert – und das ist natürlich nicht wünschenswert.

Viele Pferde sind wiederholt Turnierstreß ausgesetzt. Trainer und Reiter müssen sich darüber im klaren sein, daß jedes Turnierpferd auf einem Turnier mehr Streß als nur dem körperlichen Streß des Springens oder Galoppierens ausgesetzt ist. Hinzu kommt noch der Streß des Transports und der psychische Streß, in einer fremden Umgebung und unter vielen fremden Pferden zu sein.

Ein Turnier bedeutet, daß viele fremde Pferde zusammenkommen, wovon einige ganz offensichtlich oder subklinisch (das Pferd ist krank, zeigt aber keine Symptome) krank sind. Chronische Streßbelastung vermindert die Widerstandsfähigkeit des Pferdes gegen Krankheiten. Wahrscheinlich erkranken deshalb so viele Pferde an Virusinfektionen. Das trifft besonders auf Rennpferde zu, die zur selben Zeit der Belastung des Wachstums und ihrer Rennlaufbahn ausgesetzt sind.

Ohne Zweifel sind die stressigen Umstände, unter denen ein Sportpferd lebt, zumeist auf die Unkenntnis seiner Fähigkeiten durch Reiter und Trainer zurückzuführen. Das führt dazu, daß das Pferd in den falschen Prüfungen eingesetzt wird, verkehrt trainiert und geritten wird – alle diese Punkte erhöhen den Streß noch zusätzlich. Reiter und Trainer müssen sich der Fähigkeiten eines jeden Pferdes, mit Streß fertigzuwerden, bewußt sein und es dementsprechend behandeln. Hier kommt die »Kunst« des Trainierens zu den wissenschaftlichen Komponenten hinzu – jeder kann ein Pferd dazu bringen, daß es Kondition bekommt, aber nicht jeder kann dafür sorgen, daß es auch in Kondition bleibt.

**Betreuung nach dem Turnier**

Nach einer anstrengenden Prüfung muß das Pferd sinnvoll versorgt werden. Da sowohl Temperatur als auch Puls und Atmung erhöht sind, ist es besonders wichtig, daß sie so schnell wie möglich wieder auf die Normalwerte zurückgehen.

Das Pferd in Bewegung halten
Nach der Prüfung sollte der Reiter sofort absteigen und den Gurt lockern. Jetzt ist nicht der Zeitpunkt zum Absatteln. Es ist wichtiger, daß das Pferd weiter im Schritt geführt wird, damit das Blut die Muskeln kühlen und Giftstoffe wie Milchsäure abtransportieren kann. Durch Stehen wird die Blutzirkulation reduziert, so daß sich die Milchsäure unter Umständen in den Muskeln staut, was zu Steifheit und eventuell zu Verschlag oder sogar Kolik führen kann. Nachdem es 5 Minuten lang im Schritt geführt wurde, kann das Pferd abgesattelt werden. Dann wird eine Abschwitzdecke oder ein Cooler aufgelegt und weiter geführt. Wenn der Sattel sehr lange auf dem Pferd war, sollte er nicht schon nach 5 Minuten abgenommen werden, damit sich die Blutzirkulation in den Blutgefäßen der Sattelgegend regenerieren kann, was besonders bei Distanzpferden wichtig ist. Das plötzliche Abnehmen des Sattels könnte zu Beulen und Schwellungen im Bereich der Sattellage führen.

P. A. T. überprüfen
Puls, Atmung und Temperatur werden gemessen, damit man weiß, um wieviel sie zu hoch sind bzw. wie schnell sie wieder absinken. Diese Werte sind ein Anzeichen dafür, wie stark das Pferd belastet wurde und wie schnell es sich davon erholen kann. Man fühlt 10 Sekunden lang den Puls unter den Ganaschen (man kann auch ein Stethoskop nehmen), multipliziert die Zahl mit 6 und hat die Pulsfrequenz pro Minute. Die Temperatur kann bis auf $43\,°C$ gestiegen sein. Auch auf die Art der Atmung sollte man achten. Atmet das Pferd tief ein, nimmt es Sauerstoff auf, während es mit schnellen, flachen Atemzügen versucht, sich abzukühlen.

Bei guter Kondition dauert es durchschnittlich ca. 15 Minuten, bis sich Puls- und Atemfrequenz wieder annehmbaren Werten nähern. Solange sie nicht wieder normal sind, werden diese Werte alle 15 Minuten überprüft. Etwa eine Stunde nach Beendigung der Arbeit sollten sie wieder normal sein.

## Abwaschen

Nachdem die Atmung ruhiger geworden ist, wird das Pferd 15 Minuten geführt und dann an einen geschützten Ort gestellt – an kühlen Tagen vor Wind geschützt, an heißen Tagen vor Sonne geschützt. Wenn die Temperatur des Pferdes unter 41 °C liegt, kann man es mit lauwarmem Wasser wirkungsvoll abkühlen. Eiskaltes Wasser kann dazu führen, daß sich die unter der Haut liegenden Blutgefäße zusammenziehen und die Hitze nicht mehr von den Muskeln an die Oberfläche gelangen kann. Die untere Hälfte des Halses, die Innenseiten der Beine, der Kopf und der Leib werden mit einem Schwamm abgewaschen. Den großen Muskelbereich des Rückens und die Kruppe spart man aus, denn durch eine plötzliche Abkühlung können sich diese Muskeln verkrampfen.

Liegt die Körpertemperatur zwischen 41 °C und 43 °C und das Wetter ist heiß und feucht, muß das Pferd so schnell wie möglich abgekühlt werden. An bestimmten Stellen, z. B. unter der Schweifrübe, zwischen den Hinterbeinen und am Kopf, kann man eiskaltes Wasser nehmen, denn hier liegen die Hauptarterien direkt unter der Haut und die kühlende Wirkung ist am größten. Lenden und Kruppe dürfen nicht mit eiskaltem Wasser abgewaschen werden. Während des Abwaschens sollte das Pferd möglichst in Bewegung bleiben. Eine Person führt, eine andere wäscht mit dem Schwamm ab. Wenn die Muskeln durch die Anstrengung flattern, muß während des Abwaschens unbedingt geführt werden.

## Tränken

Bevor die Körpertemperatur nicht auf 40 °C abgesunken und Puls und Atmung sich beruhigt haben, darf das Pferd nicht getränkt werden. Wenn ein Pferd gearbeitet wird, werden die zu Magen und Darm führenden Blutgefäße durch Adrenalin zur Kontraktion angeregt, wodurch Blut in die Muskeln geschickt wird. Während das Pferd abkühlt, muß das Blut in den Muskeln bleiben. Wenn es kaltes Wasser säuft, erweitern sich die zum Magen führenden Blutgefäße und Blut fließt von Muskeln, Beinen und Hufen dorthin. Das Pferd kann nicht so gut abkühlen und eventuell sogar Kolik bekommen. Solange das Pferd sich erholt, reicht es, wenn es bis zur vollkommenen Abkühlung alle 50 m etwa 5 Schluck Wasser bekommt.

## Auf Verletzungen untersuchen

Während des Absattelns und Abschwammens muß das Pferd auf Kratzer und kleinere Verletzungen überprüft werden, denn sie können bis zum nächsten Morgen angeschwollen sein. Alle Verletzungen werden gründlich gesäubert und mit antibiotischer Salbe oder Puder versorgt. Bandagen werden erst angelegt, wenn das Pferd nicht mehr erhitzt ist. Während das Pferd geführt wird, läßt man es ein paar Meter traben, um die Beine zu überprüfen. Ist es abgekühlt und trocken, kann es eingedeckt und auf den Hänger gestellt werden. Jetzt kann man Umschläge und Bandagen anlegen. Manche Reiter benutzen ein Einreibemittel, um die Zirkulation anzuregen und die Spannung zu lindern, während andere eine kühlende Behandlung der Beine, etwa einen Lehmbreiumschlag, vorziehen.

## Das Pferd weiter beobachten

Obwohl Haut und Muskulatur an der Oberfläche abgekühlt sind, kann das Pferd noch einmal zu schwitzen anfangen, wenn sich im Innern der Muskulatur noch Hitze und Giftstoffe befinden, die der Körper ausscheiden muß. Während der nächsten Stunde wird das Pferd alle 10 Minuten auf kalte Schweißstellen, unruhiges Verhalten, durcheinander gescharrte Einstreu und Verweigerung von Futter und Wassesr kontrolliert. Wenn noch Milchsäure in den Muskeln ist, können dies die Anzeichen für den Beginn von Kolik oder Verschlag sein. Äußert das Pferd nur geringe Anzeichen von Unwohlsein, sollte es warmgehalten und so lange geführt werden, bis der Schweiß getrocknet ist und es sich offensichtlich wohler fühlt. Scharrt es und macht es einen leidenden Eindruck, sollte der Tierarzt geholt werden.

Vor dem Zubettgehen sollte man noch einmal nach dem Pferd sehen, und wenn auch nur der geringste Grund zur Besorgnis besteht, muß der Reiter oder der Pfleger nachts noch einmal nachsehen. Manchmal ist es ratsam, das Pferd jeweils 5 Minuten zu führen, um eventuelle Steifheiten zu lösen.

## Fütterung

Viele Reiter machen sich über die Futtermenge Gedanken, die ihr Pferd während der zwei oder drei Tage einer Vielseitigkeitsprüfung zu sich nimmt. Aber es gibt keinen Grund, sich allzu viele Gedanken zu machen. Das Pferd hat mehr als genug Energie in Leber und Muskeln gespeichert, um die Prüfung am folgenden Tag durchzustehen. Von der normalen Futterration sollte man nicht zu sehr abweichen, sondern energiereiche, schmackhafte Futtermittel wie Maisflocken, Milchpulver und gekochten Leinsamen hinzufügen.

Das Verhältnis von Flüssigkeit und Elektrolyten ist sehr wichtig, und das Pferd muß ständig auf Anzeichen von Austrocknung überprüft werden. Wenn man eine Hautfalte zwischen den Fingern drückt und sie sich nach dem Loslassen nicht sofort wieder glättet und das Pferd einen etwas abgeschlagenen Eindruck macht, besteht die Möglichkeit, daß es an Austrocknung leidet, wovon seine Form am nächsten Tag stark beeinflußt werden würde. Es muß ausreichend getränkt werden. Wasser und Futter werden mit Elektrolyten angereichert.

Nach einer großen Belastung kann auch das Problem Kolik auftreten. Daher muß der Darm Beschäftigung haben. Wenn sich das Pferd abgekühlt hat, tut ihm ein wenig Kleie-Mash vor der normalen Ration gut. Ein ermüdetes Pferd verliert oft den Appetit beim Anblick einer großen Futtermenge. Dem kann man abhelfen, indem die Ration halbiert und in Abständen gefüttert wird.

## Anzeichen für Überforderung

**1** Hitze, Schwellungen und Schmerzen an bestimmten Stellen deuten auf eine Verletzung hin.

**2** Futterverweigerung, Unruhe, Teilnahmslosigkeit – alle Anzeichen eines unnormalen Verhaltens können auf den Beginn einer Kolik hindeuten.

**3** Zittern bedeutet akute Muskelerschöpfung und entsteht durch Milchsäurebildung und ein unausgewogenes Elektrolyt-Verhältnis in den Muskeln. Das Pferd muß warmgehalten und gefüttert werden, damit die Blutzirkulation durch die Muskeln angeregt wird – anderenfalls kann es zu Verschlag kommen.

**4** Wenn das Pferd sich nicht bewegen oder aufstehen möchte und Schmerzen zu haben scheint (erhöhter Puls und Atmung), leidet es an Azoturie oder Hufrehe. Verschwinden diese Symptome nicht, muß der Tierarzt gerufen werden.

**5** Singultus (synchrones Zwerchfell-Flattern): Das Pferd atmet schnell, und in den Flanken scheint das Herz zu klopfen. Singultus tritt bei fast erschöpften Pferden auf und wird durch ein unausgewogenes Elektrolyt-Säure-Verhältnis im Körper hervorgerufen. Der Tierarzt ist sofort zu benachrichtigen.

**6** Der Appetit des Pferdes zeigt den Grad der Ermüdung an. Frißt das Pferd nicht wie gewohnt alles auf, hat es sich noch nicht von der Anstrengung erholt und sollte viel Ruhe bekommen. Kleine Ausritte und Grasen an der Hand helfen dem Pferd, sich zu erholen und zu entspannen.

## Maßnahmen zur Verringerung der Streßbelastung

Reiten Sie das Pferd immer gründlich ab. Die Muskeln sollen geschmeidig sein, und das Pferd soll aufmerksam und flüssig gehen. Zu langes Abreiten beansprucht das Pferd unnötig und verbraucht wertvolle Energiereserven, während ein nicht abgerittenes Pferd mit unvorbereiteten Körpersystemen in die Prüfung geht, was das Verletzungsrisiko erhöht.

Richtige Einschätzung der Fähigkeiten des Pferdes: Es ist wichtig zu wissen, wie groß seine Kondition ist und in welchem Tempo es in der jeweiligen Gangart am leistungsfähigsten ist. So kann man dem Pferd seine Spitzenleistung abverlangen, ohne es dabei zu überfordern. In der richtigen Gangart ermüdet es nicht zu schnell und wenn nötig, sollte auch das Tempo entsprechend angepaßt werden. Es ist die Aufgabe von Reiter und Tierarzt, dafür zu sorgen, daß das Pferd frisch genug ist, um die Prüfung fortzusetzen.

Machen Sie vernünftig Gebrauch von den Pausen und Unterbrechungen zwischen den einzelnen Klassen oder Phasen eines Wettbewerbs. Während eines Stopps gehen Sie genauso vor, wie für den Zeitpunkt nach Beendigung der Prüfung beschrieben. Das Pferd muß in Bewegung bleiben – wenn Sie es pro Minute etwa 20 m führen, reicht das aus. Bei kühlem Wetter wird dem Pferd eine Decke übergeworfen, bei heißem Wetter sucht man eine schattige Stelle auf. Puls, Atmung und Temperatur werden überprüft. Solange das Pferd nicht total überhitzt ist, kann es ein paar Schlucke Wasser bekommen. Die meisten Distanzpferde z. B. lernen schnell, das ihnen angebotene Wasser zu saufen. Sattel- und Zaumzeug wird auf guten Sitz und auf seinen Zustand überprüft und gegebenenfalls ausgetauscht.

Nehmen Sie das normale Futter Ihres Pferdes mit zur Prüfung. Bleiben Sie bei der üblichen Sorte, so daß es keine plötzliche Futterumstellung gibt, auf die das Pferd mit Appetitlosigkeit oder Verdauungsstörungen reagieren könnte. Obwohl es bei den Fütterungsexperten zur Zeit etwas aus der Mode zu sein scheint, ist es aber dennoch ganz sinnvoll, gelegentlich, z. B. vor

den Stehtagen oder nach einer starken Belastung, Kleie-Mash zu geben. Mashfutter gibt es heute schon fertig abgepackt im Fachhandel.

Der Ablauf der Prüfung sollte so weit als möglich der täglichen Routine zu Hause entsprechen. Pferde sind Gewohnheitstiere und blühen regelrecht auf, wenn alles Routine für sie ist.

Das Pferd soll sich so gut wie möglich während eines Turniers entspannen. Es trägt zu seiner Entspannung bei, wenn Sie es nach der Prüfung etwas an der Hand grasen lassen.

Am Tage nach der Prüfung muß das Pferd gründlich untersucht werden – die Beine werden überprüft, man trabt ein wenig mit ihm und führt es im Schritt oder es kommt auf die Weide zum Wälzen und Grasen. Die Temperatur wird gemessen, denn ein Temperaturanstieg kann auf eine Erkrankung oder sogar Erschöpfung deuten. Erschöpfte Pferde sind anfälliger für Krankheiten.

Das Pferd muß vorsichtig transportiert werden. Kopf und Beine werden gut geschützt, das Fahrzeug vorsichtig gelenkt. Für ein ermüdetes Pferd kann der Transport sehr anstrengend sein. Lange Strecken werden durch mehrmalige Pausen unterbrochen, in denen das Pferd Wasser bekommt und sich die Beine vertreten kann.

In den USA müssen Pferde oft über lange Strecken transportiert werden. Der Transport bei hohen Temperaturen kann zur Austrocknung führen, was wiederum Auswirkungen auf den Darm hat und zu Kolik führen kann. Einige Tierärzte empfehlen, dem Pferd am Abend vor dem Transport Kleie-Mash und am Morgen vorher nur Heu zu geben.

Befolgt man all diese Punkte vor, während und nach der Prüfung werden die physischen und psychischen Belastungen für das Pferd sicher reduziert und das trägt dazu bei, daß es länger und erfolgreicher eingesetzt werden kann.

# Intervalltraining

Ursprünglich wurde das Intervalltraining für Mittel- und Langstreckenläufer und Schwimmer entwickelt. Seit mehr als 20 Jahren werden so menschliche Athleten trainiert. Jack Le Goff (der Trainer des amerikanischen Military-Teams) übernahm das Intervalltraining für Pferde und überarbeitete es speziell für Vielseitigkeitspferde in den USA. Diese Tatsache und daß viele britische Spitzenvielseitigkeitsreiter, u. a. Lucinda Green und Virginia Leng, Intervalltraining durchführen, hat bei Reitern aller Niveaus großes Interesse an dieser Trainingsmethode geweckt.

Wie jedes andere Konditionstraining muß auch das Intervalltraining gut durchdacht und durchgeführt werden. Das Training geht weder schneller, noch kann ein Anfänger damit sein Vielseitigkeitspferd praktisch nach einem Rezeptbuch in Form bringen. Wird Intervalltraining in Verbindung mit den meßbaren Konditionswerten wie Puls, Atmung und Erholungsdauer eingesetzt, hilft es einem unerfahrenen Reiter sein Pferd zu trainieren, ohne daß er sich auf den undefinierbaren Faktor »Gefühl« verlassen muß, denn dieses Gefühl bekommt man nur durch jahrelange praktische Erfahrung.

## Was bedeutet Intervalltraining?

Intervalltraining bedeutet, daß ein Pferd für einen bestimmten Zeitraum eine bestimmte Menge Arbeit bekommt. Darauf folgt ein kurzer Zeitraum der Erholung, der aber so bemessen ist, daß sich das Pferd nur teilweise erholt hat, bevor es wieder Arbeit bekommt.

## Das Ziel des Intervalltrainings

Wie schon gesagt, hat ein trainiertes Pferd eine größere Sauerstoffkapazität (Arbeit im aeroben Bereich). Mit anderen Worten: der Punkt, an dem das Pferd beginnt, anaerob zu arbeiten (die anaerobe Schwelle) wird hinausgezögert. Die Arbeitsabschnitte während des Intervalltrainings entwickeln und steigern die Fähigkeit des Pferdes, intensiv zu arbeiten, ohne daß Milchsäure gebildet wird.

Milchsäure ist der Hauptauslöser von Ermüdung. Die Ruhepausen ermöglichen den Abbau der Milchsäure, die sich in den Muskeln gebildet haben kann. Durch Intervalltraining erhöht sich die Streßtoleranzgrenze des Pferdes. Man kann diese Reaktion auf das Trainingsprogramm gut feststellen.

## Überwachung des Intervalltrainings

Ein wichtiger Bestandteil des Intervalltrainings ist die Überwachung von Puls, Atmung und Temperatur (P.A.T.). Das Pferd kann uns nicht sagen, wie es sich fühlt. Der Reiter muß lernen, die Anzeichen von Streß zu erkennen.

### Temperatur

Die Körpertemperatur eines Pferdes liegt normalerweise bei 38 °C. Jede Abweichung kann auf irgendeine Form von Streß hindeuten, meistens auf eine Krankheit. Mit einem sauberen Rektalthermometer, das man mit Vaseline o. ä. etwas gleitfähiger machen kann, wird die Temperatur des Pferdes gemessen. Es wird in den Mastdarm eingeführt, nach 1 bis 2 Minuten herausgenommen und abgelesen.

Es gibt heutzutage auch digitale Thermometer, die sicher sehr praktisch sind, wenn sie sich als zuverlässig erweisen.

### Puls

Normalerweise liegt die Pulsfrequenz eines Pferdes im Bereich von 32 bis 44 Pulsschlägen pro Minute. Am einfachsten läßt sich der Puls an der Kopfarterie fühlen, die an der Innenseite der Ganaschen verläuft. Man kann auch ein Stethoskop nehmen und es auf der linken Seite etwa hinter dem

Ellbogen kurz vor dem Sattelgurt anlegen. Man zählt 15 Sekunden lang die Herzschläge, multipliziert diese Zahl mit 4 und erhält so die Herzfrequenz pro Minute. Mit etwas Übung kein Problem.

Atemfrequenz

Die normale Atemfrequenz, d. h. wie oft ein Pferd pro Minute ein- und ausatmet, liegt bei 16. Um die Atemfrequenz festzustellen, beobachtet man, wie sich die Rippen heben und senken. Die Kombination von Ein- und Ausatmen wird als ein Atemzug gerechnet. Der Reiter kann auch seine Hand vor die Nüstern halten und zählen, wie oft das Pferd ausatmet. Um die Normalwerte eines Pferdes herauszufinden, müssen all diese Messungen durchgeführt werden, solange das Pferd ausgeruht und ruhig ist, z. B. zwischen der Fütterung und der täglichen Arbeit. Diese Normalwerte bilden die Grundlage für die Vergleiche mit den nach einer Belastung festgestellten Werten.

**Wie wird Intervalltraining eingesetzt?**

Intervalltraining kann keine Wunder vollbringen. Vor Beginn eines Intervalltrainings müssen folgende Punkte überprüft werden:

**1** Weder Lahmheit noch irgendwelche sonstigen Anzeichen einer Krankheit dürfen vorliegen.

**2** Das Pferd muß regelmäßig entwurmt werden.

**3** Die Zähne müssen regelmäßig abgeraspelt werden.

**4** Um sicherzugehen, daß das Pferd nicht an Anämie leidet, sollte man eine Blutprobe nehmen lassen.

**5** Das Pferd muß gut fressen.

**6** Vor Beginn des Intervalltrainings muß 6 Wochen lang die Grundkondition des Pferdes trainiert worden sein. Es sollte in der Lage sein, 90 Minuten lang in hügeligem Gelände zu traben oder Schritt zu gehen, ohne erschöpft zu sein. Ein Pferd, das langsam und sorgfältig einem Trai-

ningsprogramm unterzogen wird, kann seine Spitzenkondition länger halten als ein Pferd, das zu Anfang zu stark gefordert wird, um schneller Kondition zu bekommen.

**7** Damit das Trainingsprogramm an das Pferd angepaßt werden kann, muß über seine Reaktion auf die Trainingsanforderungen Buch geführt werden. Neben den Puls- und Atemwerten werden auch Notizen über Wetterbedingungen, Art der Arbeit und darüber, wie sich das Pferd »fühlt«, angelegt. Das Wetter kann enormen Einfluß darauf haben, wie schnell sich das Pferd erholt. Bei feuchtem, heißem Wetter dauert es länger, bis sich die Atemfrequenz nach der Arbeit wieder normalisiert, denn das Pferd muß schneller atmen, um den erhitzten Körper abzukühlen. Auch wenn die Pulsfrequenz schon wieder abgesunken ist, kann die Atemfrequenz immer noch erhöht sein. Der Puls ist somit der zuverlässigere Konditionsanzeiger und muß unbedingt aufgezeichnet werden.

**8** Wie bei jeder anderen Trainingsform muß der Reiter auf alle Veränderungen im Verhalten des Pferdes sowie auf Appetit, Fellglanz, Beschaffenheit der Pferdeäpfel, Muskeltonus etc. achten.

**9** Nicht für jedes Pferd ist Intervalltraining geeignet. Besonders junge Pferde werden manchmal mit einem strengen Trainingsschema körperlich oder seelisch noch nicht fertig. Manch nervöses Pferd scheint in den Kanter-Phasen ruhiger zu werden, so daß es in der Prüfung besser zu halten ist, während faule Pferde sich im Intervalltraining langweilen können.

**10** Abstammung, Geschlecht, Kondition und früheres Training müssen berücksichtigt werden, bevor ein Trainingsprogramm festgelegt wird.

Während der Belastung erhöhen sich Puls- und Atemfrequenz. Das Pferd erhält eine bestimmte Menge Arbeit. Sofort nach Beendigung der Arbeit und noch einmal nach 10 Minuten werden Puls- und/oder Atemfrequenz gemessen. Die Differenz zwischen beiden Werten zeigt die Erholungsrate des Pferdes. Diese Arbeit wird zweimal die Woche wiederholt. Puls- und Atemfrequenz werden notiert. Je mehr Kondition das Pferd bekommt, desto schneller erholt es sich von der Arbeit. Kondition wird schrittweise aufgebaut, indem die Arbeitsmenge schrittweise durch Steigerung von Tempo, Entfernung oder Zeit oder durch anspruchsvolleres Gelände langsam erhöht wird.

Wenn die Erholungsphase nach einem Arbeitsabschnitt nicht befriedigend ist, muß die Arbeitsmenge so geändert werden, daß das Pferd nicht überfordert wird.

Der Trainer sollte das Pferd, seine Fähigkeiten und Grenzen genau kennen und sich im klaren sein, wieviel Kondition sein Pferd bekommen soll, um ein flexibles Trainingsprogramm, das zu diesem Pferd paßt, aufstellen zu können. Hierbei handelt es sich um ein anderes System als bei der traditionellen Methode, wo die Pferde weite Strecken im Trab und im Kanter zurücklegen und später scharfe Galoppreprisen ins Programm genommen werden, ohne die Arbeit des vorigen Tages zu wiederholen. Mit dieser Methode kann man die Kapazität des Pferdes im aeroben Bereich nicht voll ausbauen.

## Die Methode

Um Intervalltraining korrekt durchzuführen, muß eine gegebene Strecke in bestimmter Zeit zurückgelegt werden. Die Strecke kann eine All-Wetter-Galoppbahn am Rande einer Wiese sein oder eine andere Stelle im Gelände, die sich zum Kantern eignet.

Im Idealfall markiert man eine 1600 m lange Strecke, die jeweils in 400-m-Abschnitte unterteilt wird. Ist das nicht möglich, reicht auch eine 400 m lange Galoppstrecke. Weiter wird eine gut ablesbare Armbandstoppuhr benötigt.

Je nach Art der Prüfung, für die man trainiert, kann man sich die erlaubte Zeit für diese Strecke ausrechnen.

400 m zurückgelegt in 1 Minute 49 Sekunden bedeutet ein Tempo von 220 m pro Minute (m/min), was dem in Phase A und C (Wegstrecke) einer Vielseitigkeitsprüfung erforderlichen flotten Trab entspricht. 220 m pro Minute entspricht einer Geschwindigkeit von etwa 13 km/h.
☐ 400 m in 1 Minute 4 Sekunden bedeutet 350 m/min.
☐ 400 m in 1 Minute bedeutet 400 m/min.
☐ 400 m in 57 Sekunden heißt 425 m/min.
Sowohl für den Vielseitigkeitsreiter als auch für den Distanzreiter ist es wichtig, das Tempo seines Pferdes während der Prüfung über eine gegebene Distanz auf unebenem Boden dosieren zu können. Im Intervalltraining lernt der Reiter schon zu Beginn des Trainings, damit umzugehen.

Um ein effektives Trainingsprogramm aufstellen zu können, muß der Reiter genau wissen, was in der Prüfung in bezug auf Geschwindigkeit, Distanz, Länge und Intensität verlangt wird, damit er all diese Aspekte in das Trainingsprogramm einbeziehen kann.

In der 4. oder 5. Woche des Konditionstrainings kann man mit Trabarbeit beginnen. Zu Anfang sollen Reiter und Pferd mit Trabreprisen im Tempo 220 m/min vertraut gemacht werden. Ein durchschnittliches Pferd trabt etwa 200 m/min und muß u. U. etwas angetrieben werden, um 400 m in 1 Minute 49 Sekunden zurückzulegen. In der ersten Trainingseinheit reichen zwei Trabreprisen über je 400 m mit jeweils einer dreiminütigen Erholungspause im Schritt aus. Nach der zweiten Trabreprise steigt der Reiter ab, um Puls und Atmung zu messen. Nach 10 Minuten Führen im Schritt werden die Werte noch einmal gemessen.

Nach dieser Pause sollten sich Puls und Atmung des Pferdes wieder normalisiert haben – wenn nicht, hat das Pferd nicht genügend Kondition und sollte in der nächsten Trainingseinheit in 3–4 Tagen noch einmal unter den gleichen Anforderungen gearbeitet werden. Reagiert das Pferd jedoch gut, kann in den folgenden Trainingseinheiten nach einer 3minütigen Pause jeweils eine weitere 400-m-Trabreprise hinzugefügt werden, bis 5 Wiederholungen der Trabreprisen pro Trainingseinheit erreicht sind, so daß das Pferd zwischen der 6. und 8. Woche so weit ist, daß mit Kantern begonnen werden kann.

Diese Trabarbeit ist unerläßlich, um den Neuling mit Intervalltraining vertraut zu machen, das Gefühl für Tempo und Distanz zu entwickeln, das Messen der Puls- und Atemwerte zu üben und die erforderlichen Aufzeichnungen zu machen: Gangart, Tempo, Länge der Erholungsphase und Anzahl der Wiederholungen. Man darf nie vergessen, daß das Pferd vor dem Intervalltraining im Trab immer mindestens 15 Minuten lang im Schritt aufgewärmt werden muß.

Selten werden Puls- und Atemfrequenz auf die im Stall gemessenen Ruhewerte zurückgehen, denn das Pferd ist erregt und geht Schritt. Man muß also Werte als Ausgangspunkt nehmen, die das aufgewärmte Pferd hat und nicht die niedrigen Stall-Ruhewerte.

Nach 6 bis 8 Wochen (je nach Trainingsfortschritt des Pferdes) kann mit dem ernsthaften Intervalltraining begonnen werden, so daß das Pferd nach 10 bis 12 Wochen auf einem Turnier gestartet werden kann. Inzwischen hat der Reiter ein ganz gutes Gefühl für einen Trainingsabschnitt von 220 m Länge bekommen, und die Trababschnitte können jetzt mehr nach der Zeit als nach der Distanz orientiert werden. Die Zeit, die auf Trabreprisen verwandt wird, wird stufenweise erhöht.

Das Pferd hat 5 Abschnitte von je 1 Minute 49 Sekunden absolviert. Jeder Abschnitt wird langsam verlängert bis auf maximal 5 Minuten. Zu Anfang werden dabei wahrscheinlich die Abschnitte erst einmal reduziert. Jetzt beginnt man auch mit der Arbeit im Kanter, nachdem das Pferd 30 Minuten lang im Schritt und Trab aufgewärmt wurde. Die abgemessene 400-m-Distanz wird in 1 Minute 4 Sekunden im Kanter zurückgelegt (350 m/min). Danach folgen 3 Minuten im Schritt und dann wieder ein Kanter von 1 Minute 4 Sekunden, nach dem Puls- und Atemfrequenz gemessen werden. Hat sich der Puls nach 10minütigem Schritt wieder normalisiert, kann man zur nächsten Stufe übergehen und die Kanter-Zeit auf 3 Minuten erhöhen. Hat sich der Puls nicht beruhigt, muß das Pferd wie bislang weiter trainiert werden, bis es für die nächste Stufe genügend Kondition hat.

Die Arbeit wird langsam gesteigert, bis das Pferd drei 3minutige Kanter im Tempo 350 oder 400 m/min absolviert. Ein Pferd, das sich von dieser Arbeit innerhalb von 10 Minuten erholt, hat genug Kondition, um in Vielseitigkeitsprüfungen der Klasse A und L gestartet zu werden. Letztgenannte Prüfungen dauern länger und erfordern somit auch einen höheren Grad an Kondition. Wenn das Pferd sich nach fünf wiederholten Trainingsabschnitten in der geforderten Zeit erholt, ist es fit für eine Kurzprüfung.

Es kann nicht oft genug gesagt werden, daß jedes Pferd ein Individuum ist und dementsprechend behandelt werden muß. Die Tabellen in den folgenden Kapiteln können daher nur als Anhaltspunkt dienen und berücksichtigen weder ein verlorenes Eisen, tiefen Boden noch ein faules Pferd. Die Kunst des Trainings liegt in der Fähigkeit, für jedes Pferd das passende Trainingsprogramm zu entwerfen und den Zeitpunkt zu erkennen, wo dieses Programm eventuell abgeändert werden muß, um nicht den Trainingsfortschritt des Pferdes zu behindern. Das gleiche Programm kann bei einem anderen Pferd bis zu zwei Wochen länger dauern. Am Ende geht das Pferd 3 Trabreprisen von je 5 Minuten im Tempo 220 m/min (3,3 km), drei Kanter-Reprisen von je 3 Minuten in 350 m/min und zwei im Tempo 400 m/min (5,5 km). Dieses Training sollte nicht öfter als zweimal die Woche durchgeführt werden. Wenn das Pferd Schwierigkeiten hat, kann man das Trainingsprogramm in den folgenden Punkten mehr auf das einzelne Pferd abstimmen:

- Distanz des Trainingsabschnitts
- Tempo des Trainingsabschnitts
- Ruhepause zwischen den Abschnitten
- Wiederholung aufeinanderfolgender Abschnitte mit dazwischenliegenden Pausen.

Der Boden, auf dem trainiert wird, ändert sich mit dem Wetter, und der Trainer muß in der Lage sein, das Trainingsprogramm entsprechend anzupassen.

**Intervalltraining für Hochleistungen**

Die Anforderungen, die an ein Pferd während einer Großen Vielseitigkeit, einem Hindernisrennen oder einem Geländejagdrennen gestellt werden, sind so hoch, daß das Pferd in Spitzenkondition und absolut gesund sein muß. Ein Pferd, das auf das vorher beschriebene Niveau trainiert wurde, ist in der Lage, beim Kantern bis zum Tempo 500 m/min im aeroben Bereich zu arbeiten. Wird über längere Zeit gekantert, erhöht das nicht die Kondition. Daher muß in höherem Tempo und/oder über Hügel geritten werden, um das Pferd auf ein höheres Leistungsniveau zu trainieren. Das gilt besonders für Pferde mit Vollblutanteil.

Während der 6 Wochen vor einer Großen Vielseitigkeit werden Tempo und Länge der Kanter-Abschnitte langsam erhöht, so daß in der letzten Minute Renngalopp geritten wird (690 m/min), damit sich das Pferd daran gewöhnt, die geforderte Distanz in diesem Tempo zu gehen. Die Länge einer Galoppreise wird auf 690 m beschränkt, aber das Pensum kann bis auf fünf Wiederholungen gesteigert werden.

Am Ende des Intervalltrainings unterscheidet sich das Programm von Reiter zu Reiter. Beispiele:

**1** Dreimaliges Wiederholen eines 9minutigen Kanters im Tempo 550 m/min, da-

zwischen zwei Minuten Schritt. Die letzte Minute der letzten beiden Kanter im Tempo 690 m/min.

**2** Dreimalige Wiederholung eines 10-Minuten-Kanters im Tempo 550 m/min, dazwischen jeweils 3 Minuten Schritt und am Ende ein Galopp in vollem Tempo über die letzten 800 m.

**3** Manche Reiter glauben, drei Wiederholungen eines 8-Minuten-Kanters reichen aus, und wenn das Tempo hoch genug sei, würde die Ausdehnung auf 10 Minuten die Kondition nicht mehr sonderlich steigern.

Diese kurzen Distanzen in hohem Tempo geben dem Pferd Schnelligkeit und Kraft, die längeren, langsameren Kanter-Reprisen geben dem Pferd Kraft, Rhythmus und Ausdauer. Wenn das Tempo jeder Trainingseinheit langsam, aber sicher gesteigert wird, wird die Schnelligkeit des Pferdes gefördert. Wenn das Pferd sich an das Tempo über eine gegebene Distanz gewöhnt hat, kann das Pensum erhöht werden, um die Ausdauer in diesem Tempo aufzubauen. Während eines Rennens oder einer Großen Vielseitigkeit ist maximale Muskelkontraktion erforderlich und ein hoher Milchsäuregehalt entsteht in den Muskeln. Damit die hohen Milchsäurewerte besser abgebaut werden können, ist es wichtig, daß die dazu führenden Belastungen schon während des Trainings vorkommen – daher wird am Ende eines Kanterabschnitts ein kurzer schneller Galopp eingelegt.

**Folgende Punkte müssen beachtet werden:**

**1** Intervalltraining muß durch Puls- und Atemfrequenz, nicht nur anhand der Zeit kontrolliert werden. Die direkt nach dem Trainingsabschnitt gemessene Pulsfrequenz zeigt, wie stark das Pferd belastet wurde. Der Erholungswert nach 10 Minuten zeigt, wieviel Kondition das Pferd hat. Ohne diese Werte ist Intervalltraining sinnlos, wenn nicht sogar schädlich.

**2** Wenn das Pferd im anaeroben Bereich gearbeitet wird, sollte die Pulsfrequenz über 200/Minute liegen. Wenn sie in der ersten Minute nach Beendigung der Arbeit auf ca. 120 absinkt, ist der Streßreiz positiv gewesen. Eine Pulsfrequenz von mehr als 150 deutet auf Überlastung hin, während eine Pulsfrequenz von 100 bedeutet, daß das Pferd nicht besonders angestrengt wurde.

**3** Wenn sich Puls- und Atemfrequenz auch nach 30 Minuten noch nicht normalisiert haben, ist das Pferd stark überanstrengt worden und das Trainingsprogramm muß entsprechend abgeändert werden.

**4** Puls- und Atemfrequenz sollen 10 Minuten nach der Belastung um 30% gefallen sein.

**5** Die Atemfrequenz darf die Pulsfrequenz nicht übersteigen. Falls es doch vorkommt, Arbeit beenden.

**6** Beenden Sie den Trainingsabschnitt nicht, wenn das Pferd überfordert erscheint, z. B. wenn es pumpt, keucht, stolpert oder scheinbar unwillig ist, vorwärts zu gehen.

**7** Andererseits muß das Pferd genügend Streßreize erhalten, um die Körpersysteme zu stimulieren, damit sie sich besser auf die Arbeit einstellen können. Die Pulsfrequenz muß nach der Arbeit auf 80 bis 150 pro Minute angestiegen sein.

**8** Man kann ein Pferd auch übertrainieren. Wenn das Pferd schneller Kondition erlangt als erwartet, wird die Distanz, aber nicht das Tempo erhöht. Eine Temposteigerung bedeutet viel Streß für das Pferd. Langsameres Arbeiten über einen längeren Zeitraum für ein paar Tage ist hier am nützlichsten.

**9** Ein Intervall-Trainingsprogramm wird vom Tage der Prüfung aus zurückgerechnet geplant, damit die Belastungstage zum richtigen Zeitpunkt vor der Prüfung durchgeführt werden.

**10** Das Pferd langweilt sich vielleicht. Dem kann abgeholfen werden, indem der Trainingszeitplan und das Gelände gewechselt werden. Schwimmen erhält die aerobe Atmungskapazität und ist besonders nach leichten Verletzungen an den Beinen oder als Abwechslung im Trainingsprogramm sehr zu empfehlen.

**11** Das Pferd muß immer gründlich aufgewärmt und abgekühlt werden, besonders wenn es im Hänger oder LKW zum Trainingsort gebracht wird.

Auch für Distanzpferde kann Intervalltraining in Frage kommen, aber darauf wird später noch genauer eingegangen.

# Tempotest- und Fartlek-System

Der Erfolg des Trainings hängt von der Fähigkeit des Trainers ab, das Leistungspotential des Pferdes richtig einzuschätzen und so vorzugehen, daß die starken Seiten des Pferdes noch gefördert werden und die Schwachpunkte reduziert werden. Abstammung, Körperbau und Befinden des Pferdes müssen berücksichtigt werden. Der in den USA tätige Dr. Donald McMiken hat einige der Trainingsmethoden für menschliche Athleten in das Konditionstraining für Rennpferde übernommen und angepaßt.

**Das Tempotest-System**
Dieses System besteht aus einem Drei-Stufen-Programm. Am Ende jeder Stufe wird das Pferd einem Test unterzogen, daher Tempotest-System. Das System basiert auf der Vorstellung von Konditionstraining als einer Art Pyramide. Man fängt unten an mit langsamer Arbeit und steigert langsam, wenn sich Muskeln und Knochen umgestellt haben, auf schnellere Arbeit. An der Spitze steht der Wettbewerb. Je breiter das Fundament ist, desto höher ist die Spitze, die erreicht werden kann.

## Die ersten drei Monate

Ein erwachsenes Pferd verbringt die ersten drei Trainingsmonate mit viel langsamer Arbeit in Schritt, Trab und Kanter. Erst nach zweiwöchiger Schrittarbeit wird langsame Trabarbeit ins Programm aufgenommen, d. h. das Pferd wird über eine Distanz von 3 km hauptsächlich getrabt. Das wird gesteigert und jeden dritten Tag geht das Pferd 10 km in ruhigem Kanter. Die Arbeit an den beiden anderen Tagen ist leichter und kürzer. Das Pferd wird fünf oder sechs Mal pro Woche gearbeitet. Dieser Teil des Trainingsprogramms müßte ausgedehnt werden, wenn es sich um ein junges, unreifes Pferd handelt oder um ein Pferd, das noch nie trainiert wurde. Ein älteres Pferd, das schon einmal trainiert worden ist, aber dann eine Pause machte, ist einfacher zu trainieren.

Die langsame Arbeit dient der Stärkung von Knochen, Muskulatur, Sehnen und Bändern. Die verschiedenen Körpergewebe brauchen unterschiedlich viel Zeit, um kräftiger zu werden. Knochen und Sehnen brauchen länger als die Muskulatur, um sich auf Belastung einzustellen. Darauf begründet sich der lange Zeitraum, in dem langsam gearbeitet wird.

Man darf dem Pferd aber nicht einfach immer mehr und mehr Arbeit aufladen. Daher wird das Programm im 4-Wochen-Rhythmus durchgeführt: eine Woche mit mittlerer Belastung, eine mit starker Belastung, eine mit mittlerer Belastung und eine mit geringer Belastung. Das gibt dem Pferdekörper die Möglichkeit, jeglichen Schaden, der während der starken Belastung entstanden sein könnte, auszukurieren, bevor es wieder stark gefordert wird. Bei den konventionellen Trainingsmethoden mag das Pferd zwar Fortschritte machen, aber ein entstandener Schaden kann sich dabei verschlimmern.

## Fartlek

Fartlek kommt aus dem Schwedischen und bedeutet »Tempospiel«. Mit diesem Begriff bezeichnen Athleten eine aus einer Philosophie entstandene Trainingsmethode. Läufer laufen so, wie es der Boden erlaubt und ihr Körper zuläßt; sie verlangsamen und beschleunigen das Tempo, wie sie es für richtig halten. Der Mensch läuft immer unter seiner Leistungsgrenze und wechselt nach Belieben zwischen langsamer und schneller Geschwindigkeit.

Fartlek werden die Galopps am Ende des dreimonatigen Trainings genannt. Es handelt sich dabei nur um kurze Galopps zwischen 200 und 600 m.

Fartlek läßt sich nicht so einfach beim Pferd anwenden, denn das Pferd kann nicht sagen, wie es sich fühlt. Das kann ein Herzfrequenzmonitor übernehmen. Elektroden im Sattelgurt zeichnen die Herzfrequenz auf und übermitteln sie ständig der Anzeigeuhr am Handgelenk, so daß der Reiter zu jeder Minute weiß, wie stark das Pferd gerade beansprucht wird. Die Herzfrequenz zeigt die Muskelanstrengung und die Energieproduktion. Die Herzfrequenz eines Rennpferdes schnellt bei Galopprprisen von weniger als einer Minute auf 200 bis 210 Schläge in der Minute. Bei einem Vielseitigkeitspferd reicht es aus, wenn sich die Herzfrequenz auf 190 bis 200 Schläge pro Minute erhöht. Bei Galopprprisen von mehr als einer Minute (die später im Training vorkommen) sollte die Herzfrequenz 180 nicht übersteigen. Wenn die Herzfrequenz zu sehr steigt, wird das Tempo etwas zurückgenommen, damit das Pferd nicht überfordert wird.

Galopparbeit wird höchstens zweimal pro Woche durchgeführt, in der Woche mit geringer Belastung überhaupt nicht.

## Tempotests

Aufgrund der Tempotests wird entschieden, ob das Pferd bereit ist für die zweite Phase des Trainingsprogramms. Der Test besteht aus einem leichten Galopp über 4 km, während dem die Herzfrequenz aufgezeichnet wird. Herzfrequenz und Tempo werden mit früheren Leistungen des Pferdes und mit denen anderer, im Training befindlicher Pferde verglichen. Es gibt keinen festgelegten Wert, an dem das Pferd als fit genug gilt, um die nächste Trainingsphase beginnen zu können, aber Fortschritte in der Herzfrequenz gelten als Anzeichen wachsender Kondition.

**Die nächsten sechs Wochen**
Die zweite Phase dauert etwa sechs Wochen und soll vornehmlich Atemwege und Muskulatur kräftigen. Die einzige Möglichkeit besteht darin, diese Systeme Streßreizen auszusetzen. Somit wird in der zweiten Phase der Anteil schneller Arbeit erhöht.
Rennpferde müssen ein bis zwei Kilometer im Tempo 800 m/min galoppieren. Es ist gut, die Pferde einmal in der Woche klettern zu lassen, da die Herzfrequenz langsamer steigt und die Vorhand weniger belastet wird.
Das Vielseitigkeitspferd wird zwischen 3 und 5 km galoppiert. Das Tempo wird dabei so reguliert, daß die Herzfrequenz 180 nicht übersteigt. Die vorher durchgeführten Fartlek-Übungen bilden die Grundlage für diese Trainingsphase. Zweimal in der Woche wird schnell gearbeitet, an den anderen Tagen ähnelt die Arbeit der ersten Phase. Das Tempo wird leicht erhöht und die Distanzen etwas verkürzt.
Nach sechs Wochen wird das Pferd nochmals einem Tempotest unterzogen, um zu sehen, ob es fit genug ist für die nächste Stufe.

**Die dritte Phase**
Jetzt werden die Anforderungen der Prüfung simuliert. Es wird über kürzere Distanzen gearbeitet und das Tempo erhöht. Für das Rennpferd bedeutet das, Schnelligkeit zu trainieren. Diese schnelle Arbeit besteht aus Intervallen. Das Pferd galoppiert fast einen Kilometer im Renngalopp, trabt, bis sich Puls- und Atemfrequenz erholt haben und galoppiert dann noch einmal. Es soll dabei fast bis an die Grenze

seiner Höchstleistung gebracht werden, um den größtmöglichen Trainingseffekt zu erzielen, aber dennoch Erschöpfung zu vermeiden (siehe Kapitel Intervalltraining). Drei Intervalle in hohem Tempo zweimal pro Woche reichen aus. Man kann die Distanz erhöhen, aber die Anzahl der Trainingsabschnitte bleibt gleich. Vor dem Rennen wird ein abschließender Tempotest durchgeführt.
Beim Vielseitigkeitspferd werden Tempo und Distanzen entsprechend der Prüfung gewählt. Z. B. macht ein erfahrenes Pferd drei Galoppreprisen von 1 km im Jagdgalopp. Ein junges Vielseitigkeitspferd braucht nur in dem Tempo galoppiert zu werden, das auch in der Prüfung geritten wird. Es darf in keinem Fall vom Tempo her überfordert werden.
Diese Trainingsmethode soll mehr Kondition geben als konventionelle Methoden, was sogar zum Teil schon durch wissenschaftliche Studien nachgewiesen wurde. Untersuchungen in Schweden haben gezeigt, daß erwachsene Pferde, die nur 5 Wochen nach dieser Methode trainiert wurden, mehr Muskelausdauer entwickelt hatten (biochemisch gemessen) als aktive Rennpferde.
Dressur- und Springpferde brauchen die dritte Trainingsphase nicht. Manche brauchen noch nicht einmal die zweite, da sie schon in der ersten Phase genug Kondition bekommen haben. Die Dressur- oder Springausbildung kann in die erste Phase integriert werden. An den Tagen mit geringer Belastung und in den Wochen mit geringer Belastung kann das Pferd gut einfache Dressuraufgaben üben, denn es wird physisch nicht besonders gefordert dabei. Springen und höhere Dressur sind stressiger und passen besser in die Wochen mit mittlerer Belastung.
So werden nicht nur Konditionstraining und Ausbildung miteinander verbunden, sondern die Arbeit ist so abwechslungsreich, daß sich das Pferd bestimmt nicht langweilt.

# Trainingskontrolle

Eines der größten Probleme für Trainer und Reiter stellt die Frage dar, wieviel Belastung das Pferd verkraften kann. Jedes Mal, wenn die Belastung erhöht werden soll, muß der Trainer entscheiden, ob das Pferd dieser Belastung gewachsen sein könnte oder ob das Risiko einer Verletzung oder Überlastung besteht. Auch wenn die Pferdebeine immer gründlich auf Wärme oder Schwellungen überprüft werden, kann zu dem Zeitpunkt, wo diese äußeren Symptome auftreten, der Schaden schon groß genug sein, um das Trainingsprogramm unterbrechen zu müssen. Im Zweifelsfall immer den Tierarzt fragen.

Um diese empirische Methode beim Pferdetraining auszuschalten, gibt es besonders in den USA immer mehr Trainer, die technische Ausrüstungen einsetzen, um die Kondition ihrer Pferde besser beurteilen zu können.

## Thermographie

Bei diesem Verfahren werden mit Hilfe einer Infrarot-Kamera Temperaturunterschiede dargestellt. Man kann so Abnutzungserscheinungen in den Beinen und Hufen feststellen und lokalisieren, wo der Entzündungsprozeß begonnen hat und die Temperatur angestiegen ist, auch wenn es noch nicht zu Schwellungen und Lahmheit gekommen ist.

Eine solche Ausrüstung ist recht teuer und wird nur in wenigen besonderen Ställen eingesetzt. Es gibt auch eine Art hochentwickeltes Thermometer als Handgerät, mit dem man im Abstand von 1 cm das Bein entlangfährt und die jeweilige Temperatur auf einer Digitalanzeige mit einer Genauigkeit von 0,1 °C ablesen kann. Die besten Ergebnisse erzielt man mit »provokativer Kühlung«. Die Beine werden mit Alkohol abgespritzt, um sie abzukühlen und das Thermometer zeigt an, welche Stellen sich zuerst wieder erwärmen.

## Ultraschall

Ultraschallwellen geben ein genaues Bild der Körpergewebe. Ultraschalluntersuchungen werden besonders erfolgreich zur Trächtigkeitsuntersuchung eingesetzt. Bei einer Ultraschall-Knochenanalyse wird die Geschwindigkeit aufgezeichnet, mit der die Ultraschallwelle durch den Knochen dringt. Zwischen diesen Ergebnissen und der Dichte des Knochens besteht ein Zusammenhang. Wie schon beschrieben, werden die Knochen mit Belastung dichter und stärker. Ultraschalluntersuchungen zeigen diese Veränderung in der Knochenstärke und auch schadhafte Stellen auf. Ein belasteter Knochen kann winzige Mikrofrakturen erleiden, die sich vergrößern und schließlich zu einer richtigen Fraktur führen. Die Ausrüstung ist teuer, und es ist nicht einfach, die Ergebnisse richtig zu interpretieren. Aber wenn solche Spezialkenntnisse einmal weiter verbreitet sind, kann die Ultraschall-Knochenanalyse bei der frühzeitigen Erkennung von Knochenschäden helfen und den Trainingsfortschritt des Pferdes in bezug auf die Knochen zeigen. Besonders bei zweijährigen Rennpferden könnte sich dieses Verfahren als sehr nützlich erweisen.

## Bewegungsanalyse

Die Pferde werden in verschiedenen Tempi gefilmt und anschließend werden die Gänge Phase für Phase vom Computer analysiert. Man beurteilt die Effektivität der Gänge und überprüft sie auf Unregelmäßigkeiten, die eventuell auf zukünftige Probleme und Krankheiten hinweisen können. Die Galoppade eines Rennpferdes wird genau mit der Galoppade früherer Champions verglichen.

## Pferdelaufband

Das in der Schweiz entwickelte Kägi-System zur Gangwerkanalyse stattet Tierarzt und Trainer mit einem zweiten Paar Augen aus. Das Pferd wird über eine 40 × 120 cm Bahn aus Hartgummi im Schritt oder Trab geführt. In der Mitte des wetterfesten Laufbandes befindet sich ein Plastikfeld mit 160 Sensoren. Die Sensoren können 1790 Einzeldaten in 0,5 Sekunden aufzeichnen. In 10 Minuten ist der Computerausdruck fertig. Er zeigt alle Kräfte, die auf das Pferdebein einwirken, einmal separat und einmal im Zusammenhang mit den anderen Beinen. Prof. Müller von der Universität Zürich hat Musterausdrucke von gesunden Pferden und von Pferden mit den unterschiedlichsten Lahmheiten zusammengestellt. Durch den Vergleich mit diesen Mustern ist es für den Tierarzt einfacher, die Lahmheit zu diagnostizieren. Der Trainer kann besser feststellen, ob die Beine gesund sind. Aber die Interpretation der Ergebnisse ist nicht einfach. Selbstverständlich ist die korrekte Interpretation das oberste Gebot für einen sinnvollen Einsatz.

**Kontrolle der Laktatkonzentration**

Eines der hauptsächlichsten Ziele eines Trainings ist es, den Laktatanstieg während schneller Arbeit im anaeroben Bereich einzudämmen. Bei der Einschätzung des Leistungspotentials eines Pferdes spielt die Milchsäure heutzutage eine große Rolle. Nimmt man eine Gruppe untrainierter Pferde, so kann man feststellen, daß es von der Natur begünstigte Pferde gibt, die schneller galoppieren können als die anderen, bevor die Laktatproduktion einsetzt. Je mehr Trainingsfortschritte ein Pferd macht, desto schneller kann es galoppieren, ohne daß die Laktatproduktion einsetzt. Daher geht man davon aus, daß es möglich sein müßte, a) junge Pferde schon zu Beginn des Trainings auf ihre Laktatgrenzwerte zu untersuchen und b) anhand der Ergebnisse der Laktatkontrollen die Auswirkungen des Trainings aufzuzeigen und einen Abfall in der Trainingseffektivität aufgrund von Verletzungen oder »Übertraining« feststellen zu können.

Die Laktatproduktion hängt von den schnellen Muskelfasern mit geringer Sauerstoffkapazität ab. Es kommt zu einem drastischen Laktatanstieg, wenn die Sauerstoffkapazitäten erschöpft sind. Der Punkt, an dem die Laktatproduktion einsetzt, hängt vom Trainingszustand des Pferdes ab. Diese Schwelle zur Laktatproduktion (Laktat-Azidosis) wird »anaerobe Schwelle« genannt und gilt als Gradmesser der Kondition eines Pferdes.

Je mehr Kondition das Pferd erlangt, desto später wird die anaerobe Schwelle überschritten. Wenn diese Schwelle sich nicht mehr weiter hinauszögern läßt, hat das Pferd seine Grenzen in bezug auf Laktattoleranz und Einsatz der schnellen Muskelfasern erreicht – mit anderen Worten, es hat seine Leistungsgrenze beim schnellen Galoppieren erreicht. Wenn die Schwelle zu sinken beginnt, bedeutet das, daß das Pferd übertrainiert wurde, krank oder verletzt ist.

Man kann einen Stufentest aus einer Reihe von Trainingsabschnitten in niedrigem, mittlerem und hohem Tempo durchführen. Zwischendurch wird das Pferd leicht getrabt, bis sich die Herzfrequenz erholt hat und auf etwa 100 abgesunken ist. Erst dann wird das Pferd wieder gearbeitet. Dieser Stufentest wird unter gleichbleibenden Bedingungen durchgeführt und die Leistungen des Pferdes (in Form von Laktatproduktion) werden kontrolliert. Vor Beginn des Trainings und nach jedem der drei Tempi werden Blutproben entnommen. Das Blut wird mit hochentwickelten Geräten auf seinen Laktatgehalt untersucht. Da die Laktatkonzentration nach Beendigung der Belastung relativ schnell absinken kann, ist es wichtig, daß die Blutproben immer zum gleichen Zeitpunkt unmittelbar nach Belastungsende entnommen werden.

Aus der Computergraphik mit den Laktatwerten und den Tempi kann man ersehen, wo die anaerobe Schwelle liegt. Um einen schnellen Trainingsfortschritt in Form eines schnelleren Galoppiervermögens zu erreichen, wird das Pferd immer leicht über die anaerobe Schwelle belastet. Dadurch lassen sich wahrscheinlich auch typische Trainings- und Rennbahnverletzungen reduzieren.

## Muskelbiopsie

Dieses Verfahren wurde schon erwähnt. Eine kleine Gewebeprobe wird aus dem mittleren Kruppenmuskel mit einer Biopsie-Nadel entnommen und sofort eingefroren. Das Gewebe lebt noch und wird zum Labor gebracht, wo es aufgetaut, gefärbt und unter dem Mikroskop untersucht wird. Jedes Pferd hat eine Mischung aus verschiedenen Fasertypen. Die Biopsie zeigt, in welchen Proportionen die einzelnen Fasertypen auftreten, wie groß die Fasern sind, wie groß ihre Sauerstoffkapazität ist und wieviel Energie in ihnen gespeichert ist.

Ein Pferd mit einem hohen Anteil an schnellen Fasern (ST, Typ I) kann hervorragende Ausdauerleistungen erbringen, ist aber immer benachteiligt, wenn schnelle Sprints von ihm verlangt werden. Ein Pferd mit einem hohen Anteil an schnellen Fasern mit geringer Sauerstoffkapazität (Typ II B) ist ein Sprinter. Schnelle Fasern mit hoher Sauerstoffkapazität (Typ II A) sind am vielseitigsten. Sie können sowohl ihre Schnellkraft als auch ihre Ausdauer steigern. Bei der Beurteilung der Eignung eines Pferdes für die verschiedenen Disziplinen gibt die Muskelbiopsie, d. h. die Kenntnis der Muskelfasertypen des Pferdes, wertvolle Hinweise.

## Herzfrequenzmonitor

Diese Methode wurde schon ausführlich dargestellt. Sie wird immer beliebter als ein Hilfsmittel zur Einschätzung der Kondition und zur Erfolgskontrolle eines Trainingsprogramms.

## Video

Zur Kontrolle des Trainingsfortschritts kann es sehr nützlich sein, die Leistungen des Pferdes auf einem Videofilm in aller Ruhe betrachten zu können. Man kann die Bewegungen und den Gang des Pferdes sowie die Einwirkung und Hilfengebung des Reiters im Zeitlupentempo beobachten. Zur Analyse einer einzelnen Bewegungsphase hält man den Film an. Wenn das Pferd nicht korrekt springt oder ein Dressurpferd eine Lektion nicht korrekt ausführt, kann das Trainingsprogramm entsprechend abgeändert werden, indem man die jeweils erforderlichen, besonderen Übungen eingliedert.

## Computer

Mit einem Computer lassen sich alle Faktoren aufzeichnen, die das Training eines Pferdes beeinflussen können – z. B. die Gesundheit, Bodenbeschaffenheit, Wetter usw. Ein spezielles Computerprogramm zeigt dem Trainer genau, welche Punkte die Arbeitsbelastung bestimmen: Gesundheit, Vorgeschichte, Höchstbelastung in der letzten Zeit und die Reaktion des Pferdes darauf, Anforderungen der Prüfung usw. Mit den entsprechenden Informationen kann der Computer eine Beschreibung der Arbeitsbelastung erstellen, die als nächstes ins Trainingsprogramm aufgenommen werden soll. Sicherlich ist ein Computer nicht die Voraussetzung zum Erfolg, aber er ist ein wertvolles Hilfsmittel und unterstützt den Trainer dabei, verschiedene Faktoren, die Leistung und Gesundheit beeinflussen könnten, zu berücksichtigen.

# Trainingsmethoden

## Das Training des Vielseitigkeitspferdes

Es ist wahrscheinlich mehr über das Konditionstraining von Vielseitigkeitspferden als von Pferden aller anderen Disziplinen geschrieben worden. Wie bei jedem anderen Leistungspferd hängt der ideale Konditionsgrad davon ab, in welcher Trainingsphase es sich gerade befindet, welche Fähigkeiten der Reiter hat und wie hoch die Anforderungen der angestrebten Prüfung sind. Ein junges Pferd muß eine ähnliche Kondition bekommen wie der Hunter, während das erfahrenere Pferd für die Große Vielseitigkeit die Kondition eines Pferdes für Geländejagdrennen haben muß. Und tatsächlich ähneln die altbewährten Trainingsmethoden für Vielseitigkeitspferde denen für Hunter und Jagdrennpferde. Natürlich muß auch Ausbildung und Übung in den drei Disziplinen Dressur, Springen und Gelände in den Trainingsplan eingebaut werden.

Es ist jedoch etwas anderes, ein Pferd für eine Große Vielseitigkeit zu trainieren. Das Pferd muß besonders viel Kondition besitzen und dennoch diszipliniert genug für eine anspruchsvolle Dressuraufgabe sein. Durch Konditionstraining muß es so viel Kondition wie möglich bekommen, ohne überlastet zu werden. Außerdem soll es ruhig und ausgeglichen bleiben. Manche Reiter setzen Intervalltraining wie auf Seite 261 ff. beschrieben ein, während andere an den altbewährten Methoden festhalten.

Was die körperliche Kondition angeht, liegen Vielseitigkeitspferde zwischen Renn- und Dressur- bzw. Springpferden. Das Rennpferd braucht ein kräftiges Herz, große Lungen und viel Muskulatur, aber es darf nicht ein Gramm zuviel Gewicht haben. Alle seine Körpersysteme müssen auf Hochtouren arbeiten. Viele Trainer sagen, jedes Pferd hätte sein ideales Renngewicht. Würde man ein Dressurpferd zu einer solch ranken und schlanken Figur bringen, wäre es dem psychischen Streß des Trainings nicht gewachsen. Die Vorstellungen von der Figur eines Dressurpferdes entsprechen eher denen eines Gesellschaftstänzers – leichtfüßig, beherrscht, ruhig und selbstsicher, aber nicht unbedingt von besonders grazieler Statur.

Ebenso wie das Show-Pferd, wenn auch nicht im selben Ausmaß, muß das Dressurpferd einen guten Körperbau haben, um dem Auge zu gefallen. Außerdem muß es über zusätzliche Muskulatur verfügen, um das Reitergewicht weiter hinten tragen zu können und zur Versammlung. Für das Springpferd gibt es wie für das Rennpferd ein Idealgewicht: Es muß kräftig sein, braucht also viel Muskeln, darf aber nicht schwerfällig und massig sein.

Das Vielseitigkeitspferd, das alles in sich vereint – Ausdauer, Schnelligkeit, Kraft und Beherrschung – stellt einen Kompromiß dar. Es muß schnell genug sein, um die Querfeldeinstrecke in der vorgeschriebenen Zeit ohne Erschöpfung zu überstehen, und all seine Talente und körperlichen Attribute miteinander kombinieren. Daher wird es nicht so schlank und drahtig wie ein Rennpferd sein, aber weniger beleibt als das Dressurpferd. Es darf Beine und Atmung nicht durch überflüssiges Gewicht belasten. Durch seine weitere Ausbildung wird es vermehrt Hals- und Rückenmuskulatur bekommen. Durch seine Kondition ergeben sich die meisten körperlichen Veränderungen beim Vielseitigkeitspferd.

Das Vielseitigkeitspferd muß lernen, ruhig und ausbalanciert zu galoppieren. Es muß seinen Galoppsprung verkürzen und verlängern können und auch in hügeligem Gelände das Reitergewicht ausbalancieren. Manche Pferde haben Schwierigkeiten mit dem Galoppieren. Das typische Beispiel ist ein gedrungenes Pferd mit kurzen Galoppsprüngen. Es muß mehr gearbeitet werden als ein großes Pferd mit raumgreifenden Galoppsprüngen. Ein solches Pferd braucht eventuell mehr langsame Arbeit, damit es ruhig und ausgeglichen bleibt. Einem widerwilligen oder faulen Pferd tut es gut, wenn es zusammen mit einem anderen Pferd galoppiert wird, so daß es Freude am Galoppieren bekommt und sich mehr anstrengt.

### Das junge Vielseitigkeitspferd

In einem Punkt sind sich alle Fachleute einig: Das Pferd muß langsam trainiert werden, und der erste Monat sollte aus Schritt, Trab und langsamen Kanter auf gutem Boden bestehen. Idealerweise wird nach dem Trainingsplan für Hunter verfahren. Auf zwei Wochen Schrittarbeit folgen zwei Wochen mit Schritt und Trabarbeit. Nachdem mit der Trabarbeit begonnen wurde, also in der 3. Woche, kann das tägliche Arbeitspensum auch Abschnitte auf der Flachen enthalten, aber nicht mehr als 30 Minuten vor oder nach dem einstündigen Straßentraining. Wenn das Pferd Trainingsfortschritte macht, kann es zwei- bis dreimal die Woche an der Longe gearbeitet werden – 20 Minuten sind sicherlich ausreichend. Das Longieren mit Ausbindern kann sehr anstrengend sein für das junge Pferd und sollte nicht übertrieben werden, solange das Pferd noch nicht genügend Kondition hat.

In der 4. oder 5. Woche kann mit Kantern begonnen werden. Wenn möglich, sollte man jetzt in ein oder zwei Dressurprüfungen starten. Das gibt dem jungen, unerfahrenen Pferd die Möglichkeit, sich an Transport, Menschenmengen, Richter und andere aufregende Dinge zu gewöhnen! In der 5. oder 6. Woche kann mit dem Springen begonnen werden. Zuerst werden ein paar Sprünge über Stangen und kleinere Hindernisse auf dem Reitplatz gemacht. Die Springausbildung wird zwei- bis dreimal wöchentlich in den Trainingsplan eingegliedert. Am Ende des zweiten

Monats kann das Pferd in ein oder zwei kleineren Springprüfungen in der näheren Umgebung gestartet werden.

Auch das Springen von festen Hindernissen im Gelände muß trainiert werden. Am Ende der 8. Woche sollte das junge Pferd entweder an ein paar Jagdspringen teilnehmen oder über feste Hindernisse im Gelände trainiert werden.

In der Mitte des 3. Monats (in der 10. Woche) sollte das junge Vielseitigkeitspferd in einer Kurzprüfung gestartet werden. Ziel sollte dabei sein, die Dressuraufgabe ruhig und korrekt zu reiten und sowohl die Geländestrecke als auch den Springparcours fehlerfrei zu absolvieren. Das Pferd soll die festen Hindernisse richtig einschätzen und mit genügend Respekt springen. Der Reiter soll spüren können, daß es mit Freude bei der Sache ist.

Der Reiter, der sein junges Pferd durch das Ziel scheucht, mag zwar schnell genug sein, um die Prüfung zu gewinnen, aber er hat damit wahrscheinlich ein gut veranlagtes Pferd verdorben. Ziel dieser Prüfung, ja sogar der ersten paar Prüfungen, ist es, das junge Pferd mit seiner Aufgabe vertraut zu machen, daher sollten diese Prüfungen einfach als ein Teil des Trainingsprogramms betrachtet werden.

Wenn das Pferd ausreichend Kondition besitzt, kann es innerhalb von drei Wochen in zwei Prüfungen oder alle vierzehn Tage in einer Prüfung gestartet werden. Es ist wichtig, daß zwischen den einzelnen Turnieren genug Zeit liegt, um eventuell während der Prüfung aufgetretene Probleme ausbügeln zu können. Nach einem etwa dreimonatigen Turniereinsatz sollte man dem Pferd eine kleine Pause gönnen. So läßt sich auch vermeiden, daß das Pferd sich verbraucht und einen ermatteten Eindruck macht. Die Länge dieser »Ferien« ist sicher von Pferd zu Pferd verschieden. In der Regel reichen aber zwei Wochen aus, in denen das Pferd tagsüber auf der Weide und nachts im Stall ist und täglich etwa 20 Minuten longiert wird.

Nach dieser Pause braucht das Pferd ein zweiwöchiges Training, bevor es wieder gestartet werden kann. Zum jetzigen Zeitpunkt kann der Reiter durchaus mit der Absicht starten, die Prüfung mit einer Plazierung zu beenden – das hängt natürlich vom Trainingsfortschritt des Pferdes ab. Nach weiteren drei bis vier Monaten mit Turnierstarts sollte das Pferd eine Ruhepause von zwei Monaten bekommen. Aber es muß weiterhin Kraftfutter erhalten, damit es seine Kondition nicht verliert. Das Jahr wird also wie folgt aufgeteilt:

Die Monatsangaben sind natürlich variabel und richten sich nach den genannten Turnieren. Die in diesem Kapitel angegebenen Pläne sollen nur als Richtlinien dienen und müssen an das jeweilige Pferd angepaßt werden.

Tabelle 7: Intervalltraining für eine Kurzprüfung in der Vielseitigkeit: ein detailliertes 10-Wochen-Trainingsprogramm

| | |
|---|---|
| Januar bis März | Konditionstraining |
| April, Mai, Juni | Turnierteilnahme |
| Anfang Juli | Ruhepause |
| Ende Juli | Wiederaufbau der Kondition |
| August, September, Oktober | Turnierteilnahme |
| November, Dezember | Ruhepause |

## 4. Woche

1. Tag: 60minutiger Ausritt mit drei Trabreprisen à 5 Minuten; Erholungswert prüfen.
2. Tag: Dressur plus 60 Minuten Schritt.
3. Tag: Dressur und Cavalettiarbeit von 30 Minuten, zusätzlich im Schritt trockenreiten/führen oder auf die Weide stellen.
4. Tag: Dressur plus 60 Minuten Schritt.
5. Tag: 60minutiger Ausritt mit drei Trabreprisen à 5 Minuten; Erholungswert prüfen.
6. Tag: Dressur und Cavalettiarbeit von 30 Minuten, zusätzlich im Schritt trockenführen oder auf die Weide stellen.

7. Tag: Stehtag – zur Bewegung auf die Weide.

## 5. Woche

1. Tag: Dressur plus 90minutiger Ausritt mit 15 Minuten Bergauftraben.
2. Tag: Dressur plus 60minutiger Ausritt mit 3 Trabreprisen à 5 Minuten und einem Kanter über 400 m (Tempo 400 m/min); Erholungswert überprüfen – wenn die Pulsfrequenz innerhalb von 10 Minuten nicht um die Hälfte zurückgegangen ist, auf diesem Niveau bleiben und die Anforderungen nicht erhöhen.
3. Tag: Dressur und ein 60minutiger Ausritt.
4. Tag: Dressur und Cavalettiarbeit, insgesamt 45 Minuten, danach im Schritt trockenführen oder zur Entspannung auf die Weide stellen.
5. Tag: Dressur und ein 90minutiger Ausritt.
6. Tag: 30minutiger Ausritt plus 3 Trabreprisen à 5 Minuten und ein 6minutiger Kanter (400 m/min); Erholungswert kontrollieren.
7. Tag: Stehtag – zur Bewegung auf die Weide stellen.

## 6. Woche

1. Tag: Dressur und 60minutiger Ausritt.
2. Tag: Dressur und Springen; im Schritt trockenführen oder zur Entspannung auf die Weide stellen.
3. Tag: 30minutiger Ausritt plus 3 Trabreprisen à 5 Minuten und 2 Kanter à 4 Minuten im Tempo 400 m/min; Erholungswert kontrollieren.
4. Tag: Dressur plus 60minutiger Ausritt.
5. Tag: Dressur und Springen; im Schritt trockenführen oder zur Entspannung auf die Weide stellen.
6. Tag: 30minutiger Ausritt plus 3 Trabreprisen à 5 Minuten, 2 Kanter à 4 Minuten (400 m/min) und 1 6minutiger Kanter (400 m/min).
7. Tag: Stehtag – zur Bewegung auf die Weide stellen.

## 7. Woche
1. Tag: 90minutiger Ausritt.
2. Tag: Dressurausbildung.
3. Tag: 30minutiger Ausritt plus 3 Trabreprisen à 5 Minuten und 3 Kanterreprisen à 4 Minuten (400 m/min).
4. Tag: Springausbildung; trockenführen oder zur Entspannung auf die Weide stellen.
5. Tag: 90minutiger Ausritt.
6. Tag: 30minutiger Ausritt plus 3 Trabreprisen à 5 Minuten und 3 Kanterreprisen à 4 Minuten (400 m/min).
7. Tag: Stehtag – zur Bewegung auf die Weide stellen.

## 8. Woche
1. Tag: 2 Stunden Schritt.
2. Tag: Dressurausbildung.
3. Tag: 30 Minuten Schritt plus 3 Trabreprisen à 5 Minuten, 2 Kanter à 4 Minuten (400 m/min) und ein 6-Minuten-Kanter, bei dem in der letzten Minute das Tempo auf 500 m/min erhöht wird.
4. Tag: Dressur plus 90minutiger Ausritt.
5. Tag: Dressur- und Springausbildung; trockenführen oder zur Entspannung auf die Weide stellen.
6. Tag: wie 3. Tag.
7. Tag: Stehtag – zur Bewegung auf die Weide stellen.

## 9. Woche
1. Tag: 2stundiger Ausritt.
2. Tag: Dressur- und Springausbildung.
3. Tag: 30minutiger Ausritt plus 3 Trabreprisen à 5 Minuten, 3 Kanterreprisen à 4 Minuten und ein 6-Minuten-Kanter (400 m/min).
4. Tag: Dressur plus 60minutiger Ausritt.
5. Tag: Dressur- und Springausbildung; trockenführen und zur Entspannung auf die Weide stellen.
6. Tag: 30 Minuten Schritt plus 3 Trabreprisen à 5 Minuten, 3 Kanterreprisen à 4 Minuten und 2 Kanter à 6 Minuten (400 m/min).
7. Tag: Stehtag.

## 10. Woche
1. Tag: Dressur plus 60minutiger Ausritt.
2. Tag: Dressur- und Springausbildung.
3. Tag: 30minutiger Ausritt plus 3 Trabreprisen à 5 Minuten, 3 Kanter à 4 Minuten (400 m/min) und 2 Kanter à 6 Minuten (450 m/min).
4. Tag: 2 Stunden Schritt.
5. Tag: Dressurausbildung; zur Entspannung auf die Weide stellen (nicht zu viel grasen lassen).
6. Tag: erstes Turnier.
7. Tag: Stehtag – zur Erholung auf die Weide stellen.

Die Ruhepausen zwischen den einzelnen Belastungsintervallen bestehen jeweils aus 3 Minuten Schritt.

Die Ruhepausen zwischen den Belastungsintervallen betragen immer 3 Minuten. Nur Belastungstage werden aufgeführt, Ausritte von 60 bis 90 Minuten und die Ausbildung werden an anderen Tagen durchgeführt. Das Pferd erhält einen Stehtag pro Woche und sollte wenn möglich immer zur Entspannung auf die Weide geführt werden.

Tabelle 8: Intervalltraining für eine Kurzprüfung in der Vielseitigkeit: Übersicht über den 10-Wochen-Trainingsplan.

| 4. Woche | 1,49, | 1,49, | 1,49, | 1,49 | | | |
| | 3, | 3, | 1,4, | 1,4 | | | |
| 5. Woche | 3, | 3, | 1,4, | 1,4 | | | |
| | 3, | 3, | 3, | 3 | | | |
| 6. Woche | 3, | 3, | 3, | 3, | 3 | | |
| | 4, | 4, | 4, | 3, | 3 | | |
| 7. Woche | 4, | 4, | 4, | 3, | 3, | 3 | |
| | 5, | 5, | 5, | 3, | 3, | 3 | |
| 8. Woche | 5, | 5, | 5, | 3, | 3, | 3 | |
| | 5, | 5, | 5, | 3, | 3, | 3 | |
| 9. Woche | 5, | 5, | 5, | 4, | 3, | 3 | |
| | 5, | 5, | 5, | 3, | 3, | 3, | 3 |
| 10. Woche | 5, | 5, | 5, | 4, | 4, | 3, | 3 |
| | 5, | 5, | 5, | 3, | 3, | 3, | 3, 3 |

Drei Kanterabschnitte von 4, 5 und 4 Minuten, wobei die ersten beiden im Tempo 350 m/min und der letzte im Tempo 400 m/min geritten werden, würden ebenso die Kondition des Pferdes erhöhen.

Die normalgedruckten Zahlen bedeuten Trab im Tempo 220 m/min, die unterstrichenen bedeuten Kanter im Tempo 350 m/min und die fettgedruckten Zahlen bedeuten Kanter im Tempo 400 m/min. Die zwischen den einzelnen Belastungsintervallen stehenden Kommas bedeuten in der Praxis die jeweiligen Ruhepausen.

Tabelle 9: Intervalltraining zur Erlangung der Kondition für eine Kurzprüfung/Vielseitigkeit: 11-Wochen-Plan

**1. Woche**
1. Tag: 30 Minuten Schritt.
2. Tag: 45 Minuten Schritt.
3. Tag: 50 Minuten Schritt.
4. Tag: wie 3. Tag.
5. Tag: 60 Minuten Schritt.
6. Tag: wie 5. Tag.
7. Tag: Stehtag.

**2. Woche**
1. Tag: 60 Minuten Schritt; ein 3minutiger Trab.
2. Tag: 60 Minuten Schritt; 2 Trabreprisen à 3 Minuten, jeweils 3 Minuten Schritt zwischen den Trabintervallen.
3. Tag: wie 2. Tag.
4. Tag: wie 2. Tag.
5. Tag: wie 2. Tag.
6. Tag: wie 2. Tag.
7. Tag: Stehtag.

**3. Woche**
1. Tag: 60 Minuten Schritt; 2 Trabintervalle à 3 Minuten.
2. Tag: wie 1. Tag.
3. Tag: 60 Minuten Schritt; 2 Trabintervalle à 4 Minuten.
4. Tag: 60 Minuten Schritt; 3 Trabintervalle à 3 Minuten.

5. Tag: 60 Minuten Schritt; 3 Trabintervalle à 4 Minuten.
6. Tag: 60 Minuten Schritt; 3 Trabintervalle à 4 Minuten, kurzer Kanter.
7. Tag: Stehtag.

**4. Woche**
1. Tag: 60 Minuten Ausritt; 3 Trabintervalle à 4 Minuten, kurzer Kanter.
2. Tag: 60 Minuten einschließlich 4 Trabintervalle à 3 Minuten; ein Kanter über 4 Minuten (350 m/min).
3. Tag: 60 Minuten einschließlich 4 Trabintervalle à 3 Minuten; 2 Kanter à 3 Minuten (350 m/min).
4. Tag: wie 2. Tag.
5. Tag: wie 3. Tag.
6. Tag: wie 3. Tag, inklusive Training über Cavaletti und Stangen.
7. Tag: Stehtag.

**5. Woche**
1. Tag: 60 Minuten einschließlich 3 Trabintervallen à 5 Minuten.
2. Tag: Springgymnastik.
3. Tag: Dressurausbildung.
4. Tag: Springgymnastik.
5. Tag: Dressurausbildung.
6. Tag: 60 Minuten einschließlich 3 Trabintervalle à 5 Minuten und ein Kanter von 4 Minuten (350 m/min).
7. Tag: Stehtag.

**6. Woche**
1. Tag: 60 Minuten Ausritt.
2. Tag: Springausbildung.
3. Tag: Dressurausbildung.
4. Tag: Springausbildung.
5. Tag: Dressurausbildung.
6. Tag: 60 Minuten Ausritt einschließlich 3 Trabintervalle à 5 Minuten und 2 Kanter à 3 Minuten (400 m/min).
7. Tag: Stehtag.

**7. Woche**
1. Tag: Ausritt einschließlich 4 Trabintervalle à 5 Minuten.
2. Tag: Dressurausbildung.

3. Tag: Ausritt.
4. Tag: Springausbildung.
5. Tag: Dressur und Ausritt.
6. Tag: 60 Minuten einschließlich
3 Trabintervalle à 5 Minuten und
3 Kanter à 3 Minuten (400 m/min).
7. Tag: Stehtag.

**8. Woche**
1. Tag: Ausritt.
2. Tag: wie 6. Tag in der 7. Woche.
3. Tag: Ausritt und Ausbildung.
4. Tag: Springen.
5. Tag: Ausritt und Ausbildung.
6. Tag: Ausbildung über die Geländestrecke einschließlich 2 Kanterintervalle
à 4 Minuten.
7. Tag: Stehtag.

**9. Woche**
1. Tag: Ausritt.
2. Tag: 60 Minuten einschließlich 3 Trabintervallen à 5 Minuten, ein Kanter von
4 Minuten und ein Kanter von 5 Minuten
(400 m/min).
3. Tag: Ausritt und Ausbildung.
4. Tag: Springausbildung.
5. Tag: Dressur.
6. Tag: Ausbildung auf der Geländestrek-
ke einschließlich 3 Kanterintervalle.
à 3 Minuten.
7. Tag: Stehtag.

**10. Woche**
1. Tag: Ausritt.
2. Tag: Springausbildung.
3. Tag: Ausritt.
4. Tag: Ausbildung auf der Geländestrecke
einschließlich einem Kanter über 6 Minuten (400 m/min).
5. Tag: Ausritt.
6. Tag: Dressur.
7. Tag: Stehtag.

**11. Woche**
1. Tag: Ausritt.
2. Tag: Test: Reiten der Dressuraufgabe.
3. Tag: 3 Trabintervalle à 5 Minuten, ein

4-Minuten-Kanter und ein 6-Minuten-
Kanter (400 m/min).
4. Tag: Ausritt.
5. Tag: Ausbildung.
6. Tag: Kurzprüfung.
7. Tag: Stehtag.
Für jeden Trainingsplan gelten die in Tabelle 7 genannten Regeln, das Pferd so oft wie
möglich auf die Weise zu stellen zur Entspannung oder Erholung vom Turnier.
Die unter Tabelle 7, 8, 9 gezeigten Trainingspläne beinhalten alle Intervalltraining
und arbeiten auf verschiedene Belastungs-
intervalle hinaus.
**1** 3 Trabintervalle à 5 Minuten, 3 Kanter
à 4 Minuten (400 m/min) und 2 Kanter
à 6 Minuten (450 m/min)
**2** 3 Trabintervalle à 5 Minuten, 3 Kanter
à 3 Minuten (350 m/min) und 2 Kanter
à 3 Minuten (400 m/min)
**3** 3 Trabintervalle à 5 Minuten, ein
Kanter von 4 Minuten und ein Kanter
von 6 Minuten (400 m/min).
Das unterschiedliche Niveau richtet sich
nach dem jeweiligen Pferd und hängt von
seinem Alter, Typ und Temperament ab.
Aber mit jedem dieser Programme kann
man ein Pferd ohne Kondition so weit trainieren, daß es in einer Kurzprüfung starten
kann. Ein junges Pferd, das zum ersten Mal
trainiert wird, braucht länger, bis seine
Ausbildung und Kondition den ersten Tur-
nierstart zulassen. Im darauffolgenden Jahr
kann das Pferd in etwa 8 Wochen für eine
Kurzprüfung der Klasse A trainiert werden.

**Das Pferd für die Große Vielseitigkeit**
Bevor der Reiter versucht, sein Pferd bis zu
diesem Niveau zu trainieren, muß er das
Pferd ganz genau kennen und vor allen
Dingen über seine Ansprüche, Fähigkeiten
und Grenzen Bescheid wissen. Bei der Aufstellung des Trainingsprogramms müssen
Faktoren wie Rasse oder Typ, die momen-
tane Kondition und die früher schon einmal
erlangte Kondition berücksichtigt werden.

Man geht davon aus, daß man etwa 4 Monate braucht, um ein Pferd mit normaler Kondition auf eine Große Vielseitigkeit vorzubereiten. Setzt man sich Badminton als Ziel für das Frühjahr, bedeutet das, daß um die Weihnachtszeit mit dem Training begonnen werden muß. Das ist nicht immer gewünscht oder sogar unmöglich durch die Weihnachtspause im Stall, so daß viele Pferde erst Anfang Januar ins Training genommen werden. Wenn man nur noch 12 oder 14 Wochen hat, um ein Pferd auf dieses Niveau zu trainieren, muß man folgende Punkte unbedingt berücksichtigen:

**1** Das Pferd muß zum Weidegang unbedingt schon Kraftfutter bekommen.

**2** Bei schlechtem Wetter oder tiefem, nassen Boden muß das Pferd nachts in den Stall gestellt werden.

**3** Die Pause darf nicht zu lang sein; während einer zweimonatigen Ruhepause kann sich das Pferd ausreichend erholen, ohne allzuviel Kondition zu verlieren.

**4** Wird das Pferd zum ersten Mal für eine Große Vielseitigkeit trainiert, muß das Trainingsprogramm um etwa 4 Wochen verlängert werden.

Der Trainingsbeginn im Januar bringt auch noch andere Probleme mit sich. Oft sind die Straßen vereist und rutschig und nicht gerade geeignet für das Training eines übermütigen Vollblut-Typs. Dennoch sollten die ersten beiden Wochen mit Schritt auf der Straße verbracht werden, beginnend mit 30 Minuten, die auf 90 Minuten gesteigert werden. Trabarbeit und Ausbildung können in der 3. und 4. Woche ins Programm einbezogen und langsam zeitlich gesteigert werden. In der 5. und 6. Woche werden auch Kanter und kleine Sprünge einbezogen.

Die ersten sechs Wochen zur allgemeinen Kräftigung werden wohl in jedem Stall gleich aussehen. Danach entscheidet der Trainer, ob nach den traditionellen Methoden oder mit Intervalltraining trainiert wird. Welcher Weg auch eingeschlagen

wird, ist es äußerst wichtig, den Trainingsplan sorgfältig auszuarbeiten und die Fortschritte des Pferdes zu kontrollieren. Prüfungen und die Ausbildung müssen in das Konditionstraining eingegliedert werden, wobei immer das große Ziel im Auge behalten wird.

Reiter und Trainer müssen ständig an die große Aufgabe denken, für die sie das Pferd trainieren. Am Geländetag wird das Pferd einen Ritt in vier Phasen absolvieren müssen:

Phase A: Wegestrecke I – ca. 3850 m, die optimal im Tempo 220 m/min zu absolvieren sind. Es wird flott getrabt oder zwischen Trab und Kanter abgewechselt, so daß man für 1 km 4 Minuten benötigt.

Phase B: Rennbahn – ca. 2760 m lang, als Bestzeit gilt ein Tempo von 690 m/min. Das ist Renngalopp und das Pferd muß gelernt haben, in diesem Tempo sicher zu springen. Kommt es aus der rhythmischen Galoppade heraus, kann es zum Sturz, Zusammenbruch oder zur Erschöpfung in Phase D kommen, so daß man bei einem von Natur aus nicht besonders schnellen Pferd lieber Zeitfehler in Kauf nimmt, als es zu sehr anzutreiben.

Phase C: Wegestrecke II – ca. 5940 m lang, wird wie Phase A geritten.

Phase D: Querfeldeinstrecke – zwischen 5200 und 5700 m lang, wird im Tempo 570 m/min geritten. Hierbei handelt es sich um einen ziemlich schnellen Galopp mit Hindernissen, die es zu überwinden gilt.

Diese Aufstellung der Anforderungen zeigt Reiter und Trainer, mit welchen Strecken und Geschwindigkeiten das Pferd fertig werden muß. Ziel eines jeden Trainings, sei es konventioneller Art oder Intervalltraining, ist es, das Pferd in die Lage zu versetzen, diese schwere Prüfung in der vorgeschriebenen Zeit ohne Ermüdungszustände besonders in Phase D, was zu Flüchtigkeitsfehlern oder gar einem Sturz führen kann, zu beenden. Außerdem darf das Pferd am nächsten Tag nicht steif sein und muß noch genügend Kondition haben, um den Springparcours möglichst fehlerlos zu überwinden.

## Konventionelle Methoden

Nach diesen Trainingsmethoden wird das Pferd lange Strecken relativ langsam galoppieren, um Muskeln, Herz und Lungen zu stärken. Ein Pferd, das Kondition für eine Kurzprüfung hat, wird einmal in der Woche etwa 800 bis 1000 m in mittlerem Tempo galoppieren. Das wird langsam auf 1200 m in mittlerem Tempo plus 800 m in erhöhtem Tempo gesteigert, bis schließlich (gegen Ende der 13. Woche) 1600 m in mittlerem Tempo und 1600 m in erhöhtem Tempo galoppiert werden. Vor der Großen Vielseitigkeit sollte das Pferd in der Lage sein, 3000 m zu galoppieren, wobei man die Strecke im Tempo 550 m/min beginnt und im Renngalopp, aber in guter Anlehnung beendet.

Der zweite Teil schneller Arbeit eines Wochenpensums besteht aus langsamem Kanter über längere Strecken. Kantern im Tempo 400 m/min wird in den vier Wochen vor der Prüfung trainiert und zum Schluß wird 20 Minuten ununterbrochen in diesem Tempo gekantert. Diese Methode ist für das Training von Pferden für Geländejagdrennen (point-to-point races) sehr beliebt, kann aber sehr belastend für die Pferdebeine sein. Man sollte daher ganz besonders auf jegliche Anzeichen von Wärme oder Schwellung an den Beinen achten. Erst wenn die Beine wieder völlig normal sind, darf mit der schnellen Arbeit weitergemacht werden.

## Intervalltraining

Die Tabellen 10 und 11 zeigen zwei Alternativen für Intervalltraining.

Tabelle 10: Intervalltraining für eine Große Vielseitigkeit: 16-Wochen-Trainingsplan.

### 6. Woche
2. Tag: 3 Kanter à Minuten (400 m/min).

6. Tag: 3 Kanter à 3 Minuten (400 m/min).

### 7. Woche
2. Tag: 3 Kanter à 4 Minuten (400 m/min).
6. Tag: 3 Kanter à 4 Minuten (400 m/min).

### 8. Woche
2. Tag: 2 Kanter à 4 Minuten und ein Kanter von 5 Minuten (400 m/min).
5. Tag: Schulung über Geländehindernisse.
6. Tag: Schrittarbeit.

### 9. Woche
2. Tag Schulung über Geländehindernisse.
6. Tag: 3 Kanter à 5 Minuten (400 m/min).

### 10. Woche
1. Tag: ein Kanter über 5 Minuten und 2 Kanter à 6 Minuten (400 m/min).
3. Tag: 3 Kanter à 5 Minuten, davon die letzte Minute Tempo 600 m/min.
5. Tag: Springen.
6. Tag: KURZPRÜFUNG.

### 11. Woche
6. Tag: 3 Kanter à 5 Minuten (400 m/min).

### 12. Woche
2. Tag: 3 Kanter à 6 Minuten (400 m/min).
6. Tag: 3 Kanter à 6 Minuten, davon die letzte Minute Tempo 640 m/min.

### 13. Woche
3. Tag: 3 Kanter à 6 Minuten, davon die letzte Minute Tempo 640 m/min.
4. Tag: Schrittarbeit.
5. Tag: Springen.
6. Tag: KURZPRÜFUNG über 2 Tage (mit Rennbahnphase).

**14. Woche**
6. Tag: 3 Kanter à 6 Minuten im Tempo 400 m/min.

**15. Woche**
2. Tag: 3 Kanter à 6 Minuten, davon die letzte Minute im Tempo 640 m/min.
6. Tag: 3 Kanter à 6 Minuten, davon die letzte Minute im Tempo 640 m/min.

**16. Woche**
1. Tag: 3 Kanter à 6 Minuten, davon die letzte Minute im Tempo 640 m/min.
3. Tag: Schrittarbeit.
4. Tag: erste Verfassungsprüfung.
5. Tag: Dressur ⎫
6. Tag: Geländeritt ⎬ GROSSE VIELSEITIGKEIT
7. Tag: Springen ⎭

Tabelle 11: Intervalltraining für eine Große Vielseitigkeit: 15-Wochen-Trainingsplan.

**7. Woche**
2. Tag: 30 Minuten Ausritt plus 3 Trabreprisen à 5 Minuten, 2 Kanter à 4 Minuten (400 m/min), ein 8-Minuten-Kanter und ein 6-Minuten-Kanter.
6. Tag: 30 Minuten Ausritt, 3 Trabreprisen à 5 Minuten, 2 Kanter à 4 Minuten (400 m/min); Rennbahntraining – 400 m in 400 m/min, 800 m in 640 m/min (1 Minute 15 Sekunden); über 400 m das Tempo zurücknehmen.

**8. Woche**
2. Tag: 30 Minuten Ausritt plus 3 Trabreprisen à 5 Minuten, 3 Kanter à 4 Minuten, ein 6-Minuten-Kanter (400 m/min) und ein 4-Minuten-Kanter im Tempo 520 m/min.
4. Tag: Schulung über Geländehindernisse.
6. Tag: Dressur- oder Springprüfung oder wie 2. Tag.

**9. Woche**
2. Tag: 30 Minuten Ausritt plus 3 Trabreprisen à 5 Minuten, 2 Kanter

à 4 Minuten (400 m/min), ein 6-Minuten-Kanter (520 m/min).
6. Tag: KURZPRÜFUNG.

**10. Woche**
6. Tag: 3 Trabreprisen à 5 Minuten, 2 Kanter à 4 Minuten (400 m/min), 2 Kanter à 6 Minuten (520 m/min).

**11. Woche**
2. Tag: 3 Trabreprisen à 5 Minuten, 2 Kanter à 4 Minuten (400 m/min), 2 Kanter à 6 Minuten (520 m/min).
6. Tag: Turnier oder wie 2. Tag.

**12. Woche**
2. Tag: 3 Trabreprisen à 5 Minuten, 2 Kanter à 4 Minuten (400 m/min), Training über 1600 m in Renngalopp (640 m/min); auf 800 m wieder einfangen.

**13. Woche**
5. oder 6. Tag: 3 Trabreprisen à 5 Minuten, 2 Kanter à 4 Minuten (400 m/min), 2 Kanter à 6 Minuten (520 m/min).

**14. Woche**
3. Tag: 3 Trabreprisen à 5 Minuten, 2 Kanter à 4 Minuten (400 m/min), ein 6-Minuten-Kanter (520 m/min), ein Galopp von 1,5 Minuten (640 m/min), ein 4-Minuten-Kanter (400 m/min).
6. Tag: Springausbildung.

**15. Woche**
4. Tag: ⎫
5. Tag: ⎬ GROSSE VIELSEITIGKEIT
6. Tag: ⎭
Die ersten sechs Wochen laufen ab wie beim Training für eine Kurzprüfung in der Vielseitigkeit. Wenn nicht anders angegeben, beträgt die tägliche Arbeit 60 bis 90 Minuten Spazierenreiten plus dressurmäßiger Arbeit. Wenn möglich, wird das Pferd zur Entspannung auf die Weide gebracht.

Intervalltraining ist eine sehr flexible Trainingsmethode, und Tempo, Dauer und Häufigkeit der Kanterreprisen können je nach Pferd geändert werden. Diese Trainingspläne dienen nur als Anhaltspunkt, und jeder Trainer/Reiter sollte sich sein eigenes Programm aufstellen. Zuerst werden die Tage mit schneller Arbeit und die angestrebten Prüfungen festgelegt, danach werden die Tage mit langsamer Arbeit eingegliedert. Wenn das Pferd einen Konditionsrückfall bekommt, muß der Trainingsplan geändert werden. Wenn das Pferd sich nicht richtig wohl fühlt, sollte man auch über eine Änderung nachdenken. Das oberste Gebot ist immer, das Pferd nicht zu überlasten, besonders in der Woche vor der Prüfung. Auf dem Turnier soll das Pferd einen zufriedenen Eindruck machen und immer an den Hilfen stehen.

**Training des Distanzpferdes**

Distanz- oder Endurance-Ritte bedeuten eine große Belastung für ein schlecht vorbereitetes Pferd. Der Reiter muß in der Lage sein, seinem Pferd durch einen sorgfältig ausgearbeiteten Trainingsplan zu einem Höchstmaß an Kondition zu verhelfen. Es gibt keinen kurzen Weg, keinen Schnellkurs, um zu dieser Kondition zu gelangen. Auch der Reiter muß fit sein, denn ein müder Reiter behindert sein Pferd.

Der Reiter muß die Anzeichen von Überlastung bei seinem Pferd erkennen können und entsprechende Maßnahmen ergreifen, um ihm weiteren Streß zu ersparen. Ein Distanzpferd leidet besonders häufig unter der Muskel-, Herz-Kreislauf- und Stoffwechselbelastung.

Muskelanstrengung liegt vor, wenn ein Pferd anfängt, nachzulassen und zu stolpern. Muskeltremor ist in den Flanken und Oberschenkeln zu sehen. Das Tempo wird zurückgenommen, sonst ist das Pferd bald erschöpft.

Die Belastung von Herz und Kreislauf läßt sich anhand der Puls- und Atemfrequenz feststellen. Distanzreiter müssen Puls- und Atemfrequenz ihres Pferdes kennen, denn die Pferde dürfen die Prüfung nicht beenden, wenn der Tierarzt Werte außerhalb des Normbereichs feststellt. Das normale Puls-Atmungs-Verhältnis liegt zwischen 2:1 und 3:1. Wenn das Herz-Kreislauf-System zu stark belastet wird, steigt die Atemfrequenz drastisch an, unter Umständen bis zur Höhe der Herzfrequenz. Ein Puls-Atmungs-Verhältnis von weniger als 2:1 ist ernst, und das Pferd wird sofort aus der Prüfung genommen.

Stoffwechselbelastungen können sich wie in den vorherigen Kapiteln erläutert durch Hitzschlag, Dehydratation, Azoturie oder Kolik äußern.

Das Trainingsprogramm

Das Tagespensum hängt von der angestrebten Prüfung ab. Ein trainiertes Jagdpferd wäre in der Lage, an einem 30-km-Ritt ohne größere Probleme teilzunehmen, aber der Hunter ist nicht darauf trainiert, lange Strecken in einem Tempo zurückzulegen.

Wenn das Pferd genügend Kondition für kleine Ausritte hat, wird folgende Vorbereitungszeit für die einzelnen Prüfungen benötigt:

| | |
|---|---|
| plus 2 Wochen | Trainingsritte über 30 km |
| plus 4 Wochen | 50 km im Tempo 8–10 km/Stunde |
| plus 8 Wochen | 65 km im Tempo 11 km/h |
| plus 3 Monate | Distanzritt über 80 km |
| plus 4 Monate | Distanzritt über 100 km |
| plus 4,5 Monate | Distanzritt über 120 km |
| plus 5 Monate | 100 Meilen-Ritt (160 km) |

Dem Distanzpferd tut eine längere, ausdauerfördernde Phase mit langsamer Arbeit gut. Manche Trainer befürworten eine Zeit von zwei Monaten mit Schritt- und Trabarbeit. Man beginnt mit einer Stunde pro Tag und steigert das Pensum auf 3 Stunden täglich. Bevor Stamina und

Muskelkraft sich nicht genügend entwickelt haben, wird nicht gekantert. Viele Reiter, die an Distanzritten teilnehmen, haben nicht immer 3 Stunden täglich Zeit, die sie auf das Training ihrer Pferde verwenden können. Obwohl es besser ist, jeden Tag zu trainieren, ist es auch möglich, das Pferd nur jeden zweiten Tag zu trainieren, wenn es am Wochenende länger geritten wird und täglich genügend Auslauf bekommt.

Das Pferd sollte in wechselndem Gelände geritten werden. Das stärkt die Muskulatur und verhindert außerdem, daß Langeweile aufkommt. Klettern ist jedoch nicht unbedingt erforderlich, um ein Distanzpferd zu trainieren, es sei denn, es steht genügend Zeit und hügeliges Gelände zur Verfügung.

Das Pferd muß während dieser Ritte aktiv mitarbeiten, um seine Gänge zu verbessern. Wenn es von Natur aus langsame, weniger raumgreifende Gänge hat, muß versucht werden, es so weit zu bringen, daß es 6,5 bis 8 km im Schritt in einer Stunde zurücklegen kann. Das Pferd muß sich im Schritt entspannen können, denn das ist die Gangart, die ihm zur Erholung und zum »Ausruhen« zur Verfügung steht. Der Reiter sollte auf einen flüssigen, raumgreifenden Schritt in leichter Anlehnung hinarbeiten. Das Pferd soll ruhig und ausgeglichen seinen Weg gehen.

Im Wettbewerb wird meistens getrabt. In dieser Gangart kommt man schnell voran, die Belastung ist gleichmäßig verteilt, daher ist sie am wenigsten anstrengend für das Pferd. Der Reiter sollte daran denken, ab und zu den Fuß zu wechseln. Auch der Trab sollte flüssig und raumgreifend sein; in gutem, flotten Trab legt man etwa 14,5 bis 16 km in der Stunde zurück, in langsamem Trab etwa 9,6 bis 11,2 km. Jedes Pferd hat in jeder Gangart sein »Lieblingstempo«, bei dem es sich am wohlsten fühlt. Es ständig zu zwingen, schneller zu gehen, ist sowohl für das Pferd als auch für den Reiter anstrengend. Wenn ein Pferd einen sehr langsamen Trab hat, der auch nicht durch Training zu verbessern war, sollte man es nicht ständig treiben, sondern lieber versuchen, durch etwas Kantern einige Zeit herauszuholen.

Ein flotter Kanter schafft etwa 16 bis 19 km in der Stunde. Das ist das optimale Tempo für Distanzritte, wo die Pferde über längere Strecken kantern und einen gleichmäßigen, ruhigen Galoppierrhythmus finden müssen. Zwei verschiedene Aspekte werden im Training kombiniert:
– kurze Ritte in scharfem Tempo, um die Atmung des Pferdes zu stärken;
– längere, ruhigere Ritte, um die Ausdauer und fließende, raumgreifende Gänge zur erfolgreichen Teilnahme an Wettbewerben zu entwickeln.

Länge und Tempo der Ritte richtet sich nach dem angestrebten Wettbewerb, worauf noch genauer eingegangen wird.

Beim Distanzreiten ist es – vielleicht mehr noch als bei allen anderen Pferdesportarten – unerläßlich, daß der Reiter sein Pferd genau kennt. In diesem Sport kann nicht eine Person das Pferd trainieren und eine andere reitet erfolgreich Prüfungen auf ihm. Nur wenn Reiter und Pferd wirklich eine Einheit sind, steigen die Erfolgschancen.

## Puls- und Atemfrequenz

Auf Distanzritten gibt es strenge tierärztliche Kontrollen, wobei auch Puls- und Atemfrequenz gemessen werden. Das hat dazu geführt, daß mittlerweile alle Reiter die Puls- und Atemwerte ihres Pferdes kennen und sie als Gradmesser der Kondition während des Training und im Wettkampf benutzen. Die folgenden Punkte sollten beachtet werden:

**1** Stellen Sie die normalen Ruhewerte Ihres Pferdes fest.

**2** Finden Sie Schwachstellen heraus. Suchen Sie sich einen Hügel oder einen guten Punkt auf einer Ihrer Trainingsrouten, an dem Sie die P/A-Werte nehmen, z. B. nachdem das Pferd gerade diesen Hügel hochgehen mußte. Von nun an nehmen Sie einmal in der Woche an derselben Stelle die P/A-Werte und notieren sich auch Tempo, Wetterbedingungen und sonstige Faktoren, die Einfluß auf die P/A-Werte haben könnten.

**3** Sobald das Pferd Kondition bekommt, sinken die ersten Werte und es wird sich in etwa 10 Minuten wieder erholt haben. Das bedeutet, daß das Pferd jetzt für anstrengendere Arbeit bereit ist. Als grobe Richtlinien kann man davon ausgehen, daß die Belastung erhöht werden kann, wenn die Pulsfrequenz nach einer Belastung unter 80 in der Minute liegt. Man sollte jedoch warten, bis sie auf 60 gesunken ist, bevor man die Arbeit fortsetzt.

**4** Puls- und Atemfrequenz sollten innerhalb von 30 Minuten nach der Belastung wieder auf Normalwerte abgesunken sein. Wenn z. B. während eines Wettbewerbs die Pulsfrequenz nach der vorgeschriebenen Ruhepause nicht auf unter 70 abgesunken ist, darf das Pferd nicht weitermachen.

Trainingsritte

Diese Ritte sind zwischen 30 und 50 km lang und werden im Tempo 8–10 km/h geritten. Ein trainiertes Jagdpferd könnte an einem solchen Ritt ohne Schaden teilnehmen. Ein Pferd, das viermal die Woche 10 bis 16 km ausgeritten wurde, ist fit genug für einen 30-km-Ritt. Ein Ritt über 50 km hingegen erfordert längere Trainingsritte, wobei mehrere km im Tempo 13 km/h getrabt werden und gekantert wird. In etwa vier weiteren Wochen hat ein Pferd, das für den 30-km-Ritt fit genug ist, auch ausreichend Kondition für 50 km im Tempo 10 km/h. Zum Training gehören neben drei Tagen mit normaler Arbeit zwei Tage mit längeren Ritten. Während der kürzeren Ritte kann das Pferd über etwa 1,5 km auch in schärferem Tempo gekantert werden, wobei das Durchschnittstempo aber nicht über 16 bis 20 km/h liegen sollte, da ein höheres Tempo zuviel Streß für das Pferd bedeuten würde.

Der Trainingsplan für eine Woche könnte etwa folgendermaßen aussehen:
Montag: 9 km in einer Stunde in ruhigem Tempo.
Dienstag: Ausruhtag; leichte Bewegung oder Weidegang.
Mittwoch: 90 Minuten, Tempo 10 km/h.
Donnerstag: 2 Stunden, einschließlich 3 km Kanter.
Freitag: Ausruhtag.
Samstag: 3 Stunden im Tempo 8 km/h.
Sonntag: 30 bis 35 km in ruhigem Tempo.
Dieser Trainingsplan bezieht das Wochenende am stärksten ein, so daß der berufstätige Reiter in der Lage ist, sein Pferd ausreichend zu trainieren. An den Ausruhtagen wird das Pferd je nach Wetter und Jahreszeit auf die Weide gestellt. Unter der Voraussetzung, daß korrekt longiert wird, kann man 20 bis 30 Minuten der normalen Arbeit unter dem Sattel durch Longieren ersetzen.

Distanzritte

Diese Ritte variieren im Schwierigkeitsgrad von 40 km in einem Tag, 95 km in zwei Tagen bis zu 160 km in drei Tagen. Gewertet wird neben der Zeit auch die Kondition. Es gibt eine Bestzeit, und Strafpunkte werden für jeden Konditionsmangel des Pferdes verteilt.

Um ein Pferd von 50 km in einem Tag auf 65 km in einem Tag zu bringen, muß es noch einmal für weitere vier Wochen trainiert werden. Das Tempo liegt normalerweise zwischen 10 und 11 km/h, was nur von einem Pferd mit guter Kondition ohne Streß zu schaffen ist. Das Pferd muß sechs Tage lang längere Strecken in höherem Tempo geritten werden. Der Trainingsplan für die letzten vier Wochen vor einem Distanzritt über 65 km im Tempo 11 km/h könnte wie folgt aussehen:

**1. Woche**
Montag: 1,5 Stunden im Tempo 10 km/h.
Dienstag: 1,5 Stunden im Tempo 10 km/h.
Mittwoch: 1 Stunde im Tempo 16 km/h.

Donnerstag: 2,5 Stunden im Tempo 9–10 km/h.
Freitag: 30 bis 40 km, Tempo 9–10 km/h.
Samstag: 1,5 Stunden Spazierritt.
Sonntag: Stehtag.

## 2. Woche

Alle Strecken werden um 3 bis 5 km verlängert.
Freitag: 40 km im Tempo 11 km/h.

## 3. Woche

Drei aufeinanderfolgende Belastungstage mit einem 40-km-Ritt im Tempo 11 km/h und zwei 30-km-Ritten im Tempo 11 km/h. Zwei Tage mit leichten Ausritten und zwei Tage mit Schrittarbeit.

## 4. Woche

Eine Woche vor dem Wettbewerb wird das Pferd nicht mehr besonders belastet. In der Mitte der Woche wird ein 2,5stündiger Ritt über 30 km gemacht.

Distanzreiten auf diesem Niveau ist sehr zeitaufwendig, denn das Pferd muß in der Lage sein, mehr als die Mindestleistung zu bringen. Das höchste Ziel ist die Teilnahme an einem 160-km-Ritt. Die Kondition des Pferdes muß auf einer breiten Basis aus langsamer Arbeit aufgebaut werden. Das Pferd muß sich auch daran gewöhnen, über einen langen Zeitraum das Reitergewicht zu tragen.

## Endurance-Ritte

Diese Ritte sind zwischen 80 und 160 km lang. Das schnellste Pferd mit guter Kondition gewinnt. Das bedeutet, daß im Training mehr Wert auf schnelleres Tempo über lange Strecken gelegt werden muß. Es kann nicht oft genug betont werden, daß ein Pferd unter solchen Belastungen nur gesund bleiben kann, wenn seine Kondition auf langanhaltender, langsamer Arbeit basiert.
Um bei einem 80-km-Ritt mit an der Spitze sein zu können, muß das Pferd ein Tempo von durchschnittlich 16 km/h gehen. Das

Basistraining entspricht dem für einen normalen Distanzritt, aber in den letzten vier Wochen konzentriert man sich auf höhere Geschwindigkeiten, z. B. auf 30 bis 40 km im Tempo 16 km/h. Endurance-Ritte mit einer Länge von 120 bis 160 km sind sehr hart für das Pferd, und es muß über ein Höchstmaß an Kondition verfügen. Es wird ein Durchschnittstempo von 13 km/h gehen und 12 bis 20 Stunden unter dem Sattel sein. Vor einem Endurance-Ritt sollte das Pferd mindestens zwei Ritte über 80 bis 95 km gehen. Das steigert nicht nur die Kondition des Pferdes, sondern hilft auch dem Reiter das für sein Pferd optimale Tempo und Rhythmus für den Endurance-Ritt zu finden.

## Intervalltraining für Distanzpferde

Scheinbar liegt ein Widerspruch in den Begriffen Intervalltraining und Distanzreiten, aber eine gewisse Menge schneller Arbeit ist unverzichtbar. Das Distanzpferd braucht eine große Anzahl langsamer Muskelfasern, die eine hohe Sauerstoffkapazität haben und nur langsam ermüden. Araber haben von Natur aus eine hohe Anzahl langsamer Muskelfasern und eignen sich hervorragend für Ausdauerleistungen. Jedes Pferd jedoch wird mit einem bestimmten Verhältnis von langsamen und schnellen Fasern geboren, das sich auch durch Training nicht ändern läßt.

Durch Training läßt sich die aerobe Kapazität der schnellen Fasern steigern. Es erhöht die Anzahl der schnellen Fasern mit hoher Sauerstoffkapazität, wodurch sich die Ausdauer des Pferdes erhöht. Das erreicht man, indem die anaerobe Schwelle (Beginn der Milchsäureproduktion) verschoben wird, wozu auch schnellere Arbeit ins Trainingsprogramm aufgenommen wird. Mit Intervalltraining von 30 bis 45 Minuten, das für kurze Zeit die Herzfrequenz auf über 160 erhöht, ohne das Pferd zu überfordern, läßt sich die Sauerstoffkapazität der Muskeln steigern. Die schnelle Arbeit hat den zusätzlichen Vorteil, daß sie das kardiovaskuläre und respiratorische System (Herz, Kreislauf, Atemwege) stimuliert. Langanhaltende, langsame Arbeit hat kaum Auswirkungen auf diese Systeme, stärkt aber dafür Muskulatur, erhöht den Widerstand gegen Müdigkeit, baut Glykogenreserven auf und gewöhnt das Pferd außerdem an das Reitergewicht.

Intervalltraining wird sehr erfolgreich zur Konditionierung von Distanzpferden eingesetzt. Sechs bis acht Wochen mit Schritt- und Trabarbeit sind notwendig, bevor mit dem Kantern begonnen wird. Dann können kleine Reprisen in langsamem Kanter eingegliedert werden. Im letzten Monat vor dem Wettbewerb wird das Pensum auf 3 Kanter à 12 Minuten erhöht. Zwischen den Kanter-Intervallen liegen jeweils 3 Minuten Schritt. Das langsame Reiten langer Strecken wird an den anderen Tagen der Woche wie bereits dargestellt durchgeführt.

Die Teilnahme an Trainingsritten und Qualifikationsritten ist als wichtiger Teil des Konditionstrainings anzusehen. Sie dienen dem Reiter als Gradmesser der Kondition, bieten ihm aber auch die Möglichkeit, festzustellen, ob er die vorgeschriebenen Tempi erreicht – das ist besonders wichtig für den häufig allein trainierenden Reiter.

Distanzreiten hat in letzter Zeit an Beliebtheit zugenommen. Viele der Teilnehmer an Distanzritten kauften sich ihr Pferd ursprünglich zum Spazierenreiten, entschieden sich später einmal zu einem Distanzritt und fanden Gefallen daran, ihr Pferd mit Disziplin und Können zu trainieren, ebenso wie am Wettkampf und der Kameradschaft zwischen Pferd und Reiter. Distanzreiten setzt jedoch Kondition bei Pferd und Reiter voraus und sollte nur durchgeführt werden, wenn das Pferd ausreichend vorbereitet wurde.

**Training des Dressurpferdes**

Das Dressurpferd ist ein Spezialist in höchster Form. Sein Training basiert nicht in erster Linie auf Kondition, sondern mehr auf der Fähigkeit, bestimmte Bewegungen korrekt, elegant, und leicht auszuführen. Das soll nicht heißen, das Dressurpferd brauche keine Kondition. Für die lange Turniersaison muß es sich in Spitzenkondition befinden. Dazu zählt sowohl psychische als auch physische Kondition. Das Dressurpferd muß die richtige Einstellung zu seiner Arbeit haben, es muß Disziplin lernen und darf unter Streß nicht explodieren.

Der Dressurreiter trainiert sein Pferd, um es zu gymnastizieren und seine natürlichen Fähigkeiten zu entwickeln, so daß es seine Arbeit mit zunehmender Leichtigkeit, Gleichgewicht und Eleganz ausführen kann. Schlüsselbegriffe für erfolgreiche Dressur sind Losgelassenheit, Kraft und Beherrschung. Während des Trainings wird das Pferd mehr versammelt, sein Schwerpunkt verschiebt sich nach hinten und die Hinterhand wird mehr beansprucht. Zur gleichen Zeit entwickelt es Muskeltonus und Kraft, der Rahmen erweitert sich bei vermehrter Halsung und gut entwickelter Hinterhand. Herz und Lungen jedoch werden nicht in dem Maße ausgebildet wie bei einem Pferd, das galoppieren muß.

Die Muskelbildung braucht Jahre, geht aber sehr schnell zurück, wenn das Pferd nicht gearbeitet wird. Wird das Pferd nur wenige Wochen nicht geritten, dauert es Monate, den verlorenen Muskeltonus wieder aufzubauen. Das Arbeitsjahr des Spezialisten Dressurpferd unterscheidet sich von dem anderer Sportpferde insofern, daß es nicht abtrainiert wird und eine lange Pause bekommt. Stattdessen macht es im Laufe des Jahres 2 oder 3 kurze Pausen von maximal 2–3 Wochen. Während dieser Zeit kommt das Pferd tagsüber auf die Weide, verbringt die Nächte im Stall und bekommt Kraftfutter. Das Pferd erholt sich, ohne zuviel Muskulatur zu verlieren.

Wenn das Pferd aus irgendeinem Grund für mehr als 4 Wochen nicht gearbeitet werden konnte, sollte es 2–3 Wochen in Schritt und Trab auf Straßen und Feldwegen geritten werden, bevor das Dressurtraining wieder aufgenommen wird. Theoretisch kann das Dressurpferd ausreichend Kondition erlangen, wenn es nur auf dem Viereck gearbeitet wird. Dennoch muß darauf geachtet werden, die Muskulatur nicht zu sehr zu beanspruchen, indem das Pferd zu viel auf einem begrenzten Raum arbeitet, bevor ausreichend Muskeltonus vorhanden ist. Aber auch während des Spazierenreitens bergauf und bergab soll das Pferd fleißig vorwärtsgehen.

Hat das Pferd einmal Kondition, kann es bis zu 40 Minuten ausgebildet oder longiert werden, aber jede versammelnde Lektion muß von Arbeit am langen Zügel abgewechselt werden, damit das Pferd sich entspannen kann und seine Muskulatur sich von der ungewohnten Anstrengung erholen kann.

Das Trainingsprogramm muß abwechslungsreich sein, damit das Pferd nicht sauer oder verspannt wird. Ruhiges Spazierenreiten vor, nach oder anstelle der Ausbildung fördern die Entspannung des Pferdes. Freispringen und Springgymnastik wirken lösend. Auch ein Kanter auf einem geeigneten Feld oder einer Wiese ist gut dazu geeignet, Herz- und Lungentätigkeit anzuregen und obendrein eine Abwechslung von der anspruchsvollen, versammelten Arbeit.

Die Leistungen des Dressurpferdes werden durch systematisches, intensives Arbeiten gesteigert. Es macht von Jahr zu Jahr Fortschritte, bis es seine Leistungsgrenze erreicht hat. Im ersten Jahr des Trainings lernt es, sich unter dem Reiter oder an der Longe frei zu bewegen. Im zweiten Jahr werden Seitengänge geübt, im dritten Jahr erlernt es fliegende Wechsel, größere Versammlung und Verstärkungen. Danach, im vierten Jahr wird das (jetzt achtjährige) Pferd in Piaffe und Passage ausgebildet – vorausgesetzt Reiter und Pferd haben das entsprechende Können.

Es ist relativ einfach, ein Dressurpferd fit zu machen, aber langfristiger Erfolg hängt von korrekter und sorgfältiger Ausbildung durch einen fähigen Trainer ab.

**Training des Springpferdes**
Auch der Springsport ist eine ganz spezielle Disziplin, und ein Großteil des Trainingsprogramms besteht aus Ausbildung und Verbesserung der Springtechnik. Training und Konditionierung gehen ineinander über. Der Trainingsplan richtet sich nach dem Alter und Können des Pferdes und danach, wieviel Zeit des Jahres an Turnieren teilgenommen werden soll.

Das Aussehen des Springpferdes ändert sich wenig durch den Sport. Die Muskulatur entwickelt sich, aber nicht in dem Maße wie beim Dressurpferd. Kondition und Stamina werden verbessert, aber nicht in dem Maße wie beim Vielseitigkeitspferd. Die größte Änderung beim Springpferd vollzieht sich wahrscheinlich im Bewegungsablauf, vor allem die Galoppade wird kraftvoller, kontrollierter und elastischer. Ziel des Trainings ist es, dem Pferd dazu zu verhelfen, sein natürliches Springvermögen zu hohen, fehlerlosen Sprüngen einzusetzen. Der Trainer versucht erst einmal, Gleichgewicht und Versammlung zu fördern. Das Pferd soll fließende Bewegungen bekommen und das Gebiß annehmen. Die Ausbildung über Sprünge erhöht nicht die Fähigkeiten des Pferdes, steigert aber Selbstvertrauen von Reiter und Pferd. Der »Springzirkus« hat sich zu einer äußerst professionellen und finanzorientierten Szene entwickelt. Das Jahr wird ausgefüllt von zwei Saisons. Die Sommersaison dauert von Mai bis Oktober, es wird vorwiegend draußen geritten. Die Wintersaison dauert von Oktober bis April, und es handelt sich fast ausschließlich um Hallenturniere. Für den Reiter besteht dadurch die Versuchung, sein Pferd zu überlasten. Aber ein Springpferd braucht ebenso wie andere Turnierpferde eine Pause zum Abschalten.

Die Leistungsfähigkeit des Pferdes und wieviele harte Turniersaisons es gehen kann, hängt von der richtigen Kombination von Ausbildung, Konditionierung, Arbeit und Ruhe ab. Bei der richtigen Behandlung kann ein Springpferd weit über sein zehntes Lebensjahr hinaus zur Spitze gehören. Ein Pferd hält auch dann länger, wenn nicht zu früh mit den Turnieren begonnen wird, d. h. bevor es physisch und psychisch ausgereift und dazu in der Lage ist. Viel Zeit muß auf die Konditionierung verwandt werden. Wird es zu schnell fit gemacht, kann es zu Konditionsverlust kommen, und das nicht nur in einer Saison, sondern unter Umständen im ganzen Leben. Wie in allen anderen Disziplinen basiert eine gute Kondition auf viel langsamer Arbeit.

Jeder Trainer hat andere Vorstellungen darüber, wie lange ein Pferd pro Saison gearbeitet werden sollte:

**1** 6 Wochen Erholung bei leichter Bewegung, 6 Wochen Konditionstraining und 3 Monate Turnierteilnahme, zweimal im Jahr.

**2** 3 Monate Ruhepause, 8 Wochen Konditionstraining und 6 Monate Turnierteilnahme. Eine solch lange Saison sollte von zwei kleineren Verschnaufpausen von bis zu zwei Wochen unterbrochen werden. Anzahl, Zeitpunkt und Dauer dieser kleinen Pausen hängt vom jeweiligen Pferd ab.

Je kürzer die Pause ist, desto schneller erlangt das Pferd Turnierkondition. Die ersten zwei Wochen eines Konditionstrainings sollten aber immer aus Schritt auf Straßen und Wegen bestehen. Die nächsten zwei Wochen bestehen aus Schritt, Trab und grundlegenden Übungen. Kanter, intensivere Übungen und vor allen Dingen Springen wird frühestens vier Wochen nach Beendigung der Pause ins Trainingsprogramm aufgenommen. Vor jeder Schulung muß das Pferd 15 bis 20 Minuten Schritt gehen, um es entsprechend aufzuwärmen. Ein älteres, erfahrenes Pferd braucht weniger Ausbildung als ein junges Pferd, und der alte Turniercrack braucht sehr wenig Springtraining zu Hause. Das junge Pferd braucht mehr Schulung, damit es auf dem Turnier gelöst und gehorsam ist, d. h. es wird etwa zwei- bis dreimal die Woche gesprungen. Springgymnastik ist sehr nützlich, einmal zur Vertrauensbildung und zweitens, damit sich die richtige Muskulatur entwickelt.

Wie das Dressurpferd kann auch das Springpferd ausreichend in der Halle oder auf dem Platz trainiert werden, denn die zu Hause geübten Bewegungen entsprechen denen, die auf dem Turnier erforderlich sind. Im Gegensatz zum Renn- oder Vielseitigkeitspferd, dem in der Prüfung wesentlich mehr abverlangt wird, als in der Halle geübt werden könnte. Aber es ist nicht ideal, das Training nur auf Halle oder Platz zu beschränken, denn ein Pferd langweilt sich schnell und versucht, sich der Arbeit zu entziehen. Die Arbeit muß also abwechslungsreich gestaltet werden, indem kleine Ausritte, Kanter auf geeignetem Boden und vielleicht sogar eine Jagd in den Trainingsplan einbezogen werden.

Aus wissenschaftlicher Sicht ist die hier aufgeführte Trainingsmethode ideal, vorausgesetzt das Pferd bekommt im Training Streßreize, die denen in der Prüfung ähneln. Die schnelle Arbeit darf nicht vernachlässigt werden, denn ein Pferd, das jede Woche viele Tage von zu Hause entfernt ist und fünf oder sechs Parcours pro Tag geht, darunter eventuell Zeitspringen, die mit den engen Wendungen und Tempowechseln viel Streß für das Pferd bedeuten, braucht ausreichend Stamina. Der Tempospezialist unter den Springpferden muß genügend schnelle Arbeit bekommen, damit sich die aerobe Kapazität entwickeln kann, während das auf hohe Sprünge spezialisierte Pferd mehr Krafttraining wie etwa das Dressurpferd braucht.

## Training des Rennpferdes

Geländejagdrennen (point-to-point-races)

Das Basistraining für das Jagdrennpferd entspricht dem für den Hunter. Das Pferd wird entweder so trainiert, daß es zu Beginn der Saison für das erste Rennen fit ist, oder es wird erst gegen Ende der Saison gestartet. Das Jagdrennpferd muß sich durch sechs bis acht Jagden pro Saison qualifizieren, wovon eine eine anerkannte Jagd sein muß. Hält man sich die Wetterbedingungen vor Augen, die nach Weihnachten herrschen können, tut man gut daran, das Pferd bis Ende Dezember zu qualifizieren. So braucht das Pferd dann in den ersten zwei Monaten der Saison nur einmal die Woche gearbeitet zu werden, und es bleiben noch gut sechs Wochen oder mehr, um es auf das erste Rennen vorzubereiten. Sechs Wochen vor dem ersten Start in einem Jagdrennen wird mit dem speziellen Training begonnen, vorausgesetzt, das Pferd ging schon Jagden, ist in guter Kondition und gut bemuskelt. Ein Pferd, das Jagden geht, hat nicht genügend Kondition für ein Jagdrennen – selbst ein Pferd, das zwei Jagden pro Woche geht, hat nicht genügend Kondition für einen Galopp über eine 5 km lange Strecke mit Hindernissen in Höhe von 1,5 m. Der Hunter galoppiert selten durchgehend über eine längere Strecke. Es gibt immer wieder Unterbrechungen, Gangartwechsel und die verschiedensten Hindernisse. Der Hunter hat zwar viel Ausdauer, aber seine Fähigkeit zur schnellen Arbeit muß erst gefördert werden.

Mit anderen Worten: Das Jagdrennpferd muß im Training galoppiert werden. Eine geeignete Stelle für den Galopp muß gefunden werden. Wenn das Pferd im Rennen 5 km galoppieren muß, heißt das nicht, es müsse auch im Training 5 km galoppieren. Das würde das Pferd eher ermüden als seine Kondition steigern.

Man geht allgemein davon aus, daß das Pferd nicht mehr als zweimal in der Woche schnell gearbeitet wird, Dauer und Tempo der schnellen Arbeit ist jedoch von Trainer zu Trainer unterschiedlich. Im folgenden werden zwei unterschiedliche Trainingspläne gezeigt, die beide das gleiche Ziel haben.

Ziel des ersten Programms ist es, den abgehärteten, bemuskelten Hunter fit zu halten, indem er viermal in der Woche lange und ruhig gearbeitet wird und seine Galoppade zweimal die Woche mit schneller Arbeit gefördert wird.

Montag: Schritt, Trab und eventuell ruhiger Kanter (300 bis 350 m/min) über 1,5 km; insgesamt 60 bis 90 Minuten.

Dienstag: Schritt, Trab und ein ruhiger Kanter (350 m/min) über bis zu 3 km, je nach Typ des Pferdes.

Mittwoch: ruhiger Kanter (350 m/min) über 1,5 km, 20 bis 30 Minuten Schritt und Trab, dann einen Galopp über 1 km (600 m/min).

Donnerstag: leichte Arbeit; Schritt und Trab über 60 bis 90 Minuten.

Freitag: wie Dienstag.

Samstag: wie Mittwoch.

Sonntag: Stehtag.

Hierbei handelt es sich um ein konventionelles Trainingsprogramm mit langen, langsamen Kanterphasen, um die Ausdauer des Pferdes zu fördern. Schnelle Arbeit wird auf ein Minimum begrenzt, damit das Pferd nicht ausgelaugt wird. Bei dem zweiten Trainingsplan wird das Pferd zweimal wöchentlich galoppiert. Zu Anfang läßt man es etwa 2,5 km im Jagdgalopp (etwa 400 m/min) gehen. Während des nächsten Monats wird die Strecke auf 3 km erhöht und das Tempo auf etwa 500 m/min gesteigert. An einem Tag in der Woche steht ein Sprint bergauf auf dem Plan. Schnelles Bergaufreiten ist weniger belastend für die Vorderbeine als Galopp auf der Geraden, beansprucht Lungen und Herz aber stärker. Während des Trainings sollte man das Pferd nicht bergab galoppieren lassen, denn das belastet die Vorderbeine sehr und erhöht das Risiko eines Sehnenschadens.

Wenn das Pferd mehr Kondition bekommen hat, kommt ein kleiner Sprint zum Galopp hinzu. Beim 3-km-Galopp läßt man das Pferd auf den letzten 1000 m richtig gehen. Es sollte aber nicht bis an seine Leistungsgrenze getrieben werden, und der Reiter muß das Gefühl haben, das Pferd hat noch Reserven.

Der Rest der Woche besteht aus Spazierenreiten (60 bis 90 Minuten) über Straßen und Wege, wobei soviel wie möglich bergauf getrabt werden sollte.

Der Wochenplan sähe also folgendermaßen aus:

Montag: Schritt und Trab, 90 Minuten.
Dienstag: Aufwärmphase, danach ruhiger Galopp über 3 km im Tempo 500 m/min gefolgt von einer ruhigen Abwärmphase.
Mittwoch: wie Montag.
Donnerstag: wie Dienstag.
Freitag: wie Montag.
Samstag: Sprint bergauf.
Sonntag: Stehtag.

Das Trainingsprogramm eines Jagdrennpferdes wird auch etwas Springtraining beinhalten. Wenn das Pferd vorher schon Jagdrennen gegangen ist, wird es nicht allzu viel Springausbildung brauchen – etwa eine Woche vor dem Rennen ein Galopp über Trainingssprünge sollte zur Erinnerung ausreichen.

Hindernisrennen

Das Hürdenpferd war ursprünglich ein Flachrennpferd oder es wurde direkt für den Hindernisrennsport gezüchtet. Ein Pferd, das schon Flachrennen gelaufen ist, ist leichter zu trainieren als ein junges Pferd. Ein hoher Grad an Kondition ist für die Teilnahme an Hindernisrennen erforderlich, ganz besonders für die längeren Distanzen. Das hat zur Folge, daß viele Trainer besonders großen Wert auf die langsame Arbeit zu Anfang des Trainings legen und bis zu 8 Wochen nur Schritt und Trab reiten lassen, bevor das erste Mal

gekantert wird. Am Anfang gleicht das Training denn auch sehr dem Training der Hunter. Es verläuft in den meisten Ställen ähnlich und besteht aus etwa 90 Minuten Schritt und Trab mit Kletterarbeit. Wenn mit Kanter und Galopp begonnen wird, verläuft das Training allerdings sehr unterschiedlich.

Nach der anfänglichen, langsamen Arbeit wird z. B. an zwei Tagen in der Woche gekantert, jeweils etwa 2,5 km. Das Pensum wird langsam auf vier Tage die Woche gesteigert, so daß das Wochenprogramm wie folgt aussieht:

Montag: 90 Minuten über Straßen und Wege, Schritt und Trab.
Dienstag: Kanter über 2,5 km (ruhiges Tempo).
Mittwoch: schnelle Arbeit.
Donnerstag: nur 30 Minuten Schritt.
Freitag: Kanter (ruhiges Tempo).
Samstag: schnelle Arbeit.
Sonntag: Stehtag.

Wie bei allen Pferden, die lange Zeit in Spitzenkondition sein müssen, ist die seelische Ausgeglichenheit wichtig für den Erfolg. Damit sich das Pferd nicht langweilt oder die Lust verliert, sollten die Trainingsrouten gewechselt werden. Das Pferd kann für kurze Zeit in den Paddock gestellt werden oder auch einmal auf andere Art bewegt werden, z. B. indem man es schwimmen läßt.

Galoppbahnen sind wichtig für Hürdenpferde, müssen aber nicht so gerade sein wie für die relativ unreifen Flachrennpferde. Die Pferde müssen nicht über die Distanz galoppieren, die sie im Rennen laufen werden. Wenn das Pferd gesund und durch das Basistraining auf Straßen und Wegen gut vorbereitet ist, muß es nur einmal die Woche hart belastet werden und an zwei anderen Tagen durch ruhige Kanter über 2,5 km locker gehalten werden. Ein guter Trainer zeichnet sich nicht so sehr dadurch aus, ein Pferd fit zu machen, sondern es für eine Reihe von Rennen in guter Kondition zu halten. Ist das Pferd einmal fit, hält man es auf Sparflamme und schöpft sein Leistungspotential nur im Rennen voll aus. Das bedeutet, daß das Hürdenpferd nur selten während des Trainings in vollem Tempo galoppiert wird. Die Pferde werden am Zügel (nie am hingegebenen Zügel) in halbem Tempo galoppiert, so daß sie schnell beschleunigen können, wenn es auf den letzten 500 m verlangt werden sollte.

Die Galoppade des Pferdes hat enormen Einfluß auf den Ausgang des Rennens. Die Schulung über Hindernisse ist sehr wichtig, aber zuerst muß das Pferd an den Hilfen stehen, im Gleichgewicht sein und einen koordinierten Bewegungsablauf haben. Das junge Pferd muß lernen, aus dem Trab oder langsamem Kanter über kleine Hindernisse zu springen, bevor es die Trainingshindernisse springen darf. Freispringen in der Halle oder auf dem Platz ist sehr nützlich, denn das Pferd bekommt Vertrauen zu seinem Springvermögen und lernt den richtigen Absprung zu finden, ohne das Reitergewicht im Rücken zu haben.

So wie Intervalltraining und andere moderne Trainingsmethoden erfolgreich beim Training von Vielseitigkeitspferden eingesetzt werden, so können sie auch beim Training von Jagdrennpferden eingesetzt werden. Blutproben und das optimale Renngewicht sind anerkannt, aber ein Herzfrequenzmonitor gilt immer noch als Geheimwaffe, obwohl er sicher die größten Möglichkeiten zur Leistungssteigerung, als Konditionsmesser und zur Feststellung subklinischer Krankheiten und somit dem Trainer bessere Ergebnisse und mehr Wirtschaftlichkeit bietet.

### Training des Flachrennpferdes

Flachrennen entsprechen am meisten dem Naturell des Pferdes. Sie sind dazu veranlagt, ihren Verfolgern durch Schnelligkeit zu entkommen. Das Rennpferd muß lernen, das Reitergewicht und ein gewisses Maß an Beherrschung durch den Reiter zu akzeptieren, aber der wichtigste Faktor für den Erfolg als Rennpferd ist seine Kondition. Es muß für ein paar sorgfältig ausgewählte Rennen in Topform sein. Die Distanzen der Rennen liegen zwischen 1000 und 4000 m. Wie der menschliche Athlet hat auch jedes Pferd eine bestimmte Distanz, die ihm am besten liegt. Je älter das Pferd ist, desto eher hat es Steher-Eigenschaften. Zweijährige werden nicht über längere Distanzen als 1600 m gestartet.

Das Training von Flachrennpferden wird durch die Tatsache erschwert, daß die Zwei-, Drei- und Vierjährigen noch nicht ausgewachsen und ausgereift sind. Da die Körpersysteme junger Pferde oft nicht in der Lage sind, den Streß des Trainings auszuhalten, gibt es in jedem Rennstall viel »Ausschuß«. Viele Rennpferde kommen nach den Jährlingsauktionen im Oktober, also im Alter von 18 Monaten, in den Rennstall, wo sie eingeritten werden.

Das Einreiten besteht aus Arbeit an der Longe und Doppellonge, vielleicht wird das Pferd auch an der Doppellonge durch die Startmaschine geführt. Dadurch gewöhnen sich die jungen Pferde von Anfang an an die Startmaschine und Probleme bei den späteren Starts lassen sich schon früh ausmerzen. Nach etwa vier Wochen wird das Pferd erstmals bestiegen und weitere drei bis vier Wochen in Schritt und Trab geritten. Etwa ab dem Neuen Jahr wird mit Kantern auf der Galoppbahn begonnen, die anfänglichen 500 m werden langsam auf 800 m gesteigert. Wenn das Pferd gelernt hat, im Gleichgewicht zu kantern, und mehr Kondition bekommen hat, wird ein zweiter Kanter in die Trainingseinheit aufgenommen. Der nächste Schritt ist, daß die Zweijährigen nebeneinander im Kanter gehen. Vor dem Kantern wird 20 Minuten Schritt geritten und etwas getrabt. Je mehr gekantert wird, desto weniger wird getrabt. Insgesamt wird das Pferd etwa 75 Minuten gearbeitet.

Wenn das Pferd mehr Kondition hat, kann aus dem raumgreifenden Kanter ein ruhiger Galopp in mittlerem Tempo werden. Eventuell wird zweimal die Woche in vollem Tempo galoppiert. Zu Anfang sollte die schnelle Arbeit nur über sehr kurze Distanzen durchgeführt werden, die langsam erhöht werden, je nachdem für welches Rennen das Pferd trainiert wird. Kurz vor dem Rennen wird die Distanz verkürzt und das Tempo erhöht, um das Pferd auf den Renngalopp in vollem Tempo vorzubereiten.

Flachrennpferde sind Galoppierspezialisten. Ihr Training konzentriert sich darauf, daß sich die Muskeln, die zum Galoppieren gebraucht werden, voll entwickeln. Alles weitere hält man für überflüssig. Das Training eines Flachrennpferdes besteht also hauptsächlich aus Galopp und Kanter sowie Kletterarbeit, Schwimmen und Schritt an der Führmaschine.

Je länger ein junges Pferd Zeit hat, auszureifen und seine Muskulatur zu entwickeln, desto besser. Viele Pferde laufen daher nicht als Zweijährige, sondern haben ihren ersten Start im Alter von drei Jahren. Andere sind früher reif und können schon als Zweijährige an den Start gehen. Die Muskelentwicklung wird durch ständige Arbeit, die langsam in bezug auf Dauer, Schritt, Trab und Klettern gesteigert wird, gefördert. Das junge Pferd wird erst gekantert, wenn es im Takt und Gleichgewicht traben kann und dabei sowohl vorne als auch hinten aktiv tritt. Der Jockey muß darauf achten, daß er mal auf der rechten Hand trabt, mal auf der linken, so daß sich die Rückenmuskulatur gleichmäßig entwickeln kann. Zu Beginn wird das Pferd nur langsam gekantert, damit es seinen Rhythmus finden kann, bevor es galoppiert wird.

Wissenschaftliche Erkenntnisse haben gezeigt, daß sich die Muskeln beim Renngalopp maximal kontrahieren müssen, so daß ein größerer Belastungsreiz während des Trainings geschaffen werden muß. Damit der Körper die Laktatkonzentration nach dem Rennen besser abbauen kann, ist es wichtig, daß schon während des Trainings in diesem Bereich gearbeitet wird. Ein Rennpferd kann nach einem Tempo/Ausdauer-Schema trainiert werden, das dem Intervalltraining ähnelt, aber auf wiederholten Belastungsreizen hoher Intensität über kurze Distanzen basiert. Das Training kann aus mehreren Galopps in hohem Tempo über 400 m bestehen. Dazwischen wird getrabt, damit sich das Pferd teilweise erholen kann. Diese Trainingsmethode findet man nur in sehr wenigen Ställen, und es ist auch noch nicht bekannt, ob ein junges Pferd ihr psychisch oder physisch gewachsen ist. Beim älteren Flachrennpferd hingegen könnte sie eine Leistungssteigerung bringen.

Interessanterweise haben menschliche Athleten mit dieser Methode ihre Leistungen ungeahnt steigern können. Geht man davon aus, daß es sich beim Training von Menschen und Pferden um zwei verschiedene Dinge handelt, ist es doch interessant zu wissen, daß die Trainer von Rennpferden dazu neigen, nur die altbewährten Trainingsmethoden zu benutzen – und auch nur die gleichen Geschwindigkeiten wie früher auf der Rennbahn produzieren. Vielleicht sind die Pferdebeine der Grenzfaktor, aber es ist auch möglich, daß der Trainer, der einmal vollkommen neue Methoden und Ausrüstung einsetzt, eines Tages alle rennsportlichen Rekorde brechen kann.

**Training des Fahrpferdes**

Es gibt viele Varianten des Fahrsports, vom Hindernis- zum Marathonfahren, von Schauwettbewerben zum Fahren mit Hackneys. Das bedeutet, der Pferdetyp und der benötigte Konditionsgrad sind sehr unterschiedlich.

Das nach einer Pause durchgeführte Basistraining ist fast identisch. Am Anfang stehen etwa 35 bis 45 Minuten Schrittarbeit, entweder unter dem Sattel oder an der Doppellonge. Das Pferd muß einen fleißigen Schritt gehen und sowohl versammelten als auch starken Schritt gehen können. Später wird longiert und das Pferd geht im Geschirr, wobei auch ein wenig getrabt werden kann. Die Arbeit an der Longe wird langsam auf 45 Minuten am Tag gesteigert.

Ab hier gibt es Unterschiede im Trainingsprogramm, je nachdem welcher Wettbewerb angestrebt wird. Für ein einspännig gefahrenes Pferd, das in einem Schauwettbewerb gestartet werden soll, beginnt man mit dem Training im März, und das Pferd verfügt im Mai über ausreichend Kondition für den Wettbewerb. Das Gespann, das in einer Marathon-Prüfung gestartet werden soll, wird eine Last von etwa einer Tonne über 13 bis 20 km ziehen müssen. Um ausreichend Kondition zu erlangen, müssen die Pferde bis zu 45 Minuten longiert werden.

In etwa drei Monaten hat ein Pferd genügend Kondition für eine aus drei Teilen bestehende Vielseitigkeitsprüfung. Man kann eine Art Intervalltraining einsetzen, denn diese Pferde müssen sehr viel Kondition bekommen. Intervalle von 3 Minuten Trab und Schritt werden abwechselnd durchgeführt, die Anzahl richtet sich nach der Reaktion des Pferdes auf die Belastung. Wenn das Gespann drei Intervalle à 5 Minuten ohne Probleme zurücklegen kann, kann die Dauer erhöht werden. Das Ruhe-Intervall von 3 Minuten wird nicht verändert. Die Übungen werden solange wiederholt, bis die Pferde genügend belastet, aber nicht überlastet wurden.

Beim Reitpferd würde als nächstes die Arbeit im Kanter eingeführt, aber schnelle Arbeit ist nicht geeignet für das Training von Fahrpferden, und man geht stattdessen zu Kletterarbeit über, um die Kondition zu steigern. Es ist sehr hilfreich, sich eine bestimmte Strecke abschnittsweise auszumessen und abzustoppen. Der Fahrer sollte die ideale Zeit für jeden Abschnitt dieser Strecke kennen und langsam, je nach Konditionsfortschritt der Pferde versuchen, sich dieser Idealzeit zu nähern. Im Vier-Tage-Rhythmus sollte diese abgestoppte Strecke gefahren werden. Wenn sich der Termin der angestrebten Prüfung nähert, sollte das Gespann in der Lage sein, die 1,5fache Strecke der Geländeprüfung ohne Probleme zu gehen.

Durch die Muskelbildung mit zunehmender Kondition muß eventuell das Geschirr neu angepaßt werden.

Die Pferde müssen als Team miteinander arbeiten, und der Fahrer muß seine Pferde genau kennen und auch kleinste Anzeichen von Überlastung oder abnormem Verhalten registrieren. Während der Geländeprüfung können die Pferde müde oder sogar erschöpft werden. Sie können durchaus noch in der Lage sein, vorwärtszugehen, aber die Bewegungen werden unkoordiniert und sie sind psychisch nicht mehr fähig, mit einem Problem fertigzuwerden, z. B. einer riskanten Situation im Gelände. Ermüdung ist sicherlich das größte Problem. Der Gang ändert sich, das Risiko eines Unfalls oder einer Verletzung steigt. Durch ein sorgfältiges Training gilt es, Ermüdung zu vermeiden. Man bedenke immer, daß das Fahrpferd sich im Geschirr befindet und eine Last zu ziehen hat. Es kann sich nicht frei und natürlich bewegen.

Die Beschleunigung durch die natürlichen Gänge stellt die größte Effektivität in der Energienutzung dar, wie sich anhand des Sauerstoffverbrauchs messen läßt. Jedes Pferd hat in jeder Gangart sein eigenes Tempo, bei dem es die Energie am effektivsten nutzt. Pferde, die im Geschirr gehen, haben naturgemäß einen größeren Energiebedarf, da sie sich nicht frei bewegen können. Bei der Auswahl von Fahrpferden sollte man diejenigen bevorzugen, die abstammungsmäßig die Kraft, den Gang und die Ausdauer für den Fahrsport haben können. Bei einem Zweier- oder Vierergespann ist es besonders wichtig, daß die Pferde in bezug auf Temperament und Gang zusammenpassen, was häufig große Schwierigkeiten bereitet.

## Training des Polo-Ponys

Das Polospiel wurde zum ersten Mal in einer persischen Schrift aus dem Jahre 600 vor Christus beschrieben. Das bedeutet, daß dieses Spiel seit über 2500 Jahren gespielt wird. Es ist ein sehr anspruchsvoller Sport und fordert die Ponys nicht nur physisch, sondern auch psychisch. Obwohl ein Chucker nur sieben Minuten dauert, ist das Pony die ganzen sieben Minuten in Bewegung und muß ständig plötzlich das Tempo oder die Richtung wechseln.

Wenn das Pony eine gewisse Grundkondition erlangt hat, spielt seine Ausbildung die vorrangige Rolle im Trainingsprogramm. Das Pony muß lernen, sehr schnell zu reagieren und auch bei geringer Richtungsänderung seine Beine flink und schnell voreinanderzusetzen. Es lernt, leicht hinter dem Zügel zu gehen und die Vorhand zu entlasten.

### Basistraining

Im allgemeinen dauern Ausbildung und Training des Polo-Ponys zwei Jahre. Gewöhnlich erhält es seine Grundausbildung im Alter von vier Jahren, mit fünf Jahren nimmt es an kleineren Polo-Turnieren teil und mit sechs Jahren ist es fertig für seine erste Saison.

Das Basistraining eines Polo-Ponys unterscheidet sich nicht wesentlich von dem eines anderen Reitpferdes. Das Pony soll lernen, einen flüssigen Schritt zu gehen und im Takt zu traben, dem Schenkel zu gehorchen und richtig zu galoppieren.

### Das spezielle Training

Es gibt drei wichtige Dinge, die ein Polo-Pony unbedingt beherrschen muß:
- Galoppwechsel mit sofortiger Gewichtsverlagerung;
- aus jedem Tempo abrupt stoppen und sofort wieder angaloppieren;
- Wendungen auf der Hinterhand.

Gerade die Fähigkeit, auf die kleinste Hilfe hin sofort den Galopp wechseln zu können, ist äußerst notwendig, wenn es sich immer im Gleichgewicht bewegen soll. Bei den schnellen Tempowechseln und Wendungen im Spiel muß es sich ständig im Gleichgewicht befinden.

Für ein junges, unerfahrenes Pferd sind die plötzlichen Tempowechsel sehr schwierig und ermüdend. Will man ihm diese Dinge schon beibringen, bevor es genügend Kondition hat, riskiert man Stauchungen und Zerrungen. Man bringt ihm bei, aus jedem Tempo abrupt zu stoppen, indem es erst einmal lernt, aus dem Schritt sofort und korrekt anzuhalten. Versteht das Pony die Hilfen und verfügt über mehr Kondition, beginnt man mit den schnelleren Gangarten.

Auch die Wendung auf der Hinterhand ist recht schwierig für das junge Pferd und belastet besonders die Sprunggelenke. Führt man diese Übung zunächst im Schritt durch, hat das zwei Vorteile: Erstens lernt das Pony in Ruhe die Hilfen kennen, ohne daß es durch das Tempo verwirrt ist, und zweitens werden die Sprunggelenke gestärkt.

Beherrscht das Pony diese Übungen, kann es an Stick und Bambusball gewöhnt werden. Es ist aber nicht ratsam, gleich einen Ball zu schlagen, solange sich das Pony noch in der Ausbildung befindet und noch nicht voll vom Reiter kontrollierbar ist. Will man das Pony nicht verängstigen, sind Zeit und Geduld erforderlich. Außerdem sollte das Pony nicht zuviel Kraftfutter erhalten, damit es nicht zu kernig ist.

Es gibt noch andere Dinge, die ein Pony zu Beginn erschrecken können, etwa daß andere Ponys in vollem Tempo auf es zugaloppieren, das Schwingen der Sticks, der fliegende Bambusball und von anderen Ponys »abgedrängt« zu werden. Beachtet man all diese Dinge, wird das Polo-Pony sicher bald voller Vertrauen seine Arbeit tun.

### Konditionstraining

Die Polo-Saison beginnt Ende April und endet im September. Normalerweise wird ein Polo-Pony pro Spiel in ein oder zwei Chuckers von je sieben Minuten eingesetzt und bekommt jede Woche ein Trainingsspiel. Low-Goal-Turniere bestehen aus vier Chuckers, High-Goal-Turniere aus acht. Ein trainiertes Polo-Pony muß also zwei- bis dreimal die Woche 14 Minuten lang galoppieren, Wendungen und Stopps ausführen. Wenn es diese Belastung eine ganze Saison von vier Monaten aushalten soll, muß es gut vorbereitet und trainiert sein.

Mindestens zwei Monate braucht man, um ein Pony auf die Turniersaison vorzubereiten. Soll es die ganze Saison über eingesetzt werden, tut man gut daran, es im ersten Monat nur in einem Chucker pro Spiel einzusetzen. Es ist wichtig, es so lange wie möglich in Topform zu halten, ohne es zu überlasten. Zuviel Streß erhöht das Verletzungsrisiko und kann außerdem dazu führen, daß das Pony »sauer« wird. Soll das Pony willig mitspielen, bringt man es besser nicht in eine Situation, der es nicht gewachsen ist.

Ende Februar oder Anfang März werden die Polo-Ponys ins Training genommen. Die ersten ein bis zwei Wochen bestehen aus Schrittarbeit. Während des Trainings wird ein Pony geritten und zwei weitere werden vom Sattel aus mitgeführt. Sie werden abwechselnd geritten, um die Haut abzuhärten und sie ans Reitergewicht zu gewöhnen. Trab wird früh ins Training eingegliedert und langsam gesteigert. Gegen Ende der 4. Woche werden die Ponys 90 Minuten gearbeitet, davon 30 Minuten im Trab. Durch dieses Basistraining entwickelt sich Muskulatur und Ausdauer und die Beine werden abgehärtet. Das Polo-Pony muß seine athletischen und gymnastischen Fähigkeiten ausbauen, und gegen Ende des ersten Monats wird auch die gezielte Ausbildung ins Trainingsprogramm

aufgenommen. Dazu gehören die wie vor beschriebenen Bewegungsabläufe und etwas Arbeit mit Stick und Ball.

Drei bis vier Wochen vor dem ersten Spiel beginnt man mit dem Kantern. Man mißt dem Kantern große Bedeutung für die Kondition zu, und die Ponys werden täglich 20 Minuten gekantert und zusätzlich auf Straßen und Wegen geritten. Vor und während der Saison wird gelegentlich schnelle Arbeit eingesetzt, die aus einem kurzen Galopp in mittlerem Tempo besteht. Dies soll die Atemwege freimachen und zeigen, ob das Pony »genug Luft« hat. Jedoch sollte nicht zu viel galoppiert werden, denn die Ponys heizen sich leicht auf und gehen auf der Vorhand.

Polo-Ponys müssen für kurze Zeit während des Spiels hart arbeiten, denn es verlangt blitzschnelles Angaloppieren und enorme Muskelkraft von ihnen. Ist die Grundkondition durch vier bis sechs Wochen langsamer Arbeit aufgebaut worden, muß sich das Training auf die Entwicklung der Muskelkraft konzentrieren. Die kraftvoll beschleunigenden Muskeln setzen sich aus einer Vielzahl von schnellen Fasern mit geringer Sauerstoffkapazität zusammen, die im anaeroben Bereich arbeiten. Die Fasern müssen trainiert werden, indem im Training die im Spiel erforderlichen Bewegungen durchgeführt werden. Die Schulung ist also wichtig, nicht nur für den Gehorsam, sondern auch für die Kondition.

Aus wissenschaftlicher Sicht würde ein Polo-Pony effektiver trainiert, indem es in kurzen Intervallen maximal belastet wird, z. B. durch Sprints. In der Kombination mit Schulung würde das anaerobe System maximal entwickelt. Aber aufgrund des Mangels an geeignetem Personal werden die Ponys fast immer in Dreiergruppen in ruhigem Kanter gearbeitet.

# Schlußbetrachtung

Theorie und Praxis des Konditionstrainings von Pferden sind ein sehr umfassendes Gebiet. Ein Buch kann daher dieses Thema wohl oder übel nur oberflächlich behandeln. Ziel dieses Buches ist es, dem Besitzer/Trainer/Reiter einen Einblick in die Körpersysteme des Pferdes zu geben bzw. ihm zu zeigen, wie sie Belastung verarbeiten und auf Training reagieren. Verschiedene Trainingsmethoden sind beschrieben worden, sowohl konventionelle als auch moderne, und Wege zur Beurteilung der Kondition. Mit diesem Wissen kann der Trainer jetzt die Methode aussuchen, die für ihn und seine Pferde die beste ist. Um es noch einmal zu betonen, eine Methode kann für die eine Person die richtige sein, für eine andere jedoch wiederum nicht. Auch Pferde sind Individuen und

müssen dementsprechend behandelt werden. Daher ist bei jedem Trainingsprogramm eine gewisse Flexibilität unerläßlich. Diese Tatsache läßt sich mit einer modernen Trainingsmethode eher berücksichtigen als mit einer traditionellen.

Der Trainer muß sich seiner sportlichen Ziele und des dazu nötigen Konditionsgrads bewußt sein. Überhöhte Kondition und Überfütterung können ebenso viele Probleme besonders für den jungen oder unerfahrenen Reiter hervorrufen wie mangelnde Kondition.

Das Training von Pferden läßt sich nicht aus Büchern erlernen, denn Erfahrung ist durch nichts zu ersetzen. Die Autorin hofft jedoch, daß dieses Buch dazu beiträgt, das Sammeln von Erfahrungen zu vereinfachen – für Pferd und Reiter.

# Anhang

| Höhe (Hdb) | Typ | Ungefähres Gewicht (kg) | Gurtumfang (cm) |
|---|---|---|---|
| 10 | Pony | 200 | 135 |
| 13 | Fohlen/Absatzfohlen | 200 | |
| 12 | Pony | 300 | 150 |
| 13 | Pony | 350 | 160 |
| 14 | Einjähr. Pferd/Pony | 400 | 170 |
| 14,2 | Pony | 450 | 175 |
| 15 | Reitpferd | 450 | 175 |
| 15,2 | Kob | 500 | 184 |
| 16 | Vollblut | 550 | 190 |
| 16 | Jagdpferd | 600 | 196 |
| 16 | Jagdpferd | 650 | |
| 16,2 | Kaltblut | 1 000 | |

Richtlinien zur Schätzung des Körpergewichts eines Pferdes

Nährwerte einiger häufig verwendeter Futtersorten

| | Rohprotein (%) | Nutzbare Energie (MJ/kg) |
|---|---|---|
| **Getreide** | | |
| Hafer | 12 | 14 |
| Gerste | 11 | 17 |
| Mais | 10 | 18 |
| | | |
| **Proteinlieferanten** | | |
| Sojabohnenmehl | 50 | 15 |
| Trockenmilch | 36 | 18 |
| Leinsamen | 26 | 24 |
| Ackerbohnen | 26 | 16 |
| Grasmehl | 12–18 | 13 |
| | | |
| **Zwischenfutter** | | |
| Weizenkleie | 17 | 12 |
| eingew. Zuckerrübenschnitzel | 10 | 15 |
| | | |
| **Heusorten** | | |
| Gutes Grasheu | 10 | 11 |
| Durchschnittl. Grasheu | 8 | 9 |
| Minderwert. Grasheu | 4 | 8 |

N. B.: Angegebene Werte sind nur Richtwerte; in der Praxis gibt es große Schwankungen.

## Eine Übersicht über Gangarten und Tempo

| Gangart | Tempo | |
|---|---|---|
| | km/h | m/min |
| flotter Schritt | 6 | 100 |
| versammelter Trab | 9 | 150 |
| Mitteltrab | 12 | 200 |
| starker Trab | 15 | 250 |
| ruhiger Kanter | 18 | 300 |

| Gangart | Tempo | |
|---|---|---|
| | km/h | m/min |
| mittlerer Kanter | 21 | 350 |
| schneller Kanter | 24 | 400 |
| langsamer Galopp | 27 | 450 |
| Mittelgalopp | 30 | 500 |
| Jagdgalopp | 36 | 600 |

# Glossar Teil 2

**Abdomen** (Bauch) Körperabschnitt zwischen Brust und Becken.

**Abtrainieren** schrittweise kontrollierte Reduzierung der Kondition des Pferdes.

**Adenosindiphosphat** Speicherungsform einer geringen Energiemenge.

**Adenosintriphosphat** Speicherungsform einer hohen Energiemenge, die an der Muskelkontraktion beteiligt ist.

**Adrenalin** eine Substanz, die von Nebennierenmark sezerniert wird. Verursacht Blutdruckanstieg, Pupillenerweiterung, eingeschränkte Aktivität des Verdauungstraktes, Schweißsekretion, beschleunigte Atmung und Glukosebildung aus Leberglykogen.

**Albumin** Serumprotein.

**anaerob** ohne Sauerstoff.

**anaerobe Schwelle** der Punkt, an dem aufgrund der anaeroben Atmung Milchsäure im Gewebe gebildet wird.

**Aorta** Hauptblutgefäß, das an der linken Herzkammer beginnt.

**Askaride** Nematode, Spulwurm.

**Aspergillus** Pilzart, zu der die verschiedenen Schimmelpilze zählen.

**Atemfrequenz** Anzahl von Atemzügen pro Minute.

**Atmungssystem** Luftwege und Lungen.

**Atrioventrikularklappen** regeln den Blutstrom zwischen Vorhof und Kammer (Atrium und Ventrikel) auf der rechten und linken Seite des Herzens (Bikuspidal- und Trikuspidalklappen).

**Atrium** (Aurikel) Herzvorhof.

**Aufwärmen** Bewegung über eine gewisse Zeitdauer zur Aktivierung der Körpersysteme vor der eigentlichen Belastung.

**Azidose** Störung des Säure-Base-Gleichgewichtes aufgrund des Vorhandenseins einer anderen Säure neben Kohlendioxyd.

**Azoturie** schmerzhafter Zustand der großen Muskelpartien vom Rücken und von der Hinterhand. Dies ist auch als Kreuz- oder Nierenverschlag bekannt.

**basophile Granulozyten** eine Art Leukozyt.

**Bewegungsanalyse** Filmen und Analysieren jeder einzelnen Bewegungsphase.

**Bikuspidalklappe** trennt den linken Vorhof von der linken Herzkammer.

**Biochemie** die Wissenschaft der im Körper stattfindenden organischen Reaktionen.

**biologischer Wert** Zusammensetzung der Aminosäuren eines Proteins im Verhältnis zu seinem Nährwert.

**Blättchenschicht** Membran, die winzige blattförmige Fortsätze enthält.

**Blut** in Arterien, Kapillaren und Venen zirkulierende Flüssigkeit, die von der Pumptätigkeit des Herzens angetrieben wird.

**Blutuntersuchung** Untersuchung von Blutproben im Labor, um die Diagnose von Krankheiten zu erleichtern.

**Breiumschlag** ein feuchter, heiß aufgetragener Verband, um eine feuchte, lokale Erhitzung oder einen Gegenreiz zu bewirken.

**Brennen** Auftragen eines heißen, glühenden Eisens auf das Bein, um eine starke Entzündung hervorzurufen; zur Behandlung von chronischen oder subakuten Entzündungen von Gelenken, Sehnen und Knochen eingesetzt.

**Bronchiolitis** Entzündung der Bronchiolen, wenn sie sich mit Exsudat gefüllt haben.

**Bursa** (Schleimbeutel) mit Flüssigkeit gefüllter Sack oder Höhle an Stellen, wo häufig Reibung auftritt.

**Corium** (Lederhaut) modifiziertes, gefäßreiches Gewebe im Horn oder Huf. Kann mit dem menschlichen Nagelbett verglichen werden.

**Corticalis** dichte, äußere Schicht des Knochens.

**Darmflora** Bakterien, die normalerweise im Darm vorhanden sind.

**Dämpfigkeit** eine Atemwegserkrankung; verstärkte Ausatmung durch Zerstörung der Alveolen in den Lungen. Die Ursachen sind Allergie und Staub.

**Diarrhoe** Durchfall.

**Drüsen** Zellen, die auf Exkretion und Sekretion von Stoffen spezialisiert sind.

**Eckstreben** Fortsetzung der Hufwand, die sich am Ballen nach innen kehrt und parallel zum Strahl verläuft.

**Eiter** ein flüssiges Entzündungsprodukt aus weißen Blutkörperchen und abgestorbenen Zellen.

**elastische Zone** Belastungsbereich, dem sich der Knochen durch Streckung anpassen kann.

**Elektrokardiogramm** graphische Aufzeichnung der vom Herzmuskel hervorgerufenen elektrischen Ströme.

**Elektrolyte** in den Körperflüssigkeiten vorhandene Substanzen, die bei verschiedenen physiologischen Abläufen Elektrizität leiten können, z. B. bei

Nervenimpulsen, Sauerstoff- und Kohlendioxyd-transport und Muskelkontraktion.

**Emphysem** eine anormale Anreicherung von Luft in Geweben oder Organen, z. B. in den Alveolen.

**Endotoxin** Gift, das innerhalb des Körpers produziert wird.

**entgiften** Gifte zu harmlosen Substanzen umwandeln.

**Entzündung** Zustand, in dem die Gewebe Schmerzen, Hitze, Rötung, Schwellung und Exsudation als Reaktion auf eine Verletzung zeigen.

**Enzym** ein Protein, das eine chemische Reaktion entweder unterstützt oder beschleunigt, ohne bei dem Prozeß verbraucht zu werden.

**eosinophile Granulozyten** Art eines weißen Blutkörperchens.

**Epiglottis** (Kehldeckel) kleiner Knorpeldeckel, der den Eingang zum Kehlkopf verschließt.

**Epiphysenfuge** Knorpelzone, die die Epiphyse vom Mittelstück des Knochens trennt.

**Epistaxis** Nasenbluten.

**Erhaltungsbedarf** das Pferd erhält soviel Futter, daß es am Leben bleibt und alle Körperfunktionen erhalten bleiben, ohne daß es an Gewicht zu- oder abnimmt.

**Erholungswert** die Zeit, in der sich das Pferd von einer Anstrengung erholt; gemessen durch Puls- und Atemfrequenz.

**Ermüdung** Nachlassen der Körperfunktionen aufgrund von Belastung.

**Erschöpfung** vollkommene Unfähigkeit, eine Tätigkeit fortzusetzen.

**Erythrozyt** sauerstofftransportierendes rotes Blutkörperchen.

**Exkretion** Vorgang der Ausscheidung der körpereigenen Abfallprodukte.

**Exostosis** gutartiges Knochengewächs an der Knochenoberfläche.

**extrazelluläre Flüssigkeit** Körperflüssigkeit, die zwischen den Zellen vorkommt und diese umgibt.

**Fartlek** eine Trainingsmethode.

**Feiertagskrankheit** Azoturie; schmerzhafte Bewegungen und »Verschlag« der Rückenmuskulatur.

**Fermentation** enzymatische Aufspaltung.

**Fett** weißes oder gelbliches Material, das verschiedene Organe und Muskeln des Körpers umgibt oder in ihnen enthalten ist. Auch ein Bestandteil von Futtermitteln, die vorwiegend Fettsäuren und Glyzerol enthalten. In hoher Konzentration z. B. in Leinsamen enthalten.

**Fibrin** wichtiger, faseriger Protein-Anteil des Bluts.

**Fibrinogen** für den Gerinnungsvorgang wichtiges Protein im Blut.

**Fibroblast** eine besondere Körperzelle.

**Flimmern** schnelle Kontraktion, wie z. B. Vorhofflimmern.

**Foramina** natürliche Öffnungen oder Durchgänge im Körper.

**Fortpflanzungssystem** Organe, die an Empfängnis, Trächtigkeit und Geburt beteiligt sind.

**Gasaustausch** Austausch von Sauerstoff in der Lunge gegen Kohlendioxyd im Blut.

**Gewebe** eine Ansammlung von in gleicher Weise spezialisierten Zellen für eine bestimmte Funktion.

**Glasurschicht** äußerer, glänzender, wasserabweisender Überzug des Hufes.

**glatte Muskulatur** nicht unter willkürlicher Kontrolle stehende Muskulatur, z. B. Blasen- oder Uteruswand.

**Globuline** Blutproteine.

**Glukose** Zucker, eine der Hauptenergiequellen.

**Glykogen** hauptsächliche Speicherungsform für Kohlenhydrate im Körper.

**Glykogeneinsparung** wenn der Körper anstelle von Glykogenreserven erst einmal Fette als Energiequelle benutzt.

**Glykolyse** Abbau von Glykogen zur Bereitstellung von Energie im Körper.

**großer Blutkreislauf** die Zirkulation des Blutes durch den Körper, mit Ausnahme der Lungen.

**Hakenzahn** tritt normalerweise nur beim männlichen Pferd auf, auch Hengstzahn genannt.

**Harnstoff** mit dem Urin ausgeschiedenes, stickstoffhaltiges Abfallprodukt.

**Harnwege** Nieren, Harnleiter, Blase und Harnröhre.

**Hautfaltentest** ein einfacher Test, um Dehydratation festzustellen, indem man eine Hautfalte am Hals kneift.

**hautrötendes Mittel** Medikament oder andere Substanz, die den Blutstrom erhöht.

**Havers'sche Kanälchen** Kanälchensystem, zu dem die Knochenzellen sich umstrukturieren.

**Hämatokrit-Wert** Verhältnis von Blutkörperchen zum Plasma; wird in Prozenten angegeben.

**Hämatom** eine lokale Ansammlung von normalerweise geronnenem Blut in einem Organ, Hohlraum oder Gewebe; entsteht durch Beschädigung der Wand eines Blutgefäßes.

**Hämoglobin** sauerstoffführendes Protein. Pigment der roten Blutkörperchen.

**Hämorrhagie** Blutung.

**Herz** muskulöses Organ mit vier Kammern, das das Blut durch das Gefäßsystem pumpt.

**Herzfrequenzmonitor** ein Gerät zur Messung der Herzfrequenz des arbeitenden Pferdes.

**Herzgeräusch** ein periodisch auftretendes Geräusch von kurzer Dauer mit kardialem oder vaskulärem Ursprung.

**Histamin** chemische Verbindung, die zur Erweiterung der Kapillaren und Kontraktion der glatten Muskeln der Lungen führt.

**Hitzschlag** fortgeschrittenes Stadium der Hyperthermie; Schwitzen hört auf; verläuft oftmals tödlich.

**Hormon** von einem Körperorgan produzierte, chemische Substanz, die die Aktivitäten eines anderen Organs regelt.

**Huf** Hornkapsel des Fußes.

**Hufbein** Knochen im Huf.

**Hufbeinbeuger** auch tiefe Beugesehne; Sehne der unteren Gliedmaße, die am Hufbein ansetzt.

**Hufrehe** Entzündung der Blättchenschicht des Hufes.

**Hyperthermie** Kreislaufkollaps und Schock durch hohe Umgebungstemperatur, hohe Luftfeuchte und schlechte Ventilation.

**Hypertrophie** Vergrößerung oder übermäßiges Wachstum eines Organs.

**Ileum** hinterer Abschnitt des Dünndarms zwischen Jejunum und Zäkum.

**Influenza** akute Virusinfektion der Atemwege.

**intercostal** zwischen den Rippen.

**Intervalltraining** eine Trainingsmethode; ein festgelegter Arbeitsabschnitt wird von einem festgelegten Erholungsabschnitt gefolgt.

**intestinal** sich auf die Eingeweide beziehend.

**intrazelluläre Flüssigkeit** Flüssigkeit innerhalb der Zellen.

**Jejunum** der mittlere Teil des Dünndarms zwischen Duodenum und Ileum.

**Kalzium** ein zur Knochen- und Zahnbildung benötigtes Mineral.

**Keim** ein pathogener Organismus.

**Knochen** harte Substanz, die das Skelett bildet.

**Knochenhautentzündung** eine knöcherne Zubildung an der Innenseite des Pferdeknies oder an der Außenseite des Fesselkopfes.

**Knochenmark** rote oder gelbe weiche Substanz im Innern von Röhrenknochen.

**Kohlendioxyd** ein gasförmiges Abfallprodukt der aeroben Atmung.

**Kohlenhydrate** Nährsubstanz in pflanzlichen und tierischen Geweben.

**Kohlenstoffaserimplantat** eine Behandlungsmethode für Sehnenschäden in den unteren Gliedmaßen.

**Kotuntersuchung** Zählung der parasitären Wurmeier im Kot.

**Kreatinphosphat** Energiequelle, die in begrenzten Mengen in den Muskelzellen vorhanden ist.

**Kreislaufsystem** Blut, Blutgefäße, Herz, Lymphe und Lymphgefäße.

**Kronsaum** Saum zwischen oberem Rand des Hufes und Fessel; Sitz der Hufwachstums.

**Larven** ein frühes Entwicklungsstadium des Wurms.

**Larynx** Kehlkopf.

**Läsion** anormale Strukturänderung durch Verletzung oder Krankheit.

**Leukozyten** weiße Blutkörperchen.

**Ligament** (Band) fibröses Gewebe, das Knochen oder Knorpel verbindet.

**Lignin** unverdauliches, strukturelles Kohlenhydrat in der Zellwand von Pflanzen.

**Lipoid** organische, fetthaltige Substanz; ein wichtiger Bestandteil lebender Zellen.

**Lungenwurm** Nematode, lebt in den Luftwegen der Lungen.

**Lymphangitis** Entzündung von Lymphgefäßen und Lymphknoten, besonders in den Beinen.

**Lymphe** transparente, gelbliche Flüssigkeit, die weiße Blutkörperchen enthält und aus Gewebeflüssigkeit gebildet wird.

**Lymphozyt** eine Art von weißen Blutkörperchen.

**Lymphsystem** das System der die Lymphe enthaltenden und transportierenden Gefäße.

**Lysin** essentielle Aminosäure.

**Megajoule** Maßeinheit für den Energiewert von Futtermitteln; ausgedrückt in Megajoules an verdaulicher Energie pro Kilogramm (MJVE/kg).

**Membran** eine dünne Gewebeschicht, die eine Oberfläche bedeckt, einen Hohlraum auskleidet oder einen Raum oder Organ unterteilt.

**Mesenterium** eine Membran, die verschiedene Körperorgane an die Körperwand heftet.

**Metabolismus** (Stoffwechsel) die gesamten physikalischen und chemischen Vorgänge im Körper des Tieres.

**Methionin** essentielle Aminosäure.

**Micropolyspora faeni** ein Pilz, dessen Sporen allergische Reaktionen hervorrufen können.

**Mikroorganismen** Kleinstlebewesen wie Bakterien, Viren, Schimmelpilze, Hefen und Protozoen.

**Milchsäure** (Laktat) eine organische Säure im Muskelgewebe, wird durch den anaeroben Muskelstoffwechsel gebildet.

**Milz** blutspeicherndes Organ in der Nähe des Magens.

**Mineralstoff** anorganische Substanzen, von denen einige für die Erhaltung der Gesundheit unerläßlich sind, z. B. Eisen, Jod, Kalzium.

**Mitochondrien** Kraftwerke der Zellen, wo Energie produziert wird.

**Molar** Zahn, der Mahlfunktion ausübt.

**Monosaccharide** die einfachste Form eines Zuckers, z. B. Glukose oder Fruktose.

**Monozyten** weiße Blutkörperchen, die aktiv subakute Infektionen bekämpfen.

**Mukus** freier Schleim der Schleimhaut; freigesetzt durch Drüsensekretion.

**Muskelbiopsie** die Entnahme einer Probe aus dem lebenden Gewebe mit einer speziellen Nadel.

**Mutante** eine permanente Veränderung der Charakteristik eines Organismus.

**Myoglobin** ein Protein, das zur Muskelfärbung beiträgt und als Sauerstoffspeicher dient.

**Nasenhöhlen** die Atemwege des Kopfes, die von den Nüstern zur Trachea führen.

**Nematoden** Gruppe von Rundwürmern, die hauptsächlich Endoparasiten sind.

**Nerven** aus einer Ansammlung von Nervenfasern bestehende, fadenähnliche Strukturen, die vom bloßen Auge erkennbar sind und Impulse zwischen einem Teil des zentralen Nervensystems und einer anderen Körperregion übertragen.

**Nervensystem** das System der Nerven im Körper.

**neutrophile Granulozyten** eine Art von weißen Blutkörperchen.

**Nierenarterie** versorgt die Nieren mit Blut.

**Nüstern** Eingang zu den Atemwegen.

**Organ** ein in gewisser Weise unabhängiger Teil des Körpers, der eine bestimmte Aufgabe oder Aufgaben erfüllt.

**Osmose** Diffusion durch eine semipermeable Membran.

**Osteoblasten** an der Knochenbildung beteiligte Zellen.

**Osteoklasten** am Knochenabbau beteiligte Zellen.

**Ostitis** Entzündung des Knochens.

**oxidativ** eine Reaktion, die Sauerstoff benötigt.

**Parasit** in oder auf anderen Organismen lebende und sich auf deren Kosten ernährende Pflanze oder Tier.

**Periostitis** Entzündung des Periosts (Knochenhautentzündung).

**Pferdelaufband** ein System zur Feststellung des Drucks, mit dem das Pferd auftritt.

**Phagozyten** Zellen, die Mikroorganismen, andere Zellen und Fremdpartikel verdauen.

**Pharynx** Sack zwischen Maul und Oesophagus (Speiseröhre).

**Physiologie** der Zweig der Biologie, der sich mit normalen Funktionen und Vorgängen des Lebens oder lebender Materie befaßt.

**Plasma** der flüssige Bestandteil des Blutes.

**Priemen** das Pferd spuckt halbgekautes Futter aus.

**Proteine** komplexe Verbindungen, die Stickstoff enthalten und aus Aminosäuren zusammengesetzt sind.

**Protozoen** einzellige Organismen.

**pulmonal** zu der Lunge gehörend.

**Puls** rhythmisches Pochen einer Arterie, das mit dem Finger gefühlt werden kann; verursacht vom Blut, das durch die Herzkontraktionen durch die Gefäße gepumt wird.

**Rachitis** Erkrankung junger Pferde, die sich durch Kalziummangel in den Knochen auszeichnet.

**Raspeln** das Abfeilen der Zähne zur Beseitigung scharfer Kanten.

**Ration** eine sorgfältig zusammengestellte Futtermenge.

**Rhinopneumonitis** Entzündung der Schleimhäute von Nase und Lungen (Equines Herpesvirus 1).

**Rohfaser** unauflösliches Kohlenhydrat, z. B. Zellulose; ein wichtiger Bestandteil des Futters.

**rote Blutkörperchen** Hämoglobin-transportierende Zellen im Blut.

**Sauerstoff** farbloses, geruchloses Gas, das aus der Atmosphäre eingeatmet wird.

**Sauerstoffschuld** nach extremer Anstrengung benötigt der Körper weiterhin Sauerstoff, um seinen Sauerstoffspeicher wieder aufzufüllen.

**Schale** Knochenwucherungen unterhalb der Fessel.

**Schneidezahn** die vorderen auf Beißen spezialisierten Zähne.

**Schrittmacher** bestimmte Zone im Herzen, die den Herzschlag regelt.

**Schweiß** flüssige, salzige Absonderung der Schweißdrüsen der Haut; Verdampfung über die Haut bewirkt eine Kühlung des Körpers.

**Sehne** fibröser Strang aus Bindegewebe, der Muskeln am Knochen befestigt.

**Sehnenscheide** eine die Sehne umgebende, produktive Bindegewebsschicht.

**Sehnensplitting** eine Behandlungsmethode für beschädigte Sehnen.

**Semilunarklappen** halbmondförmige Klappen, die eine Ventilfunktion an den Ausgängen des Herzens ausüben.

**Serum** klare Flüssigkeit, die sich von roten Blutgerinnseln absetzt, d. h. das gesamte Blut außer Blutkörperchen und Fibrinogen.

**Sesambeine** kleine Knochen, die an den Stellen in Sehnen eingelagert sind, wo Druck entsteht.

**Sezernieren** Produktion oder Abgabe von Zellprodukten.

**Singultus** willkürliches Zusammenziehen des Zwerchfells; das Herz scheint in den Flanken zu schlagen; starke Ermüdung anzeigender Zustand.

**Skelettmuskulatur** gestreifte oder willkürliche Muskulatur, die für die Bewegung des Skeletts verantwortlich ist.

**Sohle** Unterseite des Hufes.

**Spat** krankhafter Zustand des Sprunggelenks oder seiner Umgebung.

**Spongiosa** weiche, schwammartige Knochenschicht.

**Spurenelemente** in geringen Mengen benötigte Nährstoffe, z. B. Mineralstoffe und Vitamine.

**Stärke** Pflanzen speichern Glukose in Form von Stärke.

**Stethoskop** Instrument zum Abhören von Herz- und Darmgeräuschen.

**Stimmbänder** im Rachen liegende Membranen, die der Stimmbildung dienen.

**Strahl** V-förmige Hornsubstanz in der Mitte des Pferdehufs.

**Strahlbein** (Hufrolle) ein kleiner Knochen im Innern des Pferdehufs.

**Strahlkissen** fibro-elastisches Fettpolster an der Hinterseite des Hufs.

**Strongylus** Palisadenwurm.

**subklinisch** das Pferd ist von einer Krankheit befallen, zeigt aber noch keine klinischen Symptome.

**Synovialflüssigkeit** Flüssigkeit, die im Gelenkinnern vorkommt; übt eine Schmierfunktion aus.

**Systole** Zusammenziehen der Herzkammern.

**Temperatur** 38° C beim gesunden Pferd.

**Tenoblasten** an der Sehnenbildung beteiligte Zellen.

**Tenozyten** Zellen des Sehnengewebes.

**Thermographie** Methode zur Messung der Wärme bestimmter Körperoberflächen.

**Trachea** Luftröhre.

**Trachten** Seitenwand des Hufes zwischen Ballen und Zehe.

**Triglyzerid** ein Fett.

**Trikuspidalklappe** zwischen rechtem Vorhof und rechter Kammer im Herzen liegende Klappe.

**Tropokollagen** Vorläufer des Kollagens.

**Ultraschall** festgelegte Dosis von Hochfrequenz-Schallwellen für therapeutische Zwecke.

**Umbildung** Vorgang in einem stark belasteten Knochen.

**Vakzine** Suspension aus abgeschwächten oder abgetöteten Mikroorganismen, die zur Verhütung oder Behandlung von Infektionskrankheiten verabreicht wird.

**vasoaktiv** (gefäßaktiv) die Blutgefäße werden zur Verengung oder Erweiterung angeregt.

**Vena cava** (Hohlvene) die Hauptvene im Körper.

**Vene** Gefäß, durch welches das Blut von den verschiedenen Organen zum Herzen transportiert wird.

**Ventrikel** (Kammern) hier: die beiden, großen Muskelkammern des Herzens.

**verdauliche Energie** eine Maßeinheit für den Energiewert von Futtermitteln, wird in Megajoule gemessen.

**Verdauungssystem** Organe und Drüsen, die an der Verdauung des Futters beteiligt sind.

**verkalken** mit Kalzium überzogen werden.

**Verklebung** ein fibröser Saum oder eine Struktur, wodurch Teile anormal verbunden werden.

**Verknöchern** sich zu Knochen umändern oder umbilden.

**Verschlag** siehe Azoturie.

**Villi** dünne, fingerartige Ausstülpungen einer Membran.

**Virus** ein winziges, infektiöses Agens.

**Vitamin** für den normalen Stoffwechsel notwendige organische Substanz.

**vordere Gekrösearterie** versorgt den Dünndarm, Blinddarm und einen Teil des Grimmdarms.

**Vorhofflimmern** Zustand, in dem das Herz aufgrund von schnellen, nicht effektiven Kontraktionen der Vorhöfe unregelmäßig schlägt; führt zu Leistungsabfall.

**weicher Gaumen** Muskelschicht, die das Maul vom Rachen trennt.

**weiße Linie** Verbindung zwischen Hufwand und Sohle.

**Wolfszahn** eventuell auftretender, nicht ausgebildeter Eckzahn, der entfernt werden muß.

**Zahnsystem** Zähne und assoziierte Strukturen.

**Zäkum** großer, kommaförmiger Sack zwischen Dünndarm und Dickdarm.

**Zellatmung** eine Energieproduktion in den Zellen.

**Zellulose** Kohlenhydrat, aus dem ein Teil der pflanzlichen Zellwand besteht.

**Zucker** in pflanzlichen und tierischen Geweben vorkommendes Kohlenhydrat, z. B. Stärke, Sukrose und Laktose.

# Register Teil 1

# Register Teil 2

# Weitere BLV Bücher – speziell für sie ausgewählt

## Das Standardwerk der Pferdekunde

### Handbuch Pferd – Zucht · Haltung · Ausbildung · Sport · Medizin · Recht

»Handbuch Pferd« ist das Standardwerk der Pferdekunde. Es unterscheidet sich von anderen Pferdebüchern vor allem durch sein hochkarätiges Autorenteam: Die Zusammenarbeit von 36 kompetenten Fachautoren und die Fachredaktion von Dr. Dr. habil. Peter Thein ermöglichten eine wirklich fundierte, umfassende Darstellung des vielfältigen Themenbereichs rund um das Pferd.

Alle Beiträge basieren auf den neuesten Erkenntnissen von Praxis und Wissenschaft. Sie spiegeln somit den aktuellen Stand der Pferdekunde wider.
Jeder, der sich privat oder beruflich mit Pferden befaßt, findet präzise Informationen und fachliches Know-how zu den Bereichen Zucht, Haltung, Ausbildung, Sport, Medizin und Recht.

*2. Auflage, 769 Seiten, 231 Farbfotos, 399 s/w-Fotos, 197 Zeichnungen*

Elwyn Hartley Edwards

### Pferdeausbildung

Grundkenntnisse über Anatomie und Psychologie des Pferdes, Kauf und Ausrüstung, Ausbildungsprogramme vom Longieren bis zum Dressur- und Springreiten.

*4. Auflage, 238 Seiten, 60 Fotos, 3 Bildserien, 60 Zeichnungen*

Gerhard Kapitzke

### Das Pferd von A–Z

Aktuelles Grundlagenwissen von A–Z zu Pferdezucht und -haltung sowie zum Reit- und Fahrsport in 1070 Stichwörtern mit vielen informativen, farbigen Fotos. Die wichtigsten hippologischen Fachbegriffe in deutsch, englisch, französisch und spanisch.

*349 Seiten, 41 Farbfotos, 200 s/w-Fotos, 57 Zeichnungen, 63 Grafiken mit 317 Einzelabbildungen*

Hans Joachim Schwark

### Pferdezucht

Fachbuch für Pferdezüchter und Pferdesportler: alle Teilbereiche der Pferdezucht nach neuesten Erkenntnissen, mit allen Daten und Fakten, interessantem Bildmaterial und vielen Praxistips.

*3. Auflage, 448 Seiten, 197 Farbfotos, 80 s/w-Fotos, 69 Zeichnungen*

Heinz Kiemann

### Neue Reitschule

Klassische Grundausbildung
bis zur Turnierreife
Solides Fachwissen über den richtigen Umgang mit Pferden, die Grundausbildung von Pferd und Reiter und die Beherrschung der Reitkunst sind die Themen dieses Buches. Es informiert grundlegend über den Reitsport, das Dressurreiten sowie über Springen, Geländereiten, Reitjagd und Turnierteilnahme.

*288 Seiten, 64 Fotos, 204 Zeichnungen*

Edward C. Straiton

### Pferdekrankheiten

Erkennen und Behandeln allgemeiner Pferdekrankheiten und besonderer Verletzungen mit Tips zu Stallhaltung, Fütterung, Zucht.

*7. Auflage, 192 Seiten, 23 Farbfotos, 330 s/w-Fotos, 23 Zeichnungen*

Ulrik Schramm

### Das verrittene Pferd

Probleme, die bei der Ausbildung von Reitpferden auftreten können: mögliche Ursachen, notwendige Korrekturarbeit.

*119 Seiten, 55 Fotos, 80 Zeichnungen*

## BLV Verlagsgesellschaft München